國家社科基金重大項目
『漢語等韻學著作集成、數據庫建設及系列專題研究』
（17ZDA302）

二〇二〇年度國家古籍整理出版專項經費資助項目

宋元切韻學文獻叢刊
李軍 李紅 主編

四聲等子校注

李紅 王曦 校注

鳳凰出版社

圖書在版編目（CIP）數據

四聲等子校注 / 李紅，王曦校注. -- 南京 : 鳳凰出版社，2024. 12. -- (宋元切韻學文獻叢刊 / 李軍，李紅主編). -- ISBN 978-7-5506-3901-0

Ⅰ. H113.9

中國國家版本館CIP數據核字第2024HW7821號

書　　　名	四聲等子校注
著　　　者	李　紅　王　曦 校注
責 任 編 輯	孫　州
特 約 編 輯	莫　培
裝 幀 設 計	陳貴子
責 任 監 製	程明嬌
出 版 發 行	鳳凰出版社(原江蘇古籍出版社) 發行部電話 025-83223462
出版社地址	江蘇省南京市中央路165號，郵編：210009
照　　　排	南京凱建文化發展有限公司
印　　　刷	金壇古籍印刷廠有限公司 江蘇省金壇市晨風路186號，郵編：213200
開　　　本	880毫米×1230毫米　1/32
印　　　張	25.75
字　　　數	630千字
版　　　次	2024年12月第1版
印　　　次	2024年12月第1次印刷
標 準 書 號	ISBN 978-7-5506-3901-0
定　　　價	380.00圓

(本書凡印裝錯誤可向承印廠調换，電話：0519-82338389)

《宋元切韻學文獻叢刊》序

漢語等韻學是中國傳統語言文字學最基礎的分支學科之一，是中國傳統學術和傳統文化中最具理論創新性和系統性的學科之一，亦可以稱爲中國古典漢語音系學。西方以研究、介紹具有區別意義的音位而興起的音系學始於十九世紀七十年代①，而中國以圖表形式，以最小析異對的方式對音系最小區別特徵和語音系統進行分析描寫的古典音系學，即漢語等韻學，在唐宋之際就已經非常成熟②。漢語等韻學可以分爲兩個階段：宋元切韻學、明清等韻學。宋元切韻學，也可以説是「宋代的漢語音系學」③。流傳至今的宋元切韻學文獻有：（一）南宋紹興辛巳年（一一六一）張麟之刊《韻鏡》，（二）南宋紹興辛巳年鄭樵述《通志·七音略》，（三）南宋

① 英國共時音系學早期代表人物亨利·斯威特《語音學手册》（一八七七）提出了非區别性的音素與區别性的音素概念，實質上代表了音位學理論的誕生。

② 魯國堯《中國音韻學的切韻圖與西洋音系學（Phonology）的「最小析異對」（minimal pair）》，《古漢語研究》二〇〇七年第四期，第二——一〇頁。

③ 魯國堯《〈盧宗邁切韻法〉述論》，《魯國堯語言學論文集》，江蘇教育出版社，二〇〇三年十月，第三四〇頁。

淳熙丙午年（一一八六）左右盧宗邁《盧宗邁切韻法》，（四）南宋嘉泰癸亥年（一二〇三）刊託名司馬光的《切韻指掌圖》，（五）無名氏《四聲等子》，（六）元惠宗至元丙子年（一三三六）劉鑑《經史正音切韻指南》，（七）等韻理論與象數理論相結合的北宋邵雍《皇極經世觀物篇・聲音唱和圖》（一〇七二年左右），（八）取三十六字母之翻切，以聲起數，以數合卦的南宋淳祐辛丑年（一二四一）祝泌《皇極經世解起數訣》，（九）闡述反切門法的金代□髓《解釋歌義》等。

漢語等韻學的興起與發展，與梵語悉曇學密切相關。「韻圖的辨法歸根結蒂是印度傳過來的，因此產生韻圖的第一步是印度的聲明學，特別是聲韻相配的圖表形式介紹到中國」①。《隋書・經籍志》有《婆羅門書》，即「西域胡書，能以十四字貫一切音，文省而義廣」。日本安然《悉曇藏》記載謝靈運論悉曇之語：「《大涅槃經》中有五十字，以爲一切字本。牽此就彼，反語成字……其十二字譬如此間之言；三十四字譬如此間之音，以就言便爲諸字。」②三十四字爲體文，「體文者，紐也」（章太炎《國故論衡》），紐即聲母；十二字爲摩多，即韻母。悉曇文字這種分析音節的方式，以及拼合音節的方法，必然會啓發中國學者加以借鑑，以之作爲分析漢語音節結構的手段。「唐人就是受到「悉曇」體文的啓發，並參照藏文字母的體系，給漢語創製了

① 潘文國《韻圖考》，華東師範大學出版社，一九九七年九月，第二四頁。

② 趙蔭棠《等韻源流》，商務印書館，二〇一七年十一月，第二〇——二一一頁。

字母」①。而韻圖聲韻經緯輾轉相拼的方式，應當也是受悉曇家『字輪』的影響。所謂『字輪』，就是『從此輪轉而生諸字也』②。空海《悉曇字母並釋義》十二字後注云：『此十二字（按：迦、迦、祈、雞、句、句、計、蓋、句、晧、欠、迦）者，一箇「迦」字之轉也。從此一「迦」字門出生十二字。如是一一字母各出生十二字，一轉有四百八字。』因此趙蔭棠先生認爲：『《韻鏡》與《七音略》之四十三轉，實係由此神襲而成。』③《悉曇章》圖上聲右韻，具備了等韻圖聲韻經緯相交以列字的韻圖排列方式的雛形，對後來漢語切韻圖的出現當具有比較直接的影響。

悉曇學或聲明學促進漢語等韻學產生的具體時間是什麽？真正意義上分析漢語韻書語音結構的韻圖表和系統的理論體系產生於何時？由於文獻不足，暫難定論。羅常培先生（一九三五）認爲，『至於經聲緯韻，分轉列圖，則唐代沙門師仿悉曇體制，以總攝《切韻》音系者也』④，即認爲唐代當已經出現表現《切韻》音系的韻圖。現存最早的切韻學文獻《韻鏡》《七音略》都刊行於南宋，不過現存文獻中記載有唐高宗時關涉韻圖理論的武玄之《韻銓》，日僧安然《悉曇藏》著録了其部目。《韻銓》『明義例』四韻例，反映該書已經具備了比較系統的切韻理

① 唐作藩《音韻學教程》，北京大學出版社，二〇一六年五月，第二七頁。
② 趙蔭棠《等韻源流》，第三一頁。
③ 趙蔭棠《等韻源流》，第三二頁。
④ 羅常培《羅常培語言學論文集》，商務印書館，二〇〇四年十二月，第一四二頁。

論，引述如下：

凡爲韻之例四也：一則四聲有定位，平、上、去、入之例是也。二則正紐以相證，令上下自明，『人』『忍』『仞』『日』之例是也。三則傍通以取韻，使聲不誤，『春』『真』『人』『倫』之例是也。四則雖有其聲而無其字，則闕而不書，『辰』『蝨』『脊』是也。①

按四聲相承的方式列韻，同聲母字上下四聲相承，同五音字旁通，有音無字列空圈，這些都具有切韻圖的顯著特徵。趙蔭棠先生認爲武玄之使用了『正紐』概念，說明三十六字母還未產生，所以『必非什麼講等韻之書，不過滿載韻字如後來之《廣韻》與《集韻》而已』②。潘文國先生則認爲該書應當是『圖表形式的韻書』，因爲『祇有圖表纔有出現空格的可能』③。武氏之書已佚，難以臆斷。不過該書有十五卷之多，當非『圖表形式的韻書』。韻例反映該書除了韻書部分之外，當另有韻圖形式的表格，如宋楊中脩《切韻類例》之『一圖一篇』（見下文）。當時三

① 趙蔭棠《等韻源流》，第四四頁。
② 趙蔭棠《等韻源流》，第四五頁。
③ 潘文國《韻圖考》，第二六頁。

十六字母雖然還没有出現，但並不妨礙時人對聲母的辨析。在三十六字母産生之前，《玉篇》以助紐字作爲聲母的輔助拼讀工具，未嘗不可以作爲聲母的代表字組。因此《韻銓》一書很可能已經出現了韻圖形式的韻表或具備了韻圖的語音分析理論體系。

晚唐守温字母的出現，無疑對切韻學理論的成熟與發展起到了至關重要的推動作用，宋代切韻學的繁榮發展與唐以前悉曇學的影響，以及聲明學與漢語音韻分析理論的有機結合是分不開的。現存最早的韻圖《韻鏡》《七音略》雖刊行於南宋紹興年間，但北宋初年切韻學理論已經非常成熟，切韻圖也應當在一定範圍内流傳。邵雍（一〇一一—一〇七七）《皇極經世觀物篇·聲音唱和圖》以翕、闢區分十天聲，與等韻開、合相對應；以清、濁、開、發、收、閉區分十二地音，與韻圖三十六字母的清濁分類，以及聲母與四等韻的拼合關係基本一致。北宋沈括（一〇三一—一〇九五）《夢溪筆談》也記載了比較詳細的切韻法，引述如下：

今切韻之法，先類其字，各歸其母。脣音、舌音各八，牙音、喉音各四，齒音十，半齒、半舌音二，凡三十六，分爲五音。天下之聲總於是矣。每聲復有四等，謂清、次清、濁、平也，如顛、天、田、年，邦、胮、龐、厖之類是也，皆得之自然，非人爲之。如幫字横調之爲五音，幫、當、剛、臧、央是也；幫，宫之清；當，商之清；剛，角之清；臧，徵之清；央，羽之清。縱調之爲四等，幫、滂、傍、茫是也；幫，宫之清；滂，宫之次清；傍，宫之濁；茫，宫之不清不濁。就本音、本等調之爲四聲，幫、傍、傍、博是也。幫，宫清之平；牓，宫清之上；傍，宫清之去；博，宫清之入。四等之聲，多有聲無字者，如封、峰、逢，止有三字；邕、胸，止有兩字；竦、火、欲、以，皆止有一字。五音亦然，滂、湯、康、蒼，止有四字。四聲則有無聲，亦有無字者，如蕭字、肴字全韻皆無入聲。此皆聲之類也。

所謂切韻者，上字爲切，下字爲韻。切須歸本母，韻須歸本等。切歸本母，謂之『音和』，如『德紅爲東』之類，德與東同一母也。字有重中重、輕中輕，本等聲盡，泛入别等，謂之『類隔』。雖隔等，須以其類，謂脣與脣類，齒與齒類。如武延爲綿、符兵爲平之類是也。韻歸本等，如冬與東字，母皆屬端字，冬乃端字中第一等聲，故都宗切，宗字第一等韻也，以其歸精字，故精徵音第一等聲。東字乃端字中第三等聲，故德紅切，紅字第三等韻也，以其歸匣字，故匣羽音第三等聲。又有互用、借聲，類例頗多，大都自沈約爲《四聲》，音韻愈密。然梵學則有華、竺之異，南渡之後，又雜以吴音，故音韻龐駁，師法多門。①

沈氏所述切韻法，有韻圖的信息，也有關於門法的介紹，説明切韻法已經非常成熟。所論及的韻圖聲母的排列順序始幫終日，喉音『影曉匣喻』相次，與《韻鏡》《七音略》一致。所舉四

① 諸雨辰譯注《夢溪筆談》，中華書局，二〇一六年九月，第三三六—三三七頁。

等相承、五音相調之例，多與韻圖相合。如『四等之聲，多有聲無字者，如封、峰、逢，止有三字』，《韻鏡》《七音略》第二圖『鍾』韻平聲非組聲母無明母字，衹列有『封、峰、逢』三字；『邕、胸止有兩字』，《七音略》同圖平聲喉音聲母位衹有『邕、匈』二字；『竦、火、欲、以皆止有一字』，《韻鏡》《七音略》上聲齒音四等衹有『竦』，入聲喉音四等衹有『欲』。（其中『火、以』二字當爲訛誤，或爲『用、旭』二字之訛。因爲該段舉例均爲鍾韻字，不當雜入他韻字。）『蕭字、肴字全韻皆無入聲』，與宋代前期切韻圖入聲衹與陽聲韻相承，不與陰聲韻相承的特點一致①。這説明宋代初年切韻學理論以及韻圖的編撰已經成熟，羅常培先生認爲『等韻圖肇自唐代，非宋人所創』②，有一定的道理。

宋代切韻學文獻應當已經非常發達了，但流傳範圍並不廣泛。《晦庵先生朱文公文集》卷五十《答楊元範》：『字畫音韻，是經中淺事，故先儒得其大者多不留意。』③因此切韻之學不被士人階層所知曉，切韻學著作流通不廣，是有其社會原因的。或有肄此業者，終爲淺學，其學

① 有關《夢溪筆談》所言切韻法，魯國堯《沈括〈夢溪筆談〉所載切韻法繹析》有詳細論述。見《魯國堯語言學論文集》，第三一七—三二五頁。

② 羅常培《羅常培語言學論文集》，第一四〇頁。

③ 《晦庵先生朱文公文集》，《朱子全書（修訂本）》，上海古籍出版社、安徽教育出版社，二〇一〇年九月，第二二八九頁。

不顯，流傳至今者自然不多。不過由於切韻學與佛學關係密切，自漢魏以降，辨析音理，分析韻書語音系統，拼合韻書反切讀音的切韻學，當首先在佛學界發展、成熟起來。鄭樵《七音略》序指出：「七音之韻，起自西域，流入諸夏，梵僧欲以其教傳之天下，故爲此書。雖重百譯之遠，一字不通之處，而音義可傳。華僧從而定之，以三十六爲之母。重輕、清濁，不失其倫，天地萬物之音備於此矣。雖鶴唳風聲，雞鳴狗吠，雷霆驚天，蚊虻過耳，皆可譯也，況於人言乎？所以日月照處，甘傳梵書者，爲有七音之圖，以通百譯之義也。」精通音韻之學，也成爲佛學的基礎，鄭樵所謂「釋氏以參禪爲大悟，通音爲小悟」。鄭樵在説明《七音略》來源時，就明確指出：「臣初得《七音韻鑑》，一唱而三嘆，胡僧有此妙義，而儒者未之聞。」即《七音略》之藍本爲《七音韻鑑》，其基本理論當出自佛教界，但該書是否爲胡僧所作，則存疑。史籍所載，宋代所見切韻文獻中亦多爲釋家所著，如：

《宋史·藝文志》第二〇二卷「小學類」有僧守温《清濁韻鈐》一卷、釋元冲《五音韻鏡》一卷。

《通志·艺文略》「音韻」部分有僧鑑言《切韻指元疏》五卷、僧守温《三十六字母圖》一卷、僧行慶《定清濁韻鈐》一卷、《切韻内外轉鈐》一卷、《内外轉歸字》一卷。

晁公武《郡齋讀書志》「小學類」指出，「論音韻之書，沈約《四聲譜》及西域反切之學是也」。其中記載有《四聲等第圖》一卷，「皇朝僧宗彦撰，切韻之訣也」。

宋代切韻學發展繁榮的主要原因，當與官方對韻書字書編撰的重視有關。官方韻書《廣韻》《集韻》以及字書《大廣益會玉篇》《類篇》，即第二、三代『篇韻』的頒行，爲切韻學理論與韻書語音結構系統的分析相結合，滿足韻書字書反切拼讀的需要提供了前提條件。字學與韻學雖爲淺學，『然不知此等處不理會，卻枉費了無限辭説牽補，而卒不得其本義，亦甚害事也』①。因此切韻學在宋代逐漸爲儒家所接受並推廣開來，也在情理之中。

宋代切韻學理論與韻圖的編撰，當是在唐五代切韻理論與韻圖的基礎上，進一步與宋代韻書相結合而逐步發展完善起來的。受聲明學影響，唐五代初期切韻學當已經産生，音韻分析理論也已經逐步與韻書語音分析相結合，《切韻》系韻圖當已經出現。宋代韻書與字書的繁榮，促使了唐五代韻圖與宋代韻書的結合。宋代切韻圖就是爲分析韻書語音結構系統、拼讀字書反切服務的。魯國堯先生結合文獻記録，將宋元前期切韻圖根據其所分析的對象，分爲《廣韻》系列與《集韻》系列。其中《韻鏡》《七音略》是《廣韻》系韻圖，而已佚的楊中脩《切韻類例》、盧宗邁《盧宗邁切韻法》所述及的韻圖爲《集韻》系列韻圖。

《韻鏡》所據韻圖爲《指微韻鏡》，《七音略》所據韻圖爲《七音韻鑑》，兩書同刊於南宋紹興三十一年（辛巳年，一一六一），張麟之初刊《韻鏡》時當未見《七音略》。紹興辛巳（一一六一）

① 《晦庵先生朱文公文集》，《朱子全書（修訂本）》，第二二八七頁。

張麟之《識語》，對《韻鏡》的來源與特點進行了介紹：

既而得友人授《指微韻鏡》一編，微字避聖祖名上一字。且教以大略曰：「反切之要，莫妙於此。不出四十三轉，而天下無遺音。其製以韻書，自一東以下，各集四聲，列爲定位，實以《廣韻》《玉篇》之字，配以五音清濁之屬，其端又在於横呼。雖未能立談以竟，若按字求音，如鏡映物，隨在現形，久久精熟，自然有得。」於是蚤夜留心，未嘗去手。忽一夕頓悟，喜而曰：「信如是哉！」遂知每翻一字，用切母及助紐歸納，凡三折，總歸一律。即是以推千聲萬音，不離乎是。自是日有資益，深欲與衆共知，而或苦其難，因撰《字母括要圖》，復解數例，以爲沿流求源者之端。庶幾一遇知音，不惟此編得以不泯，余之有望於後來者亦非淺鮮。聊用鋟木，以廣其傳。

張麟之明確指出，《韻鏡》所據韻圖爲《指玄韻鏡》，避趙公明玄朗上一字而改名爲《指微韻鏡》，則《指玄韻鏡》成書年代當在北宋大中祥符五年（一〇一二）之前。韻圖形制與其所刊《韻鏡》相同，横列五音聲母，以清濁相别，四欄分韻列字，四聲相承，欄分四等。張麟之在《指玄韻鏡》的基礎上，撰寫了《字母括要圖》，復解「數例」（即「《韻鑑》序例」）。韻圖形制仍舊，韻圖内容以列《廣韻》《玉篇》字爲主，爲與第二代「篇韻」相輔的韻圖。《韻鏡》也許經歷過再版，四十二年後的嘉泰三年(一二〇三)張麟之《韻鏡序作》指出,自己在年二十得《韻鏡》之學後,『既而又得莆陽夫子鄭公樵進卷先朝,中有《七音序》,略其要語曰「七音之作,起自西域,流入諸夏,梵僧欲以此教傳天下,故爲此書」』。《序作》同時對淳熙年間楊倓所撰《韻譜》横列三十六字母的編撰體例進行了評價,認爲『因之則是,變之非也』。這一方面反映了張氏對《韻譜》的批評,另一方面也透露了《韻鏡》四十三轉有『因之』的特點。對《七音略》,張麟之則認爲『其用也博』,説明了《七音略》與《韻鏡》體例、内容具有很大程度的一致性,因此非常認可。同時也交代了二者來源不同,而同歸一途。有關《七音略》的來源問題,鄭樵亦有明確説明,《七音序》指出:

江左之儒,識四聲而不識七音,則失立韻之源……四聲爲經,七音爲緯,江左之儒知縱有平、上、去、入爲四聲,而不知衡有宫、商、角、徵、羽、半徵、半商爲七音。縱成經,衡成緯,經緯不交,所以失立韻之源。七音之韻,起自西域,流入諸夏。梵僧欲以其教傳之天下,故爲此書,雖重百譯之遠,一字不通之處,而音義可傳。華僧從而定之,以三十六爲之母,重輕、清濁,不失其倫,天地萬物之音備於此矣。雖鶴唳風聲,雞鳴狗吠,雷霆驚天,蚊䖟過耳,皆可譯也,况於人言乎?所以日月照處,甘傳梵書者,爲有七音之圖,以通百譯之義也……均,言韻也。古無韻字,猶言一韻聲也……琴者,樂之宗也;韻者,聲之本也。

皆主於七，名之曰韻者，蓋取均聲也。

臣初得《七音韻鑑》，一唱而三嘆，胡僧有此妙義，而儒者未之聞。及乎研究制字，考證諧聲，然後知皇頡、史籀之書已具七音之作，先儒不得其傳耳。今作《諧聲圖》，所以明古人制字通七音之妙。又述内外轉圖，所以明胡僧立韻得經緯之全。釋氏以参禪爲大悟，通音爲小悟，雖七音一呼而聚，四聲不召自來，此其麤淺者耳。至於紐躡杳冥，盤旋寥廓，非心樂洞融天籟，通乎造化者，不能造其閫。

字書主於母，必母權子而行，（按，《六書略》「會意」：「文有子母，母主義，子主聲，一子一母爲諧聲。諧聲者，一體主義，一體主聲，二母合爲會意。會意者，二體俱主義，合而成字也。」）然後能别形中之聲。韻書主於子，必子權母而行，然後能别聲中之形。所以臣更作字書，以母爲主，亦更作韻書，以子爲主。今兹内外轉圖用以别音聲，而非所以主子母也。

鄭樵序認爲「七音之韻，起自西域，流入諸夏」，華僧定三十六字母，爲七音之圖。即認爲切韻學是受西域梵學影響，由華僧結合漢語特點將其完善起來的。唐五代以降，切韻學的成熟與發展可以説是第一次西學東漸對漢語音韻學產生重要影響的結果，是中國傳統學術第一次接受外來文化影響而自我發展完善的結果。以圖表形式經以四聲韻，緯以七音聲母，開合分圖，四等列字，以「「最小析異對」原理……創造出神奇之物——切韻圖」，彰顯了先賢的原創精神①。

《七音略》韻圖原名《七音韻鑑》，鄭樵認爲乃『胡僧妙義』，但並没有指出爲胡僧所作。此書當在釋家流行已久，但『儒者未之聞』而已。不過從韻圖内容來看，此書與《韻鏡》一樣當最終修訂於宋初，都是以三十六字母系統分析《廣韻》音系結構和反切系統的，很可能都是在唐五代時期與第一代『篇韻』相輔的切韻圖的基礎上改編的。除了韻圖之外，原本没有其他類似檢例的内容。鄭樵對《七音韻鑑》韻圖内容也没有做過改動，衹是『作《諧聲圖》，所以明古人制字通七音之妙。又述内外轉圖，所以明胡僧立韻得經緯之全』。所謂『述』，説明了鄭樵衹是對《七音韻鑑》『内外轉圖』進行了刊佈，並未對切韻圖内容進行過改動。

從《韻鏡》與《七音略》切韻圖的比較來看，二者的差異主要表現在《韻鏡》以七音清濁區分三十六字母，《七音略》直接列以三十六字母之名；《韻鏡》以『開』『合』標記韻圖，《七音略》以『重中重』『重中輕』『輕中輕』『輕中重』區分開合。韻圖形制與内容則大體一致。羅常培先生對二者異同進行比較後認爲，『《七音略》所據之《七音韻鑑》與《韻鏡》同出一源』『皆於原型有所損益，實未可强分先後也』。即從韻圖所列各韻的順序來看，《韻鏡》與《七音略》原本當爲表現《切韻》音系的，宋以後，始據《廣韻》進行了補充、修訂，以與《廣韻》音系一致，故有『實以《廣

① 魯國堯《中國音韻學的切韻圖與西洋音系學（Phonology）的『最小析異對』（minimal pair）》，第二頁。

韻》《玉篇》之字」的特點。這也反映了「切韻圖是層纍地造出來的」①。李新魁對《韻鏡》列字與《廣韻》《集韻》《禮部韻略》進行過比較，發現《韻鏡》三千六百九十五字，僅一百七十二字不是使用《廣韻》的反切首字②。可見其與《廣韻》的關係是非常密切的，亦與張麟之《識語》所言「實以《廣韻》《玉篇》之字」是相符的。

《集韻》系列韻圖，據魯國堯先生研究，大致有兩部，一是已佚的楊中脩《切韻類例》，一是盧宗邁《盧宗邁切韻法》所述及的韻圖。楊中脩《切韻類例》已佚，但孫覿《鴻慶居士文集》卷三十『《切韻類例》序』對該書進行了介紹：

昔仁廟詔翰林學士丁公度、李公淑增崇韻學，自許慎而降，凡數十家，總爲《類篇》《集韻》，而以賈魏公、王公洙爲之屬。治平四年司馬温公繼纂其職，書成上之，有詔頒焉。今楊公又即其書科别户分，著爲十條，爲圖四十四，推四聲子母相生之法，正五方言語不合之訛，清濁重輕，形聲開合。梵學興而有華竺之殊，吴音用而有南北之辯。解名釋象，纖

① 魯國堯《〈盧宗邁切韻法〉述論》，第三五〇頁。

② 李新魁《〈韻鏡〉研究》，《語言研究》一九八七年第二期，第一三三——一三四頁。

悉備具，離爲上下篇，名曰《切韻類例》……具見於一圖二篇之中。①

《盧宗邁切韻法》『跋語』亦云：『世傳切韻四十四圖，用三十六母與《集韻》中字，隨母所屬，次第均佈於圖間。』②説明《盧宗邁切韻法》所述韻圖與楊中脩《切韻類例》一樣，均爲《集韻》系列韻圖，且均爲四十四韻圖，可看作是與第三代『篇韻』相輔而行的韻圖。

《集韻》系列韻圖具有宋元前期切韻學向後期切韻學轉型的特點，從語音系統來看，反映的都是《切韻》系列韻書的語音系統，韻圖爲四十三或四十四。但在五音排列順序方面，前期切韻圖爲始幫終日型，如《韻鏡》《七音略》；後期切韻圖注重韻圖結構的對稱性，多爲始見終日型，即除半舌、半齒音外，牙、喉音均衹有一組聲母，故居兩頭；舌、齒、脣音上下兩組聲母並列，故居中間。後期切韻圖在前期切韻圖基礎上，將牙音與脣音位置交換，如《四聲等子》《經史正音切韻指南》。《盧宗邁切韻法》所述韻圖聲母的順序已經與後期切韻圖一致，也是始見終日。不過在喉音聲母的排列上，《盧宗邁切韻法》所述韻圖仍爲『影曉匣喻』，而不是後期切

① 魯國堯《〈盧宗邁切韻法〉述論》，第三四一頁。

② 同上。

韻圖的『曉匣影喻』①，具有比較典型的過渡性特徵。

宋元後期切韻學的顯著特徵是以攝爲單位大量合併相關韻系，韻圖數量減少，入聲與陰、陽聲韻相承，在一定程度上由反映韻書語音系統開始向反映實際語音轉變。如《切韻指掌圖》《四聲等子》各二十圖，《經史正音切韻指南》二十四圖。

不過，關於《切韻指掌圖》的成書年代問題，學術界還是有爭議的。世傳《切韻指掌圖》爲司馬光所作，則當成書於十一世紀中葉，即北宋時期，但該書刊行時間則在南宋嘉泰癸亥（一二〇三）。陳澧《切韻考外編》據鄒特夫考證，認爲切韻指掌圖實際上就是楊中脩所作。楊中脩《切韻類例》見上文介紹，共四十四圖，與《切韻指掌圖》二十韻圖差别較大。趙蔭棠先生對此專文進行了考證，認爲《切韻指掌圖》當爲託司馬温公之名，其成書年代當在淳熙三年（一一七六）以後與嘉泰三年以前②。

從韻圖編撰體例看，《切韻指掌圖》與《四聲等子》《經史正音切韻指南》相比更具有宋元前期切韻圖的特點，除了按綫性順序横列外，三十六字母的順序與《盧宗邁切韻法》所述韻圖一致，同樣是始見終日，喉音爲『影曉匣喻』。韻母的排列上，《切韻指掌圖》也與前期切韻圖一樣

① 魯國堯《〈盧宗邁切韻法〉述論》，第三五三頁。

② 趙蔭棠《等韻源流》，第一〇九—一二三頁。

是『四聲統韻』，即四欄分列四聲韻，四聲欄各列四等字。而後期切韻圖如《四聲等子》《經史正音切韻指南》則是『韻統四聲』，即四欄分列四等韻，各等欄四聲上下相承。《切韻指掌圖》橫列三十六字母的列圖方式，南宋時期亦有其例。張麟之《韻鏡序作》指出：『近得故樞密楊俟倓淳熙間所撰《韻譜》，其自序云「朅來當塗，得歷陽所刊《切韻心鑑》，因以舊書，手加校定，刊之郡齋」。徐而諦之，即所謂《洪韻》，特小有不同。舊體以一紙列二十三字母爲行，以緯行於其上，其下間附一十三字母，盡於三十六，一目無遺。楊變三十六，分二紙，肩行而繩引，至橫調則淆亂不協，不知因之則是，變之非也。』《切韻指掌圖》的體例當與楊倓《韻譜》、歷陽《切韻心鑑》有一定的承襲關係。

《四聲等子》的成書年代與著者不詳，趙蔭棠認爲該書成書年代『不能遲到南宋』①，李新魁認爲『當在《廣韻》《集韻》行世之後』②。其理由是《四聲等子》序有『按圖以索二百六韻之字』。《經史正音切韻指南》則是與《五音集韻》《四聲篇海》相輔而行的，可看作是與第四代『篇韻』相輔而行的韻圖。該圖刊行於元惠宗至元丙子年（一三三六），受《四聲等子》影響很大，也可以説是在《四聲等子》二十圖基礎上，根據《五音集韻》一百六十韻的框架，將其改編爲二十四韻

① 趙蔭棠《等韻源流》，第九一頁。
② 李新魁《漢語等韻學》，中華書局，二〇〇四年五月，第一八〇頁。

圖的。正因爲《經史正音切韻指南》與《四聲等子》體例、内容的相似性，明代等韻學家多將《經史正音切韻指南》稱爲《四聲等子》，如袁子讓《字學元元》。

儘管宋元切韻圖根據其内容的不同，可分爲前期、後期兩個階段，根據與韻書的相輔關係的不同，前期切韻圖可分爲《廣韻》系、《集韻》系，但宋元切韻圖的理論體系都是一致的。首先，宋元切韻圖的編撰宗旨與語音基礎是一致的，都是爲分析《切韻》系韻書語音系統和拼讀韻書、字書反切服務的。其次，韻圖最核心的切韻理論，都是以開合四等作爲分析韻母系統的基本單位，以三十六字母作爲韻圖的聲母系統。最後，韻圖的基本編撰體例、使用方式都是以經調平、上、去、入四聲韻，與反切下字相關聯；緯調宫、商、角、徵、羽、半徵、半商七音，與反切上字相關聯，將『上字爲切，下字爲韻』的韻書、字書反切音，直觀映照在韻圖經緯相交所代表的字音上。韻圖既是韻書的音系結構表，也是拼讀反切的音節表。宋元切韻圖的形制與切韻理論，充分反映了中國古典音系理論的獨特表現方式和在語音分析方法方面所取得的獨特成就。宋元切韻學奠定了漢語音韻學的理論基礎，爲漢語等韻學的發展，尤其是明清等韻學的繁榮提供了理論與實踐方面的原動力。

宋元切韻學理論在宋代初年就已經非常成熟了，切韻學理論也被易學數理學家所借鑑，以推源宇宙萬物之音的起源、產生與發展，其中代表性的著作就是邵雍《皇極經世觀物篇·聲音唱和圖》與祝泌的《皇極經世解起數訣》。《聲音唱和圖》是《皇極經世書》中闡述天聲、地音律呂唱和的圖表。分十天聲，取天干之數，即韻部；十二地聲，取地支之數，即聲母類。天聲以四象日、月、星、辰與平、上、去、入相配，平、上、去、入四聲韻各復以四象日、月、星、辰區分闢、翕，共一百一十二韻。地音以四象水、火、土、石與開、發、收、閉相配，相當於根據與韻母四等拼合關係而區分的聲母類；開、發、收、閉復以四象水、火、土、石之柔、剛區分清、濁，共一百五十二聲母類。《聲音唱和圖》天聲一百一十二韻的區分，地音一百五十二聲母的分類，天聲之翕闢，地音之清濁對立，開發收閉分類，都是受切韻學理論的影響。而其天聲、地音律呂唱和，以天聲各韻輾轉唱地音各聲母，以地音各聲母類輾轉和天聲各韻，與韻圖聲韻經緯相交以表現反切讀音的方式是完全一致的。因此，可以說，《聲音唱和圖》的圖表形制、表現語音的方式，與漢語切韻學理論是一致的。《聲音唱和圖》是宋元前期切韻學理論與象數理論相結合而衍生的另一派切韻學著作。

祝泌《皇極經世解起數訣》則是以宋元前期切韻圖的形式進一步闡述《聲音唱和圖》天聲、地音律呂唱和的韻圖，將邵雍以曆數、律數闡述聲音之微義，以韻圖形式直觀地表現出來。祝泌『聲音韻譜序』指出：

惟《皇極》用音之法，於脣、舌、牙、齒、喉、半，皆分輕與重。聲分平、上、去、入，音分開、發、收、閉，至精至微。蓋聲屬天陽，而音屬地陰，天之大數不過七分，而聲有七均。地之大數不過八方，而陰數常偶。故音有十六，不可缺一，亦非有餘也。余學《皇極》起物數，皆祖於聲音。二百六十四字之姆，雖得其音，而未及發揚。偶因官守之暇，取德清縣丞方淑《韻心》，當塗刺史楊倓（按，當爲倓）《韻譜》，金虜《總明韻》相參合，較定四十八音，冠以二百六十四姥，以定康節先生聲音之學。若辨《心鑑》，合輕重於一致，紊喉音之先後，誠得其當。添入《韻譜》之所無，分出牙喉之音，添增半音之字，合而成書。

《皇極經世解起數訣》共八十韻圖，横列聲母，縱列平、上、去、入四聲韻，韻分四等，韻圖形制與《韻鏡》《七音略》一致。不過祝泌將聲母一百五十二音據開、發、收、閉進行了分類，開、發、收、閉四類各分清、濁，共八類，八類聲母分别横列相應的韻圖聲母位。卷首以「一百五十二音八卦」表的方式對聲母分類進行了歸納。韻圖聲母綫性排列方式與楊倓《韻譜》相同；聲母按脣、舌、牙、齒、喉、半音的順序排列，韻母爲《廣韻》二百零六韻系統，與宋代前期切韻圖《韻鏡》《七音略》一致。入聲同配陰、陽聲韻，配陰聲韻是受《聲音唱和圖》的影響，配陽聲韻與《韻鏡》《七音略》相同，而入配陰陽同時也是宋元後期切韻圖的顯著特徵；喉音「曉匣影喻」相次，也與後期切韻圖相同。祝泌《起數訣》以宋代切韻學理論闡述邵雍《唱和圖》的聲音之學，將宋元切韻學理論與象數理論相結合，在漢語等韻學史上産生了重要的影響，是「皇極經世」系列著作中最具有代表性的切韻學文獻之一。

宋元切韻韻圖是以三十六字母系統、開合兩呼四等的韻母分析理論，將《切韻》系列韻書的語音系統以表格的方式進行展現，以經緯相交的方式對其反切讀音進行拼切的圖表。不過由於三十六字母與《切韻》系列韻書的聲母系統存在一定的差異，韻圖的聲母系統、四等的格局與韻書語音系統存在一定的矛盾，因此就會産生韻圖的語音結構與韻書反切所反映的語音系統不相容的情況，需要在韻圖編撰過程中以一定的規則進行調整。爲了幫助韻圖使用者正確瞭解韻圖規則，正確使用韻圖以拼讀反切，門法應運而生。另一方面，由於語音的變化，韻書、字書反切與實際語音也存在一定的矛盾，如輕、重脣類隔切，精、照互用切等，這也需要以門法的形式進行調和。調和後一類反切的門法在唐末守温《韻學殘卷》中就有論述，出現了『類隔』『憑切』等切字法的説明，宋初沈括《夢溪筆談》也有同樣的記載。而調和韻圖與韻書反切矛盾的門法，隨着切韻學的成熟與切韻圖的繁榮，在宋元時期開始盛行起來。如《通志・藝文略》『音韻』部分記載，《切韻指元論》三卷，僧鑑言著《切韻指元疏》五卷；晁公武《郡齋讀書志》記載有《切韻指玄論》三卷，『皇朝王宗道撰，論字之五音清濁』，《四聲等第圖》一卷，『皇朝僧宗彦撰，切韻之訣也』。《五音集韻》寒韻『韓』小韻記載：『韓孝彦……注《切韻指玄論》，撰《切韻澄鑑圖》，作《切韻滿庭芳》，述《切韻指迷頌》。』以上著録文獻當多爲切韻門法之類的著作，可惜今均亡佚。《四聲等子》卷首記載有比較豐富的門法内容，元劉鑑《經史正音切韻指南》『玉鑰匙』十三門法與『玄關歌』五音歌訣則記載了比較系統的門法。不過，有關這些門法内容的來源及門法的發展演變過程，現在還存在許多空白。《四聲等子》序指出：『切韻之作，始乎陸氏；關鍵之設，肇自智公。』『其指玄之論，以三十六字母約三百八十四聲，别爲二十圖，畫爲四類。審四聲開闔，以權其輕重；辨七音清濁，以明其虛實。極六律之變，分八轉之異。』指出智公撰寫了《指玄論》。但智公是誰，《指玄論》内容如何，並没有明確交代。

黑水城出土的《解釋歌義》則明確指出《指玄論》的作者『智公』爲『智吿（邦）』。《解釋歌義》，殘抄本，俄羅斯科學院東方研究所聖彼得堡分所藏品，巾箱本，首尾殘佚。首頁題『解釋歌義壹畚』，據聶鴻音、孫伯君（二〇〇六）介紹，原件護封左面題簽『□髓解歌義壹畚』，聶氏認爲作者當爲金代女真人□髓①。該書主要内容有兩部分，一是『訟（頌）』，是王忍公以歌訣形式對智吿《指玄論》門法的闡釋；二是『義』，即□髓對王忍公歌訣的注疏，實際上也就是對智吿門法的注疏，也有對《指玄論》及王忍公相關情況的介紹。該書是現存最早最完整的切韻門法專書，爲瞭解宋元切韻學理論，尤其是門法理論的發展過程提供了非常珍貴的資料。

目前所見宋元切韻學文獻是構建漢語等韻學理論或漢語音系學理論最重要的資料，奠定了漢語等韻學發展的理論基礎。因此，對宋元切韻學文獻進行系統整理和校注，對深入歸納總結傳統音系學理論的發展，對深入推進漢語等韻學研究與漢語語音史研究具有重要的價

① 聶鴻音、孫伯君《黑水城出土音韻學文獻研究》，文物出版社，二〇〇六年四月，第一〇八頁。

值。近年來，學術界對宋元切韻學文獻的研究已經非常深入，對這些文獻的校注也取得了一定的成果，尤其以《韻鏡》的校注成果最爲豐富。《韻鏡》自宋淳祐年間流入日本，在國内幾乎失傳，賴清末黎庶昌出使日本，始影印《覆永禄本韻鏡》，收入《古逸叢書》，重新得到學術界的關注。但因其久在異域，難免有誤，故對此書進行整理校勘者甚衆，如馬淵和夫《韻鏡校本和廣韻索引》（一九七七）、龍宇純《韻鏡校注》（一九八二）、李新魁《韻鏡校證》（一九八二），目前整理最全面最深入的是楊軍《韻鏡校箋》（二〇〇七）。而刊行時間相近的《七音略》，與《韻鏡》相比，學術界關注度並不高，最早對其進行簡單校注的有羅常培先生《〈通志・七音略〉研究》（景印元至治本《通志・七音略》序）（一九三五），楊軍《七音略校注》（二〇〇三）則是目前學術界對《七音略》校注最全面、最精細的著作。

相比於這兩部宋元早期切韻圖，現存其他宋元切韻學文獻儘管在研究方面已經取得了一定的成就，但對其進行校勘，尤其是對這些文獻内容之間的關聯性進行校釋，還有很大程度的不足。宋元漢語切韻學文獻理論自成體系，著作層次豐富，學術影響力極大。進一步推動宋元切韻學乃至漢語等韻學理論體系的研究，迫切需要編撰一部完整的宋元切韻學文獻整理叢書，爲深入開展漢語等韻學研究提供可資參閲的文獻資料，擴大這些文獻的受衆面，減少研究者的文獻搜集、抄録及繁瑣的整理、對比、檢索環節，推進宋元切韻學研究的廣度和深度，最大限度地展現文獻的使用價值，讓宋元切韻學文獻重新煥發新的活力，從而形成百花齊放的研究局面，促進漢語等韻學這門傳統學科的健康發展。

有鑑於此，本課題組聯合了音韻學界的專家學者，通力合作，編撰了《宋元切韻學文獻叢刊》。中國音韻學研究會原會長、南京大學魯國堯教授自始至終爲本叢刊的策劃、編撰、出版給予了精心的指導與幫助。魯國堯先生早年在日本發現了在學術史上沉埋八百餘載的《集韻》系列切韻學文獻《盧宗邁切韻法》，並著文向學術界公佈了這一宇内孤本，提出了許多富有卓見的切韻學理論觀點，如「切韻圖是層纍地造出來的」、漢語等韻學分爲宋元切韻學與明清等韻學兩個階段、宋元早期切韻學文獻分爲《廣韻》系列與《集韻》系列等。這些觀點都已經得到了學術界的廣泛接受與認可。魯先生以八十四歲高齡，答應對《盧宗邁切韻法》以及《夢溪筆談》卷十五「藝文二」之「切韻之學」條進行更深入細緻的校釋、闡述，將其納入《宋元切韻學文獻叢刊》，以惠澤學林。先生長者之風，高山仰止。楊軍先生在《韻鏡》《七音略》的校注方面取得了豐碩的成果，是國内外的權威專家，其《韻鏡校箋》《七音略校注》在學術界産生了巨大的反響，是音韻學研究者的必備參考書目。爲使《宋元切韻學文獻叢刊》更具有系統性、權威性，楊軍先生在承擔繁重科研任務的情况下，允諾對《韻鏡》《七音略》進行重新校釋，並在叢刊編撰過程中給予了許多建設性與指導性意見，受益良多。子課題負責人首都師範大學李紅教授作爲主編之一，在承擔叢刊的策劃、組稿的過程中，不僅負責了《切韻指掌圖》《皇極經世解起數訣》的校注任務，同時還協助楊軍先生對《七音略校箋》進行了補訂，對《韻鏡校箋》進行了編訂。李紅教授在《切韻指掌圖》研究方面創獲頗多，其《切韻指掌圖研究》（二〇一一）在學術界有一定的影響力，對《切韻指掌圖》《皇極經世解起數訣》的校注也是其多年來的學術積纍。中央民族大學婁育博士在《經史正音切韻指南》研究方面成果豐碩，其《〈經史正音切韻指南〉文獻整理與研究》（二〇一三），資料搜集全面，考證翔實、深入，是當前《經史正音切韻指南》研究難得的力作之一，在《經史正音切韻指南》校注方面也有了長期的積纍。安徽大學王曦教授搜集了大量《四聲等子》的文獻資料，爲幫助我們順利完成《四聲等子》的校注工作，將這些資料無償提供給了課題組，並協助李紅教授，二人合作完成了《四聲等子》的校注、校對與編寫任務，稟承學術乃公器之心，其情可嘉。孫伯君先生《黑水城出土等韻抄本〈解釋歌義〉研究》（二〇〇四）對《解釋歌義》的門法進行了梳理和研究；聶鴻音、孫伯君兩位先生（二〇〇六）對包括《解釋歌義》在内的黑水城音韻學文獻進行了深入研究。我們在聶、孫二君研究的基礎上，對《解釋歌義》重新進行了校釋，並將其與《四聲等子》所述門法，特别是《經史正音切韻指南》『玉鑰匙』十三門法、『玄關歌訣』進行了比較研究。爲了更全面地瞭解漢語等韻門法的發展演變過程，我們在對《解釋歌義》進行校釋的基礎上，將宋元以來對門法、『玄關歌訣』進行注釋、評議的相關文獻進行了初步搜集，將其中幾家有代表性的注解進行了彙集，並附董同龢《等韻門法通釋》對相關門法内容的疏證，以幫助音韻學研究者和愛好者對漢語等韻門法有比較全面的瞭解。

漢語等韻學一直被稱爲『絶學』，章學誠《文史通義·申鄭》認爲，『七音之學』等『誠所謂專門絶業』。近年來黨和國家領導人一直提倡『要講清楚中華優秀傳統文化的歷史淵源、發展脉絡、基本走向，講清楚中華文化的獨特創造、價值理念、鮮明特色，增强文化自信和價值觀自信』，冷門絶學的研究日益受到重視。我們對具有悠久的研究歷史、獨特的研究理論體系、獨創的語音分析理論與方法，具有鮮明中國特色的漢語切韻學文獻進行搜集整理，主要目的是希望能够進一步推動漢語等韻學研究的開展，重新構建中國古典音系學理論體系，梳理一千多年來中國古典音系學在學術創造方面的影響、在知識傳播方面的價值，及其對中國文化、社會生活所産生的重要推動意義，並爲以上研究提供基礎的文獻資料。

《宋元切韻學文獻叢刊》是國家社科基金重大項目『漢語等韻學著作集成、數據庫建設及系列專題研究』（17ZDA302）的階段性成果，同時獲得了二〇二〇年度國家古籍整理出版專項經費資助項目的資助。叢刊的出版要特别感謝鳳凰出版社總編輯吴葆勤編審的幫助、指導，感謝孫州、張沫、莫培三位責編的辛苦勞動；同時感謝首都師範大學李紅紅、黄麗娜、黄美琪、羅娟，劉洋，南昌大學但鋭、梅那、肖銀鳳、李洋華、余月等同學在參與課題研究過程中付出的努力。

最後，要特别感謝日本國立國會圖書館、國立公文書館、早稻田大學圖書館，美國哈佛大學哈佛燕京圖書館、中國國家圖書館、南京圖書館等國内外藏書機構爲本次《宋元切韻學文獻叢刊》編撰提供的珍稀版本；特别感謝上海古籍出版社對俄藏黑水城門法文獻《解釋歌義》圖版的授權。

爲方便讀者閱讀，本叢書多採用「一圖一注」的編排方式；同時爲滿足讀者閱讀參考完整文獻的需要，各書末多附各切韻文獻影印底本。其中《韻鏡》另附兩種重要版本，《七音略》另附一種重要版本，這三種版本以及《盧宗邁切韻法》，今特地採用全彩影印的方式，以充分體現其版本特點與價值。

是爲序。

李軍

辛丑年十月

由於各方面的原因，婁育博士未能按原定計劃繼續承擔《經史正音切韻指南》的校注工作，該項工作最後由李紅教授領銜承擔完成。不過，爲幫助校注工作的順利開展，婁育博士提供了其所積累的大量相關資料。

李軍

甲辰年九月

目録

凡例

一　本校注以《叢書集成初編》影印咫進齋重刻本《四聲等子》①爲底本，所標每字之位置及使用術語，悉與咫進齋 B 本《四聲等子》相同。

二　凡各本文字可通者，原則上不出校；凡底本之避諱字、俗字，各本異體字，一般徑改爲規範繁體字，不出校。

三　凡底本文字錯訛、一字兩見、列位有誤者，均出校。

四　本校注按韻圖從左至右順序出校，每條序號後出校之字，皆爲咫 B 本列字。其他版本差異，則分別標識於後。

五　與《廣韻》《集韻》不同，非小韻首字者出校。

六　本校注所據《廣韻》主要爲張士俊澤存堂翻刻宋本《廣韻》，參考了余迺永《新校互注

① 據王曦考證，南京圖書館存有兩種《咫進齋叢書》，其中編號 56－01122 和 56－42143 版本與《叢書集成初編》本相同，錯訛較少。《叢書集成初編》咫進齋本《四聲等子》當據此版本，稱之爲「咫進齋 B 本」，本校注簡稱爲「咫 B 本」。

宋本廣韻》相關内容；所據《集韻》主要爲顧千里嘉慶十九年（一八一四）重修曹氏刻本，參考了趙振鐸《集韻校本》相關内容。

七 列字與《韻鏡》《七音略》不同者，則參考韻書及相關資料，以辨其正訛或明其所據之差異，儘量出校。

八 本校注所據《韻鏡》爲永禄本，《七音略》爲元至治本，《切韻指掌圖》爲宋本，《皇極經世解起數訣》爲南京圖書館藏明抄本，《經史正音切韻指南》爲國家圖書館藏元刊本。

九 本校注中，個别生僻字在《廣韻》《集韻》和韻圖中未見者，則適當參考其他書韻書進行輔助研究。

十 本校注所對比《切韻指掌圖》《經史正音切韻指南》爲合韻韻圖，主要用於證明列字之正誤。三種韻圖同位置韻字亦隨文列出，並簡要標識音韻地位。

十一 本校注對《四聲等子》列字正誤所作判斷，分「是」「誤」「亦無誤」三種情況。「是」表示列字無誤，「誤」表示列字有錯訛，「亦無誤」表示列字依據的是《集韻》，或雖非《廣韻》《集韻》小韻首字，但據音韻地位可列於此。

欽定四庫全書提要

臣等謹案四聲等子一卷不著撰人名氏錢曾讀書敏求記謂卽劉鑑所作之切韻指南蓋一經翻刻特易其名今以二書校之若辨音和類隔廣通偈狹內外轉攝振救正韻憑切寄韻憑切喻下憑切日寄憑切及雙聲疊韻之例雖全具於指南門法玉鑰匙內然詞義詳畧顯晦逈有不侔至內攝之通照遇果宕曾流深外攝之江蟹臻山效麻梗咸十六攝圖雖亦與指南同然此書曾攝入內八而指南作內六流攝此書作內六而指南作內七深攝此書作內七指南作內八皆小有不同至以江攝外一附宕攝內五下梗攝外七附曾攝內六下與指南之各自爲圖則爲例逈殊雖指南假攝外六附果攝內四之下亦間併

二攝然假攝統歌麻二韻歌麻本通故假得附果若此書之以江附宕則不知江諧東冬不通陽剛以梗附曾則又悞通庚蒸爲一韻似不出於一手矣又此書七音綱目以幫滂並明非敷奉微之唇音爲宮影曉匣喻之喉音爲羽頗變玉篇五音之舊指南五音訣具在未嘗以唇爲宮以喉爲羽亦不得混爲一書切韻指南卷首有後至元丙子熊澤民序稱古有四聲等子爲傳流之正宗然而中間分析尙有未明關西劉士明著書曰經史正音切韻指南則劉鑑之指南十六攝圖乃因此書而革其宕攝附江曾攝附梗之悞此書實非鑑作也以字學中論等韻者司馬光指掌圖外惟此書頗古故並錄存之以備一家之學焉乾隆五十二年正月恭校上

總纂官臣紀昀臣陸錫熊臣孫士毅
總校官臣陸費墀

欽定四庫全書提要

臣等謹案：《四聲等子》一卷，不著撰人名氏。錢曾《讀書敏求記》謂即劉鑒所作之《切韻指南》，蓋一經翻刻，特易其名。今以二書校之，若辨音和、類隔、廣通偈狹、内外轉攝、振救、正韻憑切、寄韻憑切、喻下憑切、日寄憑切及雙聲叠韻之例，雖全具於《指南》「門法玉鑰匙」内，然詞義詳略顯晦，迥有不侔。至内攝之通、照〔一〕、遇、果、宕、曾、流、深，外攝之江、蟹、臻、山、效、麻〔二〕、梗、咸十六攝圖，雖亦與《指南》同，然此書曾攝入内八，而《指南》作内六；流攝此書作内六，而《指南》作内七；深攝此書作内七，《指南》作内八。皆小有不同。至以江攝外一附宕攝内五下，梗攝外七附曾攝内六下，與《指南》之各自爲圖，則爲例迥殊。雖《指南》假攝外六附果攝内四之下，亦間併二攝。然假攝統歌、麻二韻，歌、麻本通，故假得附果。若此書之以江附宕，則不知江諧東、冬，不通陽剛〔三〕；以梗附曾，則又誤通庚、蒸爲一韻。似不出於一手矣。又此書「七音綱目」，以幫滂並明、非敷奉微之脣音爲宫，影曉匣喻之喉音爲羽，頗變《玉篇》五音之舊。《指南》「五音訣」具在，未嘗以脣爲宫、以喉爲羽，亦不得混爲一書。《切韻指南》卷首有「後至元丙子熊澤民序」，稱古有《四聲等子》，爲傳流之正宗；然而中間分析，尚有未明。關西劉士明著書曰《經史正音切韻指南》。則劉鑒之《指南》十六攝圖，乃因此書而革其宕攝附江、曾攝附梗之誤。此書實非鑒作也。以字學中論等韻者，司馬光《指掌圖》外，惟此書頗古，故並録存之，以備一家之學焉。乾隆五十二年正月〔四〕恭校上。

總纂官：臣紀昀　臣陸錫熊　臣孫士毅

總校官：臣陸費墀

〔一〕照：按，實當作「止」。

〔二〕麻：按，實當作「假」。

〔三〕剛：按，實當作「唐」。

〔四〕文淵閣本作「乾隆四十六年十一月」。

四聲等子

切詳夫方殊南北聲皆本於喉舌域異竺夏談豈離於脣齒由是切韻之作始乎陸氏關鍵之設肇自智公傳芳著述以先知覺後知以先覺覺後覺致使玄關有異妙旨不同其指玄之論以三十六字母約三百八十四聲别爲二十圖畫爲四類審四聲開闔以權其輕重辨七音清濁以明其虚實極六律之變分八轉之異遞用則名音和（徒紅切同字）傍求則名類隔（補微切非字）同歸一母則爲雙聲（和會切會字）出一類則爲疊韻（商量切商字）同韻而分兩切者謂之憑切（求人切神字丞眞切脣字）同音而分兩韻者謂之憑韻（巨宜切其字巨祁切祈字）無字則點窠以足之謂之寄聲韻缺則引鄰韻以寓之謂之寄韻按圖以索二百六韻之字雖有音無字者猶且聲隨口出而況有音有字者乎遂得吴楚之輕清就聲而不濫燕

趙之重濁尅體而絕疑而不失於大中至正之道可謂盡善盡美矣近以龍龕手鑑重校類編于大藏經函帙之末復慮方音之不一脣齒之不分既類隔假借之不明則歸母協聲何由取準遂以此附龍龕之後令舉眸識體無擬議之惑下口知音有確實之決冀諸覽者審而察焉

七音綱目

	角	徵		宮		商		羽		
	牙音	舌頭	舌上	脣重	脣輕	齒頭	正齒	喉音	半舌	半齒
全清	見 經堅	端 丁顛	知 珍邅	幫 賓邊	非 分蕃	精 津煎	照 諄專	影 因煙		
次清	溪 輕牽	透 汀天	徹 獼脠	滂 砏篇	敷 芬翻	清 親千	穿 春川	曉 馨軒		
全濁	羣 勤乾	定 廷田	澄 陳纏	並 貧便	奉 墳煩	從 秦前	牀 神遄	匣 刑賢		
不清不濁	疑 銀研	泥 寧年	孃 紉嬭	明 民綿	微 文樠			喻 寅延	來 鄰連	日 人然
全清						心 新先	審 申羶			
半清半濁						邪 餳涎	禪 純船			

辨音和切字例

凡切字以上者爲切，下者爲韻，取同音、同母、同韻、同等四者皆同，謂之音和。謂如丁增切登字，丁字爲切，丁字歸端字母，是舌頭字；增字爲韻，增字亦是舌頭字，切而歸母即

是登字所謂音和遞用聲者此也

協聲歸母

德字與會字協聲在本帙第十七圖會攝內八端下第一等中

洪字與通字協聲在本帙第一圖通攝內一匣字下第一等中

德字屬舌頭音歸端字母

洪字屬喉音歸匣字母

四聲一音

登平 等上 嶝去 德入

洪平 澒上 哄去 縠入

德 烘
忒 洪
特 翁
鼟 ○

謂如德洪切東字先調德字求協聲韻所攝於圖中尋德字屬端字母下係入聲第一等眼內字又調洪字於協聲韻所攝圖中尋洪字即自洪字橫截過端字母下平聲第一等眼內即是東字此乃音和切其間或有字不在本等眼內者必屬類隔廣通局狹之例與匣喻來日下字或不識其字當翻以四聲一音調之二者必有一得也

辨類隔切字例

凡類隔切字取脣重脣輕舌頭舌上齒頭正齒三音中清

濁者謂之類隔如端知八母下一四歸端二三歸知一四爲切二三爲韻切二三字或二三爲切一四爲韻切一四字是也假若丁呂切柱字丁字歸端字母是舌頭字在後會攝内八啟口呼圖内端下第四等呂字亦舌頭字柱字雖屬知緣知與端俱是舌頭純清之音亦可通用故以符代蒲其類奉並如玉篇皮字作符羈切之類是也以無代模其類微明以丁代中其類知端以敕代他其類徹透餘倣此

辨廣通侷狹例

廣通者第三等字通及第四等字侷狹者第四等字少第三等字多也凡脣牙喉下爲切韻逢支脂眞諄仙祭清宵八韻及韻逢來日知照正齒第三等並依通廣門法於第四等本母下求之如余之切頤字碑招切標字韻逢東鍾陽漁蒸尤鹽侵韻逢影喻及齒頭精等四爲韻

並依偏狹門法於本母下三等求之居容切恭字居悚切拱字

辨內外轉例

內轉者脣舌牙喉四音更無第二等字唯齒音方具足外轉者五音四等都具足今以深曾止宕果遇流通括內轉六十七韻江山梗假效蟹咸臻括外轉一百三十九韻

辨窠切門

知母第三爲切韻逢精等影喻第四並切第三等是也如中遙切朝字

辨振救門

精等五母下爲切韻逢諸母第三並切第四是名振救門法例如蒼憂切秋字

辨正音憑切寄韻門法例

照等五母下爲切切逢第二韻逢二三四並切第二名正

音憑切門如鄒靴切鞾字切逢第一韻逢第二只切第一名互用門憑切切逢第三韻逢一三四並切第三是寄韻憑切門單喻母下爲切切逢第四韻逢第三並切第四是喻下憑切門又曰母下第三爲切韻逢一二四便切第三是日母寄韻門法

辨雙聲切字例

謂如和會二字爲切同歸一母只是會字更無切也故號曰雙聲如章灼切灼字良略切略字是也

辨疊韻切字例

謂如商量二字爲切同出一韻只是商字更無切也故號曰疊韻如灼略切灼字章良切章字之類是也

序例校釋

序

切詳夫方〔一〕殊南北，聲〔二〕皆本於喉舌；域異竺夏〔三〕，談〔四〕豈離於脣齒？由是《切韻》之作，始乎陸氏〔五〕；關鍵〔六〕之設，肇自智公〔七〕。傳芳著述，以先知覺後知，以先覺覺後覺〔八〕，致使玄關〔九〕有異，妙旨不同。其指玄之論〔一〇〕，以三十六字母約三百八十四聲，別爲二十圖，畫爲四類。審四聲開闔，以權其輕重；辨七音清濁，以明其虛實；極六律之變，分八轉之異。遞用則名音和徒紅切同字〔一一〕，傍求則名類隔補微切非字，同歸一母則爲雙聲和會切會字，同出一類〔一二〕則爲疊韻商量切商字，同韻而分兩切者謂之憑切示〔一三〕人切神字丞真切脣字，同音而分兩韻者謂之憑韻巨宜切其字巨祁切祁字〔一四〕。無字則點窠〔一五〕以足之，謂之寄聲；韻缺則引鄰韻以寓之，謂之寄韻。按圖以索二百六韻之字，雖有音無字者，猶且聲隨口出，而况有音有字者乎。遂得吴楚之輕清就聲，而不濫燕趙之重濁〔一六〕。尅體而絶〔一七〕，疑而不失，於大中至正之道，可謂盡善盡美矣。近以《龍龕手鑑》重校，類編于大藏經函帙之末〔一八〕。復慮方音之不一，脣齒之不分，既類隔假借之不明，則歸母協聲何由取準。遂以此附《龍龕》之後，令舉眸識體，無擬議之惑；下口知音，有確實之決〔一九〕。冀諸覽者審而察焉。

〔一一〕方：地域，地区。

〔一二〕聲：本段均講聲母，當指聲母。

〔一三〕竺夏：竺指『天竺』，此處指域外；夏指本土。竺夏連用指域内域外。

〔一四〕談：亦當指聲母。

〔一五〕陸氏：陸法言，在諸家討論的基礎上，著成《切韻》。

〔一六〕關鍵：此處當指分析語音的關鍵，大矢透《韻鏡考》認爲有可能指門法，羅常培《敦煌寫本守温韻學殘卷跋》也認爲有可能指門法。趙蔭棠《等韻源流》：『但是關鍵似乎是指下文所言的幾個門法。』

〔一七〕智公：一説《悉曇字記》作者智廣；一説《龍龕手鑒》序的作者智光，燕臺憫忠寺沙門知光字法炬；趙蔭棠認爲當指智光。李新魁《漢語等韻學》認爲《龍龕手鑒》的作者是行昀，宋人鄭樵《通志・藝文略》誤以爲是智光，所以後世便以爲《四聲等子》爲智光所作。

〔一八〕知覺：感覺。宋朱熹《〈中庸章句〉序》：『心之虛靈知覺，一而已矣。』清王夫之《薑齋詩話》卷二：『如均一「心」字，有以虛靈知覺而言者，「心之官則思」之類是也。』覺覺：感知到並察知。此句爲先感知到並發覺，然後再去通曉。

〔一九〕玄關：佛教稱入道的法門。《文選・王中〈頭陀寺碑文〉》：『於是玄關幽鍵，感而遂通。』這裏泛指門户。白右尹認爲：關鍵與韻圖有關，是反映韻圖編製的技巧，而玄關與韻圖無關，指固有的切韻法。

〔一〇〕一説當指《指玄論》，傳智公所作。《解釋歌義》中提及「智公建立指玄論」，如此則下文所述門法均指《指玄論》所記。一説當指《四聲等子》所傳之指玄理論，即門法理論。如此則下所述門法，爲《四聲等子》製圖時所用門法。

〔一一〕咫A本、咫B本、粤雅堂本爲「遞用則名音和徒紅切同字」。文瀾閣本、文淵閣本、文津閣本爲「遞用則名和音徒紅切東字」。根據反切規律，文瀾閣本、文淵閣本、文津閣本誤，徒紅切「東字」當改爲「同」字。咫A本、咫B本、粤雅堂本是。

〔一二〕咫A本、咫B本、文瀾閣、粤雅堂本均爲「同出一類則爲疊韻」。文淵閣本、文津閣本爲「同出一韻則爲疊韻」。「疊韻」，韻相同或相近爲疊韻，故咫A本、咫B本、文瀾閣本、粤雅堂本均誤，當改爲「同出一韻」。

〔一三〕示，諸本原皆作「求」，顯爲刻字之誤，今改爲「示」。

〔一四〕咫A本、咫B本、文瀾閣本、粤雅堂本爲「巨宜切其字巨祁切祈字」。文淵閣本、文津閣本爲「巨宜切其字巨祁切祁字」。根據反切規律，巨祁切「祈」字或「祁」字均可。

〔一五〕咫A本、咫B本、粤雅堂本爲「無字則點窠以足之」。文瀾閣本、文淵閣本、文津閣本爲「無字則點寀以足之」。「窠」，《説文》：空也，穴中曰窠，樹上曰巢。故此意爲「空穴」，取「空」意。「寀」，同「采」。此位當取「窠」字，門法中有窠切門。文瀾閣本、文淵閣本、文津閣本當改爲「窠」，咫A本、咫B本、粤雅堂本是。

〔一六〕《切韻序》：「吴楚則時傷輕淺，燕趙則多涉重濁。」本句似是《四聲等子》定音之標準，以吴楚之音爲取音標準，不取燕趙之音。

〔一七〕尅體：嚴格確定體例。尅，严格限定。《後漢書·楊厚傳》：「又尅水退期日，皆如所言。」

〔一八〕「近以龍龕手鑒重校類編于大藏經函帙之末」，咫A本、文瀾閣本、粤雅堂本同，「末」原作「未」，顯誤，今正。文淵閣本、文津閣本爲「近以龍龕手鑒重校類編刊于大藏經函帙之末」。後有「附《龍龕》之後」，從文意看，當爲重新校正編纂後，附於大藏紅函帙之末。因此文淵閣本、文津閣本「刊于」更爲清晰準確。

〔一九〕「下口知音有確實之决」，咫A本、文瀾閣本、粤雅堂本、文津閣本同，文淵閣本爲「下口知音可有確實之决」，從文體上看，文淵閣本是。

七音綱目〔一〕

		全清	次清	全濁	不清不濁	全清	半清半濁
角	牙音	見 堅經	溪 牽輕	群 乾勤	疑 研銀		
徵	舌頭	端 顛丁	透 天汀	定 田廷	泥 年寧		
	舌上	知 邅珍〔二〕	徹 脠𧟮	澄 纏陳	孃 嬭紉		
宮	脣重	幫 邊賓	滂 篇砏	並 便貧	明 綿民		
	脣輕	非 蕃分	敷 翻芬	奉 煩墳	微 樠文		
商	齒頭	精 煎津	清 千親	從 前秦		心 先新	邪〔三〕 涎餳
	正齒	照 專諄	穿 川春	牀 遄神		審 羶申	禪 船純
羽	喉音	影 烟因	曉 軒馨	匣 賢刑	喻 延寅		
半商徵	半舌				來 連鄰		
	半齒〔四〕				日 然人		

〔一〕「綱目」二字，咫進本趙鈔緊接着「七音」，文淵閣本在另一行「角」上。

〔二〕咫進本趙鈔作「珍」是，文淵閣本作「𤨱」誤。此蓋因「珍」俗寫作「珎」，文淵閣本抄者又以「尔」爲「爾」之俗，遂誤改作「𤨱」。

〔三〕「邪」，文淵閣本作「斜」，誤。

〔四〕「半舌半齒」，文淵閣本作「舌齒舌齒」。

辨音和切字例

凡切字，以上者爲切，下者爲韻。取同音、同母、同韻、同等，四者皆同謂之音和。謂如丁增切登字：丁字爲切，丁字歸端字母，是舌頭字；增字爲韻，增字亦是舌頭字。切而歸母，即是登字。所謂音和、遞用聲者，此也。

協　德字與曾字協聲在本帙第十七圖曾攝內八端下第一等中　四　登平　等上　嶝去　德入

聲　洪字與通字協聲在本帙第一圖通攝內一匣字下第一等中　聲　洪平　澒上　哄去　縠入

歸　德字屬舌頭音歸端字母　一　德忒　烘洪

母　洪字屬喉音歸匣字母　　音　特　翁[二]
鑑　○

謂如德洪[三]切東字，先調德字，求協聲韻所攝，於圖中尋德字，屬端字母下，係入聲第一等眼内字。又調洪[四]字，於協聲韻所攝圖中尋洪字，即自洪字横截過端字母下，平聲第一等眼内，即是東字，此乃音和切。其間或有字不在本等眼内者，必屬類隔、廣通、局[五]狹之例，與匣喻、來日，下字或不識其字，當翻以四聲一音調之二者，必有一得也。

〔一〕咫A本、咫B本、文淵閣本、粤雅堂本、文津閣本均爲「取同音同母同韻同等，四者皆同」。文瀾閣本爲「取同音同母爲韻同等，四者皆同」。從「四者皆同」可知，文瀾閣本誤，當改爲「取同音同母同韻同等，四者皆同」。

〔二〕僅文津閣本爲「翁屋」，考《切韻指掌圖》無「屋」，文津閣本誤。

〔三〕咫A本、咫B本、粤雅堂本爲「謂如德洪切東字」。文淵閣本、文瀾閣本、文津閣本爲「謂如德紅切東字」。「洪」、「紅」同屬東韻，均無誤。

〔四〕咫A本、咫B本、粤雅堂本爲「字又調洪字」，文淵閣本、文瀾閣本、文津閣本爲「字又調紅字」。同上。

〔五〕文淵閣本、文津閣本爲「必屬類隔廣通偈狹之例與匣喻來日」。咫A本、咫B本、文瀾閣本、粤雅堂本爲『必屬類隔廣通局狹之例與匣喻來日』。門法有偏狹門，用『偏』字較好。

此例與《切韻指掌圖》頗類似，現録於下：

凡切字以上者爲切，下者爲韻，取同音、同母、同韻、同等四者皆同，謂之音和；取脣重脣輕、舌頭舌上、齒頭正齒三音中清濁同者，謂之類隔。

協聲　德字與桓庚字協聲在第十六圖内，洪字與公弓字協聲在第二圖内。

歸母　德字屬舌頭音，歸端字母；洪字屬喉音，歸匣字母。

平　上　去　入

四聲　登　等　鐙　德

平　上　去　入

洪　澒　閧　穀

一音　德　翁

忒　烘

特　洪

鑑 ○

謂如德紅切東字，先調德字，求協聲韻，於圖中尋德字，屬端字母，係入聲内第一等眼内字，又調洪字，求協聲韻，於圖中尋洪字，即自洪字横截過端字母下，平聲第一等眼内，即自東字，此乃音和切，萬不失一。其間有字不在本等眼内者，必屬類隔及廣通、侷狹之例，與匣喻、來日字母，下字或不識其字，當以翻四聲調之一音、二音者，必有一得也。

辨類隔切字例

凡類隔切字，取脣重脣輕、舌頭舌上、齒頭正齒三音中清濁者，謂之類隔。如端知八母下，一四歸端，二三歸知，一四爲切，二三爲韻，切二三字；或二三爲切，一四爲韻，切一四字是也。假若丁呂切柱字，丁字歸端字母，是舌頭字在後曾攝内八啟口呼圖内端下第四等，呂字亦舌頭字，柱字雖屬知，緣知與端俱是舌頭純清之音，亦可通用，故以符代蒲，其類奉並如《玉篇》皮字作符羈切之類是也（一）；以無代模，其類微明；以丁代中，其類知端；以敕代他，其類徹透，餘倣此。

〔一〕咫B本、文瀾閣本、文淵閣本、粵雅堂本、文津閣本均爲『如《玉篇》皮字作符羈切之類是也』。咫A本爲『如《憂篇》皮字作符羈切之類是也』。咫A本誤，『憂篇』當改作『玉篇』。

《切韻指掌圖》有關類隔：

丁呂切貯字　緣用丁字爲切，丁字歸端字母，是舌頭字用呂字爲韻，呂字亦是舌頭字，所以切貯字。貯字雖歸知字母，緣知字與端字俱是舌頭中純清之字，詩云『類隔，傍求韻』者，此也。

辨廣通侷狹例

廣通者，第三等字通及第四等字。侷狹者，第四等字少〔一〕，第三等字多也。凡脣牙喉下爲切，韻逢支、脂、真、諄、仙、祭、清、宵八韻，及韻逢來、日、知、照正齒第三等，並依通廣門法於第四等本母下求之如余之切頤字。碑招切標字韻逢東、鍾、陽、漁、蒸、尤、鹽、侵，韻逢影、喻及齒頭精等四〔二〕爲韻，並依侷狹門法於本母

下三等求之居容切恭字。居悚切拱字

〔一〕咫A本、咫B本、文瀾閣、粤雅堂本均爲「第四等字少」。文淵閣本、文津閣本均爲「第三等字少」。文淵閣本、文津閣本均誤，當改爲「第四等字少」。

〔二〕文淵閣本爲「韻逢影、喻及齒頭精等字」。文淵閣本誤，此位當補「四」字。

《切韻指掌圖》辨廣通偈狹例：

所謂廣通者，第三等字通及第四等字也；偈狹者，第四等字少，第三等字多也。

歌曰　支脂真諄蕭仙祭，清宵入韻廣通義。

正齒第二爲其韻，脣牙喉下推尋四。（余支切移撫昭切漂）

歌曰　鍾陽蒸魚登麻尤，之虞齊鹽偈狹收。

影喻齒頭四爲韻，却於三上好推求。（居容切恭　居悚切拱）

辨内外轉例

内轉者，脣舌牙喉四音更無第二等字，唯齒音方具足；外轉者，五音四等都具足。今以深、曾、止、宕、果、遇、流、通括内轉六十七韻，江、山、梗、假、效、蟹、咸、臻、括外轉一百三十九韻。

《切韻指掌圖》辨内外轉例：

内轉者取脣舌牙喉四音，更無第二等字，唯齒音方具足。外轉者，五音四等都具足。舊圖以通、止、遇、果、宕、流、深、曾八字括内轉六十七韻。江、蟹、臻、山、效、假、咸、梗八字括外轉一百三十九韻。

辨窠切門

知母第三爲切，韻逢精、等、影、喻第四，並切第三等是也如中遥切朝字。

《切韻指掌圖》無窠切門，窠切是指切上字屬於知、徹、澄等聲母的三等字，而下字却用精組聲母或者影母、喻四等聲母字，這些聲母的字在等韻圖中列於四等位，其本質爲三等字，那切合出來的字還是三等字。

辨振救門

精等五母下爲切，韻逢諸母第三，並切第四，是名振救門法例如蒼憂切秋字。

《切韻指掌圖》無振救門，振救是指反切上字是精組字，而下字却是三等字，切出的字即使是三等字，也要在韻圖中擺放在四等。

辨正音憑切寄韻門法例

照等五母下爲切，切逢第二，韻逢二三四，並切第二，名正音憑切門如鄒靴切鞾字〔一〕。　切逢第一，韻逢第二〔二〕，只切第一，名互用門憑切〔三〕。　切逢第三，韻逢一三四，並切第三，是寄韻憑切門。

單喻母下爲切，切逢第四，韻逢第三，並切第四，是喻下憑切門。又日母下第三爲切，韻逢一二四，便切第三〔四〕，是日母寄韻門法。

〔一〕文淵閣本爲『如鄒訛切髽字』。文淵閣本顯誤，當正爲『如鄒靴切髽字』。

〔二〕咫A本、咫B本誤，爲『韻逢第二』。文瀾閣本、文淵閣本、粤雅堂本、文津閣本均爲『韻逢第一』。此四種版本誤，當校改爲『韻逢第二』。

〔三〕粤雅堂本爲『互用門憑』，文津閣本爲『互用門』。兩本皆脱字，誤，當校爲『互用門憑切』。

〔四〕文瀾閣本、文淵閣本、文津閣本均爲『韻逢一三四便切第三』。此三種版本均誤。『日寄憑切門』韻逢一二四，並切第三。故文瀾閣本、文淵閣本、文津閣本均誤，當校改爲『韻逢一二四，並切第三』。咫A本、咫B本、粤雅堂本是。

正音憑切是指反切上字爲照二組字，下字如果是三、四等字，切出的字也當列於韻圖二等位。

互用門憑切即精照互用門，指反切上字爲精組聲母一等字，下字爲照二組聲母字，所拼合出來的字應該是一等字。

寄韻憑切門是指反切上字是照三組聲母字，反切下字不管是一等四等，切出來的字全都是三等字。

喻下憑切門，是指反切上字爲喻四母字，切出來的字就是喻四母字，不管其下字是三等與否，切出來的字都要放在等韻圖的四等位上。

日母寄韻門即日下憑切，不管反切下字屬於何等組，只要反切上字是日母，切出的字都是日母三等字。

辨雙聲切字例

謂如『和會』二字爲切，同歸一母，只是會字更無切也，故號曰雙聲。如：『章灼』切灼字，『良略』切略字是也。

辨疊韻切字例

謂如商量二字爲切，同出一韻，只是商字更無切也，故號曰疊韻。如：灼略切灼字，章良切章字之類是也。

《切韻指掌圖》雙聲疊韻例：

和會二字爲切，同歸一母，只是會字更無切也，故號曰雙聲，如章灼良略是矣。

商量二字爲切，同出一韻，只是商字更無切也，故號曰疊韻，如灼略章良是矣。

歌曰　　和會徒勞切，商量亦莫尋。

驗人端的處，下口便知音。

	見溪羣疑	端透定泥	幫滂並明
韻圖	屬牙音	屬舌頭音具二等 舌頭一在四等一 舌頭二在四等四 眞二等 假二等	屬脣音重具四等
四等四聲	具四等	知徹澄孃 屬舌上音具二等 舌上一在四等二 舌上二在四等三 眞二等 假二等	非敷奉微 屬輕脣音只具第三等
	角	徵	宮
四一 平上去入	此中字屬牙音 四一	此中字屬舌頭音一在四等一	此中字屬脣音 四一
四二 平上去入	此中字屬牙音 四二	此中字屬舌上音一在四等二	此中字屬重脣音 四二
四三 平上去入	此中字屬牙音 四三	此中字屬舌上音二在四等三	此中字屬重脣音 四三 七輕韻只居此第一等有輕無重
四四 平上去入	此中字屬牙音 四四	此中字屬舌頭音二在四等四	此中字屬重脣音 四四

精清從心邪	曉匣影喻	來日
屬齒頭音 具兩等 兩一 兩二 兩一在四等一 兩二在四等四	屬喉音	屬半舌 半齒音
照穿牀審禪 屬正齒音 具兩等 兩一 兩二 兩一在四等二 兩二在四等三	具四等	具四等
商	羽	半徵 半商
此中字齒頭音精等兩一在四等一	此中字屬喉音四一	此中字屬來四一
此中字正齒音照等兩一在四等二	此中字屬喉音四二	此中字屬來四二
此中字正齒音照等兩二在四等三	此中字屬喉音四三	此中字屬來四三
此中字齒頭音精等兩二在四等四	此中字屬喉音四四	此中字屬來四四

韻圖

	見溪群疑	端透定泥	幫滂並明
韻圖	屬牙音	屬舌頭音具二等 舌頭一在四等一 舌頭二〔二〕在四等四 真二等 假二等	屬脣音重 具四等
四等四聲	具四等	知徹澄孃 屬舌上音具二等 舌上一在四等二〔三〕 舌上二在四等三 真二等 假二等	非敷奉微 屬輕脣音 只具第三等
〔一〕	角	徵	宮
四一 平上去入	此中字 屬牙音 四一	此中字 屬舌頭音一 在四等一	此中字 屬脣音 四一
四二 平上去入	此中字 屬牙音 四二	此中字 屬舌上音一 在四等二	此中字 屬〔五〕重脣音 四二
四三 平上去入	此中字 屬牙音 四三	此中字 屬舌上音二 在四等三	此中字 屬重脣音 四三 七輕韻只居 此第一等〔六〕 有輕無重
四四 平上去入	此中字 屬牙音 四四	此中字 屬舌頭〔四〕 音二 在四等四	此中字 屬重脣音 四四

精清從心邪	曉匣影喻	來　日
屬齒頭音 具兩等 兩一 兩二 兩一在四等一 兩二在四等四	屬喉音	屬半舌 半齒音
照穿牀審禪 屬正齒音 具兩等 兩一 兩二 兩一在四等二 兩二在四等三〔七〕	具四等	具四等
商	羽	半徵半商
此中字 齒頭音 精等兩 一在 四等一	此中字 屬喉音 四一	此中字 屬來〔八〕四一
此中字 正齒音 照等兩 一在 四等二	此中字 屬喉音 四二	此中字 屬來四二
此中字 正齒音 照等兩 二在 四等三	此中字 屬喉音 四三	此中字 屬來四三
此中字 齒頭音 精等兩 二在 四等四	此中字 屬喉音 四四	此中字 屬來四四

〔一〕文瀾閣本此列無空格下内容。其他版本均有内容，且内容同。

〔二〕文瀾閣本此處作「舌頭一在四等四」，誤，應改爲「舌頭二在四等四」。

〔三〕文津閣本此處作「舌上一在四等三」，誤。

〔四〕文淵閣本此處作「此中字屬舌上」，誤，應改爲「舌頭」。

〔五〕文津閣本作「此中字重脣音」，少「屬」字，當補。

〔六〕文瀾閣本、文淵閣本作「七輕韻只居此第三等」，文津閣本作「七輕韻只居此苐三荨」。咫Ａ本、咫Ｂ本誤。應改爲「七輕韻只居此第三等」。

〔七〕文瀾閣本、文淵閣本、文津閣本此處作「兩二在四等四」，誤，應改爲「兩二在四等三」。

〔八〕文淵閣本、文津閣本從四一至四四均作「此中字屬來、日」，此兩種版本均誤，日母只有三等，故當改爲「此中字屬來」。其他版本是。

通攝内一　重少輕多韻

見	溪	羣	疑	端知	透徹	定澄	泥孃	幫非	滂敷	並奉	明微
公	空	頖	嶢	東	通	同	農	○	㣿	蓬	蒙
贑	孔	○	湡	董	桶	動	䢉	琫	○	菶	蠓
貢	控	○	○	涷	痛	洞	齈	○	○	蓬	幪
穀	哭	○	㸾	轂	秃	獨	耨	卜	扑	暴	木
○	○	○	○	○	○	○	○	○	○	○	○
○	○	○	○	○	○	○	○	○	○	○	○
○	○	○	○	○	○	○	○	○	○	○	○
○	○	○	○	○	○	○	○	○	○	○	○
恭	穹	窮	顒	中	忡	蟲	醲	封	封	逢	○
拱	恐	梁	○	冢	寵	重	○	覂	捧	奉	○
供	焪	共	○	湩	蹱	仲	拔	葑	○	鳳	○
菊	曲	侷	玉	瘃	楝	躅	傉	福	蝮	伏	○
○	○	○	○	○	○	○	○	○	○	○	○
○	○	○	○	○	○	○	○	○	○	○	○
○	○	○	○	○	○	○	○	○	○	○	○
○	○	○	○	○	○	○	○	○	○	○	○

精照	椶總糉鏃	○○○緎	鍾腫種燭	○○○○
清穿	葱○謥瘯	○○○珿	衝䡴揰觸	○○○○
從牀	叢嵸敠族	崇○⿰崇刂⿱山鳥	○○○贖	○○○○
心審	檧⿰角攵送速	○○○縮	春○○束	○○○○
邪禪	○○○○	○○○○	鱅尰○蜀	○○○○
曉	烘嗊烘嗀	○○○○	胷洶⿺走凶旭	○○○○
匣	洪澒哄縠	○○○○	雄○○○	○○○○
影	翁蓊甕屋	○○○○	邕擁雍郁	○○○○
喻	○○○○	○○○○	○○○○	○○○○
來	籠籠弄祿	○○○○	龍隴贚錄	○○○○
日	○○○○	○○○○	茸冗⿰革茸褥	○○○○
	東董送屋	○○○○	鍾腫用燭	

冬腫宋沃 東冬鍾相助

第一圖　通攝内一　重少輕多韻

平聲一等列目爲東，實爲東冬二韻。

1 平一群　碩　咫A、B本列字爲『碩』，文瀾閣本、粵雅堂本、文淵閣本、文津閣本列字爲『順』。《廣韻》、《集韻》東冬韻無群母一等字。《韻鏡》、《七音略》、《切韻指掌圖》、《起數訣》，列字均無；《切韻指南》通攝内一偈門，列字均爲『碩』，『碩』，《康熙字典》記：『《五音集韻》渠公切，音窮。面上也。』按『渠公切』則爲群東平開一通，可列於此位，按直音『窮』則爲三等字。《四聲等子》、《切韻指南》此位列『碩』，當從『渠公切』。『順』字無考，當與『碩』字形近。咫A、B本列『碩』字佳，其餘各本當校改爲『碩』字。

2 平一疑　嶢　咫A、B本，粵雅堂本，文瀾閣本列字爲『嶢』，文淵閣本、文津閣本列字爲『嶢』。《廣韻》、《集韻》小韻首字均爲『㟋』，《廣韻》五東切、《集韻》五公切，疑東平開一通，無『嶢』字形；《韻鏡》内轉第一開、《起數訣》第一圖開音清，列字均爲『㟋』；《七音略》内轉第一重中重、《切韻指掌圖》一圖、《切韻指南》通攝内一偈門，列字均爲『㟋』，當爲『㟋』字之形近誤。『嶢』當爲『㟋』俗字。『㟋』爲《廣韻》東韻疑母位小韻首字，《四聲等子》列字俗訛。文淵閣本、文津閣本列字爲『嶢』，當爲俗字再訛。此位各本均應改爲『㟋』。

3 平一泥　農　《廣韻》、《集韻》奴冬切，泥冬平開一通；《韻鏡》內轉第二開合、《切韻指掌圖》二圖、《起數訣》第三圖收音清，列字均爲『農』；《七音略》內轉第二輕中輕，空位，誤；《切韻指南》平一泥母位列『齈』，《康熙字典》記：『《集韻》奴冬切，音農。』《四聲等子》爲合韻韻圖，列冬一等無誤。

4 平一滂　倴　《廣韻》東冬二韻均無一等滂母字，《集韻》『樸蒙切』，滂東開一平通；《韻鏡》內轉第一開，《切韻指掌圖》二圖，滂母空位，從《廣韻》；《七音略》內轉第一重中重、《切韻指南》通攝內一侷門，列字均爲『倴』；《起數訣》四庫本第一圖開音清列於東一等幫母位，誤，明本列於滂母位。《四聲等子》從《集韻》，無誤。

5 平一並　蓬　《廣韻》薄紅切、《集韻》蒲蒙切，並東開一平通；《韻鏡》內轉第一開、《七音略》內轉第一重中重、《切韻指掌圖》二圖、《切韻指南》通攝內一侷門，列字均爲『蓬』；《起數訣》四庫本第一圖開音清列『蓬』於東一等滂母位，明本列於並母位。『蓬』爲《廣韻》並東一等位小韻首字，《四聲等子》是。

6 平一明　蒙　《廣韻》莫紅切、《集韻》莫蓬切，明東開一平通；《韻鏡》內轉第一開、《七音略》內轉第一重中重、《切韻指掌圖》二圖、《切韻指南》通攝內一侷門，列字均爲『蒙』；《起數訣》四庫本空位，將明母字『蒙』錯列於並母，明本列於明母位。『蒙』爲《廣韻》明東一等位小韻首字，《四聲等子》是。

7 平一清　葱　咫A、B本，文瀾閣本，文淵閣本列字爲『葱』，粤雅堂本列字爲『蔥』。『葱』、『蔥』二字爲異體字，文津閣本列字爲『葱』，當爲『葱』字形訛。『葱』，《廣韻》倉紅切、《集韻》麤叢切，清東平開一通；《韻鏡》内轉第一開，列字爲『怱』；《七音略》内轉第一重中重、《切韻指掌圖》二圖、《起數訣》第一圖開音清，列字均爲『葱』；《切韻指南》通攝内一侷門，清母一等位列『怱』。『怱』爲《廣韻》東一清小韻首字，下收有『葱』字，列『怱』字爲佳，《四聲等子》各版本亦無誤。

8 平一心　樬　咫A、B本，文瀾閣本，文淵閣本列字爲『樬』，粤雅堂本寫作『檧』。『樬』、『檧』二字異體，『樬』之異體爲『篵』，此本列字當爲『樬』字異體從俗。文津閣本寫作『樬』，爲『樬』字形訛。『樬』，《廣韻》蘇公切，《集韻》蘇叢切，心東平開一通；《韻鏡》内轉第一開，心母一等位列『摠』，爲『樬』字刊刻誤；《七音略》内轉第一重中重，列字爲『檧』，《廣韻》倉紅切，平東清母，列於此位不合，當爲『樬』誤；《切韻指掌圖》二圖、《起數訣》第一圖開音清、《切韻指南》通攝内一侷門，列字均爲『樬』。『樬』爲《廣韻》、《集韻》心一東位小韻首字，《四聲等子》咫A、B本，文瀾閣本，文淵閣本是，粤雅堂本當正爲『樬』。

9 上一見　顈　《廣韻》、《集韻》未收，《康熙字典》記：『《玉篇》古孔切，公上聲。生皮也。』依上聲一等標目爲董，實爲董腫合韻。

此『古孔切』，見董上一開通，可列於此位。《韻鏡》、《七音略》、《切韻指掌圖》空位；《起數訣》第一圖開音清、《切韻指南》通攝内一㑋門，均列於見母上聲一等。《廣韻》、《集韻》董腫韻均無見母一等字，《四聲等子》列此字當從其他音切，亦無誤。

10 上一疑　湡　《廣韻》虞俱切，疑虞合三平遇，東冬韻疑母無字；《集韻》吾翁切，疑董上開一通；《韻鏡》、《切韻指掌圖》空位；《七音略》内轉第一重中重、《起數訣》第一圖開音清、《切韻指南》通攝内一㑋門，列字均爲『湡』。『湡』爲《集韻》董韻上一疑母位小韻首字，《四聲等子》列『湡』字從《集韻》，無誤。

11 上一透　桶　咫A、B本，粵雅堂本，文淵閣本，文瀾閣本，文瀾閣本列字爲『桶』，文津閣本列字爲『捅』。『桶』，《廣韻》他孔切、《集韻》吐孔切，透董上開一通；《韻鏡》内轉第一開、《七音略》内轉第一重中重、《切韻指掌圖》二圖，列字均爲『桶』；《切韻指南》通攝内一㑋門、《起數訣》第一圖開音清，透母一等列字爲『侗』。『侗』爲《廣韻》、《集韻》透一董小韻首字，下收有『桶』、『捅』二字，列字以『侗』爲佳，《四聲等子》文津閣本列字爲『捅』，其餘本列字爲『桶』，亦無誤。

12 上一並　菶　《廣韻》、《集韻》蒲蠓切，並董上開一通；《韻鏡》内轉第一開、《切韻指掌圖》二圖、《切韻指南》通攝内一㑋門，列字均爲『菶』；《七音略》内轉第一重中重，列『桻』，並鍾三等，不當列於此位；《起數訣》第一圖開音清列字爲『䛔』，《廣韻》未收此字，《集韻》蒲蠓切，並董上開一通，從《集韻》，亦無誤。『摓』爲《廣韻》東一並小韻首字，列字以『摓』爲佳，《四聲等子》是。

13 上一精　總　《廣韻》無此字形，董韻精母位首字爲『緫』，《集韻》收此字形。《康熙字典》記：『《廣韻》作孔切、《集韻》祖動切。』則爲精董上開一通；《韻鏡》内轉第一開、《七音略》内轉第一重中重、《切韻指掌圖》二圖、《起數訣》第一圖開音清、《切韻指南》通攝内一侷門，列字均爲『緫』。『緫』爲《廣韻》、《集韻》董一精母位小韻首字，《集韻》收有『總』字，《四聲等子》從《集韻》。

14 上一從　揔　《廣韻》作孔切，精董上開一通，無從母音；《集韻》才緫切，從董上開一通；《韻鏡》、《切韻指掌圖》二圖、《起數訣》第一圖開音清從《廣韻》，均空位；《七音略》内轉第一重中重、《切韻指南》通攝内一侷門，列字均爲『揔』，《四聲等子》從《集韻》，亦無誤。

15 上一心　觨　𢮦A、B本、粵雅堂本作『觨』，文瀾閣本作『觨』，文淵閣本作『敵』，文津閣本作『敵』。『觨』，《康熙字典》記：『《韻會》䚗古作觨。注詳十二畫。《字彙》訛作觨，非。詳前字注。』此二字形當爲書寫差異。《廣韻》、《集韻》心董一有『敵』，先孔切，心董上開一通；《韻鏡》内轉第一開、《切韻指掌圖》二圖，列字均爲『敵』，此字爲『敵』字之俗體；《七音略》内轉第一重中重、《切韻指南》通攝内一侷門，列字均爲『敵』；《起數訣》第一圖開音清，列『揔』字誤，當校改爲『敵』。『敵』爲《廣韻》、《集韻》心一董位小韻首字。《四聲等子》各本列字均形訛，當校改爲『敵』字爲佳。

16 上一匣　澒　《廣韻》胡孔切、《集韻》户孔切，匣董上開一通；《韻鏡》列字爲『懭』，《康熙字典》記：『《廣韻》呼孔切，《集韻》虎孔切，並音嗊。』曉母董韻，不當列於匣母位；《七音略》内轉第一重中重、《切韻指掌圖》二圖、《起數訣》第一圖開音清、《切韻指南》通攝内一侷門，列字均爲『澒』。『澒』爲《廣韻》、《集韻》董一匣母位小韻首字，《四聲等子》是。

17 上一來　籠　《廣韻》力董切、《集韻》魯孔切，來董開一上通；《韻鏡》内轉第一開，列字爲『矓』，《康熙字典》記：『《韻會》同聾。』《七音略》内轉第一重中重、《切韻指掌圖》二圖、《切韻指南》通攝内一侷門，均於來母一等位列『曨』；《起數訣》第一圖開音清，列字爲『籠』。『曨』爲《廣韻》來一董位小韻首字，下收有『籠』字，列字以『曨』爲佳，《韻鏡》列『矓』，爲『曨』字之刊刻誤；『籠』《集韻》董一來母位小韻首字，《四聲等子》從《集韻》。

去聲一等韻目爲宋，列字實爲送宋韻字。

18 去一端　凍　《廣韻》、《集韻》多貢切，端送去開一通；《韻鏡》内轉第一開、《七音略》内轉第一重中重、《切韻指掌圖》二圖、《起數訣》第一圖開音清，列字均爲『凍』；《切韻指南》通攝内一侷門，列字均爲『凍』；『凍』爲《廣韻》端一送位小韻首字，下收有『凍』字，『凍』爲《集韻》端一送位小韻首字，《四聲等子》從《集韻》。

19　去一並　蓬　咫 A、B 本，粤雅堂本，文瀾閣本作『蓬』，文淵閣本、文津閣本，列字爲『韼』。『蓬』，《廣韻》薄紅切、《集韻》蒲蒙切，並東平開一通，《廣韻》並母送宋韻均無列字；《集韻》菩貢切，並送去合一通，從《集韻》。《韻鏡》内轉第一開，列字爲『㻉』，《集韻》奉東平合三通，不應列於此，當删；《七音略》内轉第一重中重，列字爲『韼』，《康熙字典》查無此字；《切韻指掌圖》二圖，空位；《切韻指南》通攝内一侷門、《起數訣》第一圖開音清，列字均爲『槰』，《集韻》菩貢切，並母送韻；《切韻指南》、《起數訣》從《集韻》，《四聲等子》亦從《集韻》，無誤。文淵閣本、文津閣本，列『韼』字形訛，當校改爲『槰』。

20　去一明　幪　《廣韻》莫弄切、《集韻》蒙弄切，明送去開一通；《韻鏡》内轉第一開，列字爲『夢』，《廣韻》莫鳳切，去送明母三等，當爲『幏』字訛誤；《七音略》内轉第一重中重、《起數訣》第一圖開音清，列字均爲『幪』。《切韻指掌圖》二圖，列字爲『幏』，應爲『幏』字形訛；《切韻指南》通攝内一侷門，列字爲『幏』，『幏』、『幪』爲異體字；『幏』爲《廣韻》、《集韻》明一送位小韻首字，下收有『幪』字，列字以『幏』爲佳，《四聲等子》亦無誤。

21　去一精　糉　咫 A、B 本，粤雅堂本，文淵閣本，文津閣本，列字爲『糉』，文瀾閣本作『糭』，當爲『糉』字形誤。『糉』，《廣韻》、《集韻》作弄切，精送去開一通；《韻鏡》内轉第一開、《七音略》内轉第一重中重、《起數訣》第一圖開音清、《切韻指南》通攝内一侷門，列字均爲『糉』。《切韻指掌圖》二圖，列字均爲『粽』。『糉』爲《廣韻》送一精母位小韻首字，『粽』爲其俗體，列字以『稯』爲佳，《四聲等子》文瀾閣當校正，其餘版本是。

22 去一清 謥 𢗊 A、B本，文瀾閣本，文淵閣本，文津閣本，列字爲『謥』，粵雅堂本作『謥』。《廣韻》、《集韻》千弄切，清送去開一通；《韻鏡》内轉第一開、《七音略》内轉第一重中重、《切韻指掌圖》二一清送去開一通圖、《切韻指南》通攝内一偈門，列字均爲『謥』；《起數訣》第一圖開音清，寫作『謥』，『謥』、『謥』爲異體字；《四聲等子》各版本列字均無誤。

23 去一從 𢾛 𢗊 A、B本列字爲『𢾛』，文瀾閣本列字爲『𣪘』，文淵閣本列字爲『𣪘』，文津閣本列字爲『𣪘』。《廣韻》、《集韻》小韻首字均爲『𣪘』，徂送切，從送去開一通；《韻鏡》内轉第一開、《七音略》内轉第一重中重、《切韻指掌圖》二一圖、《起數訣》第一圖開音清、《切韻指南》通攝内一偈門，列字均爲『𣪘』。《四聲等子》文淵閣本是，其餘版本均小訛，當爲書寫誤，當校爲『𣪘』。

24 去一曉 烘 《廣韻》、《集韻》呼貢切，曉送去開一通；《韻鏡》内轉第一開、《七音略》内轉第一重中重、《切韻指掌圖》二一圖、《切韻指南》通攝内一偈門，列字均爲『烘』。《起數訣》第一圖開音清列爲『戇』字，『烘』爲《廣韻》送一曉母位小韻首字，下收有『戇』字，《起數訣》無誤。『戇』爲《集韻》小韻首字，《四聲等子》從《廣韻》。

25 去一匣 哄 《廣韻》、《集韻》胡貢切，匣送開一去通；《韻鏡》内轉第一開、《切韻指掌圖》二一圖，列字均爲『閧』；《七音略》内轉第一重中重、《切韻指南》通攝内一偈門，列字均爲『哄』；

《起數訣》第一圖開音清列字爲『⿰口宫』，《康熙字典》記：『《集韻》胡貢切，音閧。』『哄』爲《廣韻》送一匣母位小韻首字，下收有『閧』字，『⿰口宫』爲《集韻》小韻首字，《四聲等子》從《廣韻》。

26　去一影　甕　《廣韻》、《集韻》烏貢切，影送去開一通；《韻鏡》内轉第一開列字爲『甕』；《七音略》内轉第一重中重、《切韻指掌圖》二圖、《切韻指南》通攝内一侷門、《起數訣》第一圖開音清，列字均爲『瓮』。『瓮』爲《廣韻》、《集韻》送一影母位小韻首字，下收有『甕』字，爲異體字，列字以『瓮』字爲佳，《四聲等子》亦無誤。

入聲一等標目爲屋，實則爲屋沃韻。

27　入一疑　⿰牜翟　《廣韻》五沃切、《集韻》吾沃切，疑沃入開一通；《韻鏡》内轉第二開合、《切韻指掌圖》二圖、《起數訣》第三圖收音清、《切韻指南》通攝内一侷門，列字均爲『⿰牜翟』；《七音略》内轉第二輕中輕空位誤。『⿰牜翟』爲《廣韻》、《集韻》沃一疑母位小韻首字，《七音略》内轉第二空位誤，當校補『⿰牜翟』字，《四聲等子》是。

28　入一定　獨　《廣韻》、《集韻》徒谷切，定屋入開一通；《韻鏡》内轉第一開、《七音略》内轉第一重中重、《切韻指掌圖》二圖、《切韻指南》通攝内一侷門，列字均爲『獨』；《起數訣》第一圖開音清列『牘』字。『獨』爲《廣韻》屋一定母位小韻首字，下收有『牘』字，列字以『獨』爲佳，《集韻》屋一定小韻首字爲『牘』字，《四聲等子》從《廣韻》。

29 入一泥　耨　《廣韻》内沃切、《集韻》奴沃切，泥沃入開一通；《韻鏡》内轉第二開合、《七音略》内轉第二輕中輕、《起數訣》第三圖收音清，列字爲『褥』；《切韻指掌圖》空位；《切韻指南》通攝内一侷門列字爲『耨』；『褥』爲《廣韻》沃一泥母位小韻首字，下收有『耨』字，列字以『褥』爲佳；《集韻》沃一泥母位小韻首字爲『傉』，《四聲等子》從《廣韻》。

30 入一滂　扑　《廣韻》、《集韻》普木切，滂屋入開一通；《韻鏡》内轉第一開、《七音略》内轉第一重中重、《切韻指掌圖》二圖、《切韻指南》通攝内一侷門，列字均爲『扑』；《起數訣》列字爲『攴』。『扑』爲《廣韻》屋一滂母位小韻首字，下收有『攴』字，列字以『扑』爲佳；『撲』爲《集韻》小韻首字，《四聲等子》從《廣韻》。

31 入一並　暴　咫A、B本，文津閣本寫作『暴』，文瀾閣本、文淵閣本、粵雅堂本，列字爲『暴』；咫A、B本，文津閣本亦當爲『暴』字刊刻誤。『暴』，《廣韻》蒲木切，《集韻》步木切，並屋開一入通；《韻鏡》内轉第一開、《切韻指南》通攝内一侷門，列字均爲『暴』；《七音略》内轉第一重中重、《切韻指掌圖》二圖，列字均爲『瀑』；《起數訣》並母一等位列『僕』。『暴』爲《廣韻》屋一並母位小韻首字，下收有『瀑』、『僕』二字，列字以『暴』爲佳，《四聲等子》是。

32 入一清　瘯　《廣韻》、《集韻》千木切，清屋入開一通；《韻鏡》内轉第一開、《七音略》内轉第一重中重、《切韻指掌圖》二圖、《切韻指南》通攝内一侷門，列字均爲『瘯』；《起數訣》列『簇』字。『瘯』爲《廣韻》屋一清母位小韻首字，下收有『簇』字，列字以『瘯』爲佳，《四聲等子》是。

33 入一從 族 [illegible]A、B本，文瀾閣本，粤雅堂本，文津閣本寫作『族』，文淵閣本，列字爲『族』，顯係形訛。『族』，《廣韻》、《集韻》昨木切，從屋入開一通；《韻鏡》内轉第一開、《七音略》内轉第一重中重、《切韻指掌圖》二圖、《起數訣》第一圖開音清、《切韻指南》通攝内一偏門，列字均爲『族』。《四聲等子》文淵閣本形訛，當校正爲『族』，其餘版本皆是。

34 入一曉 嗀 文津閣本作『磬』，當爲刊刻誤；『嗀』，《廣韻》、《集韻》呼木切，曉屋入開一通；《韻鏡》列字爲『熇』，《廣韻》呼木切，入屋曉母；《七音略》列字爲『轂』，《廣韻》胡谷切，入屋匣母，不當列於曉母位；《切韻指掌圖》二圖、《起數訣》第一圖開音清，列字字形均爲『嗀』，《康熙字典》記：『《龍龕》音古。』古，《廣韻》公户切，上姥見母，不應列於此位，此字當爲『嗀』字形訛；《切韻指南》通攝内一偏門，曉母位列字爲『嗀』。『嗀』爲《廣韻》、《集韻》屋一曉母位小韻首字，《四聲等子》是，文津閣本當校正爲『嗀』。

35 入一匣 轂 《廣韻》、《集韻》胡谷切，匣屋入開一通；《韻鏡》内轉第一開、《切韻指掌圖》二圖、《起數訣》第一圖開音清、《切韻指南》通攝内一偏門，均列於匣母入聲一等。《七音略》内轉第一重中重，匣母位空位，『轂』誤列入曉母位，誤。『轂』爲《廣韻》、《集韻》屋一匣母位小韻首字，《四聲等子》是。

36 入一影 屋 《廣韻》、《集韻》烏谷切，影屋入開一通；《韻鏡》内轉第一開、《七音略》内轉第一重中重、《切韻指掌圖》二圖、《起數訣》第一圖開音清、《切韻指南》通攝内一偏門，列字均爲『屋』。

平聲二等無列目，均爲莊組三等字列於二等。

37 平二牀　崇　《廣韻》、《集韻》鉏弓切，崇東平開三通；《韻鏡》内轉第一開、《七音略》内轉第一重中重、《切韻指掌圖》二圖、《切韻指南》通攝内一侷門，均列於照二位；《起數訣》形制特别，第二圖收音濁，單獨列爲半三位。『崇』爲《廣韻》東三崇位小韻首字，按韻圖規制當列於二等位，《四聲等子》亦列於二等，是。

38 去二牀　㓻　《廣韻》、《集韻》仕仲切，崇送去開三通；《韻鏡》内轉第一開、《七音略》内轉第一重中重、《切韻指掌圖》二圖、《起數訣》第二圖收音濁、《切韻指南》通攝内一侷門，均於崇母位列『㓻』字。按韻圖規制，照二母字當列於二等，《四聲等子》是。

39 入二牀　鷟　咫　A、B本列字爲『鷟』，文瀾閣本列字爲『鷟』，文津閣本列字爲『鷟』。《廣韻》屋燭韻均無崇母字，《集韻》燭韻有『鷟，仕足切』。《韻鏡》内轉第二開合，列字爲『嶌』，當爲『鷟』字形訛；《七音略》内轉第二輕中輕、《切韻指南》通攝内一侷門，列字均爲『鷟』；《切韻指掌圖》二圖，空位；《起數訣》開音濁第四圖，列字爲『⿱山鹿』，當爲『鷟』字形訛。『鷟』爲《集韻》燭三牀母位小韻首字，《四聲等子》從《集韻》。

平聲三等標目爲鍾，實爲東鍾合韻。

40 平三溪　穹　《廣韻》去宮切、《集韻》丘弓切，溪東平開三通；《韻鏡》内轉第一開、《七音略》内轉第一重中重、《切韻指掌圖》二圖、《起數訣》第二圖收音濁，列字均爲「穹」；《切韻指南》通攝内一侷門，溪母三等位列腫韻「銎」，溪母鍾韻。「穹」爲《廣韻》東三溪母位小韻首字，《四聲等子》是。

41 平三疑　顒　咫A、B本，粤雅堂本作「顬」，當爲刊刻缺筆；文津閣本、文瀾閣本寫作「顆」，《廣韻》、《集韻》苦果切，溪歌上合一果，列於此位不合，當爲「顒」形訛。「顒」，《廣韻》、《集韻》魚容切，疑鍾平開三通；《韻鏡》内轉第二開合、《七音略》内轉第二輕中輕、《切韻指掌圖》二圖、《起數訣》第四圖開音濁、《切韻指南》通攝内一侷門，鍾三疑母位列字均爲「顒」。「顒」爲《廣韻》、《集韻》疑三鍾位小韻首字，《四聲等子》列字形訛，當校正爲「顒」。

42 平三徹　忡　《廣韻》、《集韻》敕中切，徹東平合三通；《韻鏡》内轉第一開、《七音略》内轉第一重中重、《切韻指掌圖》二圖，徹母位列字均爲「忡」；《切韻指南》通攝内一侷門，列字爲「蹱」，《廣韻》丑凶切、《集韻》癡凶切，徹鍾平開三通，「蹱」爲《廣韻》鍾三徹母位小韻首字，《切韻指南》亦無誤；《起數訣》第二圖收音濁，列字爲「沖」，《廣韻》直弓切、《集韻》持中切，澄東平開三通，不應列於徹母位，《起數訣》誤。「忡」爲《廣韻》徹東三位小韻首字，《四聲等子》是。

43 平三澄　蟲　《廣韻》直弓切、《集韻》持中切，澄東平開三通；《韻鏡》内轉第一開、《切韻指掌圖》二圖、《起數訣》第二圖收音濁，列字均爲『蟲』；《七音略》内轉第一重中重，列字爲『矗』，爲『蟲』字誤；《切韻指南》通攝内一侷門，澄母位列字爲『重』，《廣韻》直容切，《集韻》傳容切，澄鍾平合三通，亦無誤。『蟲』爲《廣韻》澄東三位小韻首字，《四聲等子》是。

44 平三孃　醲　《廣韻》女容切、《集韻》尼容切，孃鍾平開三通；《韻鏡》内轉第二開合、《七音略》内轉第二輕中輕、《起數訣》第四圖開音濁、《切韻指南》通攝内一侷門，列字均爲『醲』；《切韻指掌圖》二圖，孃母鍾東韻位列『濃』。『醲』爲《廣韻》孃鍾三等小韻首字，下收有『濃』字，列字以『醲』爲佳，《切韻指掌圖》亦無誤。《四聲等子》是。

45 平三非　封　《廣韻》府容切、《集韻》方容切，幫鍾平開三通；《韻鏡》内轉第二開合、《七音略》内轉第二輕中輕、《起數訣》第四圖開音濁、《切韻指南》通攝内一侷門，列字均爲『封』；《切韻指掌圖》二圖，列字爲『風』，非母東韻，亦無誤。『封』爲《廣韻》、《集韻》鍾三非母位小韻首字，《四聲等子》是。

46 平三敷　封　咫 A、B本作『封』，《廣韻》府容切、《集韻》方容切，幫鍾平開三通，非母鍾韻，列於此位不合，誤；文瀾閣本、文淵閣本、粤雅堂本、文津閣本作『峯』，《廣韻》、《集韻》敷容切，滂鍾平開三通。《韻鏡》内轉第二開合、《切韻指南》通攝内一侷門、《起數訣》第四圖開音濁，列字均爲『峯』；《七音略》内轉第二輕中輕，列字爲『峰』，『峯』、『峰』二字爲異體字；

《切韻指掌圖》二圖，敷母鍾東韻位『豐』，敷母東韻，亦無誤；《四聲等子》咫 A、B 本，敷母鍾韻位列『封』，誤，當校改爲『峯』，其餘版本列『峯』是。

47 平三微 ○ 《韻鏡》内轉第一開、《七音略》内轉第一重中重、《切韻指掌圖》二圖、《起數訣》第一圖開音清，列字均爲『瞢』；《廣韻》莫中切、《集韻》謨中切，明東平開三通；《切韻指南》通攝内一侷門，列字爲『犛』，《廣韻》未收；《集韻》鳴龍切，明鍾平開三通，亦無誤；《四聲等子》當校補『瞢』。

48 平三禪 鱅 粵雅堂本寫作『鱅』，當爲刊刻誤；鱅，《廣韻》蜀庸切、《集韻》常容切，禪鍾三平開通；《韻鏡》内轉第二開合、《七音略》内轉第二輕中輕、《切韻指掌圖》二圖、《起數訣》第四圖開音濁、《切韻指南》通攝内一侷門，鍾三禪母位列字均爲『鱅』。『鱅』爲《廣韻》、《集韻》鍾三禪母位小韻首字，粵雅堂本形訛，當校正爲『鱅』，其餘版本皆是。

49 平三曉 𦙄 《廣韻》許容切、《集韻》虛容切，曉鍾平開三通；《韻鏡》内轉第二開合、《七音略》内轉第二輕中輕，列字爲『匈』；《切韻指掌圖》二圖，鍾三曉列字爲『𦙄』；《切韻指南》通攝内一侷門、《起數訣》第四圖開音濁，列字爲『胷』。『胷』爲《廣韻》鍾三曉位小韻首字，注亦作『匈』、『𦙄』，列字以『胷』爲佳，《四聲等子》亦無誤。

50 平三匣 雄 《廣韻》羽弓切、《集韻》胡弓切，匣東平開三通；《韻鏡》内轉第一開、《七音略》内轉第一重中重、《起數訣》第二圖收音濁、《切韻指南》通攝内一侷門，列字均爲『雄』。《切韻指掌圖》二圖，匣母鍾東韻三等位列『容』，《廣韻》餘封切，以母鍾韻，誤。『雄』爲《廣韻》、《集韻》東三匣母位小韻首字，《四聲等子》是。

51 平三喻 ○ 《廣韻》、《集韻》東三均無云母字。《韻鏡》内轉第一開，列字爲『肜』；《七音略》、《切韻指掌圖》、《起數訣》、《切韻指南》喻三空位。肜，《廣韻》以戎切、《集韻》余中切，以東平開三通。按韻圖規制當列於四等位，《韻鏡》誤。《四聲等子》依韻書，空位是。

上聲三等標目爲腫，只收腫韻字。

52 上三溪 恐 文津閣本寫列字爲『𢖶』，他本列字均爲『恐』。恐，《廣韻》丘隴切、《集韻》丘勇切，溪腫上開三通；《韻鏡》内轉第二開合、《七音略》内轉第二輕中輕、《切韻指掌圖》二圖、《起數訣》第四圖開音濁、《切韻指南》通攝内一侷門，列字均爲『恐』。『𢖶』爲『恐』俗，文津閣本當校正爲『恐』，其他版本列『恐』是。

53 上三群 ⿱巩木 文津閣本寫作『⿱卂木』，其他版本列『⿱巩木』，文津閣本訛。⿱巩木，《廣韻》渠隴切，群腫上開三通；《康熙字典》記：『《廣韻》巨壠切、《集韻》巨勇切，讀如窮上聲。穫也。』《韻鏡》内轉第二開合，列字爲『拲』，見母腫韻，誤；《七音略》内轉第二輕中輕、《切韻指掌圖》二圖、《切韻指南》通攝内一侷門，列字均爲『⿱巩木』；《起數訣》第四圖開音濁列字爲『⿱卂木』，當爲『⿱巩木』字形訛。《四聲等子》是。文津閣本形訛，當校正爲『⿱巩木』。

54 上三知　冢　𡰪A本作『家』，文瀾閣本作『冡』，文津閣本作『冡』，當爲刊刻誤。冢，《廣韻》知隴切、《集韻》展勇切，知腫上開三通；《韻鏡》内轉第二開合、《七音略》内轉第二輕中輕、《切韻指掌圖》二圖、《起數訣》第四圖開音濁、《切韻指南》通攝内一侷門，列字均爲『冢』。『冢』爲《廣韻》、《集韻》上述三版本當校正爲『冢』。

55 上三徹　寵　文淵閣本寫作『寵』，當爲刊刻誤。寵，《廣韻》丑隴切、《集韻》丑勇切，徹腫上開三通；《韻鏡》内轉第二開合、《七音略》内轉第二輕中輕、《切韻指掌圖》二圖、《起數訣》第四圖開音濁、《切韻指南》通攝内一侷門，列字均爲『寵』。文淵閣本顯係形訛，當校正爲『寵』。

56 上三滂　捧　《廣韻》敷奉切、《集韻》撫勇切，滂腫三上合通；《韻鏡》内轉第二開合、《七音略》内轉第二輕中輕、《切韻指掌圖》二圖、《切韻指南》通攝内一侷門，列字均爲『捧』；《起數訣》第四圖開音濁，列字爲『棒』，並母講韻，不應列於此。『捧』爲《廣韻》腫三滂母位小韻首字，《四聲等子》是。

57 上三禪　尰　《廣韻》時宂切、《集韻》竪勇切，禪腫上合三通；《韻鏡》内轉第二開合、《切韻指掌圖》二圖、《切韻指南》通攝内一侷門，列字均爲『尰』。《七音略》内轉第二輕中輕，列字爲『允重』，爲『尰』字形訛；《起數訣》第四圖開音濁，列字爲『瘇』。『尰』爲《廣韻》腫三禪小韻首字，下收有『瘇』字，列字以『尰』爲佳，《四聲等子》是。

58 上三曉　洶　《廣韻》許拱切、《集韻》詡拱切，曉腫上開三通；《韻鏡》空位；《七音略》内轉第二輕中輕、《切韻指掌圖》二圖、《起數訣》第四圖開音濁、《切韻指南》通攝内一偈門，列字均爲『洶』。『洶』爲《廣韻》腫三曉位小韻首字，《韻鏡》空位誤，《四聲等子》是。

59 上三日　宂　戺A本列字爲『宂』，文瀾閣本、文淵閣本、粵雅堂本、文津閣本列字爲『冗』；『宂』，《廣韻》而隴切、《集韻》乳勇切，日腫三上開通；《韻鏡》内轉第二開合、《切韻指南》通攝内一偈門，列字均爲『宂』；《七音略》空位；《切韻指掌圖》二圖、《起數訣》第四圖開音濁，列字字形爲『冗』。『宂』爲《廣韻》腫三日母位小韻首字，『冗』、『宂』爲異體字，《七音略》空位誤，《四聲等子》是。

去聲三等標目爲用，實爲送用合韻。

60 去三知　湩　《廣韻》、《集韻》竹用切，知用去開三通；《韻鏡》空位；《七音略》内轉第二輕中輕、《切韻指南》通攝内一偈門、《起數訣》第四圖開音濁，列字均爲『湩』；《切韻指掌圖》二圖，去三知位列字爲『中』，知母送韻，亦無誤。『湩』爲《廣韻》用三鍾位小韻首字，《韻鏡》空位誤，《四聲等子》是。

61 去三徹　蹱　戺A、B本，粵雅堂本，文津閣本，均列字爲『蹱』；文淵閣本列字爲『踵』；文瀾閣本列字爲『蹖』。『蹱』，《廣韻》、《集韻》丑用切，徹用去合三通；《韻鏡》内轉第二開合、

《起數訣》第四圖開音濁，列字爲『踵』，『踵』，《廣韻》之隴切、《集韻》主勇切，章腫上合三通，均不當列於此位，此字當爲『蹱』字誤；《七音略》空位，誤；《切韻指掌圖》二圖、《切韻指南》通攝内一偈門，列字均爲『蹱』。『蹱』爲《廣韻》用三徹母位小韻首字，《四聲等子》文淵閣本誤，當校正爲『蹱』，其他版本列『蹱』是。

62 去三孃　㧐　《廣韻》穠用切，《集韻》戎用切，孃用三去開通；《韻鏡》内轉第二開合，列字爲『㧐』；《七音略》内轉第二輕中輕，列字爲『𣐊』，《康熙字典》記：『《唐韻》如融切，《集韻》而融切，音戎。』日母東韻，不應列於此，爲『㧐』字形訛；《切韻指掌圖》二圖、《起數訣》第四圖開音濁，列字均爲『㧐』；《切韻指南》空位，誤。『㧐』爲《廣韻》用三孃母位小韻首字，《四聲等子》是。

63 去三非　葑　咫 A、B本，粵雅堂本，文瀾閣本，文淵閣本均列字爲『葑』；文津閣本列字爲『封』。『葑』，《廣韻》方用切，非用去開三通；《集韻》芳用切，敷用去開三通；依《廣韻》可列於此位。《韻鏡》内轉第二開合、《七音略》内轉第二輕中輕、《起數訣》第四圖開音濁，列字爲『葑』；《切韻指掌圖》二圖、《切韻指南》通攝内一偈門，去三非位列字爲『諷』，非母送韻。『葑』爲《廣韻》用三非位小韻首字，下收有『封』字，列字以『葑』爲佳，文津閣本列『封』字，亦無誤。

64 去三敷　○　《廣韻》敷母送韻三等位列有『賵』字，《韻鏡》内轉第一開、《七音略》内轉第一重中重、《切韻指掌圖》二圖、《起數訣》第一圖開音清，列字均爲『賵』，《廣韻》、《集韻》撫鳳切，敷送去開三通。《切韻指南》通攝内一，三等位列『葑』，《廣韻》方用切，非母用韻，《集韻》芳用切，敷母用韻，依《集韻》。『賵』爲《廣韻》滂母三等位小允韻首字，《四聲等子》空位誤，當校補『賵』字。

65 去三微 ○ 《廣韻》送三微母位列有『夢』字。夢，《廣韻》、《集韻》莫鳳切，明送去開三通；《韻鏡》内轉第一開，在明母一等位列『夢』字，三等位列字爲『幏』，『幏』，《廣韻》莫弄切，明送去開一通，當列於一等位，《韻鏡》誤，應爲錯位所致；《七音略》内轉第一重中重、《切韻指掌圖》二圖、《起數訣》第二圖收音濁，列字均爲『夢』；《切韻指南》通攝内一偈門，三等位列『幪』，微母用韻，亦無誤。『夢』爲《廣韻》送三明小韻首字，《四聲等子》空位誤，當校補。

66 去三穿 揰 《廣韻》未收；《集韻》昌用切，昌用去開三通；《韻鏡》内轉第二開合空位；《七音略》内轉第二輕中輕，列字爲『揰』，《康熙字典》記：『《集韻》、《類篇》昌用切，音惷。木也。』可列於此位；《切韻指掌圖》二圖，昌母用送韻去聲三等位列『銃』，昌母送韻；《起數訣》第四圖開音濁、《切韻指南》通攝内一偈門，列字爲『揰』。『揰』爲《集韻》用三穿母位小韻首字，《四聲等子》從《集韻》。

67 去三曉 趬 《廣韻》、《集韻》香仲切，曉送去開三通；《韻鏡》内轉第一開、《切韻指掌圖》二圖、《起數訣》第二圖收音濁、《切韻指南》通攝内一偈門，曉送位均列『趬』字；《七音略》空位誤，當補。『趬』爲《廣韻》曉三送小韻首字，《四聲等子》是。

68 去三影　雍　《廣韻》、《集韻》於用切，影用去開三通；《韻鏡》内轉第二開合空位；《七音略》内轉第二輕中輕、《切韻指掌圖》二圖、《起數訣》第四圖開音濁、《切韻指南》通攝内一侷門，列字均爲『雍』。『雍』爲《廣韻》用三影母位小韻首字，《韻鏡》空位誤，《四聲等子》是。

入聲三等標目爲屋，實爲屋燭合韻。

69 入三見　菊　咫A、B本，文津閣本，文瀾閣本，文淵閣本均列字爲『菊』；粵雅堂本作『匊』；《廣韻》、《集韻》居六切，見屋入開三通；《韻鏡》内轉第一開、《七音略》内轉第一重中重、《切韻指掌圖》二圖、《起數訣》第二圖收音濁，列字均爲『菊』；《切韻指南》通攝内一侷門，三等位列『輂』，見母燭韻小韻首字，亦無誤。『菊』爲《廣韻》屋三見母位小韻首字，下收有『匊』字，列字以『菊』爲佳；『匊』爲《集韻》屋三見母位小韻首字，粵雅堂本列『匊』字從《集韻》。

70 入三群　侷　《廣韻》渠玉切，《集韻》衢六切，群燭入合三通；《韻鏡》内轉第二開合、《七音略》内轉第二輕中輕、《切韻指南》通攝内一侷門、《起數訣》第四圖開音濁，列字爲『局』；《切韻指掌圖》二圖，入三群母位列『𩥉』，《廣韻》、《集韻》渠竹切，群屋入合三通，亦無誤；『局』爲《廣韻》、《集韻》群三燭小韻首字，下收有『侷』字，列字以『局』爲佳，《四聲等子》亦無誤。

71 入三知　瘃　𡀩A、B本寫作『瘃』，文瀾閣本、文淵閣本、粵雅堂本、文津閣本寫作『瘃』，當爲『瘃』形訛；『瘃』，《廣韻》陟玉切、《集韻》珠玉切，知燭三入開通；《韻鏡》內轉第二開合，寫作『瘃』，形訛；《七音略》內轉第二輕中輕、《起數訣》第四圖開音濁、《切韻指南》通攝內一侷門，列字均爲『瘃』；《切韻指掌圖》二圖，入三知位列字爲『竹』，知母屋韻，亦無誤。『瘃』爲《廣韻》、《集韻》燭三知母位小韻首字，《四聲等子》𡀩A、B本是，文瀾閣本、文淵閣本、粵雅堂本、文津閣本當校正爲『瘃』。

72 入三徹　棟　《廣韻》、《集韻》丑玉切，徹燭入開三通；《韻鏡》內轉第二開合，舌音次清位列『悚』；《七音略》內轉第二輕中輕、《起數訣》第四圖開音濁、《切韻指南》通攝內一侷門，列字均爲『棟』；《切韻指掌圖》二圖，徹母燭屋韻位列『畜』，徹母屋韻。『棟』爲《廣韻》燭三徹母位小韻首字，《韻鏡》列字爲『悚』字訛，《四聲等子》是。

73 入三孃　傉　《廣韻》內沃切，泥沃入合一通，不應列於此；《集韻》奴沃切，孃燭入開三通；《韻鏡》內轉第二開合，空位；《七音略》內轉第二輕中輕，列字爲『㝈』，日母燭韻，不應列於此，應爲『傉』字訛誤；《起數訣》第四圖開音濁、《切韻指南》通攝內一侷門，列字均爲『傉』；《切韻指掌圖》二圖孃母位列字爲『肭』，『肭』、『朒』爲異體字，孃母屋韻。『傉』爲《集韻》燭三孃母位小韻首字，《四聲等子》從《集韻》。

74 入三微　○　《廣韻》、《集韻》屋三明母位列有『目』字，《廣韻》、《集韻》莫六切，明屋入合三通；《韻鏡》内轉第一開、《七音略》内轉第一重中重，列字爲『目』；《韻鏡》内轉第一開、《七音略》内轉第一重中重，列字均爲『目』。《廣韻》無燭三明母位字，《集韻》燭三明母位小韻首字爲『媢』。《韻鏡》内轉第二開合，明母燭韻位列『娟』，云母未韻，應爲『媢』字形訛；《七音略》内轉第二輕中輕，列字爲『媢』，《集韻》某玉切，明燭入開三通；依《集韻》無誤；《切韻指掌圖》空位；《切韻指南》通攝内一偏門，列字爲『娟』，應爲『媢』字形訛；《起數訣》第四圖開音濁，列字爲『媢』。《四聲等子》空位誤，當校補『目』或『媢』字。

75 入三牀　贖　《廣韻》、《集韻》神蜀切，船燭三入開通；《韻鏡》内轉第二開合、《七音略》内轉第二輕中輕、《切韻指南》通攝内一偏門，去三船位列字爲『贖』；《起數訣》第四圖開音濁、《切韻指掌圖》空位誤，當校補『贖』字。『贖』爲《廣韻》燭三船母位小韻首字，《四聲等子》是。

76 入三影　郁　《廣韻》於六切，《集韻》乙六切，影屋入合三通，《韻鏡》内轉第一開、《七音略》内轉第一重中重、《切韻指掌圖》二圖、《切韻指南》通攝内一偏門，列字均爲『郁』；《起數訣》第一圖開音清列字爲『䪣/栯』。『郁』爲《廣韻》影三屋小韻首字，下收有『䪣』、『栯』二字，列字以『郁』爲佳，《四聲等子》是。

77 入三喻　○　《廣韻》、《集韻》喻三屋有『囿』字，喻三燭無列字；『囿』，《廣韻》、《集韻》于六切，云屋入開三通；《韻鏡》内轉第一開、《七音略》内轉第一重中重、《切韻指南》通攝内一偏門、《起數訣》第二圖收音濁，列字均爲『囿』；《切韻指掌圖》二圖，于喻四位列『囿』，誤；

『囿』爲《廣韻》、《集韻》云三屋小韻首字，按韻圖規制，當列於三等，《四聲等子》空位，誤，當校補。

78　入三日　褥　《廣韻》而蜀切，《集韻》儒欲切，日燭入開三通；《韻鏡》內轉第二開合、《七音略》內轉第二輕中輕、《切韻指南》通攝內一侷門、《起數訣》第四圖開音濁，列字均爲『辱』；《切韻指掌圖》二圖，日母燭屋韻位列『肉』，日母屋韻；『辱』爲《廣韻》、《集韻》東三日小韻首字，下收有『褥』字，列字以『辱』字爲佳，《四聲等子》亦無誤。

效攝外五　全重無輕韻

見	高杲告各	交絞教角	嬌矯驕腳	澆皎叫○
溪	尻考靠恪	敲巧敲殼	趫槁趬卻	鄡磽竅○
羣	○○櫂○	○○○○	喬驕嶠豦	翹狢翹○
疑	敖積傲咢	磝咬樂岳	○○䖈虐	堯磽趬○
端知	刀倒到沰	嘲獠罩○	朝○○芍	碉鳥弔○
透徹	叨討套託	䫆○趠○	超巐朓㲋	祧朓糶○
定澄	桃道導鐸	䄻○棹○	晁兆召著	條窕藋○
泥孃	猱堖腰諾	鐃獿鬧○	○○○逽	嬈嬲尿○
幫	褒寶報博	包飽豹剝	鑣表裱○	標褾標○
滂	橐醥懪頮	胞○砲朴	藨麃○○	漂縹剽○
並	袍抱暴泊	炮鮑靤雹	瀌藨○○	瓢摽驃○
明	毛蓩媢莫	猫卯貌邈	苗○廟○	蜱眇妙○

精照	清穿	從牀	心審	邪禪	曉	匣	影	喻	來	日		
糟	操	曹	騷	○	蒿	豪	爊	○	勞	○	豪	本無入聲
早	草	皁	嫂	○	好	晧	襖	○	老	○	晧	
竈	操	漕	喿	○	耗	號	奧	○	澇	○	號	
作	錯	昨	索	○	郝	涸	惡	○	落	○	鐸	
瞾	抄	巢	梢	○	虓	肴	[illegible]	猇	顟	○	肴	
爪	炒	䜈	籔	○	嗃	澩	拗	○	○	○	巧	
笊	鈔	巢	稍	○	孝	效	靿	○	○	○	效	
斮	○	斮	○	○	吒	學	握	○	○	○	覺	
昭	怊	○	燒	韶	囂	○	妖	鴞	燎	饒	宵	蕭并入宵類
沼	麨	○	少	紹	○	○	夭	○	繚	遶	小	
照	覞	○	少	邵	[illegible]	○	○	○	尞	饒	笑	
灼	綽	○	爍	杓	謔	○	約	○	略	若	藥	
焦	鍫	樵	蕭	○	膮	○	幺	遙	聊	○		
勦	悄	灂	篠	○	曉	皛	杳	鷕	了	○		
醮	陗	噍	嘯	○	[illegible]	顥	窔	燿	料	○		
雀	鵲	嚼	削	○	○	○	○	藥	○	○		

第二圖　效攝外五　全重無輕韻

平一韻目：標目爲豪

1 平一溪　尻　《廣韻》苦刀切，《集韻》丘刀切，溪豪一平開效；《韻鏡》外轉第二十五開，列字爲『尻』；《七音略》外轉二十五重中重，列字爲『尻』，爲『尻』形訛；《切韻指掌圖》一圖、《起數訣》第五十一圖發音清，《切韻指南》效攝外五獨韻廣門，列字均爲『尻』。『尻』爲《廣韻》、《集韻》豪一溪母位小韻字，《四聲等子》是。

2 平一疑　敖　《廣韻》五勞切，《集韻》牛刀切，疑豪一平開效；《韻鏡》外轉第二十五開、《切韻指掌圖》一圖、《起數訣》第五十一圖發音清、《切韻指南》效攝外五獨韻廣門，列字均爲『敖』；《七音略》外轉二十五重中重，列字爲『敖』。『敖』爲《廣韻》、《集韻》豪一疑母位小韻首字，下收有『敖』字，列字以『敖』字爲佳，《七音略》列『敖』字，亦無誤。《四聲等子》是。

3 平一透　叨　《廣韻》土刀切，《集韻》他刀切，透豪一平開效；《韻鏡》外轉第二十五開、《七音略》外轉二十五重中重、《切韻指掌圖》一圖、《切韻指南》效攝外五獨韻廣門，列字均爲『饕』；《起數訣》第五十一圖發音清，列字爲『叨』。『饕』爲《廣韻》豪一透母位小韻首字，下收有『叨』字。《集韻》『饕』、『叨』并列豪一透母位小韻首字，《四聲等子》從《集韻》。

4 平一定　桃　《廣韻》、《集韻》徒刀切，定豪一平開效；《韻鏡》外轉第二十五開、《七音略》外轉二十五重中重、《切韻指南》效攝外五獨韻廣門，列字均爲『陶』；《切韻指掌圖》一圖，列字爲『淘』；《起數訣》第五十一圖發音清，列字爲『匋』。『陶』爲《廣韻》豪一定母位小韻首字，下收有『匋』、『桃』、『淘』三字，列字以『陶』字爲佳，《四聲等子》亦無誤。

5 平一泥　猱　《廣韻》、《集韻》奴刀切，泥豪一平開效；《韻鏡》外轉第二十五開、《切韻指掌圖》一圖、《起數訣》第五十一圖發音清、《切韻指南》效攝外五獨韻廣門，列字均爲『猱』；《七音略》外轉二十五重中重，列字爲『㹋』，當爲『猱』字形訛。『猱』爲《廣韻》豪一泥母位小韻首字，《四聲等子》是。

6 平一幫　褒　《廣韻》、《集韻》博毛切，幫豪一平開效；《韻鏡》外轉第二十五開、《起數訣》第五十一圖發音清，列字均爲『褒』；《七音略》外轉二十五重中重，列字爲『裦』，爲『裦』字形訛；《切韻指掌圖》一圖、《切韻指南》效攝外五獨韻廣門，列字均爲『裦』。《廣韻》『裦』字下注：『褒俗』，『褒』爲俗體。《集韻》『褒』、『裦』并列小韻首字，『裦』、『褒』二字爲異體字。『裦』爲《廣韻》、《集韻》豪一幫母位小韻首字，《四聲等子》是。

7 平一滂　櫜　咫Ａ本、文瀾閣本、粵雅堂本、文津閣本列字爲『櫜』，文淵閣本作『槖』。四庫本字迹難識。『櫜』，《廣韻》古勞切，《集韻》居勞切，見豪一平開效；不當列於幫母位。此位當爲『槖』字訛。『槖』，《廣韻》普袍切，滂豪一平開效；《集韻》列字爲『橐』，此字爲小篆形體，普刀切，滂豪一平開效。《韻鏡》外轉第二十五開，列字爲『橐』；《七音略》外轉二十五重中重，列字爲『裒』；《起數訣》第五十一圖開音清，列字爲『橐』，《韻鏡》、《七音略》誤；《切韻指掌圖》一圖、《切韻指南》效攝外五獨韻廣門，列字均爲『橐』。『橐』爲《廣韻》豪一滂母位小韻首字，《四聲等子》當校改爲『橐』。

8 平一清　操　咫A、B本列字爲『操』，文瀾閣本作『掭』，文淵閣本作『掾』，粵雅堂本作『掾』，文津閣本作『掭』。『操』，《廣韻》七刀切，《集韻》倉刀切，清豪一平開效；《韻鏡》外轉第二十五開、《七音略》外轉二十五重中重、《切韻指掌圖》一圖、《起數訣》第五十一圖發音清、《切韻指南》效攝外五獨韻廣門，列字均爲『操』。《四聲等子》文瀾閣本、文淵閣本、粵雅堂本、文津閣本應校正爲『操』。咫A、B本列『操』字是。

9 平一曉　蒿　《廣韻》呼毛切，《集韻》呼高切，曉豪一平開效；《韻鏡》外轉第二十五開、《七音略》外轉二十五重中重、《切韻指掌圖》一圖、《切韻指南》效攝外五獨韻廣門，列字均爲『蒿』；《起數訣》第五十一圖發音清，列字爲『嵩』，《廣韻》息弓切，《集韻》思融切，心東三平合通，不當列於此位，《起數訣》當爲『嵩』形訛。《四聲等子》是。

10 平一影　爊　《廣韻》、《集韻》於刀切，影豪一平開效；《韻鏡》外轉第二十五開、《切韻指掌圖》一圖，列字均爲『鏖』，《康熙字典》記：『《五音篇海》與鏖同。』《説文》於刀切；《七音略》外轉二十五重中重、《起數訣》第五十一圖發音清，列字均爲『爊』；《切韻指南》效攝外五獨韻廣門，列字爲『熝』，此字當爲『⿰火麀』字形訛。《廣韻》豪一影母位小韻首字爲『⿰火麀』字，《集韻》別作『爊』字，實爲『⿰火麀』之形訛。列字以『⿰火麀』字爲是，從字形而言，《四聲等子》從《集韻》。

上一韻目：標目爲皓

11 上一見　杲　《廣韻》、《集韻》古老切，見皓一上開效；《韻鏡》外轉第二十五開、《七音略》外轉二十五重中重、《切韻指掌圖》一圖、《切韻指南》效攝外五獨韻廣門，列字均爲『暠』；《起數訣》第五十一圖發音清，列字爲『杲』。『暠』爲《廣韻》皓一見母位小韻首字，下收有『杲』字。『杲』爲《集韻》皓一見母位小韻首字，下收有『暠』字，列字以『杲』字爲佳，《四聲等子》從《集韻》。

12 上一疑　⿰⿱艹牛頁　各參校本均作⿰⿱艹牛頁；《廣韻》、《集韻》皓一疑母位小韻首字均爲『⿰牛頁』，五老切，疑皓一上開效；《韻鏡》外轉第二十五開、《七音略》外轉二十五重中重、《切韻指掌圖》一圖、《起數訣》第五十一圖發音清、《切韻指南》效攝外五獨韻廣門，列字均爲『⿰牛頁』。《四聲等子》諸本皆形訛，當校正爲『⿰牛頁』。

13 上一泥　堖　⿸尸⿱口乚 A、B本列字爲『堖』，文瀾閣本作『瑙』，粵雅堂本作『堖』，文津閣本、文淵閣本作『堖』。堖，《廣韻》奴皓切，《集韻》乃老切，泥皓一上開效；《韻鏡》外轉第二十五開、《起數訣》第五十一圖發音清，列字均爲『腦』；《七音略》外轉二十五重中重，列字均爲『腦』，爲

『腦』字訛誤。『腦』，《康熙字典》記：『《廣韻》同堖。』故『腦』、『堖』二字爲異體字。《切韻指掌圖》一圖，列字爲『惱』；《切韻指南》效攝外五獨韻廣門，列字爲『堖』。『堖』爲《廣韻》、《集韻》晧一泥母位小韻首字，下收有『腦』、『惱』二字。列字以『堖』字爲佳，《四聲等子》咫A、B本是。文瀾閣本、粵雅堂本列字俗體，文津閣本、文淵閣本字形小訛，當校正爲『堖』。

14　上一滂　皫　《廣韻》敷沼切，滂小三上開效；《集韻》滂保切，滂晧一上開效；《韻鏡》外轉第二十五開，列字爲『犥』；《七音略》外轉二十五重中重，列字爲『膔』，《廣韻》甫驕切，《集韻》悲嬌切，幫宵三平開效，《七音略》誤，當爲『皫』形訛；《切韻指掌圖》空位；《起數訣》第五十一圖發音清、《切韻指南》效攝外五獨韻廣門，列字均爲『皫』。『皫』爲《集韻》晧一滂母位小韻首字，下收有『犥』字，列字以『皫』字爲佳，《韻鏡》列『犥』字，亦無誤。《韻鏡》、《四聲等子》從《集韻》。

15　上一清　草　《廣韻》采老切，《集韻》采早切，清晧一上開效；《韻鏡》外轉第二十五開、《七音略》外轉二十五重中重、《切韻指掌圖》一圖、《切韻指南》效攝外五獨韻廣門，列字均爲『草』；《起數訣》第五十一圖發音清，列字爲『艸』。『草』爲《廣韻》晧一清母位小韻首字，下收有『艸』字。《四聲等子》是。

16　上一從　皁　咫A、B本列字爲『皁』，文瀾閣本、文淵閣本、粵雅堂本、文津閣本寫作『皂』；皁，《廣韻》昨早切，《集韻》在早切，從晧一上開效；《韻鏡》外轉第二十五開、《切韻指掌圖》

一圖、《起數訣》第五十一圖發音清、《切韻指南》效攝外五獨韻廣門，列字均爲『皁』；《七音略》外轉二十五重中重，列字爲『卓』，知母覺韻，不應列於此，應爲『皁』字形訛。『皁』爲《廣韻》晧一上從母位小韻首字，《七音略》誤。『皂』爲『皁』之異體，《四聲等子》諸本皆是。

17 上一心　嫂　文淵閣本、文瀾閣本列字爲『嫂』；咫A、B本，粵雅堂本，文津閣本作嫂，應爲『嫂』形訛。嫂，《廣韻》、《集韻》蘇老切，心晧一上開效；《韻鏡》外轉第二十五開、《切韻指南》效攝外五獨韻廣門，列字均爲『㛐』；《起數訣》第五十一圖發音清，列字爲『⿰女婁』，當爲『㛐』字形訛。《康熙字典》記：『《説文》兄妻也，與㛐同。』『嫂』、『㛐』二字爲異體字。『㛐』爲《廣韻》、《集韻》晧一心母位小韻首字，《四聲等子》文淵閣本、文瀾閣本是，其餘版本字形訛，當正爲『嫂』。

18 上一匣　皓　《集韻》下老切，匣晧一上開效；《廣韻》、《韻鏡》外轉第二十五開，列字爲『皓』；《七音略》外轉二十五重中重、《切韻指掌圖》一圖、《起數訣》第五十一圖發音清、《切韻指南》效攝外五獨韻廣門，列字均爲『皓』。《廣韻》未收『皓』字形，小韻首字爲『晧』，《韻鏡》從《廣韻》。『皓』爲《集韻》小韻首字，也爲韻目字，《四聲等子》從《集韻》。

19 上一影　襖　咫A、B本作『襖』，文瀾閣本作『襖』，文淵閣本作『襖』，文津閣本作『襖』，各版本應爲『襖』字形訛。『襖』，《廣韻》、《集韻》烏晧切，影晧一上開效；《韻鏡》外轉第二十五開，列字爲『襖』；《七音略》外轉二十五重中重、《切韻指掌圖》一圖、《切韻指南》效攝外五獨韻廣門，列字均爲『襖』，當爲『襖』字形訛；《起數訣》第五十一圖發音清，列字爲『媪』，影母晧韻。『襖』爲《廣韻》晧一影母位小韻首字，下收有『媪』字，《四聲等子》諸版本皆誤，當校正爲『襖』。

去一韻目：號

20 去一見　告　《廣韻》古到切，《集韻》居號切，見號一去開效；《韻鏡》外轉第二十五開、《七音略》外轉二十五重中重、《切韻指南》效攝外五獨韻廣門、《起數訣》第五十一圖發音清，列字均爲『誥』；《切韻指掌圖》一圖，列字均爲『告』。『誥』爲《廣韻》、《集韻》號一見母位小韻首字，下收有『告』字，列字以『誥』字爲佳，《四聲等子》亦無誤。

21 去一溪　靠　《廣韻》苦到切，《集韻》口到切，溪號一去開效；《韻鏡》外轉第二十五開、《七音略》外轉二十五重中重、《切韻指掌圖》一圖、《切韻指南》效攝外五獨韻廣門，列字均爲『鎬』；《起數訣》第五十一圖發音清，列字均爲『犒』。『鎬』爲《廣韻》、《集韻》號一溪母位小韻首字，下收有『犒』、『靠』二字，列字以『鎬』爲佳，《四聲等子》亦無誤。

22 去一群　櫭　文津閣本、文淵閣本列字爲『櫭』；咫 A、B 本列字爲『櫭』，粤雅堂本列字爲『櫭』，皆爲『櫭』形訛；文瀾閣本空位。『櫭』，《廣韻》渠列切，群薛三入開山，不當列於此位；《康熙字典》記：『《集韻》巨列切，音傑。又《集韻》其例切，音偈。義同。』依此『巨列切」群薛三入開山，不當列於此位；「其例切」，群祭三去開蟹，不當列於此位。《廣韻》、《集韻》群母平聲一等均無字，《韻鏡》、《七音略》、《切韻指掌圖》、《起數訣》號一群母均空位，《切韻指南》效攝外五獨韻廣門，列字均爲「檮」。《四聲等子》文瀾閣本是，其餘本誤，當校删。

23 去一透 套 《廣韻》土刀切，透豪一平開效；《集韻》叨號切，透號一去開效；《韻鏡》外轉第二十五開空位；《七音略》外轉二十五重中重、《切韻指掌圖》一圖、《切韻指南》效攝外五獨韻廣門、《起數訣》第五十一圖發音清，列字均爲「韜」。《廣韻》號韻無透母字，「韜」爲《集韻》號一透母位小韻首字，下收有「套」字，列字以「韜」字爲佳，《四聲等子》從《集韻》亦無誤。

24 去一定 導 《廣韻》徒到切，《集韻》大到切，定號一去開效；《韻鏡》外轉第二十五開、《起數訣》第五十一圖發音清、《切韻指南》效攝外五獨韻廣門，列字均爲「導」；《七音略》外轉二十五重中重、《切韻指掌圖》一圖，列字均爲「道」，《廣韻》徒晧切，定晧一上開效；《集韻》大到切，定號一去開效。「導」爲《廣韻》、《集韻》號一定母位小韻首字，《集韻》下又收有「道」字，列字以「導」字爲佳。《七音略》列「道」或從《集韻》。《四聲等子》列字是。

25 去一泥 腰 𡰯 A、B本，粵雅堂本作腰，文淵閣本作腝，文瀾閣本、文津閣本均爲「腝」。「腝」，《廣韻》那到切，泥號一去開效；《集韻》乃到切，泥號一去開效。《韻鏡》外轉第二十五開、《七音略》外轉二十五重中重、《起數訣》第五十一圖發音清，列字均爲『臑』，《廣韻》人朱切，日虞三平合遇，《集韻》乃到切，泥號一去開效；《切韻指掌圖》一圖，列字爲『腝』；《切韻指南》效攝外五獨韻廣門，列字爲『腰』。『腝』、『腰』二字或爲『腝』字形訛。『臑』爲《集韻》號一泥母位小韻首字，《韻鏡》、《七音略》、《起數訣》皆從《集韻》。《四聲等子》亦從《集韻》，文瀾閣本、文津閣本列字是；咫A、B本，粵雅堂本，文淵閣本形訛，當校改爲『腝』。

26　去一滂　⿰忄麃　《廣韻》效攝滂母去聲一等空位，《集韻》列字爲『⿱麃心』，牛名，此字當爲『犥』字形訛。『犥』，《廣韻》撫招切，滂宵三平開效；又敷沼切，滂小三上開效，不當列於去聲位；《集韻》叵到切，滂號一去開效，可列於此位。《韻鏡》外轉第二十五開、《切韻指掌圖》一圖均空位；《七音略》外轉二十五重中重、《切韻指南》效攝外五獨韻廣門、《起數訣》第五十一圖發音清，列字均爲『犥』。『犥』爲《集韻》號一滂母位小韻首字，《四聲等子》從《集韻》，但形訛，當校正爲『犥』。

27　去一並　暴　《廣韻》、《集韻》薄報切，並號一去開效；《韻鏡》外轉第二十五開、《起數訣》第五十一圖發音清、《切韻指南》效攝外五獨韻廣門，列字均爲『暴』。《七音略》外轉二十五重中重、《切韻指掌圖》一圖，列字均爲『㬥』。『㬥』當爲『暴』俗字，《四聲等子》列字是。

28　去一明　帽　咫A、B本，文淵閣本作『帽』；文瀾閣本、粵雅堂本、文津閣本寫作『帽』，當爲『帽』形訛。『帽』，《廣韻》、《集韻》莫報切，明號一去開效；《韻鏡》外轉第二十五開、《切韻指掌圖》一圖，列字均爲「帽」；《七音略》外轉二十五重中重、《切韻指南》效攝外五獨韻廣門，列字均爲「帽」，當爲「帽」形訛。《起數訣》第五十一圖發音清，列字爲「冒」。「冃」爲《廣韻》號一明母位小韻首字，下收有「冒」、「帽」二字；「冃」、「帽」二字同爲《集韻》號一明母位小韻首字，下收有「冒」字，列字以「冃」或「帽」字爲佳，《四聲等子》從《集韻》。

29 去一清　操　㖮 A、B本列字爲「操」；文瀾閣本作「掭」，當爲「掭」字訛；文淵閣本、文津閣本列字爲「㨾」；粵雅堂本作「㨾」，當爲「㨾」字訛。「操」，《廣韻》、《集韻》七到切，清號一去開效；《韻鏡》外轉第二十五開、《七音略》外轉二十五重中重、《切韻指掌圖》一圖、《起數訣》第五十一圖發音清、《切韻指南》效攝外五獨韻廣門，列字均爲「操」。「㨾」，《康熙字典》記：俗摻字。一曰俗操字。《戰國策》荆軻持匕首揕之，秦王驚，自引而起，拔劍，劍長㨾其室。注㨾與操同。「操」爲《廣韻》、《集韻》號一清母位小韻首字，「㨾」爲其俗體。《四聲等子》文淵閣本、文津閣本列俗體，亦無誤；文瀾閣本、粵雅堂本形訛，當校正爲「㨾」；㖮 A、B本列正體，最佳。

30 去一從　漕　文瀾閣本寫作「漕」，其他版本爲「漕」。「漕」，《廣韻》、《集韻》在到切，從號一去開效；《韻鏡》外轉第二十五開、《七音略》外轉二十五重中重、《切韻指掌圖》一圖、《起數訣》第五十一圖發音清、《切韻指南》效攝外五獨韻廣門，列字均爲「漕」。文瀾閣本形訛，當校正爲「漕」。

31 去一心 喿 《廣韻》蘇到切，《集韻》先到切，心號一去開效；《韻鏡》外轉第二十五開、《七音略》外轉二十五重中重、《切韻指掌圖》一圖、《切韻指南》效攝外五獨韻廣門，列字均爲『喿』；《起數訣》第五十一圖發音清，列字爲『譟』。『喿』爲《廣韻》、《集韻》號一心母位小韻首字，下收有『譟』字，列字以『喿』字爲佳，《起數訣》列『譟』字，亦無誤。《四聲等子》是。

32 去一曉 耗 《廣韻》號韻曉母位有『𣯍』字，《廣韻》呼到切，《集韻》虛到切，曉號一去開效；此字『俗作耗』。《韻鏡》外轉第二十五開，列字爲『秏』，當爲『耗』字形訛；《七音略》外轉二十五重中重、《切韻指掌圖》一圖、《切韻指南》效攝外五獨韻廣門，列字均爲『耗』；《起數訣》第五十一圖發音清，空位誤。『𣯍』爲《廣韻》號一曉母位小韻首字，『耗』爲《集韻》小韻首字，《四聲等子》從《集韻》。

33 去一匣 號 《廣韻》胡到切，《集韻》後到切，匣號一去開效；《韻鏡》外轉第二十五開、《切韻指掌圖》一圖，列字均爲『號』；《七音略》外轉二十五重中重、《切韻指南》效攝外五獨韻廣門，列字均爲『号』；《起數訣》第五十一圖發音清，空位誤。『号』爲《廣韻》、《集韻》號一匣母位小韻首字，下收有『號』字，列字以『号』爲佳，《四聲等子》亦無誤。

34 去一影 奥 咫 A、B本列字爲『奥』；文瀾閣本作『奧』，文淵閣本、粤雅堂本奥、文津閣本作『奥』，列字均不清，應爲『奥』形訛。『奥』，《廣韻》烏到切，《集韻》於到切，影號一去開效；《韻鏡》外轉第二十五開、《七音略》外轉二十五重中重、《切韻指掌圖》一圖、《起數訣》第五十一圖發音清、《切韻指南》效攝外五獨韻廣門，列字均爲『奥』。《四聲等子》咫 A、B 本列『奥』字是，其餘版本當校正爲『奥』。

35 去一來 澇 《廣韻》、《集韻》郎到切，來號一去開效；《韻鏡》外轉第二十五開、《七音略》外轉二十五重中重、《切韻指掌圖》一圖、《切韻指南》效攝外五獨韻廣門，列字均爲『嫪』；《起數訣》第五十一圖發音清，列字爲『勞』。『嫪』爲《廣韻》號一來母位小韻首字，下收有『勞』、『澇』二字，列字以『嫪』字爲佳，《四聲等子》亦無誤。

入一韻目：標目爲鐸

36 入一疑 咢 《廣韻》五各切，《集韻》逆各切，疑鐸一入開宕；《韻鏡》内轉第三十一開，《七音略》外轉二十五重中重，列字均爲『愕』；《切韻指掌圖》一圖、《切韻指南》效攝外五獨韻廣門，列字均爲『咢』；《起數訣》第五十一圖發音清，列字爲『萼』。『咢』爲《廣韻》、《集韻》鐸一疑母位小韻首字，下收有『愕』、『萼』二字，列字以『咢』字爲佳，《四聲等子》是。

37 入一端 沰 《廣韻》他各切，透鐸一入開宕，不應列於此；《集韻》當各切，端鐸一入開宕。《韻鏡》、《切韻指掌圖》均空位；《七音略》外轉二十五重中重、《起數訣》第五十一圖發音清、《切韻指南》效攝外五獨韻廣門，列字均爲『沰』。《廣韻》鐸韻無端母字。《七音略》、《四聲等子》等從《集韻》。

38 入一幫 博 《廣韻》補各切，《集韻》伯各切，幫鐸一入開宕；《韻鏡》内轉第三十一開、《切韻指掌圖》一圖、《起數訣》第五十一圖發音清、《切韻指南》效攝外五獨韻廣門，列字均爲『博』；《七音略》外轉二十五重中重，列字爲『愽』，《康熙字典》記：『《正字通》博字之訛。』『博』爲《廣韻》、《集韻》鐸一幫母位小韻首字，《七音略》誤，《四聲等子》是。

39 入一滂 䩧 咫 A、B本，粵雅堂本列字爲『䩧』，文瀾閣本、文淵閣本、文津閣本列字爲『𩋐』，當爲『䩧』形訛。『䩧』，《廣韻》、《集韻》匹各切，滂鐸一入開宕；《韻鏡》内轉第三十一開、《七音略》外轉二十五重中重、《切韻指掌圖》一圖、《切韻指南》效攝外五獨韻廣門，列字均爲『䩧』；《起數訣》第五十一圖發音清，列字爲『粕』。『䩧』爲《廣韻》鐸一滂母位小韻首字，下收有『粕』字；『粕』爲《集韻》鐸一滂母位小韻首字，下收有『䩧』字，列字以『粕』字爲佳，《起數訣》從《集韻》，《四聲等子》從《廣韻》。

40 入一曉 郝 《廣韻》呵各切，《集韻》黑各切，曉鐸一入開宕；《韻鏡》内轉第三十一開，列字爲『臛』，曉母沃韻，不應列於此，應爲『膗』形訛；《七音略》外轉二十五重中重，列字爲『矐』；《切韻指南》效攝外五獨韻廣門、《切韻指掌圖》一圖、《起數訣》第五十一圖發音清，列字均爲『膗』。『膗』爲《廣韻》、《集韻》鐸一曉母位小韻首字，下收有『矐』、『郝』二字，列字以『膗』字爲佳，《四聲等子》亦無誤。

平二韻目：韻目爲肴

41 平二溪　『敲』　《康熙字典》記：『《前漢・王子侯表》『敲』陽侯延年。按攴、攴相通，則敲、『敲』本一字也。以音義小異，姑別之。』《廣韻》、《集韻》小韻首字爲『敲』。『敲』，《廣韻》口交切，《集韻》丘交切，溪肴二平開效；《韻鏡》外轉第二十五開、《切韻指南》效攝外五獨韻廣門、《起數訣》第五十二圖發音濁，列字均爲『敲』；《七音略》外轉二十五重中重、《切韻指掌圖》一圖，列字均爲『敲』，當爲『敲』字形訛；『敲』、『敲』二字爲異體字，《四聲等子》無誤，但校爲『敲』字爲好。

42 平二疑　磝　《廣韻》五交切，《集韻》牛交切，疑肴二平開效；《韻鏡》外轉第二十五開、《七音略》外轉二十五重中重、《切韻指掌圖》一圖、《切韻指南》效攝外五獨韻廣門、《起數訣》第五十二圖發音濁，列字均爲『聱』；『聱』爲《廣韻》肴二疑母位小韻首字，下收有『磝』字，列字以『聱』爲佳，《四聲等子》亦無誤。

43 平二知　嘲　《廣韻》、《集韻》陟交切，知肴二平開效；《韻鏡》外轉第二十五開、《起數訣》第五十二圖發音濁，列字均爲『啁』；《七音略》外轉二十五重中重，列字爲『凋』，端母蕭韻，誤，當爲『啁』誤；《切韻指掌圖》一圖、《切韻指南》效攝外五獨韻廣門，列字均爲『嘲』。『嘲』爲《廣韻》肴二知母位小韻首字，下收有『啁』字，《四聲等子》是。

44 平二澄　桃　《廣韻》直交切，《集韻》除交切，澄肴二平開效；《韻鏡》外轉第二十五開、《切韻指掌圖》一圖、《切韻指南》效攝外五獨韻廣門，列字均爲『䄻』；《七音略》外轉二十五重中重，列字爲『祧』，透母蕭韻，誤，當爲『䄻』形訛；《起數訣》第五十二圖發音濁，列字爲『桃』，《廣韻》、《集韻》徒刀切，定豪一平開效，列於此位不合，此字當爲『䄻』形訛。『䄻』爲《廣韻》、《集韻》肴二澄母位小韻首字，《四聲等子》是。

45 平二嬢　鐃　《廣韻》女交切，《集韻》尼交切，嬢肴二平開效；《韻鏡》外轉第二十五開、《切韻指掌圖》一圖、《起數訣》第五十二圖發音濁、《切韻指南》效攝外五獨韻廣門，列字均爲『鐃』；《七音略》外轉二十五重中重、《四聲等子》文瀾閣本，列字均爲『饒』，日母宵韻，當爲『鐃』字誤。『鐃』爲《廣韻》肴韻嬢母位小韻首字，《七音略》形訛，《四聲等子》是。

46 平二並　炮　《廣韻》、《集韻》薄交切，並爻二平開效；《韻鏡》外轉第二十五開、《七音略》外轉二十五重中重、《切韻指掌圖》一圖、《切韻指南》效攝外五獨韻廣門、《起數訣》第五十一圖發音清，列字均爲『庖』。『庖』爲《廣韻》、《集韻》爻二並母位小韻首字，下收有『炮』字，列字以『庖』字爲佳，《四聲等子》亦無誤。

47 平二明　猫　《廣韻》武瀌切，《集韻》眉鑣切，明宵三平開效，列於此位不合；《韻鏡》外轉第二十五開、《七音略》外轉二十五重中重、《切韻指掌圖》一圖、《切韻指南》效攝外五獨韻廣門、《起數訣》第五十一圖發音清，列字均爲『茅』，《廣韻》莫交切，《集韻》謨交切，明爻二平開效。『茅』爲《廣韻》、《集韻》爻二明母位小韻首字，下收有『貓』字，列字以『茅』字爲佳；「貓」《廣韻》俗作猫，《四聲等子》列字當爲「貓」，無誤，但校正爲「貓」更佳。

48 平二照 䑚 罺 A、B本，粵雅堂本列字爲「䑚」，當爲「䑚」字形訛；文瀾閣本、文津閣本列字爲「䑚」。䑚，《廣韻》側交切，《集韻》莊交切，莊肴二平開效；《韻鏡》外轉第二十五開、《七音略》外轉二十五重中重、《切韻指掌圖》一圖、《起數訣》第五十二圖發音濁、《切韻指南》效攝外五獨韻廣門，列字均爲「䑚」。《四聲等子》罺 A、B本，粵雅堂本當校正爲「䑚」。

49 平二穿 抄 《廣韻》楚交切，《集韻》初交切，初肴二平開效；《韻鏡》外轉第二十五開、《七音略》外轉二十五重中重、《切韻指掌圖》一圖、《切韻指南》效攝外五獨韻廣門、《起數訣》第五十二圖發音濁，列字均爲「謙」；「謙」爲《廣韻》、《集韻》肴二初母位小韻首字，下收有「抄」字，列字以「謙」字爲佳，《四聲等子》列「抄」字，亦無誤。

50 平二匣 肴 《廣韻》胡茅切，《集韻》何交切，匣肴二平開效；《韻鏡》外轉第二十五開、《七音略》外轉二十五重中重、《切韻指掌圖》一圖、《四聲等子》效攝外五全重無輕韻、《切韻指南》效攝外五獨韻廣門，列字均爲「肴」；《起數訣》第五十二圖發音濁，列字爲「爻」。「肴」爲《廣韻》肴二匣母位小韻首字，下收有「爻」字。《四聲等子》是。

51 平二影 䴔 應爲「䴔」字訛誤。「䴔」，《廣韻》、《集韻》小韻首字，於交切，影肴二平開效；《韻鏡》外轉第二十五開、《七音略》外轉二十五重中重、《切韻指掌圖》一圖、《起數訣》第五十二圖發音濁、《切韻指南》效攝外五獨韻廣門，列字均爲『[illegible]』。《四聲等子》各版本皆形訛，當校正爲『[illegible]』。

52 平二喻 猇 《廣韻》胡茅切，匣爻二平開效；許交切，曉肴二平開效。《集韻》于包切，云爻二平開效。《韻鏡》、《七音略》、《切韻指掌圖》均空位；《起數訣》第五十二圖發音濁、《切韻指南》效攝外五獨韻廣門，列字均爲『猇』。《廣韻》『猇』屬匣母，《集韻》于包切，爲匣母類隔。云母只有三等，不當列於二等位。此字當列於匣母位，《四聲等子》誤，當删。

上二韻目：標目爲巧

53 上二疑 咬 《廣韻》古肴切，見肴二平開效；又於交切，影肴二平開效，不當列於此位；《集韻》五巧切，疑巧二上開效。《韻鏡》外轉第二十五開、《七音略》外轉二十五重中重、《切韻指南》效攝外五獨韻廣門、《起數訣》第五十二圖發音濁，列字均爲『齩』，《廣韻》、《集韻》五巧切，疑巧二上開效；《切韻指掌圖》一圖、《四聲等子》效攝外五全重無輕韻，列字均爲『咬』；『齩』爲《集韻》肴二疑母位小韻首字，下收有『咬』，《四聲等子》從《集韻》。

54 上二知 獠 文瀾閣本列字爲『獠』，當爲刊刻誤，其他版本均爲『獠』。『獠』，《廣韻》張絞切，《集韻》竹狡切，知巧二上開效；《韻鏡》外轉第二十五開、《七音略》外轉二十五重中重、《切韻指掌圖》一圖、《起數訣》第五十二圖發音濁，列字均爲『獠』，《廣韻》張絞切，《集韻》竹狡切，知巧二上開效。『獠』爲《廣韻》巧韻知母位小韻首字，下收有『獠』字，注上同，二字爲異體字。列字以『獠』爲佳，《四聲等子》文瀾閣本當校正。

55 上二孃　獿　《廣韻》奴巧切，《集韻》女巧切，孃巧二上開效；《韻鏡》外轉第二十五開、《切韻指掌圖》一圖、《切韻指南》效攝外五獨韻廣門，列字均爲『獿』，《七音略》外轉二十五重中重，列字爲『⿰彳翏』，此字當爲『獿』字形訛；《起數訣》第五十二圖發音濁，列字爲『橈』，《廣韻》如招切，日宵三平開效；奴教切，孃效三去開效；《集韻》女巧切，孃巧二上開效。『獿』爲《廣韻》巧韻孃母位小韻首字，《四聲等子》是。

56 上二照　爪　文淵閣本作『爪』，文津閣本作爫，當爲刊刻誤。『爪』，《廣韻》、《集韻》側絞切，莊巧二上開效；《韻鏡》外轉第二十五開、《切韻指掌圖》一圖、《起數訣》第五十二圖發音濁、《切韻指南》效攝外五獨韻廣門，列字均爲『爪』。《七音略》外轉二十五重中重，亦爲爪。『爪』爲《廣韻》、《集韻》巧二莊母位小韻首字，《四聲等子》是，文淵閣本、文津閣本當校正爲『爪』。

57 上二穿　炒　《廣韻》初爪切，《集韻》楚絞切，初巧二上開效；《韻鏡》外轉第二十五開、《切韻指掌圖》一圖、《切韻指南》效攝外五獨韻廣門，列字均爲『煼』；《七音略》外轉二十五重中重，列字爲『謅』；《起數訣》第五十二圖發音濁，列字爲『炒』，《廣韻》于小韻首字『煼』字下注：「上同」。「炒」、「煼」二字爲異體字。「煼」爲《廣韻》巧二初母位小韻首字，下收有「謅」字，列字以「煼」字爲佳。《集韻》「煼」、「炒」二字并列小韻首字，《四聲等子》從《集韻》。

58 上二牀　䰫　文瀾閣本、文津閣本寫作⿺鬼尧，文淵閣本寫作䰫，當爲刊刻誤。「䰫」，《廣韻》、《集韻》士絞切，崇巧二上開效；《韻鏡》外轉第二十五開、《七音略》外轉二十五重中重、《切韻指掌圖》一圖、《起數訣》第五十二圖發音濁、《切韻指南》效攝外五獨韻廣門，列字均爲「⿺鬼尧」，均爲「䰫」字訛誤。《四聲等子》咫A、B本，粵雅堂本列「䰫」字是，其作版本當校正。

59 上二審　⿰豙支　咫A、B本、文淵閣本、粵雅堂本作「⿰豙支」，文瀾閣本作「⿰豙支」，文津閣本作「⿰豙支」，當爲「⿰⿱爻女支」刊刻誤。「⿰⿱爻女支」，《康熙字典》記：「《廣韻》、《集韻》山巧切，音稍。」依此「山巧切」，山巧二上開效，可列於此位。《韻鏡》外轉第二十五開、《七音略》外轉二十五重中重、《切韻指掌圖》一圖、《切韻指南》效攝外五獨韻廣門，列字均爲「⿰⿱爻女支」；《起數訣》第五十二圖發音濁，列字爲「稍」，《廣韻》所教切，生效二去開效；《集韻》山巧切，山巧二上開效。「⿰⿱爻女支」爲《廣韻》巧二生母位小韻首字，當列於此位，《四聲等子》各版本均形訛，當校正爲「⿰⿱爻女支」。

60 上二曉　嗃　《廣韻》許交切，曉爻二平開效；呼教切，曉效二去開效，均不應列於此；《集韻》孝狡切，曉巧二上開效。《韻鏡》、《七音略》、《切韻指掌圖》均空位；《起數訣》第五十二圖發音濁、《切韻指南》效攝外五獨韻廣門，列字均爲「嗃」。《廣韻》巧韻無曉母字，「嗃」爲《集韻》巧二曉母位小韻首字，《四聲等子》從《集韻》。

61 上二影　拗　𡁵A、B本，文淵閣本，粵雅堂本，文津閣本均作『拗』。《韻鏡》外轉第二十五開，《七音略》外轉二十五重中重，《切韻指掌圖》一圖，《起數訣》第五十二圖發音濁，《切韻指南》效攝外五獨韻廣門，列字均爲『拗』，此字當爲『㕭』字形訛。『㕭』，《廣韻》、《集韻》於絞切，影巧二上開效。《起數訣》第五十二圖發音濁，《四聲等子》文瀾閣本作『㕭』。『㕭』，《廣韻》、《集韻》巧二影母位小韻首字，《四聲等子》各版本皆形訛，當校正爲『㕭』。

去二韻目：標目爲『效』

62 去二見　教　粵雅堂本、文津閣本，列字爲『教』，其他版本均列爲『教』。『教』，《廣韻》古孝切，《集韻》居效切，見效二去開效；《韻鏡》外轉第二十五開，《切韻指掌圖》一圖，《起數訣》第五十二圖發音濁，《切韻指南》效攝外五獨韻廣門，列字均爲『教』；《七音略》外轉二十五重中重列字爲『教』；『教』、『教』二字爲異體字。《四聲等子》各版本均無誤。

63 去二溪　敲　『敲』，《康熙字典》記：『《字彙補》許昭切，音梟。地名。《前漢·王子侯表》敲陽侯延年。按攵、支相通，則敲、敲本一字也。以音義小異，姑別之。』、『敲』、『敲』二字可視爲異體字。『敲』，《廣韻》苦教切，《集韻》口教切，溪效二去開效；《韻鏡》外轉第二十五開、《切韻指南》效攝外五獨韻廣門、《起數訣》第五十二圖發音濁，列字均爲『敲』；《七音略》外轉二十五重中重、《切韻指掌圖》一圖，列字均爲『敲』，當爲『敲』字形訛；『敲』爲《廣韻》效二溪母位小韻首字，列字以『敲』爲佳，《四聲等子》列字從俗，當校正爲『敲』。

64 去二澄　棹　文瀾閣本寫作『䄻』，文津閣本作『掉』，當爲『棹』字形訛；其他版本皆爲『棹』。『棹』，《廣韻》、《集韻》直教切，澄效二去開效；《韻鏡》外轉第二十五開、《七音略》外轉二十五重中重、《切韻指掌圖》一圖、《切韻指南》效攝外五獨韻廣門，列字均爲『棹』；《起數訣》第五十二圖發音濁，列字爲『擢』，《廣韻》、《集韻》直角切，澄覺二入開江；當爲『櫂』字形訛，不當列於此位。『棹』爲《廣韻》效二澄母位小韻首字，下收有『櫂』字，《四聲等子》文瀾閣本、文津閣本當校正爲『棹』。

65 去二嬢　鬧　《廣韻》奴教切，《集韻》女教切，孃效二去開效；《韻鏡》外轉第二十五開、《七音略》外轉二十五重中重，列字爲『撓』，《廣韻》奴巧切，孃巧二上開效，不應列於此；《集韻》女教切，孃效二去開效；《韻鏡》、《七音略》從《集韻》。《切韻指掌圖》一圖、《切韻指南》效攝外五獨韻廣門、《起數訣》第五十二圖發音濁，列字均爲『橈』；『橈』爲《廣韻》效二孃母位小韻首字，下收有『鬧』字，列字以『橈』字爲佳，《四聲等子》亦無誤。

66 去二滂　砲　《廣韻》無此字，《集韻》披教切，滂效二去開效；《韻鏡》外轉第二十五開、《切韻指南》效攝外五獨韻廣門、《起數訣》第五十一圖發音清，列字均爲『奅』，《廣韻》匹皃切，《集韻》披教切，滂效二去開效；《七音略》外轉二十五重中重，列字爲『奅』，此字當爲『奅』字形訛；《切韻指掌圖》一圖，列字爲『砲』。『奅』爲《廣韻》、《集韻》效二滂母位小韻首字，

《集韻》下收有『砲』字，《四聲等子》從《集韻》。

67 去二並 靤 《廣韻》防教切，《集韻》皮教切，並效二去開效；《韻鏡》外轉第二十五開、《起數訣》第五十一圖發音清，列字均爲『皰』；《七音略》外轉二十五重中重列，字爲『靤』，當爲『靤』俗字；《切韻指掌圖》一圖、《切韻指南》效攝外五獨韻廣門，列字均爲『靤』。『靤』爲《廣韻》效二並母位小韻首字，下收有『皰』字，列字以『靤』字爲佳。《四聲等子》是。

68 去二明 貌 《廣韻》莫教切，《集韻》眉教切，明效二去開效；《韻鏡》外轉第二十五開，列字爲『貎』，應爲『貌』訛誤；《切韻指掌圖》一圖，列字爲『貌』；《七音略》外轉二十五重中重、《切韻指南》效攝外五獨韻廣門、《起數訣》第五十一圖發音清，列字均爲『皃』。『皃』爲《廣韻》、《集韻》效二明母位小韻首字，下收有『貌』字，列字以『皃』字爲佳，《四聲等子》亦無誤。

69 去二照 笊 文淵閣本寫作『⿱艹爪』，文津閣本寫作『苽』，其他版本均列爲『笊』。『笊』，《廣韻》側教切，《集韻》阻教切，莊效二去開效。《韻鏡》外轉第二十五開、《七音略》外轉二十五重中重、《切韻指掌圖》一圖、《切韻指南》效攝外五獨韻廣門，列字均爲『抓』；《起數訣》第五十二圖發音濁，列字爲『笊』。『抓』爲《廣韻》效二莊母位小韻首字，下收有『笊』字，列字以『抓』字爲佳，《四聲等子》文淵閣本、文津閣本當爲『笊』訛誤，當校正。其他版本是。

70 去二穿 鈔 《廣韻》初教切，《集韻》楚教切，初效二去開效；《韻鏡》外轉第二十五開、《七音略》外轉二十五重中重、《切韻指南》效攝外五獨韻廣門，列字均爲『抄』；《切韻指掌圖》一圖、《起數訣》第五十二圖發音濁，列字均爲『鈔』。『抄』爲《廣韻》效二初母位小韻首字，下收有『鈔』字；『抄』、『鈔』二字同爲《集韻》效二初母位小韻首字，《四聲等子》從《集韻》。

71 去二匣　效　《廣韻》胡教切，《集韻》後教切，匣效二去開效；《韻鏡》外轉第二十五開、《起數訣》第五十二圖發音濁、《切韻指南》效攝外五獨韻廣門，列字均爲『效』；《七音略》外轉二十五重中重、《切韻指掌圖》一圖，列字均爲『効』。『效』爲《廣韻》效二匣母位小韻首字，下收有『効』字，《廣韻》注：『俗。』『効』爲『效』俗體。《四聲等子》列正體，是。

72 去二影　⿰革切　咫A、B本，文淵閣本，粵雅堂本，列字均爲『⿰革切』，文津閣本作『勒』，文瀾閣本作『靿』。『靿』，《廣韻》、《集韻》於教切，影效二去開效；《韻鏡》外轉第二十五開，列字爲『⿰革务』；《七音略》外轉二十五重中重、《切韻指掌圖》一圖、《起數訣》第五十二圖發音濁、《切韻指南》效攝外五獨韻廣門，列字均爲『⿰革切』。各韻圖當均爲『靿』字形訛。『靿』爲《廣韻》效二影母位小韻首字，《四聲等子》文瀾閣本是，其他版本當校爲『靿』。

入二韻目：標目爲覺

73 入二見　角　《廣韻》古岳切，《集韻》訖岳切，見覺二入開江；《韻鏡》外轉第三開合、《七音略》外轉第三重中重、《切韻指掌圖》十四圖、《切韻指南》江攝外一見幫曉喻屬開知照來日屬合、《起數訣》第五十二圖發音濁，列字均爲『覺』。『覺』爲《廣韻》覺二見母位小韻首字，下收有『角』字，列字以『覺』爲佳，《四聲等子》亦無誤。

74 入二溪　殼　文瀾閣本作殻，文津閣本作殻，當爲形訛；其他版本皆作『殼』。『殼』，《康熙字典》記：『與㱿同。』、『㱿』，《廣韻》苦角切，《集韻》克角切，溪覺二入開江；《韻鏡》外轉第三開合、《切韻指南》效攝外五獨韻廣門，列字均爲『㱿』；《七音略》外轉第三重中重、《起數訣》第五十二圖發音濁，列字均爲『殼』，『殼』、『㱿』二字爲異體字；《切韻指掌圖》一圖，列字爲『㱿』。『㱿』爲《廣韻》覺二溪母位小韻首字，『殼』爲其俗體，列字仍以正體爲佳，當校改爲『㱿』。

75 入二疑　岳　《廣韻》五角切，《集韻》逆角切，疑覺二入開江；《韻鏡》外轉第三開合列字爲『岳』；《七音略》外轉第三重中重、《切韻指掌圖》十四圖、《切韻指南》江攝外一見幫曉喻屬開知照來日屬合、《起數訣》第五十二圖發音濁，列字均爲『嶽』。『嶽』爲《廣韻》覺二疑母位小韻首字，下收有『岳』字，注上同，二字爲異體字，列字以『嶽』爲佳，《四聲等子》亦無誤。

76 入二知　○　《廣韻》知母覺韻列字爲『斲』；『斲』，《廣韻》、《集韻》竹角切，知覺二去開江；《韻鏡》外轉第三開合、《七音略》外轉第三重中重、《切韻指掌圖》十四圖、《切韻指南》江攝外一見幫曉喻屬開知照來日屬合、《起數訣》第五十二圖發音濁，列字均爲『斲』。『斲』爲《廣韻》、《集韻》覺韻知母位小韻首字，《四聲等子》空位誤，當校補『斲』。

77 入二徹　○　《廣韻》徹母覺韻列字爲『逴』,『逴』,《廣韻》敕角切,《集韻》勅角切,徹覺二去開江;《韻鏡》外轉第三開合、《七音略》外轉第三重中重、《切韻指掌圖》十四圖、《切韻指南》江攝外一見幫曉喻屬開知照來日屬合列字均爲『逴』;《起數訣》第五十二圖發音濁,空位。『逴』爲《廣韻》、《集韻》覺韻徹母位小韻首字,《四聲等子》、《起數訣》空位誤,當校補『逴』。

78 入二澄　○　《廣韻》澄母覺韻列字爲『濁』,『濁』,《廣韻》、《集韻》直角切,澄覺二去開江。《韻鏡》外轉第三開合、《七音略》外轉第三重中重、《切韻指掌圖》十四圖、《切韻指南》江攝外一見幫曉喻屬開知照來日屬合、《起數訣》第五十二圖發音濁,列字均爲『濁』。『濁』爲《廣韻》、《集韻》覺韻澄母位小韻首字,《四聲等子》空位誤,當校補『濁』。

79 入二孃　○　《廣韻》孃母覺韻列字爲『搦』,『搦』,《廣韻》女角切,《集韻》昵角切,孃覺二去開江;《韻鏡》外轉第三開合、《七音略》外轉第三重中重、《切韻指掌圖》十四圖、《切韻指南》江攝外一見幫曉喻屬開知照來日屬合、《起數訣》第五十二圖發音濁,列字均爲『搦』;『搦』爲《廣韻》覺韻孃母位小韻首字,《四聲等子》誤,當校補『搦』。

80 入二幫　剝　文瀾閣本、文淵閣本、文津閣本作『剥』,其他版本作『剝』。『剝』,《廣韻》、《集韻》北角切,幫覺二入開江;《韻鏡》外轉第三開合、《七音略》外轉第三重中重、《切韻指掌圖》一圖、《起數訣》第五十一圖發音清、《切韻指南》效攝外五獨韻廣門,列字均爲『剝』。

『剥』、『剝』二字爲異體字，各版本均無誤。

81 入二滂　朴　《廣韻》、《集韻》匹角切，滂覺二入開江；《韻鏡》外轉第三開合、《七音略》外轉第三重中重、《切韻指掌圖》一圖、《切韻指南》效攝外五獨韻廣門、《起數訣》第五十一圖發音清，列字均爲『璞』；『璞』爲《廣韻》、《集韻》覺二滂母位小韻首字，下收有『朴』字，列字以『璞』字爲佳，《四聲等子》亦無誤。

82 入二明　邈　文瀾閣本作『邈』，文淵閣本作『遻』，文津閣本作『遻』，均當爲『邈』形訛。其他版本均爲『邈』。『邈』，《廣韻》莫角切，《集韻》墨角切，明覺二入開江；《韻鏡》外轉第三開合、《七音略》外轉第三重中重、《切韻指掌圖》一圖、《起數訣》第五十一圖發音清、《切韻指南》效攝外五獨韻廣門，列字均爲『邈』。『邈』爲《廣韻》、《集韻》覺韻明母位小韻首字，《四聲等子》列『邈』字版本是，文瀾閣本、文淵閣本、文津閣本當校正爲『邈』。

83 入二照　斮　文瀾閣本作『斮』，其他版本皆爲『斮』。『斮』，《廣韻》、《集韻》側角切，莊覺二入開江；《韻鏡》外轉第三開合、《七音略》外轉第三重中重、《切韻指掌圖》十四圖、《切韻指南》江攝外一見幫曉喻屬開知照來日屬合、《起數訣》第五十二圖發音濁，列字均爲『捉』；『捉』爲《廣韻》覺二照母位小韻首字，下收有『斮』字，《四聲等子》亦無誤。『斮』，《康熙字典》記：《五音篇海》去斤切，臻攝三等字，列於此位不合，當爲『斮』字形訛。文瀾閣版本誤，當校改爲『斮』，其餘版本是。

84　入二穿　◯　《廣韻》覺韻初母位有『娖，測角切』；　《韻鏡》外轉第三開合、《七音略》外轉第三重中重、《切韻指掌圖》十四圖、《切韻指南》江攝外一見幫曉喻屬開知照來日屬合，列字爲『娖』；　《起數訣》第五十二圖發音濁，列字爲『擉』。『娖』爲《廣韻》覺韻初母位小韻首字，《集韻》小韻首字爲『婡』，《四聲等子》空位誤，當校補『娖』字。

85　入二牀　斮　《廣韻》側角切，莊覺二入開江，又側略切，莊藥三入開宕，列於此位均不合；《韻鏡》外轉第三開合、《七音略》外轉第三重中重、《切韻指掌圖》十四圖、《切韻指南》江攝外一見幫曉喻屬開知照來日屬合、《起數訣》第五十二圖發音濁，列字均爲『浞』。『浞』爲《廣韻》覺二牀母位小韻首字，《四聲等子》誤，當校改爲『浞』。

86　入二審　◯　《廣韻》覺韻初母位有『朔，所角切』；　《韻鏡》外轉第三開合、《七音略》外轉第三重中重、《切韻指掌圖》十四圖、《切韻指南》江攝外一見幫曉喻屬開知照來日屬合、《起數訣》第五十二圖發音濁，列字爲『朔』。『朔』爲《廣韻》、《集韻》覺韻生母位小韻首字，《四聲等子》空位誤，當校補『朔』字。

87　入二曉　吒　文淵閣本、文津閣本作『吒』，其他版本爲『吒』；　『吒』，《廣韻》陟駕切，《集韻》陟嫁切，知禡二去開假，不當列於此位，當爲『吒』字形訛。『吒』，《廣韻》許角切，《集韻》黑角切，曉覺二入開江；《韻鏡》外轉第三開合空位，當校補『吒』；《七音略》外轉第三重中重、《切韻指掌圖》十四圖、《起數訣》第五十二圖發音濁、《切韻指南》江攝外一見幫曉喻屬開知照來日屬合，列字均爲『吒』。『吒』爲《廣韻》覺二曉母位小韻首字，《四聲等子》文淵閣本、文津閣本誤，當校爲『吒』。

88 入二影　握　《廣韻》於角切、《集韻》乙角切，影覺二入開江；《韻鏡》外轉第三開合、《七音略》外轉第三重中重、《切韻指南》江攝外一見幫曉喻屬開知照來日屬合、《起數訣》第五十二圖發音濁，列字均爲『渥』；《切韻指掌圖》十四圖，列字爲『握』。『渥』爲《廣韻》覺二影母位小韻首字，下收有『握』字，列字以『渥』爲佳，《四聲等子》亦無誤。

89 入二來　◯　《廣韻》、《集韻》覺韻來母位均有『犖』字，《廣韻》呂角切，《集韻》力角切，來覺二入開江；《韻鏡》外轉第三開合、《七音略》外轉第三重中重、《切韻指掌圖》一圖、《切韻指南》江攝外一，列字均爲『犖』；《起數訣》第五十二圖發音濁，空位。『犖』爲《廣韻》覺二來母位小韻首字，《四聲等子》、《起數訣》空位誤，此處當校補『犖』字。

平三韻目：標目爲宵

90 平三見　嬌　《廣韻》舉喬切，《集韻》居妖切，見宵三平開效；《韻鏡》外轉第二十五開、《七音略》外轉二十五重中重、《切韻指南》效攝外五獨韻廣門、《起數訣》第五十二圖發音濁，列字均爲『驕』；《切韻指掌圖》一圖，列字爲『嬌』，見母宵韻。『驕』爲《廣韻》、《集韻》宵三見母位小韻首字，下收有『嬌』字，列字以『驕』字爲佳，《四聲等子》亦無誤。

91 平三溪　趫　《廣韻》起囂切，《集韻》丘祆切，溪宵三平開效；《韻鏡》外轉第二十五開，列字爲『蹻』，爲重紐四等，誤；《七音略》外轉二十五重中重、《切韻指掌圖》一圖、《起數訣》第五十二圖發音濁、《切韻指南》效攝外五獨韻廣門，列字均爲『趫』。『趫』爲《廣韻》、《集韻》宵韻溪母重紐三等位小韻首字，《韻鏡》誤，當删。《四聲等子》列字是。

92 平三群　喬　《廣韻》巨嬌切，群宵三平開效；《韻鏡》外轉第二十五開、《七音略》外轉二十五重中重、《切韻指掌圖》一圖、《切韻指南》效攝外五獨韻廣門，列字均爲『喬』；《起數訣》第五十二圖發音濁，列字爲『翹』；《廣韻》、《集韻》施智切，書寘三去開止，均不當列於此位，當爲『翹』字形訛。『喬』爲《廣韻》宵三群母位小韻首字，下收有『翹』字，列字以『喬』爲佳，《四聲等子》是。

93 平三疑　○　《廣韻》、《集韻》宵韻均無疑母；《韻鏡》外轉第二十五開，列字爲『堯』，《廣韻》五聊切，疑蕭四平開效，不應列於此，當删；《七音略》、《切韻指掌圖》、《起數訣》、《切韻指南》均空位。《廣韻》宵韻三等無疑母字，《四聲等子》空位是。

94 平三澄　鼂　《廣韻》直遥切，《集韻》馳遥切，澄宵三平開效；《韻鏡》外轉第二十五開、《七音略》外轉二十五重中重、《切韻指掌圖》一圖，列字均爲『鼂』；《切韻指南》效攝外五獨韻廣門、《起數訣》第五十二圖發音濁，列字均爲『鼂』。『鼂』爲《廣韻》宵三澄母位小韻首字，下收有『鼂』字，列字以『鼂』字爲佳，《四聲等子》亦無誤。

95 平三滂　藨　《廣韻》甫嬌切，《集韻》悲嬌切，幫宵三平開效，不當列於此位；《廣韻》、《集韻》宵韻滂母均無三等位；《韻鏡》外轉第二十五開，列字爲『藨』，誤；《起數訣》、《切韻指掌圖》、《切韻指南》均空位；《七音略》外轉二十五重中重，列字爲『㶾』，疑此字爲『㶾』字形訛。『㶾』，《廣韻》撫招切，《集韻》紕招切，滂宵三平開效。『㶾』爲《廣韻》宵韻滂母重紐四等位小韻首字，當列於四等。《四聲等子》誤，當删。

96 平三並　瀌　《廣韻》甫嬌切，幫宵三平開效；《集韻》蒲嬌切，並宵三平開效；《韻鏡》、《七音略》、《切韻指掌圖》均空位；《起數訣》第五十一圖發音清、《切韻指南》效攝外五獨韻廣門，列字均爲『瀌』。《廣韻》宵韻重紐三等無並母，『瀌』爲《集韻》宵三並母位小韻首字，《四聲等子》從《集韻》。

97 平三曉　囂　文淵閣本作『嚻』，文津閣本作『嚻』，其他版本均爲『囂』。『囂』，《廣韻》許嬌切，《集韻》虛嬌切，曉宵三平開效；《韻鏡》外轉第二十五開、《七音略》外轉二十五重中重、《切韻指掌圖》一圖、《起數訣》第五十二圖發音濁，列字均爲『囂』；《切韻指南》效攝外五獨韻廣門，列字爲『嚻』。『嚻』、『囂』二字爲異體字。《四聲等子》文淵閣本列字應爲『嚻』形訛，當校正。其他版本無誤。

98 平三喻　鴞　文瀾閣本、粵雅堂本作『號』，《廣韻》胡刀切，匣豪一平開效；又胡倒切，匣豪一去開效，列於此位均不合，當爲『鴞』字形訛，其他版本均爲『鴞』。『鴞』，《廣韻》、《集韻》

于嬌切，云宵三平開效；《韻鏡》外轉第二十五開、《七音略》外轉二十五重中重、《切韻指掌圖》一圖、《起數訣》第五十二圖發音濁、《切韻指南》效攝外五獨韻廣門，列字均爲『鴞』。『鴞』爲《廣韻》、《集韻》宵三云母位小韻首字，文瀾閣本、粤雅堂本列字爲『鴞』字形訛，當校正爲『鴞』。

99 平三來　燎　文津閣本作『燎』，應爲『燎』俗，其他版本均爲『燎』。『燎』，《廣韻》力昭切，《集韻》離昭切，來宵三平開效；《韻鏡》外轉第二十五開，列字爲『僚』；《七音略》外轉二十五重中重，列字爲『遼』。『僚』、『遼』二字，《廣韻》落蕭切，《集韻》憐蕭切，來蕭三平開效，《韻鏡》、《七音略》均誤，當校爲『燎』。《切韻指掌圖》一圖、《起數訣》第五十二圖發音濁、《切韻指南》效攝外五獨韻廣門，列字均爲『燎』。『燎』爲《廣韻》宵三來母位小韻首字，《四聲等子》是。文津閣本列俗字，當校正爲『燎』。

上三韻目：標目爲小

100 上三溪　槁　《廣韻》苦浩切，溪晧一上開效，不當列於此位；《集韻》祛矯切，溪小三上開效，依《集韻》可列於此。《廣韻》無溪母三等上聲字；《韻鏡》、《切韻指掌圖》、《起數訣》空位，從《廣韻》；《七音略》外轉二十五重中重，列字爲『⿺辶喬』，《康熙字典》記：『俗橇字。』、『橇』，《廣韻》起囂切，《集韻》丘祆切，溪宵三平開效，《七音略》誤，當刪；《切韻指南》效攝外五獨韻廣門，列字爲『槁』，溪母晧韻。『槁』爲《集韻》小三溪母位小韻首字，《四聲等子》、《切韻指南》從《集韻》。

101 上三群　驕　《廣韻》舉喬切，見宵平三開效；《集韻》嬌廟切，見笑三去開效，均列於此位不合，誤。《韻鏡》外轉第二十五開，列字爲『驕』，此字當爲『趫』字形訛；《七音略》外轉二十五重中重、《切韻指掌圖》一圖、《切韻指南》效攝外五獨韻廣門，列字均爲『趫』，《廣韻》巨妖切；《起數訣》第五十二圖發音濁，列字爲『猺』，重紐四等，誤。『趫』爲《廣韻》小韻群母重紐三等位小韻首字，當列於此位，《四聲等子》誤，當校改爲『趫』字。

102 上三疑　○　《廣韻》無疑母小韻字，《集韻》疑母小韻列『鱎』；《韻鏡》外轉第二十五開、《起數訣》第五十二圖發音濁、《切韻指南》效攝外五獨韻廣門，均無列字；《七音略》外轉二十五重中重、《切韻指掌圖》一圖，列字均爲『鱎』。『鱎』，《廣韻》居夭切，見小三上開效，《集韻》魚小切，疑小三上開效，《七音略》、《切韻指掌圖》從《集韻》，無誤；《四聲等子》空位從《廣韻》亦無誤。

103 上三澄　兆　《廣韻》治小切，《集韻》直紹切，澄小三上開效；《韻鏡》外轉第二十五開、《七音略》外轉二十五重中重，列字均爲『趙』；《切韻指掌圖》一圖、《切韻指南》效攝外五獨韻廣門，列字均爲『肇』；《起數訣》第五十二圖發音濁，列字爲『趙』。『肇』爲《廣韻》小三澄母位小韻首字，下收有『趙』、『兆』二字，列字當以『肇』爲佳，《四聲等子》亦無誤。

104 上三滂　廘　《廣韻》、《集韻》滂表切，滂小三上開效；《韻鏡》外轉第二十五開、《七音略》外轉二十五重中重、《切韻指南》效攝外五獨韻廣門，列字均爲『廘』；《切韻指掌圖》一圖、《起數訣》第五十一圖發音清，列字爲『皫』，《廣韻》敷沼切，《集韻》滂表切，滂小三上開效。『廘』爲《廣韻》小韻滂母重紐三等位小韻首字。《廣韻》『皫』在『縹』小韻，爲重紐四等字。《集韻》『皫』、『廘』二字同爲小韻影母重紐三等位小韻首字，《起數訣》、《切韻指掌圖》從《集韻》。《四聲等子》從《廣韻》。

105 上三並　藨　《廣韻》平表切，《集韻》被表切，並小三上開效；《韻鏡》外轉第二十五開、《七音略》外轉二十五重中重、《切韻指掌圖》一圖、《切韻指南》效攝外五獨韻廣門，列字均爲『藨』；《起數訣》第五十一圖發音清，列字爲『𠬪』。『藨』爲《廣韻》小三並母位小韻首字，下收有『𠬪』字，列字以『藨』爲佳，《四聲等子》是。

106 上三照　沼　文瀾閣本列字爲『沿』，其他版本作『沼』；文瀾閣本字迹模糊。『沼』，《廣韻》之少切，《集韻》止少切，章小三上開效；《韻鏡》外轉第二十五開、《七音略》外轉二十五重中重、《切韻指掌圖》一圖、《起數訣》第五十二圖發音濁、《切韻指南》效攝外五獨韻廣門，列字均爲『沼』。文瀾閣本當校正。

107 上三穿　䴛　咫 A、B本，粵雅堂本，文津閣本作『䴛』，文瀾閣本作『䴛』，文淵閣本作『䴛』，文瀾閣本、文淵閣本列字俗。『䴛』，《廣韻》尺沼切，《集韻》齒紹切，昌小三上開效；《韻鏡》

外轉第二十五開、《切韻指掌圖》一圖、《起數訣》第五十二圖發音濁、《切韻指南》效攝外五獨韻廣門，列字均爲『䴰』字；《七音略》外轉二十五重中重，列字爲『麨』，『麨』、『䴰』二字爲異體字。『䴰』爲《廣韻》小韻昌母位小韻首字，《四聲等子》是。文瀾閣本、文淵閣本列字俗，當校正。

108 上三影　夭　《廣韻》、《集韻》於兆切，影小三上開效；《韻鏡》外轉第二十五開，列字爲『殀』；《七音略》外轉二十五重中重、《切韻指掌圖》一圖、《起數訣》第五十二圖發音濁、《切韻指南》效攝外五獨韻廣門，列字均爲『夭』。『夭』爲《廣韻》小三影母位小韻首字，下收有『殀』字，列字以『夭』字爲佳，《韻鏡》列『殀』字，亦無誤。《四聲等子》是。

109 上三來　繚　文瀾閣本作『繚』，文津閣本作『繚』，其他版本均爲『繚』。『繚』，《廣韻》力小切，《集韻》朗鳥切，來小三上開效；《韻鏡》外轉第二十五開、《七音略》外轉二十五重中重、《切韻指南》效攝外五獨韻廣門，列字均爲『繚』；《切韻指掌圖》空位；《起數訣》第五十二圖發音濁，列字爲『燎』。『繚』爲《廣韻》小三來母位小韻首字，下收有『燎』字，列字以『繚』字爲佳，《四聲等子》是。文瀾閣本、文津閣本形訛，當校正。

110 上三日　遶　《廣韻》而沼切，《集韻》爾紹切，日小三上開效；《韻鏡》外轉第二十五開、《七音略》外轉二十五重中重、《切韻指掌圖》一圖、《切韻指南》效攝外五獨韻廣門、《起數訣》第五十二圖發音濁，列字均爲『擾』。『擾』爲《廣韻》小三日母位小韻首字，下收有『遶』字，列字以『擾』字爲佳，《四聲等子》亦無誤。

去三韻目：標目爲笑

111 去三見　驕　《廣韻》舉喬切，見宵三平開效；《集韻》嬌廟切，見笑三去開效；《韻鏡》外轉第二十五開、《七音略》外轉二十五重中重、《起數訣》第五十二圖發音濁、《切韻指南》效攝外五獨韻廣門，列字均爲『驕』；《切韻指掌圖》空位。《廣韻》笑韻無見母，『驕』爲《集韻》笑三見母位小韻首字，《韻鏡》、《七音略》、《起數訣》、《四聲等子》均從《集韻》。

112 去三溪　趬　《廣韻》、《集韻》丘召切，溪笑三去開效；《韻鏡》、《起數訣》空位；《七音略》外轉二十五重中重，誤；《切韻指掌圖》一圖、《切韻指南》效攝外五獨韻廣門，列字均爲『趬』。《廣韻》、《集韻》笑韻溪母位均有『趬』字，『趬』爲《廣韻》笑韻溪母重紐四等位小韻首字，不當列於此位，《四聲等子》誤，當刪。

113 去三疑　虓　文津閣本作『虓』，其他版本爲『虓』。『虓』，《廣韻》、《集韻》牛召切，疑笑三去開效；《韻鏡》、《七音略》均空位；《切韻指掌圖》一圖、《起數訣》第五十二圖發音濁、《切韻指南》效攝外五獨韻廣門，列字均爲『虓』。『虓』爲《廣韻》笑韻疑母重紐四等位小韻首字，《韻鏡》、《七音略》空位是。《四聲等子》誤，當刪。文津閣本列字模糊，當校正。

114 去三徹　朓　《廣韻》丑召切，《集韻》丑照切，徹笑去三開效；《韻鏡》外轉第二十五開、《七音略》外轉二十五重中重、《切韻指掌圖》一圖，列字均爲『朓』；《切韻指南》效攝外五獨韻廣門、《起數訣》第五十二圖發音濁，列字爲『超』，《集韻》抽廟切，徹笑三去開效。『朓』爲《廣韻》、《集韻》笑三徹母位小韻首字，《四聲等子》是。

115 去三幫　裱　《廣韻》方廟切，幫笑三去開效；《集韻》列字爲『裱』，注：『領巾也』爲『裱』字形訛，彼廟切，幫笑三去開效。《韻鏡》空位；《七音略》外轉二十五重中重，列字爲『俵』；《切韻指掌圖》一圖、《起數訣》第五十一圖發音清，列字均爲『裱』；《切韻指南》效攝外五獨韻廣門，列字爲『裱』。『裱』爲《廣韻》、《集韻》笑三幫母位小韻首字，《韻鏡》空位誤，當校補『裱』，《四聲等子》是。

116 去三滂　〇　《廣韻》、《集韻》笑韻滂母重紐四等位均有『剽』字，《廣韻》、《集韻》匹妙切，滂笑三去開效；《韻鏡》、《起數訣》、《切韻指南》均空位；《七音略》外轉二十五重中重、《切韻指掌圖》一圖，列字均爲『剽』。『剽』爲重紐四等位字，《韻鏡》外轉二十六合、《七音略》外轉二十六重中重，滂母笑韻四等位皆已列『剽』。《四聲等子》此圖四等位也已列『勡』字，《七音略》誤，《四聲等子》空位是。

117 去三並　〇　《廣韻》、《集韻》笑韻無並母重紐三等字；《韻鏡》空位；《七音略》外轉二十五重中重，列字爲『膘』，此字列於《廣韻》、《集韻》小韻，《七音略》誤；《切韻指掌圖》一圖，列字爲『驃』，《廣韻》、《集韻》毗召切，並笑三去開效；《切韻指南》、《起數訣》均空位。『驃』

爲重紐四等字,《韻鏡》外轉二十六開、《七音略》外轉二十六重中重,均列於四等;《七音略》三等位列「膘」誤,《四聲等子》空位是。

118 去三穿　覞　《四聲等子》諸版本列晏子均爲「覞」,疑爲「覞」字訛。「覞」,《廣韻》弋照切,以笑三去開效,不應列於此;《集韻》昌召切,昌笑三去開效;《韻鏡》、《切韻指掌圖》均空位;《七音略》外轉二十五重中重、《起數訣》第五十二圖發音濁、《切韻指南》效攝外五獨韻廣門,列字均爲「覞」。《廣韻》笑韻無昌母,《韻鏡》、《切韻指掌圖》空位是。「覞」爲《集韻》笑三昌母位小韻首字,《四聲等子》從《集韻》。

119 去三曉　䰫　咫　A、B本作「䰫」,文瀾閣本作「[illegible]」,文淵閣本作「䰫」,文津閣本作「䰫」,當爲刊刻誤。《廣韻》笑韻無曉母;《集韻》虛廟切,曉笑三去開效;《韻鏡》、《切韻指掌圖》、《切韻指南》均空位;《七音略》外轉二十五重中重,列字爲「魀」,當爲「䰫」之俗體;《起數訣》第五十二圖發音濁,列字爲「䰫」。「䰫」爲《集韻》笑三曉母位小韻首字,《四聲等子》從《集韻》。

120 去三來　尞　文津閣本作「[illegible]」,其他版本爲「尞」。「尞」,《廣韻》力照切,來笑三去開效;文瀾閣本、文淵閣本、文津閣本字形訛,當校正爲「䰫」。

《韻鏡》外轉第二十五開、《起數訣》第五十二圖發音濁,列字爲「療」,《廣韻》、《集韻》力照切,來笑三去開效;《七音略》外轉二十五重中重,列字爲「[illegible]」;《切韻指掌圖》一圖、《切韻指南》效攝外五獨韻廣門,列字均爲「尞」。「[illegible]」爲《廣韻》笑三來母位小韻首字,注曰:「凡從㝩者作」，下收有『𤸇』、『㝩』字，列字以『寮』字爲佳，《四聲等子》列『㝩』字，亦無誤。文津閣本列字俗，當校正。

入三韻目：標目爲藥

121 入三見　腳　《廣韻》居勺切，《集韻》訖約切，見藥三入開宕；《韻鏡》外轉第三十一開、《切韻指南》效攝外五獨韻廣門，列字均爲『腳』；《七音略》外轉二十五重中重、《切韻指掌圖》一圖、《起數訣》第五十二圖發音濁，列字均爲『脚』。『腳』爲《廣韻》藥三見母位小韻首字，下收有『脚』字，注曰：『俗。』『脚』爲俗體。列字以『腳』爲佳，《四聲等子》是。

122 入三溪　却　《廣韻》去約切，《集韻》乞約切，溪藥三入開宕；《韻鏡》外轉第三十一開、《切韻指南》效攝外五獨韻廣門，列字均爲『却』；《七音略》外轉二十五重中重、《切韻指掌圖》一圖、《起數訣》第五十二圖發音濁，列字均爲『却』。『却』爲《廣韻》藥三見母位小韻首字，下收有『却』字，注曰：『俗。』『却』爲俗體。列字以『却』爲佳，《四聲等子》是。

123 入三群　噱　《廣韻》强魚切，群魚三平開效；又居御切，見御去三開效，均不當列於此位。《韻鏡》外轉第三十一開，列字爲『噱』，當爲『噱』字形訛；《七音略》外轉二十五重中重、《切韻指掌圖》一圖、《切韻指南》效攝外五獨韻廣門、《起數訣》第五十二圖發音濁，列字均爲『噱』，《廣韻》其虐切，《集韻》極虐切，群藥三入開宕。『噱』爲《廣韻》、《集韻》藥三群母位小韻首字，《四聲等子》誤，當校改爲『噱』。

124 入三知　芍　《廣韻》張略切，知藥三入開宕；《集韻》職略切，章藥三入開宕；《韻鏡》外轉第三十一開，列字爲『芶』，當爲『芍』字形訛；《七音略》外轉二十五重中重、《切韻指掌圖》一圖、《起數訣》第五十二圖發音濁、《切韻指南》效攝外五獨韻廣門，列字均爲『芍』。『芍』爲《廣韻》藥韻知母位小韻首字，《韻鏡》形訛，《四聲等子》是。

125 入三徹　㲋　文淵閣本、文津閣本作『辵』，其他版本作『㲋』。『㲋』，《廣韻》丑略切，《集韻》敕略切，徹藥三入開宕；《韻鏡》外轉第三十一開，列字爲『辵』；《七音略》外轉二十五重中重，列字爲『辶』，『辶』、『辵』二字爲異體字；《切韻指掌圖》一圖、《切韻指南》效攝外五獨韻廣門，列字均爲『㲋』；《起數訣》第五十二圖發音濁，列字爲『逴』。『㲋』爲《廣韻》藥三徹母位小韻首字，下收有『辵』、『逴』二字，列字以『㲋』字爲佳，《韻鏡》、《七音略》列『辵』字，《起數訣》列『逴』字，亦無誤，《四聲等子》各版本列字均無誤。

126 入三幫　◯　《廣韻》藥韻無幫母字，《集韻》有『肑』，逋約切，幫藥三入開宕。《韻鏡》外轉第三十一開，列字爲『䪖』，《康熙字典》記：『《集韻》與䪖同。』《七音略》外轉二十五重中重，列字爲『䪖』；《切韻指掌圖》一圖、《起數訣》第五十二圖發音濁、《切韻指南》效攝外五獨韻廣門，均空位。《廣韻》藥韻幫母無列字，《集韻》收有『䪖』小韻，爲合口三等字，《韻鏡》、《七音略》誤，當删，《四聲等子》從《廣韻》空位無誤，從《集韻》當校補『肑』。

127 入三滂 ○ 《廣韻》、《集韻》藥三滂母位有『雹』小韻，《廣韻》孚縛切，《集韻》拂縛切，滂藥三入開宕；《韻鏡》外轉第三十一開、《七音略》外轉二十五重中重，列字均爲『䪙』；《切韻指掌圖》一圖、《起數訣》第五十二圖發音濁、《切韻指南》效攝外五獨韻廣門，均空位。《四聲等子》空位誤，當校補『雹』字。

128 入三並 ○ 《廣韻》、《集韻》藥三並母位有『縛』小韻，《廣韻》符钁切，《集韻》伏約切，並藥三入開宕；《韻鏡》外轉第三十一開、《七音略》外轉二十五重中重，列字均爲『縛』；《切韻指掌圖》一圖、《起數訣》第五十二圖發音濁、《切韻指南》效攝外五獨韻廣門，空位。《四聲等子》空位誤，當校補『縛』字。

129 入三牀 ○ 《廣韻》藥三船母位無字；《集韻》有『杓，實若切』，船藥三入開宕。《韻鏡》、《切韻指掌圖》、《起數訣》、《切韻指南》均空位；《七音略》外轉三十四重中重，列字爲『杓』，《廣韻》市若切，禪藥三入開宕。《七音略》從《集韻》。《廣韻》藥韻無船母，依《廣韻》空位是；依《集韻》則可校補『杓』字。

130 入三審 爍 《廣韻》書藥切，《集韻》式灼切，書藥三入開宕；《韻鏡》外轉第三十一開、《七音略》外轉二十五重中重，列字均爲『鑠』；《切韻指掌圖》一圖、《起數訣》第五十二圖發音濁、《切韻指南》效攝外五獨韻廣門，列字均爲『爍』。『爍』爲《廣韻》藥三書母位小韻首字，下收有『鑠』字，列字以『爍』字爲佳，《韻鏡》、《七音略》列『鑠』字，亦無誤。《四聲等子》是。

131 入三禪　杓　《廣韻》市若切，禪藥三入開宕。《集韻》實若切，船藥三入開宕。《韻鏡》外轉第三十一開、《起數訣》第五十二圖發音濁、《切韻指南》效攝外五獨韻廣門，列字均爲『杓』；《七音略》外轉三十四重中重、《切韻指掌圖》一圖，列字均爲『妁』。『妁』爲《廣韻》藥三禪母位小韻首字，下收有『杓』字，列字以『妁』字爲佳，《四聲等子》列『杓』字，亦無誤。

132 入三曉　謔　文淵閣本作『謔』，其他版本爲『謔』。『謔』，《廣韻》虛約切，《集韻》迄却切，曉藥三入開宕；《韻鏡》外轉第三十一開、《七音略》外轉二十五重中重、《切韻指掌圖》一圖、《起數訣》第五十二圖發音濁、《切韻指南》效攝外五獨韻廣門，列字均爲『謔』。『謔』爲《廣韻》、《集韻》藥三曉母位小韻首字，《四聲等子》是，文淵閣本列字訛，當校正爲『謔』。

133 入三來　略　《廣韻》離灼切，《集韻》力灼切，來藥三入開宕；《韻鏡》外轉第三十一開、《七音略》外轉二十五重中重、《切韻指掌圖》一圖、《切韻指南》效攝外五獨韻廣門，列字爲『略』；《起數訣》第五十二圖發音濁，列字爲『掠』。『略』爲《廣韻》藥三來母位小韻首字，下收有『掠』字，列字以『略』字爲佳，《四聲等子》是。

134 入三日　若　《廣韻》而灼切，《集韻》日灼切，日藥三入開宕；《韻鏡》外轉第三十一開、《七音略》外轉二十五重中重，列字均爲『弱』；《切韻指掌圖》一圖、《起數訣》第五十二圖發音濁、《切韻指南》效攝外五獨韻廣門，列字均爲『若』。『若』爲《廣韻》藥三日母位小韻首字，下收有『弱』字，列字以『若』字爲佳，《韻鏡》、《七音略》列『弱』字，亦無誤。《四聲等子》是。

平四韻目：宵蕭合韻

135 平四見　澆　《廣韻》古堯切，《集韻》堅堯切，見蕭四平開效；《韻鏡》外轉第二十五開、《七音略》外轉二十五重中重、《切韻指掌圖》一圖、《切韻指南》效攝外五獨韻廣門、《起數訣》第五十圖閉音清，列字均爲『驍』。『驍』爲《廣韻》、《集韻》蕭四見母位小韻首字，下收有『澆』字，列字以『驍』字爲佳，《四聲等子》列『澆』字，亦無誤。

136 平四溪　鄡　《廣韻》苦幺切，《集韻》牽幺切，溪蕭四平開效；《韻鏡》外轉第二十五開、《七音略》外轉二十五重中重、《切韻指掌圖》一圖，列字均爲『鄡』；《切韻指南》效攝外五獨韻廣門，列字爲『蹻』，溪母宵韻；《起數訣》第五十圖閉音清，列字爲『蹺』，《廣韻》去遥切，溪宵三平開效；《集韻》牽幺切，溪蕭四平開效。『鄡』爲《廣韻》、《集韻》蕭四溪母位小韻首字，《集韻》下收有『蹺』字。列字以『鄡』字爲佳，《起數訣》從《集韻》，列『蹺』字，亦無誤。《四聲等子》是。

137 平四群　翹　《廣韻》渠遥切，《集韻》祁堯切，群宵三平開效。《韻鏡》外轉第二十六合、《切韻指掌圖》一圖、《切韻指南》效攝外五獨韻廣門，列字均爲『翹』。《七音略》外轉二十六重中重，列字爲『蹻』，『翹』誤列於疑母，誤；《起數訣》第五十一圖發音清，列字爲『翹』，爲

『翹』字形訛。《四聲等子》是。

138　平四疑　堯　《廣韻》五聊切，《集韻》倪幺切，疑蕭四平開效；《韻鏡》外轉第二十五開，列字爲『嶢』；《七音略》外轉二十五重中重、《切韻指掌圖》一圖、《起數訣》第五十圖閉音清、《切韻指南》效攝外五獨韻廣門，列字均爲『堯』。『堯』爲《廣韻》、《集韻》蕭四疑母位小韻首字，下收有『嶢』字，列字以『堯』字爲佳，《韻鏡》列『嶢』字亦無誤，《四聲等子》是。

139　平四端　彫　文淵閣本作『凋』；文津閣本作『凋』，其他版本均列『彫』。『彫』，《廣韻》都聊切，《集韻》丁聊切，端蕭四平開效；《韻鏡》外轉第二十五開、《七音略》外轉二十五重中重、《切韻指掌圖》一圖、《切韻指南》效攝外五獨韻廣門、《起數訣》第五十圖閉音清，列字均爲『貂』。『貂』爲《廣韻》、《集韻》蕭四疑母位小韻首字，下收有『彫』、『凋』字，列字以『貂』字爲佳，《四聲等子》亦無誤。『凋』，《廣韻》職流切，章尤三平開流，列於此位不合，當爲『凋』字形訛。《四聲等子》文淵閣本列『凋』字無誤；文津閣本列『凋』字誤，當校改爲『凋』。其他版本列『彫』字是。

140　平四透　祧　文淵閣本、文津閣本作『剕』，其他版本爲『挑』。『挑』，《廣韻》吐彫切，《集韻》他彫切，透蕭四平開效；《韻鏡》外轉第二十五開、《七音略》外轉二十五重中重，列字均爲『挑』；《切韻指掌圖》一圖、《起數訣》第五十圖閉音清、《切韻指南》效攝外五獨韻廣門，列字均爲『祧』。『祧』爲《廣韻》、《集韻》蕭四透母位小韻首字，下收有『挑』字。列字以『祧』字爲佳，《韻鏡》、《七音略》列『挑』字，亦無誤，《四聲等子》列『挑』字版本是。『𠛪』，《集韻》他彫切，跳平聲，剔也；又丁聊切，音貂；按《集韻》亦無誤。

141 平四定　條　《廣韻》徒聊切，《集韻》田聊切，定蕭四平開效；《韻鏡》外轉第二十五開、《七音略》外轉二十五重中重、《切韻指掌圖》一圖、《切韻指南》效攝外五獨韻廣門、《起數訣》第五十圖閉音清，列字均爲『迢』。『迢』爲《廣韻》、《集韻》蕭四定母位小韻首字，下收有『條』字，列字以『迢』字爲佳，《四聲等子》亦無誤。

142 平四泥　嬈　《廣韻》奴鳥切，泥篠四上開效，不應列於此；《集韻》褭聊切，泥蕭四平開效；《韻鏡》外轉第二十五開、《切韻指掌圖》一圖空位；《七音略》外轉二十五重中重、《起數訣》第五十圖閉音清、《切韻指南》效攝外五獨韻廣門，列字均爲『嬈』。《廣韻》蕭韻無泥母字，『嬈』爲《集韻》蕭四泥母位小韻首字，《七音略》、《四聲等子》從《集韻》。

143 平四幫　標　《廣韻》甫遥切，《集韻》卑遥切，幫宵三平開效；《韻鏡》外轉第二十六合、《切韻指南》效攝外五獨韻廣門，列字爲『飆』，《廣韻》注：『風也，俗作飈。』『飈』爲俗體；《七音略》外轉二十六重中重、《起數訣》第五十一圖發音清，列字爲『猋』；《切韻指掌圖》一圖，列字爲『飈』。『飆』爲《廣韻》宵三幫母位小韻首字，下收有『標』、『猋』二字，列字以『飆』爲佳，《四聲等子》亦無誤。

144 平四滂　漂　《廣韻》撫招切，《集韻》紕招切，滂宵三平開效；《韻鏡》外轉第二十六合、《七音略》外轉二十六重中重、《切韻指掌圖》一圖、《起數訣》第五十一圖發音清，列字均爲『漂』；《切韻指南》效攝外五獨韻廣門，列字爲『爂』。『爂』爲《廣韻》宵韻滂母重紐四等位小韻首字，下收有『漂』字。『漂』爲《集韻》宵韻滂母重紐四等位小韻首字，下收有『爂』字，《四聲等子》從《集韻》。

145 平四明　蜱　文瀾閣本作『蜱』，文淵閣本作『蜱』，文津閣本作『蜱』，當爲『蜱』字形訛；其餘版本均列『蜱』字。『蜱』，《廣韻》彌遥切，彌遥切，明宵三平開效；《集韻》列字爲『蛗』；《韻鏡》外轉第二十六合、《切韻指南》效攝外五獨韻廣門，列字爲『蜱』；《七音略》外轉二十六重中重、《切韻指掌圖》一圖、《起數訣》第五十一圖發音清，列字均爲『蛗』。『蛗』、『蜱』二字爲異體字。文瀾閣本、文淵閣本、文津閣本均爲刊刻致，《四聲等子》是。

146 平四清　鍬　《廣韻》未收，《集韻》『鍫』字下注：『亦書作鍬』，『鍫』、『鍬』二字爲異體字。《韻鏡》外轉第二十六合、《七音略》外轉二十六重中重、《切韻指南》效攝外五獨韻廣門、《起數訣》第五十一圖發音清，列字均爲『鍫』，《廣韻》七遥切，《集韻》千遥切，清宵三平開效；《切韻指掌圖》一圖，列字爲『鍬』。《廣韻》小韻首字爲『鍫』，未收『鍬』字形，《四聲等子》從《集韻》。

147 平四曉　膮　《廣韻》許幺切，《集韻》馨幺切，曉蕭四平開效；《韻鏡》外轉第二十五開，列字爲『曉』，當爲『膮』字形訛；《七音略》外轉二十五重中重、《切韻指掌圖》一圖、《起數訣》

第五十圖閉音清、《切韻指南》效攝外五獨韻廣門，列字均爲『膮』。『膮』爲《廣韻》蕭韻曉母位小韻首字，《韻鏡》誤，《四聲等子》是。

148 平四影　幺　文淵閣本、粵雅堂本、文津閣本作『么』，其他版本爲『幺』；『幺』，《廣韻》於堯切，《集韻》伊堯切，影蕭四平開效；《韻鏡》外轉第二十五開、《起數訣》第五十圖閉音清，列字均爲『幺』；《七音略》外轉二十五重中重、《切韻指掌圖》一圖，列字均爲『么』，爲『幺』之異體；《切韻指南》效攝外五獨韻廣門，列字爲『要』，影母宵韻。《四聲等子》各版本均無誤。

149 平四喻　遙　文瀾閣本、文淵閣本、文津閣本作『遥』，其他版本爲『遙』。『遙』，《廣韻》、《集韻》餘昭切，以宵三平開效；《韻鏡》外轉第二十六合、《七音略》外轉二十六重中重、《切韻指掌圖》一圖、《起數訣》第五十一圖發音清、《切韻指南》效攝外五獨韻廣門，列字均爲『遙』。『遙』、『遥』二字爲異體字，《四聲等子》各版本無誤。

150 平四來　聊　文瀾閣本、文淵閣本作『聊』，文津閣本作『聊』，當爲『聊』字形訛。『聊』，《廣韻》落蕭切，《集韻》憐蕭切，來蕭四平開效；《韻鏡》外轉第二十五開、《七音略》外轉二十五重中重、《切韻指掌圖》一圖、《起數訣》第五十圖閉音清，列字均爲『聊』；《切韻指南》效攝外五獨韻廣門，列字爲『聊』，亦爲『聊』形訛。『聊』爲《廣韻》、《集韻》蕭四來母位小韻首字，《四聲等子》是。文瀾閣本、文淵閣本、文津閣本均爲刊刻誤，當校正。

上四韻目：小篠合韻，開合口合韻

151 上四溪　磽　《廣韻》苦皎切，《集韻》輕皎切，溪篠四上開效；《韻鏡》外轉第二十五開、《起數訣》第五十圖閉音清、《切韻指南》效攝外五獨韻廣門，列字均爲『磽』；《七音略》外轉二十五重中重、《切韻指掌圖》一圖，列字均爲『䂭』，『䂭』《康熙字典》記：『《廣韻》苦皎切。同磽。』二字爲異體字。『磽』爲《廣韻》篠四溪母位小韻首字，《四聲等子》是。

152 上四群　狢　《康熙字典》記：『《廣韻》平表切，《集韻》被表切，音殍，《玉篇》獪也。又《集韻》、《類篇》巨小切，音蹻。』此記《集韻》巨小切，群母小韻。《韻鏡》、《七音略》、《切韻指掌圖》均空位；《起數訣》第五十一圖發音清、《切韻指南》效攝外五獨韻廣門，列字均爲『狢』。『狢』爲《集韻》小三群母重紐四等位小韻首字，《四聲等子》從《集韻》。

153 上四疑　磽　文瀾閣本列字爲『嘵』，其他版本爲『磽』；『嘵』，《廣韻》許幺切，《集韻》馨幺切，曉蕭四平開效，不當列於此位，此字當爲『磽』字形訛。『磽』，《廣韻》苦皎切，溪篠四上開效，不應列於此；《集韻》倪了切，疑篠四上開效。《韻鏡》空位；《七音略》外轉二十五重中重、《切韻指掌圖》一圖、《起數訣》第五十圖閉音清，列字均爲『磽』；《切韻指南》效攝外五獨韻廣門，列字爲『𪖙』，見母幼韻。《廣韻》篠韻無疑母字，『磽』爲《集韻》篠四疑母位小韻首字，《七音略》、《四聲等子》從《集韻》。文瀾閣本列『嘵』字訛，當校改爲『磽』。

154 上四透　朓　咫A、B本列字爲『朓』；文瀾閣本、文津閣本作『聎』，『聎』，《廣韻》吐彫切，

《集韻》他彫切，透蕭四平開效，不當列於此，此字當爲『朓』字形訛；文淵閣本、粵雅堂本作『朓』，《廣韻》他弔切，透嘯四去開效，不當列於上聲位；《集韻》土了切，透篠四上開效，可列於此位，從《集韻》。『朓』，《廣韻》、《集韻》土了切，透篠四上開效；《韻鏡》外轉第二十五開、《七音略》外轉二十五重中重、《切韻指掌圖》一圖、《起數訣》第五十圖閉音清、《切韻指南》效攝外五獨韻廣門，列字均爲『朓』。『朓』爲《廣韻》、《集韻》篠四透母位小韻首字，《集韻》下收有『朓』字，列字以『朓』字爲佳，《四聲等子》咫A、B本是。文淵閣本、粵雅堂本雖無誤，但校正爲『朓』更佳。文瀾閣本、文津閣本作『聎』誤，當校改爲『朓』。

155 上四泥　嬲　《廣韻》奴鳥切，《集韻》乃了切，泥篠四上開效；《韻鏡》外轉第二十五開、《七音略》外轉二十五重中重、《切韻指掌圖》一圖、《切韻指南》效攝外五獨韻廣門，列字均爲『嬲』；《起數訣》第五十圖閉音清，列字爲『褭』。『嬲』爲《廣韻》篠四泥母位小韻首字，下收有『褭』字，列字以『嬲』字爲佳。《四聲等子》是。

156 上四幫　褾　《廣韻》方小切，《集韻》俾小切，幫小三上開效；《韻鏡》外轉第二十六合、《起數訣》第五十一圖發音清，列字均爲『褾』；《七音略》外轉二十六重中重、《切韻指掌圖》一圖、《切韻指南》效攝外五獨韻廣門，列字均爲『褾』，此字當爲『褾』字形訛。『褾』爲《廣韻》小韻幫母位小韻首字，《四聲等子》是。

157 上四並　摽　文津閣本列字爲『標』，其他版本爲『摽』。『標』，《廣韻》方小切，幫小三上開效，不當列於並母位；《集韻》婢小切，並小三上開效，可列於此位。『摽』，《廣韻》苻少切，《集韻》婢小切，並小三上開效；《韻鏡》外轉第二十六合、《七音略》外轉二十六重中重、《切韻指掌圖》一圖、《起數訣》第五十一圖發音清、《切韻指南》效攝外五獨韻廣門，列字均爲『摽』。『摽』爲《廣韻》、《集韻》小韻並母位小韻首字，《四聲等子》列『摽』字是。文津閣本從《集韻》亦可，校正爲『摽』爲佳。

158 上四明　眇　咫A、B本列字爲『眇』，粵雅堂本、文瀾閣本、文淵閣本、文津閣本，列字均爲『𦕒』。『𦕒』，《廣韻》未收，《集韻》弭沼切，明小三上開效，從《集韻》。『眇』，《廣韻》亡沼切，《集韻》弭沼切，明小三上開效；《韻鏡》外轉第二十六合、《起數訣》第五十一圖發音清，列字均爲『眇』；《七音略》外轉二十六重中重、《切韻指掌圖》一圖、《切韻指南》效攝外五獨韻廣門，列字均爲『𦕒』；《七音略》等從《集韻》。『眇』爲《廣韻》、《集韻》小韻明母位小韻首字，列字爲『眇』爲佳，《四聲等子》咫A、B本是，其他版本亦無誤。

159 上四精　勦　《廣韻》、《集韻》子小切，精小三上開效；《韻鏡》外轉第二十六合，列字爲『𠞰』；《七音略》外轉二十六重中重、《切韻指掌圖》一圖，列字均爲『勦』；《切韻指南》效攝外五獨韻廣門，列字爲『湫』，精母筱韻；《起數訣》第五十一圖發音清，列字爲『剿』，精母筱韻。『𠞰』爲《廣韻》小三精母位小韻首字，下收有『勦』字；《集韻》『剿』、『剿(勦)』二字同爲小三精母位小韻首字，下收有『勦』、『湫』二字。列字以『剿』、『𠞰』二字爲佳，《四聲等子》亦無誤。

160 上四從　瀌　《康熙字典》記：「《廣韻》、《集韻》子小切，音剿，又《類篇》樵小切，義同。」此記樵小切，從母小韻。《韻鏡》外轉第二十六合、《起數訣》第五十一圖發音清、《切韻指南》效攝外五獨韻廣門，列字爲『瀌』；《七音略》、《切韻指掌圖》均空位。《廣韻》、《集韻》小韻無從紐，《四聲等子》當從《韻鏡》。

161 上四心　篠　文津閣本列字爲『篠』，文淵閣本，列字爲『篠』，其他版本爲『篠』。『篠』，《廣韻》、《集韻》未收。《廣韻》心母篠韻位列字爲『篠』，《韻鏡》外轉第二十五開、《切韻指掌圖》一圖，列字爲『篠』，《廣韻》吐彫切，《集韻》吐彫切，透蕭四平開效，不當列此位，此字當爲『篠』字形訛。《七音略》外轉二十五重中重，列字爲『篠』；『篠』，《廣韻》先鳥切，《集韻》先了切，心筱四上開效；《切韻指南》效攝外五獨韻廣門、《起數訣》第五十一圖發音清，列字均爲『小』。《四聲等子》各版本均應爲『篠』字形訛，當校正。

162 上四曉　曉　《廣韻》馨皛切，《集韻》馨鳥切，曉篠四上開效；《韻鏡》外轉第二十五開、《七音略》外轉二十五重中重、《切韻指掌圖》一圖、《起數訣》第五十圖閉音清、《切韻指南》效攝外五獨韻廣門，列字均爲『曉』。『鐃』爲《廣韻》篠四曉母位小韻首字，下收有『曉』字，列字以『鐃』爲佳，《四聲等子》亦無誤。

163 上四喻　鷕　《廣韻》以沼切，《集韻》以紹切，以小三上開效；《韻鏡》外轉第二十六合、《切韻指掌圖》一圖、《切韻指南》效攝外五獨韻廣門，列字均爲『鷮』；《七音略》外轉二十六重中重、《起數訣》第五十一圖發音清，列字爲『㴁』。『鷮』爲《廣韻》小三以母位小韻首字，下收有『㴁』字，列字以『鷮』字爲佳，《四聲等子》是。

去四韻目：　嘯笑合韻

164 去四見　叫　文瀾閣本、文津閣本列『呌』，其他版本爲『叫』。『叫』，《廣韻》古弔切，《集韻》吉弔切，見嘯四去開效；《韻鏡》外轉第二十五開、《切韻指掌圖》一圖、《起數訣》第五十圖閉音清，列字均爲『呌』；《七音略》外轉二十五重中重、《切韻指南》效攝外五獨韻廣門，列字均爲『叫』。《康熙字典》記：『俗作呌。』、『呌』爲俗體。『叫』爲《廣韻》嘯韻見母位小韻首字，《四聲等子》各版本皆無誤。

165 去四群　翹　《廣韻》巨要切，《集韻》祁要切，群笑三去開效；《韻鏡》外轉第二十六合、《切韻指南》效攝外五獨韻廣門，列字均爲『翹』；《七音略》空位；《切韻指掌圖》一圖，列字爲『轎』，《廣韻》、《集韻》渠廟切，群笑三去開效；《起數訣》第五十一圖發音清，列字爲『趐』，《廣韻》、《集韻》施智切，書寘三去開止；不當列於此位，此字當爲『翹』字形訛。『翹』爲《廣韻》、《集韻》笑三群母位小韻首字，《七音略》空位誤，當校補『翹』字。《四聲等子》是。

166 去四疑　顤　咫A、B本，粵雅堂本作『顤』，文瀾閣本、文淵閣本作『[illegible]』，文津閣本作『[illegible]』。

「顤」，《廣韻》五弔切，《集韻》倪弔切，疑嘯四去開效；《韻鏡》外轉第二十五開、《七音略》外轉二十五重中重、《切韻指掌圖》一圖、《起數訣》第五十圖閉音清、《切韻指南》效攝外五獨韻廣門，列字均爲「顤」。「翹」爲《廣韻》、《集韻》嘯四疑母位小韻首字，《四聲等子》咫 A、B 本列字是，其他形訛，當校正爲「顤」。

167 去四透　糶　文淵閣本、文津閣本列字爲「[米隹]」，其他版本皆爲「糶」，文淵閣本、文津閣本當爲「糶」字形訛。《廣韻》、《集韻》他弔切，透嘯四去開效；《韻鏡》外轉第二十五開、《七音略》外轉二十五重中重、《切韻指掌圖》一圖、《起數訣》第五十圖閉音清、《切韻指南》效攝外五獨韻廣門，列字均爲「糶」。「糶」爲《廣韻》、《集韻》嘯四透母位小韻首字，《四聲等子》列「糶」字版本是，文淵閣本、文津閣本列字訛，當校正爲「糶」。

168 去四定　藋　《廣韻》、《集韻》徒弔切，定嘯四去開效；《韻鏡》外轉第二十五、《七音略》外轉二十五重中重、《切韻指南》效攝外五獨韻廣門，列字均爲「藋」；《切韻指掌圖》一圖，列字爲「蓧」，《集韻》徒弔切，定嘯四去開效，依《集韻》可列於此位；《起數訣》第五十圖閉音清，列字爲「調」。「藋」爲《廣韻》嘯四定母位小韻首字，下收有「調」字，列字以「藋」字爲佳，《四聲等子》是。

169 去四幫　標　文淵閣本列字爲「摽」，其他版本列爲「標」。「摽」，《廣韻》、《集韻》匹妙切，滂笑三去開效，不當列於此位，當爲「標」字形訛。「標」，《廣韻》甫遥切，幫宵三平開效；方小切，幫小三上開效，皆不應列於此；《集韻》卑妙切，幫笑三去開效。《韻鏡》、《切韻指掌圖》均空位；《七音略》外轉二十六重中重，列字爲「裱」，爲「褾」字誤，且爲重紐三等，列於外轉二十五重中重三等位，此處當刪；《起數訣》第五十一圖發音清、《切韻指南》效攝外五獨韻廣門，列字均爲「標」。《廣韻》笑韻幫母無「標」字，「標」爲《集韻》笑韻幫母重紐四等位小韻首字，《四聲等子》依《集韻》。

170 去四從　噍　文瀾閣本、文淵閣本、文津閣本列字爲「嗎」，《康熙字典》記：「《字彙》俗罵字。」當爲「噍」字形訛。其他版本均列「噍」。「噍」，《廣韻》、《集韻》才笑切，從笑三去開效；《韻鏡》外轉第二十六合、《七音略》外轉二十六重中重、《切韻指掌圖》一圖、《起數訣》第五十一圖發音清、《切韻指南》效攝外五獨韻廣門，列字均爲「噍」。「噍」爲《廣韻》、《集韻》笑韻從母位小韻首字，《四聲等子》列「噍」版本是，文瀾閣本、文淵閣本、文津閣本當校正爲「噍」。

171 去四曉　𧦝　「歗」爲《廣韻》嘯四曉母位小韻首字，《廣韻》火弔切，《集韻》馨叫切，曉嘯四去開效；《韻鏡》外轉第二十五開、《七音略》外轉二十五重中重，列字均爲「歒」，當爲「歗」字誤；《切韻指掌圖》一圖、《起數訣》第五十圖閉音清，列字均爲「歗」；《切韻指南》效攝外五獨韻廣門，列字爲「𩴾」，初母肴韻。《四聲等子》形訛，當校正爲「歗」。

172 去四匣　顤　《廣韻》嘯韻匣母無字，《集韻》有「顤」小韻，《廣韻》苦閑切，溪山二平開山；

《集韻》户弔切，溪嘯四去開效；《韻鏡》、《七音略》、《切韻指掌圖》均空位；《起數訣》第五十圖閉音清、《切韻指南》效攝外五獨韻廣門，列字均爲『顤』。『顤』爲《集韻》嘯四匣母位小韻首字，《四聲等子》從《集韻》，但形訛，當校正爲『顤』。

173 去四影　窔　《唐韻》烏皎切，影篠四上開效，不應列於此；《集韻》一叫切，影嘯四去開效。《正字通》：本作『窔』，俗作『窔』，或作宎。即『窔』爲『穾』字俗體。《韻鏡》外轉第二十五開、《七音略》外轉二十五重中重、《起數訣》第五十圖閉音清，列字均爲『窔』，《廣韻》烏叫切，《集韻》一叫切，影嘯四去開效；《切韻指掌圖》空位；《切韻指南》效攝外五獨韻廣門，列字爲『要』，影母笑韻。《集韻》『窔』、『穾』同爲小韻首字，或從《集韻》。

174 去四喻　燿　《廣韻》弋照切，《集韻》弋笑切，以笑三去開效；《韻鏡》外轉第二十六合、《起數訣》第五十一圖發音清、《切韻指南》效攝外五獨韻廣門，列字均爲『燿』；《七音略》外轉二十六重中重，列字爲『耀』；《切韻指掌圖》空位。『燿』爲《廣韻》、《集韻》笑三以母位小韻首字，下收有『耀』字，列字以『燿』字爲佳，《七音略》列『耀』字，亦無誤。《四聲等子》是。

175 去四來　料　《廣韻》、《集韻》力弔切，來嘯四去開效；《韻鏡》外轉第二十五開、《七音略》外轉二十五重中重、《切韻指掌圖》一圖、《切韻指南》效攝外五獨韻廣門，列字均爲『類』；《起數訣》第五十圖閉音清，列字爲『料』。『類』爲《廣韻》嘯四來母位小韻首字，下收有『料』字，列字以『類』字爲佳，《四聲等子》列『料』字，亦無誤。

入四韻目：無標目，實爲藥韻

176 入四精　雀　《廣韻》即略切，《集韻》即約切，精藥三入開宕；《韻鏡》内轉第三十一開、《七音略》外轉二十五重中重、《切韻指掌圖》一圖、《切韻指南》效攝外五獨韻廣門、《起數訣》第五十圖閉音清，列字均爲『爵』。『爵』爲《廣韻》藥三精母位小韻首字，下收有『雀』字，列字以『爵』爲佳，《四聲等子》亦無誤。

177 入四從　嚼　《廣韻》在爵切，《集韻》疾雀切，從藥三入開宕；《韻鏡》内轉第三十一開、《七音略》外轉二十五重中重、《切韻指掌圖》一圖、《起數訣》第五十圖閉音清，列字均爲『嚼』；《切韻指南》效攝外五獨韻廣門，列字爲『皭』。『嚼』爲《廣韻》、《集韻》藥四從母位小韻首字，下收有『皭』字，列字以『嚼』字爲佳，《韻鏡》、《七音略》、《四聲等子》列『嚼』字，亦無誤。

178 入四喻　藥　《廣韻》以灼切，《集韻》弋灼切，以藥三入開宕；《韻鏡》内轉第三十一開、《切韻指掌圖》一圖、《起數訣》第五十圖閉音清、《切韻指南》效攝外五獨韻廣門，列字均爲『藥』；《七音略》空位。『藥』爲《廣韻》、《集韻》藥三以母位小韻首字，《七音略》空位誤，《四聲等子》是。

宕攝內五陽唐重多輕少韻　江全重開口呼

見	剛䴚鋼各	江講絳覺	姜鏹彊腳	○○○○
溪	康慷炕恪	腔控○㱿	羌𥓫唴卻	○○○○
羣	○○○○	○○○○	强勥强噱	○○○○
疑	卬⿰馬卬枊咢	㠊○○岳	卬仰⿰車卬虐	○○○○
端知	當黨讜沰	○○○○	張長帳芍	○○○○
透徹	湯曭儻託	○○○○	萇昶暢辵	○○○○
定澄	唐蕩宕鐸	○○○○	長丈仗著	○○○○
泥孃	囊曩儾諾	○○○○	孃○釀逽	○養○○
幫非	幫膀謗博	邦㻊○剝	方昉放⿰革尃	○○○○
滂敷	滂髈○粕	胮㩧肨朴	芳髣訪⿱雨尃	○○○○
並奉	傍○傍泊	龐棒蚌雹	房○防縛	○⿰馬剝○○
明微	忙莽漭莫	厖⿰亻尨⿰忄尨邈	亡罔妄○	○○○○

		精照	清穿	從牀	心審	邪禪	曉	匣	影	喻	來	日
内外混等	唐	臧	倉	藏	桑	○	炕	航	佒	○	郎	○
	蕩	駔	蒼	奘	顙	○	汻	沆	怏	○	朗	○
	宕	葬	滄	藏	喪	○	○	行	盎	○	浪	○
	鐸	作	錯	昨	索	○	郝	涸	惡	○	落	○
	江	莊	瘡	牀	霜	○	肛	降	胦	○	○	○
	講	○	礎	○	爽	○	傋	項	慃	○	○	○
	絳	壯	創	狀	孀	○	惷	巷	○	○	○	○
	覺	斮	○	斮	○	○	吒	學	握	○	○	○
江陽借形	陽	章	昌	○	商	常	香	○	央	○	良	穰
	養	掌	敞	○	賞	上	響	○	鞅	○	兩	壤
	様	障	唱	○	餉	尙	向	○	怏	○	亮	讓
	藥	灼	綽	○	爍	杓	謔	○	約	○	略	若
		將	槍	墻	襄	詳	○	○	○	羊	○	○
		奬	搶	蔣	想	象	○	○	○	養	○	○
		將	蹡	匠	相	○	○	○	○	様	○	○
		雀	鵲	嚼	削	○	○	○	○	藥	○	○

第三圖　宕攝内五（陽唐）　重多輕少韻　江全重開口呼

平一韻目：標目爲唐

1 平一見　剛　《廣韻》古郎切，《集韻》居郎切，見唐一平開宕；《韻鏡》内轉第三十一開、《切韻指掌圖》十三圖，列字均爲『剛』；《七音略》外轉三十四重中重、《切韻指南》宕攝内五開口呼侷門、《起數訣》第六十圖收音清，列字均爲『岡』。『岡』爲《廣韻》、《集韻》唐一見母位小韻首字，下收有『剛』字；列字以『岡』字爲佳，《四聲等子》亦無誤。

2 平一溪　康　《廣韻》苦岡切，《集韻》丘岡切，溪唐一平開宕；《韻鏡》内轉第三十一開、《七音略》外轉三十四重中重，列字均爲『穅』；《切韻指掌圖》十三圖、《起數訣》第六十圖收音清、《切韻指南》宕攝内五開口呼侷門，列字均爲『康』。『康』爲《廣韻》唐一溪母位小韻首字，下收有『穅』字，列字以『康』字爲佳，《四聲等子》是。

3 平一疑　卬　《廣韻》五剛切，《集韻》魚剛切，疑唐一平開宕；《韻鏡》内轉第三十一開、《切韻指南》宕攝内五開口呼侷門，列字均爲『卬』；《七音略》外轉三十四重中重、《切韻指掌圖》十三圖，列字均爲『昂』；《起數訣》第六十圖收音清，列字爲『卬』，影母震韻，應爲『卬』字形訛。『卬』爲《廣韻》唐一疑母位小韻首字，下收有『昂』字，列字以『卬』字爲佳，《七音略》列『昂』字，亦無誤。《四聲等子》是。

4 平一透　湯　㞒 A、B本，文瀾閣本，粵雅堂本，文淵閣本列字爲『湯』，文津閣本作『湯』。『湯』，《廣韻》吐郎切，《集韻》他郎切，透唐一平開宕；《韻鏡》內轉第三十一開，《七音略》外轉三十四重中重、《切韻指掌圖》十三圖、《起數訣》第六十圖收音清、《切韻指南》宕攝內五開口呼偈門，列字均爲『湯』。『湯』爲《廣韻》、《集韻》唐一透母位小韻首字，《四聲等子》列『湯』版本是，文津閣本作『湯』，當爲形訛，當校正。

5 平一定　唐　《廣韻》、《集韻》徒郎切，定唐一平開宕；《韻鏡》內轉第三十一開，列字爲『堂』；《七音略》外轉三十四重中重，列字爲『棠』；《切韻指掌圖》十三圖、《起數訣》第六十圖收音清、《切韻指南》宕攝內五開口呼偈門，列字均爲『唐』。『唐』爲《廣韻》唐一定母位小韻首字，下收有『堂』、『棠』二字，列字以『唐』字爲佳，《四聲等子》是。

6 平一並　傍　《廣韻》步光切，《集韻》蒲光切，並唐一平開宕；《韻鏡》內轉第三十一開、《切韻指掌圖》十四圖，列字均爲『傍』；《七音略》外轉三十四重中重、《起數訣》第六十二圖開音清，列字爲『旁』；《切韻指南》宕攝內五開口呼偈門，空位。『傍』爲《廣韻》唐一並母位小韻首字，下收有『旁』字，列字以『傍』字爲佳，《四聲等子》是。

7 平一明 忙 《廣韻》莫郎切，《集韻》謨郎切，明唐一平開宕；《韻鏡》内轉第三十一開、《七音略》外轉三十四重中重、《切韻指南》宕攝内五開口呼侷門，列字均爲「茫」；《切韻指掌圖》十四圖、《起數訣》第六十二圖開音清，列字均爲「忙」。「茫」爲《廣韻》、《集韻》唐一明母位小韻首字，下收有「忙」字，列字以「茫」字爲佳，《四聲等子》列「忙」字，亦無誤。

8 平一曉炕 《廣韻》呼郎切，《集韻》虚郎切，曉唐一平開宕；《韻鏡》内轉第三十一開，列字爲「忼」；《七音略》外轉三十四重中重，列字爲「蚢」，《廣韻》胡郎切，《集韻》寒剛切，匣唐一平開宕，不當列於此位，應爲「炕」字形訛。《切韻指掌圖》十三圖、《起數訣》第六十圖收音清、《切韻指南》宕攝内五開口呼侷門，列字均爲「炕」。「炕」爲《廣韻》唐一曉母位小韻首字，下收有「忼」字，列字以「炕」字爲佳，《四聲等子》是。

9 平一影 佒 咫A、B本，文津閣本，粤雅堂本，文淵閣本列字爲「佒」，文瀾閣本作「鴦」。「佒」，《廣韻》烏郎切，《集韻》於郎切，影唐一平開宕；《韻鏡》内轉第三十一開、《七音略》外轉三十四重中重、《切韻指掌圖》十三圖、《切韻指南》宕攝内五開口呼侷門、《起數訣》第六十圖收音清，列字均爲「鴦」；「鴦」爲《廣韻》唐一影母位小韻首字，下收有「佒」字，列字以「鴦」字爲佳，《四聲等子》文瀾閣本應爲「佒」形訛，其他版本列「佒」字是。

上一韻目：標目爲蕩

10 上一見　骯　咫A、B本，粤雅堂本，列字爲『骯』；文瀾閣本、文淵閣本列字爲『吭』，文津閣本作『骯』。『骯』，《廣韻》古郎切，《集韻》居郎切，見蕩一上開宕；《韻鏡》内轉第三十一開、《七音略》外轉三十四重中重、《切韻指掌圖》十三圖、《切韻指南》宕攝内五開口呼侷門，列字均爲『骯』；《起數訣》第六十圖收音清，列字爲『吭』。『骯』爲《廣韻》蕩一開口見母位小韻首字，下收有『吭』字，咫A、B本，粤雅堂本從《廣韻》。『吭』爲《集韻》蕩一開口見母位小韻首字，下收有『骯』字，文瀾閣本、文淵閣本從《集韻》。文津閣本作『骯』，當爲刊刻誤，當校正。

11 上一疑　駠　《廣韻》五朗切，《集韻》語朗切，疑蕩一上開宕；《韻鏡》内轉第三十一開、《起數訣》第六十圖收音清，列字爲『駠』，《廣韻》、《集韻》力求切，來尤三平開流；不當列於此位，此字應爲『駉』字形訛。《七音略》外轉三十四重中重、《切韻指掌圖》十三圖、《四聲等子》宕攝内五陽唐重多輕少韻江全重開口呼、《切韻指南》宕攝内五開口呼侷門，列字均爲『駉』。『駉』爲《廣韻》、《集韻》蕩一疑母位小韻首字，《四聲等子》是。

12 上一透　曭　《廣韻》他朗切，《集韻》坦朗切，透蕩一上開宕；《韻鏡》内轉第三十一開、《切韻指掌圖》十三圖、《起數訣》第六十圖收音清，列字均爲『儻』；《七音略》外轉三十四重中重、《切韻指南》宕攝内五開口呼侷門，列字均爲『曭』。『曭』爲《廣韻》、《集韻》蕩一開口透母位小韻首字，下收有『儻』、『朧』二字，列字以『曭』字爲佳，《四聲等子》亦無誤。

13 上一定　蕩　咫 A 本，粤雅堂本，文瀾閣本，文淵閣本列字爲『蕩』，文津閣本作『蕩』。『蕩』，《廣韻》、《集韻》待朗切，定蕩一上開宕；《韻鏡》内轉第三十一開、《七音略》外轉三十四重中重、《切韻指掌圖》十三圖、《起數訣》第六十圖收音清、《切韻指南》宕攝内五開口呼侷門，列字均爲『蕩』。『蕩』爲《廣韻》、《集韻》蕩一開口定母位小韻首字，《四聲等子》是。文津閣本列字爲『蕩』，當爲刊刻誤。

14 上一幫　牓　咫 A、B 本，粤雅堂本，文津閣本，文淵閣本列字爲『牓』，文瀾閣本作『膀』。『牓』，《廣韻》北朗切，《集韻》補朗切，幫蕩一上開宕；《韻鏡》内轉第三十一開、《七音略》外轉三十四重中重、《切韻指掌圖》十四圖、《切韻指南》宕攝内五開口呼侷門、《起數訣》第六十二圖開音清，列字均爲『榜』。『榜』爲《廣韻》蕩一幫母位小韻首字，下收有『牓』字，列字以『榜』字爲佳，《四聲等子》亦無誤。文瀾閣本作『膀』，《廣韻》步光切，《集韻》蒲光切，並唐一平開宕，不當列於此，當爲『牓』字形訛，其他版本無誤。

15 上一明　莽　咫 A、B 本，文瀾閣本，粤雅堂本，文津閣本作『莽』，文淵閣本作『莽』。『莽』，《廣韻》模朗切，《集韻》母朗切，明蕩一上開宕；《韻鏡》内轉第三十一開、《七音略》外轉三十四重中重、《切韻指掌圖》十四圖、《起數訣》第六十二圖開音清、《切韻指南》宕攝内五開口呼侷門，列字均爲『莽』。『莽』爲《廣韻》、《集韻》蕩一開口明母位小韻首字，列字以『莽』爲佳。『莽』，《康熙字典》記：『《干禄字書》俗莽字。』《四聲等子》文淵閣本列正體是，其他版本列俗字，當校正爲『莾』。

16 上一從　奘　《廣韻》徂朗切，《集韻》在朗切，從蕩一上開宕；《韻鏡》空位；《七音略》外轉三十四重中重、《切韻指掌圖》十三圖、《起數訣》第六十圖收音清、《切韻指南》宕攝内五開口呼偈門，列字均爲『奘』。『奘』爲《廣韻》蕩一開口從母位小韻首字，《韻鏡》空位誤，《四聲等子》是。

17 上一曉　汻　咫A、B本，文瀾閣本，粵雅堂本，文淵閣本作『汻』，文津閣本作『汗』，當爲『汻』字形訛。《廣韻》呼朗切，《集韻》許朗切，曉蕩一上開宕；《韻鏡》内轉第三十一開、《七音略》外轉三十四重中重、《切韻指掌圖》十三圖、《起數訣》第六十圖收音清、《切韻指南》宕攝内五開口呼偈門，列字均爲『汻』。文津閣本當校正爲『汻』。

18 上一影　忼　《廣韻》苦朗切，《集韻》口朗切，溪蕩一上開宕，不當列於此位。《韻鏡》内轉第三十一開，列字爲『泱』；《七音略》外轉三十四重中重、《切韻指掌圖》十三圖、《切韻指南》宕攝内五開口呼偈門、《起數訣》第六十圖收音清，列字均爲『坱』。『坱』爲《廣韻》蕩韻溪母位小韻首字，下收有『泱』字。列字以『坱』爲佳，《四聲等子》誤，當校改爲『坱』。

19 上一來　朗　《廣韻》盧黨切，來蕩一上開宕；《集韻》列字爲『朖』。《韻鏡》内轉第三十一開、《切韻指掌圖》十三圖、《切韻指南》宕攝内五開口呼偈門，列字均爲『朗』；《七音略》外轉三十四重中重，列字爲『郎』，《廣韻》魯當切，《集韻》盧當切，來唐一平開宕，不應列於此，應爲『朗』字形訛；《起數訣》第六十圖收音清，空位，誤。『朗』爲《廣韻》蕩一開口來母位小韻首字，《四聲等子》是。

去一韻目：標目爲宕

20 去一溪　炕　《廣韻》苦浪切，《集韻》口浪切，溪宕一去開宕；《韻鏡》内轉第三十一開、《七音略》外轉三十四重中重、《切韻指掌圖》十三圖、《切韻指南》宕攝内五開口呼偏門，列字均爲『抗』；《起數訣》第六十圖收音清，列字爲『亢』。『抗』爲《廣韻》宕一溪母位小韻首字，下收有『炕』、『亢』二字，列字以『抗』爲佳，《四聲等子》亦無誤。

21 去一疑　枊　咫A本、文津閣本、粤雅堂本、文淵閣本作『枊』，文瀾閣本作『柳』，來母流韻，不應列於此，當爲『枊』字形訛；『枊』，《廣韻》五浪切，《集韻》魚浪切，疑宕一去開宕；《韻鏡》内轉第三十一開、《七音略》外轉三十四重中重、《切韻指掌圖》十三圖、《切韻指南》宕攝内五開口呼偏門，列字均爲『枊』；《起數訣》第六十圖收音清，列字爲『抑』，《廣韻》於力切，《集韻》乙力切，影職三入開曾，不當列於此位，應爲『枊』字形訛。『枊』爲《廣韻》、《集韻》宕一疑母位小韻首字，《四聲等子》文瀾閣本誤，其他版本是。

22 去一端　讜　《廣韻》多朗切，《集韻》底朗切，端蕩一上開宕，不當列於此位。《韻鏡》内轉第三十一開、《七音略》外轉三十四重中重、《切韻指掌圖》十三圖、《切韻指南》宕攝内五開口呼偏門，列字均爲『譡』，《廣韻》、《集韻》丁浪切，端宕一去開宕；《起數訣》第六十圖收音清，列字爲『當』。『譡』爲《廣韻》、《集韻》宕一開口端母位小韻首字，下收有『當』字，列字以『譡』字爲佳，《四聲等子》列『讜』，應爲『譡』字形訛，當校改爲『譡』。

23 去一幫 謗 《廣韻》、《集韻》補曠切，幫宕一去開宕；《韻鏡》內轉第三十一開、《七音略》外轉三十四重中重，列字均爲『螃』；《切韻指掌圖》十四圖、《起數訣》第六十二圖開音清，列字均爲『謗』；《切韻指南》空位。『螃』爲《廣韻》宕一幫母位小韻首字，下收有『謗』字。《四聲等子》亦無誤。

24 去一滂 ○ 《廣韻》滂母宕韻無列字，《集韻》滂母宕韻有『⿰月放』小韻；《韻鏡》、《切韻指南》均空位；《七音略》外轉三十四重中重，列字爲『⿰目放』，應爲『⿰月放』字形訛。《切韻指掌圖》十四圖、《起數訣》第六十二圖開音清，列字爲『⿰月放』，《康熙字典》記：『《集韻》滂謗切，音胖。脹也。』《廣韻》宕韻開口一等無滂母，『⿰月放』爲《集韻》宕一滂母位小韻首字，《四聲等子》空位從《廣韻》。

25 去一明 漭 咫 A、B本，文瀾閣本，粵雅堂本，文淵閣本作『漭』，文津閣本作『莾』。《廣韻》韻圖明母宕韻列字爲『漭』；『漭』，《廣韻》莫浪切，《集韻》母朗切，明宕一去開宕；《韻鏡》內轉第三十一開、《七音略》外轉三十四重中重、《切韻指掌圖》十四圖、《起數訣》第六十二圖開音清、《切韻指南》宕攝內五開口呼偏門，列字均爲『漭』。『漭』爲《集韻》宕一明母位小韻首字，《四聲等子》文津閣本誤，當校正爲『漭』，其他版本從《集韻》。

26 去一精　葬　咫A、B本作『葬』，文瀾閣本作『奘』，其他版本皆爲『葬』。『葬』，《廣韻》、《集韻》則浪切，精宕一去開宕；《韻鏡》内轉第三十一開、《七音略》外轉三十四重中重、《切韻指掌圖》十三圖、《起數訣》第六十圖收音清、《切韻指南》宕攝内五開口呼偏門，列字均爲『葬』。『葬』爲《廣韻》、《集韻》宕一精母位小韻首字，《四聲等子》列『葬』版本是，咫A、B本，文瀾閣本當校正爲『葬』。

27 去一清　䢢　《廣韻》未收；《集韻》七浪切，清宕一去開宕；《韻鏡》内轉第三十一開、《切韻指掌圖》十三圖、《切韻指南》宕攝内五開口呼偏門，列字均爲『槍』；《七音略》外轉三十四重中重，列字爲『槍』，清母陽韻，不應列於此，應爲『槍』字誤；《起數訣》第六十圖收音清，列字爲『䢢』。『槍』爲《集韻》宕一開口清母位小韻首字，下收有『䢢』字，列字以『槍』字爲佳，《韻鏡》、《七音略》、《起數訣》均從《集韻》。《四聲等子》列『䢢』字，亦無誤。

28 去一心　喪　《廣韻》蘇浪切，《集韻》四浪切，心宕一去開宕；《韻鏡》内轉第三十一開，列字爲『丧』；《七音略》外轉三十四重中重、《切韻指掌圖》十三圖、《起數訣》第六十圖收音清、《切韻指南》宕攝内五開口呼偏門，列字均爲『喪』。『丧』、『喪』爲異體字，《韻鏡》、《四聲等子》皆無誤。

29 去一匣　行　《廣韻》下浪切，《集韻》下朗切，匣宕一去開宕；《韻鏡》内轉第三十一開、《七音略》外轉三十四重中重、《切韻指掌圖》十三圖、《切韻指南》宕攝內五開口呼侷門、《起數訣》第六十圖收音清，列字均爲『吭』。『吭』爲《廣韻》宕一開口匣母位小韻首字，下收有『行』字，列字以『吭』字爲佳，《四聲等子》亦無誤。

入一韻目：標目爲鐸

本圖入一與圖二入一基本一致，本圖入聲對校《韻鏡》內轉第三十一開、《七音略》內轉三十四重中重、《切韻指掌圖》十三圖、《切韻指南》宕攝內五開口呼侷門、《起數訣》第六十圖。因圖二中基本出校，故只校異處。

30 入一滂　粕　《廣韻》、《集韻》匹各切，滂鐸一入開宕；《韻鏡》內轉第三十一開、《七音略》外轉三十四重中重、《切韻指掌圖》十四圖、《切韻指南》宕攝內五開口呼侷門，列字均爲『䪙』；《起數訣》第六十二圖開音清，列字爲『粕』。『䪙』爲《廣韻》鐸一滂母位小韻首字，下收有『粕』字。『粕』爲《集韻》鐸一滂母位小韻首字，下收有『䪙』字，列字以『粕』字爲佳，《四聲等子》從《集韻》。圖二列字爲『䪙』，爲『䪙』字之訛。

平二韻目：標目爲江，實爲江陽合韻，照二組位爲陽韻

31 平二疑　峣　𡰱 A、B本，文瀾閣本，粵雅堂本作『㟅』；文淵閣本作『𡸖』，文津閣本作『𡾋』，

均爲『𡵓』形訛。『𡵓』,《廣韻》五江切,《集韻》吾江切,疑江二平開江;《韻鏡》外轉第三開合、《七音略》外轉第三重中重、《切韻指掌圖》十四圖、《切韻指南》江攝外一見幫曉喻屬開知照來日屬合、《起數訣》第五圖發音清,列字均爲『𡵓』。『𡵓』爲《廣韻》江二疑母位小韻首字,當列於此位,《四聲等子》各版本列字均訛,當校正爲『𡵓』。

32 平二幫　帮　㞒 A、B本、粵雅堂本作『帮』,文瀾閣本作『帮』,文淵閣本、文津閣本作『邦』。『帮』,《廣韻》博旁切,《集韻》逋旁切,帮唐一平開宕,不應列於此;『邦』,《廣韻》博江切、《集韻》悲江切,幫江二平開江;《韻鏡》外轉第三開合、《七音略》外轉第三重中重、《切韻指掌圖》十四圖、《切韻指南》江攝外一見幫曉喻屬開知照來日屬合、《起數訣》第五圖發音清,列字均爲『邦』。『邦』爲《廣韻》、《集韻》江攝幫母位小韻首字,《四聲等子》㞒 A、B本,粵雅堂本,文瀾閣本誤,當校改爲『邦』。

33 平二滂　胮　《廣韻》匹江切,《集韻》披江切,滂江二平開江;《韻鏡》外轉第三開合、《切韻指掌圖》十四圖、《起數訣》第五圖發音清、《切韻指南》江攝外一見幫曉喻屬開知照來日屬合,列字均爲『胮』。《七音略》外轉第三重中重,列字爲『胮』,當爲『胮』形訛;『胮』爲《廣韻》、《集韻》江攝滂母位小韻首字,《四聲等子》是。

34 平二並　龐　㞒 A、B本,粵雅堂本,文瀾閣本,文淵閣本作『龐』,文津閣本作『厐』。『龐』,《廣韻》薄江切,《集韻》皮江切,並江二平開江;《韻鏡》外轉第三開合、《七音略》外轉第三重中重，《切韻指掌圖》十四圖、《切韻指南》江攝外一見幫曉喻屬開知照來日屬合、《起數訣》第五圖發音清，列字均爲『龐』，『龐』、『龐』二字爲異體字。『龐』爲《廣韻》、《集韻》江攝並母位小韻首字，《四聲等子》文津閣本錯位，當校正爲『龐』。

35 平二明　厖　咫A、B本，粵雅堂本，文瀾閣本，文淵閣本作『厖』，文津閣本作『龐』。《廣韻》、《集韻》莫江切，明江二平開江；《韻鏡》外轉第三開合、《切韻指掌圖》十四圖、《切韻指南》江攝外一見幫曉喻屬開知照來日屬合，列字均爲『厖』；《七音略》外轉第三重中重，明母位列『尨』；《起數訣》第五圖發音清，列字爲『庬』，《集韻》母項切，明講二上開江，依《集韻》不當列於此位，此字爲『厖』字異體。『厖』爲《廣韻》江二明小韻首字，下收有『尨』字，列字以『厖』爲佳，《四聲等子》文津閣本錯位，當校正爲『厖』。

36 平二莊　莊　咫A、B本，粵雅堂本，文津閣本作『莊』，文淵閣本作『疰』，文瀾閣本作『庄』。『莊』，《廣韻》、《集韻》側羊切，莊陽三平開宕；《韻鏡》內轉第三十一開、《七音略》外轉三十四重中重、《切韻指掌圖》十三圖、《起數訣》第六十一圖收音清、《切韻指南》宕攝內五開口呼偈門，列字均爲『莊』。按韻圖規制照二組字列於二等，江攝二等字列於合口。『莊』爲《廣韻》、《集韻》陽三莊母位小韻首字，文瀾閣本列『庄』，《康熙字典》記：『《唐韻》俗莊字。』文瀾閣本列俗字亦無誤；文淵閣本列字爲『疰』形訛，當校正爲『莊』。

37 平二初　瘡　《廣韻》、《集韻》初良切，初陽三平開宕；《韻鏡》內轉第三十一開、《切韻指掌圖》十三圖、《起數訣》第六十一圖收音清，列字均爲『瘡』；《七音略》外轉三十四重中重、《切韻指南》宕攝内五開口呼侷門，列字均爲『創』。『創』爲《廣韻》、《集韻》陽二開口初母位小韻首字，下收有『瘡』字，列字以『創』字爲佳，《四聲等子》亦無誤。

38 平二崇　牀　咫 A、B 本列字爲『牀』，文瀾閣本、文淵閣本、粤雅堂本、文津閣本作『床』。『牀』，《廣韻》士莊切，《集韻》仕莊切，崇陽三平開宕；《韻鏡》内轉第三十一開、《七音略》外轉三十四重中重、《切韻指掌圖》十三圖、《起數訣》第六十一圖收音清、《切韻指南》宕攝内五開口呼侷門，列字均爲『牀』。『床』、『牀』二字爲異體字，《四聲等子》各版本均無誤。

39 平二曉　肛　《廣韻》許江切，《集韻》虚江切，曉江二平開江；《韻鏡》外轉第三開合，列字爲『舡』；《七音略》外轉第三重中重、《切韻指掌圖》十四圖、《起數訣》第六圖發音濁、《切韻指南》江攝外一見幫曉喻屬開知照來日屬合，列字均爲『肛』。『肛』爲《廣韻》江二曉母位小韻首字，下收有『舡』字，列字以『肛』爲佳，《四聲等子》是。

40 平二匣　降　《廣韻》下降切，《集韻》胡江切，匣江二平開江；《韻鏡》外轉第三開合、《七音略》外轉第三重中重、《切韻指掌圖》十四圖、《起數訣》第六圖發音濁，列字均爲『降』；《切韻指南》江攝外一見幫曉喻屬開知照來日屬合，列字爲『栙』；『栙』爲《廣韻》江二匣母位小韻首字，下收有『降』字，列字以『栙』爲佳，《四聲等子》亦無誤。

41 平二影　胦　咫 A、B 本，文淵閣本、粤雅堂本、文津閣本作『胦』，文瀾閣本作『脥』，溪母跤韻，不應列於此，應爲『胦』訛誤『胦』，《廣韻》握江切，《集韻》於江切，影江二平開江；《韻鏡》外轉第三開合、《七音略》外轉第三重中重、《切韻指掌圖》十四圖、《起數訣》第六圖發音濁、《切韻指南》江攝外一見幫曉喻屬開知照來日屬合，列字均爲『胦』。『胦』爲《廣韻》、《集韻》江韻影母位小韻首字，文瀾閣本列字形訛，當校正爲『胦』。

上二韻目：標目爲講，實爲講養合韻。

42 上二溪　控　《廣韻》一音苦貢切，溪送一去開通；又苦江切，溪江二平開江；皆不應列於此；《集韻》克講切，溪講二上開江；《韻鏡》、《七音略》、《切韻指掌圖》空位；《起數訣》第六圖發音濁、《切韻指南》江攝外一見幫曉喻屬開知照來日屬合，列字均爲『控』。此二圖從《集韻》，《四聲等子》亦從《集韻》，無誤。

43 上二幫　𩬋　咫A、B本，粵雅堂本，文瀾閣本作『髲』，文淵閣本、文津閣本爲『𩬋』。『𩬋』，《廣韻》未收；《集韻》補講切，幫講二上開江；《韻鏡》外轉第三開合，《切韻指掌圖》十四圖、《切韻指南》江攝外一見幫曉喻屬開知照來日屬合，列字均爲『䋀』；『䋀』，《廣韻》巴講切、《集韻》補講切，幫講二上開江；《七音略》、《起數訣》第六圖發音濁，列字爲『綁』；『䋀』、『綁』二字爲異體字；『䋀』爲《廣韻》講二幫母位小韻首字，列字以『䋀』爲佳，《四聲等子》文淵閣本、文津閣本從《集韻》列『𩬋』是；咫A、B本，粵雅堂本，文瀾閣本列字形訛，當校正爲『髮』。

44 上二滂　㩧　𡰪A、B本，粵雅堂本，文瀾閣本，文淵閣本爲『㩧』；文津閣本作『⿰扌㬥』。『㩧』，《廣韻》匹角切，滂覺二入開江，不應列於此；《集韻》普講切，滂講二上開江；《韻鏡》、《切韻指掌圖》空位；《七音略》外轉第三重中重，滂母位列『耩』，見母講韻，誤；《起數訣》第五圖發音清、《切韻指南》江攝外一見幫曉喻屬開知照來日屬合，列字均爲『㩧』。『㩧』爲《集韻》江韻滂母位小韻首字，《四聲等子》從《集韻》，亦無誤。

45 上二並　棒　《廣韻》步項切、《集韻》部項切，並講二上開江；《韻鏡》外轉第三開合、《七音略》外轉第三重中重、《切韻指南》江攝外一見幫曉喻屬開知照來日屬合，列字均爲『㭋』。《切韻指掌圖》十四圖、《起數訣》第五圖發音清，列字均爲『棒』。『㭋』爲《廣韻》講二並母位小韻首字，下收有『棒』字，注上同，二字爲異體字。列字以『㭋』爲佳，《四聲等子》亦無誤。

46 上二明　⿰亻尨　𡰪A、B本，粵雅堂本，文瀾閣本，文淵閣本爲『⿰亻尨』，文津閣本列字爲『儱』，來母董韻，當爲『⿰亻龙』字俗訛。『⿰亻尨』，《廣韻》武項切，《集韻》母項切，明講二上開江；《韻鏡》外轉第三開合、《切韻指掌圖》十四圖、《起數訣》第五圖發音清、《切韻指南》江攝外一見幫曉喻屬開知照來日屬合，列字爲『⿰亻尨』；《七音略》外轉第三重中重，明母位列『⿰忄尨』，明母江韻，誤，應爲『⿰亻尨』字形訛，『⿰亻尨』爲《廣韻》、《集韻》講二明母位小韻首字，《四聲等子》文津閣本列字誤，當校改爲『⿰亻尨』，其他版本是。

47 上二穿 磢 巴A、B本，粵雅堂本，文淵閣本，文津閣本列字爲『磢』，文瀾閣本作『磢』，當爲『磢』形訛。『磢』，《廣韻》初兩切，《集韻》楚兩切，初養三上開宕；《韻鏡》内轉第三十一開、《七音略》外轉三十四重中重、《切韻指掌圖》十三圖，列字均爲『磢』，當爲『磢』書寫誤。《起數訣》第六十一圖收音清、《切韻指南》宕攝内五開口呼侷門，列字均爲『傯』；『磢』爲《廣韻》初母養韻小韻首字，《四聲等子》文瀾閣本字迹不清，當校正，其餘版本是。

48 上二審 爽 巴A、B本，粵雅堂本，文淵閣本，文瀾閣本作『爽』，文津閣本作『爽』。『爽』，《廣韻》踈兩切，《集韻》所兩切，生養三上開宕；《韻鏡》内轉第三十一開、《七音略》外轉三十四重中重、《切韻指掌圖》十三圖，列字均爲『爽』，當爲『爽』字俗訛。《切韻指南》宕攝内五開口呼侷門，列字爲『聳』；《起數訣》第六十一圖收音清，列字爲『摗』；『爽』爲《廣韻》生母養韻小韻首字，《四聲等子》文津閣本當爲字『爽』訛，當校正爲『爽』，其餘版本是。

去二韻目：標目爲絳，實爲絳漾合韻

49 去二滂 胖 巴A、B本，粵雅堂本作『胖』，文瀾閣本、文淵閣本、文津閣本作『肨』，當爲刊刻誤。『胖』，《廣韻》、《集韻》匹絳切，滂絳二去開江；《韻鏡》外轉第三開合、《七音略》外轉第三重中重、《切韻指掌圖》十四圖、《起數訣》第五圖發音清，列字均爲『胖』。《切韻指南》江攝外一見幫曉喻屬開知照來日屬合，滂母位列『脹』，知母漾韻，誤。『胖』爲《廣韻》、《集韻》絳二滂母位小韻首字，《四聲等子》文津閣本當校正爲『胖』，其餘版本是。

50　去二並　蚌　咫A、B本，粵雅堂本，文淵閣本作『蚌』，文瀾閣本、文津閣本列字爲『蚌』，當爲『蚌』字形訛。『蚌』，《廣韻》步項切，《集韻》部項切，並講二上開江；《韻鏡》外轉第三開合、《七音略》外轉第三重中重、《切韻指南》江攝外一見幫曉喻屬開知照來日屬合，列字均爲『桂』；《切韻指掌圖》十四圖、《起數訣》第五圖發音清，列字均爲『棒』；『桂』爲《廣韻》講二並母位小韻首字，下收有『棒』、『蚌』二字，列字以『桂』爲佳，《四聲等子》亦無誤。

51　去二明　⿰忄尨　咫A、B本，粵雅堂本，文淵閣本，文瀾閣本作『⿰忄尨』，文津閣本作『⿰忄龍』；『⿰忄尨』，《廣韻》未收，《集韻》尨巷切；《韻鏡》外轉第三開合，列字爲『朧』，明母腫韻，誤；《七音略》、《切韻指掌圖》空位；《起數訣》第五圖發音清、《切韻指南》江攝外一見幫曉喻屬開知照來日屬合，去二明母位列字爲『⿰忄尨』。『⿰忄尨』爲《集韻》絳韻明母位小韻首字，《四聲等子》從《集韻》。文津閣本列字誤，當校正爲『⿰忄尨』，其餘版本是。

52　去二穿　創　《廣韻》初亮切，《集韻》楚亮切，初漾三去合宕；《韻鏡》内轉第三十一開、《七音略》外轉三十四重中重、《切韻指掌圖》十三圖、《切韻指南》宕攝内五開口呼侷門，列字均爲『刱』；《起數訣》第六十一圖收音清，列字爲『創』。『刱』爲《廣韻》漾二初母位小韻首字，下收有『創』字，注曰：『上同。』『刱』、『創』二字爲異體字。《四聲等子》亦無誤。

53　去二牀　狀　咫A、B本，粵雅堂本，文淵閣本作『狀』；文瀾閣本作『狀』，當爲刊刻誤會；

文津閣本作『狀』，爲『狀』異體字。『狀』，《廣韻》鋤亮切、《集韻》助亮切，崇漾三去開宕；《韻鏡》内轉第三十一開、《七音略》外轉三十四重中重、《切韻指掌圖》十三圖、《起數訣》第六十一圖收音清、《切韻指南》宕攝内五開口呼侷門，列字均爲『狀』。『狀』爲《廣韻》、《集韻》漾三崇母位小韻首字，《四聲等子》文瀾閣本列字訛，當校正，其他版本是。

54 去二審　孀　《廣韻》色莊切，生陽三平開宕，不應列於此；《集韻》色壯切，生漾三去開宕；《韻鏡》空位；《七音略》外轉三十四重中重、《切韻指掌圖》十三圖，列字均爲『灀』；《切韻指南》宕攝内五開口呼侷門、《起數訣》第六十一圖收音清，列字均爲『霜』。《廣韻》漾韻無生母開口字，『霜』、『灀』二字并爲《集韻》漾二開口生母位小韻首字，下收有『孀』字，列字以『霜』或『灀』字爲佳，《四聲等子》從《集韻》，亦無誤。

55 去二曉　𢡟　咫 A、B 本作『𢡟』，粵雅堂本、文淵閣本、文津閣本作『𢡟』，文瀾閣本作『[illegible]』，當爲『𢡟』形訛。『𢡟』，《廣韻》未收；《集韻》赫巷切，曉絳二去開江；《韻鏡》、《切韻指掌圖》空位；《七音略》外轉第三重中重、《起數訣》第六圖發音濁，列字均爲『戇』，曉母送韻，誤；《切韻指南》江攝外一見幫曉喻屬開知照來日屬合，列字爲『𢡟』。《四聲等子》、《切韻指南》從《集韻》，亦無誤。

56 去二匣　巷　粵雅堂本、文淵閣本、文津閣本、文瀾閣本作『巷』，咫 A、B 本作『巷』。『巷』，《廣韻》、《集韻》胡絳切，匣絳二去開江；《韻鏡》外轉第三開合、《七音略》外轉第三重中重、

《切韻指掌圖》十四圖、《起數訣》第六圖發音濁、《切韻指南》江攝外一見幫曉喻屬開知照來日屬合，列字均爲『巷』。《四聲等子》叾A、B本形訛，當校正爲『巷』，其餘版本列字是。

本圖入二與圖二入二基本一致，本圖入聲對校《韻鏡》外轉第三開合、《七音略》外轉第三重中重、《切韻指掌圖》十三圖、《起數訣》第六圖發音濁、《切韻指南》江攝外一見幫曉喻屬開知照來日屬合。因圖二中基本出校，故只校異處。

57 入二見　覺　《廣韻》古岳切、《集韻》訖岳切，見覺二入開江；《韻鏡》外轉第三開合、《七音略》外轉第三重中重、《切韻指掌圖》十四圖、《起數訣》第六圖發音濁、《切韻指南》江攝外一見幫曉喻屬開知照來日屬合，列字均爲『覺』。圖二列字爲『角』。

平三韻目：標目爲陽

58 平三見　姜　《廣韻》、《集韻》居良切，見陽三平開宕；《韻鏡》内轉第三十一開、《七音略》外轉三十四重中重、《切韻指掌圖》十三圖，列字均爲『薑』；《切韻指南》宕攝内五開口呼偏門，列字爲『姜』；《起數訣》第六十一圖收音清，列字爲『疆』；『薑』爲《廣韻》、《集韻》陽三見母位小韻首字，下收有『疆』、『姜』二字，列字以『薑』字爲佳，《四聲等子》亦無誤。

59 平三溪　羌　叾A、B本，粵雅堂本，文淵閣本作『羌』，文瀾閣本、文津閣本，列字爲『羗』；

『羌』,《廣韻》去羊切,《集韻》墟羊切,溪陽三平開宕。《韻鏡》内轉第三十一開、《切韻指掌圖》十三圖、《起數訣》第六十一圖收音清,列字均爲『羗』;『羗』,《康熙字典》記:『《字彙補》與羌同。按即俗羌字。』、『羗』爲『羌』之俗體;《七音略》外轉三十四重中重,列字爲『羌』,此字當爲『羌』字形訛;《切韻指南》宕攝内五開口呼偈門,列字爲『羌』;『羌』爲《廣韻》、《集韻》陽三溪母位小韻首字,《四聲等子》列『羌』爲正體,是;列『羗』字爲俗體,亦無誤。列字以『羌』爲佳,咫A、B本,粵雅堂本,文淵閣本是。

60 平三群　强　咫A、B本,文淵閣本,文瀾閣本,列字爲『强』;粵雅堂本、文津閣本,列字均爲『強』,『强』、『強』爲異體字。『强』,《廣韻》巨良切,《集韻》渠良切,群陽三平開宕;《韻鏡》内轉第三十一開、《切韻指南》宕攝内五開口呼偈門,列字均爲『強』;《七音略》外轉三十四重中重、《切韻指掌圖》十三圖、《起數訣》第六十一圖收音清,列字均爲『彊』。『強』爲《廣韻》陽三群母位小韻首字,下收有『彊』字,注曰:『與強通用。』列字以『强』字爲佳,《四聲等子》諸版本均無誤。

61 平三疑　卬　《廣韻》五剛切,疑唐一平開宕,不應列於此;《集韻》魚殃切,疑陽三平開宕。《韻鏡》、《七音略》均空位;《切韻指掌圖》十三圖、《切韻指南》宕攝内五開口呼偈門,列字均爲『卬』;《起數訣》第六十一圖收音清,列字爲『印』,《廣韻》於刃切,《集韻》伊刃切,影震三去開臻,不當列於此位,此字當爲『卬』字形訛。《廣韻》陽韻三等開口無疑母。『卬』爲

《集韻》陽三開口疑母位小韻首字，《四聲等子》從《集韻》，亦無誤。

62 平三徹　萇　《廣韻》直良切，《集韻》仲良切，澄陽三平開宕，不當列於此位。《韻鏡》内轉第三十一開、《七音略》外轉三十四重中重，列字均爲『倀』；《切韻指南》宕攝内五開口呼偏門，列字爲『募』；《切韻指掌圖》十三圖、《起數訣》第六十一圖收音清，列字均爲『募』，《廣韻》、《集韻》未收，此字當爲『募』字形訛；『募』爲《廣韻》陽三開口徹母位小韻首字，下收有『倀』字，列字以『募』字爲佳。《四聲等子》誤，當校改爲『募』字。

63 平三孃　孃　咫A、B本，粤雅堂本列字爲『孃』，文瀾閣本、文淵閣本、文津閣本作『娘』。『孃』，《廣韻》女良切，《集韻》尼良切，孃陽三平開宕；《韻鏡》内轉第三十一開、《七音略》外轉三十四重中重、《切韻指掌圖》十三圖、《起數訣》第六十一圖收音清、《切韻指南》宕攝内五開口呼偏門，列字均爲『孃』。『孃』、『娘』爲異體字，《四聲等子》諸版本均無誤。

64 平三審　商　《廣韻》式羊切，《集韻》尸羊切，書陽三平開宕；《韻鏡》内轉第三十一開、《切韻指南》宕攝内五開口呼偏門，列字均爲『商』，端母錫韻，誤，此字當爲『商』字形訛；《七音略》外轉三十四重中重、《切韻指掌圖》十三圖、《起數訣》第六十一圖收音清，列字均爲『商』。『商』爲《廣韻》陽三書母位小韻首字，《四聲等子》是。

65 平三喻　○　《廣韻》喻母陽韻無列字；《韻鏡》内轉第三十一開，列字均爲『羊』，以母陽韻。《七音略》、《切韻指掌圖》、《起數訣》、《切韻指南》，均空位。以母當列於四等位，《韻鏡》誤，《四聲等子》空位是。

66 平三日　穰　《廣韻》汝陽切，《集韻》如陽切，日陽三平開宕；《韻鏡》内轉第三十一開、《切韻指掌圖》十三圖、《起數訣》第六十一圖收音清、《切韻指南》宕攝内五開口呼侷門，列字均爲『穰』；《七音略》外轉三十四重中重，列字爲『禳』。『穰』爲《廣韻》陽三日母位小韻首字，下收有『禳』字，列字以『穰』字爲佳，《四聲等子》是。

上三韻目：標目爲陽

67 上三見　鏹　咫A、B本，文淵閣，文瀾閣本，粵雅堂本，列字均爲『鏹』，文津閣本作『⿰金強』。『鏹』，《廣韻》居兩切，《集韻》舉兩切，見養三上開宕；《韻鏡》内轉第三十一開、《七音略》外轉三十四重中重、《切韻指掌圖》十三圖、《起數訣》第六十一圖收音清、《切韻指南》宕攝内五開口呼侷門，列字均爲『繈』。『繈』爲《廣韻》、《集韻》養三見母位小韻首字，下收『鏹』字，《四聲等子》是。

68 上三溪　⿰石羌　咫A、B本，粵雅堂本，文瀾閣本列字均爲『⿰石羌』；文淵閣本、文津閣本，列字爲『⿰石羗』；『⿰石羌』，《廣韻》未收；《集韻》丘仰切，溪養三上開宕；《韻鏡》空位；《七音略》外轉三十四重中重、《切韻指南》宕攝内五開口呼侷門、《起數訣》第六十一圖收音清，列字均爲『⿰石羌』；《切韻指掌圖》十三圖，列字爲『⿰石羗』，應爲『⿰石羌』字訛誤。《廣韻》養韻三等開口無溪母。

『硄』爲《集韻》養三開口溪母位小韻首字，《四聲等子》從《集韻》。

69 上三群　勥　㞼 A、B本列字爲『勥』，文瀾閣本列字爲『㢮』，文淵閣本列字爲『㢮』，粵雅堂本列字爲『㢮』，文津閣本列字爲『㢮』。《廣韻》、《集韻》養韻三等開口群母位均有小韻，『勥』，《廣韻》其兩切，《集韻》巨兩切，群養三上開宕；《韻鏡》内轉第三十一開、《切韻指南》宕攝内五開口呼侷門，列字均爲『勥』；《七音略》外轉三十四重中重，列字爲『强』；《切韻指掌圖》十三圖，列字爲『誩』；《起數訣》第六十一圖收音清，列字爲『謽』。『勥』爲《廣韻》養三群母位小韻首字，下收有『誩』、『彊』二字，『彊』字下注曰：『《説文》云：「弓有力也。」或作「强」。』、『勥』爲《廣韻》、《集韻》養韻三等開口群母位小韻首字，《四聲等子》列字均爲『勥』字俗訛，當校正爲『勥』。

70 上三澄　丈　文津閣本作『文』，其餘版本皆作『丈』。『丈』，《廣韻》直兩切，《集韻》雉兩切，澄養三上開宕；《韻鏡》内轉第三十一開、《七音略》外轉三十四重中重、《切韻指掌圖》十三圖、《起數訣》第六十一圖收音清、《切韻指南》宕攝内五開口呼侷門，列字均爲『丈』。『丈』爲《廣韻》、《集韻》養三澄母位小韻首字，《四聲等子》列『丈』字是，文津閣本作『文』，爲『丈』字形訛，當校正。

71 上三孃　○　《廣韻》、《集韻》養三孃母均無字。《韻鏡》、《切韻指掌圖》、《起數訣》、《切韻指南》均空位；《七音略》外轉三十四重中重，列字爲『蘘』。『蘘』，《廣韻》未收，《集韻》汝兩切，在日母。《四聲等子》空位是。

72 上三非　昉　《廣韻》分网切，《集韻》甫丙切，幫養三上合宕；《韻鏡》内轉第三十一開、《七音略》外轉三十四重中重、《切韻指掌圖》十四圖、《切韻指南》宕攝内五開口呼侷門，列字均爲『昉』；《起數訣》第六十三圖開音濁，列字爲『防』，《廣韻》符方切，《集韻》符方切，幫陽三平開宕，或《廣韻》符況切，《集韻》符訪切，奉漾三去開宕，均不當列於此位。『昉』爲《廣韻》養三幫母位小韻首字，《四聲等子》是。

73 上三敷　髣　《廣韻》妃兩切，《集韻》撫兩切，滂養三平合宕；《韻鏡》内轉第三十一開、《七音略》外轉三十四重中重、《切韻指掌圖》十四圖、《切韻指南》宕攝内五開口呼侷門，列字均爲『髣』；《起數訣》第六十三圖開音濁，列字爲『仿』。『髣』爲《廣韻》養三滂母位小韻首字，下收有『仿』字，列字以『髣』爲佳，《四聲等子》是。

74 上三微　罔　⿱罒巳 A、B本，粵雅堂本，文淵閣本，列字爲『罔』；文瀾閣本列『岡』，見母唐韻，誤，應爲『罔』形訛；文津閣本作『罔』，當爲『罔』字俗體。『罔』，《廣韻》文兩切，《集韻》文紡切，微養三平合宕；《韻鏡》内轉第三十一開、《七音略》外轉三十四重中重、《切韻指掌圖》十四圖、《起數訣》第六十三圖開音濁，列字均爲『罔』；《切韻指南》宕攝内五開口呼侷門，列字爲『网』。『网』爲《廣韻》養三開口明母位小韻首字，下收有『罔』字，列字以『网』爲佳，《四聲等子》⿱罒巳 A、B本、粵雅堂本、文淵閣本列『罔』字無誤，文瀾閣本、文津閣本當校正爲『罔』。

75 上三曉　響　《廣韻》、《集韻》許兩切，曉養三上開宕；《韻鏡》内轉第三十一開、《七音略》外轉三十四重中重、《切韻指掌圖》十三圖、《起數訣》第六十一圖收音清、《切韻指南》宕攝内五開口呼偏門，列字均爲『響』。『響』爲《廣韻》曉母養小韻首字，下收『嚮』字，列字當以『響』爲佳，《四聲等子》亦無誤。

76 上三日　壤　《廣韻》如兩切，《集韻》汝兩切，日養三上開宕；《韻鏡》内轉第三十一開，列字爲『攘』；《七音略》外轉三十四重中重、《切韻指掌圖》十三圖、《起數訣》第六十一圖收音清，列字均爲『壤』；《切韻指南》宕攝内五開口呼偏門，列字爲『穰』。『壤』爲《廣韻》養三開口日母位小韻首字，下收有『攘』、『穰』二字，列字以『壤』字爲佳，《韻鏡》列『攘』字，亦無誤。《四聲等子》是。

去三韻目：標目爲樣

77 去三見　殭　咫A、B本，粤雅堂本，文瀾閣本，列字均爲『殭』；文淵閣本作『殭』，文津閣本作『殭』，當爲『殭』字形訛。『殭』，《廣韻》居良切，見陽三平開宕，不當列於此；《韻鏡》内轉第三十一開、《切韻指掌圖》十三圖、《切韻指南》宕攝内五開口呼偏門，列字均爲『彊』；《七音略》外轉三十四重中重，列字爲『疆』；《起數訣》第六十一圖收音清，列字爲『畺』，《集韻》

見母漾韻；《廣韻》漾三開口無『畺』字，而列『彊』字。『畺』、『彊』二字同爲《集韻》漾三見母位小韻首字，《四聲等子》諸版本均當校改爲『彊』。

78 去三溪 唴 咒A、B本，粵雅堂本，文瀾閣本列字均爲『唴』；文淵閣本、文津閣本列字爲『嗴』；『唴』，《廣韻》、《集韻》丘亮切，溪漾三去開宕；《韻鏡》內轉第三十一開，《切韻指掌圖》十三圖，《起數訣》第六十一圖收音清，《四聲等子》文淵閣本、文津閣本，列字均爲『嗴』；《七音略》外轉三十四重中重、《切韻指南》宕攝內五開口呼偏門，列字均爲『唴』。『嗴』爲『唴』之俗體，『唴』爲正體。《四聲等子》各版本無誤。

79 去三群 强 《廣韻》巨良切，《集韻》渠良切，群陽三平開宕，列於此位不當；《韻鏡》內轉第三十一開，列字爲『強』；《七音略》外轉三十四重中重、《切韻指掌圖》十三圖、《切韻指南》宕攝內五開口呼偏門、《起數訣》第六十一圖收音清，列字均爲『弶』，《廣韻》其亮切，《集韻》其亮切，群漾三去開宕。『弶』爲《廣韻》漾三群母位小韻首字，《韻鏡》列『強』當爲『彊』異體，《說文》：『弓有力也，或作强。』《四聲等子》亦如此，但『强』平聲較常見，校改爲『弶』字更佳。

80 去三疑 䡆 《廣韻》、《集韻》魚向切，疑漾三去開宕；《韻鏡》內轉第三十一開，列字爲『䡆』；《七音略》外轉三十四重中重、《切韻指掌圖》十三圖，列字均爲『仰』；《起數訣》第六十一圖收音清、《切韻指南》宕攝內五開口呼偏門，列字均爲『䡆』。『䡆』爲《廣韻》漾三開口疑母位小韻首字，下收有「仰」字，列字以「軛」字爲佳，《七音略》列「仰」字，亦無誤。《四聲等子》是。

81 去三知　帳　戹 A、B本，粵雅堂本，文瀾閣本，文淵閣本列字爲「帳」；文津閣本列字爲「悵」。「帳」，《廣韻》、《集韻》知亮切，知漾三去去宕；《韻鏡》内轉第三十一開、《起數訣》第六十一圖收音清、《切韻指南》宕攝内五開口呼侷門，列字均爲「帳」；《七音略》外轉三十四重中重、《切韻指掌圖》十三圖列字均爲「悵」，徹母漾韻，誤，當校改爲「帳」字。「帳」爲《廣韻》漾三知母位小韻首字，列字以「帳」爲佳，《四聲等子》文津閣本誤，當校正爲「帳」，其他版本是。

82 去三徹　暢　戹 A、B本，粵雅堂本，文瀾閣本，文淵閣本列字爲「暢」；文津閣本列字爲「暢」，當爲「暢」俗體。「暢」，《廣韻》、《集韻》丑亮切，徹漾三去開宕；《韻鏡》内轉第三十一開，列字爲「暢」；《七音略》外轉三十四重中重、《切韻指南》宕攝内五開口呼侷門，列字均爲「帳」，知母漾韻，誤。《切韻指掌圖》十三圖、《起數訣》第六十一圖收音清，列字均爲「悵」。「悵」爲《廣韻》漾三徹母位小韻首字，下收有「暢」字，列字以「悵」字爲佳，《七音略》當校改爲「悵」，《四聲等子》亦無誤。文津閣本當校正爲「暢」，其他版本是。

83 去三審　餉　戹 A、B本，粵雅堂本，文瀾閣本，文淵閣本列字爲「餉」；文津閣本作「鉤」，見母青韻，列於此位不合，當爲「餉」字形訛。「餉」，《廣韻》、《集韻》式亮切，書漾三去開宕；

《韻鏡》内轉第三十一開、《七音略》外轉三十四重中重、《切韻指掌圖》十三圖、《起數訣》第六十一圖收音清、《切韻指南》宕攝内五開口呼偈門，列字均爲『餉』。『餉』爲《廣韻》、《集韻》漾三書母位小韻首字，《四聲等子》文津閣本誤，當校正爲『餉』，其他版本是。

84 去三來　亮　《廣韻》、《集韻》力讓切，來漾三去開宕；《韻鏡》内轉第三十一開、《七音略》外轉三十四重中重、《切韻指南》宕攝内五開口呼偈門，列字均爲『亮』；《切韻指掌圖》空位；《起數訣》第六十一圖收音清，列字爲『諒』。『亮』爲《廣韻》漾三開口來母位小韻首字，下收有『諒』字，列字以『亮』字爲佳，《四聲等子》是。

本圖入三與圖二入三基本一致，本圖入聲對校《韻鏡》内轉第三十一開、《七音略》外轉三十四重中重、《切韻指掌圖》十三圖、《切韻指南》宕攝内五開口呼偈門、《起數訣》第六十三圖，因圖二中基本出校，故只校異處。

85 入三群　噱　《廣韻》其虐切，《集韻》極虐切，群藥三入開宕；《韻鏡》内轉第三十一開、《七音略》外轉三十四重中重、《切韻指掌圖》十三圖、《起數訣》第六十一圖收音清、《切韻指南》宕攝内五開口呼偈門，列字均爲『噱』。圖二列字爲『豦』。

86 入三徹　辵　此字當爲『辵』字誤。『辵』，《廣韻》丑略切，《集韻》勅略切，徹藥三入開宕；《韻鏡》内轉第三十一開、《七音略》外轉三十四重中重、《起數訣》第六十一圖收音清，列字均爲『辵』；《切韻指掌圖》十三圖、《切韻指南》宕攝内五開口呼偏門，列字均爲『㲋』。『㲋』爲《廣韻》藥三開口徹母位小韻首字，下收有『辵』字。『辵』爲《集韻》藥三徹母位小韻首字，下收有『㲋』字，列字以『辵』字爲佳，《四聲等子》從《集韻》。圖二列字爲『㲋』。

87 入三非　轉　《廣韻》藥三合口無幫母；《集韻》方縛切，幫藥三入合宕。《韻鏡》内轉第三十一開、《七音略》外轉三十四重中重、《切韻指掌圖》十四圖、《起數訣》第六十三圖開音濁、《切韻指南》宕攝内五開口呼偏門，列字均爲『轉』。《四聲等子》從《集韻》。

88 入三敷　𩅰　𡰪 A、B本，文瀾閣本，粵雅堂本，文津閣本作𩅰，文淵閣本作𩅰。『𩅰』，《廣韻》孚縛切，《集韻》拂縛切，滂藥三入開宕；《韻鏡》内轉第三十一開、《七音略》外轉三十四重中重、《切韻指掌圖》十四圖、《起數訣》第六十三圖開音濁、《切韻指南》宕攝内五開口呼偏門，列字均爲『𩅰』。『𩅰』爲《廣韻》、《集韻》敷母位小韻首字，《四聲等子》諸版本均誤，當校正爲『𩅰』。

平四韻目：無標目，實爲陽韻

89 平四精　將　𡰪 A、B本，粵雅堂本，文瀾閣本，文津閣本均作『將』，文淵閣本列字爲『将』，當爲『將』字俗體。『將』，《廣韻》即良切，《集韻》資良切，精陽三平開宕；《韻鏡》内轉第三十一開、《切韻指掌圖》十三圖、《起數訣》第六十圖收音清、《切韻指南》宕攝内五開口呼偏門，列字均爲『將』；《七音略》外轉三十四重中重，列字爲『蔣』。『將』爲《廣韻》陽三開口精母位小韻首字，下收有『蔣』字，列字以『將』字爲佳，《七音略》列『蔣』字，亦無誤。《四聲等子》文淵閣本列俗體，當校正，其他版本是。

90 平四清　槍　咫A、B本，粵雅堂本，文瀾閣本，文淵閣本均作『槍』，文津閣本作『搶』。『槍』，《廣韻》七羊切，《集韻》千羊切，清陽三平開宕；《韻鏡》內轉第三十一開、《七音略》外轉三十四重中重、《起數訣》第六十圖收音清，列字均爲『鏘』；《切韻指掌圖》十三圖，列字爲『槍』；《切韻指南》宕攝內五開口呼侷門，列字爲『瑲』。『鏘』爲《廣韻》陽三清母位小韻首字，下收有『槍』、『瑲』、『搶』三字，列字以『鏘』字爲佳，《四聲等子》文津閣本作『搶』，亦可，其他版本亦無誤。

91 平四從　墻　《廣韻》在良切，《集韻》慈良切，從陽三平開宕；《韻鏡》內轉第三十一開、《七音略》外轉三十四重中重、《切韻指掌圖》十三圖、《切韻指南》宕攝內五開口呼侷門、《起數訣》第六十圖收音清，列字均爲『牆』。『牆』爲《廣韻》陽三從母位小韻首字，下收有『墻』字，注曰：『俗。』『墻』爲『牆』之俗體。《四聲等子》亦無誤。

92 平四心　襄　《廣韻》息良切，《集韻》思將切，心陽三平開宕；《韻鏡》內轉第三十一開，列字爲『相』；《七音略》外轉三十四重中重、《切韻指掌圖》十三圖、《起數訣》第六十圖收音清、《切韻指南》宕攝內五開口呼侷門，列字均爲『襄』。『襄』爲《廣韻》陽三心母位小韻首字，下收有『相』字，列字以『襄』字爲佳，《韻鏡》列『相』字，亦無誤。《四聲等子》是。

93 平四喻　羊　《廣韻》與章切，《集韻》余章切，以陽三平開宕；《韻鏡》內轉第三十一開、《七音略》外轉三十四重中重、《切韻指掌圖》十三圖、《切韻指南》宕攝內五開口呼侷門、《起數訣》第六十圖收音清，列字均爲『陽』。『陽』爲《廣韻》陽三開口以母位小韻首字，下收有『羊』字，列字以『陽』字爲佳，《四聲等子》亦無誤。

上四韻目：無標目，實爲養韻

94 上四泥　餥　咫A、B本，粵雅堂本，文淵閣本，文津閣本均作『餥』，文瀾閣本空位。《康熙字典》記：『《字彙補》乃綱切。』則爲泥唐一平開宕，列於此位不合。《廣韻》、《集韻》泥母上聲四等位無字。諸家韻圖此位均無列字，當校刪。

95 上四並　驃　咫A、B本，粵雅堂本，文淵閣本，文津閣本均作『驃』，文瀾閣本空位。『驃』，《廣韻》毗養切，《集韻》未收，並養三上開宕；《韻鏡》內轉第三十一開、《切韻指掌圖》十三圖，空位；《七音略》外轉三十四重中重、《切韻指南》宕攝內五開口呼侷門，列字爲『驃』；《起數訣》第六十圖收音清，空位。『驃』爲《廣韻》、《集韻》養韻重紐四等位小韻首字，《韻鏡》當校補『驃』，《四聲等子》是。

96 上四精　獎　《廣韻》即兩切，《集韻》子兩切，精養三上開宕；《韻鏡》內轉第三十一開、《切韻指掌圖》十三圖、《起數訣》第六十圖收音清、《切韻指南》宕攝内五開口呼侷門，列字均爲『獎』；《七音略》外轉三十四重中重，列字爲『蔣』。『弉』爲《廣韻》養三開口精母位小韻首字，下收有『獎』、『蔣』二字，於『獎』字下注曰：『上同。』『弉』、『獎』二字爲異體字，列字以『弉』字爲佳，《四聲等子》亦無誤。

97 上四從　蔣　《廣韻》即兩切，《集韻》子兩切，精養三上開宕，不當列於從母位，誤。《廣韻》養韻三等開口無從母；《韻鏡》、《七音略》均空位；《切韻指南》宕攝内五開口呼侷門、《起數訣》第六十圖收音清，列字均爲『䉃』，《集韻》從母養韻；《切韻指掌圖》十三圖，列字亦爲『蔣』，誤。『䉃』爲《集韻》養三開口從母位小韻首字，《四聲等子》從《集韻》，但形訛，當校改爲『䉃』。

98 上四邪　象　《廣韻》徐兩切，《集韻》似兩切，邪養三上開宕；《韻鏡》内轉第三十一開、《切韻指掌圖》十三圖、《切韻指南》宕攝内五開口呼侷門，列字均爲『像』；《七音略》外轉三十四重中重、《起數訣》第六十圖收音清，列字均爲『象』。『像』爲《廣韻》養三邪母位小韻首字，下收有『象』字；『象』爲《集韻》養三邪母位小韻首字，下收有『像』字。列字以『象』字爲佳，《四聲等子》從《集韻》。

去四韻目：無標目，實爲漾韻字

99 去四精　將　《廣韻》子亮切，《集韻》即亮切，精漾三去開宕；《韻鏡》内轉第三十一開、《七音略》外轉三十四重中重、《切韻指掌圖》十三圖、《切韻指南》宕攝内五開口呼侷門、《起數訣》第六十圖收音清，列字均爲「醬」。「醬」爲《廣韻》漾三開口精母位小韻首字，下收有「將」字，列字以「醬」字爲佳，《四聲等子》亦無誤。

100 去四清　蹡　《廣韻》、《集韻》，七亮切，清漾三去開宕；《韻鏡》内轉第三十一開、《七音略》外轉三十四重中重、《切韻指掌圖》十三圖、《切韻指南》宕攝内五開口呼侷門，列字均爲「蹡」；《起數訣》第六十圖收音清，列字爲「蹡」，《集韻》七亮切，清漾三去開宕。「蹡」爲《廣韻》、《集韻》漾三清母位小韻首字，《集韻》下亦收有「蹡」字，列字以「蹡」字爲佳，《四聲等子》是。

101 去四喻　樣　《廣韻》未收，《集韻》弋亮切，以漾三去開宕；《韻鏡》内轉第三十一開、《七音略》外轉三十四重中重、《切韻指掌圖》十三圖、《切韻指南》宕攝内五開口呼侷門、《起數訣》第六十圖收音清，列字均爲「漾」，《廣韻》餘亮切，《集韻》弋亮切，以漾三去開宕。「漾」爲《廣韻》、《集韻》漾三開口以母位小韻首字，列字以「漾」字爲佳，《四聲等子》從《集韻》，亦無誤。

本圖入四與圖二入四一致，本圖入聲對校《韻鏡》内轉第三十一開、《七音略》外轉三十四重中重、《切韻指掌圖》十三圖、《切韻指南》宕攝内五開口呼侷門、《起數訣》第六十圖，因圖二中基本出校，故只校異處。

入四韻目：無標目，實爲藥韻

102 入四精　雀　《廣韻》即略切，《集韻》即約切，精藥三入開宕；《韻鏡》内轉第三十一開、《七音略》外轉二十五重中重、《切韻指掌圖》一圖、《起數訣》第六十圖收音清、《切韻指南》效攝外五獨韻廣門，列字均爲『爵』；『爵』爲《廣韻》藥三精母位小韻首字，下收有『雀』字，列字以『爵』爲佳，《四聲等子》亦無誤。

宕攝內五

見	溪	羣	疑	端 知	透 徹	定 澄	泥 孃	幫 非	滂 敷	並 奉	明 微
光	骮	○	○	○	○	○	○	○	○	○	○
廣	懬	○	○	○	○	○	○	○	○	○	○
桄	曠	○	○	○	○	○	○	○	○	○	○
郭	廓	○	瓁	○	○	○	○	○	○	○	○
○	○	○	○	椿	惷	幢	䁗	○	○	○	○
○	○	○	○	○	○	○	擃	○	○	○	○
○	○	○	○	戇	[illegible]	𩊜	鬞	○	○	○	○
○	○	○	○	卓	逴	濁	搦	○	○	○	○
𤞤	匡	狂	○	○	○	○	○	○	○	○	○
獷	恇	俇	○	○	○	○	○	○	○	○	○
誑	𦞼	狂	○	○	○	○	○	○	○	○	○
钁	躩	戄	○	○	○	○	○	○	○	○	○
○	○	○	○	○	○	○	○	○	○	○	○
○	○	○	○	○	○	○	○	○	○	○	○
○	○	○	○	○	○	○	○	○	○	○	○
○	○	○	○	○	○	○	○	○	○	○	○

	精照	清穿	從牀	心審	邪禪	曉	匣	影	喻	來	日
內外混等 唐	○	○	○	○	○	荒	黃	汪	○	○	○
蕩	○	○	○	○	○	慌	晃	㳹	○	○	○
宕	○	○	○	○	○	荒	攩	汪	○	○	○
鐸	嗥	○	○	○	○	霍	鑊	艧	○	硑	○
江	○	窻	淙	雙	○	○	○	○	○	瀧	○
講	○	傯	○	聳	○	○	○	○	○	○	○
絳	○	稯	漴	淙	○	○	○	○	○	○	○
覺	捉	娖	浞	朔	○	○	○	○	○	犖	○
陽	○	○	○	○	○	○	○	○	王	○	○
養	○	○	○	○	○	怳	○	枉	往	○	○
漾	○	○	○	○	○	況	○	○	迋	○	○
藥	○	○	○	○	○	矆	○	嬳	籰	○	○
	○	○	○	○	○	○	○	○	○	○	○
	○	○	○	○	○	○	○	○	○	○	○
	○	○	○	○	○	○	○	○	○	○	○
	○	○	○	○	○	○	○	○	○	○	○

第四圖　宕攝内五

平一韻目：標目爲唐

1　平一曉　荒　文津閣本、文瀾閣本作『荒』；咫A本、粤雅堂本作『荒』，爲『荒』之異體；文淵閣本作『荒』，當爲『荒』字形訛。『荒』，《廣韻》、《集韻》呼光切，曉唐一平合宕；《韻鏡》内轉第三十二合、《切韻指掌圖》十四圖、《起數訣》第六十二圖開音清、《切韻指南》宕攝内五合口呼偏門，列字均爲『荒』；《七音略》内轉三十五輕中輕，列字爲『巟』。『荒』爲《廣韻》唐一曉母位小韻首字，下收有『巟』字，列字以『荒』爲佳，《四聲等子》是。文淵閣本列字形訛，當校正爲『荒』，其餘版本是。

上一韻目：標目爲蕩

2　上一匣　晃　《廣韻》胡廣切，匣蕩一上合宕；《集韻》未收，但有收字『晄』《廣韻》小韻首『晃』字注曰：『明也，輝也，光也，亦作晄。』、『晄』、『晃』二字爲異體字。《韻鏡》内轉第三十二合、《切韻指掌圖》十四圖、《起數訣》第六十二圖開音清、《切韻指南》宕攝内五合口呼偏門，列字均爲『晃』；《七音略》内轉三十五輕中輕，匣母位列『幌』。『晃』爲《廣韻》蕩一匣母位小韻首字，下收有『幌』字，列字以『晃』字爲佳，《四聲等子》是。

去一韻目：標目爲宕

3 去一匣　攩　咫A、B本，粵雅堂本作『攩』，文瀾閣本、文淵閣本、文津閣本作『儻』，當爲『攩』字形訛。『攩』，《廣韻》、《集韻》乎曠切，曉宕一去合宕；《韻鏡》內轉第三十二合，列字爲『潢』；《七音略》內轉三十五輕中輕、《切韻指掌圖》十四圖、《切韻指南》宕攝內五合口呼偏門，列字均爲『攩』；《起數訣》第六十二圖開音清空位。『攩』爲《廣韻》匣一宕小韻首字，『潢』爲《集韻》匣一宕位小韻首字，《韻鏡》從《集韻》。《四聲等子》咫A、B本，粵雅堂本是，其他版本列字形訛，當校正爲『攩』。

入一韻目：標目爲鐸

4 入一疑　矆　咫A、B本列字爲『矆』；文瀾閣本、文淵閣本、粵雅堂本、文津閣本空位，誤。『矆』，《廣韻》、《集韻》五郭切，疑鐸一入合宕；《韻鏡》內轉第三十二合、《切韻指掌圖》十四圖、《起數訣》第六十二圖開音清、《切韻指南》宕攝內五合口呼偏門，列字均爲『矆』。《七音略》內轉三十五輕中輕，列字爲『瓁』，當爲『矆』訛誤。『矆』爲《廣韻》、《集韻》鐸一疑母位小韻首字，《四聲等子》咫A、B本是。其他版本當校補『矆』字。

5 入一精　喿　㤐 A、B本，粵雅堂本列字爲『喿』，文瀾閣本、文淵閣本、文津閣本列字爲『喿』，當爲形訛。『喿』，《廣韻》、《集韻》祖郭切，精郭一入合宕；《韻鏡》、《切韻指掌圖》均空位；《七音略》内轉三十五輕中輕，『喿』列於精母漾韻四等，誤，當列於入聲一等位。《起數訣》第六十二圖開音清、《切韻指南》宕攝内五合口呼侷門，列字均爲『喿』。『喿』爲《廣韻》鐸一合口精母位小韻首字，《韻鏡》空位誤，當校補『喿』字，《四聲等子》㤐 A、B本，粵雅堂本是。文瀾閣本、文淵閣本、文津閣本列字形訛，當校改爲『喿』。

6 入一匣　钁　《廣韻》居縛切，《集韻》厥縛切，見藥三入合宕，不當列於此位，誤。《韻鏡》内轉第三十二合，列字爲『穫』；《七音略》内轉三十五輕中輕、《切韻指掌圖》十四圖、《切韻指南》宕攝内五合口呼侷門、《起數訣》第六十二圖開音清，列字均爲『穫』，《廣韻》胡郭切，《集韻》黄郭切，匣鐸一入合宕。『穫』爲《廣韻》、《集韻》鐸一匣母位小韻首字，下收有『檴』字，列字以『穫』字爲佳，《韻鏡》列『檴』字，亦無誤。《四聲等子》誤，當校改爲『穫』。

7 入一影　艧　《廣韻》、《集韻》未收此字；《廣韻》、《集韻》鐸韻一等合口影母位均有『臒』字，烏郭切，《集韻》屋郭切，影鐸一入合宕；《韻鏡》内轉第三十二合，列字爲『艧』；《七音略》内轉三十五輕中輕、《起數訣》第六十二圖開音清，列字均爲『臒』；《切韻指掌圖》十四圖、《切韻指南》宕攝内五合口呼侷門，列字均爲『臒』。『臒』爲《廣韻》鐸一開口影母位小韻首字，下收有『艧』字，列字以『臒』字爲佳；『艧』字當爲『臒』俗訛字，《韻鏡》、《四聲等子》誤，當校改爲『臒』。

平二韻目：標目爲江

8 平二知 樁 㞋 A、B本，粵雅堂本，文瀾閣本作『椿』，文淵閣本作『樁』，文津閣本作『摏』。又，作『椿』者爲『樁』之形訛。《廣韻》都江切，《集韻》株江切，知江二平開江；《韻鏡》外轉第三開合，列字爲『摏』，江韻知母，誤，應爲『樁』形訛；《七音略》外轉第三重中重、《切韻指掌圖》十四圖、《切韻指南》江攝外一見幫曉喻屬開知照來日屬合、《起數訣》第六圖發音濁，列字均爲『樁』。『樁』爲《廣韻》江二知母位小韻首字，《四聲等子》是。

9 平二孃 䁸 㞋 A、B本列字爲『䁸』，文瀾閣本、文淵閣本、文津閣本列字爲『𦗢』；『𦗢』，《廣韻》女江切，《集韻》濃江切，孃江二平開江；《韻鏡》外轉第三開合、《七音略》外轉第三重中重、《切韻指南》江攝外一見幫曉喻屬開知照來日屬合、《起數訣》第六圖發音濁，列字均爲『𦗢』。《切韻指掌圖》十四圖，列字爲『膿』，泥母冬韻一平合通，誤；『𦗢』爲《廣韻》江二孃母位小韻首字，下收『䁸』，列字以『𦗢』爲佳，《四聲等子》各版本均無誤。

10 平二穿 窻 㞋 A、B本，文瀾閣本作『窻』，文淵閣本、文津閣本作『窻』，粵雅堂本作『窗』，『窻』、『䆫』、『窗』三字爲異體字。『窻』，《廣韻》楚江切，《集韻》初江切，穿江二平開江；《韻鏡》外轉第三開合、《七音略》外轉第三重中重，列字爲『牕』；《切韻指掌圖》十四圖、《起數訣》第六圖發音濁，列字爲『䆫』；《切韻指南》江攝外一見幫曉喻屬開知照來日屬合，列字爲『囱』；『囱』爲《廣韻》江二穿母位小韻首字，下收有『䆫』、『牕』二字，列字以『囱』爲佳，《四聲等子》各版本均無誤。

上二韻目：標目爲講

11 上二孃　攮　《廣韻》未收；《集韻》匿講切，孃講二上開江；《康熙字典》記：『《集韻》匿講切，搦上聲。撞也，刺也。或作搑。』《韻鏡》、《七音略》、《切韻指掌圖》空位；《切韻指南》江攝外一見幫曉喻屬開知照來日屬合，《起數訣》第六圖發音濁，列字均爲『攮』。『攮』爲《集韻》講二孃母位小韻首字，《四聲等子》從《集韻》。

12 上二穿　傯　文淵閣本、文津閣本作『傯』，咫A、B本，文瀾閣本，粵雅堂本作『傯』，當爲『傯』字異體字。『傯』，《廣韻》未收；《集韻》初講切，穿講二上開江。《韻鏡》、《七音略》、《切韻指掌圖》空位；《切韻指南》江攝外一見幫曉喻屬開知照來日屬合，《起數訣》第六圖發音濁，列字均爲『傯』。『傯』爲《集韻》講二初母位小首字，《四聲等子》從《集韻》，咫A、B本，文瀾閣本，粵雅堂本列字俗訛，當正爲『傯』，其他版本是。

13 上二審　聳　《廣韻》息拱切，心腫三上合通，不應列於此；《集韻》雙講切，生講二上開江；《韻鏡》、《七音略》、《切韻指掌圖》空位；《切韻指南》江攝外一見幫曉喻屬開知照來日屬合，列字爲『聳』；《起數訣》第六圖發音濁，列字爲『摗』，《集韻》雙講切，可列於此位。『聳』爲《集韻》講二生母位小首字，《四聲等子》從《集韻》。

去二韻目：標目爲绛

14 去二知　戇　《廣韻》、《集韻》陟絳切，知絳二去開江；《韻鏡》外轉第三開合、《七音略》外轉第三重中重、《切韻指掌圖》十四圖、《切韻指南》江攝外一見幫曉喻屬開知照來日屬合，列字均爲『戇』，諸圖皆從《廣韻》；《起數訣》第六圖發音濁，列字爲『憃』，《廣韻》丑江切，徹母江韻；《集韻》陟降切，知絳二去開江，另一音列於徹母絳韻，『憃』列於徹母江韻，不當列於此位，但按《集韻》正適于此位。『戇』爲《廣韻》、《集韻》絳二知母位小首字《四聲等子》是。

15 去二澄　幢　《廣韻》直絳切，《集韻》丈降切，澄絳二去開江；《康熙字典》記：『《廣韻》尺容切。《集韻》、《韻會》昌容切。《等韻》初容切，音衝。又《廣韻》直絳切，《等韻》直巷切，音撞。』《韻鏡》外轉第三開合、《七音略》外轉第三重中重、《切韻指南》江攝外一見幫曉喻屬開知照來日屬合、《起數訣》第六圖發音濁，列字均爲『幢』；《切韻指掌圖》十四圖，列字爲『橦』，《廣韻》宅江切，澄江二平開江，不當列於去聲位，誤。『幢』爲《廣韻》、《集韻》絳二澄母位小韻首字，《四聲等子》是。

16 去二孃　鬞　《廣韻》女江切，《集韻》濃江切，孃江二平開江，不當列於去聲位；又《集韻》尼降切，孃絳二去開江；《韻鏡》、《切韻指掌圖》空位；《七音略》外轉第三重中重、《切韻指南》江攝外一見幫曉喻屬開知照來日屬合、《起數訣》第六圖發音濁，列字均爲

『鬞』。『鬞』爲《集韻》絳二孃母位小首字，《四聲等子》從《集韻》。

入二韻目：標目爲覺

17 入二知　卓　《廣韻》、《集韻》竹角切，知覺二入開江；《韻鏡》外轉第三開合、《七音略》外轉第三重中重、《切韻指掌圖》十四圖、《切韻指南》江攝外一見幫曉喻屬開知照來日屬合，列字均爲『斵』；《起數訣》第六圖發音濁，列字爲『卓』。『斵』爲《廣韻》覺二知母位小韻首字，下收有『卓』字，列字以『斵』爲佳，《四聲等子》亦無誤。

18 入二照　捉　⿱尸足A、B本，文瀾閣本，粵雅堂本，文淵閣本作『捉』；文津閣本作『捉』，當爲『捉』字俗體。『捉』，《廣韻》、《集韻》側角切，莊覺二入開江；《韻鏡》外轉第三開合、《七音略》外轉第三重中重、《切韻指掌圖》十四圖、《切韻指南》江攝外一見幫曉喻屬開知照來日屬合、《起數訣》第六圖發音濁，列字均爲『捉』。『捉』爲《廣韻》、《集韻》覺二莊母位小韻首字，《四聲等子》是，文津閣本當爲書寫誤，當校正爲『捉』。

19 入二穿　娖　《廣韻》測角切、《集韻》測角切，初覺二入開江。《韻鏡》外轉第三開合、《七音略》外轉第三重中重、《切韻指掌圖》十四圖、《切韻指南》江攝外一見幫曉喻屬開知照來日屬合，列字均爲『娖』；《起數訣》第六圖發音濁，列字爲『擉』。『娖』爲《廣韻》覺二穿母位小韻首字，下收有『擉』字，列字以『娖』爲佳，《四聲等子》是。

平三韻目：標目爲陽

20 平三見　⿰犭㞷　此字當爲『徃』字形訛，《廣韻》群母養韻，不當列於此位；《廣韻》陽韻三等合口無見母。《韻鏡》空位；《七音略》内轉三十五輕中輕，列字爲『恇』，當爲『⿰忄㞷』訛；《切韻指掌圖》十四圖、《切韻指南》宕攝内五合口呼侷門、《起數訣》第六十三圖開音濁，列字均爲『⿰忄㞷』《集韻》俱王切，陽合口見母。《集韻》誑王切，唐韻合口見母，列字爲『徃』。『徃』、『⿰忄㞷』二者皆從《集韻》，俱無誤。

21 平三溪　匡　毘A、B本，文淵閣本作『匡』，文瀾閣本、粵雅堂本、文津閣本作『匡』，當爲避諱故。『匡』，《廣韻》去王切，《集韻》曲王切，溪陽三平合宕；《韻鏡》内轉第三十二合、《七音略》内轉三十五輕中輕、《切韻指掌圖》十四圖、《切韻指南》宕攝内五合口呼侷門，列字均爲『匡』；《起數訣》空位，誤。『匡』爲《廣韻》陽三合口溪母位小韻首字，《四聲等子》文瀾閣本、粵雅堂本、文津閣本避諱缺筆，當校正爲『匡』。

22 平三群　狂　《廣韻》巨王切，《集韻》渠王切，群陽三平開宕；《韻鏡》内轉第三十二合、《切韻指掌圖》十四圖、《起數訣》第六十三圖開音濁、《切韻指南》宕攝内五合口呼侷門，列字均爲『狂』；《七音略》内轉三十五輕中輕，列字爲『徍』，此字當爲『狂』字形訛。『狂』爲《廣韻》、《集韻》陽三群母合口位小韻首字，《四聲等子》是。

23 平三曉　◯　《廣韻》、《集韻》陽韻三等合口均無曉母；《韻鏡》、《切韻指掌圖》、《起數訣》、《切韻指南》均空位；《七音略》内轉三十五輕中輕，列字爲『妃』，《康熙字典》記：『《川篇》音兄。嬉也。』、『兄』，《廣韻》許榮切，《集韻》呼榮切，曉庚三平合梗。《七音略》誤，當删。《四聲等子》空位是。

上三韻目：標目爲養

24　上三見　獷　《廣韻》居往切，《集韻》俱往切，見養三上合宕；《韻鏡》内轉第三十二合，二等位列字爲『臩』，養韻爲三等，三等牙音字不當列於二等位，《韻鏡》誤；《七音略》内轉三十五輕中輕、《起數訣》第六十三圖，列字均爲『⿱目界』，疑均爲『臩』字形訛。『臩』，《廣韻》俱往切，《集韻》俱往切，見養三上合宕；《切韻指掌圖》十四圖、《切韻指南》宕攝内五合口呼偈門，列字均爲『獷』。『臩』、『獷』爲《集韻》養三開口見母位兩小韻首字。『臩』爲《廣韻》養三開口見母位小韻首字，下收有『獷』字，列字以『臩』字爲佳，《四聲等子》從《集韻》，亦無誤。

25　上三溪　恇　《廣韻》去王切，溪陽三平合宕，不當列於此位；《集韻》丘往切，溪養三上合宕。《韻鏡》空位；《七音略》内轉三十五輕中輕，列字爲『⿰忄幵』，當爲『恇』字形訛；《切韻指掌圖》十四圖、《起數訣》第六十三圖開音濁、《切韻指南》宕攝内五合口呼偈門，列字均爲『恇』。『恇』爲《集韻》養三溪母位小韻首字，《四聲等子》從《集韻》。

26 上三喻　往　㕵A、B本，文淵閣本，文瀾閣本，粵雅堂本作『往』。文津閣本作『徃』，『往』、『徃』二字爲異體字。《廣韻》于兩切，《集韻》羽兩切，云養三上合宕；《韻鏡》内轉第三十二合、《七音略》内轉三十五輕中輕、《切韻指掌圖》十四圖、《起數訣》第六十三圖開音濁、《切韻指南》宕攝内五合口呼侷門，列字均爲『往』。《四聲等子》各版本列字均無誤。

去三韻目：標目爲漾

27 去三見　誑　《廣韻》居況切，《集韻》古況切，見漾三去合宕；《韻鏡》内轉第三十二合，列於群母位，見母空位，《韻鏡》誤；《七音略》内轉三十五輕中輕、《切韻指掌圖》十四圖、《起數訣》第六十三圖開音濁、《切韻指南》宕攝内五合口呼侷門，列字均爲『誑』。『誑』爲《廣韻》漾三見母位小韻首字，《韻鏡》空位誤，《四聲等子》是。

28 去三溪　眶　《康熙字典》記：『《集韻》區旺切，匡去聲。腹中寬也。』此記區旺切，溪漾三去合宕。《韻鏡》空位；《七音略》内轉三十五輕中輕，列字爲『眗』，當爲『眶』字形訛；《切韻指掌圖》十四圖，列字爲『眶』，溪母陽韻；《起數訣》第六十三圖開音濁、《切韻指南》宕攝内五合口呼侷門，列字均爲『眶』。《廣韻》漾韻三等合口無溪母。『眶』爲《集韻》漾三合口溪母位小韻首字，《七音略》、《四聲等子》從《集韻》。

29 去三群　狂　《廣韻》渠放切，《集韻》具放切，群漾三去合宕；《韻鏡》内轉第三十二合，列字爲『誑』，見母漾韻，《韻鏡》誤；《七音略》内轉三十五輕中輕、《切韻指掌圖》十四圖、《起數訣》第六十三圖開音濁、《切韻指南》宕攝内五合口呼偏門，列字均爲『狂』。『狂』爲《廣韻》漾三群母位小韻首字，《韻鏡》列字誤，《四聲等子》是。

30 去三喻　迋　尺A、B本，文淵閣本，粵雅堂本，文津閣本作『迋』，文瀾閣本作『迬』，當爲『迋』字形訛。『迋』，《廣韻》、《集韻》于放切，云漾三去合宕；《韻鏡》内轉第三十二合、《切韻指掌圖》十四圖、《起數訣》第六十三圖開音濁，列字均爲『旺』；《七音略》内轉三十五輕中輕、《切韻指南》宕攝内五合口呼偏門，列字均爲『迋』。『迋』爲《廣韻》、《集韻》漾三合口云母位小韻首字，下收有『旺』字，列字以『迋』字爲佳，《四聲等子》是，文瀾閣本列字訛，當校正爲『迋』。

入三韻目：標目爲藥

31 入三見　钁　《廣韻》居縛切，《集韻》厥縛切，見藥三入合宕；《韻鏡》内轉第三十二合、《七音略》外轉三十四重中重、《切韻指掌圖》十四圖、《切韻指南》宕攝内五合口呼偏門，列字均爲『玃』；《起數訣》第六十三圖開音濁，列字爲『矍』。『玃』爲《廣韻》藥三合口見母位小韻首字，下收有『钁』、『矍』二字，列字以『玃』字爲佳，《四聲等子》亦無誤。

32 入三曉　矆　𡰪 A、B本，文淵閣本，粵雅堂本作『曤』，文瀾閣本、文津閣本作『曤』，當爲『矆』字刊刻誤。『矆』，《廣韻》許縛切，《集韻》怳縛切，曉藥三入合宕；《韻鏡》內轉第三十二合、《七音略》內轉三十五輕中輕、《起數訣》第六十三圖開音濁，列字均爲『曤』；《切韻指掌圖》十四圖、《切韻指南》宕攝內五合口呼偈門，列字均爲『矆』。『矆』爲《廣韻》、《集韻》藥三合口曉母位小韻首字，下收有『曤』字，注曰：『上同』。『矆』、『曤』二字爲異體字。列字以『矆』爲佳，《四聲等子》是，文瀾閣、文津閣本列字形訛，當校正爲『矆』。

33 入三影　嬳　《廣韻》、《集韻》憂縛切，影藥三入合宕；《韻鏡》內轉第三十二合、《七音略》內轉三十五輕中輕、《切韻指掌圖》十四圖、《切韻指南》宕攝內五合口呼偈門，列字均爲『𡤻』；《起數訣》第六十三圖開音濁，列字爲『臒』。『嬳』、『𡤻』二字爲異體字，『𡤻』爲《廣韻》藥三影母位小韻首字，下收有『臒』字，列字以『𡤻』字爲佳，《四聲等子》列『嬳』字，亦無誤。

34 入三喻　籆　𡰪 A、B本，文淵閣本，粵雅堂本，文津閣本作『籆』，文瀾閣本作『蘉』。《廣韻》、《集韻》王縛切，云藥三入合宕；《韻鏡》內轉第三十二合、《七音略》內轉三十五輕中輕、《切韻指掌圖》十四圖、《切韻指南》宕攝內五合口呼偈門，列字均爲『籆』，《起數訣》第六十三圖開音濁，列字爲『矍』，見母藥韻；『籆』爲《廣韻》藥三合口云母位小韻首字，《四聲等子》是。文瀾閣本列字形訛，當校正爲『籆』。

遇攝內三　重少輕多韻

	見	溪	羣	疑	端知	透徹	定澄	泥孃	幫非	滂敷	並奉	明微
	孤	枯	○	吾	都	稌	徒	奴	逋	⿰禾尃	蒲	模
	古	苦	○	五	覩	土	杜	努	補	普	部	姥
	故	袴	○	悞	妬	兔	度	怒	布	怖	捕	暮
	梏	哭	○	㒖	篤	秃	毒	耨	襮	尊	僕	瑁
	○	○	○	○	○	○	○	○	○	○	○	○
	○	○	○	○	○	○	○	○	○	○	○	○
	○	○	○	○	○	○	○	○	○	○	○	○
	○	○	○	○	○	○	○	○	○	○	○	○
	拘	區	渠	虞	株	貙	廚	鱸	夫	敷	扶	無
	矩	去	窶	噳	柱	褚	拄	女	甫	撫	父	武
	句	去	懼	遇	註	閏	住	女	付	赴	附	務
	輂	曲	局	玉	瘃	楝	躅	褥	福	覆	幞	媢
	○	○	○	○	○	○	○	○	○	○	○	○
	○	○	○	○	○	○	○	○	○	○	○	○
	○	○	○	○	○	○	○	○	○	○	○	○
	○	○	○	○	○	○	○	○	○	○	○	○

韻	精照	清穿	從牀	心審	邪禪	曉	匣	影	喻	來	日	
模	租	粗	徂	蘇	○	呼	胡	烏	侉	盧	○	本無入聲
姥	祖	蔖	粗	○	○	虎	戶	塢	○	魯	○	
暮	作	厝	祚	素	○	謼	護	污	○	路	○	
沃	摵	簇	宗	洬	○	熇	鵠	沃	○	磟	○	
魚	菹	初	鉏	梳	○	○	○	○	○	○	○	魚虞相助
語	阻	楚	齟	所	○	○	○	○	○	○	○	
御	詛	憷	助	疏	○	○	○	○	○	○	○	
屋	縬	珿	族	縮	○	○	○	○	○	○	○	
虞	朱	樞	○	輸	殊	訏	○	紆	于	慺	儒	
噳	主	處	○	暑	豎	詡	○	傴	雨	縷	乳	
遇	注	處	○	戍	樹	煦	○	嫗	羽	屢	孺	
燭	燭	觸	○	束	蜀	旭	○	郁	囿	錄	褥	
	諏	趨	○	須	徐	○	○	○	逾	○	○	
	苴	取	聚	繻	敘	○	○	○	庾	○	○	
	緅	娶	埾	絮	緒	○	○	○	裕	○	○	
	足	促	歜	粟	俗	○	○	○	欲	○	○	

第五圖　遇攝内三　重少輕多韻

平一韻目：標目爲模

1 平一滂　稗　《廣韻》普胡切，《集韻》滂模切，滂模一平合遇；《韻鏡》内轉第十二開合、《七音略》内轉第十二輕中輕、《切韻指掌圖》三圖，列字爲『鋪』；《起數訣》第二十一圖開音清、《切韻指南》遇攝内三獨韻偈門，列字爲『稗』。『稗』爲《廣韻》模韻滂母位小韻首字，下收有『鋪』字，列字以『稗』爲佳，《四聲等子》是。

2 平一並　蒲　《廣韻》薄胡切，《集韻》蓬逋切，並模一平合遇；《韻鏡》内轉第十二開合、《七音略》内轉第十二輕中輕、《起數訣》第二十一圖開音清，列字均爲『蒲』；《切韻指掌圖》三圖、《切韻指南》遇攝内三獨韻偈門，列字爲『酺』。『酺』爲《廣韻》模韻並母位小韻首字，下收有『蒲』字，列字以『酺』爲佳，《四聲等子》從《韻鏡》等諸韻圖，亦無誤。

3 平一清　粗　文淵閣本、文津閣本列字爲『麤』，其他版本列『粗』。『粗』，《廣韻》千胡切，《集韻》聰（聰）徂切，清模一平合遇；《韻鏡》内轉第十二開合、《七音略》内轉第十二輕中輕、《切韻指南》遇攝内三獨韻偈門，列字爲『麁』；《切韻指掌圖》三圖、《起數訣》第二十一圖開音清列字爲『麤』。『麤』爲《廣韻》模韻清母位小韻首字，下收有『麁』、『麄』二字。

『穮』爲『米不精也』，爲『粗』之異體。列字以『麤』爲佳，《四聲等子》文淵閣本、文津閣本是，其他版本亦無誤。

4 平一心 蘇 《廣韻》素姑切，《集韻》孫租切，心模一平合遇；《韻鏡》內轉第十二開合，列字爲『蘓』，『蘓』、『蘇』二字爲異體字；《七音略》內轉第十二輕中輕、《切韻指掌圖》三圖、《起數訣》第二十一圖開音清、《切韻指南》遇攝內三獨韻偈門，列字均爲『蘇』。『蘇』爲《廣韻》模韻心母位小韻首字，爲正體，『蘓』爲俗體。《四聲等子》列正體，是。

5 平一曉 呼 《廣韻》荒烏切，《集韻》荒胡切，曉模一平合遇；《韻鏡》內轉第十二開合、《切韻指掌圖》三圖、《起數訣》第二十一圖開音清、《切韻指南》遇攝內三獨韻偈門，列字均爲『呼』；《七音略》內轉第十二輕中輕，列字爲『㕻』，應爲『呼』訛誤；《四聲等子》是。

6 平一喻 侉 ⿸尸亏 A、B本，粵雅堂本列『侉』；文瀾閣本列『⿰亻⿱大子』，文淵閣本、文津閣本列『⿰亻⿱亠子』。『侉』，《廣韻》安賀切，影過一平合遇，不應列於此；《集韻》尤孤切，云模一平合遇；《韻鏡》、《七音略》、《切韻指掌圖》喻母位空位；《起數訣》第二十一圖開音清、《切韻指南》遇攝內三獨韻偈門，列字均爲『侉』。『侉』爲《集韻》模一云母位小韻首字，模爲一等韻，喻只拼合三等韻，按韻列于韻圖一等，《四聲等子》從《集韻》。文瀾閣本、文淵閣本、文津閣本當校正爲『侉』。

上一韻目：標目爲姥

7 上一端　覩　文津閣本列字爲『都』，其他版本均爲『覩』。『都』，《廣韻》當孤切，《集韻》張如切，端姥一平合遇，爲平聲字，列於此位不合，當爲『覩』字形訛。『覩』，《廣韻》當古切，《集韻》董五切，端姥一上合遇；《韻鏡》内轉第十二開合、《七音略》内轉第十二輕中輕、《切韻指掌圖》三圖、《切韻指南》遇攝内三獨韻偈門，列字均爲『覩』；《起數訣》第二十一圖開音清，列字爲『睹』。『覩』爲《廣韻》姥一端母位小韻首字，下收有『睹』字，列字以『覩』爲佳，《四聲等子》是。

8 上一定　杜　咫A、B本，粤雅堂本列『杜』；文淵閣本、文津閣本作『度』，《廣韻》、《集韻》徒故切，定暮去一合遇，不當列於上聲位，誤；文瀾閣本列字爲『庋』，當爲『度』字形訛。『杜』，《廣韻》徒古切，《集韻》董五切，定姥上一合遇；《韻鏡》内轉第十二開合、《七音略》内轉第十二輕中輕、《切韻指掌圖》三圖、《切韻指南》遇攝内三獨韻偈門，列字均爲『杜』；《起數訣》第二十一圖開音清，列字爲『社』，禪母馬韻，當爲『杜』形訛。『杜』爲《廣韻》、《集韻》姥韻定母位小韻首字，《四聲等子》咫A本、粤雅堂本是，其他版本當校正爲『杜』。

9 上一泥　努　文瀾閣本列字爲『帑』，《廣韻》乃都切，《集韻》農都切，泥姥一平合遇，不當列於上聲位，當爲『努』字形訛；其他版本均列『努』字。『努』，《廣韻》奴古切、《集韻》暖五切，泥姥一上開遇；《韻鏡》内轉第十二開合，列字爲『努』；《七音略》内轉第十二輕中輕、《切韻指掌圖》三圖、《起數訣》第二十一圖開音清，列字均爲『弩』；《切韻指南》遇攝内三獨韻侷門，列字爲『怒』。『怒』爲《廣韻》姥韻泥母位小韻首字，下收有『弩』、『努』二字，列字以『怒』爲佳，《四聲等子》亦無誤。文瀾閣本列字誤，當校正爲『努』，其他版本是。

10 上一幫　補　《廣韻》博古切、《集韻》彼五切，幫姥一上合遇；《韻鏡》内轉第十二開合、《起數訣》第二十一圖開音清，列字均爲『補』，當爲『補』形訛。《七音略》内轉第十二輕中輕、《切韻指掌圖》三圖、《切韻指南》遇攝内三獨韻侷門，列字均爲『補』。『補』爲《廣韻》、《集韻》姥一幫母位小韻首字，《四聲等子》列字是。

11 上一並部　《廣韻》裴古切，《集韻》伴姥切，並姥一上合遇；《韻鏡》内轉第十二開合、《七音略》内轉第十二輕中輕、《切韻指掌圖》三圖、《切韻指南》遇攝内三獨韻侷門，列字均爲『簿』；《起數訣》第二十一圖開音清，列字爲『部』。『簿』爲《廣韻》姥韻並母位小韻首字，下收有『部』字，列字以『簿』爲佳，《四聲等子》亦無誤。

12 上一清　蔖　咫 A、B 本，粤雅堂本列『蔖』；文瀾閣本作『蘆』，文淵閣本作『蘆』，文津閣本作『蘆』，皆當爲刊刻誤。『蔖』，《廣韻》采古切、《集韻》利（忖）五切，清姥一上合遇；《韻鏡》内轉第十二開合、《七音略》内轉第十二輕中輕、《切韻指掌圖》三圖、《起數訣》第二十一圖開音清、《切韻指南》遇攝内三獨韻侷門，列字均爲『蔖』。『蔖』爲《廣韻》、《集韻》姥一清母位小韻首字，《四聲等子》咫 A、B 本，粤雅堂本列字是，其他版本當校正爲『蔖』。

13 上一影　塢　《廣韻》安古切，《集韻》於五切，影姥一上合遇；《韻鏡》内轉第十二開合、《切韻指南》遇攝内三獨韻偈門、《起數訣》第二十一圖開音清，列字均爲『隝』；《七音略》内轉第十二輕中輕，列字爲『塢』；《切韻指掌圖》三圖，列字爲『鄔』。『隝』爲《廣韻》姥韻影母位小韻首字，下收有『塢』、『鄔』二字，列字以『隝』爲佳，《四聲等子》亦無誤。

去一韻目：標目爲暮

14 去一見　故　《廣韻》、《集韻》古慕切，見暮一去合遇；《韻鏡》内轉第十二開合、《七音略》内轉第十二輕中輕、《切韻指掌圖》三圖、《切韻指南》遇攝内三獨韻偈門、《起數訣》第二十一圖開音清，列字均爲『顧』；『顧』爲《廣韻》、《集韻》暮韻見母位小韻首字，下收有『故』字，列字以『顧』爲佳，《四聲等子》亦無誤。

15 去一溪　袴　《廣韻》、《集韻》苦故切，溪暮一去合遇；《韻鏡》内轉第十二開合、《切韻指掌圖》三圖，列字均爲『袴』；《七音略》内轉第十二輕中輕、《切韻指南》遇攝内三獨韻偈門，列字均爲『絝』；《起數訣》第二十一圖開音清，列字爲『庫』。『絝』爲《廣韻》暮韻溪母位小韻首字，下收有『袴』字，注上同，二字爲異體字，下收有『庫』字。列字以『絝』爲佳，《四聲等子》亦無誤。

16 去一疑　悮　文瀾閣本作『悮』，文津閣本作『悞』，當爲『悞』字形訛，其他版本列字爲『悞』。『悞』《廣韻》、《集韻》五故切，疑暮一去合遇；《韻鏡》内轉第十二開合、《七音略》内轉第十二輕中輕、《切韻指掌圖》三圖、《切韻指南》遇攝内三獨韻侷門、《起數訣》第二十一圖開音清，列字均爲『誤』。『誤』爲《廣韻》暮韻見母位小韻首字，下收有『悞』字，列字以『誤』爲佳，《四聲等子》列『悞』亦無誤。文瀾閣、文津閣本當校正爲『悞』。

17 去一端　妬　《廣韻》當故切、《集韻》都故切，端暮一去合遇；《韻鏡》内轉第十二開合、《切韻指掌圖》三圖、《起數訣》第二十一圖開音清，列字爲『妬』；《七音略》内轉第十二輕中輕、《切韻指南》遇攝内三獨韻侷門，列字均爲『妒』。『妬』爲《廣韻》暮韻端母位小韻首字，下收有『妒』字，注上同，二字爲異體字。《四聲等子》列正體，是。

18 去一透　兔　文瀾閣本、粵雅堂本作『兎』，爲『兔』之異體；文津閣本作『兎』，爲『兔』形訛；其他版本列字爲『兔』。『兔』，《廣韻》湯故切、《集韻》土故切，透暮一去合遇；《韻鏡》内轉第十二開合、《七音略》内轉第十二輕中輕、《切韻指南》遇攝内三獨韻侷門，列字均爲『菟』；《切韻指掌圖》三圖、《起數訣》第二十一圖開音清，列字均爲『兔』。『菟』爲《廣韻》暮韻透母位小韻首字，下收有『兔』字，列字以『菟』爲佳，《四聲等子》亦無誤。文津閣本當校正爲『兔』。

19 去一定　度　文瀾閣本、文淵閣本列字爲『杜』，文津閣本作杜，當爲『杜』字形訛；其他版本列字爲『度』。『度』，《廣韻》、《集韻》徒故切，定暮一去合遇；《韻鏡》内轉第十二開合、《七音略》内轉第十二輕中輕、《切韻指掌圖》三圖、《切韻指南》遇攝内三獨韻侷門、《起數訣》第二十一圖開音清，列字均爲『渡』；『渡』爲《廣韻》暮韻定母位小韻首字，下收有『度』字，列字以『渡』爲佳，《四聲等子》列『度』亦無誤。『杜』爲定母上聲一等字，不當列於此位，誤；文瀾閣本、文淵閣本、文津閣本誤，當校正爲『度』，其他版本是。

20 去一泥　怒　《廣韻》乃故切、《集韻》奴故切，泥暮一去合遇；《韻鏡》內轉第十二開合、《七音略》內轉第十二輕中輕、《切韻指南》遇攝內三獨韻侷門，列字爲『笯』；《切韻指掌圖》三圖、《起數訣》第二十一圖開音清，列字均爲『怒』。『笯』爲《廣韻》暮韻泥母位小韻首字，下收有『怒』字，列字以『笯』爲佳，《四聲等子》亦無誤。

21 去一精　作　《廣韻》臧祚切，《集韻》宗祚切，精暮一去合遇；《韻鏡》內轉第十二開合、《切韻指掌圖》三圖，列字均爲『做』；《七音略》內轉第十二輕中輕、《起數訣》第二十一圖開音清、《切韻指南》遇攝內三獨韻侷門，列字均爲『作』。『做』《廣韻》未收，《集韻》僅於『作』字下注：『俗作做。』『作』爲《廣韻》暮韻精母位小韻首字，《四聲等子》是。

22 去一清　厝　《廣韻》、《集韻》倉故切，清暮一去合遇；《韻鏡》內轉第十二開合，列字爲『庴』；『庴』，《廣韻》秦昔切，入昔從母，一爲古县名，二通『厝』，爲其通假字，《韻鏡》無誤。《七音略》內轉第十二輕中輕、《切韻指南》遇攝內三獨韻侷門，列字爲『厝』；《切韻指掌圖》三圖，列字爲『醋』；《起數訣》第二十一圖開音清，列字爲『措』。『厝』爲《廣韻》暮韻清母位小韻首字，下收有『措』、『醋』二字，列字以『厝』爲佳，《四聲等子》是。

23 去一心 素 《廣韻》桑故切，《集韻》蘇故切，心暮一去合遇；《韻鏡》內轉第十二開合、《七音略》內轉第十二輕中輕、《切韻指掌圖》三圖、《切韻指南》遇攝內三獨韻偈門，列字均爲『訴』；《起數訣》第二十一圖開音清，列字爲『素』。『訴』爲《廣韻》暮韻心母位小韻首字，下收有『素』字，列字以『訴』爲佳，《四聲等子》亦無誤。

24 去一曉 謼 呎A、B本，粵雅堂本列『謼』；文瀾閣本、文淵閣本、文津閣本列字爲『諕』，『謼』、『諕』爲異體字。『謼』，《廣韻》、《集韻》荒故切，曉暮一去合遇；《韻鏡》內轉第十二開合、《七音略》內轉第十二輕中輕、《切韻指掌圖》三圖、《切韻指南》遇攝內三獨韻偈門，列字均爲『謼』；《起數訣》第二十一圖開音清，列字爲『戽』。『謼』爲《廣韻》暮韻曉母位小韻首字，下收有『戽』字，列字以『謼』爲佳，《四聲等子》諸本皆無誤。

25 去一影 污 《廣韻》烏路切，《集韻》烏故切，影模一平合遇；《韻鏡》內轉第十二開合、《切韻指掌圖》三圖、《切韻指南》遇攝內三獨韻偈門，列字均爲『汙』；《七音略》空位；《起數訣》第二十一圖開音清，列字爲『污』。『汙』爲《廣韻》模韻影母位小韻首字，『污』爲『汙』異體字，列字以『汙』爲佳，《七音略》誤，當校補『汙』，《四聲等子》亦無誤。

入一韻目：標目爲沃，實爲沃屋合韻

26 去一日 ◯ 《廣韻》模一日無字，《集韻》模韻在日母下有『㹏，儒互切』。諸家韻圖模一日母皆無字，日母拼合三等，按日下憑切，當列於三等，《四聲等子》空位是。

27　入一見　梏　《廣韻》古沃切，《集韻》姑沃切，見沃入開一通；《韻鏡》內轉第二開合，列字爲『捁』，見母巧韻，當爲『梏』字誤；《七音略》內轉第二輕中輕、《起數訣》第三圖收音清列字爲『梏』；《切韻指掌圖》三圖、《切韻指南》通攝內一侷門列字爲『穀』，見母屋韻。『梏』爲《廣韻》沃一見母位小韻首字，《四聲等子》是。

28　入一疑　𤛓　文瀾閣本列字爲『擢』，澄母覺韻，不當列此位，應是『𤛓』之形訛；咫A、B本，粵雅堂本，文淵閣本，文津閣本列字爲『𤛓』。『𤛓』，《廣韻》五沃切、《集韻》吾沃切，疑沃入開一通；《韻鏡》內轉第二開合、《切韻指掌圖》二圖、《起數訣》第三圖收音清、《切韻指南》通攝內一侷門列字均爲『𤛓』；《七音略》空位。『𤛓』爲《廣韻》、《集韻》沃一疑母位小韻首字，《七音略》空位誤，《四聲等子》是。文瀾閣本列字形訛，當校正爲『𤛓』，其他版本是。

29　入一端　篤　咫A、B本，粵雅堂本，文淵閣本，文瀾閣本列字爲『篤』，文津閣本作『萬』，應爲形訛。『篤』，《廣韻》冬毒切，《集韻》都毒切，端沃入開一通；《韻鏡》內轉第二開合、《七音略》內轉第二輕中輕，列字爲『篤』；《切韻指掌圖》二圖、《起數訣》第三圖收音清、《切韻指南》通攝內一侷門列字均爲『豰』，端母屋韻。『篤』爲《廣韻》、《集韻》沃一端母位小韻首字，《四聲等子》文津閣本形訛，當校正爲『篤』，其他版本是。

30　入一泥　耨　《廣韻》內沃切，《集韻》奴沃切，泥沃入開一通；《韻鏡》內轉第二開合、《七音略》内轉第二輕中輕、《起數訣》第三圖收音清，列字均爲『褥』；《切韻指掌圖》空位；《切韻指南》通攝内一侷門列字爲『耨』。『褥』爲泥母沃韻小韻首字，下收『耨』字，《四聲等子》是。

31 入一幫　襮　咫A、B本，粵雅堂本，文淵閣本，文瀾閣本列字爲『襮』，文津閣本作『褾』，當爲形訛。『襮』，《廣韻》博沃切，《集韻》逋沃切，幫沃入開一通；《韻鏡》内轉第二開合、《七音略》内轉第二輕中輕、《起數訣》第三圖收音清，列字爲『襮』；《切韻指掌圖》二圖、《切韻指南》通攝内一侷門，列字爲『卜』，幫母屋韻。『襮』爲《廣韻》、《集韻》沃一幫母位小韻首字，文津閣本形訛，當校正爲『襮』，其他版本是。

32 入一滂　蓴　《廣韻》匹各切，滂鐸入開一通；《集韻》匹沃切，滂沃入開一通；《韻鏡》内轉第二開合、《起數訣》第三圖收音清，列字爲『蓴』；《七音略》内轉第二輕中輕，沃一滂位列字爲『葍』，非母屋韻，誤，當爲『蓴』字訛誤；《切韻指掌圖》二圖、《切韻指南》通攝内一侷門，列『扑』字，滂母屋韻。『蓴』爲《集韻》沃一滂母位小韻首字，《四聲等子》從《集韻》。

33 入一明　瑁　咫A、B本，文津閣本，文淵閣本，文瀾閣本列字爲『瑁』；粵雅堂本作『瑁』，應爲『瑁』字誤。『瑁』，《廣韻》莫沃切，《集韻》謨沃切，明沃入開一通；《韻鏡》内轉第二開合、《七音略》内轉第二輕中輕，列字爲『瑁』；《切韻指掌圖》二圖、《起數訣》第三圖收音清、《切韻指南》通攝内一侷門列字均爲『木』，明母屋韻。『瑁』爲《廣韻》、《集韻》沃一明母位小韻首字，《四聲等子》粵雅堂本列字形訛，當校正爲『瑁』，其他版本是。

34 入一精　摵　咫A、B本，粵雅堂本，文瀾閣本列字爲『摵』；文津閣本作『摵』，當爲『摵』之俗體；文淵閣本作『槭』；『摵』，《廣韻》、《集韻》子六切，精屋三入合通；《韻鏡》内轉第二開合、《七音略》内轉第二輕中輕、《起數訣》第三圖收音清，列字均爲『傶』；《切韻指掌圖》二圖、《切韻指南》通攝内一侷門，列字均爲『鏃』，精母屋韻。『傶』爲《廣韻》、《集韻》沃一精母位小韻首字，列字以『傶』爲佳。但《四聲等子》爲合韻韻圖，列屋韻『槭』字亦不可認爲錯誤。文津閣本列字俗訛，當校正爲『摵』。

35 入一清　簇　咫A、B本，粵雅堂本，文瀾閣本列字爲『簇』；文淵閣本作『簇』，文津閣本作『簇』；《廣韻》、《集韻》千木切，清屋入開一通；《韻鏡》内轉第一開、《七音略》内轉第一重中重、《切韻指掌圖》二圖、《起數訣》第一圖開音清、《切韻指南》通攝内一侷門，列字均列『瘯』。『瘯』爲《廣韻》屋一清母位小韻首字，下收有『簇』字，列字以『瘯』爲佳，《四聲等子》亦無誤。文淵閣本、文津閣本列字形訛，當校正爲『簇』，其他版本是。

36 入一從　宋　《康熙字典》記：『《説文》同寂。』、『寂』，《廣韻》前歷切，注：家，上同（寂），宋，亦同，從母錫韻，不應列於此；《集韻》才竺切，從沃入開一通；《韻鏡》空位；《七音略》内轉第二輕中輕、《起數訣》第三圖收音清，列字爲『宋』；《切韻指掌圖》二圖、《切韻指南》通攝内一侷門入一從母位，列字爲『族』，從母屋韻。『宋』爲《集韻》沃一從母位小韻首字，《四聲等子》從《集韻》。

37 入一心 洬 咫A、B本，粵雅堂本，文瀾閣本，文淵閣本，列字爲『洬』；文津閣本作『涑』，應爲『洬』訛；『洬』，《廣韻》先篤切，《集韻》蘇篤切，心沃入開一通；《韻鏡》内轉第二開合、《七音略》内轉第二輕中輕、《起數訣》第三圖收音清，列字爲『洬』；《切韻指掌圖》二圖、《切韻指南》通攝内一侷門入一心母位列字均爲『速』，心母屋韻。『洬』爲《廣韻》、《集韻》沃一心母位小韻首字，《四聲等子》文津閣本形訛，當校正爲『洬』，其他版本是。

38 入一曉 熇 《廣韻》火酷切，《集韻》呼酷切，曉沃入開一通；《韻鏡》内轉第二開合、《七音略》内轉第二輕中輕、《起數訣》第三圖收音清，列字均爲『熇』；《切韻指掌圖》、《切韻指南》入一曉位列字爲『嚳』，當爲『嚳』形訛，曉母屋韻。

39 入一來 磟 咫A、B本，粵雅堂本，文瀾閣本，文津閣本，列字爲『磟』；文淵閣本作『碌』。『磟』，《廣韻》、《集韻》盧谷切，來屋入開一通；《韻鏡》内轉第二開合、《七音略》内轉第二輕中輕、《起數訣》第三圖收音清，列字均爲『濼』；《切韻指南》通攝内一侷門，列字爲『禄』，來母屋韻。『濼』爲《廣韻》沃一來母位小韻首字，下收有『磟』字，『磟』爲《集韻》沃一來位小韻首字，《四聲等子》從《集韻》。文淵閣本列字形訛，當校正爲『磟』，其他版本是。

平二韻目：標目爲魚

40 平二照　葅　《廣韻》側魚切，《集韻》臻魚切，莊魚三平開遇；《韻鏡》内轉第十一開、《七音略》内轉第十一重中重、《切韻指南》遇攝内三獨韻偈門，列字均爲『菹』；《切韻指掌圖》三圖、《起數訣》第二十圖收音濁，列字均爲『葅』。『菹』爲《廣韻》魚韻莊母小韻首字，注曰：『《説文》曰酢菜也亦作葅』，余迺永注『葅』字誤，《説文》：『酢菜也。从艸沮聲。葅，或从皿。蘁，或从缶。側魚切。』均不可寫作『葅』，故『葅』字形訛。列字以『葅』爲佳，《四聲等子》是。

41 平二牀　鉏　《廣韻》士魚切，《集韻》牀魚切，崇魚三平開遇；《韻鏡》内轉第十一開、《切韻指南》遇攝内三獨韻偈門、《起數訣》第二十圖收音濁，列字爲『鉏』；《七音略》内轉第十一重中重、《切韻指掌圖》三圖，列字爲『鋤』。『鉏』爲《廣韻》魚韻崇母位小韻首字，下收有『鋤』字，注上同，二字爲異體字。列字以『鉏』爲佳，《四聲等子》亦無誤。

42 平二審　梳　《廣韻》所葅切，《集韻》山於切，生魚三平開遇；《韻鏡》内轉第十一開，列字爲『疎』；《七音略》内轉第十一重中重、《切韻指掌圖》三圖、《起數訣》第二十圖收音濁，列字均爲『蔬』；《切韻指南》遇攝内三獨韻偈門、《四聲等子》文津閣本，列字爲『疏』。『疏』爲《廣韻》魚韻生母位小韻首字，下收有『疎』字，另收有『蔬』、『梳』二字。列字以『疏』爲佳，《四聲等子》亦無誤。

上二韻目：標目爲語

去二韻目：標目爲御

43 去二穿　憷　《廣韻》瘡據切、《集韻》創據切，初御三去開遇；《韻鏡》内轉第十一開、《七音略》内轉第十一重中重、《切韻指掌圖》三圖、《切韻指南》遇攝内三獨韻偏門，列字均爲『楚』；《起數訣》第二十圖收音濁，列字爲『儊』。『楚』爲《廣韻》御三穿母位小韻首字，下收有『儊』、『憷』二字，列字『楚』爲佳，《四聲等子》亦無誤。

44 去二審　疏　《廣韻》所去切，生御三去開遇；《集韻》所據切，生御三去合遇；《韻鏡》内轉第十一開、《七音略》内轉第十一重中重、《切韻指掌圖》三圖、《切韻指南》遇攝内三獨韻偏門、《起數訣》第二十圖收音濁、《四聲等子》文津閣本，列字均爲『䟽』。『疏』、『䟽』二字爲異體字。『䟽』爲《廣韻》御三生母位小韻首字，『疏』爲《集韻》小韻首字，《四聲等子》從《集韻》。

入二韻目：標目爲屋

45 入二牀　⿱山族　《廣韻》屋韻未收崇母字；《康熙字典》記：『《集韻》士六切，音族，聚集貌。』，崇母屋韻；《集韻》仕六切，崇屋三入合通；《韻鏡》、《切韻指掌圖》空位；《七音略》内轉第一重中重，崇三屋位列『簇』，清母屋韻，誤；《切韻指南》通攝内一，崇母二等位列『薦』，《康熙字典》記：『《字彙補》直角切，音浞。』崇母覺韻；《起數訣》第二十二圖閉音濁，列字爲『簇』。爲《集韻》屋三崇母位小韻首字，《四聲等子》從《集韻》。

46　入二審　縮　𡰯A、B本作『縮』，當爲『縮』形訛，其餘版本皆作『縮』。『縮』《廣韻》、《集韻》所六切，生屋三入合通；《韻鏡》内轉第一開、《切韻指掌圖》二圖，列字均爲『縮』；《七音略》内轉第一重中重，列字爲『孰』，禪母屋韻，誤；《起數訣》第二十圖收音濁，列於三等位，誤。『縮』爲《廣韻》、《集韻》屋韻生母位小韻首字，按韻圖規制當列於二等位，《四聲等子》是。

平三韻目：標目爲虞，僅有一字爲魚韻字

47　平三見　拘　粵雅堂本列字爲『枸』，《廣韻》俱雨切，見麌三上合遇，不當列於此位；《集韻》恭于切，見虞三平合遇，可列於此位，粵雅堂本從《集韻》，其他版本列『拘』。『拘』，《廣韻》舉朱切、《集韻》恭于切，見虞三平合遇；《韻鏡》内轉第十二開合、《七音略》内轉第十二輕中輕、《起數訣》第二十二圖閉音濁，列字均爲『拘』；《切韻指掌圖》三圖、《切韻指南》遇攝内三獨韻偏門，列字爲『居』，《廣韻》九魚切、《集韻》斤於切，見母魚韻。『拘』爲《廣韻》、《集韻》虞三見母位小韻首字，《四聲等子》粵雅堂本列『枸』字，雖《集韻》有此音，但據各版本情況，當校正爲『拘』。其他版本列『拘』是。

48 平三群　渠　《廣韻》强魚切、《集韻》求於切，群魚三平開遇；《韻鏡》內轉第十一開、《七音略》內轉第十一重中重，列字均爲『劬』，群母虞韻。《切韻指掌圖》三圖、《切韻指南》遇攝內三獨韻偈門，列字均爲『渠』；《起數訣》第二十二圖閉音濁，列字爲『衢』。『衢』爲《廣韻》虞韻群母位小韻首字，下收有『劬』字，列字以『衢』爲佳；『渠』爲《廣韻》魚韻群母位小韻首字，《四聲等子》是合韻韻圖，亦無誤。

49 平三疑　虞　巵 A、B本，粵雅堂本作『虞』，文瀾閣本作『虞』，文淵閣本作『虞』，文津閣本作『虞』，皆爲『虞』形訛。『虞』，《廣韻》遇俱切，《集韻》元俱切，疑虞三平合遇；《韻鏡》內轉第十二開合、《七音略》內轉第十二輕中輕、《起數訣》第二十二圖閉音濁，列字均爲『虞』；《切韻指掌圖》三圖、《切韻指南》遇攝內三獨韻偈門，列字爲『魚』，疑母魚韻。『虞』爲《廣韻》、《集韻》虞三疑母位小韻首字，《四聲等子》文瀾閣本、文淵閣本、文津閣本當校正爲『虞』。

50 平三澄　廚　巵 A、B本作『廚』；文瀾閣本、粵雅堂本，列字爲『厨』；文淵閣本、文津閣本作『廚』，『廚』、『厨』、『廚』三者爲異體字。『廚』，《廣韻》直誅切，《集韻》重株切，澄虞三平合遇；《韻鏡》內轉第十二開合，列字爲『廚』；《七音略》內轉第十二輕中輕、《起數訣》第二十二圖閉音濁，列字爲『厨』；《切韻指掌圖》三圖、《切韻指南》遇攝內三獨韻偈門，列字均爲『除』，澄母魚韻；『廚』爲《廣韻》虞韻澄母位小韻首字，注曰『俗作厨』，《四聲等子》諸版本均是。

51 平三孃　䰳　疑爲『䰲』字訛誤；『䰲』，《廣韻》未收；《集韻》乃俱切，泥虞三平合遇；《韻鏡》、《七音略》空位；《切韻指掌圖》三圖、《切韻指南》遇攝内三獨韻偈門，列字均爲『袽』，孃母魚韻；《起數訣》第二十二圖閉音濁，列字爲『䰳』。《廣韻》虞韻無孃母字，魚韻孃母字列『袽』，《集韻》所列音切之上字爲泥母，此音切當爲類隔，虞只有三等字，此切可列於此位。《四聲等子》列字當從《集韻》，亦無誤。

52 平三非　夫　《廣韻》甫無切，《集韻》風無切，非虞三平合遇；《韻鏡》内轉第十二開合、《七音略》内轉第十二輕中輕，列字均爲『膚』；《切韻指掌圖》三圖、《起數訣》第二十二圖閉音濁，列字爲『夫』；《切韻指南》遇攝内三獨韻偈門，列字爲『跗』。『跗』爲《廣韻》虞韻非母位小韻首字，下收有『夫』、『膚』二字，列字以『跗』爲佳，《四聲等子》亦無誤。

53 平三奉　扶　《廣韻》防無切，《集韻》風無切，奉虞三平合遇；《韻鏡》内轉第十二開合，列字爲『符』；《七音略》内轉第十二輕中輕、《起數訣》第二十二圖閉音濁、《切韻指南》遇攝内三獨韻偈門，列字均爲『扶』；《切韻指掌圖》三圖，列字爲『鳧』。『扶』爲《廣韻》虞韻奉母位小韻首字，下收有『符』、『鳧』二字，列字以『扶』爲佳，《四聲等子》是。

54 平三影　紆　文津閣本作『紆』，當爲抄寫誤，其他版本皆作『紆』。『紆』，《廣韻》憶俱切，《集韻》邕俱切，影虞三平合遇；《韻鏡》内轉第十二開合、《七音略》内轉第十二輕中輕，列字均爲『紆』；《切韻指掌圖》三圖、《切韻指南》遇攝内三獨韻偈門，列字爲『於』，影母魚韻；《起數訣》第二十二圖閉音濁，列字爲『紆』，《廣韻》、《集韻》未收，此字當爲『紆』字誤。『紆』爲《廣韻》虞韻影母位小韻首字，《四聲等子》是。文津閣本當校正爲『紆』。

55 平三喻　于　《廣韻》羽俱切，《集韻》雲俱切，云虞三平合遇，《韻鏡》内轉第十二開合、《七音略》内轉第十二輕中輕、《切韻指掌圖》三圖，列字均爲『于』；《切韻指南》遇攝内三獨韻偈門，列字爲『亏』，爲『于』之異體；《起數訣》第二十二圖閉音濁，列字爲『干』，《廣韻》古寒切，《集韻》居寒切，見寒三平合遇；不當列於此位，當爲『于』字誤。『于』爲《廣韻》虞韻云母位小韻首字，《四聲等子》是。

上三韻目：標目爲麌（噳），實爲麌語同韻

56 上三疑　噳　𡰪Ａ本、文瀾閣本、粵雅堂本作『噳』，文淵閣本作『嗔』，文津閣本作『嘘』。『噳』，《廣韻》虞矩切，《集韻》五矩切，疑麌三上合遇；《韻鏡》内轉第十二開合，列字爲『麌』；《七音略》内轉第十二輕中輕，列字爲『俁』；《切韻指掌圖》三圖、《切韻指南》遇攝内三獨韻偈門，列字爲『語』，疑母語韻；《起數訣》第二十二圖閉音濁，列字爲『噳』。『麌』爲《廣韻》麌韻疑母位小韻首字，『噳』爲《集韻》噳韻疑母位小韻首字，均爲韻目字，下收有『俁』字。《七音略》、《四聲等子》從《集韻》，亦無誤。

57 上三知　柱　《廣韻》知庾切，知麌三上合遇；《集韻》冢庾切，知噳三上合遇；《韻鏡》內轉第十二開合、《七音略》內轉第十二輕中輕，列字爲『拄』；《切韻指掌圖》三圖、《切韻指南》遇攝內三獨韻偏門，列字均爲『貯』，知母語韻；《起數訣》第二十二圖閉音濁，列字爲『牲』，生母庚韻，當爲『拄』字之形訛。『拄』爲《廣韻》麌韻知母位小韻首字，下收有『柱』字，列字以『拄』爲佳，《四聲等子》亦無誤。

58 上三徹　褚　《廣韻》、《集韻》丑呂切，徹語三上開遇；《韻鏡》內轉第十一開，列字爲『褚』，爲『褚』之訛字；《七音略》內轉第十一重中重、《切韻指掌圖》三圖、《切韻指南》遇攝內三獨韻偏門、《起數訣》第二十圖收音濁，列字均爲『楮』。『楮』爲《廣韻》語韻知母位小韻首字，下收有『褚』字，列字以『楮』爲佳，《四聲等子》亦無誤。

59 上三澄　拄　《廣韻》、《集韻》知庾切，知麌三上合遇，不當列於此位，誤。《韻鏡》內轉第十二開合、《七音略》內轉第十二輕中輕、《起數訣》第二十二圖閉音濁，列字均爲『柱』，《廣韻》直主切，《集韻》重主切，澄麌三上合遇；《切韻指掌圖》三圖、《切韻指南》遇攝內三獨韻偏門，列字均爲『佇』，澄母語韻。《四聲等子》列『拄』字，當爲『柱』字形訛，當校改爲『柱』。

60 上三穿　處　《廣韻》昌與切，《集韻》敞呂切，昌語三上開遇；《韻鏡》內轉第十一開、《七音略》內轉第十一重中重、《切韻指南》遇攝內三獨韻偏門、《起數訣》第二十圖收音濁，列字均爲『杵』；《切韻指掌圖》三圖，列字均爲『處』。『杵』爲《廣韻》語韻昌母位小韻首字，下收有

『處』字，列字以『杵』爲佳，《四聲等子》亦無誤。《四聲等子》爲合韻韻圖，此處列語韻字。

61 上三牀 ○ 《廣韻》、《集韻》語韻牀母有『紓』小韻，《廣韻》神與切，《集韻》上與切，船母語韻。《韻鏡》内轉第十一開、《七音略》内轉第十一重中重、《切韻指南》遇攝内三獨韻偈門，列字均爲『紓』；《切韻指掌圖》、《起數訣》空位；『紓』爲《廣韻》語韻船母位小韻首字，《四聲等子》空位誤，當校補『紓』字。

62 上三審 暑 《廣韻》舒呂切，《集韻》賞呂切，書語三上開遇；《韻鏡》内轉第十一開、《七音略》内轉第十一重中重、《切韻指掌圖》三圖、《起數訣》第二十圖收音濁、《切韻指南》遇攝内三獨韻偈門，列字均爲『暑』。《四聲等子》爲合韻韻圖，此處列語韻字。

63 上三影 傴 《廣韻》於武切，《集韻》委羽切，影麌三上合遇；《韻鏡》内轉第十二開合、《起數訣》第二十二圖閉音濁，列字爲『傴』；《七音略》内轉第十二輕中輕，錯列『詡』字，誤；《切韻指掌圖》三圖，列字爲『庾』，以母麌韻，誤；《切韻指南》遇攝内三獨韻偈門，列字爲『㨳』，影母語韻。『傴』爲《廣韻》麌韻影母位小韻首字，《七音略》誤，《四聲等子》是。

64 上三喻 雨 《廣韻》王矩切，《集韻》王矩切，云麌三上合遇；《韻鏡》内轉第十二開合、《七音略》内轉第十二輕中輕、《切韻指南》遇攝内三獨韻偈門、《起數訣》第二十二圖閉音濁，列字均爲『羽』；《切韻指掌圖》三圖，列字爲『雨』，云母麌韻。『羽』爲《廣韻》麌韻喻母位小韻首字，下收有『雨』字，列字以『羽』爲佳，《四聲等子》亦無誤。

65 上三日　乳　《廣韻》而主切，《集韻》縈主切，日麌三上合遇；《韻鏡》内轉第十二開合、《起數訣》第二十二圖閉音濁，列字均爲『乳』；《七音略》空位；《切韻指掌圖》三圖、《切韻指南》遇攝内三獨韻偏門，列字均爲『汝』，日母語韻。『乳』爲《廣韻》麌韻日母位小韻首字，《七音略》空位誤，《四聲等子》是。

去三韻目：標目爲遇，實爲遇御合韻

66 去三見　句　《廣韻》九遇切，《集韻》俱遇切，見御三去合遇；《韻鏡》内轉第十一開、《七音略》内轉第十一重中重、《切韻指掌圖》三圖、《切韻指南》遇攝内三獨韻偏門、《起數訣》第二十圖收音濁，列字均爲『據』，《廣韻》、《集韻》居御切，見御三去開遇。《七音略》内轉第十二輕中輕、《起數訣》第二十二圖閉音濁，列字爲『屨』，《廣韻》九遇切、《集韻》俱遇切，見遇三去合遇；『屨』爲《廣韻》遇韻見母位小韻首字，下收有『句』字，《四聲等子》亦無誤。

67 去三溪　去　《廣韻》、《集韻》丘倨切，溪御三去開遇；《韻鏡》内轉第十一開、《七音略》内轉第十一重中重、《切韻指掌圖》三圖、《起數訣》第二十圖收音濁，列字均爲『去』；《切韻指南》遇攝内三獨韻偏門，列字爲『㰦』。『㰦』爲《廣韻》御韻溪母位小韻首字，下收有『去』字，列字以『㰦』爲佳，《四聲等子》亦無誤。

68 去三知　注　《廣韻》中句切，《集韻》株遇切，知遇三去合遇；《韻鏡》内轉第十一開、《七音略》内轉第十一重中重、《起數訣》第二十二圖閉音濁，列字均爲『駐』；《切韻指掌圖》三圖、《切韻指南》遇攝内三獨韻偏門，列字均爲『著』，《廣韻》、《集韻》陟慮切，知御三去開遇。『注』爲《廣韻》遇韻知母位小韻首字，下收有『駐』字，《四聲等子》是。

69 去三徹　閏　咫 A、B本，粵雅堂本作『閏』；文瀾閣本、文淵閣本、文津閣本作『閠』。《韻鏡》内轉第十二開合、《七音略》内轉第十二輕中輕，列字均爲『閠』，《廣韻》丑注切，徹遇合三去遇。《切韻指掌圖》三圖、《切韻指南》遇攝内三獨韻偏門，列字均爲『絮』，徹母御韻；《起數訣》第二十二圖閉音濁，列字爲『閏』，見母齊韻，應爲『閠』字形訛。『閠』爲《廣韻》遇韻徹母位小韻首字，爲誤字，余迺永注當改正爲『閠』，《四聲等子》咫 A、B本，粵雅堂本承繼韻書錯誤，當校改爲『閠』。其他版本列字是。

70 去三微　務　《廣韻》、《集韻》亡遇切，微遇三去合遇；《韻鏡》内轉第十二開合，列字爲『⿱敄力』；《七音略》内轉第十二輕中輕、《切韻指掌圖》三圖、《起數訣》第二十二圖閉音濁、《切韻指南》遇攝内三獨韻偏門，列字均爲『務』。『務』爲《廣韻》遇韻微母位小韻首字，《廣韻》未收『⿱敄力』字形，各韻書均無此字形，當爲『務』之俗寫。《四聲等子》列正體，是。

71 去三禪　樹　咫 A、B本，粵雅堂本，文瀾閣本，文淵閣本作『樹』；文津閣本作『尌』。『樹』，《廣韻》常句切，《集韻》殊遇切，禪遇三去合遇。《韻鏡》内轉第十二開合、《七音略》内轉第十二輕中輕，列字均爲『樹』；《切韻指掌圖》三圖、《切韻指南》遇攝内三獨韻偏門，列字均爲『署』，禪母御韻；《起數訣》空位，誤。『樹』爲《廣韻》遇韻禪母位小韻首字，《四聲等子》是。文津閣本列字形訛，當校正爲『樹』。

72 去三曉　煦　《廣韻》香句切，《集韻》吁句切，曉遇三去合遇；《韻鏡》内轉第十二開合，列字爲『呴』；《七音略》内轉第十二輕中輕、《起數訣》第二十二圖閉音濁，列字均爲『煦』；《切韻指掌圖》三圖、《切韻指南》遇攝内三獨韻偏門，列字爲『嘘』，曉母御韻。『呴』爲《廣韻》遇韻曉母位小韻首字，下收有『呴』、『煦』二字，列字以『呴』爲佳，《四聲等子》亦無誤。

73 去三喻　羽　《廣韻》、《集韻》王遇切，云遇三去合遇；《韻鏡》内轉第十二開合、《七音略》内轉第十二輕中輕、《切韻指南》遇攝内三獨韻偏門，列字均爲『芋』；《切韻指掌圖》、《起數訣》空位，誤；『芋』爲《廣韻》遇韻喻三母位小韻首字，下收有『羽』字，列字以『芋』爲佳，《四聲等子》亦無誤。

入三韻目：標目爲燭

本圖入聲三等與圖一入三相似，故只校異處。

74 入三見　輂　《廣韻》居玉切，《集韻》枸玉切，見燭入開三通；《韻鏡》内轉第一開、《七音略》内轉第一重中重、《起數訣》第四圖開音濁、《切韻指南》通攝内一侷門，列字均爲『輂』；《切韻指掌圖》二圖三等位列『菊』，見母屋韻。『輂』爲《廣韻》燭三見母位小韻首字，《四聲等子》

本圖列字是。圖一列字爲『菊』，爲屋韻字。

75　入三群　局　《廣韻》渠玉切，《集韻》衢六切，群燭入合三通；《韻鏡》内轉第二開合、《七音略》内轉第二輕中輕、《切韻指南》通攝内一侷門、《起數訣》第四圖開音濁，列字均爲『局』；《切韻指掌圖》二圖，入三群母位列『駶』，群母屋韻。『局』爲《廣韻》、《集韻》群三燭小韻首字，下收有『侷』字，列字以『局』爲佳。圖一列字爲『侷』。

76　入三知　瘃　各版本均寫作『瘃』，當爲『瘃』形訛；『瘃』，《廣韻》陟玉切、《集韻》珠玉切，知燭三入開通；《韻鏡》内轉第二開合，寫作『瘃』；《七音略》内轉第二輕中輕、《起數訣》第四圖開音濁、《切韻指南》通攝内一侷門，列字均爲『瘃』；《切韻指掌圖》二圖，入三知位列字爲『竹』，知母屋韻，亦無誤。『瘃』爲《廣韻》、《集韻》燭三知母位小韻首字，《四聲等子》本圖各版本均形訛，當校正爲『瘃』。圖一咫A、B本列『瘃』，其他版本亦誤。

77　入三孃　褥　《廣韻》而蜀切，《集韻》儒欲切，日燭入合三通，皆不應列於此；《韻鏡》内轉第二開合，空位；《七音略》内轉第二輕中輕，列字爲『溽』，日母燭韻，不應列於此；《起數訣》第四圖開音濁、《切韻指南》通攝内一侷門，列字均爲『傉』，《集韻》孃母燭韻；《切韻指掌圖》二圖孃母位列字爲『肭』，孃母屋韻；《韻鏡》誤，當校補爲『傉』；《七音略》誤，應爲『傉』字訛誤；《四聲等子》亦無誤。『傉』爲《集韻》燭三孃母位小韻首字，未收有『褥』字，《四聲等子》本圖誤，當校改爲『傉』。圖一列字爲『傉』。

78 入三敷　覆　《廣韻》、《集韻》芳福切，敷屋入合三通；《韻鏡》内轉第一開、《七音略》内轉第一重中重；《切韻指掌圖》二圖、《起數訣》第二圖收音濁、《切韻指南》通攝内一侷門，列字均爲『蝮』，『蝮』爲滂母屋韻小韻首字，下收『覆』字，列字以『蝮』爲佳。《四聲等子》本圖列字是。圖一列『蝮』字，亦無誤。

79 入三奉　幞　《廣韻》房玉切，《集韻》逢玉切，並燭入開三通；《韻鏡》内轉第二開合、《切韻指南》通攝内一侷門、《起數訣》第四圖開音濁，列字爲『幞』；《七音略》空位；《切韻指掌圖》二圖，列字爲『伏』，並母屋韻。『幞』爲《廣韻》燭三並母位小韻首字，《七音略》空位誤；《四聲等子》本圖列字是。圖一列字爲『伏』。

80 入三微　娼　㬥A、B本，粤雅堂本，文瀾閣本，文淵閣本作『娼』；文津閣本作『娟』。『娼』，《廣韻》莫沃切，明沃入合一通，不應列於此；《集韻》某玉切，明燭入開三通；《韻鏡》内轉第二開合、《起數訣》第四圖開音濁，列字爲『娼』，云母未韻，當爲『娼』字形訛；《七音略》内轉第二輕中輕，列字爲『娼』；《切韻指掌圖》空位；《切韻指南》通攝内一侷門，列字爲『娼』，爲『娼』字形訛。《廣韻》無燭三明母位字，《四聲等子》從《集韻》。

81 入三牀　○　本圖空位，一圖列字爲『贖』，船母燭韻。本圖誤，當校補『贖』字。

82 入三喻　囿　《廣韻》、《集韻》于六切，云屋入開三通；《韻鏡》内轉第一開、《七音略》内轉第一重中重、《切韻指南》通攝内一侷門、《起數訣》第二圖收音濁，列字均爲『囿』；《切韻指掌圖》二圖，于喻四位列『囿』，誤。『囿』爲《廣韻》、《集韻》云三屋小韻首字，按韻圖規制，當列於三等，《四聲等子》本圖是。圖一空位誤，當校補。

83
入三來　錄　咫A、B本，粵雅堂本列字爲『錄』，文瀾閣本、文淵閣本、文津閣本作『録』。『錄』，《廣韻》力玉切，《集韻》龍玉切，來燭三入開通；《韻鏡》内轉第二開合、《七音略》内轉第二輕中輕、《切韻指南》通攝内一侷門，列字均爲『錄』；《起數訣》第四圖開音濁列字爲『録』；《切韻指掌圖》二圖，來母位列字爲『六』，來母屋韻。『録』、『錄』爲異體字，《四聲等子》各版本均是。

平四韻目：無標目，實爲虞魚合韻

84
平四心　須　咫A、B本列字爲『須』，文瀾閣本、粵雅堂本作『湏』，文淵閣本、文津閣本作『湏』，當爲形訛。『須』，《廣韻》相俞切，《集韻》詢趨切，心虞三平合遇；《韻鏡》内轉第十二開合、《七音略》内轉第十二輕中輕、《起數訣》第二十一圖開音清，列字均爲『須』；《切韻指掌圖》三圖、《切韻指南》遇攝内三獨韻侷門，列字均爲『胥』，心母魚韻。『須』爲《廣韻》、《集韻》虞三心母位小韻首字，《四聲等子》咫A、B本是。『湏』，《集韻》曉母賄韻或曉母隊韻，不當列於此位。文瀾閣本、粵雅堂本、文淵閣本、文津閣本均誤，當校正爲『須』。

85
平四邪　徐　《廣韻》似魚切、《集韻》祥余切，邪魚三平開遇；《韻鏡》内轉第十一開、《七音略》內轉第十一重中重、《切韻指掌圖》三圖、《起數訣》第十九圖收音清、《切韻指南》遇攝內三獨韻偏門，列字均爲『徐』。本圖爲合韻韻圖，此位收魚韻字。

86 平四喻　逾　《廣韻》羊朱切、《集韻》容朱切，以虞三平合遇；《韻鏡》內轉第十二開合，列字爲『逾』；《七音略》內轉第十二輕中輕、《起數訣》第二十一圖開音清，列字爲『俞』；《切韻指掌圖》三圖，列字爲『與』，以母魚韻；《切韻指南》遇攝內三獨韻偏門，列字爲『余』，以母魚韻。『逾』爲《廣韻》虞韻以母位小韻首字，下收有『俞』字，列字以『逾』爲佳，《四聲等子》是。

上四韻目：無標目，實爲語麌合韻

87 上四精　苴　《廣韻》、《集韻》子與切，精語三上開遇；《韻鏡》內轉第十一開、《七音略》內轉第十一重中重、《切韻指掌圖》三圖、《起數訣》第十九圖收音清、《切韻指南》遇攝內三獨韻偏門，列字均爲『苴』。本圖爲合韻韻圖，此位收語韻字。

88 上四從　聚　咫A、B本作『聚』，當爲『聚』字；文津閣本作『褧』，當爲『褧』字；其他版本列字爲『聚』。『聚』，《廣韻》慈庾切，《集韻》在庾切，從麌三上合遇；《韻鏡》內轉第十二開合、《七音略》內轉第十二輕中輕、《切韻指掌圖》三圖、《起數訣》第二十一圖開音清，列字均爲『聚』；《切韻指南》遇攝內三獨韻偏門，列字爲『咀』，從母語韻。『聚』爲《廣韻》麌三從母位小韻首字，《四聲等子》咫A、B本列字當爲刊刻誤。文津閣本列『褧』形訛，均當校正爲『聚』。

89 上四心　⿰糸頁　咫A、B本作『⿰糸頁』，文瀾閣本作『⿰糸頁』，文淵閣本作『須』，粵雅堂本作『⿰糸頁』，文津閣本作『須』皆爲形訛。『⿰糸頁』，《廣韻》相庾切，心麌三上合遇；《韻鏡》內轉第十二開合、《七音略》內轉第十二輕中輕、《起數訣》第二十一圖開音清，列字均爲『⿰糸頁』；《切韻指掌圖》三圖、《切韻指南》遇攝內三獨韻偈門，列字均爲『諝』，心母語韻。『⿰糸頁』爲《廣韻》麌三心母位小韻首字，《四聲等子》咫A、B本是，其他版本當校正爲『⿰糸頁』。

90 上四邪　敘　咫A、B本，粵雅堂本列字爲『敘』；文瀾閣本、文淵閣本、文津閣本作『叙』，『敘』、『叙』二字爲異體字。『敘』，《廣韻》徐呂切，《集韻》象呂切，邪語三上開遇；《韻鏡》內轉第十一開、《七音略》內轉第十一重中重、《切韻指掌圖》三圖、《起數訣》第十九圖收音清、《切韻指南》遇攝內三獨韻偈門，列字均爲『敘』。本圖爲合韻韻圖，此位收語韻字。

91 上四喻　庾　文津閣本作『庚』，其他版本均作『庾』。『庾』，《廣韻》以主切，《集韻》勇主切，以麌三上合遇；《韻鏡》內轉第十二開合、《起數訣》第二十一圖開音清，列字爲『庾』；《七音略》空位；《切韻指掌圖》三圖、《切韻指南》遇攝內三獨韻偈門，列字爲『與』，以母語韻。『庾』爲《廣韻》麌韻以母位小韻首字，《七音略》空格誤，《四聲等子》是。文津閣本列字形訛，當校正爲『庾』，其他版本是。

去四韻目：無標目，實爲御遇合韻

92

去四邪　緒　《廣韻》徐呂切，《集韻》象呂切，邪語三上合遇，不當列於去聲位，誤；《廣韻》邪母遇韻無列字，邪母御韻此位列『𡰯』字，徐預切，《集韻》徐呂切，依《廣韻》位可列於此；《韻鏡》内轉第十一開、《切韻指掌圖》三圖、《切韻指南》遇攝内三獨韻侷門，列字均爲『𡱂』，《康熙字典》記：『《廣韻》除遇切，《集韻》遲據切，音倨。屐也。』、『除遇切』，澄遇三去合遇，『遲據切』，澄御三去開遇，不當列於邪母位。《七音略》内轉第十一重中重，列字爲『屐』，梗攝入聲三等字，不當列於此位。《起數訣》第二十一圖開音清，列字爲『續』，《廣韻》似足切，邪燭三入合通，不當列於此位；《集韻》辭屨切，邪遇三去合遇。又『𡰯』、『𡱂』二字爲異體字。《四聲等子》當校改爲『𡰯』字。

入四韻目：無標目，實爲燭屋合韻

本圖入聲四等位列字與圖一入四位相似，故只校異處。

93

入四從　𪔁　應爲『𪔁』形訛；咫A本、文淵閣本、粤雅堂本、文津閣本作『𪔁』，文瀾閣本作『𪔁』。『𪔁』，《廣韻》、《集韻》子六切，從屋三入合通；《韻鏡》内轉第一開、《七音略》内轉第一重中重、《切韻指掌圖》二圖，列字均爲『𪔁』；《切韻指南》空位；《起數訣》第十九圖收音清，列字爲『摵』，從母屋韻，誤。『𪔁』爲《廣韻》屋三從母位小韻首字，《四聲等子》諸版本列字均形訛，當校正爲『𩚬』。

94 入四邪　俗　《廣韻》似足切，《集韻》松玉切，邪燭三入合通。《韻鏡》内轉第二開合、《七音略》内轉第二輕中輕、《切韻指掌圖》二圖、《切韻指南》通攝内一侷門，列字爲『續』；『續』爲《廣韻》邪母燭韻小韻首字，下收『俗』字，列字應以『續』爲佳；《四聲等子》亦無誤。

95 入四喻　欲　《廣韻》余蜀切，《集韻》俞玉切，以燭三入合通；《韻鏡》内轉第二開合，喻三燭韻位列『欲』；《七音略》、《切韻指掌圖》、《四聲等子》空位；《切韻指南》通攝内一侷門，列字爲『囿』，云母屋韻。『欲』喻四母字，按韻圖規制當列於四等。『欲』爲《廣韻》、《集韻》燭喻四母位小韻首字，《韻鏡》誤，《四聲等子》是。

流攝內六　全重無輕韻

見	鉤苟遘谷	○○○○	鳩九救菊	樛糾[illegible]○
溪	摳口寇哭	○○○○	丘糗䑋麴	區[illegible][illegible]○
羣	○○○○	○○○○	求舅舊驧	璆蟉虯○
疑	齵藕偶[illegible]	○○○○	牛䶒鼿砡	○○○○
端知	哣斗鬬縠	○○○○	輈舟晝竹	颩○○○
透徹	偷黈透禿	○○○○	抽丑畜蓄	○○○○
定澄	頭蘣豆獨	○○○○	紬紂冑逐	○○○○
泥孃	羺㝅耨耨	○○○○	惆狃糅朒	○○○○
幫非	○[illegible]○卜	○○○○	不缶富福	彪○○○
滂敷	捊剖仆扑	○○○○	[illegible]秠副蝮	○○○○
並奉	裒部䏒暴	○○○○	浮婦復伏	滮○○○
明微	呣母茂木	○○○○	謀○娟繆	○○謬○

	精照	清穿	從牀	心審	邪禪	曉	匣	影	喻	來	日	
本無入聲	諏走奏族	誰趣湊瘯	剽鯫剽族	涑叜嗽速	○○○○	齁吼蔻嗀	侯厚候穀	謳歐漚屋	○○○○	婁塿陋祿	○○○○	侯厚候屋
	鄒掫皺縬	搊輙簉珿	愁穊驟酢	搜溲瘦縮	○○○○	○○○○	○○○○	○○○○	○○○○	○○○○	○○○○	○○○○
幽併入	周帚呪粥	犨醜臭俶	○○○○	收手狩叔	醻受售孰	休朽齅蓄	○○○○	憂⿵風憂憂郁	尤有宥囿	劉柳溜六	柔蹂輮肉	尤有宥屋
尤韻	揫酒僦蹙	秋○趥⿺走龜	酋湫就摵	修滫秀肅	囚○岫○	飍○螑○	○○○○	幽黝幼○	由酉狖育	鏐○○○	○○○○	

第六圖　流攝内六　全重無輕韻

平一韻目：標目爲侯

1　平一見　鉤　咫A、B本，文瀾閣本，粵雅堂本列字爲「鈎」，文淵閣本、文津閣本列字爲「鈎」。「鉤」，《廣韻》、《集韻》古侯切，見侯平開一流；《韻鏡》内轉第三十七開、《切韻指南》流攝内七獨韻狹門，列字爲「鉤」；《七音略》内轉四十重中重、《切韻指掌圖》四圖、《起數訣》第七十三圖開音清，列字爲「鈎」。「鉤」爲《廣韻》侯韻見母位小韻首字，「鈎」、「鈎」爲異體字。《四聲等子》諸版本皆無誤。

2　平一溪　摳　《廣韻》恪侯切，《集韻》墟侯切，溪侯平一開流；《韻鏡》内轉第三十七開、《七音略》内轉四十重中重、《切韻指南》流攝内七獨韻狹門、《起數訣》第七十三圖開音清，列字均爲「驅」。《切韻指掌圖》宋本模糊不清，應爲「彄」。「彄」爲《廣韻》侯韻平一溪母位小韻首字，下收有「摳」字，列字以「彄」爲佳，《四聲等子》亦無誤。

3　平一端　吺　《廣韻》、《集韻》當侯切，端侯平開一流；《韻鏡》内轉第三十七開、《七音略》内轉四十重中重、《切韻指掌圖》第四圖、《切韻指南》流攝内七獨韻狹門、《起數訣》第七十三圖開音清，列字爲「兜」；「兜」爲《廣韻》侯韻端母位小韻首字，下收「吺」字，「兜」、「兠」爲異體字，《韻鏡》等是，《四聲等子》亦無誤。

4 平一滂　捊　《廣韻》薄侯切，並侯平開一流，不應列於此；《集韻》普溝切，滂侯平開一流，可列此位；《韻鏡》内轉第三十七開、《七音略》内轉四十重中重、《切韻指掌圖》第四圖，空位；《切韻指南》流攝内七獨韻狹門，列字爲『捊』；《起數訣》第七十三圖開音清，列字爲『桴』，奉母尤韻，誤。『捊』爲《集韻》侯韻滂母位小韻首字，《四聲等子》依《集韻》。

5 平一精　諏　《廣韻》子侯切，《集韻》將侯切，精侯平開一流；《韻鏡》内轉第三十七開、《七音略》内轉四十重中重、《切韻指南》流攝内七獨韻狹門，列字爲『繓』；《切韻指掌圖》第四圖，列字爲『緅』；《起數訣》第七十三圖開音清，列字爲『鮿』，知母葉韻，應是『鯫』之形訛，『鯫』，侯母精韻；『繓』爲《廣韻》侯韻精母位小韻首字，下有『緅』、『諏』、『鯫』三字，列字以『繓』爲佳，《四聲等子》亦無誤。

6 平一從　𠠝　《廣韻》、《集韻》徂鉤切，從侯平開一流；《韻鏡》内轉第三十七開，列字爲『鄹』，莊母尤韻，應是『𠠝』之形訛；《七音略》内轉四十重中重、《切韻指南》流攝内七獨韻狹門、《切韻指掌圖》第四圖、《起數訣》第七十三圖開音清，列字爲『𠠝』。『𠠝』爲《廣韻》侯韻從母位小韻首字，列字以『𠠝』爲佳，《四聲等子》是。

7 平一曉　𪖙　咫A、B本，文瀾閣本，粵雅堂本列字爲『𪖙』；文淵閣本、文津閣本，列字爲『𪖙』。『𪖙』，《廣韻》、《集韻》呼侯切，曉侯平開一流；《韻鏡》内轉第三十七開、《切韻指南》

流攝内七獨韻狹門、《切韻指掌圖》第四圖，列字爲『齁』；《七音略》内轉四十重中重、《起數訣》第七十三圖開音清，列字爲『〓』。『齁』爲《廣韻》侯一曉母位小韻首字，『齁』、『〓』二字爲異體字，《四聲等子》〓 A 本、文瀾閣本、粤雅堂本列正體爲佳，其他版本亦無誤。

8 平一匣　侯　〓 A、B 本，文瀾閣本，粤雅堂本，列字爲『侯』；文淵閣本、文津閣本，列字爲『矦』。『侯』，《廣韻》户鉤切，《集韻》胡溝切，匣侯平開一流；《韻鏡》内轉第三十七開、《七音略》内轉四十重中重、《切韻指南》流攝内七獨韻狹門、《切韻指掌圖》第四圖、《起數訣》第七十三圖開音清，列字爲『侯』。『侯』、『矦』二字爲異體字，《廣韻》收『侯』字形，《集韻》收『矦』字形，《四聲等子》諸本皆是。

9 平一來　婁　《廣韻》落侯切，《集韻》郎矦切，來侯平開一流；《韻鏡》内轉第三十七開、《切韻指南》流攝内七獨韻狹門、《切韻指掌圖》第四圖，列字爲『樓』；《七音略》内轉四十重中重、《起數訣》第七十三圖開音清，列字爲『婁』。『樓』爲《廣韻》侯韻來母位小韻首字，下收有『婁』字，列字以『樓』爲佳，《四聲等子》亦無誤。

上一韻目：標目爲厚

10 上一透　黈　《廣韻》他后切，《集韻》他口切，透厚上開一流；《韻鏡》内轉第三十七開，列字爲『黈』；《七音略》内轉四十重中重，列字爲『妵』；《切韻指掌圖》第四圖、《切韻指南》流攝内七獨韻狹門，列字爲『⿰丵主』；《起數訣》第七十三圖開音清，列字爲『黈』。『⿰丵主』爲《廣韻》厚韻透母位小韻首字，下有『黈』、『妵』二字，列字以『⿰丵主』爲佳，《四聲等子》是；《七音略》列『妵』，應是『妵』之形訛；《起數訣》列『黈』，應是『黈』之形訛。

11 上一定　蕍　⿸尸巳A、B本，文淵閣本、文津閣本、粵雅堂本，列字爲『蕍』；文瀾閣本、文淵閣本、文津閣本、粵雅堂本，列字爲『⿰彳⿱艹俞』。『蕍』，《廣韻》、《集韻》徒口切，定厚上開一流；《韻鏡》内轉第三十七開、《七音略》内轉四十重中重、《切韻指掌圖》第四圖、《切韻指南》流攝内七獨韻狹門，列字爲『蕍』；《起數訣》第七十三圖開音清，列字爲『鋀』，《集韻》定母厚韻。『蕍』爲《廣韻》厚韻定母位小韻首字，列字以『蕍』爲佳，《四聲等子》⿸尸巳A、B本是，其餘版本列字形訛，當校正爲『蕍』。

12 上一泥　㝅　⿸尸巳A、B本，文淵閣本，文津閣本，粵雅堂本，列字爲『㝅』；文瀾閣本，列字爲『殼』，《集韻》溪母講韻，不當列此位，應爲『㝅』之形訛。『㝅』，《廣韻》、《集韻》乃后切，泥厚上開一流；《韻鏡》内轉第三十七開、《七音略》内轉四十重中重、《切韻指掌圖》第四圖、《切韻指南》流攝内七獨韻狹門、《起數訣》第七十三圖開音清，列字均爲『㝅』。『㝅』爲《廣韻》、《集韻》厚一泥母位小韻首字，《四聲等子》文瀾閣本列字形訛，當校正爲『㝅』，其他版本是。

13 上一幫　⿰扌呆　《廣韻》方垢切，《集韻》彼口切，幫厚上開一流；《韻鏡》内轉第三十七開、《七音略》内轉四十重中重，列字爲『掊』；《切韻指掌圖》第四圖、《切韻指南》流攝内七獨韻狹門、《起數訣》第七十三圖開音清，列字爲『⿰扌呆』。『⿰扌呆』爲《廣韻》厚韻透母位小韻首字，下有

『掊』字，列字以『掫』爲佳，《四聲等子》是。

14 上一心　変　㕧 A、B 本、粤雅堂本，列字爲『変』；文瀾閣本，列字爲『寥』；文淵閣本、文津閣本，列字爲『寥』。『変』，《廣韻》、《集韻》蘇后切，心厚上開一流；《韻鏡》内轉第三十七開、《切韻指掌圖》第四圖、《起數訣》第七十三圖開音清，列字爲『叟』；《七音略》内轉四十重中重，列字爲『藪』；《切韻指南》流攝内七獨韻狹門，列字爲『変』。『変』爲《廣韻》厚韻心母位小韻首字，下有『叟』、『藪』二字，列字以『変』爲佳，《四聲等子》㕧 A、B 本，粤雅堂本是；文淵閣本、文津閣本、文瀾閣本形訛，當校改爲『変』。

15 上一影　毆　《廣韻》烏后切、《集韻》於口切，影厚上開一流；《韻鏡》内轉第三十七開、《七音略》内轉四十重中重、《切韻指南》流攝内七獨韻狹門，列字爲『歐』；《切韻指掌圖》第四圖、《起數訣》第七十三圖開音清，列字爲『敺』。『歐』爲《廣韻》厚韻影母位小韻首字，下有『毆』字，『毆』字下注『俗作毆』，列字以『歐』爲佳，《四聲等子》亦無誤。

去一韻目：標目爲候

16 去一見　遘　《廣韻》古候切，《集韻》居候切，見候去開一流；《韻鏡》内轉第三十七開、《切韻指掌圖》第四圖、《切韻指南》流攝内七獨韻狹門，列字爲『遘』；《七音略》内轉四十重中重，列字爲『構』；《起數訣》第七十三圖開音清，列字爲『搆』。『遘』爲《廣韻》候韻見母位小韻首字，下有『構』、『搆』二字，列字以『遘』爲佳，《四聲等子》是。

17 去一溪　寇　咫A、B本，粵雅堂本，列字爲『寇』；文瀾閣本、文淵閣本、文津閣本，列字爲『冦』。『寇』，《廣韻》苦候切，《集韻》丘候切，溪候去開一流；《韻鏡》内轉第三十七開、《切韻指南》流攝内七獨韻狹門，列字爲『冦』；《七音略》内轉四十重中重、《切韻指掌圖》第四圖、《起數訣》第七十三圖開音清，列字爲『冦』。『寇』爲《廣韻》候韻溪母位小韻首字，『冦』、『寇』爲異體字，《四聲等子》諸本均無誤。

18 去一定　豆　《廣韻》徒候切，《集韻》大透切，定候去開一流；《韻鏡》内轉第三十七開，列字爲『逗』；《七音略》内轉四十重中重、《切韻指掌圖》第四圖、《切韻指南》流攝内七獨韻狹門、《起數訣》第七十三圖開音清，列字爲『豆』。『豆』爲《廣韻》候韻定母位小韻首字，下有『逗』字，列字以『豆』爲佳，《四聲等子》是。

19 去一泥　槈　《廣韻》奴豆切，《集韻》乃豆切，泥候去開一流；《韻鏡》内轉第三十七開、《七音略》内轉四十重中重、《切韻指掌圖》第四圖、《起數訣》第七十三圖開音清，列字爲『耨』；《切韻指南》流攝内七獨韻狹門，列字爲『槈』；『耨』爲《廣韻》候韻泥母位小韻首字，下有『槈』字，列字以『耨』爲佳，『槈』、『耨』二字同爲《集韻》候一開口泥母位小韻首字，列字以『槈』或『耨』字爲佳。《四聲等子》從《集韻》。

20 去一並　䏽　咫B本、文瀾閣本、粵雅堂本，列字爲『䏽』；咫A本、文淵閣本、文津閣本，列字爲『暗』。『䏾』,《廣韻》、《集韻》蒲候切,並候去開一流;《韻鏡》内轉第三十七開、《七音略》内轉四十重中重、《切韻指掌圖》第四圖、《切韻指南》流攝内七獨韻狹門,列字爲『䏾』;《起數訣》第七十三圖開音清,列字爲『暗』。『䏾』爲《廣韻》候韻並母位小韻首字,列字以『䏾』爲佳,《四聲等子》咫B本、文瀾閣本、粤雅堂本是;咫A本、文淵閣本、文津閣本形訛,當校正爲『䏾』。

21 去一精　奏　《廣韻》、《集韻》則候切,精候去開一流;《韻鏡》内轉第三十七開,列字爲『奏』,應爲『奏』形訛;《七音略》内轉四十重中重、《切韻指掌圖》第四圖、《切韻指南》流攝内七獨韻狹門、《起數訣》第七十三圖開音清,列字爲『奏』。『奏』爲《廣韻》、《集韻》候一精母位小韻首字,《韻鏡》誤,《四聲等子》是。

22 去一清　湊　《廣韻》倉奏切,《集韻》千候切,清候去開一流;《韻鏡》内轉第三十七開,列字爲『輳』;《七音略》内轉四十重中重、《切韻指掌圖》第四圖、《切韻指南》流攝内七獨韻狹門,列字均爲『輳』;《起數訣》第七十三圖開音清,列字爲『湊』。『輳』爲《廣韻》候韻定母位小韻首字,下有『湊』字,列字以『輳』爲佳,《韻鏡》應爲『輳』形訛,《四聲等子》列字亦無誤。

23 去一心　嗽　咫A、B本,文淵閣本,文津閣本,列字爲『嗽』;文瀾閣本、粤雅堂本列字爲『嗽』。『嗽』,《廣韻》蘇奏切,《集韻》先奏切,心候去開一流;《韻鏡》内轉第三十七開,列字爲『瘶』;《七音略》内轉四十重中重、《切韻指南》流攝内七獨韻狹門,列字爲『瘶』,爲『瘶』

俗字；《切韻指掌圖》第四圖，列字爲『嗽』；《起數訣》第七十三圖開音清，列字爲『漱』。『瘷』爲《廣韻》候韻心母位小韻首字，下有『嗽』、『漱』二字，列字以『瘷』爲佳，《四聲等子》諸版本均無誤。

24 去一曉　蔻　邑A、B本，粵雅堂本，列字爲『蔻』；文瀾閣本、文淵閣本、文津閣本，列字爲『蔻』。『蔻』，《廣韻》呼漏切，《集韻》許候切，曉候去開一流；《韻鏡》内轉第三十七開、《七音略》内轉四十重中重、《切韻指掌圖》第四圖，列字爲『詬』；《切韻指南》流攝内七獨韻狹門、《起數訣》第七十三圖開音清，列字爲『蔻』。『蔻』爲《廣韻》候韻曉母位小韻首字，下有『詬』字，列字以『蔻』爲佳，『蔻』、『蔻』、『蔻』爲異體字，《四聲等子》諸本亦無誤。

25 去一匣　候　邑A、B本，文瀾閣本，粵雅堂本，列字爲『候』；文淵閣本、文津閣本，列字爲『候』。『候』，《廣韻》胡遘切，《集韻》下遘切，匣候去開一流；《韻鏡》内轉第三十七開、《七音略》内轉四十重中重、《切韻指掌圖》第四圖，列字爲『候』；《切韻指南》流攝内七獨韻狹門、《起數訣》第七十三圖開音清，列字爲『候』。『候』、『候』、『候』三字爲異體字，《四聲等子》諸本均無誤。

26 去一來　陋　《廣韻》盧候切，來候去開一流；《韻鏡》内轉第三十七開、《切韻指掌圖》第四圖、《切韻指南》流攝内七獨韻狹門，列字爲『陋』；《起數訣》第七十三圖開音清，列字爲『腼』，應爲『陋』之形訛；《七音略》内轉四十重中重，來母位空位，日母位列字爲『漏』，來母候韻。「陋」爲《廣韻》候一來母位小韻首字，《四聲等子》是。

27 去一日 ○ 《廣韻》、《集韻》均無日母，《韻鏡》内轉第三十七開、《切韻指掌圖》第四圖、《切韻指南》流攝内七獨韻狹門、《起數訣》第七十三圖開音清，皆空位；《七音略》内轉四十重中重，日母位列字爲「漏」，來母候韻，誤，當删。《四聲等子》空位是。

入一韻目：標目爲屋

本圖入聲一等列屋一等字，與圖一入一等相近，故只校異處。對校圖爲《韻鏡》内轉第一開、《七音略》内轉第一重中重、《切韻指掌圖》二圖、《切韻指南》流攝内七獨韻狹門、《起數訣》第七十三圖開音清。

28 入一見 谷 《廣韻》、《集韻》古禄切，見屋入開一通；《韻鏡》内轉第一開、《七音略》内轉第一重中重、《切韻指掌圖》二圖、《切韻指南》流攝内七獨韻狹門，列字均爲「穀」；《起數訣》第七十三圖開音清，列字均爲「轂」。「穀」爲《廣韻》屋韻見母位小韻首字，下收「谷」字，列字以「穀」爲佳；《四聲等子》亦無誤。

29 入一疑 㹿 咫 A、B本，粵雅堂本，文淵閣本，文津閣本列字爲「㹿」；文瀾閣本列字爲「擢」，澄母覺韻，不當列此位，應是「㹿」之形訛。「㹿」，《廣韻》五沃切、《集韻》吾沃切，疑沃入開一通；《韻鏡》内轉第二開合、《切韻指掌圖》二圖、《切韻指南》流攝内七獨韻狹門，列字均爲『櫂』；《七音略》空位；《起數訣》第七十三圖收音清，列『鏃』，誤。『櫂』爲《廣韻》沃一疑母位小韻首字，《七音略》空位誤，《四聲等子》是。

30
入一定　獨　《廣韻》、《集韻》徒谷切，定屋入開一通；《韻鏡》内轉第一開、《七音略》内轉第一重中重、《切韻指掌圖》二圖、《切韻指南》流攝内七獨韻狹門，列字均爲『獨』；《起數訣》第七十三圖收音清列『牘』字。『獨』爲《廣韻》屋一定母位小韻首字，下收有『牘』字，列字以『獨』爲佳，《四聲等子》是。

31
入一泥　耨　《廣韻》内沃切，《集韻》奴沃切，泥沃入開一通；《韻鏡》内轉第二開合、《七音略》内轉第二輕中輕，列字爲『褥』；《切韻指掌圖》空位；《切韻指南》流攝内七獨韻狹門列字爲『耨』；《起數訣》第七十三圖收音清，空位。『褥』爲《廣韻》沃一泥母位小韻首字，下收有『耨』字，列字以『褥』爲佳；《四聲等子》亦無誤。

32
入一並　暴　咫A、B本，文瀾閣本，文淵閣本，粤雅堂本，列字爲『暴』；　文津閣本，列字爲『暴』。『暴』，《廣韻》蒲木切，《集韻》步木切，並屋開一入通；《韻鏡》内轉第一開、《切韻指南》流攝内七獨韻狹門，列字均爲『暴』；《七音略》内轉第一重中重、《切韻指掌圖》二圖，列字均爲『瀑』；《起數訣》第七十三圖收音清，列字爲『僕』。『暴』爲《廣韻》屋一並母位小韻首字，下收有『瀑』、『僕』二字，列字以『暴』爲佳；《四聲等子》文津閣本列字形訛，當校正爲『暴』，其他版本是。

33 入一從　族　《廣韻》、《集韻》昨木切，從屋入合一通；《韻鏡》内轉第一開，列字爲『族』，當爲『族』形訛；《韻鏡》内轉第一開、《七音略》内轉第一重中重、《切韻指掌圖》二圖、《起數訣》第七十三圖收音清、《切韻指南》流攝内七獨韻狹門，列字均爲『族』。『族』爲《廣韻》、《集韻》屋一從母位小韻首字，《韻鏡》列字誤，《四聲等子》是。

34 入一曉　𣪊　咫A、B本，粵雅堂本，列字爲『𣪊』；文瀾閣本、文淵閣本，列字爲『磬』，溪母徑韻；文津閣本，列字爲『鏧』，曉母鐸韻。『磬』、『鏧』均不當列此位，應是『𣪊』字訛。『𣪊』，《廣韻》、《集韻》呼木切，曉屋入開一通；《韻鏡》内轉第一開、《起數訣》第七十三圖收音清，列字爲『熇』，《廣韻》呼木切，入屋曉母；《七音略》列字爲『縠』，《廣韻》胡谷切，入屋匣母，不當列於曉母位；《切韻指掌圖》二圖，列字字形均爲『磬』，《康熙字典》記：『《龍龕》音古。』古，《廣韻》公户切，上姥見母，不應列於此位，此字當爲『𣪊』字形訛；《切韻指南》流攝内七獨韻狹門，曉母位列字爲『𣪊』；『𣪊』爲《廣韻》屋韻曉母位小韻首字，《四聲等子》咫A、B本，粵雅堂本是。其他版本當校正爲『𣪊』。

35 入一匣　縠　《廣韻》、《集韻》胡谷切，匣屋入開一通；《韻鏡》内轉第一開、《切韻指掌圖》二圖、《切韻指南》流攝内七獨韻狹門，列字均爲『縠』。《七音略》内轉第一重中重，匣母位空位，『縠』列入曉母位，誤。《起數訣》第七十三圖收音清，列字爲『㲃』，爲『縠』字誤。『縠』爲《廣韻》屋一匣母位小韻首字，《四聲等子》是。

36 入一來禄　咫A、B本，文瀾閣本，文津閣本，粵雅堂本，列字爲『禄』；文淵閣本，列字爲『禄』。『禄』，《廣韻》、《集韻》盧谷切，來屋入開一通；《韻鏡》内轉第一開、《七音略》内轉第一重中重、《切韻指掌圖》二圖、《切韻指南》流攝内七獨韻狹門，列字均爲『禄』。《起數訣》第七十三圖收音清列字爲『禄』。『禄』、『禄』二字爲異體字；《四聲等子》各版本均是。

平二韻目：無標目，實爲尤韻

37 平二審　搜　《廣韻》所鳩切，《集韻》踈鳩切，生尤平開三流；《韻鏡》内轉第三十七開、《七音略》内轉四十重中重、《切韻指掌圖》第四圖，列字爲『搜』；《切韻指南》流攝内七獨韻狹門，列字爲『捜』；《起數訣》第七十四圖收音濁，『捜』列於一等位，誤，當校改至二等位。『捜』爲《廣韻》尤韻生母位小韻首字，下收有『搜』字，列字以『捜』爲佳，《四聲等子》亦無誤。

上二韻目：無標目，應爲有韻

38 上二審　溲　咫A、B本，粵雅堂本，列字爲『溲』；文瀾閣本、文淵閣本、文津閣本，列字爲『滲』。『溲』，《廣韻》疏有切、《集韻》所九切，生有上開三流；《韻鏡》内轉第三十七開，列字爲『湊』，清母候韻，誤；《七音略》内轉四十重中重、《切韻指南》流攝内七獨韻狹門、《起數訣》第七十四圖收音濁，列字爲『浚』；《切韻指掌圖》第四圖，列字爲『溲』，《集韻》生母有韻。『浚』爲《廣韻》有韻生母位小韻首字，《四聲等子》是。

39　上三喻　○　《廣韻》喻母三等字無列字，《韻鏡》、《切韻指南》、《起數訣》、《切韻指掌圖》各家韻圖皆空位；《七音略》内轉四十重中重，列字爲『有』；云母有韻，按韻圖規則應列於三等位，誤；《四聲等子》空位是。

去二韻目：無標目，實爲宥韻

40　去二照　皺　《廣韻》、《集韻》側救切，莊宥去開三流；《韻鏡》内轉第三十七開、《切韻指掌圖》第四圖、《切韻指南》流攝内七獨韻狹門、《起數訣》第七十四圖收音濁，列字爲『皺』；《七音略》内轉四十重中重，列字爲『㑳』。『皺』爲《廣韻》宥韻莊母位小韻首字，下收『㑳』字，列字應以『皺』爲佳。《四聲等子》是。

41　去二審　瘦　《廣韻》所祐切、《集韻》所救切，生宥去開三流；《韻鏡》内轉第三十七開、《七音略》内轉四十重中重、《切韻指掌圖》第四圖、《切韻指南》流攝内七獨韻狹門，列字爲『瘦』；《起數訣》第七十四圖收音濁，列字爲『痠』。『痠』爲《廣韻》宥韻生母位小韻首字，下收有『瘦』字，列字以『痠』爲佳，《四聲等子》亦無誤。

入二韻目：無標目，應爲屋韻

本圖入二等列屋三等字，與圖一入二等相近，故只校異處。對校圖爲《韻鏡》內轉第一開、《七音略》內轉第一重中重、《切韻指掌圖》二圖、《切韻指南》流攝內七獨韻狹門、《起數訣》第七十四圖收音濁。

42 入二牀　酢　咫A、B本，文瀾閣本，粵雅堂本，列字爲『酢』；文淵閣本、文津閣本，列字爲『薦』。『酢』，《廣韻》在各切，《集韻》疾各切，從鐸入開一宕，不應列於此；《韻鏡》內轉第一開、《切韻指掌圖》第三圖，空位；《七音略》內轉第一重中重、《起數訣》第七十四圖收音濁，列字爲『簇』，清母屋韻，應列入聲一等位；《切韻指南》流攝內七獨韻狹門，列字爲『廌』。『廌』，《集韻》仕足切，崇母燭韻。《廣韻》屋韻崇母無字，燭韻崇母無字；《集韻》燭韻崇母有『廌』小韻，《四聲等子》諸本列『酢』誤，當刪。

平三韻目：標目爲尤

43 平三溪　丘　《廣韻》去鳩切，《集韻》袪尤切，溪尤平開三流；《韻鏡》內轉第三十七開，列字爲『𠀉』，應爲『丘』避諱；《七音略》內轉四十重中重、《切韻指掌圖》第四圖、《切韻指南》流攝內七獨韻狹門、《起數訣》第七十四圖收音濁，列字均爲『丘』。『丘』爲《廣韻》、《集韻》尤三溪母位小韻首字，《韻鏡》列字當校正，《四聲等子》是。

44 平三群　求　《廣韻》巨鳩切，《集韻》渠尤切，群尤平開三流；《韻鏡》内轉第三十七開、《七音略》内轉四十重中重、《切韻指掌圖》第四圖，列字爲『求』；《切韻指南》流攝内七獨韻狹門，列字爲『裘』；《起數訣》第七十四圖收音濁，列字爲『永』，云母梗韻，不當列此位，應是『求』之訛。『裘』爲《廣韻》尤韻群母小韻首字，下收有『求』字，列字以『裘』爲佳，《四聲等子》亦無誤。

45 平三澄　紬　《廣韻》直由切，《集韻》陳留切，徹尤平開三流；《韻鏡》内轉第三十七開、《七音略》内轉四十重中重、《切韻指掌圖》第四圖、《切韻指南》流攝内七獨韻狹門、《起數訣》第七十四圖收音濁，列字爲『儔』。『儔』爲《廣韻》尤韻徹母小韻首字，下收有『紬』字，列字以『儔』爲佳，《四聲等子》亦無誤。

46 平三孃　惆　《廣韻》去秋切、《集韻》丑鳩切，徹尤平開三流，不當列此位；《韻鏡》内轉第三十七開、《七音略》内轉四十重中重，空位；《切韻指掌圖》第四圖、《起數訣》第七十四圖收音濁，列字爲『惆』；《切韻指南》流攝内七獨韻狹門，列字爲『裯』；《廣韻》孃母無字，《集韻》孃母尤韻例『裯』，尼猷切；《切韻指掌圖》、《起數訣》、《切韻指南》、《四聲等子》列『惆』，應爲訛誤所致，從《集韻》，當校改爲『裯』。

47 平三滂　颩　《廣韻》匹尤切，《集韻》披尤切，滂尤平開三流；《韻鏡》内轉第三十七開，空位；《七音略》内轉四十重中重、《切韻指掌圖》第四圖、《切韻指南》流攝内七獨韻狹門，列字爲『飆』；《起數訣》第七十四圖收音濁，列字爲『鷉』，透母齊韻，不當列此位。『飆』爲《廣韻》尤韻滂母小韻首字，《韻鏡》誤，《四聲等子》是。

48 平三明　謀　《廣韻》莫浮切，明尤平開三流；《集韻》迷浮切，明侯平開一流；《韻鏡》內轉第三十七開、《七音略》內轉四十重中重、《切韻指南》流攝內七獨韻狹門，列字爲『謀』。《切韻指掌圖》第四圖、《起數訣》第七十四圖收音濁，空位。『謀』爲《廣韻》尤韻並母小韻首字，《四聲等子》依《廣韻》，是。

49 平三審　收　咫A、B本，文瀾閣本，粵雅堂本，列字爲『收』；文淵閣本、文瀾閣本，列字爲『收』，應爲『收』形訛。『收』，《廣韻》式州切，《集韻》尸周切，書尤平開三流；《韻鏡》內轉第三十七開、《切韻指南》流攝內七獨韻狹門，列字爲『收』；《七音略》內轉四十重中重，列字爲『収』；《切韻指掌圖》第四圖、《起數訣》第七十四圖收音濁，列字爲『收』。『收』爲《廣韻》尤韻書母小韻首字，下注『俗作『収』』，『收』、『収』爲『收』形訛，《四聲等子》是。

50 平三禪　醻　《廣韻》市流切，禪尤平開三流；《集韻》時流切，船尤平開三流；《韻鏡》內轉第三十七開、《七音略》內轉四十重中重、《切韻指掌圖》第四圖、《切韻指南》流攝內七獨韻狹門、《起數訣》第七十四圖收音濁，列字爲『讎』。『讎』爲《廣韻》尤韻禪母小韻首字，下收有『醻』字，列字以『讎』爲佳，《四聲等子》亦無誤。

51 平三影　憂　《廣韻》、《集韻》於求切，影尤平開三流；《韻鏡》內轉第三十七開、《七音略》內轉四十重中重，列字爲『優』；《切韻指掌圖》第四圖、《切韻指南》流攝内七獨韻狹門、《起數訣》第七十四圖收音濁，列字爲『憂』。『憂』爲《廣韻》尤韻影母小韻首字，下收有『優』字，列字以『憂』爲佳，《四聲等子》是。

52 平三喻　尤　《廣韻》羽求切，《集韻》于求切，云尤平開三流；《韻鏡》内轉第三十七開，列字爲『尢』，應爲『尤』刊誤；《七音略》内轉四十重中重、《切韻指掌圖》第四圖、《切韻指南》流攝内七獨韻狹門、《起數訣》第七十四圖收音濁，列字爲『尤』。『尤』爲《廣韻》、《集韻》尤韻喻三母位小韻首字，《四聲等子》是。

53 平三來　劉　《廣韻》、《集韻》力求切，來尤平開三流；《韻鏡》内轉第三十七開、《切韻指南》流攝内七獨韻狹門，列字爲『劉』；《七音略》内轉四十重中重、《切韻指掌圖》第四圖、《起數訣》第七十四圖收音濁，列字爲『留』。『劉』爲《廣韻》尤韻來母小韻首字，下收有『留』字，列字以『劉』爲佳，《四聲等子》是。

上三韻目：　標目爲有

54 上三見　九　《廣韻》舉有切，《集韻》乙有切，見有上開三流；《韻鏡》内轉第三十七開、《切韻指南》流攝内七獨韻狹門，列字爲『夂』；《七音略》内轉四十重中重、《切韻指掌圖》第四圖，列字爲『乆』；《起數訣》第七十三圖開音清，列字爲『九』。《韻鏡》列字當爲日本轉寫錯誤,「夂」爲「久」字之異體。「久」爲《廣韻》小韻首字,下收有「九」,列字以「久」爲佳,《四聲等子》亦無誤。

55　上三群　舅　咫A、B本,粵雅堂本,列字爲「舅」;文瀾閣本、文淵閣本列字爲「臼」;文津閣本,列字爲「旧」,「舊」之俗字。「舊」,《增韻》巨九切,群母有韻。「舅」,《廣韻》其九切,《集韻》巨九切,群有上開三流;《韻鏡》内轉第三十七開、《七音略》内轉四十重中重、《起數訣》第七十四圖收音濁,列字爲「臼」;《切韻指掌圖》第四圖、《切韻指南》流攝内七獨韻狹門,列字爲「舅」。「舅」爲《廣韻》有韻群母位小韻首字,下收「臼」字,列字以「舅」爲佳,《四聲等子》咫A、B本,粵雅堂本是,其他諸本亦無誤。

56　上三疑　鰜　《廣韻》五銜切,疑銜二平開咸;《集韻》牛久切,疑有三上開流;《韻鏡》内轉第三十七開、《七音略》内轉四十重中重、《切韻指掌圖》第四圖,空位;《切韻指南》流攝内七獨韻狹門、《起數訣》第七十四圖收音濁,列字爲「鰜」。《廣韻》有韻疑母位無字,「鰜」爲《集韻》有三開口疑母位小韻首字,《四聲等子》從《集韻》。

57　上三知　舟　咫A、B本,文瀾閣本,粵雅堂本,列字爲「舟」;文淵閣本、文津閣本,列字爲「肘」。「舟」,《廣韻》職流切,《集韻》之由切,章尤平開三流,不當列此位;《韻鏡》内轉第三十七開、《七音略》内轉四十重中重、《切韻指掌圖》第四圖、《切韻指南》流攝内七獨韻狹門,列字爲「肘」;《起數訣》第七十四圖收音濁,「肘」列於二等,串位。「肘」爲《廣韻》有韻知母位小韻首字，下收『疛』字，列字以『肘』爲佳，《四聲等子》文淵閣本、文津閣本是，底本列『舟』應是『疛』之形訛，當校改爲『疛』或『肘』。文淵閣本、文津閣本是。

58 上三孃　狃　《廣韻》女久切，《集韻》女九切，孃有上開三流；《韻鏡》内轉第三十七開，列字爲『紐』；《七音略》内轉四十重中重、《切韻指掌圖》第四圖、《切韻指南》流攝内七獨韻狹門，列字爲『狃』；《起數訣》第七十四圖收音濁，『紐』列於二等，串位。『狃』爲《廣韻》有韻孃母位小韻首字，下收『紐』字，列字以『狃』爲佳，《四聲等子》是。

59 上三幫　缶　粵雅堂本列字爲『⿱午止』，該字是『缶』俗體，《廣韻》未收此字形；其他諸本列字均爲『缶』。『缶』，《廣韻》方久切，《集韻》、《真福寺》、《毛氏增韻》俯九切，非有上開三流；《韻鏡》、《七音略》、《切韻指南》、《起數訣》均用『缶』字形。列字以『缶』字形爲佳，《四聲等子》諸版本皆無誤，粵雅堂本列俗體，當校正爲『缶』。

60 上三滂　杯　文淵閣本、文瀾閣本列字爲『杯』，幫母灰韻，不當列此位，應是『柸』之形訛，其他諸本列字均爲『柸』。『柸』，《廣韻》芳婦切，《集韻》俯九切，滂有上開三流；《韻鏡》内轉第三十七開、《七音略》内轉四十重中重、《切韻指掌圖》第四圖、《起數訣》第七十四圖收音濁，列字爲『紑』；《切韻指南》流攝内七獨韻狹門，列字爲『⿰忄豆』。『⿰忄豆』爲《廣韻》有韻滂母小韻首字，下收『紑』、『柸』字，『柸』、『秠』二字爲異體字，《四聲等子》列『柸』字各本是。文淵閣本、文瀾閣本列字形訛，當校正爲『柸』。

61 上三牀 ○ 《韻鏡》内轉第三十七開，列字爲『壽』；《七音略》、《切韻指掌圖》、《切韻指南》、《起數訣》空位；『壽』，《廣韻》殖酉切，有韻禪母；《集韻》是酉切，有韻船母。《廣韻》有韻船母位無字，《韻鏡》依《集韻》，《四聲等子》依《廣韻》，空位，亦無誤。

62 上三審 手 《廣韻》書九切，《集韻》始九切，書有上開三流；《韻鏡》内轉第三十七開、《切韻指南》流攝内七獨韻狹門，列字爲『首』；《七音略》内轉四十重中重，空位；《切韻指掌圖》第四圖、《起數訣》第七十四圖收音濁，列字爲『手』。『首』爲《廣韻》有韻書母小韻首字，下有『手』字，《四聲等子》亦無誤。

63 上三禪 受 《廣韻》殖酉切，禪有上開三流；《集韻》是酉切，船有上開三流；《韻鏡》内轉第三十七開、《七音略》内轉四十重中重、《切韻指掌圖》第四圖、《切韻指南》流攝内七獨韻狹門、《起數訣》第七十四圖收音濁，列字爲『受』。『受』爲《廣韻》有韻禪母位小韻首字，《集韻》中爲船母，《四聲等子》從《廣韻》。

64 上三影 ⿺風刅 應爲『颵』字形訛；『颵』，《廣韻》於柳切，《集韻》於九切，影有上開三流；《韻鏡》内轉第三十七開，列字爲『颵』；《七音略》内轉四十重中重，列字爲『颵』，《康熙字典》記：『《集韻》與⿺風忽同。』、『⿺風忽』，呼骨切，曉母没韻；又許勿切，曉母物韻，皆不應列於此；《切韻指掌圖》第四圖、《切韻指南》流攝内七獨韻狹門，列字爲『颵』。《起數訣》第七十四圖收音濁，列字爲『懮』。『颵』爲《廣韻》有韻影母位小韻首字，下收有『懮』字，列字以『颵』爲佳，《七音略》誤，當爲『颮』訛誤；《四聲等子》誤，當校爲『颮』。

65 上三喻　有　《廣韻》云久切，《集韻》云九切，云有上開三流；《韻鏡》内轉第三十七開、《切韻指掌圖》第四圖、《切韻指南》流攝内七獨韻狹門，列字爲『有』；《七音略》内轉四十重中重，列字爲『酉』，『有』字列於二等位，應是刊印錯行；《起數訣》第七十四圖收音濁，『有』列於二等位，誤；『有』爲《廣韻》有韻云母位小韻首字，應列於三等位，《四聲等子》是。

66 上三來　柳　文津閣本、文淵閣本，列字爲『栁』，其他諸本列字爲『柳』。『柳』，《廣韻》力久切，《集韻》力九切，來有上開三流；《韻鏡》内轉第三十七開、《七音略》内轉四十重中重、《切韻指掌圖》第四圖，列字爲『柳』；《切韻指南》流攝内七獨韻狹門、《起數訣》第七十四圖收音濁，列字爲『栁』。『栁』、『桺』、『柳』爲異體字。《四聲等子》諸片本皆是。

67 上三日　蹂　《廣韻》人九切，《集韻》忍九切，日有上開三流；《韻鏡》内轉第三十七開、《七音略》内轉四十重中重、《切韻指掌圖》第四圖、《切韻指南》流攝内七獨韻狹門，列字爲『蹂』；《起數訣》第七十四圖收音濁，列字爲『厹』，『厹』之俗體。『蹂』，《説文解字注》：『篆文厹。爾雅音義云。古文爲蹂。由不知説文之例而改之。从足。柔聲。』、『蹂』、『厹』爲異體字。《起數訣》列『厹』之俗體，亦無誤。《四聲等子》列『蹂』，是。

去三韻目：標目爲宥

68 去三疑　鼿　咫A、B本，列字爲『鼿』；文瀾閣本、文淵閣本、粵雅堂本、文津閣本列字爲『⿰鼻斗』，《康熙字典》記：『《字彙補》劓字之訛。』、『劓』，《集韻》古幼切，見母幼韻，不當列此。『鼿』《廣韻》、《集韻》牛救切，疑宥去開三流；《韻鏡》内轉第三十七開、《七音略》内轉四十重中重、《切韻指掌圖》第四圖、《切韻指南》流攝内七獨韻狹門、《起數訣》第七十四圖收音濁，列字爲『鼿』。『鼿』爲《廣韻》、《集韻》宥三疑母位小韻首字，《四聲等子》咫A、B本是，其他版本列『⿰鼻斗』字誤，當校改爲『鼿』。

69 去三徹　畜　《廣韻》、《集韻》丑救切，徹宥去開三流；《韻鏡》内轉第三十七開，空位；《七音略》内轉四十重中重、《切韻指南》、《起數訣》，列字爲『畜』；《切韻指掌圖》第四圖，列字爲『俞』。『畜』爲《廣韻》徹母位小韻首字，下收有『俞』字，列字以『畜』爲佳，《四聲等子》是。

70 去三非　富　《廣韻》、《集韻》方副切，非宥去開三流；《韻鏡》内轉第三十七開、《切韻指掌圖》第四圖、《切韻指南》流攝内七獨韻狹門、《起數訣》第七十四圖收音濁，列字爲『富』。《七音略》内轉四十重中重，列字爲『富』；『富』、『富』爲異體字。『富』爲《廣韻》、《集韻》宥三非母位小韻首字，《四聲等子》是。

71 去三微　娼　文淵閣本空位，『娼』列於入聲。其他諸本，列字均爲『娼』。『娼』，《廣韻》、《集韻》均未收，應爲『媢』誤；『媢』，《廣韻》、《集韻》武道切，微皓上開一效；又《廣韻》彌二切，明至去開三止；又《廣韻》莫報切，明號去開一效，均不當列此位。《韻鏡》內轉第三十七開、《切韻指南》流攝內七獨韻狹門、《起數訣》第七十四圖收音濁，列字爲『莓』；《七音略》內轉四十重中重、《切韻指掌圖》第四圖，列字爲『莓』；『莓』爲《廣韻》宥韻明母位小韻首字；下未收『莓』字形。『莓』，《集韻》莫佩切，去隊明母。《七音略》、《指掌圖》誤，當改爲『莓』。『莓』爲《廣韻》宥三微母位小韻首字，《四聲等子》列『娟』字，誤，當改爲『莓』。《四聲等子》諸本皆誤。

72 去三照　呪　《廣韻》、《集韻》職救切，章宥去開三流；《韻鏡》內轉第三十七開，列字爲『咒』；《七音略》、《切韻指南》均列『呪』字；『咒』、『呪』爲異體字；《起數訣》列字爲『祝』。『呪』爲《廣韻》宥韻照三位小韻首字，下收有『祝』字，《四聲等子》是。

73 去三禪　售　《廣韻》、《集韻》承呪切，禪宥去開三流；《韻鏡》內轉第三十七開、《七音略》內轉四十重中重、《切韻指掌圖》第四圖、《切韻指南》流攝內七獨韻狹門、《起數訣》第七十四圖收音濁，列字爲『授』。『授』爲《廣韻》、《集韻》宥韻禪母位小韻首字，下收有『售』字，以『授』爲佳，《四聲等子》亦無誤。

74 去三影　憂　《廣韻》於求切，影尤平開三流，不應列於此；《集韻》於救切，曉宥去開三流。《韻鏡》內轉第三十七開、《七音略》內轉四十重中重、《切韻指掌圖》第四圖，均空位；《切韻指南》流攝內七獨韻狹門、《起數訣》第七十四圖收音濁，列字爲『憂』；『憂』爲《集韻》宥三影母位小韻首字，《四聲等子》從《集韻》，無誤。

75 去三日　鞣　文瀾閣本列字爲『䤈』，其他諸本，列字爲『鞣』。『䤈』當爲『鞣』之訛。『鞣』，《廣韻》人又切、《集韻》如又切，日宥去開三流；《韻鏡》内轉第三十七開、《七音略》内轉四十重中重、《切韻指掌圖》第四圖、《切韻指南》流攝内七獨韻狹門、《起數訣》第七十四圖收音濁，列字爲『鞣』。

入三韻目：標目爲屋

本圖入三等列屋三等字，與圖一入三等不同，圖一入三等多列燭韻字，本圖以屋韻三等字爲主。對校圖爲《韻鏡》内轉第一開、《七音略》内轉第一重中重、《切韻指掌圖》二圖、《切韻指南》流攝内七獨韻狹門、《起數訣》第七十四圖收音濁。

76 入三見　菊　《廣韻》、《集韻》居六切，見屋入合三通；《韻鏡》内轉第一開、《七音略》内轉第一重中重、《切韻指掌圖》第二圖，列字爲『菊』；《切韻指南》流攝内七獨韻狹門，列字爲『輂』，見母燭韻；《起數訣》第七十四圖收音濁，列字爲『匊』。『菊』爲《廣韻》屋三見母位小韻首字，下收有『匊』，列字以『菊』爲佳，《四聲等子》是。

77 入三溪　麴　《廣韻》驅匊切、《集韻》丘六切，溪屋入合三通；《韻鏡》内轉第一開、《起數訣》第七十四圖收音濁，列字爲『麴』；《七音略》内轉第一重中重，列字爲『趜』，《廣韻》未收，《集韻》丘六切；《切韻指掌圖》第二圖，列字爲『麯』，《康熙字典》記：『《玉篇》丘竹切，音麴。』《集韻》亦有收録，丘六切，爲『麴』異體字；《切韻指南》流攝内七獨韻狹門，列字爲『曲』，溪母燭韻。《七音略》、《切韻指掌圖》從《集韻》，無誤；《四聲等子》依《廣韻》是。

78 入三群　䮷　《廣韻》、《集韻》渠竹切，群屋入合三通；《韻鏡》内轉第一開、《起數訣》第七十四圖收音濁，列字爲『驧』；《七音略》内轉第一重中重、《切韻指掌圖》第二圖，列字爲『䮷』；《切韻指南》流攝内七獨韻狹門，列字爲『局』，群母燭韻。『驧』爲《廣韻》屋三群母位小韻首字，下收有『䮷』，列字以『驧』爲佳，《四聲等子》亦無誤。

79 入三疑　砡　文瀾閣本列字爲『矼』，見母江韻，不當列此位，疑是『砡』字缺筆；文津閣本，列字爲『砡』，當爲『砡』字缺筆；其他諸本，列字爲『砡』。『砡』，《廣韻》魚菊切，《集韻》逆菊切，疑屋入合三通；《集韻》虞欲切，疑燭入合三通；《韻鏡》内轉第一開、《七音略》内轉第一重中重、《起數訣》第七十四圖收音濁，列字爲『砡』；《切韻指掌圖》第二圖、《切韻指南》流攝内七獨韻狹門，列字爲『玉』，疑母燭韻。『砡』爲《廣韻》、《集韻》屋三疑母位小韻首字，《四聲等子》文瀾閣、文津閣本列字訛，當校正爲『砡』，其他版本是。

80 入三孃　肭　《廣韻》、《集韻》女六切，孃屋入合三通；《韻鏡》内轉第一開，列字爲『朒』；《七音略》内轉第一重中重、《切韻指掌圖》第二圖、《起數訣》第七十四圖收音濁，列字爲『肭』；《切韻指南》流攝内七獨韻狹門，列字爲『傉』，孃母燭韻。『朒』、『肭』二字爲異體字，

『肭』爲《廣韻》屋三孃母位小韻首字，『肭』爲《集韻》小韻首字，《四聲等子》從《集韻》。

81 入三並 伏 文瀾閣本列字爲『㐲』，定母泰韻，不當列此位，應是『伏』字缺筆；其他諸本列字爲『伏』。『伏』，《廣韻》、《集韻》房六切，奉屋入合三通；《韻鏡》內轉第一開、《七音略》內轉第一重中重、《起數訣》第七十四圖收音濁，列字爲『伏』；《切韻指掌圖》第二圖，列字爲『僕』；《切韻指南》流攝內七獨韻狹門，列字爲『幞』，奉母燭韻。『伏』爲《廣韻》、《集韻》屋三奉母位小韻首字，《四聲等子》文瀾閣本當校正爲『伏』，其他版本是。

82 入三明 繆 文津閣本，列字爲『緣』；文淵閣本，列『娼』，明母燭韻；其他諸本，列字爲『繆』。『繆』，《廣韻》、《集韻》莫六切，明屋入合三通；《韻鏡》內轉第一開、《七音略》內轉第一重中重、《切韻指掌圖》第二圖，列字爲『目』；《起數訣》第七十四圖收音濁，空位；《切韻指南》流攝內七獨韻狹門，列字爲『娼』，明母燭韻。『目』爲《廣韻》屋三明母位小韻首字，下收有『繆』，列字以『目』爲佳，《四聲等子》諸本亦無誤。此圖爲合韻韻圖，《四聲等子》文淵閣本列『娼』，燭韻明母字，亦無誤。文津閣本列字形訛，當校正爲『繆』。

83 入三牀 ○ 《韻鏡》、《切韻指掌圖》、《起數訣》，空位；《七音略》內轉第一重中重，列字爲『孰』，禪母屋韻，不當列此位；《切韻指南》流攝內七獨韻狹門，列字爲『贖』，船母燭韻。《廣韻》屋韻船母無字，『贖』爲燭韻首韻小字，《四聲等子》空位誤。

84 入三禪 孰 《廣韻》殊六切，禪屋入合三通；《集韻》神六切，船屋入合三通；《韻鏡》內轉第一開，列字爲『塾』；《七音略》内轉第一重中重，空位；《切韻指掌圖》第二圖、《起數訣》第七十四圖收音濁，列字爲『熟』；《切韻指南》流攝内七獨韻狹門，列字爲『蜀』，禪母燭韻。『熟』爲《廣韻》屋三禪母位小韻首字，下收有『孰』、『塾』二字，列字以『熟』爲佳，《四聲等子》亦無誤。

85 入三曉　蓄　《廣韻》許竹切，《集韻》許六切，曉屋入合三通；《韻鏡》内轉第一開、《起數訣》第七十四圖收音濁，列字爲『畜』；《七音略》内轉第一重中重、《切韻指掌圖》第二圖，列字爲『蓄』；《切韻指南》流攝内七獨韻狹門，列字爲『旭』，曉母燭韻。『蓄』爲《廣韻》屋三曉母位小韻首字，下收有『畜』字，列字以『蓄』爲佳，《四聲等子》是。

平四韻目：無標目，實爲尤幽合韻

86 平四見　樛　文津閣本，列字爲『樏』；其他諸本，列字爲『樛』。『樛』，《廣韻》居虯切，《集韻》居虯切，見幽平開三流；《韻鏡》内轉第三十七開、《七音略》内轉四十重中重、《切韻指掌圖》第四圖、《切韻指南》流攝内七獨韻狹門、《起數訣》第七十三圖開音清，列字爲『樛』。『樛』爲《廣韻》、《集韻》幽韻見母位小韻首字，《四聲等子》文津閣本誤，當校正爲『樛』，其他版本是。

87 平四溪　區　《廣韻》豈俱切，溪虞平合三遇，不應列於此；《集韻》祛尤切，溪尤平開三流。

《韻鏡》内轉第三十七開、《七音略》内轉四十重中重、《切韻指掌圖》第四圖，列字爲『怵』；《切韻指南》流攝内七獨韻狹門、《起數訣》第七十三圖開音清，列字爲『區』。『怵』爲《廣韻》尤韻溪母位小韻首字，『區』爲《集韻》尤韻溪母位小韻首字，《四聲等子》從《集韻》，亦無誤。

88 平四群　璆　文津閣本，列字爲『琛』；其他諸本列字爲『璆』。『璆』，《廣韻》、《集韻》渠幽切，群幽平開三流；《韻鏡》内轉第三十七開，列字爲『蟉』，爲『虯』形訛；《七音略》内轉四十重中重、《切韻指南》流攝内七獨韻狹門，列字爲『虯』；《起數訣》第七十三圖開音清，列字爲『蚪』，端母厚韻，『虯』之異體；『虯』爲《廣韻》幽韻群母位小韻首字，下收有『璆』字，《四聲等子》從《廣韻》，亦無誤。

89 平四疑　○　《韻鏡》内轉第三十七開、《切韻指南》流攝内七獨韻狹門、《起數訣》第七十三圖開音清，列字爲『聱』；《七音略》、《切韻指掌圖》空位。『聱』，《廣韻》語蚪切，《集韻》倪虬切，疑幽平開三流，爲《廣韻》幽韻疑母位小韻首字，《四聲等子》空位，誤，當校補『聱』字。

90 平四端　颩　《廣韻》、《集韻》未收，《康熙字典》記：『《字彙補》巴收切，音彪。』即幫母尤韻，不當列此位；《韻鏡》、《七音略》、《切韻指掌圖》、《切韻指南》、《起數訣》空位；《廣韻》幽韻端母無字，《四聲等子》列『颩』誤，當校刪。

91 平四幫　彪　《廣韻》甫烋切，《集韻》悲幽切，幫幽平開三流；《韻鏡》内轉第三十七開、《七音略》内轉四十重中重、《切韻指掌圖》第四圖、《切韻指南》流攝内七獨韻狹門，列字爲

『彪』。《起數訣》第七十三圖開音清，列字爲『驫』。『彪』爲《廣韻》幽韻幫母位小韻首字，下收有『驫』字，『驫』爲《集韻》小韻首字，《四聲等子》從《集韻》。

92 平四滂 ◯ 《廣韻》尤幽兩韻均無滂母四等位字；《韻鏡》内轉第三十七開，列字爲『飆』；《七音略》、《切韻指掌圖》、《切韻指南》、《起數訣》空位。『飆』，《廣韻》匹尤切，《集韻》披尤切，滂尤平開三流，當列於三等，《七音略》列於滂母三等位。《四聲等子》已列於三等，四等空位，爲是。

93 平四並 淲 文津閣本，列字爲『⿰氵⿸厂巿』；其他諸本列字爲『淲』。『淲』，《廣韻》皮彪切，《集韻》皮虬切，並幽平開三流；《韻鏡》内轉第三十七開、《切韻指掌圖》第四圖，列字爲『滮』；《七音略》内轉四十重中重、《切韻指南》流攝内七獨韻狹門，列字爲『淲』；《起數訣》第七十三圖開音清，列字爲『飍』。『淲』爲《廣韻》小韻首字，《集韻》中『淲』、『滮』爲首字異體，列字當以『淲』爲佳，《四聲等子》文津閣本列字俗訛，其他版本是。

94 平四明 ◯ 《韻鏡》内轉第三十七開、《七音略》内轉四十重中重、《切韻指掌圖》第四圖、《切韻指南》流攝内七獨韻狹門，列字爲『繆』。《起數訣》第七十三圖開音清，列字爲『絶』。『繆』，《廣韻》武彪切，爲《廣韻》幽韻明母位小韻首字，《四聲等子》空位，誤，當校補『繆』字。

95 平四精 揫 《廣韻》即由切，精尤平開三流；《集韻》玆秋切，從尤平開三流，不應列於此；《韻鏡》内轉第三十七開，列字爲『啾』；《七音略》、《起數訣》列字爲『稵』；《切韻指南》

列字爲『遒』。『遒』爲《廣韻》尤韻精母位小韻首字，小韻內收『揫』、『啾』字，《四聲等子》亦無誤。《七音略》所列『䅵』爲幽韻字，子由切，精母，亦合此位。

96 平四從　酋　《廣韻》自秋切，《集韻》字秋切，從尤平開三流；《韻鏡》內轉第三十七開，列字爲『遒』；《七音略》內轉四十重中重，列字爲『莤』，『莤』以周切，誤，當爲『蒏』或『酋』誤；《切韻指掌圖》第四圖、《切韻指南》流攝內七獨韻狹門、《起數訣》第七十三圖開音清，列字爲『酋』；『酋』爲《廣韻》尤韻從母位小韻首字，小韻內收『遒』字，列字以『酋』爲佳，《四聲等子》是。

97 平四心　修　《廣韻》息流切，《集韻》思留切，心尤平開三流；《韻鏡》內轉第三十七開、《七音略》內轉四十重中重、《切韻指掌圖》第四圖、《切韻指南》流攝內七獨韻狹門、《起數訣》第七十三圖開音清，列字均爲『脩』；『脩』爲《廣韻》尤韻心母位小韻首字，下收『修』字，列『脩』字爲佳，《四聲等子》亦無誤。

98 平四喻　由　《廣韻》以周切，《集韻》夷周切，以尤平開三流；《韻鏡》內轉第三十七開、《七音略》內轉四十重中重、《切韻指掌圖》第四圖、《起數訣》第七十三圖開音清，列字均爲『由』；《切韻指南》流攝內七獨韻狹門，列字均爲『猷』。『猷』爲《廣韻》尤韻以母位小韻首字，下收有『由』字，列字以『猷』爲佳，《四聲等子》亦無誤。

上四韻目：標目無，實爲黝有合韻

99 上四見　糾　文瀾閣本、文津閣本，列字爲『紏』，《集韻》他口切，透母厚韻，不當列此位，應是『糾』之俗體；其他諸本，列字爲『糾』。『糾』，《廣韻》居黝切、《集韻》吉酉切，見黝上開三流；《韻鏡》内轉第三十七開、《切韻指掌圖》第四圖、《切韻指南》流攝内七獨韻狹門，列字均爲『糾』。《七音略》内轉四十重中重，空位；《起數訣》第七十三圖開音清，列字爲『斜』。邪母麻韻，不當列此位，應是『糾』之訛。『糾』爲《廣韻》、《集韻》黝韻見母位小韻首字，列字以『糾』爲佳，《四聲等子》文瀾閣本、文津閣本列俗體，當校下爲『糾』，其他版本是。

100 上四溪　嬄　《廣韻》居夭切，見小上開三效，不應列於此；《集韻》苦糺切，溪黝上開三流；《韻鏡》、《七音略》、《切韻指掌圖》，空位；《切韻指南》流攝内七獨韻狹門，列字爲『嬄』；《起數訣》第七十三圖開音清，列字爲『⿰女⿱艮皿』，應是『嬄』之訛。《廣韻》黝韻溪母無字，『嬄』爲《集韻》黝韻溪母位小韻首字，《四聲等子》從《集韻》，亦無誤。

101 上四群　蟉　文津閣本，列字爲『螺』；文淵閣本，列字爲『璆』，群母尤韻，又群母幽韻，均不當列此位。『蟉』二字爲異體字，《廣韻》渠黝切，《集韻》渠糾切，群黝上開三流；《韻鏡》内轉第三十七開、《七音略》内轉四十重中重、《切韻指掌圖》第四圖、《切韻指南》流攝内七獨韻狹門，列字均爲『蟉』；《起數訣》第七十三圖開音清，列字爲『虯』，群母幽韻，誤。『蟉』爲

《廣韻》黝韻群母位小韻首字，《四聲等子》是。

102 上四明 ○ 文津閣本，列字爲『診』；其他諸本爲空位。『診』爲『謬』誤，明母幼韻，不當列此，應爲去三錯位所致，文津閣本當校删，其他諸本爲是。

103 上四心 滫 文津閣本，列字爲『滲』；其他諸本，列字爲『滫』。『滲』、『滫』二字爲異體字。『滫』，《廣韻》、《集韻》息有切，心有上開三流；《韻鏡》内轉第三十七開、《七音略》内轉四十重中重、《切韻指掌圖》第四圖、《切韻指南》流攝内七獨韻狹門、《起數訣》第七十三圖開音清，列字均爲『滫』。《四聲等子》文津閣本列異體，亦無誤。諸本皆是。

104 上四影 黝 咫A本，列字爲『黝』，應爲『黝』勘誤；其他諸本列字爲『黝』。『黝』，《廣韻》、《集韻》於糾切，影黝上開三流；《集韻》於九切，影有上開三流；《韻鏡》内轉第三十七開、《七音略》内轉四十重中重、《切韻指掌圖》第四圖、《切韻指南》流攝内七獨韻狹門、《起數訣》第七十三圖開音清，列字均爲『黝』。『黝』爲《廣韻》、《集韻》黝三影母位小韻首字，《四聲等子》咫A本列字訛，當校正爲『黝』，其他版本是。

105 上四喻 酉 《廣韻》、《集韻》與久切，以黝上開三流；《韻鏡》内轉第三十七開、《切韻指掌圖》第四圖、《切韻指南》流攝内七獨韻狹門，列字均爲『酉』；《起數訣》第七十三圖開音清，列字均爲『柚』，以母宥韻，誤。《七音略》空位，誤列於三等，《四聲等子》是。

去四韻目：無標目，實爲幼宥合韻

106 去四見　⿰車丩　文瀾閣本、文淵閣本、粵雅堂本、文津閣本列字爲「⿰車斗」； 其他諸本列字爲「⿰車丩」。「⿰車丩」，《集韻》已幼切，見幼平開三流；《韻鏡》內轉第三十七開、《七音略》內轉四十重中重、《切韻指掌圖》第四圖，空位。《切韻指南》流攝內七獨韻狹門，列字均爲「赳」，見母幼韻；《起數訣》第七十三圖開音清，列字均爲「⿰車斗」。「⿰車丩」爲《集韻》幼韻見母位小韻首字，《四聲等子》從《集韻》。「⿰車斗」爲「⿰車丩」之俗體，雖無誤，校正爲「⿰車丩」爲佳。

107 去四群　虬　⿸尸⿱口乚　A、B本列字爲「虬」； 文瀾閣本、文淵閣本、粵雅堂本、文津閣本列字爲「蚪」，端母厚韻，不當列此位，當爲「虬」形訛。「虬」，《廣韻》、《集韻》渠幽切，群幽平開三流；《廣韻》居幽切、《集韻》居虬切，見幽平開三流；《集韻》巨小切，群小上開三效； 均不當列此位。《韻鏡》內轉第三十七開、《七音略》內轉四十重中重、《切韻指掌圖》第四圖，列字均爲「⿰𧾷丩」，「⿰𧾷丩」，《廣韻》巨幼切，爲《廣韻》幼韻群母位小韻首字；《切韻指南》流攝內七獨韻狹門、《起數訣》第七十三圖開音清，列字均爲「虬」； 《起數訣》第七十三圖開音清，列字均爲「⿰𧾷斗」，《康熙字典》記：「《字彙補》音科」即溪母戈韻，不當列此位。「虬」爲《廣韻》、《集韻》幼韻溪母位小韻首字，《韻鏡》、《七音略》等是，《四聲等子》諸版本皆誤，列「虬」、「蚪」應是「⿰𧾷丩」之訛，當校改爲「⿰𧾷丩」。

108 去四清　趨　文津閣本，列字爲「趍」，《廣韻》七逾切，清母虞韻；《集韻》逡遇切，清母遇韻，不當列此位；其他諸本，列字均爲『趨』。『趨』，《廣韻》七逾切、《集韻》逡須切，清虞平合三遇，不當列此位；《韻鏡》内轉第三十七開、《七音略》内轉四十重中重、《切韻指掌圖》第四圖、《切韻指南》流攝内七獨韻狹門、《起數訣》第七十三圖開音清，列字均爲『趍』。『趍』，《廣韻》七溜切，爲《廣韻》宥韻清母位小韻首字，《四聲等子》文津閣本列『趍』當爲『趍』形誤，其他版本列『趨』亦誤，當校改爲『趍』。

109 去四邪　岫　文淵閣本、文津閣本，列字爲『⿰山虫』；其他諸本列字爲『岫』。『岫』，《廣韻》似祐切、《集韻》似救切，邪宥去開三流；《韻鏡》内轉第三十七開、《七音略》内轉四十重中重、《切韻指掌圖》第四圖、《切韻指南》流攝内七獨韻狹門、《起數訣》第七十三圖開音清，列字均爲『岫』。『岫』爲《廣韻》、《集韻》宥韻邪母位小韻首字，《四聲等子》文淵閣本、文津閣本誤，當校改爲『岫』。

110 去四曉　螑　文淵閣本空位；其他諸本列字爲『螑』。『螑』，《廣韻》未收；《集韻》火幼切，曉幼去開三流。《韻鏡》内轉第三十七開、《七音略》内轉四十重中重、《切韻指掌圖》第四圖，空位；《切韻指南》流攝内七獨韻狹門、《起數訣》第七十三圖開音清，列字爲『螑』。《廣韻》幼韻曉母位無字，『螑』爲《集韻》幼韻曉母位小韻首字，《四聲等子》依《集韻》。

111 去四影　幼　咫B本、文淵閣本空位；其他諸本，列字爲『幼』。『《廣韻》、《集韻》伊謬切，影幼去開三流；《韻鏡》内轉第三十七開、《切韻指掌圖》第四圖、《起數訣》第七十三圖開音清，列字均爲『㓜』。《七音略》内轉四十重中重、《切韻指南》流攝内七獨韻狹門，列字爲『㓜』。『幼』、『㓜』爲異體字。《四聲等子》諸本皆是。

112 去四喻　狖　文瀾閣本、文淵閣本，列字爲『狩』；其他諸本，列字爲『狖』。『狖』，《廣韻》、《集韻》余救切，以宥去開三流；《韻鏡》内轉第三十七開、《七音略》内轉四十重中重、《切韻指掌圖》第四圖、《切韻指南》流攝内七獨韻狹門，列字均爲『狖』；《起數訣》第七十三圖開音清，列字爲『貁』。『狖』爲《廣韻》宥韻以母位小韻首字，下收有『貁』字，列字爲『狖』爲佳，《四聲等子》文瀾閣本、文淵閣本列『狩』，書母宥韻，顯誤，爲『狖』之形訛，當校正爲『狖』，其他版本是。

入四韻目：無標目，實爲屋韻

本圖入四等位列屋三等字，對校圖爲《韻鏡》内轉第一開、《七音略》内轉第一重中重、《切韻指掌圖》二圖、《切韻指南》流攝内七獨韻狹門、《起數訣》第七十四圖收音濁。

113 入四清　鼀　《廣韻》七宿切、《集韻》七六切，清屋入合三通；《韻鏡》内轉第二開合、《七音略》内轉第一重中重、《切韻指掌圖》第二圖、《起數訣》第七十三圖開音清，列字爲『鼀』；《切韻指南》流攝内七獨韻狹門，列字爲『促』，清母燭韻。『鼀』爲《廣韻》、《集韻》屋三清母位小韻首字，《四聲等子》列字形訛，當校正爲『鼀』。

114

入四從　摵　《廣韻》所六切，生屋入合三通，不應列於此；《集韻》就六切，從屋入合三通；《韻鏡》内轉第二開合、《七音略》内轉第一重中重、《切韻指掌圖》第二圖，列字爲『歡』；《切韻指南》流攝内七獨韻狹門，空位；《起數訣》第七十三圖開音清，列字爲『摵』。『歡』，《廣韻》才六切，爲《廣韻》屋三從母位小韻首字，《韻鏡》、《七音略》是；『摵』爲《集韻》屋三從母位小韻首字，《四聲等子》依《集韻》。

蟹攝外二　輕重俱等　開口呼

見	溪	羣	疑	端知	透徹	定澄	泥孃	幫非	滂敷	並奉	明微
該	開	○	皚	[illegible]	胎	臺	能	○	婄	䏬	○
改	愷	○	騃	等	[illegible]	殆	乃	㤳	啡	倍	穤
葢	慨	○	艾	帶	泰	代	耐	貝	沛	旆	眛
割	渴	○	薛	怛	闥	達	捺	○	○	○	[illegible]
佳	揩	○	崖	[illegible]	扠	○	掜	䠋	○	牌	䁞
解	芐	箉	[illegible]	釵	○	廌	妳	擺	㠴	罷	買
戒	烗	齘	睚	媞	蠆	䝕	䝕	庍	派	粺	賣
戛	鶷	○	聐	哳	獺	噠	瘵	捌	○	○	礣
○	○	○	○	○	○	○	○	○	○	○	○
○	○	○	○	○	○	○	○	○	○	○	○
罽	憇	偈	劓	[illegible]	跇	滯	○	○	○	○	○
揭	堨	傑	糵	哲	徹	徹	○	䛦	○	別	○
雞	溪	○	䚘	氐	梯	提	泥	䠋	磇	[illegible]	迷
鳽	啟	○	堄	底	體	弟	禰	𣪁	[illegible]	陛	米
計	契	○	詣	帝	替	第	泥	閉	媲	薜	謎
結	猰	○	齧	窒	鐵	姪	涅	[illegible]	瞥	蹩	蔑

	本無入聲		佳併入皆韻	
精照	哉宰載[illegible]	齋抧瘵扎	○○○哲	齎濟霽節
清穿	猜采菜㩉	釵[illegible]差刹	[illegible]茝掣掣	妻泚砌切
從牀	裁在載囋	柴○寨鍘	○○○舌	齊薺嚌截
心審	鰓諰賽薩	崽[illegible]曬殺	○○世設	西洗細屑
邪禪	○○○○	○○○○	栘○誓折	○○○○
曉	咍海餀喝	[illegible]○譺瞎	○○○歇	醯○欪[illegible]
匣	孩亥害曷	諧[illegible]械鎋	○○○○	奚傒系頡
影	哀欸愛遏	娃矮喝鶡	○○[illegible]謁	鷖吚翳噎
喻	頤佁○○	○○○○	○○○○	○○曳拽
來	來[illegible]賚剌	唻懶○○	○○㓉列	梨禮麗捩
日	○○○○	○○○○	腝○○熱	○○○○
	咍海代泰曷	皆駭怪黠	齊薺祭薛	齊薺霽屑

第七圖　蟹攝外二　輕重俱等［韻］　開口呼

平一韻目：標目爲哈

1 平一端　⿰黑臺　《廣韻》丁來切，《集韻》當來切，端哈一平開蟹；《韻鏡》外轉第十三開、《切韻指掌圖》十七圖、《切韻指南》蟹攝外二開口呼廣門、《起數訣》二十五圖發音清，列字均爲『⿰黑臺』。《七音略》內轉第十三重中重，列字爲『⿰馬臺』，當爲『⿰黑臺』之形訛。『⿰黑臺』爲《廣韻》哈韻端母位小韻首字，列字以『⿰黑臺』爲佳，《四聲等子》是。

2 平一滂　娝　《廣韻》普才切，滂哈一平開蟹；《集韻》未收；《韻鏡》外轉第十三開，列字爲『⿰女⿱丕一』；《切韻指掌圖》十七圖，在二等位列『⿰女⿱丕一』，誤；《七音略》內轉第十三重中重、《切韻指南》蟹攝外二開口呼廣門、《起數訣》二十五圖發音清，列字均爲『娝』。《廣韻》諸版本，有以『⿰女⿱丕一』爲首字，有以『娝』爲首字，二字爲正俗體，均是。

3 平一並　⿰月咅　《廣韻》、《集韻》薄侯切，並侯一平開流，皆不應列於此；《廣韻》、《集韻》哈韻無此字，《康熙字典》記：『又《廣韻》扶來切，音⿰片咅。姓也。』《韻鏡》外轉第十三開、《切韻指南》蟹攝外二開口呼廣門，列字爲『⿰片咅』；《七音略》內轉第十三重中重、《起數訣》二十五圖發音清，列字均爲『⿰月咅』；《切韻指掌圖》十七圖，列字爲『排』，並母皆韻。『⿰片咅』爲《廣韻》、《集韻》咍韻並母位小韻首字，『䏽』《廣韻》、《集韻》均未見，《康熙字典》收録此條當是據訛字收，《七音略》、《四聲等子》當校改爲『[illegible]』。

4 平一精 栽 《廣韻》祖才切，《集韻》將來切，精咍一平開蟹；《韻鏡》外轉第十三開、《七音略》内轉第十三重中重、《起數訣》二十五圖發音清，列字均爲『哉』；《切韻指掌圖》十七圖、《切韻指南》蟹攝外二開口呼廣門，列字均爲『栽』。『栽』爲《廣韻》咍韻精母位小韻首字，下收有『哉』字，列字以『栽』爲佳，《四聲等子》是。

5 平一匣 孩 《廣韻》户來切，《集韻》何開切，匣咍一平開蟹；《韻鏡》外轉第十三開、《七音略》内轉第十三重中重，列字均爲『殖』；《切韻指掌圖》十七圖、《切韻指南》蟹攝外二開口呼廣門、《起數訣》二十五圖發音清，列字均爲『孩』。『孩』爲《廣韻》咍韻匣母位小韻首字，《韻鏡》、《七音略》列字訛，《四聲等子》是。

6 平一喻 頤 《廣韻》與之切，以母之韻，爲三等字；《集韻》曳來切，雖上下字爲以母咍韻，但喻母只有三等字，咍韻只有一等韻，憑切可列於一等。《韻鏡》、《七音略》、《切韻指掌圖》空位；《切韻指南》蟹攝外二開口呼廣門，列字爲『頤』；《起數訣》二十五圖發音清，列字爲『頦』，匣母咍韻，誤；《廣韻》咍韻無一等喻母字，《四聲等子》從《集韻》列字。

7 平一日 ○ 《廣韻》咍韻無日母字，《集韻》日母位有『荋，汝來切』。《韻鏡》空位；《七音略》日母位列字爲『耑』，該字當爲《集韻》『荋』字誤；《切韻指南》、《起數訣》均空位。日母只拼合三等字，《四聲等子》從《廣韻》，空位是。

上一韻目：標目爲海韻

8 上一疑　騃　《廣韻》五駭切，疑駭二上開蟹，不應列於此；《集韻》五亥切，疑海一上開蟹；《韻鏡》、《七音略》空位；《切韻指掌圖》十七圖、《起數訣》二十五圖發音清，列字爲『顗』；《切韻指南》蟹攝外二開口呼廣門，列字爲『騃』。《廣韻》海韻無疑母字，『騃』爲《集韻》咍韻疑母位小韻首字，下收有『顗』字，列字以『騃』爲佳，《四聲等子》從《集韻》，亦無誤。

9 上一定　殆　《廣韻》徒亥切，《集韻》蕩亥切，定海一上開蟹；《韻鏡》外轉第十三開、《七音略》内轉第十三重中重、《切韻指南》蟹攝外二開口呼廣門，列字爲『駘』；《切韻指掌圖》十七圖，列字爲『殆』；《起數訣》二十五圖發音清，列字爲『待』。『駘』爲《廣韻》、《集韻》海韻定母位小韻首字，下收有『待』、『殆』二字，列字以『駘』爲佳，《四聲等子》亦無誤。

10 上一幫　倍　《廣韻》未收，《集韻》布亥切，幫海一上開蟹；《韻鏡》外轉第十三開，列字爲『俖』，《廣韻》普乃切，滂母海韻，當爲『俖』訛誤；《切韻指南》蟹攝外二開口呼廣門、《起數訣》二十五圖發音清，列字均爲『俖』；《七音略》、《切韻指掌圖》空位。《廣韻》海韻幫母位無字，『俖』爲《集韻》海一幫母位小韻首字，《四聲等子》從《集韻》。

11 上一並　倍　《廣韻》、《集韻》薄亥切，並海一上開蟹；《韻鏡》外轉第十三開，列字爲『倍』；

《七音略》內轉第十三重中重、《切韻指南》蟹攝外二開口呼廣門、《起數訣》二十五圖發音清，列字均爲『倍』；《切韻指掌圖》十九圖，列字爲『琲』，並母賄韻。『倍』爲《廣韻》海韻並母位小韻首字，下收有『蓓』字，《四聲等子》是。

12 上一心 諰 《廣韻》山佳切，生佳二平開蟹，不應列於此；《集韻》息改切，心海一上開蟹；《韻鏡》空位；《七音略》內轉第十三重中重、《切韻指南》蟹攝外二開口呼廣門，列字均爲『諰』；《切韻指掌圖》十七圖，列字爲『賽』，心母代韻。《廣韻》海韻無心母字，『諰』爲《集韻》海一心母位小韻首字，《七音略》、《四聲等子》列『諰』從《集韻》。

13 上一喻 佁 《廣韻》、《集韻》夷在切，以海一上開蟹；《韻鏡》外轉第十三開、《七音略》內轉第十三重中重、《切韻指掌圖》十七圖、《起數訣》二十五圖發音清，列字均爲『佁』；《切韻指南》蟹攝外二開口呼廣門，空位。『佁』爲以母字，以母只拼合三等字，此爲例外字，因切（切下字爲一等韻）定位，列於一等。各韻圖均列於一等，《四聲等子》沿襲早期韻圖，亦無誤。

14 上一日 ○ 《廣韻》、《集韻》海韻日母有『疓』，如亥切；《韻鏡》外轉第十三開、《七音略》內轉第十三重中重，列字均爲『疓』；《切韻指掌圖》、《切韻指南》、《起數訣》空位。『疓』爲日母字，日母只拼合三等字，此爲例外字，因切定位，列於一等。各韻圖均列於一等，《四聲等子》沿襲早期韻圖，亦無誤。

去一韻目：標目爲代泰合韻

15 去一見　葢　叴A、B本，文瀾閣本列字爲『葢』，文津閣本、粵雅堂本列字爲『蓋』，文津閣本列字爲『葢』，《廣韻》、《集韻》未收，《康熙字典》記：『《正字通》同「蓋」。』、『葢』、『蓋』二字爲異體字。《韻鏡》外轉第十五開、《七音略》外轉第十五重中輕、《切韻指掌圖》十七圖、《切韻指南》蟹攝外二開口呼廣門、《起數訣》二十五圖發音清，列字均爲『蓋』，『蓋』，《廣韻》古太切，《集韻》居太切，見泰一去開蟹。『蓋』爲《廣韻》、《集韻》泰韻見母位小韻首字，下注爲『俗作「盖」』，『盖』爲『蓋』之俗字。列字以『蓋』爲佳，《四聲等子》文淵閣本、粵雅堂本列正體，是，其他版本列異體字亦無誤。

16 去一溪　慨　《廣韻》溪母代韻列字爲『慨』，苦愛切，《集韻》口溉切，溪代一去開蟹；『慨』爲『慨』書寫訛。《韻鏡》外轉第十三開、《起數訣》二十五圖發音清，列字爲『慨』；《七音略》內轉第十三重中重，列字爲『溉』，見母代韻，列此位誤；《切韻指掌圖》十七圖，列字爲『磕』，溪母泰韻；《切韻指南》蟹攝外二開口呼廣門，列字爲『磕』，溪母泰韻。『慨』爲《廣韻》代韻溪母位小韻首字，《四聲等子》列字當校正爲『慨』。

17 去一群　◯　《廣韻》代韻無群母字；《集韻》有『隑，巨代切』。《韻鏡》外轉第十三開、《切韻指南》蟹攝外二開口呼廣門，列字爲『隑』；《七音略》、《切韻指掌圖》、《起數訣》空位。《廣韻》無代泰韻群母字，《韻鏡》從《集韻》，《四聲等子》從《廣韻》，亦無誤。

18 去一透　泰　《廣韻》、《集韻》他蓋切，透泰一去開蟹；《韻鏡》外轉第十五開、《七音略》外轉第十五重中輕，列字均爲『太』，透母泰韻；《切韻指掌圖》十七圖、《切韻指南》蟹攝外二開口呼廣門、《起數訣》二十五圖發音清，列字爲『泰』。『泰』爲《廣韻》泰韻透母位小韻首字，下收有『太』字，列字以『泰』爲佳，《四聲等子》是。

19 去一滂　沛　《廣韻》、《集韻》普蓋切，滂泰一去開蟹；《韻鏡》外轉第十五開、《七音略》外轉第十五重中輕、《起數訣》二十九圖發音清、《切韻指南》蟹攝外二開口呼廣門列字爲『霈』；《切韻指掌圖》十九圖列字爲『沛』。『霈』爲《廣韻》、《集韻》泰韻滂母位小韻首字，下收有『沛』字，列字以『霈』爲佳，《四聲等子》亦無誤。

20 去一並　斾　《廣韻》未收；《集韻》蒲撥切，並末一入合蟹，不應列於此；《康熙字典》記：『《正字通》俗斾字。《五經文字》斾从市。从巾者，訛。』斾，《廣韻》、《集韻》蒲蓋切，並泰一去開蟹。《韻鏡》外轉第十五開、《七音略》外轉第十五重中輕、《起數訣》二十五圖發音清，列字均爲『斾』；《切韻指掌圖》空位；《切韻指南》蟹攝外二開口呼廣門，列字爲『斾』。『斾』、『斾』正俗體字，《四聲等子》列『斾』字，從諸韻圖之誤，當校改爲『斾』。

21 去一明　眛　《集韻》莫貝切，明泰一去開蟹；《韻鏡》外轉第十五開，列字爲『眛』，《集韻》莫貝切，明母泰韻；《七音略》外轉第十五重中輕、《切韻指南》蟹攝外二開口呼廣門、《起數訣》二十五圖發音清，列字均爲『眛』；《切韻指掌圖》空位。『眛』爲《廣韻》、《集韻》泰韻明位小韻首字，《集韻》下收有『昧』字，《四聲等子》亦無誤。

22 去一從　載　《廣韻》、《集韻》昨代切，從代一去開蟹；《韻鏡》外轉第十三開、《七音略》內轉第十三重中重、《切韻指掌圖》十七圖、《起數訣》二十五圖發音清，列字均爲『在』；《切韻指南》蟹攝外二開口呼廣門，列字均爲『載』。『載』爲《廣韻》代韻從母位小韻首字，下收有『在』字，列字以『載』爲佳，《四聲等子》是。

23 去一曉　餀　文瀾閣本列字爲『飲』，咫A、B本，文淵閣本，粵雅堂本，文津閣本列字爲『餀』。『餀』，《廣韻》呼艾切，《集韻》虛艾切，曉泰一去開蟹。《韻鏡》外轉第十五開、《七音略》外轉第十五重中輕、《切韻指掌圖》十七圖、《切韻指南》蟹攝外二開口呼廣門，列字均爲『餀』。《起數訣》二十五圖發音清，列字爲『餖』，《康熙字典》記：『《廣韻》都豆切，《集韻》丁候切，音鬭。《廣韻》餖飣。又《集韻》大透切，音豆。與餖同。飣也。又式列切，音設。飲食也。』均不當列於此位，此位當爲『餀』字誤。『餀』爲《廣韻》泰一曉母位小韻首字，列字以『餀』爲佳，《四聲等子》文瀾閣本誤，當校改爲『餀』，其他版本是。

24 去一來　賚　《廣韻》洛代切，來代一去開蟹；《集韻》陵之切，來之三平開止；《韻鏡》外轉第十三開、《七音略》外轉第十三重中輕、《起數訣》二十五圖發音清，列字爲『賚』；《切韻指掌圖》十七圖、《切韻指南》蟹攝外二開口呼廣門，列字均爲『賴』，來母泰韻。『賚』爲《廣韻》代一來母位小韻首字，《四聲等子》是。

入一韻目：標目爲曷，實爲曷末合韻（末韻只有一例字）

25 入一見　割　《廣韻》古達切，《集韻》居曷切，見曷一入開山；《韻鏡》外轉第二十三開、《七音略》外轉二十三重中重、《切韻指掌圖》第十一圖、《切韻指南》山攝外四開口呼廣門、《起數訣》第四十圖發音清，列字均爲「葛」。「葛」爲《廣韻》曷韻見母位小韻首字，下收有「割」字，列字以「葛」爲佳，《四聲等子》亦無誤。

26 入一疑　薛　《廣韻》、《集韻》私列切，心薛三入開山，不應列於此；《韻鏡》外轉第二十三開、《七音略》外轉二十三重中重、《切韻指掌圖》第十一圖、《切韻指南》山攝外四開口呼廣門、《起數訣》第四十圖發音清，列字均爲「嶭」。「嶭」，《廣韻》五割切，《集韻》牙葛切，疑曷一入開山；《四聲等子》誤，當校爲「嶭」。

27 入一泥　捺　《廣韻》奴曷切，《集韻》乃曷切，泥曷一入開山；《韻鏡》外轉第二十三開，列字爲「捺」，爲「捺」字誤；《七音略》外轉二十三重中重、《切韻指掌圖》第十一圖、《切韻指南》山攝外四開口呼廣門、《起數訣》第四十圖發音清，列字均爲「捺」。「捺」爲《廣韻》曷韻泥母位小韻首字，《韻鏡》形訛，《四聲等子》是。

28 入一明　藒　《廣韻》予割切，明曷一入開山；《康熙字典》記：「《韻會》去例切，音憩。藒車，香草。《集韻》作藒。詳藒字注。又《廣韻》予割切，音遏。菜似蕨，生水中。」《韻鏡》外轉第二十三開、《切韻指南》山攝外四開口呼廣門、《起數訣》第四十圖發音清，列字均爲

『藒』；《七音略》、《切韻指掌圖》均空位。『藒』爲《廣韻》曷韻明母位小韻首字，《七音略》空位誤，《四聲等子》是。

29 入一精　䰖　《廣韻》姊末切，精末一入開山；《集韻》子末切，精曷一入開山；《康熙字典》記：『《字彙補》音未詳。人名。宋時賜隴桚姓名曰趙懷恩。見《宋史新編·王厚傳》。疑即拶、桚二字之訛。』《韻鏡》空位；《七音略》外轉二十三重中重，列字爲『囋』，從母曷韻，誤；《切韻指掌圖》第十一圖、《起數訣》第四十圖發音清，列字均爲『拶』，《廣韻》姊末切，精母末韻；《集韻》子末切，精母曷韻；《切韻指南》山攝外四開口呼廣門，列字爲『䰖』，精母末韻。《廣韻》曷韻精母無字，『䰖』爲《集韻》曷一精母位小韻首字，《四聲等子》從《集韻》。

30 入一清　摖　《廣韻》、《集韻》七計切，清霽四去開蟹；不當列於此位。《韻鏡》外轉第二十三開、《七音略》外轉二十三重中重、《切韻指掌圖》第十一圖、《切韻指南》山攝外四開口呼廣門，列字均爲『攃』；《起數訣》第四十圖發音清，列字爲『摖』，誤。『攃』爲《廣韻》、《集韻》曷一清母位小韻首字，《四聲等子》列字爲『攃』之形訛，當校改爲『攃』字。

31 入一從　囋　《廣韻》才割切，《集韻》才達切，從曷一入開山；《韻鏡》外轉第二十三開、《七音略》外轉二十三重中重、《切韻指南》山攝外四開口呼廣門，列字均爲『巀』；《切韻指掌圖》第十一圖，列字爲『巀』，從母屑韻；《起數訣》第四十圖發音清，列字爲『囋』，從母曷韻；『巀』爲《廣韻》曷一從母位小韻首字，下收『𢷾』、『囋』二字。列字以『巀』爲佳，《四聲等子》列『囋』字亦無誤。

32 入一心 薩 《廣韻》桑割切，《集韻》桑葛切，心曷一入開山；《韻鏡》外轉第二十三開、《七音略》外轉二十三重中重、《切韻指南》山攝外四開口呼廣門，列字均爲『躠』；《切韻指掌圖》第十一圖、《起數訣》第四十圖發音清，列字均爲『薩』。『躠』爲《廣韻》曷一心母位小韻首字，下收『薩』字。列字以『躠』爲佳，《四聲等子》列『薩』字亦無誤。

33 入一曉 喝 《廣韻》、《集韻》許葛切，曉曷一入開山；《韻鏡》外轉第二十三開、《七音略》外轉二十三重中重、《切韻指掌圖》第十一圖、《切韻指南》山攝外四開口呼廣門、《起數訣》第四十圖發音清，列字均爲『𩒱』。『𩒱』爲《廣韻》曷一曉母位小韻首字，下收『喝』字。列字以『𩒱』爲佳，《四聲等子》列『喝』字亦無誤。

平二韻目：標目爲皆，實爲佳皆合韻

34 平二見 佳 《廣韻》古佳切，《集韻》居膎切，見佳二平開蟹；《韻鏡》外轉第十五開、《起數訣》二十三圖發音濁，列字爲『佳』；《七音略》外轉第十五重中輕，列字爲『佳』，當爲『佳』字誤；《切韻指掌圖》十七圖、《切韻指南》蟹攝外二開口呼廣門，列字爲『皆』，見母皆韻。『佳』爲《廣韻》、《集韻》佳二見母位小韻首字，《七音略》誤，《四聲等子》是。

35 平二疑　崖　《廣韻》五佳切，《集韻》宜佳切，疑佳二平開蟹；《韻鏡》外轉第十五開、《切韻指掌圖》十七圖、《切韻指南》蟹攝外二開口呼廣門、《起數訣》二十三圖發音濁，列字爲『崖』；《七音略》外轉第十五重中輕，列字爲『崔』，清母灰韻，誤，當爲『崖』字誤。『崖』爲《廣韻》、《集韻》佳二疑母位小韻首字，《七音略》誤，《四聲等子》是。

36 平二知　𪘏　《集韻》椿皆切，知皆二平開蟹；《韻鏡》外轉第十三開、《七音略》内轉第十三重中重、《切韻指掌圖》十七圖、《起數訣》二十五圖發音清，列字均爲『𪘏』；《切韻指南》蟹攝外二開口呼廣門，列字爲『榸』，『榸』，《廣韻》都皆切，知皆二平開蟹。『𪘏』爲《集韻》皆二知母位小韻首字，《四聲等子》從《集韻》。

37 平二徹　扠　《廣韻》丑佳切，《集韻》攄佳切，徹佳二平開蟹；《韻鏡》外轉第十五開、《起數訣》二十三圖發音濁，列字爲『扠』；《七音略》外轉第十五重中輕，列字爲『杈』，初母麻韻，誤，當爲『扠』之形訛；《切韻指掌圖》十七圖、《切韻指南》蟹攝外二開口呼廣門，列字爲『搋』，徹母皆韻。『扠』爲《廣韻》佳韻徹母位小韻首字，《七音略》誤，《四聲等子》是。

38 平二澄　○　《韻鏡》、《七音略》、《切韻指掌圖》空位；《切韻指南》蟹攝外二開口呼廣門、《起數訣》二十六圖發音濁，列字爲『㛮』。『㛮』，《廣韻》未收，《集韻》直皆切，澄母皆韻。《廣韻》皆韻無澄母字，《起數訣》、《切韻指南》當據《集韻》；《四聲等子》據《廣韻》空位，亦無誤。

39 平二幫　䴽　文淵閣本列字爲『蹕』，《廣韻》幫母質韻，不應列於此；咫A、B本，文瀾閣本，粤雅堂本，文津閣本列字爲『䴽』。『䴽』，《廣韻》未收；《集韻》篇夷切，幫母脂韻；《集韻》蘖佳切，幫佳開二平蟹；均不當列此位；《韻鏡》、《七音略》、《切韻指掌圖》、《切韻指南》、《起數訣》空位。因《集韻》音切誤八『蘖佳切』，致各韻圖均無字。《四聲等子》從《集韻》，文淵閣本列字形訛，當校改爲『䴽』。

40 平二明　賏　文淵閣本列字爲『睊』，咫A、B本，文瀾閣本，粤雅堂本，文津閣本列字爲『賏』。『睊』，《廣韻》、《集韻》未收，爲日本和制漢字，或爲抄寫之誤。《廣韻》明母佳韻列字爲『賏』，《廣韻》、《集韻》莫佳切，明佳二平開蟹；《韻鏡》内轉第十五重中輕、《四聲等子》蟹攝外二輕重俱等開口呼、《切韻指南》蟹攝外二開口呼廣門，列字均爲『睊』；《切韻指掌圖》十七圖，列字爲『埋』，明母皆韻；《起數訣》第二十一圖開音清，列字爲『睥』，或爲『睊』字形訛。『睊』爲《廣韻》佳韻明母位小韻首字，《四聲等子》文淵閣本是，其他諸本應爲『睊』字訛，當校改。

41 平二照　齋　文津閣本列字爲『齊』，從母齊韻，不當列此位，應是『齋』之形訛；其他諸本列字爲『齋』。『齋』，《廣韻》側皆切，《集韻》莊皆切，莊皆二平開蟹；《韻鏡》外轉第十三開、《七音略》内轉第十三重中重、《切韻指掌圖》十七圖、《切韻指南》蟹攝外二開口呼廣門、《起數訣》第二十六圖發音清，列字均爲『齋』。

上二韻目：標目爲駭，實爲駭蟹合韻

42 上二見　解　咫A、B本，文瀾閣本，文淵閣本，粵雅堂本，列字爲『解』；文津閣本列字爲『觧』。『解』、『觧』二字爲異體字。『解』，《廣韻》佳買切，《集韻》舉蟹切，見蟹二上開蟹；《韻鏡》外轉第十五開、《七音略》外轉第十五重中輕、《切韻指掌圖》十七圖、《起數訣》第二十三圖發音濁，列字均爲『解』；《切韻指南》蟹攝外二開口呼廣門，列字爲『鍇』，《集韻》見母駭韻。『解』爲《廣韻》、《集韻》蟹二見母位小韻首字，《四聲等子》文津閣本列異體，其他版本列正體，均無誤。

43 上二溪　芐　咫B本列字爲『芐』；咫A本，列字爲『芳』，敷母陽韻，不當列此位，當爲『芐』字誤；文瀾閣本、文津閣本、文淵閣本，列字爲『艼』。

『芐』，《廣韻》苦蟹切，《集韻》口觧切，溪蟹上二開蟹。《韻鏡》外轉第十五開，列字爲『艼』；《七音略》外轉第十五重中輕、《切韻指掌圖》十七圖、《切韻指南》蟹攝外二開口呼廣門，列字均爲『楷』，溪母駭韻；《起數訣》第二十三圖發音濁，列字爲『芐』。『芐』爲《廣韻》蟹韻溪母位小韻首字，《七音略》誤，《四聲等子》是，《韻鏡》列『艼』爲『芐』之異體，《字匯補》注：『同芐』咫B本列『芐』字是；文瀾閣本、文津閣本、文淵閣本，列異體『艼』，亦無誤；咫A本，列『芳』字誤，當校改爲『芐』。

44 上二疑　騃　《廣韻》五駭切、《集韻》語駭切，疑駭上開二蟹，另《集韻》五買切，疑蟹上開二蟹；《韻鏡》外轉第十三開、《七音略》内轉第十三重中重、《切韻指掌圖》十七圖、《切韻指南》蟹攝外二開口呼廣門、《起數訣》第二十六圖發音清，列字均爲『騃』。『騃』爲《廣韻》駭韻疑母位小韻首字，下收『覬』字，《四聲等子》亦無誤。另，『覬』爲《集韻》蟹二疑母位小韻首字，亦可爲從《集韻》。

45 上二知　䫟　《廣韻》、《集韻》未收；《玉篇》記『知駭切，音䫟。金也。』即知母駭韻。《韻鏡》、《七音略》、《切韻指掌圖》空位；《切韻指南》蟹攝外二開口呼廣門，列字爲『䫟』，《廣韻》、《集韻》未收，《康熙字典》記：『《玉篇》知駭切。缺也。』則爲知母駭韻。《廣韻》駭韻無知母字，『䫟』爲《集韻》駭二知母位小韻首字，《四聲等子》從《集韻》。

46 上二澄　廌　《廣韻》宅買切，《集韻》丈蟹切，澄蟹二上開蟹；《韻鏡》外轉第十五開，列字爲『廌』；《七音略》外轉第十五重中輕、《切韻指掌圖》十七圖、《起數訣》第二十三圖發音濁，列字均爲『廌』；《切韻指南》蟹攝外二開口呼廣門，列字爲『徥』，《集韻》澄母駭韻；『廌』、『廌』爲異體字。『廌』爲《廣韻》、《集韻》蟹二澄母位小韻首字，《四聲等子》是。

47 上二孃　妳　《廣韻》、《集韻》未收，《康熙字典》記：『《正字通》俗嬭字。又唐人呼晝睡爲黄妳。』、『嬭』，《廣韻》奴蟹切，《集韻》女蟹切，孃蟹上去開二蟹；《韻鏡》外轉第十五開、《切韻指南》蟹攝外二開口呼廣門，列字爲『嬭』；《七音略》外轉第十五重中輕，列字爲『妳』，當爲『妳』；『妳』、『嬭』二字爲異體字；《切韻指掌圖》十七圖，空位。『嬭』爲《廣韻》蟹韻孃母位小韻首字，《四聲等子》列俗體『妳』，雖無誤，但當校正爲『嬭』。

48 上二滂 帊 《廣韻》蟹韻無滂母字；《集韻》怦買切，滂蟹二上開蟹；《韻鏡》、《七音略》空位；《切韻指掌圖》十七圖，列字爲『俖』，滂母海韻；《切韻指南》蟹攝外二開口呼廣門、《起數訣》第二十一開音清，列字爲『帊』。《廣韻》蟹韻滂母字，《四聲等子》列『帊』字，從《集韻》。

49 上二照 抧 《廣韻》諸氏切，章紙上開三止，不應列於此；《集韻》仄蟹切，莊蟹開二蟹；《韻鏡》、《七音略》、《切韻指掌圖》空位；《切韻指南》蟹攝外二開口呼廣門，列字爲『抧』；《起數訣》第二十三發音濁，列字爲『枳』，章母紙韻，當爲『抧』字誤。《廣韻》蟹韻莊母位無字，『抧』爲《集韻》蟹二莊母位小韻首字，《四聲等子》從《集韻》。

50 上二穿 㨨 《廣韻》士皆切，崇皆平開二蟹，不應列於此；《集韻》楚解切，初蟹二上開蟹；《韻鏡》、《七音略》空位；《切韻指掌圖》十七圖，列字爲『茝』，禪母真韻；《四聲等子》蟹攝外二輕重俱等開口呼、《切韻指南》蟹攝外二開口呼廣門，列字均爲『㨨』。《廣韻》蟹韻無初母字，『㨨』爲《集韻》蟹二初母位小韻首字，《四聲等子》從《集韻》。

51 上二審 灑 《廣韻》、《集韻》所蟹切，生蟹二上開蟹；《韻鏡》空位；《七音略》外轉第十五重中輕、《切韻指掌圖》十七圖、《切韻指南》蟹攝外二開口呼廣門、《起數訣》第二十三發音濁，列字均爲『灑』。『灑』爲《廣韻》蟹韻生母位小韻首字，《韻鏡》空位誤，《四聲等子》是。

52 上二匣　蟹　咫A、B本，文淵閣本，文津閣本，粤雅堂本，列字爲『蟹』；文瀾閣本，列字爲『蟹』。『蟹』爲『蟹』之俗訛。『蟹』，《廣韻》胡買切，《集韻》下買切，匣蟹二上開蟹；《韻鏡》外轉第十五開、《七音略》外轉第十五重中輕、《切韻指南》蟹攝外二開口呼廣門、《起數訣》第二十三發音濁，列字均爲『蟹』；《切韻指掌圖》十七圖，列字爲『駭』，匣母駭韻。《四聲等子》文瀾閣本當校正爲『蟹』，其他版本是。

53 上二影　躷　咫A本，列字爲『矮』，其他諸本列字爲『躷』。『躷』，《廣韻》烏蟹切，《集韻》倚蟹切，影蟹二上開蟹；《韻鏡》外轉第十五開、《七音略》外轉第十五重中輕、《切韻指掌圖》十七圖、《起數訣》第二十三發音濁，列字均爲『矮』；《切韻指南》蟹攝外二開口呼廣門，列字爲『挨』，影母駭韻。『躷』、『矮』二字爲異體字，『矮』爲《廣韻》蟹韻影母爲小韻首字，下收『躷』字，列字以『矮』爲佳，《四聲等子》咫A本列『矮』，應爲『躷』形訛，其他版本是。

54 上二來　懶　《廣韻》落旱切，《集韻》魯旱切，來母旱韻；《集韻》落蓋切，來母泰韻；均不當列此位。《韻鏡》外轉第十三開，列字爲『獺』；《七音略》内轉第十三重中重，列字爲『攋』；《切韻指掌圖》空位；《切韻指南》蟹攝外二開口呼廣門、《起數訣》第二十六圖發音清，列字爲『攋』。各韻書、字書，『獺』字均無駭韻音。《廣韻》及以前韻書佳皆亦無來母字。《集韻》增『攋』小韻，洛駭切，則爲來母駭韻。《切韻指南》等從《集韻》，列『攋』字是。《四聲等子》列『懶』誤，當校改爲『攋』。

去二韻目：標目爲怪，實爲卦怪夬合韻

55 去二見　戒　《廣韻》古拜切，《集韻》居拜切，見怪二去開蟹；《韻鏡》外轉第十三開、《起數訣》第二十六圖發音清，列字爲『誡』；《七音略》內轉第十三重中重，列字爲『誡』，當爲『誡』字誤。《切韻指掌圖》十七圖，列字爲『懈』，見母卦韻；《切韻指南》蟹攝外二開口呼廣門，列字均爲『戒』；『誡』爲《廣韻》怪韻見母小韻首字，下收『戒』字，列字以『誡』爲佳，《四聲等子》亦無誤。

56 去二溪　烗　《廣韻》苦戒切，《集韻》口戒切，溪怪二去開蟹；《韻鏡》外轉第十三開、《七音略》內轉第十三重中重、《切韻指南》蟹攝外二開口呼廣門，列字爲『烗』；《切韻指掌圖》十七圖，列字爲『⿱毄女』，溪母卦韻；《起數訣》第二十六圖發音清，列字均爲『慨』，溪母代韻，誤。『烗』爲《廣韻》怪韻溪母位小韻首字，《四聲等子》是。

57 去二群　䶣　《廣韻》未收；《集韻》渠介切，群怪去開二蟹；《韻鏡》、《七音略》、《切韻指掌圖》空位；《切韻指南》蟹攝外二開口呼廣門，列字均爲『䶣』；《廣韻》怪卦韻群母位無字，『䶣』爲《集韻》怪二群母位小韻首字，《四聲等子》從《集韻》。

58 去二知　媞　《廣韻》知母卦韻未收此字；《集韻》得懈切，端卦二去開蟹；《韻鏡》空位；《七音略》外轉第十五重中輕、《切韻指南》蟹攝外二開口呼廣門、《起數訣》第二十三圖發音濁，列字爲『媞』；《切韻指掌圖》十七圖，列字爲『褅』，知母卦韻。『媞』爲《集韻》卦二知母位小韻首字，《四聲等子》依《集韻》。

59　去二徹　蠆　《廣韻》丑犗切，《集韻》丑邁切，徹夬二去開蟹；《韻鏡》外轉第十三開，列字爲『⿱萬心』，應爲『蠆』形訛；《七音略》内轉第十三重中重、《切韻指掌圖》十七圖、《切韻指南》蟹攝外二開口呼廣門、《起數訣》第三十圖發音濁，列字均爲『蠆』。『蠆』爲《廣韻》、《集韻》夬二徹母位小韻首字，《四聲等子》是。

60　去二澄　⿰馬祭　咫A、B本，文瀾閣本，文淵閣本，文津閣本，列字爲『⿰馬祭』；粵雅堂本列字爲『⿰馬祭』。《廣韻》澄母夬韻收字爲『⿰馬祭』，《廣韻》、《集韻》除邁切，澄夬二去開蟹；《韻鏡》外轉第十三開、《四聲等子》蟹攝外二輕重俱等韻開口呼，列字爲『⿰馬祭』；《七音略》内轉第十三重中重，列字爲『⿰馬祭』；《切韻指掌圖》、《切韻指南》空位；《起數訣》第三十圖發音濁，列字爲『⿰馬祭』，均爲『⿰馬祭』字訛。『⿰馬祭』爲《廣韻》、《集韻》夬韻澄母位小韻首字，列字以『⿰馬祭』爲佳，《四聲等子》當校改爲『⿰馬祭』。

61　去二孃　⿰馬祭　《廣韻》、《集韻》孃母夬韻卦韻均無列字，怪韻列字爲『褹』；《韻鏡》外轉第十三開、《七音略》内轉第十三重中重、《切韻指掌圖》十七圖、《切韻指南》蟹攝外二開口呼廣門、《起數訣》第二十六圖發音清，列字爲『褹』；『褹』，《廣韻》、《集韻》女介切，孃怪去開二蟹，『褹』爲《廣韻》怪韻孃母位小韻首字，列字以『褹』爲佳，《四聲等子》列『⿰馬祭』誤，當校改爲『褹』。

62 去二幫　庍　𠂢 A、B本，文瀾閣本，粵雅堂本，列字爲『庍』；文淵閣本、文津閣本，列字爲『庍』。『庍』，《廣韻》方卦切，幫卦二去合蟹；《韻鏡》外轉第十六合，列字爲『庍』；《七音略》外轉第十五重中輕、《切韻指南》蟹攝外二開口呼廣門，列字爲『嶭』，幫母卦韻；《切韻指掌圖》十七圖，列字爲『拜』，幫母怪韻；《起數訣》第二十一圖開音清，列字爲『薜』，麥韻幫母，不當列此位，應是『嶭』之訛。『庍』爲《廣韻》卦韻幫母合口位小韻首字，有些版本另有『嶭，方賣反』，卦韻本無開合對立，《集韻》『嶭』并入『庍』小韻。列字以『庍』爲佳，《四聲等子》是。

63 去二滂　派　《廣韻》匹卦切，《集韻》普卦切，滂卦二去合蟹；《韻鏡》外轉第十六合、《起數訣》第二十一圖開音清，列字均爲『派』；《七音略》外轉第十六輕中輕，列字爲『𠂢』；《切韻指掌圖》十七圖，列字爲『湃』，滂母怪韻；《切韻指南》空位。『派』爲《廣韻》卦韻滂母位小韻首字，下收有『𠂢』字，列字以『派』爲佳，《四聲等子》是。

64 去二並　粺　《廣韻》傍卦切，《集韻》旁卦切，並卦二去合蟹；《韻鏡》外轉第十六合，列字爲『粺』；《七音略》外轉第十六輕中輕、《起數訣》第二十一圖開音清，列字均爲『粺』；《切韻指掌圖》十七圖，列字爲『敗』，並母夬韻；《切韻指南》空位。『粺』爲《廣韻》卦韻滂母位小韻首字，下收有『稗』字，列字以『粺』爲佳，《四聲等子》是。

65 去二穿　差　《廣韻》、《集韻》楚懈切，初卦二去開蟹；《韻鏡》外轉第十三開、《七音略》內轉第十三重中重、《切韻指掌圖》十七圖，列字均爲『瘥』；《切韻指南》蟹攝外二開口呼廣門、《起數訣》第二十六圖發音清，列字均爲『差』。『差』爲《廣韻》卦韻初母位小韻首字，下收有『瘥』字，列字以『差』爲佳，《四聲等子》是。

66 去二影　喝　《廣韻》於犗切，《集韻》於邁切，影夬二去開蟹；《韻鏡》外轉第十三開、《七音略》內轉第十三重中重，列字爲『喝』；《切韻指掌圖》十七圖、《切韻指南》蟹攝外二開口呼廣門，列字爲『隘』，影母卦韻；《起數訣》第三十圖發音濁，列字爲『餲』。『喝』爲《廣韻》夬二影母位小韻首字，下收有『餲』字。列字以『喝』爲佳，《四聲等子》是。

入二韻目：標目爲黠，實爲黠鎋合韻

67 入二溪　鶷　《廣韻》、《集韻》未收；《廣韻》溪母鎋韻列字爲『鶷』，黠韻列字爲『瓿』；依《等子》字形，應爲『鶷』形訛。『鶷』，《廣韻》枯鎋切，《集韻》丘瞎切，溪鎋入開二山；《韻鏡》外轉第二十一開、《切韻指掌圖》七圖，列字爲『鶷』；《七音略》外轉二十一重中輕，列字爲『鶷』，爲『鶷』之形訛；《切韻指南》山攝外四開口呼廣門，列字爲『稿』，溪母薛韻，誤。《起數訣》第二十三圖發音濁，列字爲『瓿』；『鶷』爲《廣韻》鎋二溪母位小韻首字，《四聲等子》當校改爲『鶷』。

68 入二疑　聐　咫A、B本，文津閣本，列字爲『聐』；文瀾本、粵雅堂本，列字爲『䀫』；文淵閣本，列字爲『晧』。『晧』，《康熙字典》記：『《玉篇》胡老切，音浩。耳也。一曰耳聞。』即群母晧韻，不當列此位，應是『聐』之形訛。『聐』，《廣韻》五鎋切，《集韻》牛鎋切，疑鎋二入開山；《韻鏡》外轉第二十一開、《切韻指南》山攝外四開口呼廣門，列字均爲『聐』；《七音略》空位；《切韻指掌圖》七圖、《起數訣》空位。『齾』爲《廣韻》鎋二疑母位小韻首字，下收有『聐』字，列字以『齾』字爲佳，《四聲等子》列『聐』字亦無誤。

69 入二知　哳　《廣韻》、《集韻》陟鎋切，知鎋二入開山；《韻鏡》外轉第二十一開、《切韻指掌圖》十七圖、《起數訣》第二十三圖發音濁、《切韻指南》山攝外四開口呼廣門，列字爲『哳』；《七音略》空位。『哳』爲《廣韻》鎋韻知母位小韻首字，《七音略》空位誤，《四聲等子》是。

70 入二徹　獺　《廣韻》他鎋切，《集韻》逖鎋切，徹鎋二入開山；《韻鏡》外轉第二十一開、《切韻指南》山攝外四開口呼廣門，列字均爲『獺』；《七音略》、《切韻指掌圖》均空位。《起數訣》第二十三圖發音濁，列字爲『呾』。『獺』爲《廣韻》鎋韻徹母位小韻首字，《七音略》空位誤，《四聲等子》是。

71 入二澄　噠　《廣韻》未收；《集韻》宅軋切，澄黠入開二山；《韻鏡》外轉第二十三開，列字爲『薘』，定母曷韻，誤；《七音略》外轉二十三重中重、《切韻指南》山攝外四開口呼廣門、《起數訣》第二十三圖發音濁，列字均爲『噠』；《切韻指掌圖》空位。《廣韻》黠韻無澄母字，《四聲等子》依《集韻》，亦無誤。

72 入二孃　瘵　《廣韻》、《集韻》女黠切，孃黠入開二山；《韻鏡》外轉第二十三開、《七音略》外轉二十三重中輕、《切韻指掌圖》十七圖、《切韻指南》蟹攝外二開口呼廣門，列字爲『疕』；《起數訣》第二十三圖發音濁，列字爲『瘵』。『疕』爲《廣韻》黠二孃母位小韻首字，下收有『瘵』字，列字以『疕』爲佳，《四聲等子》亦無誤。

73 入二滂　○　《廣韻》、《集韻》黠韻有『汃』，普八切，滂黠入開二山。《韻鏡》、《七音略》空位，《切韻指掌圖》圖八、《起數訣》第二十一圖開音清、《切韻指南》山攝外四開口呼廣門，列字爲『汃』，此三圖皆從《集韻》。《四聲等子》爲合韻韻圖，當校補『汃』字。

74 入二並○　《廣韻》、《集韻》黠韻有『拔』，蒲八切，並黠入開二山。《韻鏡》外轉第二十三開、《七音略》外轉二十四輕中重，《切韻指掌圖》圖八、《起數訣》第二十一圖開音清、《切韻指南》山攝外四開口呼廣門，列字爲『拔』；《四聲等子》爲合韻韻圖，當校補『拔』字。

75 入二明　礣　《廣韻》莫鎋切，《集韻》莫八切，明鎋三去開山；《韻鏡》外轉第二十一開，列字均爲『礣』；《七音略》空位，誤；《切韻指掌圖》八圖、《切韻指南》山攝外四開口呼廣門，列字均爲『傜』，微母黠韻，爲『㣙』字誤；《起數訣》第四十六圖收音清，列字爲『帓』。『礣』爲《廣韻》鎋二明母位小韻首字，下收有『帓』字，列字以『礣』爲佳，《七音略》空位誤，《四聲等子》是。

76 入二照　扎　《廣韻》、《集韻》側八切，莊黠二入開山；《韻鏡》外轉第二十三開、《七音略》外轉二十三重中重、《切韻指掌圖》七圖、《切韻指南》山攝外四開口呼廣門、《起數訣》第二十三圖發音濁，列字均爲『札』。『札』爲《廣韻》黠二照母位小韻首字，下收有『扎』字，《四聲等子》亦無誤。

77 入二牀　鏩　文瀾閣本，列字爲『鍘』；其他諸本列字爲『鏩』。『鏩』，《廣韻》、《集韻》未收；《廣韻》崇母黠韻無列字，鎋韻列字爲『鐁』；『鐁』，《廣韻》查鎋切，《集韻》槎轄切，崇鎋二入開山；《康熙字典》記：『按《集韻》、《類篇》作鍘。』《韻鏡》外轉第二十一開，崇母空位；《七音略》外轉二十一重中輕，列字爲『鍘』，《集韻》鎋韻崇母；《切韻指掌圖》空位；《切韻指南》山攝外四開口呼廣門，列字爲『鐁』；『鐁』爲《廣韻》鎋二崇母位小韻首字，《韻鏡》空位誤。《四聲等子》列『鏩』應是『鐁』之訛，當校改爲『鐁』。諸本皆誤，文瀾閣本列字，可明顯看出爲『鐁』字誤。

78 入二審　殺　《廣韻》所八切、《集韻》山戞切，生黠二入開山；《韻鏡》外轉第二十三開、《切韻指掌圖》七圖、《切韻指南》山攝外四開口呼廣門、《起數訣》第二十三圖發音濁，列字均爲『殺』；《七音略》外轉二十三重中重，列字爲『榝』。『殺』爲《廣韻》黠二審母位小韻首字，下收有『榝』字，《四聲等子》是。

79 入二曉　瞎　《廣韻》、《集韻》許鎋切，曉鎋二入開山；《韻鏡》外轉第二十一開、《切韻指掌圖》七圖、《切韻指南》山攝外四開口呼廣門、《起數訣》第四十五圖發音濁，列字均爲『瞎』；

《七音略》空位；『瞎』爲《廣韻》鎋二曉母位小韻首字，《七音略》空位誤，《四聲等子》是。

80 入二匣 鎋 《廣韻》胡瞎切，《集韻》下瞎切，匣鎋二入開山；《韻鏡》外轉第二十一開、《起數訣》第四十五圖發音濁，列字均爲『鎋』；《七音略》空位；《切韻指掌圖》七圖、《切韻指南》山攝外四開口呼廣門，列字均爲『黠』，匣母黠韻；『鎋』爲《廣韻》鎋二匣母位小韻首字，《七音略》空位誤，《四聲等子》是。

81 入二影 鸛 《廣韻》、《集韻》乙鎋切，影鎋二入開山；《韻鏡》外轉第二十一開、《起數訣》第四十五圖發音濁，列字均爲『鸛』；《七音略》外轉二十一重中輕，列字爲『轏』，《廣韻》士限切，《集韻》仕限切，崇母産韻，誤；《切韻指掌圖》七圖、《切韻指南》山攝外四開口呼廣門，列字均爲『軋』，影母黠韻；『鸛』爲《廣韻》鎋二影母爲小韻首字，《七音略》誤，《四聲等子》是。

平三韻目：標目爲齊，實爲齊咍合韻

82 平三穿 犆 咫 A、B本，列字爲『犆』；文瀾閣本、文淵閣本、文津閣本、粵雅堂本，列字爲『擠』。『擠』，《廣韻》祖稽切，精母齊韻；另《廣韻》、《集韻》子計切，精母霽韻，均不當列此位。『犆』，《廣韻》、《集韻》昌來切，昌咍三平開蟹；《韻鏡》外轉第十三開、《七音略》内轉第十三重中重、《切韻指掌圖》十七圖、《切韻指南》蟹攝外二開口呼廣門、《起數訣》第二十六圖發音清，列字均爲『檮』。『咍』韻本無三等字，『檮』爲依切列字，諸韻圖均列於三等昌母位，《四聲等子》咫 A、B 本沿襲早期韻圖，是。其他版本列『擠』字，爲精母字，按韻圖規則當列於一四等，誤，當校改爲『檮』。

83 平三禪　栘　《廣韻》、《集韻》成臡切，禪齊平開三蟹；《韻鏡》、《七音略》、《切韻指南》三等空位；《七音略》内轉第十三開，『移』列於四等位；《切韻指掌圖》十七圖，三等位列字爲『栘』。『齊』爲四等字，《廣韻》韻圖中『栘』爲依切列字，《切韻指掌圖》、《四聲等子》當爲語音變化，亦無誤。

84 平三日　腝　《廣韻》而兗切，日獮上合三山，不應列於此；《集韻》汝來切，日咍平開三蟹；《韻鏡》、《七音略》空位；《切韻指掌圖》十七圖，列字爲『腝』；《切韻指南》蟹攝外二開口呼廣門，列字爲『荋』，日母之韻。《起數訣》第二十五圖發音清，於四等日母位，列『臡』字。『咍』韻本無三等字，『腝』爲依切列字，諸韻圖均列於三等日母位，《四聲等子》從《集韻》。

上三韻目：標目爲薺，實爲海韻

85 上三照　○　《韻鏡》、《切韻指南》照母薺韻均空位；《七音略》内轉第十三重中重、《切韻指掌圖》十七圖，列字爲『垷』，《廣韻》研啟切，《集韻》吾禮切，疑薺四上開蟹，不應列於此；

《七音略》誤，當删，《四聲等子》空位是。

86 上三穿　茝　《廣韻》昌紿切，《集韻》昌亥切，昌海三上開蟹；《韻鏡》外轉第十三開、《起數訣》第二十六圖發音清、《切韻指南》蟹攝外二開口呼廣門，均列於三等位；《七音略》内轉第十三重中重、《切韻指掌圖》十七圖，列於二等位，應錯位所致。『茝』爲海韻當爲一等，聲母爲昌，又當列於三等，此爲例外音切，因切列位當列於昌母三等位，《四聲等子》從《韻鏡》，列『茝』字是。

87 上三禪　○　《廣韻》禪母海韻無列字；《集韻》有『灑』，時禮切，禪薺四上開蟹。《七音略》、《切韻指南》、《切韻指掌圖》、《起數訣》均空位；《韻鏡》外轉第十三開，列字爲『灑』，此字爲《集韻》後加音切，當删；《韻鏡》、《四聲等子》空位是。

去三韻目：標目爲祭

88 去三見　罽　《廣韻》、《集韻》居例切，見祭三去開蟹；《韻鏡》外轉第十三開、《七音略》内轉第十三重中重、《切韻指南》蟹攝外二開口呼廣門、《起數訣》第三十圖發音濁，列字均爲『猘』；《切韻指掌圖》空位；『猘』爲《廣韻》、《集韻》祭韻見母開口位小韻首字，下收『罽』字，列字爲『猘』爲佳，《四聲等子》亦無誤。

89 去三溪　憩　甈 A、B 本，文瀾閣本，文津閣本，粵雅堂本，列字爲『憩』；文淵閣本，列字爲

『憇』，《廣韻》、《集韻》去例切，溪祭三去開蟹；《韻鏡》外轉第十三開，列字均爲『憇』；《七音略》內轉第十三重中重、《切韻指南》蟹攝外二開口呼廣門，列字均爲『憩』，『憩』、『憇』二字爲異體字；《切韻指掌圖》空位；《起數訣》第三十圖發音濁，列字爲『愒』。『憩』爲《廣韻》祭三溪母位小韻首字，下收有『愒』字。列字以『憩』爲佳，《起數訣》列《集韻》小韻首字，《四聲等子》各版本均是。

90 去三群　偈　《廣韻》其憩切，《集韻》其例切，群祭三去開蟹；《韻鏡》外轉第十三開、《切韻指南》蟹攝外二開口呼廣門、《起數訣》第三十圖發音濁，列字均爲『偈』；《七音略》、《切韻指掌圖》空位。『偈』爲《廣韻》、《集韻》祭韻群母位小韻首字，《七音略》空位誤，《四聲等子》是。

91 去三疑　劓　《廣韻》魚器切，疑至三去開蟹，不應列於此；《集韻》牛例切，疑祭三去開蟹；《韻鏡》外轉第十三開、《切韻指南》蟹攝外二開口呼廣門，列字均爲『劓』；《七音略》內轉第十三重中重、《起數訣》第三十圖發音濁，列字均爲『劓』；《切韻指掌圖》空位。『劓』、『劓』爲《集韻》祭韻疑母位小韻首字，未收『劓』字。《四聲等子》列『劓』，當從其《集韻》音，亦無誤。

92 去三知　𤺌　咫 A、B本，粵雅堂本，列字爲『𤺌』；文瀾閣本、文淵閣本、文津閣本，列字爲『𤺌』，幫母泰韻，不當列此位，應是『𤺌』之形訛。『𤺌』，《廣韻》、《集韻》竹例切，知祭三去開蟹；《韻鏡》外轉第十三開、《切韻指南》蟹攝外二開口呼廣門、《起數訣》第三十圖發音濁，列字均爲『㿃』；《七音略》、《切韻指掌圖》空位。『㿃』爲《廣韻》、《集韻》祭韻知母位小韻首字，《七音略》空位誤，《四聲等子》是。

93 去三徹　跐　《廣韻》、《集韻》丑例切，徹祭三去開蟹；《韻鏡》外轉第十三開、《切韻指南》蟹攝外二開口呼廣門、《起數訣》第三十圖發音濁，列字均爲『跐』；《七音略》、《切韻指掌圖》空位。『跐』爲《廣韻》祭韻徹母位小韻首字，《七音略》空位誤，《四聲等子》是。

94 去三澄　滯　《廣韻》、《集韻》直例切，澄祭三去開蟹；《韻鏡》外轉第十三開、《切韻指南》蟹攝外二開口呼廣門、《起數訣》第三十圖發音濁，列字均爲『滯』；《七音略》、《切韻指掌圖》空位。『滯』爲《廣韻》祭韻澄母位小韻首字，《七音略》空位誤，《四聲等子》是。

95 去三照　○　《廣韻》、《集韻》章母祭韻列字爲『制』；《韻鏡》外轉第十三開、《七音略》內轉第十三重中重、《切韻指南》蟹攝外二開口呼廣門、《起數訣》第三十圖發音濁，列字均爲『制』；《切韻指掌圖》空位。『制』，《廣韻》、《集韻》征例切，章祭三去開蟹；爲祭韻章母位小韻首字，《韻鏡》等諸家韻圖是，《四聲等子》空位誤，當校補『制』字。

96 去三禪　誓　《廣韻》、《集韻》時制切，禪祭三去開蟹；《韻鏡》外轉第十三開、《七音略》內轉第十三重中重、《切韻指南》蟹攝外二開口呼廣門、《起數訣》第三十圖發音濁，列字均爲『逝』；《切韻指掌圖》空位。『逝』爲《廣韻》祭韻禪母位小韻首字，下收有『誓』字，列字以

『逝』爲佳，《四聲等子》亦無誤。

97 去三曉 ○ 《廣韻》曉母祭韻無列字；《韻鏡》外轉第十三開，列字爲『緆』，《廣韻》於罽切，影母祭韻，誤；《七音略》内轉第十三重中重，列字爲『慧』，《廣韻》、《集韻》胡桂切，匣母霽韻；《切韻指掌圖》空位；《切韻指南》蟹攝外二開口呼廣門，列字爲『歇』，《集韻》曉母廢韻；《起數訣》第三十圖發音濁，列字爲『憩』，《集韻》祭韻曉母位有『憇，許罽切』，當訛誤。《四聲等子》依《廣韻》空位，亦無誤。

98 去三影 緆 《廣韻》於罽切，《集韻》於例切，影祭去開三蟹；《韻鏡》空位；《七音略》内轉第十三重中重、《切韻指南》蟹攝外二開口呼廣門，列字均爲『緆』；《切韻指掌圖》、《起數訣》空位。『緆』爲《廣韻》祭三影母位小韻首字，《四聲等子》是。

99 去三來 㤠 《廣韻》未收；《集韻》力制切，來祭三去開蟹；《韻鏡》外轉第十三開、《七音略》内轉第十三重中重、《切韻指南》蟹攝外二開口呼廣門、《起數訣》第三十圖發音濁，列字均爲『例』；《切韻指掌圖》空位；『例』爲《廣韻》祭韻來母小韻首字，『㤠』《廣韻》未收，《集韻》『例』小韻下收『㤠』字，《四聲等子》從《集韻》，亦無誤。

入三韻目：標目爲薛

100 入三見 揭 《集韻》蹇列切，見薛三入開山；《韻鏡》外轉第二十三開、《七音略》外轉二十三重中重、《切韻指掌圖》七圖、《起數訣》第四十五圖發音濁，列字均爲『揭』；《切韻指南》山攝外四開口呼廣門，列字爲『孑』。《廣韻》薛韻無見母，『揭』爲《集韻》小韻首字，《四聲等子》從《集韻》。

101 入三群　傑　咫A、B本，文瀾閣本，粵雅堂本，列字爲『傑』；文淵閣本、文津閣本，列字爲『桀』。『傑』，《廣韻》渠列切，《集韻》巨列切，群薛三入開山；《韻鏡》外轉第二十三開、《七音略》外轉二十三重中重、《切韻指掌圖》七圖、《切韻指南》山攝外四開口呼廣門，列字均爲『傑』；《起數訣》第四十五圖發音濁，列字爲『桀』；『傑』爲《廣韻》、《集韻》薛三群母位小韻首字，下收有『桀』、『竭』二字，列字以『傑』字爲佳，《四聲等子》各版本均無誤。

102 入三疑　蘖　《廣韻》、《集韻》魚列切，疑薛三入開山；《韻鏡》外轉第二十三開、《七音略》外轉二十三重中重、《切韻指掌圖》七圖，列字均爲『孽』，此字當爲『孼』之或體；《切韻指南》山攝外四開口呼廣門，列字爲『孼』；《起數訣》第四十五圖發音濁，列字爲『蘖』。『孼』爲《廣韻》、《集韻》薛三疑母位小韻首字，下收有『蘖（糱）』字，列字以『孼』字爲佳，《四聲等子》、《起數訣》列『蘖（糱）』字，亦無誤。

103 入三徹　徹　《廣韻》丑列切，《集韻》敕列切，徹薛三入開山；《韻鏡》外轉第二十三開、《七音略》外轉二十三重中重、《起數訣》第四十五圖發音濁，列字均爲『徹』；《切韻指掌圖》七圖、《切韻指南》山攝外四開口呼廣門，列字均爲『中』。『中』爲《廣韻》、《集韻》薛三徹母位小韻首字，下收有『徹』字。列字以『屮』字爲佳，《四聲等子》亦無誤。

104 入三澄　徹　咫A、B本，文瀾閣本，粤雅堂本，列字爲『徹』；文淵閣本、文津閣本，列字爲『轍』。『徹』，《廣韻》、《集韻》直列切，澄薛三入開山；《韻鏡》外轉第二十三開、《七音略》外轉二十三重中重、《切韻指掌圖》七圖、《切韻指南》山攝外四開口呼廣門、《起數訣》第四十五圖發音濁，列字均爲『轍』。『轍』爲《廣韻》薛韻澄母位小韻首字，下收『徹』字，列字以『轍』爲佳，《四聲等子》諸本是。

105 入三幫　𧧑　《廣韻》方別切，《集韻》筆別切，幫薛三入開山；《韻鏡》外轉第二十三開，列字爲『鷩』，爲重紐四等字，當列於四等位，《韻鏡》誤；《七音略》外轉二十三重中重、《切韻指掌圖》八圖、《切韻指南》山攝外四開口呼廣門、《起數訣》第四十六圖收音清，列字均爲『䇷』；『䇷』爲《廣韻》薛韻幫母位小韻首字；『𧧑』，《康熙字典》記：『《廣韻》與䇷同』，『𧧑』、『䇷』二字爲異體字。《四聲等子》列異體，亦無誤。

106 入三照　哲　《廣韻》旨熱切，《集韻》之列切，章薛三入開山；《韻鏡》外轉第二十三開、《七音略》外轉二十三重中重、《起數訣》第四十五圖發音濁，列字均爲『浙』；《切韻指掌圖》七圖、《切韻指南》山攝外四開口呼廣門，列字均爲『哲』。『哲』爲《廣韻》薛三章母位小韻首字，下收有『浙』字，《四聲等子》是。

107 入三禪　折　《廣韻》旨熱切，《集韻》之列切，章薛入開三山；《廣韻》常列切，禪薛入開三山；《韻鏡》外轉第二十三開、《七音略》外轉二十三重中重，列字均爲『折』；《切韻指掌圖》七圖、《切韻指南》山攝外四開口呼廣門，均列於牀母位，禪母空位，誤；《起數訣》第四十五圖發音濁，列字爲『舌』，誤。『折』爲《廣韻》薛三禪母位小韻首字，《四聲等子》是。

108 入三曉　歇　《廣韻》、《集韻》許竭切，曉月三入開山；《韻鏡》外轉第二十三開、《七音略》外轉二十三重中重，列字爲『娎』；《切韻指掌圖》第七圖，列字爲『歇』；《切韻指南》蟹攝外二開口呼廣門，列字爲『肸』，曉母質韻。『娎』爲《廣韻》薛三曉母位小韻首字，《四聲等子》列字誤，當校改爲『娎』。

109 入三影　謁　《廣韻》於歇切，影月三入開山；《集韻》乙列切，影薛三入開山；《韻鏡》外轉第二十三開、《七音略》外轉二十三重中重，列字均爲『焆』，《廣韻》、《集韻》於列切，影薛三入開山；《切韻指掌圖》七圖、《起數訣》第四十五圖發音濁，列字均爲『謁』；《切韻指南》山攝外四開口呼廣門，列字爲『緆』，影母薛韻。『焆』爲《廣韻》薛韻影母位小韻首字，下未收『謁』字。『緆』爲《集韻》薛三影母位小韻首字，下收有『謁』字，《四聲等子》從《集韻》，亦無誤。

110 入三來　列　《廣韻》良辥切，《集韻》力蘖切，來薛三入開山；《韻鏡》外轉第二十三開，列字爲『烈』；《七音略》外轉二十三重中重、《切韻指掌圖》七圖、《切韻指南》山攝外四開口呼廣門、《起數訣》第四十五圖發音濁，列字均爲『列』。『列』爲《廣韻》薛韻來母位小韻首字，下收『烈』字，列字以『列』爲佳，《四聲等子》是。

111 入三日　熱　焸 A、B 本，文瀾閣本，粤雅堂本，列字爲『熱』；文淵閣本、文津閣本，列字爲『熱』。『熱』，《廣韻》、《集韻》未收，當爲『熱』之形訛。『熱』，《廣韻》如列切，《集韻》而列切，日薛三入開山；《韻鏡》外轉第二十三開、《切韻指掌圖》七圖、《四聲等子》山攝外四輕重俱等韻開口呼、《切韻指南》山攝外四開口呼廣門，列字均爲『熱』；《七音略》外轉二十三重中重，列字爲『熱』，爲『熱』異體字。『熱』爲《廣韻》薛韻日母位小韻首字，《四聲等子》文淵閣本、文津閣本是，其他版本誤，當校改爲『熱』。

平四韻目：標目爲齊

112 平四見　雞　文津閣本『維』，以母脂韻，不當列此位，應是『雞』字之形訛；其他諸本列字爲『雞』。『雞』，《廣韻》古奚切，《集韻》堅奚切，見齊平開四蟹；《韻鏡》外轉第十三開、《七音略》内轉第十三重中重、《切韻指掌圖》十八圖、《切韻指南》蟹攝外二開口呼廣門，列字均爲『雞』；《起數訣》空位，誤。『雞』爲《廣韻》齊韻見母位小韻首字，《四聲等子》是。文津閣本當校正爲『雞』。

113 平四溪　溪　《廣韻》苦奚切，《集韻》牽奚切，溪齊平開四蟹；《韻鏡》外轉第十三開、《七音略》内轉第十三重中重、《切韻指南》蟹攝外二開口呼廣門，列字爲『谿』；《切韻指掌圖》十八圖，列字爲『溪』；《起數訣》列空位，誤。『谿』爲《廣韻》齊韻溪母位小韻首字，下收有『溪』字，列字以『谿』爲佳，《四聲等子》亦無誤。

114 平四疑　齯　屔 A、B本列字爲『齯』；文瀾閣本、文津閣本，列字爲『覰』；粵雅堂本，列字爲『齯』。『齯』，《廣韻》未收；《康熙字典》記：『《集韻》、《類篇》五圭切，堄平聲。視也。』按五圭切，疑齊平合四蟹，不當列於此，應列於蟹攝外二輕重俱等韻合口呼。《韻鏡》外轉第十三開、《七音略》內轉第十三重中重、《切韻指掌圖》十八圖、《切韻指南》蟹攝外二開口呼廣門、《起數訣》第二十五圖發音清，列字均爲『倪』。『倪』爲《廣韻》開口齊韻疑母位小韻首字，列字以『倪』爲佳，《四聲等子》各本均誤，當校改爲『倪』。

115 平四端　氐　《廣韻》都奚切，《集韻》都黎切，端齊平開四蟹；《韻鏡》外轉第十三開，列字爲『𢆰』，當爲『氐』形訛；《七音略》內轉第十三重中重，列字爲『氐』；《切韻指掌圖》十八圖、《切韻指南》蟹攝外二開口呼廣門，列字均爲『低』；《起數訣》空位。『低』爲《廣韻》齊韻端母位小韻首字，下收有『氐』字，『氐』爲《集韻》小韻首字，《四聲等子》從《集韻》。

116 平四定　提　《廣韻》杜奚切，《集韻》田黎切，定齊平開四蟹。《韻鏡》外轉第十三開、《七音略》內轉第十三重中重，列字爲『題』；《切韻指掌圖》十八圖，列字爲『啼』；《切韻指南》蟹攝外二開口呼廣門，列字爲『嗁』；《起數訣》空位。『嗁』爲《廣韻》齊韻定母位小韻首字，下收有『題』、『啼』、『提』三字，列字以『嗁』爲佳。《四聲等子》亦無誤。

117　平四泥　泥　《廣韻》奴低切,《集韻》年題切,泥齊平開四蟹。《韻鏡》外轉第十三開,列字爲『汜』,應爲『泥』形訛;《七音略》内轉第十三重中重、《切韻指掌圖》十八圖、《切韻指南》蟹攝外二開口呼廣門,列字均爲『泥』;《起數訣》空位。『泥』爲《廣韻》齊韻泥母位小韻首字,列字以『泥』爲佳,《四聲等子》是。

118　平四幫　豍　《廣韻》邊兮切,《集韻》邊迷切,幫齊平開四蟹;《韻鏡》外轉第十三開、《七音略》内轉第十三重中重,列字爲『篦』;《切韻指掌圖》十九圖、《切韻指南》蟹攝外二開口呼廣門,列字均爲『豍』;《起數訣》空位。『豍』爲《廣韻》齊韻幫母位小韻首字,下收有『篦』字,列字以『豍』爲佳,《四聲等子》是。

119　平四滂　砒　《廣韻》未收,《集韻》篇迷切,滂齊平開四蟹。《韻鏡》外轉第十三開,列字爲『批』,《七音略》内轉第十三重中重、《切韻指掌圖》十九圖,列字爲『磇』;《切韻指南》蟹攝外二開口呼廣門,列字爲『砒』;《起數訣》空位。『砒』,《康熙字典》記:『《正字通》同磇』,『砒』、『磇』二字爲異體字。《集韻》齊韻滂母位,下收『砒』字,《四聲等子》依《集韻》,亦無誤。

120　平四並　𢮚　𢮚A、B本列字爲『𢮚』,文瀾閣本、文淵閣本、粵雅堂本、文津閣本列字爲『𢮚』。『𢮚』,《廣韻》、《集韻》均未收,『𢮚』出自《字彙》,『𢮚』出自《類篇》。『批』、『𢮚』爲異體字,『𢮚』、『𢮚』爲『𢮚』字訛,齊韻滂母,均不當列此位。《韻鏡》外轉第十三開、《七音略》内轉第十三重中重、《切韻指掌圖》十九圖、《切韻指南》蟹攝外二開口呼廣門,列字爲『鞞』;《起數訣》空位。『鼙』爲《廣韻》齊韻並母位小韻首字，《四聲等子》諸本誤，當校改爲『鼙』。

121 平四明　迷　咫A、B本，文瀾閣本，文淵閣本，粵雅堂本列字爲『迷』，文津閣本『述』，『述』船母術韻字，不當列此位，應是『迷』字之形訛。『迷』，《廣韻》莫兮切，《集韻》緜批切，明齊平開四蟹；《韻鏡》外轉第十三開、《七音略》内轉第十三重中重、《切韻指掌圖》十九圖、《切韻指南》蟹攝外二開口呼廣門，列字均爲『迷』；《起數訣》空位。『迷』爲《廣韻》齊韻明母位小韻首字，《四聲等子》是。文津閣本當校正爲『迷』。

122 平四精　齎　咫A、B本列字爲『齎』；文淵閣本、文津閣本『賫』；粵雅堂本爲『賷』；文瀾閣本模糊不清。『齎』，《廣韻》祖稽切，精齊平開四蟹；《集韻》津私切，精脂三平開蟹。《韻鏡》外轉第十三開、《七音略》内轉第十三重中重、《切韻指掌圖》十八圖、《切韻指南》蟹攝外二開口呼廣門、《起數訣》第二十五圖發音清，列字均爲『齎』。『齎』《廣韻》齊韻精母位小韻首字，下收『賫』字；『賫』，《康熙字典》記：『《字彙補》俗齎字』；『賫』、『賷』均爲『齎』俗體字；列字以『齎』爲佳，文淵閣本、文津閣本、粵雅堂本列俗體亦無誤，校正爲『齎』爲佳，文瀾閣本當補。

123 平四匣　奚　《廣韻》胡雞切，《集韻》弦雞切，匣齊四平開蟹；《韻鏡》外轉第十三開、《七音略》内轉第十三重中重、《切韻指掌圖》十八圖，列字均爲『兮』；《切韻指南》蟹攝外二開口呼廣門、《起數訣》第二十五圖發音清，列字均爲『奚』。『奚』爲《廣韻》齊韻匣母位小韻首字，下收『兮』字，《四聲等子》是。

124 平四邪 ◯ 《韻鏡》空位；《七音略》内轉第十三重中重，列字爲『移』，以母支韻，誤，爲『栘』字訛。《切韻指掌圖》十八圖、《四聲等子》蟹攝外二輕重俱等韻開口呼、《切韻指南》蟹攝外二開口呼廣門，空位。『栘』爲《廣韻》齊韻禪母字，成臡切，但依切列於四等位，《四聲等子》空位誤，可校補『栘』。

125 平四來 梨 咫A、B本、文瀾閣本、粵雅堂本列字爲『梨』；文淵閣本、文津閣本列字爲『棃』；『梨』、『棃』二字爲異體字。『梨』，《廣韻》力脂切，來母脂韻，不應列於此；《集韻》憐題切，來齊平開四蟹；《韻鏡》外轉第十三開、《起數訣》第二十五圖發音清，列字爲『黎』，《廣韻》郎奚切，《集韻》憐題切，來齊平開四蟹；《七音略》内轉第十三重中重、《切韻指掌圖》十八圖、《切韻指南》蟹攝外二開口呼廣門，列字爲『棃』，爲『黎』之俗體。『黎』爲《廣韻》、《集韻》齊韻來母位小韻首字，《集韻》下收『梨』字，《四聲等子》從《集韻》亦無誤。

126 平四日 ◯ 《廣韻》日母齊韻列字爲『臡』；《韻鏡》外轉第十三開、《七音略》内轉第十三重中重，列字均爲『臡』；《切韻指掌圖》、《四聲等子》、《切韻指南》空位。『臡』，《廣韻》人兮切，《集韻》人栘切，日齊四平開蟹，依切列於四等位，《四聲等子》空位誤，當校補『臡』。

上四韻目：標目爲薺

127 上四見 鳽 㞬A、B本列字爲『鳽』；文瀾閣本、文淵閣本、粵雅堂本、文津閣本列字爲『鶀』，『鶀』，群母之韻，不當列此位，應是『鳽』字之形訛。『鳽』，《廣韻》未收，《集韻》古禮切，見薺四上開蟹。《康熙字典》記：『《類篇》音脅。鳥似梟。《玉篇》同。』《韻鏡》、《七音略》、《切韻指掌圖》空位；《切韻指南》蟹攝外二開口呼廣門，列字爲『鳽』；《起數訣》第二十五圖發音清，列字爲『鳽』，誤。《廣韻》薺韻見母無字，『鳽』爲《集韻》薺四見母位小韻首字，《四聲等子》列字從《集韻》，亦無誤。

128 上四溪 啟 文津閣本列字爲『啓』；其他諸本列字爲『啟』。『啟』，《廣韻》康禮切，《集韻》遣禮切，溪齊上四蟹；《韻鏡》外轉第十三開、《七音略》内轉第十三重中重、《切韻指南》蟹攝外二開口呼廣門、《起數訣》第十五圖開音清，列字爲『啓』；《切韻指掌圖》十八圖，列字爲『企』，溪母紙韻。『啟』爲溪母薺韻小韻首字，下收『啓』字，列字以『啟』爲佳，《四聲等子》是。

129 上四疑 堄 文津閣本列字爲『垷』；㞬A本、粵雅堂本列字爲『垸』。『垸』，《康熙字典》記：『《龍龕》同院。』、『院』，匣母桓韻，又云母線韻，均不當列此位，故列『垸』字誤，應是『堄』之形訛。『堄』，《廣韻》研啟切，《集韻》吾禮切，疑薺四上開蟹；《韻鏡》外轉第十三開，列字爲『掜』；《七音略》内轉第十三重中重，空位；《切韻指掌圖》十八圖，列字爲『蜺』；《切韻指南》蟹攝外二開口呼廣門、《起數訣》第二十五圖發音清，列字均爲『垷』。『垷』爲《廣韻》薺韻疑母位小韻首字，下收有『挸』、『蜺』二字，列字以『垷』字爲佳，《四聲等子》是。咫 A 本、文津閣本、粤雅堂本列字訛，當校正爲『垷』。

130 上四端　底　文瀾閣本列字爲『底』；文淵閣本列字爲『邸』；文津閣本列字爲『邳』。『底』爲『底』字缺筆，『邸』、『邳』二字爲異體字。『底』，《廣韻》都禮切，《集韻》典禮切，端薺上開四蟹；《韻鏡》外轉第十三開、《七音略》内轉第十三重中重、《切韻指掌圖》十八圖、《切韻指南》蟹攝外二開口呼廣門、《起數訣》第二十五圖發音清，列字均爲『邸』。『邸』爲《廣韻》薺韻端母位小韻首字，下收『底』字，列字以『邸』爲佳，《四聲等子》文淵閣本是，其他諸本亦無誤。

131 上四泥　禰　咫 A、B 本，粤雅堂本，文瀾閣本列字爲『禰』；文淵閣本、文津閣本列字爲『你』。『你』，止韻孃母字，不當列此位。『禰』，《廣韻》奴禮切，《集韻》乃禮切，泥薺四上開蟹；《韻鏡》外轉第十三開、《七音略》内轉第十三重中重、《切韻指掌圖》十八圖、《切韻指南》蟹攝外二開口呼廣門、《起數訣》第二十五圖發音清，列字均爲『禰』。『禰』爲《廣韻》薺韻泥母位小韻首字，《四聲等子》咫 A、B 本，粤雅堂本，文瀾閣本是。文淵閣本、文津閣本當校正爲『禰』。

132 上四幫　鞞　《廣韻》補米切，《集韻》普米切，幫薺四上開蟹；《韻鏡》外轉第十三開，列字爲

『鞁』，應爲『軙』形訛；《切韻指南》蟹攝外二開口呼廣門、《起數訣》第二十五圖發音清，列字均爲『軙』；《七音略》内轉第十三重中重，列字爲『鞁』，形訛；《切韻指掌圖》十九圖，列字爲『比』，幫母旨韻。『軙』爲《廣韻》薺四幫母位小韻首字，《四聲等子》列字是。

133 上四滂　頩　咫A、B本，文淵閣本，文津閣本列字均爲『頩』；文瀾閣本列字爲『頩』。此字當爲『頩』字誤。『頩』，《廣韻》匹米切，《集韻》普米切，滂薺四上開蟹；《韻鏡》外轉第十三開、《七音略》内轉第十三重中重、《切韻指南》蟹攝外二開口呼廣門，列字均爲『頩』；《切韻指掌圖》十九圖，列字爲『諀』，滂母紙韻；《起數訣》第二十五圖發音清，列字爲『庀』，『庀』，《集韻》滂母薺韻，從《集韻》。『頩』爲《廣韻》薺韻滂母位小韻首字，列字以『頩』爲佳，《四聲等子》各版本列字均訛，當校改爲『頩』。

134 上四清　泚　文津閣本列字爲『泚』，幫母旨韻，並母脂韻，皆不應列於此，應爲『泚』形訛；其他諸本列字爲『泚』。『泚』，《廣韻》千禮切，《集韻》此禮切，清薺四上開蟹；《韻鏡》外轉第十三開、《七音略》内轉第十三重中重、《切韻指掌圖》十八圖、《切韻指南》蟹攝外二開口呼廣門、《起數訣》第二十五圖發音清，列字均爲『泚』。『泚』爲《廣韻》、《集韻》薺四清母位小韻首字，《四聲等子》文津閣本形訛，當校正爲『泚』，其他版本是。

135 上四匣　傒　《廣韻》胡禮切，《集韻》户禮切，匣薺四上開蟹；《韻鏡》外轉第十三開、《切韻指掌圖》十八圖、《切韻指南》蟹攝外二開口呼廣門、《起數訣》第二十五圖發音清，列字均爲

『徯』；《七音略》列於曉母，應爲錯位所致。『徯』爲《廣韻》薺韻匣母位小韻首字，《七音略》誤，《四聲等子》是。

136 上四影　吁　文津閣本列字爲『㕧』，其他版本皆列『吁』，吁當爲『㕧』俗。『㕧』，《廣韻》烏弟切，《集韻》杳禮切，影薺四上開蟹；《韻鏡》外轉第十三開、《七音略》内轉第十三重中重、《切韻指掌圖》十八圖、《切韻指南》蟹攝外二開口呼廣門、《起數訣》第二十五圖發音清，列字均爲『㕧』。因『兮』之異體字寫作『亏』，故將『㕧』字半邊寫爲俗體。『㕧』爲《廣韻》、《集韻》薺四影母小韻首字，《四聲等子》文津閣本列正體事，其他版本當校正爲『㕧』。

137 上四來　禮　文淵閣本列字爲『礼』，其他版本作『禮』。《康熙字典》記：『《集韻》「禮」古作「礼」。注詳十三畫。』、『礼』爲『禮』之古體。『禮』，《廣韻》盧啟切，《集韻》里弟切，來薺四上開蟹；《韻鏡》外轉第十三開、《七音略》内轉第十三重中重、《切韻指南》蟹攝外二開口呼廣門、《起數訣》第二十五圖發音清，列字均爲『禮』；《切韻指掌圖》十八圖，列字爲『邐』，來母紙韻。『禮』爲《廣韻》、《集韻》薺四來母位小韻首字，《四聲等子》各版本均是。

去四韻目：標目爲霽

138 去四定　苐　咫　A、B本，文淵閣本，文津閣本，粤雅堂本列字爲『苐』；文瀾閣本列字爲『第』。『苐』，《廣韻》未收；《集韻》田黎切，定霽四去開蟹；《韻鏡》外轉第十三開、《切韻指南》蟹攝外二開口呼廣門、《起數訣》第二十五圖發音清，列字均爲『第』；《七音略》内轉第十三重中重，列字爲『弟』；《切韻指掌圖》十八圖，列字爲『地』，定母至韻。『第』爲《廣韻》霽韻定母位小韻首字，下收有『弟』字，列字以『第』爲佳，《四聲等子》文瀾閣本是；其他諸本從《集韻》，列字爲『苐』，雖無誤，但校正爲『第』字佳。

139 去四泥　涅　《廣韻》奴計切，《集韻》乃計切，泥霽四去開蟹；《韻鏡》外轉第十三開、《七音略》内轉第十三重中重、《切韻指掌圖》十八圖、《切韻指南》蟹攝外二開口呼廣門、《起數訣》第二十五圖發音清，列字均爲『泥』。『泥』爲《廣韻》霽韻泥母位小韻首字，下收『涅』字，『涅』爲『泥』字之俗體，列字以『泥』爲佳，《四聲等子》列俗體，亦無誤。

140 去四幫　閉　文瀾閣本列字爲『閑』，山母匣韻，不當列此位，爲『閉』之形訛；文淵閣、文津閣本列字爲『閇』，《康熙字典》記：『《篇海類編》皮變切，音卞。摶也。又《字彙補》與「閉」同。』、『閇』、『閉』二字爲異體字；咫A、B本，粤雅堂本列字爲『閉』。『閉』，《廣韻》博計切，《集韻》必計切，幫霽四去開蟹；《韻鏡》外轉第十三開、《七音略》内轉第十三重中重、《四聲等子》蟹攝外二輕重俱等韻開口呼、《切韻指南》蟹攝外二開口呼廣門、《起數訣》第二十五圖發音清，列字均爲『閉』；《切韻指掌圖》十九圖，列字爲『臂』，幫母寘韻。『閉』爲《廣韻》、《集韻》霽四幫母位小韻首字，《四聲等子》咫A、B本，粤雅堂本是，其他版本當校正爲『閉』。

141 去四滂　媲　咫A本列字爲『媲』；文瀾閣本、文津閣本列字爲『媲』，《集韻》匹計切，滂霽四去開蟹；文淵閣本列字爲『媲』；咫B本、粵雅堂本列字爲『媲』。『媲』，《廣韻》、《集韻》未收；《廣韻》滂母霽韻列字爲『媲』，匹詣切，滂霽四去開蟹；《韻鏡》外轉第十三開、《七音略》内轉第十三重中重、《切韻指南》蟹攝外二開口呼廣門、《起數訣》第二十五圖發音清，列字均爲『媲』；《切韻指掌圖》十九圖，列字爲『譬』，滂母寘韻。『媲』、『媲』、『媲』三字爲異體字。咫A本列『媲』，應是『媲』字之形訛。文瀾閣本、文津閣本列『媲』，《集韻》收字形『媲』，匹計切，滂霽四去開蟹。《四聲等子》咫A本當校正爲『媲』，其他版本列字均無誤。

142 去四曉　歖　《廣韻》呼計切，《集韻》許罽切，曉霽四去開蟹；《韻鏡》空位；《七音略》内轉第十三重中重，列字爲『䀀』；《切韻指掌圖》十八圖、《切韻指南》蟹攝外二開口呼廣門、《起數訣》第二十五圖發音清，列字均爲『歖』。『歖』爲《廣韻》霽韻曉母位小韻首字，下收有『䀀』字，列字以『歖』爲佳，《韻鏡》誤，《四聲等子》是。

143 去四匣　系　《廣韻》、《集韻》胡計切，匣霽四去開蟹；《韻鏡》外轉第十三開、《七音略》内轉第十三重中重、《切韻指南》蟹攝外二開口呼廣門、《起數訣》第二十五圖發音清，列字均爲『蒵』；《切韻指掌圖》十八圖，列字爲『系』。『蒵』爲《廣韻》霽韻匣母位小韻首字，下收有『系』字，『系』爲《集韻》霽韻匣母位小韻首字，《四聲等子》從《集韻》。

144 去四影　翳　《廣韻》於計切，《集韻》壹計切，影霽四去開蟹；《韻鏡》外轉第十三開、《切韻指南》蟹攝外二開口呼廣門、《起數訣》第二十五圖發音清，列字均爲『翳』；《七音略》内轉第十三重中重，列字爲『瞖』；《切韻指掌圖》十八圖，列字爲『縊』，影母霽韻。『翳』爲《廣韻》霽韻影母位小韻首字，下收有『瞖』、『縊』二字，列字以『翳』爲佳，《四聲等子》是。

145 去四喻　曳　《廣韻》未收，《集韻》羊列切，以薛入開三山，不應列於此；《韻鏡》、《七音略》、《切韻指掌圖》、《起數訣》，均爲空位；《切韻指南》列字爲『贀』，以母寘韻。《廣韻》、《集韻》霽韻喻四母無字，《集韻》祭韻有喻四母字『曳』，《四聲等子》當爲『曳』字誤。《四聲等子》是合韻韻圖，雖標目爲霽，但收入祭韻字，也較合理。故將此字校正爲『曳』。

入四韻目：標目爲屑

146 入四溪　猰　《廣韻》苦結切，《集韻》詰結切，溪屑四入開山；《韻鏡》外轉第二十三開，列字爲『揳』，心母屑韻，爲『猰』字誤；《七音略》外轉二十三重中重、《切韻指掌圖》七圖、《切韻指南》山攝外四開口呼廣門、《起數訣》第四十圖發音清，列字均爲『猰』。『猰』爲《廣韻》屑四溪母位小韻首字，《韻鏡》誤，《四聲等子》是。

147 入四定　姪　《廣韻》、《集韻》徒結切，定屑四入開山；《韻鏡》外轉第二十三開、《七音略》外轉二十三重中重、《切韻指南》山攝外四開口呼廣門，列字均爲『姪』；《切韻指掌圖》七圖，列字爲『垤』；《起數訣》第四十圖發音清，列字爲『迭』。『姪』爲《廣韻》屑四定母爲小韻首字，下收『垤』、『迭』二字，列字以『姪』爲佳，《四聲等子》是。

148 入四泥 湼 𡲁 A本列字爲『湼』；其他諸本，列字爲『湼』。『湼』，《韻鏡》外轉第二十三開、《七音略》外轉二十三重中重，列字均爲『湼』；《切韻指掌圖》七圖、《切韻指南》山攝外四開口呼廣門，列字均爲『湼』；《起數訣》第四十圖發音清，列字爲『湼』。『湼』、『湼』、『湼』三字爲異體字；『湼』爲《廣韻》屑四泥母位小韻首字，《四聲等子》諸本無誤。

149 入四幫 ⿰火㡀 《廣韻》未收；《集韻》必結切，幫屑四入開山；《韻鏡》外轉第二十三開，列字爲『鷩』，幫母薛韻；《七音略》外轉二十三重中重、《切韻指掌圖》八圖，列字爲『⿰弓㡀』；《起數訣》第四十圖發音清，列字均爲『閉』；『⿰弓㡀』爲《廣韻》、《集韻》屑四幫母位小韻首字，《集韻》下收有『閉』、『⿰火㡀』字，《四聲等子》從《集韻》，亦無誤。

150 入四滂 瞥 《廣韻》普蔑切，《集韻》匹蔑切，滂屑四入開山；《韻鏡》外轉第二十三開，列字爲『瞥』；《七音略》外轉二十三重中重，列字爲『嫳』，滂母屑韻；《切韻指掌圖》八圖、《切韻指南》山攝外四開口呼廣門，列字爲『撆』；《起數訣》空位。『撆』爲《廣韻》、《集韻》屑四滂母位小韻首字，下收有『瞥』、『嫳』二字，列字以『撆』字爲佳，《四聲等子》亦無誤。

151 入四明 蔑 《廣韻》、《集韻》莫結切，明屑四入開山；《韻鏡》外轉第二十三開、《切韻指掌圖》八圖、《切韻指南》山攝外四開口呼廣門，列字均爲『蔑』；《七音略》外轉二十三重中重，列字爲『篾』；《起數訣》第四十圖發音清，列字爲『蠛』。『蔑』爲《廣韻》屑四明母位小韻首字，下收有『篾』、『蠛』二字，列字以『蔑』字爲佳，《四聲等子》是。

152 入四精　節　文津閣本列字爲『莭』，其他諸本列字爲『節』。『節』，《廣韻》、《集韻》子結切，精屑四入開山；《韻鏡》外轉第二十三開、《七音略》外轉二十三重中重、《切韻指掌圖》七圖、《切韻指南》山攝外四開口呼廣門、《起數訣》第四十圖發音清，列字均爲『節』。『節』爲《廣韻》、《集韻》屑四精母位小韻首字，《集韻》下收有『莭』字。《四聲等子》諸本列字均無誤。

153 入四從　截　《廣韻》、《集韻》昨結切，從屑四入開山；《韻鏡》外轉第二十三開，列字爲『𢧵』；《七音略》外轉二十三重中重，列字爲『擮』，從母屑韻；《切韻指掌圖》七圖、《切韻指南》山攝外四開口呼廣門、《起數訣》第四十圖發音清，列字均爲『截』。『𢧵』爲《廣韻》屑四從母位小韻首字，下收『擮』，注曰：『或作截』，『截』爲其或體。列字以『𢧵』爲佳，《四聲等子》列或體，亦無誤。

154 入四曉　𡘋　《廣韻》虎結切，《集韻》顯結切，曉屑入開四山；《韻鏡》外轉第二十三開、《七音略》外轉二十三重中重、《切韻指掌圖》七圖、《四聲等子》山攝外四輕重俱等韻開口呼、《切韻指南》山攝外四開口呼廣門，列字均爲『𡘋』；《起數訣》第四十圖發音清，列字爲『𡘋』，余迺永注：『𡘋，《玉篇》同，《廣雅》、《集韻》作『𡘋』，從大從旨會意，當是。』、『𡘋』爲《廣韻》、《集韻》屑四曉母位小韻首字，《四聲等子》是。

155 入四匣　頡　《廣韻》胡結切，《集韻》奚結切，匣屑四入開山；《韻鏡》外轉第二十三開、《七音略》外轉二十三重中重、《切韻指南》山攝外四開口呼廣門、《起數訣》第四十圖發音清，列字均爲『纈』；《切韻指掌圖》七圖，列字爲『頁』，匣母屑韻。『纈』爲《廣韻》屑韻匣母位小韻首字，下收有『頡』、『頁』二字，列字以『纈』爲佳，《四聲等子》亦無誤。

156 入四影　噎　《廣韻》烏結切，《集韻》一結切，影屑四入開山；《韻鏡》外轉第二十三開、《七音略》外轉二十三重中重、《切韻指掌圖》七圖、《切韻指南》山攝外四開口呼廣門、《起數訣》第四十圖發音清，列字均爲『噎』。

157 入四喻　拽　《廣韻》未收；《集韻》羊列切，以薛四入開山；《韻鏡》外轉第二十三開、《七音略》外轉二十三重中重、《切韻指掌圖》七圖，空位；《切韻指南》山攝外四開口呼廣門，列字爲『抴』。『抴』爲《廣韻》、《集韻》薛韻以母位小韻首字，《四聲等子》標目爲屑，但爲合韻韻圖，列薛韻字亦合理。

158 入四來　埒　《廣韻》力輟切，《集韻》龍輟切，來薛三入合山；《韻鏡》外轉第二十二合、《切韻指掌圖》八圖、《起數訣》第四十圖發音清，列字爲『奊』，《廣韻》練結切，來屑四入開山；《七音略》外轉二十三重中重、《切韻指南》山攝外四開口呼廣門，空位。『奊』，爲《廣韻》、《集韻》屑韻來母位小韻首字，《七音略》空位誤，本圖標目爲屑，來母有字的情況下選擇列薛韻字，表現了《四聲等子》合韻韻圖的性質，亦合理。

蟹攝外二 輕重俱等韻 合口呼

見	溪	羣	疑	端知	透徹	定澄	泥孃	幫非	滂敷	並奉	明微
傀	恢	○	鮠	磓	𨌒	頹	捼	桮	肧	裴	枚
頌	魁	○	頠	䜃	腿	錞	餒	悖	琣	琲	浼
憒	塊	○	磑	對	退	隊	內	輩	配	珮	妹
括	闊	○	枂	掇	脫	奪	○	撥	鏺	跋	末
乖	㧟	○	詭	○	○	尵	○	𩒹	嶏	排	埋
柺	○	○	○	䳩	○	搼	○	○	○	犤	○
怪	快	○	聵	膪	○	○	䰢	拜	湃	憊	昒
刮	勂	○	刖	窡	頢	○	豽	八	汃	拔	𠐊
○	○	○	○	○	○	○	○	○	○	○	○
○	○	○	○	○	○	○	○	○	○	○	○
劌	犈	○	○	綴	惙	鏑	○	廢	肺	吠	○
蹶	闕	橜	月	輟	敠	○	○	髮	怖	伐	韈
圭	睽	○	○	○	○	○	○	○	○	○	○
○	○	○	○	○	○	○	○	○	○	○	○
桂	䙆	○	○	○	○	○	○	蔽	潎	獘	袂
決	缺	○	○	○	○	○	○	鷩	瞥	𠐥	滅

		精照	清穿	從牀	心審	邪禪	曉	匣	影	喻	來	日
本無入聲	灰	嗺	崔	榷	催	○	灰	回	偎	○	雷	○
	賄	嶉	皠	罪	崔	○	賄	瘣	猥	○	磥	○
	隊	晬	倅	啐	碎	○	誨	潰	槐	○	礧	○
	末	繓	撮	拙	剒	○	豁	活	斡	○	捋	○
	皆	揎	磪	膗	蓑	○	虺	懷	崴	○	腂	○
	駭	○	撮	○	○	○	扮	夥	崴	○	○	○
	怪	○	嘬	睉	濊	○	咶	話	黵	○	○	○
	黠	茁	纂	○	刷	○	䀐	滑	婠	○	○	○
祭廢借用	齊	○	○	○	○	○	○	○	○	○	○	○
	薺	○	○	○	○	○	○	○	○	○	○	○
	祭廢	贅	毳	○	稅	啜	○	○	穢	衞	○	芮
	屑月	拙	啜	○	說	○	颰	○	厥	曰	劣	爇
	齊	○	○	○	○	○	○	○	○	○	○	○
	薺	○	○	○	○	○	○	○	○	○	○	○
	祭	蕝	脆	○	歲	篲	嘒	惠	○	銳	○	○
	屑	絕	膬	絶	雪	茇	血	穴	抉	悅	○	○

第八圖　蟹攝外二　輕重俱等韻　合口呼

平一韻目：標目爲灰

1 平一見　傀　𠯑A、B本，粵雅堂本，列字爲『傀』；文瀾閣本、文淵閣本、文津閣本，列字爲『傀』。『傀』，《廣韻》公回切，《集韻》姑回切，見灰一平合蟹；《韻鏡》外轉第十四合、《七音略》外轉第十四輕中重、《切韻指掌圖》十九圖、《切韻指南》蟹攝外二合口呼廣門，列字爲『傀』；《起數訣》第二十七圖開音清，列字爲『瑰』；『傀』爲《廣韻》灰韻見母位小韻首字，下收有『瑰』字，列字以『傀』爲佳，『傀』、『傀』爲異體字，《四聲等子》是。

2 平一溪　恢　𠯑A、B本，文瀾閣本，文津閣本，粵雅堂本，列字爲『恢』；文淵閣本列字爲『恢』。『恢』，《廣韻》苦回切，《集韻》枯回切，溪灰一平合蟹；《韻鏡》外轉第十四合、《七音略》外轉第十四輕中重、《切韻指掌圖》十九圖、《切韻指南》蟹攝外二合口呼廣門、《起數訣》第二十七圖開音清，列字均爲『恢』，『恢』爲『恢』爲書寫致，現日本漢字爲此字形，諸家韻圖皆是。

3 平一疑　鮠　𠯑A、B本，文瀾閣本，文淵閣本，粵雅堂本，列字爲『鮠』；文津閣本，列字爲『鮑』，並母巧韻，不應列於此，應爲『鮠』形訛。『鮠』，《廣韻》五灰切，《集韻》吾回切，疑灰一平合蟹；《韻鏡》外轉第十四合、《七音略》外轉第十四輕中重、《切韻指南》蟹攝外二合口呼廣門，列字均爲『鮠』；《切韻指掌圖》十九圖，列字爲『嵬』，疑母灰韻；《起數訣》第二十七圖開音清，列字爲『桅』。『鮠』爲《廣韻》灰韻疑母位小韻首字，下收有『桅』字。列字以『鮠』爲佳，《四聲等子》文津閣本列字誤，當校正爲『鮠』，其他版本是。

4 平一定　頹　《廣韻》杜回切，《集韻》徒回切，定灰一平合蟹；《韻鏡》外轉第十四合、《切韻指掌圖》十九圖、《起數訣》第二十七圖開音清，列字均爲『頹』；《七音略》外轉第十四輕中重、《切韻指南》蟹攝外二合口呼廣門，列字爲『穨』。『穨』爲《廣韻》、《集韻》灰韻定母位小韻首字，下收『頹』字，列字以『穨』爲佳，《四聲等子》亦無誤。

5 平一泥　捼　咫A本列字爲『摟』；其他諸本列字爲『捼』。『捼』，《廣韻》乃回切、《集韻》奴回切，泥灰一平合蟹；《韻鏡》外轉第十四合，列字爲『捼』；《七音略》外轉第十四輕中重，列字爲『𢡟』，《康熙字典》記：『《集韻》奴刀切，音猱。《類篇》劣也。』、『𢡟』，泥母豪韻，不當列此位，當爲『巎』字之形訛。《切韻指掌圖》十九圖，列字爲『巎』；《切韻指南》蟹攝外二合口呼廣門、《起數訣》第二十七圖開音清，列字均爲『捼』。『巎』爲《廣韻》灰韻泥母位小韻首字，下收有『捼』字，列字以『巎』爲佳，《四聲等子》咫A本列字誤，當校正爲『捼』，其他版本是。

6 平一幫　桮　《廣韻》布回切、《集韻》晡枚切，幫灰一平合蟹；《韻鏡》外轉第十四合、《七音略》外轉第十四輕中重、《切韻指掌圖》十九圖，列字均爲『杯』；《切韻指南》蟹攝外二合口呼廣門、《起數訣》第二十七圖開音清，列字均爲『桮』。『桮』爲《廣韻》灰韻幫母位小韻首字，下收有『杯』字，注上同，二字爲異體字，列字以『桮』爲佳，《四聲等子》是。

7 平一滂　胚　肧 A、B本，文瀾閣本，文淵閣本，粵雅堂本，列字爲『胚』；文津閣本，列字爲『肧』。『胚』，《廣韻》方美切，《集韻》補美切，幫旨上三開止，不當列於此位。又《集韻》晡枚切，幫母灰韻。《韻鏡》外轉第十四合、《七音略》外轉第十四輕中重、《切韻指掌圖》十九圖、《切韻指南》蟹攝外二合口呼廣門，列字均爲『肧』；《起數訣》第二十七圖開音清，列字爲『坏』。『肧』，《廣韻》芳杯切，《集韻》鋪枚切，滂灰一平合蟹。『肧』爲《廣韻》灰韻滂母位小韻首字，下收有『坏』（誤爲坯），列字以『肧』爲佳；『桮』爲《集韻》灰一幫母位小韻首字，《四聲等子》文津閣本從《廣韻》，其他諸本從《集韻》，均無誤。

8 平一從　槯 《廣韻》昨回切，《集韻》徂回切，從灰平合一蟹；《廣韻》子罪切，《集韻》祖猥切，精賄一上合蟹；《韻鏡》外轉第十四合、《七音略》外轉第十四輕中重、《切韻指南》蟹攝外二合口呼廣門、《切韻指掌圖》十九圖、《起數訣》第二十七圖開音清，列字均爲『摧』；『摧』爲《廣韻》灰韻從母位小韻首字，下收『槯』字，列字以『摧』爲佳，《四聲等子》亦無誤。

9 平一心　催 《廣韻》、《集韻》倉回切，清灰平合一蟹；《集韻》徂回切，從灰平合一蟹，均不當列此位。《韻鏡》外轉第十四合、《切韻指掌圖》十九圖、《切韻指南》蟹攝外二合口呼廣門、《起數訣》第二十七圖開音清，列字均爲「膗」；《七音略》空位；「膗」爲《廣韻》灰韻心母位小韻首字，《七音略》空位誤，《四聲等子》列「催」字誤，當校改爲「膗」。

10 平一匣　回　四A、B本，文瀾閣本，文淵閣本，粵雅堂本，列字爲「回」；文津閣本，列字爲「囬」。「回」，《廣韻》户恢切，《集韻》胡隈切，匣灰一平合蟹；《韻鏡》外轉第十四合、《七音略》外轉第十四輕中重、《切韻指掌圖》十九圖《切韻指南》蟹攝外二合口呼廣門、《起數訣》第二十七圖開音清，列字均爲「回」。《康熙字典》記：「《正字通》俗回字。又《鄞本監韻》回作囬，非。囬乃古面字也。」可見「囬」是「回」的俗體字，列字以「回」爲佳，《四聲等子》文津閣本列俗字雖無誤，但校正爲「回」字佳，諸本皆是。

11 平一影　偎　《廣韻》烏恢切，《集韻》烏回切，影灰平合一蟹；《韻鏡》外轉第十四合、《七音略》外轉第十四輕中重、《切韻指掌圖》十九圖、《切韻指南》蟹攝外二合口呼廣門、《起數訣》第二十七圖開音清，列字均爲「隈」；「隈」爲《廣韻》灰韻影母位小韻首字，下收「偎」字，列字以「隈」爲佳，《四聲等子》亦無誤。

12 平一來　雷　《廣韻》魯回切，《集韻》盧回切，來灰一平合蟹；《韻鏡》外轉第十四合、《七音略》外轉第十四輕中重、《切韻指掌圖》十九圖、《四聲等子》蟹攝外二輕重俱等韻合口呼，列字均爲「雷」；《切韻指南》蟹攝外二合口呼廣門、《起數訣》第二十七圖開音清，列字爲「靁」。「雷」爲《廣韻》灰韻來母位小韻首字，注《説文》寫作「靁」，二字爲異體字。「靁」爲

《集韻》小韻首字,《四聲等子》從《廣韻》。

上一韻目: 標目爲賄

13 上一見 頠 㞖 A、B本,文淵閣本,文津閣本,粵雅堂本,列字爲『頠』;文瀾閣本,列字爲『傾』,《康熙字典》記:『《玉篇》思主切。姓也。』即心母之韻,不應列於此。『頠』,《廣韻》苦本切,溪母混韻;《集韻》丘謁切,影母月韻,皆不應列於此;《韻鏡》、《切韻指掌圖》空位;《七音略》外轉第十四輕中重,列字爲『顫』;《切韻指南》蟹攝外二合口呼廣門,列字爲『頠』;《起數訣》第二十七圖開音清,列字爲『領』,當爲『頠』之訛。『頠』,《康熙字典》記:『〇按説文,有頠無𩑋。廣韻有頠無𩑋。諸韻書音義大同小異,蓋即一字,而誤分爲二也。』、『𩑋』,《集韻》沽罪切,爲《集韻》賄韻見母位小韻首字,《四聲等子》依《集韻》亦無誤。

14 上一端 埻 《廣韻》都罪切,《集韻》沽罪切,端賄一上合蟹;《韻鏡》外轉第十四合、《七音略》外轉第十四輕中重、《切韻指南》蟹攝外二合口呼廣門、《起數訣》第二十七圖開音清,列字均爲『䭭』;《切韻指掌圖》十九圖,列字均爲『埻』,端母賄韻。『䭭』爲《廣韻》賄韻端母小韻首字,下收『埻』字,列字以『䭭』爲佳,《四聲等子》亦無誤。

15 上一透 腿 《廣韻》、《集韻》吐猥切,透賄一上合蟹;《韻鏡》外轉第十四合、《七音略》外轉第十四輕中重,列字均爲『骽』;《切韻指掌圖》十九圖、《起數訣》第二十七圖開音清,列字均爲『腿』，透母賄韻；《切韻指南》蟹攝外二合口呼廣門，列字爲『䯊』。『骽』爲《廣韻》賄韻透母位小韻首字，下收有『腿』字，注爲俗，爲『骽』之俗字。列字以『骽』爲佳，《四聲等子》亦無誤。

16 上一定 錞 咫 A、B本，文瀾閣本，粤雅堂本，列字爲『錞』；文淵閣本、文津閣本，列字爲『錞』。『錞』，《廣韻》徒猥切，《集韻》杜罪切，定賄一上合蟹；《韻鏡》外轉第十四合、《七音略》外轉第十四輕中重、《切韻指掌圖》十九圖，列字均爲『鐓』；《切韻指南》蟹攝外二合口呼廣門、《起數訣》第二十七圖開音清，列字均爲『錞』。『錞』爲《廣韻》賄韻定母位小韻首字，注『或作鐓』，列字以『錞』爲佳，《四聲等子》是。

17 上一泥 餒 《廣韻》奴罪切，《集韻》弩罪切，泥賄一上合蟹；《韻鏡》外轉第十四合、《七音略》外轉第十四輕中重，列字爲『餒』；《切韻指掌圖》十九圖、《切韻指南》蟹攝外二合口呼廣門、《起數訣》第二十七圖開音清，列字均爲『餧』。『餧』爲《廣韻》賄韻泥母位小韻首字，下收有『餒』字，注上同，二字爲異體字，列字以『餧』爲佳，《四聲等子》亦無誤。

18 上一幫 悖 《廣韻》蒲昧切，並隊一去合蟹，不應列於此；《集韻》必每切，幫賄一上合蟹；《韻鏡》、《七音略》、《切韻指掌圖》空位；《切韻指南》蟹攝外二合口呼廣門、《起數訣》第二十七圖開音清，列字均爲『悖』。《廣韻》賄韻幫母位無字，『悖』爲《集韻》賄一幫母位小韻首字，《四聲等子》從《集韻》。

19 上一滂　琣　《廣韻》未收；《集韻》普罪切，滂賄一上合蟹；《韻鏡》、《七音略》空位；《切韻指掌圖》十九圖，列字爲『啡』，滂母海韻；《切韻指南》蟹攝外二合口呼廣門、《起數訣》第二十七圖開音清，列字均爲『琣』。《廣韻》賄韻滂母位無字，『琣』爲《集韻》賄一滂母位小韻首字，《四聲等子》從《集韻》。

20 上一明　浼　咫A、B本，文瀾閣本，粵雅堂本，列字爲『浼』；文淵閣本、文津閣本，列字爲『浼』。『浼』，《廣韻》武罪切，《集韻》母罪切，明賄一上合蟹；《韻鏡》外轉第十四合、《七音略》外轉第十四輕中重、《切韻指掌圖》十九圖、《切韻指南》蟹攝外二合口呼廣門、《起數訣》第二十七圖開音清，列字均爲『浼』。『浼』爲『浼』俗字。《四聲等子》文淵閣本、文津閣本列俗字，當校正爲『浼』，其他版本是。

21 上一從　罪　《廣韻》徂賄切，《集韻》粗賄切，從賄一上合蟹；《韻鏡》外轉第十四合、《七音略》外轉第十四輕中重、《切韻指掌圖》十九圖、《起數訣》第二十七圖閉音清，列字均爲『罪』；《切韻指南》蟹攝外二合口呼廣門，列字爲『辠』。『辠』、『罪』二字爲異體字。『辠』爲《廣韻》賄韻從母位小韻首字，下收『罪』字，列字以『辠』爲佳，《四聲等子》亦無誤。

22 上一心　崔　《廣韻》倉回切，清灰一平合蟹，不應列於此；《集韻》息罪切，心賄一上合蟹；《韻鏡》、《七音略》空位；《切韻指掌圖》十九圖、《切韻指南》蟹攝外二合口呼廣門、《起數訣》第二十七圖閉音清，列字均爲『崔』。《廣韻》賄韻無心母字，『崔』爲《集韻》賄一心母位小韻首字，《四聲等子》從《集韻》。

23 上一匣　瘣　愢A、B本，粤雅堂本，列字爲『瘣』；文瀾閣本、文淵閣本、文津閣本，列字爲『瘣』。『瘣』，《廣韻》胡罪切，《集韻》户賄切，匣賄一上合蟹；《韻鏡》外轉第十四合、《七音略》外轉第十四輕中重、《切韻指掌圖》十九圖、《切韻指南》蟹攝外二合口呼廣門、《起數訣》第二十七圖閉音清，列字均爲『瘣』。『瘣』爲『瘣』俗字，《四聲等子》諸本皆無誤。

24 上一喻　◯　《廣韻》、《集韻》賄韻喻母位均有字，《廣韻》『倄，于罪切』，《集韻》『阢，俞罪切』。《韻鏡》外轉第十四合、《七音略》外轉第十四輕中重、《切韻指掌圖》十九圖，列字均爲『倄』；《切韻指南》蟹攝外二合口呼廣門、《起數訣》第二十七圖閉音清，列字爲『阢』，《集韻》以母賄韻。『倄』爲《廣韻》賄韻云母位小韻首字，喻母只有三等字，此字因切論位，故諸韻圖於一等位列『倄』字。『阢』《廣韻》未收，此處依《集韻》列字，亦無誤。《四聲等子》當校補『倄』字。

25 上一來　磥　《廣韻》落猥切，《集韻》魯猥切，來賄一上合蟹；《韻鏡》外轉第十四合、《切韻指南》蟹攝外二合口呼廣門，列字均爲『磥』；《七音略》外轉第十四輕中重，列字均爲『磥』，來母賄韻；《切韻指掌圖》十九圖、《起數訣》第二十七圖閉音清，列字爲『磊』，來母賄韻。『磥』爲《廣韻》賄韻來母位小韻首字，下收有『磊』、『磥』二字，列字以『磥』爲佳，《四聲等子》是。

去一韻目：標目爲隊

26 去一溪　塊　咫A、B本，粵雅堂本，列字爲『塊』；文瀾閣本、文淵閣本、文津閣本，列字爲『塊』。『塊』，《廣韻》苦對切，《集韻》苦潰切，溪隊一去合蟹；《韻鏡》外轉第十四合、《七音略》外轉第十四輕中重、《切韻指南》蟹攝外二合口呼廣門，列字均爲『塊』，溪母隊韻；《切韻指掌圖》十九圖，列字爲『檜』，溪母泰韻；《起數訣》第二十七圖閉音清，列字爲『凷』。『塊』爲《廣韻》隊韻溪母位小韻首字，下收有『凷』字，列字以『塊』爲佳，『塊』爲『塊』俗字，《四聲等子》諸版本皆是。

27 去一群　○　《廣韻》隊韻無群母字；《集韻》隊韻群母有『鞼，巨內切』。《韻鏡》外轉第十四合，列字爲『𩏂』，《集韻》：『鞼，或作𩏂』；《七音略》、《切韻指掌圖》、《起數訣》空位；《切韻指南》蟹攝外二合口呼廣門，列字爲『𩏂』，群母隊韻。《廣韻》隊韻無群母字，依《集韻》，列字以『鞼』爲佳，當校補『鞼』字。

28 去一幫　輩　咫A、B本，文淵閣本，粵雅堂本，列字爲『輩』；文瀾閣本、文津閣本，列字爲『輩』。『輩』，《廣韻》、《集韻》補妹切，幫隊一去合蟹；《韻鏡》外轉第十四合、《七音略》外轉第十四輕中重、《切韻指南》蟹攝外二合口呼廣門、《起數訣》第二十七圖閉音清，列字均爲『背』；《切韻指掌圖》十九圖，列字爲『貝』，幫母泰韻。『背』爲《廣韻》隊韻幫母位小韻首字，下收『輩』字，《廣韻》『輩』字，下注『俗作「輩」』，『輩』爲『輩』俗字，《四聲等子》文瀾閣本、文津閣本列俗體，亦無誤，其他版本是。

29 去一並　珮　《廣韻》、《集韻》蒲昧切，並隊一去合蟹；《韻鏡》外轉第十四合、《七音略》外轉第十四輕中重、《切韻指南》蟹攝外二合口呼廣門、《起數訣》第二十七圖閉音清，列字均爲『佩』；《切韻指掌圖》十九圖，列字爲『倍』，並母海韻。『佩』爲《廣韻》隊韻並母位小韻首字，下收『珮』字，列字以『佩』爲佳，《四聲等子》亦無誤。

30 去一從　啐　《廣韻》七内切，《集韻》取内切，清隊去合一蟹；《廣韻》蘇内切，《集韻》蘇對切，心隊去合一蟹；《集韻》摧内切，從隊一去合蟹；《韻鏡》空位；《七音略》外轉第十四輕中重、《切韻指南》蟹攝外二合口呼廣門、《起數訣》第二十七圖閉音清，列字均爲『啐』；《切韻指掌圖》十九圖，列字爲『蕞』，從母泰韻。《廣韻》隊韻無從母字，『啐』爲《集韻》隊一從母位小韻首字，《四聲等子》從《集韻》。

31 去一影　媿　𡰥A、B本，文瀾閣本，粵雅堂本，列字爲『媿』；文淵閣本、文津閣本，列字爲『媿』。『媿』，《廣韻》烏繢切，影隊一去合蟹；《集韻》未收；《韻鏡》外轉第十四合、《切韻指南》蟹攝外二合口呼廣門，列字爲『媿』；《七音略》外轉第十四輕中重、《起數訣》第二十七圖閉音清，列字爲『𡟊』，賄韻影母，不當列此位，應是『媿』之形訛；《切韻指掌圖》十九圖，列字爲『懀』，影母泰韻。『媿』爲《廣韻》隊韻影母位小韻首字，『媿』爲『媿』俗，《四聲等子》諸本皆是。

32 去一來 礧 《廣韻》盧對切，《集韻》盧對切，來隊一去合蟹；《韻鏡》外轉第十四合、《切韻指南》蟹攝外二合口呼廣門、《起數訣》第二十七圖閉音清，列字爲『纇』；《七音略》外轉第十四輕中重，列字爲『蘱』，來母隊韻；《切韻指掌圖》十九圖，列字爲『酹』，來母隊韻。『纇』爲《廣韻》隊韻來母位小韻首字，下收『蘱』、『礧』、『酹』字，列字以『纇』爲佳，《四聲等子》亦無誤。

入一韻目：標目爲末韻

33 入一透 脱 咒A、B本，文瀾閣本，粵雅堂本，列字爲『脱』；文淵閣本、文津閣本，列字爲『脫』；『脱』、『脫』二字爲異體字，《廣韻》、《集韻》所收字形爲『脫』，《康熙字典》所收字形爲『脱』。『脱』，《廣韻》、《集韻》他括切，透末一入合山；《韻鏡》外轉第二十四合、《七音略》外轉二十四輕中重，列字均爲『侻』。《切韻指掌圖》八圖、《切韻指南》蟹攝外二合口呼廣門、《起數訣》第二十五圖發音清，列字均爲『侻』。『侻』爲《廣韻》末韻透母位小韻首字，下收有『脫』字，『悅』與『侻』爲異體字，列字以『侻』爲佳，《四聲等子》諸版本皆無誤。

34 入一滂 鏺 《廣韻》、《集韻》普活切，滂末一入合山；《韻鏡》外轉第二十四合，列字爲『潑』；《七音略》外轉二十四輕中重、《切韻指掌圖》八圖、《切韻指南》蟹攝外二合口呼廣門、《起數訣》第二十五圖發音清，列字均爲『鏺』。『鏺』爲《廣韻》末韻滂母位小韻首字，下有『潑』字，列字以『鏺』爲佳，《四聲等子》是。

35 入一並　跋　咫A、B本，文淵閣本，文津閣本，粵雅堂本，列字爲『跋』；文瀾閣本列字爲『䟦』。『跋』，《廣韻》蒲撥切，《集韻》蒲撥切，並末一入合山；《韻鏡》外轉第二十四合、《七音略》外轉二十四輕中重、《切韻指掌圖》八圖、《切韻指南》蟹攝外二合口呼廣門、《起數訣》第二十五圖發音清，列字均爲『跋』。『䟦』，《康熙字典》記：『《正字通》俗跋字。』，『䟦』爲『跋』之俗體，《四聲等子》文瀾閣本列俗體，其他版本列正體，均無誤。

36 入一明　末　咫A、B本，文瀾閣本，文淵閣本，粵雅堂本，列字爲『末』；文津閣本，列字爲『未』，微母未韻，不當列此位，應是『末』之形訛。『末』，《廣韻》莫撥切，《集韻》莫葛切，明末一入合山；《韻鏡》外轉第二十四合、《七音略》外轉二十四輕中重、《切韻指掌圖》八圖、《切韻指南》蟹攝外二合口呼廣門、《起數訣》第二十五圖發音清，列字均爲『末』。《四聲等子》文津閣本誤，當校正爲『末』，其他版本是。

37 入一從　拙　咫A、B本，粵雅堂本，列字爲『拙』；文瀾閣本列字爲『挫』，精母遇韻，不當列此位；文淵閣本、文津閣本列字爲『柮』。『拙』，《廣韻》職悦切、《集韻》朱劣切，章薛入合三山，不當列此位，應是『柮』之誤。『柮』，《廣韻》藏活切，《集韻》攢活切，從末入合一山；《韻鏡》外轉第二十四合、《七音略》外轉二十四輕中重、《切韻指南》蟹攝外二合口呼廣門，列字均爲『柮』；《切韻指掌圖》八圖，列字爲『拙』；《起數訣》第二十五圖發音清，列字爲『梓』。

『柮』爲《廣韻》末韻從母位小韻首字，《四聲等子》文淵閣本、文津閣本是； 咫A、B本，粵雅堂本、文瀾閣本誤，當校改爲『柮』。

38 入一心　㓞　《廣韻》未收；《集韻》先活切，心末入合一山；《韻鏡》外轉第二十四合、《四聲等子》蟹攝外二輕重俱等韻開口呼、《切韻指南》蟹攝外二合口呼廣門，列字均爲『㓞』；《七音略》外轉二十四輕中重，列字爲『刷』，生母薛韻，誤；《切韻指掌圖》八圖、《起數訣》第二十五圖發音清空位。《廣韻》末韻心母位無字，『㓞』爲《集韻》末一心母位小韻首字，《四聲等子》依《集韻》。

39 入一曉　豁　咫A、B本，文瀾閣本，粵雅堂本，列字爲『豁』；文淵閣本、文津閣本，列字爲『豁』。『豁』應是『豁』之形訛。『豁』，《廣韻》呼括切，曉末一入合山；《集韻》未收；《韻鏡》外轉第二十四合、《切韻指掌圖》十二圖、《切韻指南》蟹攝外二合口呼廣門、《起數訣》第二十五圖發音清，列字均爲『豁』；《七音略》外轉二十四輕中重，列字爲『䜇』。『豁』爲《廣韻》末韻曉母位小韻首字，下收有『䜇』字，注上同，二字爲異體字。列字以『豁』爲佳，《四聲等子》文淵閣本、文津閣本是，其他諸本當校改爲『豁』字。

40 入一來　捋　《廣韻》郎括切，《集韻》盧活切，影末一入合山；《韻鏡》、《七音略》、《起數訣》空位；《切韻指掌圖》八圖、《切韻指南》蟹攝外二合口呼廣門，列字均爲『捋』。『捋』爲《廣韻》末韻來母位小韻首字，《韻鏡》等空位誤，《四聲等子》是。

平二韻目：標目爲皆，實爲皆佳合韻

41 平二溪　㓣　《廣韻》苦淮切，《集韻》枯懷切，溪皆二平合蟹；《韻鏡》外轉第十四合、《七音略》外轉第十四輕中重、《切韻指南》蟹攝外二合口呼廣門、《起數訣》第二十八圖閉音濁，列字均爲『𠩺』；《切韻指掌圖》二十圖，列字爲『咼』，溪母佳韻。『𠩺』爲《廣韻》皆韻溪母小韻首字，下收『㓣』，列字以『𠩺』爲佳，《四聲等子》亦無誤。

42 平二疑　詭　《廣韻》過委切，《集韻》古委切，見紙三上合止，不當列此位；《韻鏡》、《七音略》、《切韻指掌圖》、《起數訣》空位；《切韻指南》，列字爲『詬』；《起數訣》第二十四圖發音濁，列字爲『詭』，誤，當爲『詬』之形訛；《廣韻》、《集韻》皆韻無合口疑母字。《集韻》佳韻合口有『詬』，五咼切，佳韻疑母。《四聲等子》爲合韻韻圖，標目雖爲皆韻，但列佳韻字亦合理。《四聲等子》當據《集韻》，且形訛，當校改爲『詬』。

43 平二澄　㿉　《廣韻》杜懷切，《集韻》幢乖切，澄皆二平合蟹；《韻鏡》外轉第十四合、《七音略》外轉第十四輕中重、《切韻指掌圖》二十圖，列字均爲『㿉』；《切韻指南》蟹攝外二合口呼廣門，列字爲『𦢊』。『𦢊』、『㿉』二字爲異體字；《起數訣》第二十八閉音濁，列字爲『𦢊』，此字當爲『㿉』之誤。『㿉』爲《廣韻》皆韻澄母位小韻首字，《四聲等子》是。

44 平二幫　碩　《廣韻》敷悲切，《集韻》攀悲切，滂止平開三止；《集韻》蒲枚切，並母灰韻；均不當列此位；另《集韻》𩉾皆切，幫皆平開二止，可列此位。《韻鏡》、《七音略》、《切韻指南》

空位；《切韻指掌圖》二十圖，列字爲『⿰女丕』，滂母咍韻，不當列此位；《起數訣》第二十五圖發音清，列字爲『䫊』。『䫊』爲《集韻》皆二幫母位小韻首字，《四聲等子》從《集韻》此音。

45 平一滂　嶏　《廣韻》滂佩切，滂隊去合一蟹，不應列於此；《集韻》匹埋切，滂皆二平開蟹。《韻鏡》空位；《七音略》内轉第十三重中重、《切韻指南》蟹攝外二開口呼廣門、《起數訣》，列字均爲『嶏』；《切韻指掌圖》十七圖，列字爲『⿰女丕』，誤。《廣韻》皆韻滂母位無字，『嶏』爲《集韻》皆二滂母位小韻首字，《四聲等子》從《集韻》。

46 平二照　摣　咫 A、B本，文瀾閣本，文淵閣本，粵雅堂本，列字爲『摣』；文津閣本列字爲『樝』。『摣』，《廣韻》女加切，孃麻二平開假，不應列於此；《集韻》莊蛙切，莊佳二平合蟹。《韻鏡》、《七音略》、《切韻指掌圖》、《切韻指南》空位；《起數訣》第二十四發音濁，列字爲『摣』，應是『摣』之形訛。『樝』，《康熙字典》記：『《唐韻》、《集韻》、《韻會》、《正韻》莊加切，音渣。由爲開口字，不當列於合口位，爲『摣』之形訛。《四聲等子》從《集韻》，文津閣本當校改爲『摣』，其他版本是。

47 平二穿　⿰石妻　《廣韻》七内切，清隊去合一蟹，不應列於此；《集韻》楚懷切，初皆平合二蟹；《韻鏡》、《七音略》、《切韻指掌圖》空位；《切韻指南》蟹攝外二合口呼廣門、《起數訣》第二十八圖閉音濁，列字爲『⿰石妻』。《廣韻》皆韻初母位無字，『⿰石妻』爲《集韻》皆二穿母位小韻首字，《四聲等子》從《集韻》。

48 平二審　蓑　《廣韻》素回切，心灰二平合蟹，不應列於此；《集韻》所乖切，生皆二平合蟹；《韻鏡》、《七音略》空位；《切韻指掌圖》二十圖、《切韻指南》蟹攝外二合口呼廣門、《起數訣》第二十八圖閉音濁，列字均爲『蓑』。《廣韻》皆韻無生母字，《起數訣》列字從《集韻》音，亦無誤。

49 平二影　崴　《廣韻》乙乖切，《集韻》烏乖切，影皆二平合蟹；《韻鏡》、《切韻指掌圖》空位；《七音略》外轉第十四輕中重、《起數訣》第二十八圖閉音濁，列字均爲『崴』。《切韻指南》蟹攝外二合口呼廣門，列字爲『蛙』，影母佳韻。『崴』爲《廣韻》、《集韻》皆二影母位小韻首字，《韻鏡》空位誤，《四聲等子》是。

上二韻目：　標目爲駭，實爲蟹駭合韻（駭韻列字較少）

50 上二見　拐　《廣韻》求蟹切，群蟹二上開蟹，不應列於此；《集韻》未收；《韻鏡》外轉第十六合、《七音略》外轉第十六輕中輕、《切韻指掌圖》二十圖、《切韻指南》蟹攝外二合口呼廣門，列字均爲『𦬒』，《廣韻》乖買切，《集韻》古買切，見蟹上合二蟹；《起數訣》第二十四圖發音濁，列字爲『拐』。『𦬒』爲《廣韻》蟹韻見母位小韻首字，下收有『柺』字，列字以『𦬒』字爲佳，《四聲等子》列『拐』字，應爲『柺』字訛，當校改爲『柺』。

51 上二知　儢　《廣韻》未收；《集韻》都買切，知蟹上開二蟹；《韻鏡》外轉第十四合，列字爲

『⿱髟肉』，知母賄韻，賄韻只有一等，因上字列位，多列於二等；《七音略》、《切韻指掌圖》、《起數訣》空位；《切韻指南》蟹攝外二合口呼廣門，列字均爲『儓』。《廣韻》蟹韻知母無字，《四聲等子》列『儓』字，誤將開口字列入合口圖。『膀』爲《集韻》蟹二知母合口位小韻首字，《四聲等子》當校改爲『膀』。

52 上二澄　搼　咫 A、B本，列字爲『搼』；文瀾閣本、文淵閣本，列字爲『⿰扌务』；粵雅堂本、文津閣本，列字爲『採』。『搼』，《廣韻》丈夥切，《集韻》杜買切，澄蟹二上合蟹；《韻鏡》空位；《七音略》外轉第十六輕中輕、《切韻指掌圖》二十圖、《起數訣》第二十四圖發音濁，列字均爲『搼』；《切韻指南》蟹攝外二合口呼廣門，列字爲『搼』。『搼』爲《廣韻》、《集韻》蟹韻澄母位小韻首字，『搼』、『搼』二字爲異體字，《韻鏡》空位誤，《四聲等子》咫 A、B 本列字是，其他版本均誤，當校正爲『搼』。

53 上二並　矲　《廣韻》薄蟹切，《集韻》部買切，並蟹二上開蟹；另有《集韻》蒲楷切，並駭二上開蟹。《韻鏡》外轉第十三開，列於並母駭韻；《七音略》空位；《切韻指掌圖》十七圖，列字爲『㒳』，並母怪韻；《起數訣》第二十五圖發音清、《切韻指南》蟹攝外二開口呼廣門，列字爲『罷』，並母蟹韻。《廣韻》駭韻無並母字，《四聲等子》列『矲』字，一爲依《集韻》，二爲合韻韻圖可列蟹韻字，無誤。

54 上二穿　撮　《廣韻》倉括切，清末入合一山，不應列於此；《集韻》初買切，初蟹二上合蟹。

《韻鏡》、《七音略》、《切韻指掌圖》空位；《切韻指南》蟹攝外二合口呼廣門、《起數訣》第二十四圖發音濁，列字爲『撮』。《廣韻》蟹韻合口無初母字，『撮』爲《集韻》蟹二穿母位小韻首字，《四聲等子》從《集韻》。

55 上二曉 扮 咫 A、B本，文淵閣本，粵雅堂本，列字爲『扮』；文瀾閣本，列字爲『枌』，奉母文韻，不當列此位，應是『扮』之形訛；文津閣本列字爲『㮭』。『扮』，《廣韻》花夥切，《集韻》虎買切，曉蟹二上合蟹；《韻鏡》外轉第十六合、《七音略》外轉第十六輕中輕、《切韻指掌圖》二十圖、《切韻指南》蟹攝外二合口呼廣門、《起數訣》第二十四圖發音濁，列字均爲『扮』。『扮』爲《廣韻》、《集韻》蟹二曉母位小韻首字，《四聲等子》文瀾閣本、文津閣本誤，當校改爲『扮』。其他版本是。

56 上二匣 夥 《廣韻》懷𦬆切、《集韻》户買切，匣蟹上合二蟹；《韻鏡》外轉第十六合、《七音略》外轉第十六輕中輕、《切韻指掌圖》二十圖、《四聲等子》蟹攝外二輕重俱等韻合口呼、《切韻指南》蟹攝外二合口呼廣門，列字均爲『夥』；《起數訣》第二十四圖發音濁，列字爲『褢』，《集韻》匣母蟹韻。『夥』爲《廣韻》蟹韻匣母位小韻首字，『褢』爲《集韻》蟹韻匣母位小韻首字，《四聲等子》從《集韻》。

57 上二影 崴 《廣韻》乙皆切，影皆二平開蟹，不應列於此；《集韻》烏買切，影蟹二上合蟹。《韻鏡》外轉第十六合，列字爲『㝜』；《七音略》、《切韻指掌圖》空位；《切韻指南》蟹攝外二合口呼廣門、《起數訣》第二十四圖發音濁，列字爲『崴』。《廣韻》蟹韻合口無影母字，『崴』爲《集韻》蟹韻影母位小韻首字，《四聲等子》從《集韻》。

去二韻目：標目爲怪，實爲怪夬卦合韻

58 去二見　怪　《廣韻》、《集韻》古壞切，見怪二去合蟹；《韻鏡》外轉第十四合、《切韻指掌圖》二十圖、《起數訣》第二十八閉音濁，列字均爲『怪』；《七音略》外轉第十四輕中重，列字爲『恠』；《切韻指南》蟹攝外二合口呼廣門，列字爲『卦』，見母卦韻。『怪』爲《廣韻》怪韻見母位小韻首字，下收有『恠』字，注爲俗，爲『怪』之俗體。《四聲等子》列正體，是。

59 去二溪　快　《廣韻》、《集韻》苦夬切，溪夬二去合蟹；《韻鏡》外轉第十四合、《七音略》外轉第十四輕中重、《起數訣》第三十二開音濁，列字爲『快』；《切韻指掌圖》二十圖、《切韻指南》蟹攝外二合口呼廣門，列字爲『蒯』，溪母怪韻。『蒯』爲《廣韻》、《集韻》怪二溪母位小韻首字，《四聲等子》標目爲怪，但列夬韻字。合韻韻圖，亦無誤。

60 去二疑　聵　《廣韻》、《集韻》五怪切，疑怪二去合蟹；《韻鏡》外轉第十四合、《切韻指掌圖》二十圖、《切韻指南》蟹攝外二合口呼廣門、《起數訣》第二十八閉音濁，列字均爲『聵』；《七音略》空位。『聵』爲《廣韻》怪韻疑母位小韻首字，《七音略》空位誤，《四聲等子》是。

61 去二知　膪　《廣韻》、《集韻》夬怪二韻知母合口均無字。『膪』，《廣韻》竹賣切，知卦去合二蠏；《集韻》卦韻知母未收『膪』字；《韻鏡》空位；《七音略》外轉第十五重中輕、《四聲等子》蠏攝外二輕重俱等開口呼、《切韻指南》蠏攝外二開口呼廣門、《起數訣》第二十三圖發音濁，列字爲『媞』，《集韻》知母卦韻；《切韻指掌圖》十七圖，列字爲『𢕟』。『膪』爲《廣韻》卦韻知母位小韻首字，下收有『𢕟』字，列字以『膪』爲佳，《四聲等子》是。

62 去二孃 髩 《廣韻》未收；《集韻》奴對切，泥卦去合二蠏；《韻鏡》、《七音略》、《切韻指掌圖》空位；《起數訣》第二十四圖發音濁，列字爲『取』，《康熙字典》記：『《五音集韻》女夬切，音。睉，目惡也。』《廣韻》無夬怪卦韻孃母字，《集韻》『奴對切』，反切下字爲泥母，爲類隔。《四聲等子》列字從《集韻》。

63 去二幫 拜 《廣韻》博怪切，《集韻》布怪切，幫怪去開二蠏；《韻鏡》外轉第十三開、《切韻指掌圖》二十圖，列字爲『拜』；《七音略》空位；《四聲等子》蠏攝外二輕重俱等韻開口呼，列字爲『庍』，幫母卦韻；《切韻指南》蠏攝外二開口呼廣門，列字均爲『𢷎』，幫母卦韻。『𢷎』爲《廣韻》怪韻幫母位小韻首字，下收有『拜』字，列字以『𢷎』爲佳，《四聲等子》亦無誤。

64 去二滂 湃 《廣韻》普拜切，《集韻》怖拜切，滂怪二去合蠏；《韻鏡》外轉第十四合、《七音略》外轉第十四輕中重、《切韻指南》蠏攝外二合口呼廣門、《起數訣》第二十七圖開音清，列字均爲『湃』；《切韻指掌圖》十七圖，列字爲『派』，滂母卦韻。

65 去二並 憊 《廣韻》蒲拜切，《集韻》步拜切，並怪二去合蠏；《韻鏡》外轉第十四合、《七音略》外轉第十四輕中重、《起數訣》第二十七圖開音清，列字均爲『憊』；《切韻指掌圖》十七圖，列字爲『敗』，並母夬韻；《切韻指南》蟹攝外二合口呼廣門，列字爲『𢟍』。『𢟍』爲《廣韻》怪韻並母位小韻首字，下收有『憊』字，列字以『𢟍』爲佳，《四聲等子》是。

66 去二明　昒　咫 A、B本，粵雅堂本，列字爲『昒』；文瀾閣本、文淵閣本、文津閣本，列字爲『物』，明母物韻，誤，當爲『昒』形訛。『昒』，《廣韻》莫拜切，《集韻》暮拜切，明怪二去合蟹；《韻鏡》外轉第十四合、《七音略》外轉第十四輕中重、《四聲等子》蟹攝外二輕重俱等韻合口呼、《切韻指南》蟹攝外二合口呼廣門，列字均爲『昒』；《切韻指掌圖》十七圖，列字爲『賣』，明母卦韻；《起數訣》第二十七圖開音清，列字爲『𧞣』。『昒』爲《廣韻》怪韻明母位小韻首字，《四聲等子》文瀾閣本、文淵閣本、文津閣本列字形訛，當校改爲『昒』，其他版本是。

67 去二牀　睉　咫 A、B本，文淵閣本，粵雅堂本，列字爲『睉』；文瀾閣本，列字爲『朏』，滂母隊韻；文津閣本，列字爲『脞』，清母戈韻。『朏』、『脞』均不當列此位，應是『睉』之形訛。『睉』，《廣韻》昨禾切，《集韻》徂禾切，從戈一平合蟹；不適於此位，另《集韻》仕夬切，則爲崇母夬韻。《韻鏡》、《七音略》、《切韻指掌圖》空位；《切韻指南》蟹攝外二合口呼廣門，列字爲『𢶍』，《五音集韻》牀母怪韻；《起數訣》第三十二開音濁，列字爲『睉』。《廣韻》夬韻無崇母字，『睉』爲《集韻》夬韻崇母位小韻首字，《四聲等子》從《集韻》。

68 去二審 濊 咫 A、B本，粵雅堂本，列字爲『濊』；文瀾閣本、文淵閣本、文津閣本，列字爲『濊』。『濊』爲『濊』字之俗體。『濊』，《廣韻》生母夬韻未收此字，《集韻》衰夬切，生夬去合二蠆；《韻鏡》、《切韻指掌圖》空位；《七音略》外轉第十六輕中輕，列字爲『啐』，清母隊韻；《切韻指南》蟹攝外二合口呼廣門、《起數訣》第二十四圖發音濁，列字爲『啐』，生母祭韻。以上各韻圖音切均不可列於此位；『濊』爲《集韻》夬韻生母位小韻首字，《四聲等子》從《集韻》。

入二韻目：標目爲黠，實爲鎋黠合韻

69 入二徹 頒 咫 A、B本，文瀾閣本，粵雅堂本，列字爲『頒』；文淵閣本、文津閣本，列字爲『頌』。『頒』，《廣韻》、《集韻》丑刮切，徹鎋二入合山；《韻鏡》外轉第二十二合、《七音略》外轉二十二輕中輕、《起數訣》第四十七圖收音濁，列字均爲『頒』；《切韻指掌圖》二十圖、《切韻指南》蟹攝外二合口呼廣門，列字爲『頌』。『頒』、『頌』二字爲異體字。《四聲等子》各版本均無誤。

70 入二幫 八 《廣韻》博拔切，《集韻》布拔切，幫黠二入合山；《韻鏡》外轉第二十三開、《七音略》外轉二十四輕中重、《切韻指掌圖》二十圖、《起數訣》第四十一圖發音濁，列字均爲『八』；《切韻指南》蟹攝外二開口呼廣門，列字爲『捌』。『八』爲《廣韻》黠韻幫母位小韻首字，下收有『捌』字，列字以『八』爲佳，《四聲等子》是。

71 入二並　拔　咫A本列字爲『抜』，明母屋韻，不當列此位；文瀾閣本列字爲『扳』，爲『拔』俗體字，其他版本列『拔』字。『拔』，《廣韻》、《集韻》蒲八切，並黠二入合山；《韻鏡》空位；《七音略》外轉二十四輕中重、《切韻指掌圖》二十圖、《切韻指南》蟹攝外二開口呼廣門、《起數訣》第二十一圖開音清，列字均爲『拔』。『拔』爲《廣韻》、《集韻》黠二並母位小韻首字，《四聲等子》咫A本列字誤，文瀾閣本列俗體，當校正爲『拔』。其他版本是。

72 入二曉　䀸　《廣韻》、《集韻》呼八切，曉黠二入合山；《韻鏡》外轉第二十四合、《七音略》外轉第十六輕中輕、《切韻指掌圖》二十圖、《起數訣》第二十四圖發音濁，列字均爲『傄』；《切韻指南》蟹攝外二合口呼廣門，列字爲『聒』，見母末韻，當爲『䀸』字形訛。『傄』爲《廣韻》黠韻曉母位小韻首字，下收『䀸』字；『䀸』爲《集韻》鎋二曉母位小韻首字，《四聲等子》從《集韻》。

73 入二影　婠　《廣韻》、《集韻》烏八切，影黠二入合山；《韻鏡》空位；《七音略》外轉第十六輕中輕、《切韻指掌圖》二十圖、《切韻指南》蟹攝外二合口呼廣門、《起數訣》第二十四圖發音濁，列字均爲『婠』。『婠』爲《廣韻》黠韻合口影母位小韻首字，《韻鏡》空位誤，《四聲等子》是。

平三韻目：標目爲齊

上三韻目：標目爲薺

去三韻目：標目爲廢祭

74 去三見　劌　咫A、B本，文津閣本，粵雅堂本，列字爲『劌』；文瀾閣本、文淵閣本，列字爲『劌』。『劌』，《廣韻》居衛切，《集韻》姑衛切，見祭三去合蟹；《韻鏡》外轉第十四合、《七音略》外轉第十四輕中重、《切韻指南》蟹攝外二合口呼廣門、《起數訣》第三十二圖開音濁，列字均爲『劌』；《切韻指掌圖》十九圖，列字爲『貴』，見母未韻。『劌』爲《廣韻》、《集韻》祭三見母位小韻首字，《四聲等子》文瀾閣本、文淵閣本列字俗訛，當校正爲『劌』，其他版本是。

75 去三溪　⿰矢卷　咫A、B本，文瀾閣本，文淵閣本，粵雅堂本，列字爲『⿰矢卷』；文津閣本，列字爲『⿰禾卷』，當爲『⿰矢卷』形訛。『⿰矢卷』《集韻》去穢切，溪祭去合三蟹。《韻鏡》外轉第十四合、《七音略》外轉第十四輕中重，列字均爲『⿰矢卷』；《切韻指掌圖》十圖，列字爲『喟』，溪母怪韻；《切韻指南》蟹攝外二合口呼廣門，列字爲『𢻹』。『𢻹』，《廣韻》未收；《集韻》去穢切，下收『⿰矢卷』字，溪母廢韻；『⿰矢卷』爲《廣韻》廢韻溪母位小韻首字，爲《集韻》祭韻溪母位小韻首字，均可列於此位。《四聲等子》文津閣本形訛，當校正爲『⿰矢卷』，其他版本是。

76 去三群 ○ 《廣韻》群母廢韻列字爲『衛』,《廣韻》渠穢切,《集韻》逵穢切,群廢去合三蟹。《韻鏡》内轉第十合、《七音略》外轉第十六輕中輕、《切韻指南》蟹攝外二合口呼廣門、《起數訣》第二十八圖閉音濁,列字爲『衛』;《切韻指掌圖》十九圖,列字爲『匱』,群母至韻。『衛』爲《廣韻》廢韻群母位小韻首字,《四聲等子》空位誤,當校補『衛』字。

77 去三徹 惙 《廣韻》陟劣切,知薛入去合山,不應列於此;《集韻》丑芮切,徹祭三去合蟹;《韻鏡》、《七音略》、《切韻指掌圖》空位;《切韻指南》蟹攝外二合口呼廣門、《起數訣》第三十二圖開音濁,列字爲『惙』。《廣韻》祭韻無徹母字,《四聲等子》從《集韻》。

78 去三澄 鏑 《廣韻》除芮切,澄祭去合三蟹;《集韻》未收。《韻鏡》、《切韻指掌圖》空位;《七音略》外轉第十四輕中重、《切韻指南》蟹攝外二合口呼廣門,列字爲『鏑』;《起數訣》第三十二圖開音濁,列字爲『鈉』,日母祭韻,誤,應爲『鈵』之形訛,『鏑』爲《廣韻》祭韻澄母位小韻首字,《韻鏡》空位誤,《四聲等子》是。

79 去三滂 肺 《廣韻》、《集韻》芳廢切,敷廢三去合蟹;《韻鏡》空位;《七音略》外轉第十六輕中輕、《切韻指掌圖》十九圖、《切韻指南》蟹攝外二合口呼廣門、《起數訣》第二十八圖閉音濁,列字均爲『肺』。『肺』爲《廣韻》廢韻敷母位小韻首字,《韻鏡》空位誤,《四聲等子》是。

80 去三並 吠 《廣韻》符廢切,《集韻》房廢切,並廢三去合蟹;《韻鏡》列字爲『吠』,《康熙字典》記:『《五音集韻》徒蓋切,音大。嘗也。』《七音略》外轉第十六輕中輕、《切韻指掌圖》十九圖、《切韻指南》蟹攝外二合口呼廣門、《起數訣》第二十八圖閉音濁，列字均爲『吠』。
『吠』爲《廣韻》廢韻奉母位小韻首字，《韻鏡》列字形訛，《起數訣》是。

81 去三穿　毳　《廣韻》楚税切，初祭三去合蟹；《集韻》充芮切，昌祭三去合蟹；《韻鏡》外轉
第十四合、《起數訣》第三十二圖開音濁，列字爲『毳』；《七音略》外轉第十四輕中重，于四
等霽韻位列『毳』，誤；《切韻指掌圖》十九圖，列字爲『吹』，昌母支韻；《切韻指南》蟹攝外
二合口呼廣門，列字爲『橇』。『毳』爲《集韻》祭韻昌母位小韻首字，《四聲等子》從《集韻》。

82 去三審　稅　咫A、B本，文瀾閣本，粵雅堂本，列字爲『稅』；文淵閣本、文津閣本，列字爲
『税』。『税』，《廣韻》舒芮切，《集韻》輸芮切，書祭三去合蟹；《韻鏡》外轉第十四合、《七音
略》外轉第十四輕中重、《切韻指南》蟹攝外二合口呼廣門、《起數訣》第三十二圖開音濁，列
字均爲『税』；《切韻指掌圖》十九圖，列字爲『帥』，生母至韻。『税』爲《廣韻》、《集韻》祭三
書母位小韻首字，《四聲等子》文淵閣本、文津閣本列字俗，諸版本均無誤。

83 去三曉　○　《廣韻》祭三曉母位有『㷖，呼吠切』，廢三曉母位有『喙，許穢切』。《韻鏡》內轉
第十合、《七音略》外轉第十六輕中輕、《切韻指南》蟹攝外二合口呼廣門、《起數訣》第二十
八圖閉音濁，列字爲『喙』；《切韻指掌圖》十九圖，列字爲『諱』，曉母未韻。《四聲等子》空
位誤，當校補『喙』或『㷖』字。

入三韻目：標目爲月屑，實爲月薛

84 入三見　蹶　《廣韻》、《集韻》居月切，見月三入合山；《廣韻》、《集韻》紀劣切，見薛三入合山；《韻鏡》外轉第二十四合、《七音略》外轉二十四輕中重、《起數訣》第四十七圖收音濁，列字爲『蹶』；《切韻指掌圖》八圖，列字爲『厥』；《切韻指南》蟹攝外二合口呼廣門，列字爲『亥』，見母物韻。『蹶』爲《廣韻》薛韻見母小韻首字，下收『厥』字，列字應以『蹶』爲佳，《四聲等子》是。

85 入三群　橜　《廣韻》其月切，《集韻》居月切，群月三入合山；《韻鏡》外轉第二十二合、《七音略》外轉二十二輕中輕、《起數訣》第四十九圖發音濁，列字均爲『⿰舟厥』，當爲『鱖』之俗字；《切韻指掌圖》八圖，列字爲『掘』；《切韻指南》蟹攝外二合口呼廣門，列字爲『倔』，群母物韻；『鱖』爲《廣韻》、《集韻》月三群母位小韻首字，下收有『橜』字，列字以『鱖』字爲佳，《四聲等子》亦無誤。

86 入三徹　⿰虎皮　咫　A、B本，文瀾閣本，粵雅堂本，列字爲『⿰虎皮』；文淵閣本，列字爲『⿰犭皮』；文津閣本，列字爲『波』，幫母戈韻，不當列此位，應是『⿰虎皮』之形訛。『⿰虎皮』，《廣韻》丑悦切，徹薛入合三山；《集韻》薛韻無徹母字；《韻鏡》外轉第二十四合、《七音略》外轉二十四輕中重、《切韻指掌圖》八圖，列字爲『⿰犭皮』；《切韻指南》蟹攝外二合口呼廣門，列字爲『黜』，徹母術韻；『⿰犭皮』爲『⿰虎皮』俗字。『⿰虎皮』爲《廣韻》薛三徹母位小韻首字，《四聲等子》文津閣本誤，當校正爲『皷』，文淵閣本俗亦無誤，其他版本是。

87 入三孃 ○ 《廣韻》孃母薛韻列字爲『吶』，《廣韻》、《集韻》女劣切，孃薛入合三山；《韻鏡》外轉第二十四合、《七音略》外轉二十四輕中重、《切韻指掌圖》八圖，列字均爲『吶』；《切韻指南》蟹攝外二合口呼廣門，列字均爲『貀』，孃母術韻；《四聲等子》空位誤，當校補『吶』字。

88 入三非 髮 咫A、B本，粵雅堂本，列字爲『髮』；文瀾閣本、文淵閣本、文津閣本，列字爲『𩬊』，『髮』、『𩬊』爲異體字。『髮』，《廣韻》、《集韻》方伐切，非月入合三山；《韻鏡》外轉第二十二合、《七音略》外轉二十二輕中輕列字爲『髮』；《切韻指掌圖》八圖，列字爲『䇷』，幫母薛韻；《切韻指南》蟹攝外二合口呼廣門，列字爲『弗』，非母物韻；《起數訣》空位；『髮』爲《廣韻》、《集韻》月三非母位小韻首字，《四聲等子》文瀾閣本、文淵閣本、文津閣本列異體，校正爲『髮』字更佳，其他版本是。

89 入三滂 怖 咫A、B本，文瀾閣本，粵雅堂本，列字爲『怖』；文淵閣本、文津閣本，列字爲『帔』。『怖』，《廣韻》、《集韻》拂伐切，敷月三入合山。《韻鏡》外轉第二十二合、《七音略》外轉二十二輕中輕、《切韻指掌圖》八圖，列字均爲『怖』；《切韻指南》蟹攝外二合口呼廣門，列字爲『拂』，敷母物韻；《起數訣》第四十九圖發音濁，列字爲『怖』，當爲『怖』字誤。『怖』爲《廣韻》月三敷母位小韻首字，《四聲等子》文津閣本列字形訛，當校改爲『怖』，其他版本列字是。

90 入三明 韈 《廣韻》望發切，《集韻》勿發切，微月三入合山；《韻鏡》外轉第二十二合、《七音略》外轉二十二輕中輕、《切韻指掌圖》八圖，列字均爲『韈』；《切韻指南》蟹攝外二合口呼廣門，列字爲『物』，微母物韻；《起數訣》第四十九圖發音濁，列字爲『韤』。『韈』爲《廣韻》月三微母位小韻首字，下收有『韤』字，注上同，二字爲異體字，列字以『韈』字爲佳，《四聲等子》亦無誤。

91 入三穿　啜　《廣韻》昌悦切，《集韻》姝悦切，昌薛三入合山；《韻鏡》外轉第二十四合、《七音略》外轉二十四輕中重、《切韻指掌圖》八圖，列字均爲『歠』；《切韻指南》蟹攝外二合口呼廣門，列字爲『出』，昌母術韻；《起數訣》第四十七圖收音濁，列字爲『啜』。『歠』爲《廣韻》薛三昌母位小韻首字，下收有『啜』字，列字以『歠』字爲佳，《四聲等子》列『啜』字，亦無誤。

92 入三審　說　咒A、B本，文瀾閣本，粵雅堂本，列字爲『說』；文淵閣本、文津閣本，列字爲『説』。『説』爲『說』俗字。『說』，《廣韻》失爇切，《集韻》輸爇切，書薛三入合山；《韻鏡》外轉第二十四合、《七音略》外轉二十四輕中重、《切韻指掌圖》八圖、《起數訣》第四十七圖收音濁，列字均爲『說』；《切韻指南》蟹攝外二合口呼廣門，列字爲『術』，船母術韻。『說』爲《廣韻》、《集韻》薛三書母位小韻首字，《四聲等子》各版本皆是。

93 入三禪　○　《廣韻》禪母薛韻列字爲『啜』，《廣韻》殊雪切，禪薛入合三山，《集韻》禪母薛韻未收此字；《韻鏡》空位；《七音略》外轉二十四輕中重、《切韻指掌圖》八圖，列字均爲『啜』；《切韻指南》蟹攝外二合口呼廣門，空位，『啜』位於去三等位，應爲錯位所致；《四聲等子》空位誤，當校補爲『啜』。

94 入三曉 颰 《廣韻》、《集韻》許月切，曉月三入合山。《韻鏡》外轉第二十二合、《切韻指掌圖》八圖、《切韻指南》蟹攝外二合口呼廣門，列字爲『颰』；《七音略》外轉二十二輕中輕，列字爲『颰』，爲『颰』字誤；《起數訣》空位誤。『颰』爲月韻曉母位小韻首字，《七音略》列字誤，《四聲等子》是。

95 入三匣 ○ 《廣韻》匣母薛月兩韻均無匣母字，《集韻》月韻匣母有『紇，恨竭切』。《韻鏡》、《七音略》、《切韻指掌圖》均空位；《切韻指南》山攝外四開口呼廣門，列字爲『紇』，依《集韻》。《四聲等子》依《廣韻》，亦無誤。

96 入三影 𡡔 《廣韻》、《集韻》於月切，影月三入合山；《韻鏡》外轉第二十二合、《四聲等子》山攝外四輕重俱等韻合口呼，列字均爲『𡡔』；《七音略》外轉二十二輕中輕，列字爲『𡡔』，此字當爲『𡡔』字形訛；《切韻指掌圖》八圖，列字爲『噦』；《切韻指南》蟹攝外二合口呼廣門，列字均爲『蔚』，影母物韻。『𡡔』爲《廣韻》月三影母位小韻首字，下收有『噦』字，列字以『𡡔』爲佳，《四聲等子》是。

97 入三喻 曰 《廣韻》、《集韻》王伐切，云月入合三山；《韻鏡》外轉第二十二合、《七音略》外轉二十二輕中輕、《切韻指掌圖》八圖、《起數訣》第四十九圖發音濁，列字均爲『越』；《切韻指南》蟹攝外二合口呼廣門，列字均爲『颮』，云母質韻。『越』爲《廣韻》月韻云母位小韻首字，下收『曰』字，列字以『越』爲佳，《四聲等子》亦無誤。

98 入三日　爇　咫 A、B本，粵雅堂本，列字爲『爇』；文瀾閣本，列字爲『熱』；文淵閣本、文津閣本，列字爲『爇』。『爇』，《廣韻》如劣切，《集韻》儒劣切，日薛三入合山；《韻鏡》外轉第二十四合、《七音略》外轉二十四輕中重、《切韻指掌圖》八圖，列字均爲『爇』；《切韻指南》蟹攝外二合口呼廣門空位；『爇』爲《廣韻》薛韻日母位小韻首字，『爇』、『爇』二字爲異體字；《四聲等子》文瀾閣本列『熱』字，『熱』爲薛韻開口日母字，不當列此位，應是『爇』之形訛，當校正爲『爇』；其他版本均無誤。

平四韻目：標目爲齊

99 平四溪　睽　《廣韻》苦圭切，《集韻》傾畦切，溪齊四平合蟹；《韻鏡》外轉第十四合、《七音略》外轉第十四輕中重，列字均爲『聧』；《切韻指掌圖》十九圖，列字爲『暌』，溪母灰韻；《切韻指南》蟹攝外二合口呼廣門，列字均爲『聺』，溪母祭韻；《起數訣》第二十七圖開音清，列字爲『⿰月癸』，群母脂韻。『睽』爲《廣韻》齊韻溪母位小韻首字，下收『聧』字，『⿰月癸』、『暌』、『聺』均爲『睽』之形訛，列字以『睽』爲佳，《四聲等子》是。

100 平四曉　◯　《廣韻》曉母齊韻首字爲『睳』；『睳』，《廣韻》呼攜切、《集韻》翾畦切，曉齊四平合蟹；《韻鏡》外轉第十四合，列字爲『眭』，匣母齊韻，誤；《七音略》外轉第十四輕中重、

《切韻指掌圖》十九圖、《切韻指南》蟹攝外二合口呼廣門，列字均爲『睳』；《起數訣》第二十七圖開音清，列字爲『睳』。『睳』爲《廣韻》齊韻曉母位小韻首字，《韻鏡》、《起數訣》形訛，《四聲等子》空位誤，當校補『睳』字。

101 平四匣 ○ 《廣韻》匣母齊韻首字爲『攜』；『攜』，《廣韻》户圭切，《集韻》玄圭切，匣齊四平合蟹；《韻鏡》外轉第十四合，列字爲『檇』，爲書寫誤；《七音略》外轉第十四輕中重、《切韻指掌圖》十九圖、《切韻指南》蟹攝外二合口呼廣門、《起數訣》第二十七圖開音清，列字均爲『攜』；『攜』爲齊韻匣母位小韻首字，《四聲等子》空位誤，當校補『攜』字。

102 平四影 ○ 《廣韻》影母齊韻首字爲『烓』。『烓』，《廣韻》烏攜切、《集韻》淵畦切，影齊四平合蟹；《韻鏡》外轉第十四合、《切韻指掌圖》十九圖、《起數訣》第二十七圖開音清，列字爲『烓』；《七音略》外轉第十四輕中重，列字爲『䨪』；《切韻指南》蟹攝外二合口呼廣門，空位；『烓』爲齊韻匣母位小韻首字，下收『䨪』，列字應以『烓』爲佳，《四聲等子》空位誤，當校補『烓』字。

上四韻目：標目爲薺

去四韻目：標目爲祭，實爲霽祭合韻（開合口合）

103 去四溪　䙆　《廣韻》未收，《集韻》睽桂切，溪霽去合四蟹；《韻鏡》、《切韻指掌圖》空位；《七音略》外轉第十四輕中重，列字爲『揆』，群母旨韻，誤；《切韻指南》蟹攝外二合口呼廣門，列字爲『䙆』；《起數訣》第二十七圖開音清，列字爲『楑』，群母脂韻，誤。《廣韻》霽韻溪母無字，『䙆』爲《集韻》齊四溪母位小韻首字，《四聲等子》從《集韻》。

104 去四並　獘　文淵閣本、粤雅堂本，列字爲『弊』；其他諸本，列字均爲『獘』。『獘』，《廣韻》、《集韻》毗祭切，並祭三去開蟹；《韻鏡》外轉第十五開、《七音略》外轉第十五重中輕，列字均爲『獘』；《起數訣》第二十九圖發音清，列字爲『敝』；《切韻指掌圖》十九圖，列字爲『鼻』，並母寘韻；《切韻指南》蟹攝外二合口呼廣門，空位。『獘』爲《廣韻》祭韻並母位小韻首字，下注『俗作弊』，『弊』爲『獘』之俗體，下收『敝』字，《四聲等子》諸本是。

105 去四明　袂　《廣韻》彌獘切，《集韻》彌蔽切，明祭三去開蟹；《韻鏡》外轉第十五開、《七音略》外轉第十五重中輕，列字均爲『𥘶』；《切韻指掌圖》十九圖，列字爲『寐』；《切韻指南》空位。《起數訣》、《韻鏡》、《七音略》所列字形，均爲『𥘶』，顯爲『袂』字誤。『袂』爲《廣韻》、《集韻》祭韻明母位小韻首字，《四聲等子》列字是。

106 去四精　蕝　《廣韻》子芮切，《集韻》祖芮切，精祭三去合蟹；《韻鏡》外轉第十六合、《七音略》外轉第十六輕中輕、《切韻指南》蟹攝外二合口呼廣門、《起數訣》第三十二圖開音濁，列字均爲『蕝』；《切韻指掌圖》十九圖，列字爲『醉』，精母至韻。

107 去四清　脆　《廣韻》此芮切，清祭三去合蟹，《集韻》未收；《韻鏡》外轉第十六合，列字爲『膬』；《七音略》、《切韻指掌圖》空位；《切韻指南》蟹攝外二合口呼廣門，列字爲『毳』，清母祭韻；《起數訣》第三十二圖開音濁，列字爲『脆』。『毳』爲《廣韻》祭韻清母位小韻首字，下收有『脃』字，『脆』爲『脃』之俗體，列字以『毳』爲佳，《七音略》空位誤，《四聲等子》亦無誤。

108 去四心　歳　咫A、B本、文瀾閣本、文淵閣本、文津閣本，列字爲『歳』；粵雅堂本，列字爲『歲』。『歳』爲『歲』之異體，『歲』，《廣韻》相鋭切，《集韻》須銳切，心祭三去合蟹；《韻鏡》外轉第十六合、《七音略》外轉第十六輕中輕、《切韻指南》蟹攝外二合口呼廣門、《起數訣》第三十二圖開音濁，列字均爲『歲』；《切韻指掌圖》十九圖，列字爲『邃』，心母至韻。『歲』爲《廣韻》祭韻心母位小韻首字，《四聲等子》諸本是。

109 去四邪　篲　咫A、B本，文淵閣本，文津閣本，粵雅堂本，列字爲『篲』；　文瀾閣本，列字爲『慧』，匣母霽韻，不當列此位，應是『篲』之形訛。『篲』，《廣韻》祥歲切，《集韻》旋芮切，邪祭三去合蟹；《韻鏡》外轉第十六合、《七音略》外轉第十六輕中輕、《切韻指南》蟹攝外二合口呼廣門、《起數訣》第三十二圖開音濁，列字均爲『篲』；《切韻指掌圖》十九圖，列字爲『遂』，邪母至韻。『篲』爲《廣韻》祭韻邪母位小韻首字，《四聲等子》文瀾閣本誤，當校改爲『篲』，其他版本是。

110 去四曉　嚖　咫 A、B 本，列字爲『嚖』；文瀾閣本、文淵閣本、文津閣本、粤雅堂本，列字爲『慧』，應爲『嚖』形訛。『嚖』，《廣韻》、《集韻》呼惠切，曉霽四去合蟹；《韻鏡》外轉第十四合、《七音略》外轉第十四輕中重、《切韻指南》蟹攝外二合口呼廣門，列字均爲『嘒』；《切韻指掌圖》十九圖，列字爲『侐』，曉母至韻；《起數訣》第二十七圖開音清，列字爲『嚖』。『嘒』爲《廣韻》霽韻曉母位小韻首字，下收『嚖』字，列字以『嘒』爲佳，《四聲等子》咫 A、B 本是，其他版本列『彗』字誤，當校改爲『嘒』。

111 去四匣　惠　《廣韻》、《集韻》胡桂切，匣霽四去合蟹；《韻鏡》外轉第十四合、《七音略》外轉第十四輕中重、《切韻指掌圖》十九圖、《切韻指南》蟹攝外二合口呼廣門、《起數訣》第二十七圖開音清，列字均爲『慧』。『慧』爲《廣韻》霽韻匣母位小韻首字，下收『惠』字，列字以『慧』爲佳，《四聲等子》亦無誤。

112 去四喻　鋭　咫 A、B 本，文瀾閣本，粤雅堂本，列字爲『鋭』；文淵閣本、文津閣本，列字爲『銳』。『鋭』，《廣韻》以芮切，《集韻》俞芮切，以祭三去合蟹；《韻鏡》外轉第十六合、《切韻指南》蟹攝外二合口呼廣門，列字均爲『鋭』；《七音略》外轉第十六輕中輕，列字爲『銳』，爲『鋭』之俗體；《切韻指掌圖》空位；《起數訣》第三十二圖開音濁，列字爲『叡』。『鋭』爲《廣韻》祭四以母位小韻首字，下收有『叡』字。列字以『鋭』爲佳，《七音略》列俗體，《四聲等子》是。

入四韻目：標目爲屑，實爲屑薛合韻

113 入四見　决　恕A、B本，文瀾閣本，文津閣本，粤雅堂本，列字爲「决」；文淵閣本，列字爲「决」，《康熙字典》記：「《玉篇》俗决字」，故「决」爲「决」俗。「决」，《廣韻》、《集韻》古穴切，見屑四入合山；《韻鏡》外轉第二十四合、《七音略》外轉二十四輕中重、《切韻指掌圖》八圖、《切韻指南》山攝外四合口呼廣門，列字均爲「玦」；《起數訣》第四十二圖閉音清，列字爲「玦」；「玦」爲《廣韻》屑四見母位小韻首字，下收有「决」字，列字以「玦」字爲佳，《四聲等子》列「决」字亦無誤。

114 入四溪　缺　《廣韻》、《集韻》傾雪切，溪薛三入合山；《韻鏡》外轉第二十二合、《七音略》外轉二十二輕中輕，列字爲「缺」；《切韻指掌圖》八圖、《切韻指南》山攝外四合口呼廣門，列字爲「闋」；《起數訣》第四十二圖閉音清，列字爲「缺」；「闋」爲《廣韻》屑四溪母位小韻首字，「缺」爲《廣韻》薛四溪母位小韻首字，《四聲等子》是。

115 入四幫　鱉　《廣韻》并列切，《集韻》必列切，幫薛入開三山；《韻鏡》外轉第二十一開、《七音略》外轉二十一重中輕、《切韻指南》山攝外四開口呼廣門，列字均爲「鷩」；《切韻指掌圖》八圖，列字均爲「彆」，幫母屑韻；「鷩」爲《廣韻》薛韻幫母重紐四等位小韻首字，下收有「鼈」字（「鱉」爲「鼈」俗體字）。「鼈」、「鱉」爲《集韻》薛韻幫母位小韻首字，《四聲等子》依《集韻》。

116　入四滂　瞥　《廣韻》芳滅切，《集韻》必列切，幫薛三入開山；《韻鏡》外轉第二十一開，列字爲『瞥』，當爲『瞥』字誤；《七音略》外轉二十一重中輕、《起數訣》第四十四圖發音清，列字爲『瞥』；《切韻指掌圖》八圖、《切韻指南》山攝外四開口呼廣門，列字爲『撆』，《集韻》滂母薛韻。『瞥』爲《廣韻》薛韻滂母重紐四等位小韻首字，《四聲等子》是。

117　入四並　敝　《廣韻》毗祭切，並祭去開三蟹，不應列於此；《集韻》便滅切，並薛三入開山。《韻鏡》外轉第二十一開、《切韻指掌圖》八圖、《切韻指南》山攝外四開口呼廣門、《起數訣》第四十六圖收音清，列字均爲『蹩』，並母屑韻；《七音略》外轉二十一重中輕，列字爲『嫳』，《集韻》在敝小韻，便滅切；《起數訣》第四十六圖收音清，列字爲『⿱敝色』，《集韻》並母薛韻。《廣韻》薛韻無並母字，『敝』爲《集韻》薛韻並母位小韻首字，《四聲等子》從《集韻》。

118　入四明　滅　《廣韻》亡列切，《集韻》莫列切，明薛三入開山。《韻鏡》外轉第二十一開、《七音略》外轉二十一重中輕、《起數訣》第四十六圖收音清，列字均爲『滅』；《切韻指掌圖》八圖、《切韻指南》山攝外四開口呼廣門，列字均爲『蔑』，明母屑韻。『滅』爲《廣韻》薛韻明母重紐四等位小韻首字，《四聲等子》是。

119　入四精　縍　《廣韻》子悅切，《集韻》租悅切，精薛入合三山；《韻鏡》外轉第二十二合、《七音略》外轉二十二輕中輕、《切韻指掌圖》八圖、《切韻指南》山攝外四開口呼廣門，列字均爲『蕝』；《起數訣》第四十六圖收音清，列字均爲『絕』，《集韻》薛三精母。『蕝』爲《廣韻》薛韻精母位小韻首字，下收有『[illegible]』字，列字以『蕝』字爲佳，《四聲等子》亦無誤。

120　入四從　絶　《廣韻》情雪切，《集韻》徂雪切，從薛三入合山；《韻鏡》外轉第二十二合，列字爲『紦』，應爲『絶』字形訛；《七音略》外轉二十二輕中輕、《切韻指掌圖》八圖、《切韻指南》山攝外四開口呼廣門、《起數訣》第四十六圖收音清，列字均爲『絶』。『絶』爲《廣韻》、《集韻》薛韻從母位小韻首字，《韻鏡》列字誤，當校改爲『絶』，《四聲等子》是。

121　入四邪　茇　咫A、B本，粤雅堂本，列字爲『茇』；文瀾閣本、文淵閣本、文津閣本，列字爲『茇』。『茇』，《廣韻》寺絶切，《集韻》似絶切，邪薛三入合山；《韻鏡》外轉第二十二合、《七音略》外轉二十二輕中輕、《切韻指掌圖》八圖、《切韻指南》山攝外四開口呼廣門、《起數訣》第四十六圖收音清，列字均爲『茇』。『茇』爲《廣韻》、《集韻》薛韻邪母位小韻首字，《四聲等子》文瀾閣本、文淵閣本、文津閣本形訛，當校改爲『茇』。其他版本是。

122　入四喻　悅　咫A、B本，文瀾閣本，粤雅堂本，列字爲『悅』；文淵閣本、文津閣本，列字爲『悅』。『悅』，《廣韻》弋雪切，《集韻》欲雪切，以薛三入合山；《韻鏡》外轉第二十二合、《七音略》外轉二十二輕中輕、《切韻指掌圖》八圖，列字均爲『恱』；《切韻指南》山攝外四合口呼廣門，列字爲『悅』，『恱』、『悦』三字爲異體字。《四聲等子》諸本皆是。

止攝內二　重少輕多韻　開口呼

聲母	一等平	一等上	一等去	一等入	二等平	二等上	二等去	二等入	三等平	三等上	三等去	三等入	四等平	四等上	四等去	四等入
見	祜	○	○	○	○	○	○	○	畸	椅	寄	暨	○	枳	馶	墼
溪	○	○	○	○	○	○	○	○	觭	綺	椅	隙	○	企	企	慤
羣	○	○	○	○	○	○	○	○	奇	技	騎	劇	祇	○	○	○
疑	○	○	○	○	○	○	○	○	宜	蟻	義	逆	鯢	○	倪	○
端知	○	○	○	○	○	○	○	○	知	徵	智	豴	○	○	帝	○
透徹	○	○	○	○	○	○	○	○	摛	褫	屎	彳	○	體	○	剔
定澄	○	○	○	○	○	○	○	○	馳	豸	緻	擲	踶	弟	地	悌
泥孃	○	○	○	○	○	○	○	○	尼	狔	膩	匿	○	○	○	鑈
幫非	○	○	○	○	○	○	○	○	陂	彼	賁	碧	卑	俾	臂	辟
滂敷	○	○	○	○	○	○	○	○	披	破	帔	鈹	眪	諀	譬	僻
並奉	○	○	○	○	○	○	○	○	皮	被	髲	欂	陴	婢	避	擗
明微	○	○	○	○	○	○	○	○	縻	靡	媚	䀛	彌	弭	寐	覔

	日	來	喻	影	匣	曉	邪禪	心審	從牀	清穿	精照
本無入聲	○	○	○	○	○	○	○	○	○	○	○
	○	○	○	○	○	○	○	○	○	○	○
	○	○	○	○	○	○	○	○	○	○	○
	○	○	○	○	○	○	○	○	○	○	○
	○	○	○	○	○	○	漦	師	茌	輜	菑
	○	○	○	○	○	○	俟	史	士	㓼	滓
	○	○	○	○	○	○	○	使	事	厠	胾
	○	○	○	○	○	○	○	色	崱	測	側
脂	兒	離	○	漪	○	犧	匙	施	○	眵	支
旨	爾	邐	○	倚	○	喜	是	弛	舓	侈	紙
至	二	詈	○	意	○	戲	豉	翅	○	卶	寘
質	日	剓	○	憶	○	虩	石	釋	射	尺	隻
	○	○	移	伊	○	詑	詞	斯	疵	雌	貲
	○	○	酏	○	○	○	兕	徙	鮆	此	紫
	○	○	易	縊	系	呬	寺	賜	漬	刺	積
	○	○	繹	益	○	○	席	昔	籍	皵	積

第九圖　止攝内二　重少輕多韻　開口呼

平二無標目，只列一字，當删

1 平一見　祐　《廣韻》于救切，《集韻》尤救切，云宥去開三流；《韻鏡》、《七音略》、《切韻指南》、《切韻指掌圖》、《起數訣》，見母之韻均爲空位；《廣韻》止攝一等位無字，『祐』不當列此位，誤，當删。

平二無標目，實爲之脂合韻

2 平二照　菑　《廣韻》側持切，《集韻》莊持切，莊之三平開止；《韻鏡》内轉第八開、《切韻指掌圖》十八圖、《切韻指南》止攝内二開口呼通門、《起數訣》第十六圖開音濁，列字均爲『菑』；《七音略》内轉第八重中重内重，列字爲『甾』；『菑』爲《廣韻》、《集韻》之韻莊母位小韻首字，下收有『甾』字，列字以『菑』爲佳，《四聲等子》是。

3 平二牀　茌　《廣韻》未收；《集韻》仕之切，崇之三平開止；《韻鏡》内轉第八開、《切韻指掌圖》十八圖，列字爲『茬』；《七音略》内轉第八重中重内重、《切韻指南》止攝内二開口呼通門，列字均爲『茌』；《起數訣》第十六圖開音濁列字爲『漦』，來母之韻，不當列此位。

『茬』爲《廣韻》、《集韻》崇母位小韻首字，注俗作『茌』，列字以『茬』爲佳，《四聲等子》依《廣韻》俗體，亦無誤。

4 平二禪 漦 《廣韻》、《集韻》俟甾切，俟之平開三止；《韻鏡》、《切韻指南》、《起數訣》空位；《七音略》内轉第八重中重内重、《切韻指掌圖》十八圖，列字均爲『漦』。『漦』爲《廣韻》、《集韻》之韻俟母位小韻首字，此處當列，《韻鏡》誤，《四聲等子》是。

上二無標韻，實爲止韻

5 上二穿 刹 咫 A、B本，文淵閣本，文津閣本，粤雅堂本列字爲『刹』；文瀾閣本列字爲『剢』，脂韻來母，不當列此位，應是『刹』之形訛。『刹』，《廣韻》初紀切，《集韻》測紀切，穿止上開三止；《韻鏡》内轉第八開、《七音略》内轉第八重中重内重、《切韻指掌圖》十八圖，列字爲『刹』；《切韻指南》止攝内二開口呼通門、《起數訣》第十六圖開音濁，列字均爲『刹』。『刹』爲《廣韻》、《集韻》止韻初母位小韻首字，『剢』、『刹』爲異體字；《四聲等子》列『刹』爲正體，是。

6 上二禪 俟 《廣韻》漦史切，俟止上開三止；《集韻》牀史切，崇止上開三止；《韻鏡》内轉第八開、《七音略》内轉第八重中重内重、《切韻指掌圖》十八圖，列字均爲『俟』；《切韻指南》、《起數訣》空位。『俟』爲《廣韻》、《集韻》止三俟母位小韻首字，《四聲等子》是。

去二韻母：無標目，實爲志止合韻

7 去二穿　厠　忈A、B本，文瀾閣本，文淵閣本，文津閣本，列字爲「厠」；粵雅堂本列字爲「廁」。「廁」，《廣韻》、《集韻》未收；《康熙字典》記：「〔古文〕《正韻》初寺切。同「廁」。《説文》清也。又閒也，雜也，次也。」、「厠」、「廁」二字爲異體字。《韻鏡》内轉第八開、《起數訣》第十六圖開音濁，列字爲「廁」；《七音略》内轉第八重中重内重、《切韻指掌圖》十八圖、《切韻指南》止攝内二開口呼通門，列字均爲「廁」。「廁」，《廣韻》、《集韻》初吏切，初志三去開止。「廁」爲《廣韻》志韻初母小韻首字，列字以「廁」爲佳，《四聲等子》粵雅堂本是，其他諸本列「廁」亦無誤。

8 去二審　使　《廣韻》、《集韻》疏吏切，生志去開三止；《韻鏡》内轉第八開，列字爲「駛」；《七音略》内轉第八重中重内重，列字爲「駛」；《切韻指掌圖》十八圖、《切韻指南》止攝内二開口呼通門，列字爲「駛」；《起數訣》第十六圖開音濁，列字爲「駃」。「駃」，《廣韻》、《集韻》苦夬切，溪夬二去開止；不當列於此位。「駛」爲《廣韻》志韻審母位小韻首字，下收「使」。「駛」、「駛」二字爲異體字。《七音略》及《起數訣》均應爲「駛」字形訛。此位列字以「駛」爲佳，《四聲等子》亦無誤。

入二韻母：無標目，實爲職韻

9 入二照　側　《廣韻》阻力切，《集韻》札色切，莊職入開三曾；《韻鏡》內轉第四十二開、《七音略》內轉第四十二重中重，列字均爲「稄」；《切韻指掌圖》十六圖，列字爲「側」；《切韻指南》止攝內二開口呼通門，列字爲「櫛」，莊母櫛韻；《起數訣》空位。「稄」爲《廣韻》職韻莊母位小韻首字，下收有「側」字，列字以「稄」爲佳，《四聲等子》亦無誤。

平三韻目：標目爲脂，實爲支脂合韻（脂韻字僅有一例）

10 平三見　畸　《廣韻》、《集韻》居宜切，見支平開三止；《韻鏡》內轉第四開合，列字爲「羇」；《七音略》內轉第四重中輕內重、《起數訣》第八圖收音濁，列字爲「覊」；《切韻指掌圖》十八圖，列字爲「基」，見母之韻；《切韻指南》止攝內二開口呼通門，列字爲「飢」，見母脂韻。「覊」爲《廣韻》、《集韻》支三見母位小韻首字，下收有「羇」、「畸」等字，「覊」、「羈」二字爲異體字，列字以「覊（羈）」字爲佳，《四聲等子》亦無誤。

11 平三溪　攲　《廣韻》去奇切，《集韻》丘奇切，溪支三平開止；《韻鏡》內轉第四開合、《切韻指南》止攝內二開口呼通門，列字均爲「攲」；《七音略》內轉第四重中輕內重，列字均爲「敧」。「攲」、「敧」當均爲「攲」字形訛；《切韻指掌圖》十八圖，列字爲「欺」，溪母之韻。《起數訣》第八圖收音濁，列字爲「欹」，應爲「攲」形訛。「攲」爲《廣韻》、《集韻》支三溪母位小韻首字，《四聲等子》是。

12 平三疑　宜　⿸尸己 A、B本，文瀾閣本，文淵閣本，粵雅堂本列字爲『冝』。『冝』，《廣韻》、《集韻》魚羈切，群支三平開止；《韻鏡》内轉第四開合、《七音略》内轉第四重中輕内重、《起數訣》第八圖收音濁，列字均爲『冝』；《切韻指掌圖》十八圖，列字爲『疑』，疑母之韻；《切韻指南》止攝内二開口呼通門，列字爲『狋』，疑母脂韻。『冝』，《廣韻》支韻開口群母位小韻首字，下注『俗作「冝」』，『冝』爲『宜』字俗體，列字以『冝』爲佳，《四聲等子》文津閣本列俗體，亦無誤。其他版本是。

13 平三徹　⿰禾离　《廣韻》吕支切，《集韻》鄰知切，來支平開三止，不當列此位；《韻鏡》内轉第四開合、《七音略》内轉第四重中輕内重、《起數訣》第八圖收音濁，列字均爲『摛』，《廣韻》丑知切，《集韻》抽知切，徹支三平開止；《切韻指掌圖》十八圖，列字爲『癡』，徹母之韻；《切韻指南》止攝内二開口呼通門，列字爲『絺』，徹母脂韻。『摛』爲《廣韻》、《集韻》支韻開口徹母位小韻首字，『⿰禾离』當爲『摛』字形訛，《四聲等子》當校改爲『摛』。

14 平三幫　陂　《廣韻》彼爲切，《集韻》班糜切，幫支三平開止；《韻鏡》内轉第四開合、《七音略》内轉第四重中輕内重、《切韻指南》止攝内二開口呼通門、《起數訣》第七圖收音清，列字均爲『陂』；《切韻指掌圖》十九圖，列字爲『碑』。『陂』爲《廣韻》、《集韻》支韻幫母位重紐三等小韻首字，下收有『碑』字，列字以『陂』爲佳，《四聲等子》是。

15 平三滂　披　《廣韻》敷羈切，《集韻》攀糜切，滂支三平開止；《韻鏡》内轉第四開合、《七音略》内轉第四重中輕内重、《切韻指掌圖》十九圖、《切韻指南》止攝内二開口呼通門，列字均爲『鈹』；《起數訣》第七圖收音清，列字爲『披』。『鈹』爲《廣韻》、《集韻》支韻滂母位重紐三等小韻首字，下收有『披』字，列字以『鈹』爲佳，《四聲等子》亦無誤。

16 平三明　縻　咫A、B本，文淵閣本，文津閣本，粵雅堂本，列字爲『糜』；　文瀾閣本列字爲『縻』。『糜』，《廣韻》靡爲切，《集韻》忙皮切，明支平開三止。《韻鏡》内轉第四開合，列字爲『縻』；《七音略》内轉第四重中輕内重、《切韻指掌圖》十九圖、《起數訣》第七圖收音清，列字爲『糜』；《切韻指南》止攝内二開口呼通門，列字爲『糜』。『糜』爲《廣韻》、《集韻》支韻明母位重紐三等小韻首字，下收有『縻』字，列字以『糜』爲佳，《四聲等子》諸本是，文瀾閣本列字爲『縻』，亦無誤。

17 平三穿　𧵳　文淵閣本、文津閣本列字爲『眵』；　其他諸本皆爲『𧵳』。　此字應爲『眵』字訛誤。『眵』，《廣韻》叱支切，《集韻》侈支切，昌支三平開止；《韻鏡》内轉第四開合、《七音略》内轉第四重中輕内重、《切韻指掌圖》十八圖，列字均爲『眵』；《切韻指南》止攝内二開口呼通門，列字爲『鴟』，昌母脂韻；《起數訣》第八圖收音濁，列字爲『䏧』，昌母紙韻，誤。『眵』爲《廣韻》、《集韻》支三昌母位小韻首字，《四聲等子》文淵閣本、文津閣本是，其他諸本當校改爲『眵』。

18 平三牀 ○ 《廣韻》牀母支脂之韻皆無列字；《韻鏡》内轉第四開合，列字爲『疵』，『疵』，《廣韻》疾移切，《集韻》才支切，從支三平開止；《七音略》内轉第四重中輕内重、《切韻指掌圖》十八圖、《切韻指南》止攝内二開口呼通門、《起數訣》第八圖收音濁，均空位；按韻圖規則，精組字應列於一四等，不應列於三等，當删。《四聲等子》空位是。

19 平三禪 匙 《廣韻》是支切，《集韻》常支切，禪支三平開止；《韻鏡》内轉第四開合、《七音略》内轉第四重中輕内重、《起數訣》第八圖收音濁，列字均爲『匙』；《切韻指掌圖》十八圖、《切韻指南》止攝内二開口呼通門，列字均爲『時』，禪母之韻。『提』爲《廣韻》支三禪母位小韻首字，下收有『匙』等字，列字以『提』字爲佳，《四聲等子》列『匙』字，亦無誤。

20 平三曉 羲 《廣韻》許羈切，《集韻》虚宜切，曉支三平開止；《韻鏡》内轉第四開合、《七音略》内轉第四重中輕内重、《切韻指南》止攝内二開口呼通門、《起數訣》第八圖收音濁，列字均爲『犧』；《切韻指掌圖》十八圖，列字爲『僖』，曉母之韻。『犧』爲《廣韻》、《集韻》支韻開口曉母位小韻首字，下收『羲』字，列字以『犧』爲佳，《四聲等子》亦無誤。

21 平三影 漪 《廣韻》於離切，《集韻》於宜切，影支三平開止；《韻鏡》内轉第四開合，列字爲『猗』，影母支韻；《七音略》内轉第四重中輕内重、《起數訣》第八圖收音濁，列字爲『漪』，此字當爲『漪』形訛；《切韻指掌圖》十八圖，列字爲『醫』，影母霽韻；《切韻指南》止攝内二開口呼通門，列字爲『醫』，影母之韻。『漪』爲《廣韻》、《集韻》支三影母位小韻首字，下收有

『猗』等字，列字以『漪』字爲佳，《四聲等子》是。

22 平三日　兒　文津閣本列字爲『児』，其他版本均爲『兒』。『児』、『兒』二字爲異體字。『兒』，《廣韻》汝移切，《集韻》如支切，日支三平開止；《韻鏡》内轉第四開合、《七音略》内轉第四重中輕内重、《切韻指掌圖》十八圖、《起數訣》第八圖收音濁，列字均爲『兒』；《切韻指南》止攝内二開口呼通門，列字爲『而』，日母之韻。『兒』爲《廣韻》、《集韻》支三日母位小韻首字，《四聲等子》文津閣本列異體無誤，其他版本是。

上三韻目：標目爲旨，實爲紙

23 上三見　椅　《廣韻》於綺切，《集韻》隱綺切，影紙上開三止，均不應列於此；《韻鏡》内轉第四開合、《四聲等子》止攝内二重少輕多韻開口呼、《起數訣》第八圖收音濁，列字爲『掎』；《七音略》内轉第四重中輕内重，列字爲『椅』，《七音略》誤；《切韻指掌圖》十八圖，列字爲『紀』，見母止韻；《切韻指南》止攝内二開口呼通門，列字爲『几』，見母旨韻。『掎』爲《廣韻》、《集韻》紙三見母位小韻首字，『椅』爲紙韻影母字，不應列此位，當是『掎』字之形訛。《四聲等子》誤，當校改爲『掎』。

24 上三疑　蟻　《廣韻》魚倚切，《集韻》語綺切，疑紙三上開止；《韻鏡》内轉第四開合、《七音略》内轉第四重中輕内重、《起數訣》第八圖收音濁，列字均爲『螘』；《切韻指掌圖》十八圖，列字爲『蟻』；《切韻指南》止攝内二開口呼通門，列字爲『擬』，疑母止韻。『螘』爲《廣韻》、《集韻》紙三疑母位小韻首字，下收有『蟻』，『蟻』、『螘』二字爲異體字，列字以『螘』爲佳，《四聲等子》列異體亦無誤。

25　上三孃　狔　《廣韻》女氏切，《集韻》乃倚切，孃紙三上開止；《韻鏡》内轉第四開合，列字爲『抳』；《七音略》内轉第四重中輕内重、《切韻指掌圖》十八圖、《切韻指南》止攝内二開口呼通門，列字均爲『狔』。『狔』爲《廣韻》紙三孃母位小韻首字，下收『抳』，列字以『狔』爲佳，《四聲等子》是。

26　上三牀　舓　《廣韻》神紙切，《集韻》甚尒切，船紙三上開止；《韻鏡》内轉第四開合，列字爲『舐』；《七音略》内轉第四重中輕内重，列字爲『䑛』；《切韻指南》止攝内二開口呼通門，列字爲『舓』；《切韻指掌圖》、《起數訣》空位。『舓』爲《廣韻》、《集韻》紙三船母位小韻首字，下收有『䑛』字，注上同，收有『舐』，注爲俗。『䑛』爲異體，『舐』爲俗體。列字以『舓』爲佳，《四聲等子》是。

27　上三禪　是　《廣韻》承紙切，《集韻》上紙切，禪紙三上開止；《韻鏡》内轉第四開合，列字爲『氏』；《七音略》内轉第四重中輕内重、《切韻指掌圖》十八圖、《起數訣》第八圖收音濁，列字均爲『是』；《切韻指南》止攝内二開口呼通門，列字爲『視』，禪母旨韻。『是』爲《廣韻》、《集韻》紙韻禪母位小韻首字，下收有『氏』字，列字以『是』爲佳，《四聲等子》是。

28 上三曉 喜 《廣韻》虚里切、《集韻》許巳切，曉止三上開止；《韻鏡》内轉第八開、《切韻指南》止攝内二開口呼通門、《起數訣》第十五圖開音清，列字均爲『喜』；《七音略》内轉第八重中重内重，列字爲『憙』；《切韻指掌圖》十八圖，列字爲『鯑』，曉母旨韻。『喜』爲《廣韻》、《集韻》止韻曉母位小韻首字，下收有『憙』字，列字以『喜』爲佳，《四聲等子》是。

29 上三喻 ◯ 《廣韻》、《集韻》止韻云母位有『矣』，《廣韻》于紀切，《集韻》羽巳切，云止開三上止。《韻鏡》内轉第八開，列字爲『以』，爲喻四母字，當列於四等，誤；《七音略》内轉第八重中重内重、《切韻指掌圖》十八圖、《切韻指南》止攝内二開口呼通門，列字均爲『矣』；《起數訣》第十五圖開音清，空位。『矣』爲《廣韻》、《集韻》止韻云母位小韻首字，《四聲等子》空位誤，當校補『矣』。

去三韻目： 標目爲至，實爲至志寘合韻

30 去三溪 椅 《廣韻》於綺切，影紙上開三止；又於離切，影支平開三止；均不當列此位。《韻鏡》内轉第四開合、《七音略》内轉第四重中輕内重，列字均爲『㩻』；《切韻指掌圖》十八圖，列字爲『亟』，溪母志韻；《切韻指南》止攝内二開口呼通門，列字爲『器』，溪母至韻；《起數訣》空位誤。『㩻』爲《廣韻》寘三溪母位小韻首字，下收有『掎』字，列字以『㩻』爲佳，《四聲等子》當爲『掎』字書寫誤，當校正爲『掎』。

31 去三群 騎 《廣韻》、《集韻》奇寄切，群寘三去開止；《韻鏡》内轉第四開合、《七音略》内轉第四重中輕内重、《切韻指南》止攝内二開口呼通門，列字均爲「芰」；《切韻指掌圖》十八圖，列字爲「忌」，群母志韻；《起數訣》列空位。「芰」爲《廣韻》寘三群母位小韻首字，下收有「騎」等字，列字以「芰」字爲佳，《四聲等子》亦無誤。

32 去三疑 義 《廣韻》、《集韻》宜寄切，疑寘三去開止；《韻鏡》内轉第四開合，列字爲「義」；《七音略》内轉第四重中輕内重，列字爲「議」；《切韻指掌圖》十八圖、《切韻指南》止攝内二開口呼通門，列字爲「𩴾」，疑母志韻；《起數訣》空位。「議」爲《廣韻》寘三疑母位小韻首字，下收有「義」字；「義」爲《集韻》寘三疑母位小韻首字，《四聲等子》從《集韻》。

33 去三徹 屎 文津閣本、文淵閣本列字爲「屎」；其他諸本列字爲「屎」。「屎」，《廣韻》喜夷切，《集韻》馨夷切，曉脂平開三止；又《廣韻》式視切，《集韻》矧視切，書旨上開三止；又《集韻》呼維切，曉脂平合三止，均不當列此位。《韻鏡》空位；《七音略》内轉第六重中重、《起數訣》第十二圖收音濁、《切韻指南》止攝内二開口呼通門，列字爲「屎」；《切韻指掌圖》十八圖，列字爲「眙」，徹母志韻；「屎」爲《廣韻》至三徹母位小韻首字，《韻鏡》空位誤，《四聲等子》文津閣本、文淵閣本列字是，其他諸本列「屎」爲「屎」之形訛，當校改爲「屎」。

34 去三孃 膩 咫A、B本，文瀾閣本，粵雅堂本，列字爲「膩」； 文淵閣、文津閣本列字爲「膩」。「膩」，《廣韻》、《集韻》未收；《韻鏡》内轉第六開、《七音略》内轉第六重中重、《切韻指掌圖》十八圖、《切韻指南》止攝内二開口呼通門、《起數訣》第十二圖收音濁，列字均爲『膩』；『膩』，《廣韻》、《集韻》女利切，孃至三去開止；『賦』、『膩』爲異體字。《四聲等子》文津閣本列正體是，其他版本列俗體，亦無誤，但校正爲『膩』爲佳。

35 去三明　媚　《廣韻》、《集韻》明祕切，明至三去開止；《韻鏡》内轉第六開、《七音略》内轉第六重中重，列字均爲『郿』；《切韻指掌圖》十九圖，列字爲『魅』；《切韻指南》止攝内二開口呼通門，列字爲『縻』，明母支韻；《起數訣》第十一圖收音清，列字爲『媚』。『郿』爲《廣韻》至韻明母位小韻首字，下收有『媚』、『魅』二字，列字以『郿』爲佳，《四聲等子》亦無誤。

36 去三照　寘　文瀾閣本、文淵閣本列字爲『寘』；其他諸本字形爲『寘』。『寘』，《廣韻》、《集韻》支義切，章寘去開三止；《韻鏡》内轉第四開合、《七音略》内轉第四重中輕内重，列字均爲『寘』；《切韻指掌圖》十八圖、《切韻指南》止攝内二開口呼通門，列字均爲『至』，章母至韻。《四聲等子》列字爲書體致，均是。

37 去三穿　卶　此字爲『卶』形異。『卶』，《廣韻》、《集韻》充豉切，昌寘三去開止；《韻鏡》内轉第四開合、《七音略》内轉第四重中輕内重、《切韻指南》止攝内二開口呼通門、《起數訣》第八圖收音濁，列字均爲『卶』；《切韻指掌圖》十八圖，列字爲『熾』，昌母志韻。『卶』爲《廣韻》、《集韻》寘三昌母位小韻首字，《四聲等子》形異，當校正爲『卶』。

38 去三牀　○　《廣韻》至韻船母位有『示』，神至切，船至開三去止。《韻鏡》内轉第六開、《七音略》内轉第六重中重、《切韻指南》止攝内二開口呼通門，列字均爲『示』；《切韻指掌圖》、《起數訣》空位。『示』爲《廣韻》、《集韻》至三船母位小韻首字，《四聲等子》爲合韻韻圖，此處當校補『示』。

39 去三曉　戲　咫A、B本，文津閣本，文瀾閣本，列字爲『戲』；文淵閣本、粵雅堂本列字爲『戯』。『戯』，《康熙字典》記：『《正字通》俗戲字。』、『戯』爲『戲』俗體。『戲』，《廣韻》、《集韻》香義切，曉寘三去開止；《韻鏡》内轉第四開合、《七音略》内轉第四重中輕内重、《切韻指南》止攝内二開口呼通門、《起數訣》第八圖收音濁，列字均爲『戲』；《切韻指掌圖》十八圖，列字爲『憙』，曉母志韻。『戲』爲《廣韻》寘韻曉母位小韻首字，列字以『戲』字爲佳，《四聲等子》咫A、B本，文津閣本，文瀾閣本列俗體『戯』雖無誤，但校正爲『戲』更佳。文淵閣本、粵雅堂本是。

入三韻目：　無標目，但列陌職昔質韻字（以昔韻字爲主）

40 入三見　暨　《廣韻》居乙切，《集韻》訖乙切，見質三入開臻；《韻鏡》外轉第十七開、《七音略》外轉第十七重中重、《起數訣》第十二圖收音濁，列字均爲『暨』；《切韻指掌圖》十八圖，見母質韻三等位列『訖』，見母迄韻；《切韻指南》止攝内二開口呼通門，列字爲『暨』。『暨』，當係『暨』俗體，《四聲等子》亦無誤。

41　入三溪　隙　《康熙字典》：『《正字通》俗隙字。』、『隙』，《廣韻》綺戟切，《集韻》乞逆切，溪陌入開三梗；《韻鏡》外轉第三十三開、《七音略》外轉三十六重中重、《切韻指掌圖》十六圖、《起數訣》第六十五圖發音濁，列字均爲『隙』；《切韻指南》止攝内二開口呼通門，空位。『隙』爲《廣韻》陌韻溪母位小韻首字，《四聲等子》列俗體，當校正。

42　入三知　䵂　咫A、B本，文津閣本列字爲『䵂』；文瀾閣本、粵雅堂本列字爲『⿱黍啻』；文淵閣本列字爲『⿰黍咅』。『䵂』，《廣韻》、《集韻》竹益切，知昔三入開梗；《韻鏡》外轉第三十五開、《七音略》外轉三十八重中重、《起數訣》第六十五圖發音濁，列字均爲『䵂』；《切韻指掌圖》十六圖，列字爲『陟』，知母職韻；《切韻指南》止攝内二開口呼通門，列字爲『窒』，書母質韻。『䵂』爲《廣韻》昔三知母位小韻首字，《四聲等子》咫A、B本，文津閣本列字是。文瀾閣本、粵雅堂本、文淵閣本均誤，當校正爲『䵂』。

43　入三徹　彳　《廣韻》、《集韻》丑亦切，徹昔三入開梗；《韻鏡》、《七音略》空位；《切韻指掌圖》十六圖，列字爲『敕』，徹母職韻；《起數訣》第六十五圖發音濁，列字爲『彳』；《切韻指南》止攝内二開口呼通門，列字爲『抶』，徹母質韻。『彳』爲《廣韻》昔韻徹母位小韻首字，《韻鏡》、《七音略》空位誤，《四聲等子》是。

44　入三孃　匿　《廣韻》女力切、《集韻》昵力切，孃職三入開曾；《韻鏡》内轉第四十二開、《七音略》内轉第四十二重中重、《切韻指掌圖》十六圖、《起數訣》第十六圖開音濁，列字均爲

『匿』；《切韻指南》止攝内二開口呼通門，列字爲『暱』，孃母質韻。但本圖三等入聲主要爲陌昔質，職韻字在此位頗不合。此字當爲『暱』，《廣韻》、《集韻》尼質切，孃質三開入臻。此位校正爲『暱』更佳。

45 入三滂　鋄　文淵閣本列字爲『鋄』，其他諸本列字爲『鋄』。『鋄』，《廣韻》徒盍切，定盍一入開咸，不當列此位；《集韻》鋪彳切，滂昔三入開梗；《韻鏡》空位；《七音略》外轉三十八圖重中重，列字爲『鋄』，《廣韻》亡范切，並母范韻，當爲『鋄』形訛；《切韻指掌圖》十六圖，列字爲『愊』，滂母職韻；《起數訣》第六十四圖發音清，列字爲『鋄』；《切韻指南》止攝内二開口呼通門，列字爲『拂』，敷母物韻。《廣韻》昔韻滂韻無字，《七音略》、《四聲等子》列『鋄』從《集韻》。文淵閣本字形俗，其他版本均是。

46 入三並　欂　文淵閣本列字爲『欂』，其他諸本列字爲『欂』。『欂』，《廣韻》弼戟切，並陌入開三梗；《集韻》平碧切，並昔入開三梗。《韻鏡》第三十五開，列字爲『欂』；《七音略》外轉三十八重中重，列字爲『欂』；《切韻指掌圖》十六圖，列字爲『愎』，並母職韻；《起數訣》第六十四圖發音清，列字爲『榑』；《切韻指南》止攝内二開口呼通門，列字爲『弼』，並母質韻。『欂』爲《廣韻》陌韻並母位小韻首字，『欂』爲『欂』之訛，《四聲等子》文淵閣本是，其他版本均形訛，當校正爲『欂』。

47 入三明　窅　《廣韻》亡逼切，《集韻》密逼切，明職三入開曾；《韻鏡》内轉第四十二開、《七音略》内轉四十二重中重、《切韻指掌圖》十六圖、《起數訣》第十五圖開音清，列字均爲『窅』；《切韻指南》止攝内二開口呼通門，列字爲『密』，明母質韻。此字爲職韻字，本圖三等入聲，多爲陌昔質韻字。

48　入三牀　射　《廣韻》、《集韻》食亦切，船昔三開梗；《韻鏡》外轉第三十五開，列字爲『射』；《七音略》外轉三十八重中重，列字爲『麝』；《切韻指掌圖》、《起數訣》空位；《切韻指南》止攝内二開口呼通門，列字爲『實』，禪母質韻。『麝』爲《廣韻》昔三船母位小韻首字，下收有『射』字，列字以『麝』爲佳，《四聲等子》亦無誤。

49　入三曉　虩　《廣韻》許郤切，《集韻》迄逆切，曉陌入開三梗；《韻鏡》、《七音略》空位；《起數訣》第六十五圖發音濁，列字爲『虩』；《切韻指掌圖》十六圖，列字爲『赩』，曉母職韻；《切韻指南》止攝内二開口呼通門，列字爲『肸』。『虩』爲《廣韻》陌韻曉母位小韻首字，《韻鏡》、《七音略》空位誤，《四聲等子》列『虩』是。

50　入三日　日　《廣韻》人質切，《集韻》入質切，日質三入開臻；《韻鏡》外轉第十七開，列字爲『月』，誤；《七音略》外轉第十七重中重、《切韻指掌圖》十八圖、《切韻指南》止攝内二開口呼通門、《起數訣》第十二圖收音濁，列字均爲『日』。『日』爲《廣韻》、《集韻》質三日母位小韻首字，《韻鏡》誤，《四聲等子》是。

平四韻目：無標目，實爲支之脂合韻

51 平四群　祇　《廣韻》巨支切，《集韻》翹移切，群支平開三止；《韻鏡》内轉第四開合、《切韻指掌圖》十八圖，列字均爲『祇』；《七音略》内轉第四重中輕内重、《切韻指南》止攝内二開口呼通門，列字均爲『祇』，章母支韻；《起數訣》第七圖收音清，因版本不清，《起數訣》列字可能爲『祇』，亦可能爲『衹』，列『祇』字諸圖皆爲『祇』字誤。『祇』爲《廣韻》支韻群母重紐四等位小韻首字，《七音略》誤，《四聲等子》是。

52 平四疑　鶃　文瀾閣本、文津閣本列字爲『鶃』；其他諸本列字爲『鶂』。『鶂』，《廣韻》未收；《康熙字典》記：『《集韻》語支切，音輗。骨貌。』按『語支切』，疑母支韻。《韻鏡》、《七音略》空位；《切韻指掌圖》十八圖，列字爲『倪』，疑母齊韻；《切韻指南》止攝内二開口呼通門、《起數訣》第七圖收音清，列字均爲『鶃』。『鶃』爲《集韻》疑母支韻小韻首字，《四聲等子》、《切韻指南》、《起數訣》列『鶃』字，從《集韻》。文瀾閣本、文津閣本列字形訛，當校改爲『鶃』。

53 平四定　䟡　《廣韻》池爾切，澄紙三上開止，不應列於此；《集韻》徒祁切，定脂三平開止。《韻鏡》、《七音略》空位；《切韻指掌圖》十八圖，列字爲『蹄』，定母齊韻；《切韻指南》空位；《起數訣》第十一圖收音清，列字爲『䟡』。『䟡』爲《集韻》脂三定母位小韻首字，《四聲等子》從《集韻》。

54 平四幫　卑　咫 A、B本，粤雅堂本列字爲『卑』；文淵閣本、文瀾閣本、文津閣本列字爲『𤰞』。『卑』，《廣韻》府移切，《集韻》賔彌切，幫支三平開止；《韻鏡》內轉第四開合、《七音略》內轉第四重中輕內重、《切韻指南》止攝內二開口呼通門，列字均爲『𤰞』；《切韻指掌圖》十九圖，列字爲『𨁈』，幫母齊韻。《起數訣》第七圖收音清，列字爲『卑』；『𤰞』爲《廣韻》支韻幫母重紐四等位小韻首字，『𤰞』、『卑』二字爲異體字，《四聲等子》文淵閣本、文瀾閣本、文津閣本是，其他諸本亦無誤。

55 平四滂　䀯　咫 A、B本列字爲『䀯』；　其他諸本列字爲『𣬈』。『𣬈』，《廣韻》匹支切，《集韻》攀糜切，滂支三平開止；《韻鏡》內轉第四開合，列字爲『披』；《七音略》內轉第四重中輕內重、《起數訣》第七圖收音清，列字均爲『𣬈』；《切韻指掌圖》十九圖，列字爲『磇』，滂母齊韻；《切韻指南》止攝內二開口呼通門，列字爲『紕』，滂母脂韻。《韻鏡》列『披』字，爲重紐三等字，當列於三等，誤；『𣬈』爲《廣韻》支韻滂母重紐四等字，爲小韻首字，當列於此位，《四聲等子》是。咫 A、B本當校改爲『𣬈』，其他版本是。

56 平四並　陴　《廣韻》符支切，《集韻》頻彌切，並支三平開止；《韻鏡》內轉第四開合、《七音略》內轉第四重中輕內重，列字均爲『陴』；《切韻指掌圖》十九圖，列字爲『鼙』，並母齊韻；《切韻指南》止攝內二開口呼通門，列字爲『毗』，並母脂韻；《起數訣》第七圖收音清，列字爲『脾』；『陴』爲《廣韻》支韻並母重紐四等位小韻首字，下收『脾』字，列字以『陴』爲佳，『陴』、

『陴』爲異體字，《韻鏡》、《七音略》、《四聲等子》是。

57 平四精　資　咫 A、B 本，文瀾閣本，粵雅堂本列字爲『資』； 文淵閣本、文津閣本列字爲『貲』。『資』，《廣韻》即夷切，《集韻》津私切，精脂三平開止。《韻鏡》内轉第四開合、《七音略》内轉第四重中輕内重、《切韻指南》止攝内二開口呼通門，均於四等位列『貲』字；《切韻指掌圖》十八圖，列字爲『齊』，精母齊韻。『咨』爲脂韻精母三等字且爲《廣韻》小韻首字，下收『資』字。『貲』，《廣韻》、《集韻》即移切，精母支韻。《四聲等子》諸版本列字均是。

58 平四從　疵　咫 A、B 本，文瀾閣本，文津閣本，粵雅堂本列字爲『疵』； 文淵閣本列字爲『庛』，七賜切，清母寘韻，不當列此位，應是『疵』字之形訛。『疵』，《廣韻》疾移切，《集韻》才支切，從支三平開止；《韻鏡》内轉第四開合，列於三等，四等空位，誤；《七音略》内轉第四重中輕内重從母四等位、《起數訣》第七圖收音清精母一等位，列字均爲『疵』；《切韻指掌圖》十八圖，從母一等位列字爲『慈』；《切韻指南》止攝内二開口呼通門從母四等列字爲『慈』，從母之韻。『疵』爲支韻從母三等字且爲《廣韻》小韻首字，按韻圖規制，當列於四等位，《四聲等子》是。文淵閣本列字誤，當校正爲『疵』。

59 平四曉　詑　咫 A、B 本，文淵閣本列字爲『詑』； 文瀾閣本、文津閣本、粵雅堂本列字爲『詑』，徹母禡韻，不當列此位，應是『詑』之形訛。『詑』，《廣韻》香支切，曉支三平開止；《集韻》余支切，以支三平開止。《韻鏡》空位；《七音略》内轉第四重中輕，列字爲『訑』；《切韻指掌圖》十八圖，列字爲『醯』，曉母齊韻；《起數訣》第七圖收音清，列字爲『詑』；《切韻指南》止攝内二開口呼通門，列字爲『咦』，曉母脂韻。『詑』爲《廣韻》支韻曉母重紐四等位小韻首字，《韻鏡》空位誤，《四聲等子》是。

上四韻目：無標目，實爲紙旨止合韻

60 上四見　枳　《廣韻》居帋切，《集韻》頸尒切，見紙三上開止。《韻鏡》内轉第四開合，列字爲『踦』，爲重紐三等字，當列於三等，誤；《七音略》内轉第四重中輕、《切韻指南》止攝内二開口呼通門，列字均爲『枳』；《切韻指掌圖》第十八圖，列字爲『几』，見母旨韻。『枳』爲《廣韻》紙韻見母重紐四等位小韻首字，《四聲等子》是。

61 上四透　體　《廣韻》他禮切，透薺四上開止，不應列於此；《集韻》天以切，透止三上開止；《韻鏡》、《七音略》空位；《切韻指掌圖》十八圖，列字爲『體』，透母薺韻；《切韻指南》止攝内二開口呼通門、《起數訣》第十五圖開音清，列字爲『體』。舌頭音只有一四等，『體』字《集韻》音當爲類隔，不應視爲透母字。《四聲等子》此處列『體』字，似依《集韻》，但音切本誤，當删。

62 上四定　弟　《廣韻》徒禮節，定薺四上開止，不應列於此；《集韻》蕩以切，定止三上開止；《韻鏡》、《七音略》空位；《切韻指掌圖》十八圖、《切韻指南》止攝内二開口呼通門、《起數訣》第十五圖開音清，列字均爲『弟』，定母薺韻。舌頭音只有一四等，『弟』字《集韻》音當爲類隔，不應視爲定母字。《四聲等子》此處列『弟』字，似依《集韻》，但音切本誤，當刪。

63 上四幫　俾　咫 A、B本，粵雅堂本列字爲『俾』；文瀾閣本、文淵閣本、文津閣本列字爲『俾』。『俾』，《廣韻》紙韻幫母重紐四等有『俾』，《廣韻》并弭切，《集韻》補弭切，明紙三上開止；《韻鏡》内轉第四開合，列字爲『俾』；《七音略》内轉第四重中輕、《切韻指掌圖》第十九圖，列字均爲『比』，幫母旨韻；《切韻指南》止攝内二開口呼通門，列字爲『匕』，幫母旨韻。『俾』爲《廣韻》紙韻幫母重紐四等位小韻首字，下收有『俾』字，『俾』、『俾』爲異體字，《四聲等子》文瀾閣本、文淵閣本、文津閣本爲書體致，諸版本均是。

64 上四滂　諀　咫 A、B本，粵雅堂本列字爲『諀』；文瀾閣本、文淵閣本、文津閣本列字爲『諀』。『諀』，《廣韻》匹婢切，《集韻》普弭切，明紙三上開止；《韻鏡》内轉第四開合，列字爲『諀』；《七音略》内轉第四重中輕、《切韻指掌圖》第十九圖、《切韻指南》止攝内二開口呼通門，列字均爲『諀』；《起數訣》空位。『諀』爲《廣韻》紙韻滂母重紐四等位小韻首字，『諀』、『諀』爲異體字，《四聲等子》諸本皆是。

65 上四並　婢　咫 A、B本，粵雅堂本列字爲『婢』；文瀾閣本、文淵閣本、文津閣本列字爲『婢』。『婢』，《廣韻》便俾切、《集韻》部弭切，並紙三上開止；《韻鏡》内轉第四開合列字爲『婢』；《七音略》内轉第四重中輕、《切韻指掌圖》第十九圖、《切韻指南》止攝内二開口呼通門，列字均爲「婢」；《起數訣》空位。「婢」爲《廣韻》紙韻並母重紐四等位小韻首字，「婢」、「婢」爲異體字，《四聲等子》是。

66 上四明　弭　《廣韻》綿婢切，《集韻》母婢切，明紙三上開止；《韻鏡》内轉第四開合，《七音略》内轉第四重中輕，列字爲「弭」；《切韻指掌圖》第十九圖、《切韻指南》止攝内二開口呼通門，列字爲「渳」；《起數訣》空位。「渳」爲《廣韻》紙韻明母重紐四等位小韻首字，下收有「弭」字，列字以「渳」爲佳，《四聲等子》亦無誤。

67 上四精　紫　《廣韻》將此切，《集韻》蔣氏切，精紙三上開止；《韻鏡》内轉第四開合、《七音略》内轉第四重中輕内重，均於四等位列「紫」字；《切韻指南》止攝内二開口呼通門，四等位列字爲「姊」，精母旨韻。《切韻指掌圖》十八圖、《起數訣》第七圖收音清，於一等位列字爲「紫」。「紫」爲紙韻精母三等字且爲《廣韻》小韻首字，按韻圖規制，當列於四等位，《四聲等子》是。

68 上四清　此　《廣韻》雌氏切，《集韻》淺氏切，清紙三上開止；《韻鏡》内轉第四開合、《七音略》内轉第四重中輕内重、《切韻指南》止攝内二開口呼通門，均於四等位列「此」字。《切韻指掌圖》十八圖、《起數訣》第七圖收音清，于一等位列「此」字。「此」爲紙韻清母三等字且爲《廣韻》小韻首字，按韻圖規制，當列於四等位，《四聲等子》是。

69 上四從　鮆　《廣韻》未收；《集韻》自爾切，從紙三上開止；《韻鏡》、《七音略》、《切韻指掌圖》空位；《切韻指南》止攝内二開口呼通門四等位列字爲『蕉』；《起數訣》第七圖收音清，於一等位列『蕉』字。《四聲等子》從《集韻》，此字爲精組三等字，當列於四等位。

70 上四心　徙　《廣韻》斯氏切，《集韻》想氏切，心紙三上開止。《韻鏡》内轉第四開合、《七音略》内轉第四重中輕内重，均於四等位列『徙』字；《切韻指南》心母四等位列字爲『枲』，心母止韻；《切韻指掌圖》於心母一等位列『枲』字；《起數訣》空位。『徙』爲紙韻心母三等字且爲《廣韻》小韻首字，按韻圖規制，當列於四等位，《四聲等子》是。

71 上四邪　兕　《廣韻》徐姊切，《集韻》序姊切，邪旨三上開止；《韻鏡》内轉第六開、《七音略》内轉第六重中重，均於四等位列『兕』；《切韻指掌圖》十八圖、《起數訣》第十一圖收音清，於一等位列『兕』；《切韻指南》止攝内二開口呼通門，於四等位列字爲『似』，邪母止韻。『兕』爲旨韻邪母三等字且爲《廣韻》小韻首字，按韻圖規制，當列於四等位，《四聲等子》是。

去四韻目：無標目，實爲寘至志

72 去四疑　倪　文津閣本列字爲『倪』；咫A本列字爲『倪』；其他諸本列字爲『倪』。『倪』，《廣韻》五稽切，疑齊平開三蟹；《集韻》研計切，疑霽去開四蟹；《集韻》五未切，疑未去合三止；均不當列此位。《韻鏡》、《七音略》、《切韻指南》、《起數訣》，均爲空位；《切韻指掌圖》十八圖於一等位列『倪』，四等位列『詣』，疑母霽韻。《廣韻》止攝開口韻疑母位無字，此處列『倪』字誤，當刪，校改爲空位。

73 去四端　帝　《廣韻》都霽切，端霽四去開蟹，不應列於此；《集韻》丁易切，端寘三去開止。《韻鏡》、《七音略》空位；《切韻指掌圖》十八圖、《起數訣》第七圖收音清、《切韻指南》止攝內二開口呼通門，列字均爲『帝』，《廣韻》寘韻無端母字，《四聲等子》從《集韻》，亦無誤。

74 去四幫　臂　《廣韻》、《集韻》卑義切，幫寘三去開止；《韻鏡》空位，誤；《七音略》內轉第四重中輕內重、《切韻指掌圖》十九圖、《起數訣》第七圖收音清，列字均爲『臂』；《切韻指南》止攝內二開口呼通門，列字爲『庳』，幫母支韻，誤。『臂』爲《廣韻》寘韻幫母重紐四等位小韻首字，《四聲等子》是。

75 去四滂　譬　《廣韻》匹賜切，《集韻》匹智切，滂寘三去開止；《韻鏡》空位，誤；《七音略》內轉第四重中輕內重、《切韻指掌圖》十九圖、《切韻指南》止攝內二開口呼通門、《起數訣》第七圖收音清，列字均爲『譬』。『譬』爲《廣韻》寘韻滂母重紐四等位小韻首字，《四聲等子》是。

76 去四並　避　《廣韻》、《集韻》毗義切，並寘三去開止；《韻鏡》空位，誤；《七音略》內轉第四重中輕內重、《起數訣》第七圖收音清，列字均爲『避』；《切韻指掌圖》十九圖、《切韻指南》止攝內二開口呼通門，列字爲『鼻』，並母至韻，重紐三等。『避』爲《廣韻》寘韻並母重紐四等位小韻首字，《四聲等子》是。

77 去四明　寐　咫A、B本，文瀾閣本，文淵閣本，粵雅堂本，列字爲『寐』；文津閣本列字爲

『寐』。『寐』、『寐』二字爲異體字。『寐』，《廣韻》彌二切，《集韻》蜜二切，明至去開三止；《韻鏡》内轉第六開、《七音略》内轉第六重中重、《切韻指掌圖》十九圖、《四聲等子》止攝内二重少輕多韻開口呼、《切韻指南》止攝内二開口呼通門、《起數訣》第十一圖收音清，列字爲『寐』；《起數訣》空位。『寐』爲《廣韻》至韻明母重紐四等位小韻首字，《四聲等子》是。

78 去四清　刺　咫　A、B本，粵雅堂本列字爲『刺』；文瀾閣本、文淵閣本、文津閣本列字爲『剌』，來母曷韻，不當列此位，應是『刺』之形訛。『刺』，《廣韻》、《集韻》七賜切，清寘三去開止；《韻鏡》内轉第四開合、《七音略》内轉第四重中輕内重、《起數訣》第七圖收音清一等位，列字均爲『刺』，誤；《切韻指掌圖》十八圖，列字爲『截』，清母寘韻；《切韻指南》止攝内二開口呼通門，列字爲『次』，清母至韻。『刺』爲《廣韻》寘韻清母位小韻首字，此字爲精組三等字，當列於四等位，《四聲等子》文瀾閣本、文淵閣本、文津閣本形訛，當校正爲『刺』，其他版本是。

79 去四曉　呬　《廣韻》、《集韻》虚器切，又《集韻》許四切，曉至三去開止；《韻鏡》内轉第六開、《七音略》内轉第六重中重，列字爲『呬』；《切韻指掌圖》十八圖，列字爲『欪』，曉母霽韻；《切韻指南》止攝内二開口呼通門，空位；《起數訣》第十一圖收音清，列字爲『系』，匣母至韻，不當列此位。『呬』，《廣韻》虚器切，屬於至韻曉母重紐三等位字，不當列此位；《四聲等子》從《集韻》許四切，『呬』爲《集韻》至韻曉母重紐四等位小韻首字。

80 去四匣　系　《廣韻》胡計切，匣霽四去開止，不應列於此；又《集韻》兮肄切，匣至去開三止；《韻鏡》内轉第六開，列字爲「系」；《七音略》空位；《切韻指掌圖》十九圖、《切韻指南》止攝内二開口呼通門，列字爲「系」；《起數訣》第十一圖收音清，空位。「系」爲《集韻》至韻匣母重紐四等位小韻首字，《四聲等子》從《集韻》。

81 去四影　縊　《廣韻》、《集韻》於賜切，影寘三去開止；《韻鏡》空位；《七音略》内轉第四重中輕内重，《切韻指掌圖》十八圖、《起數訣》第七圖收音清，列字均爲「縊」；《切韻指南》止攝内二開口呼通門，列字爲「撎」，影母至韻。「縊」爲《廣韻》寘韻影母重紐四等位小韻首字，《四聲等子》是。

入四韻目：無標目，實爲昔錫

82 入四見　墼　《廣韻》、《集韻》未收「墼」字；《韻鏡》外轉第三十五開、《七音略》外轉三十八重中重，列字爲「激」；《切韻指掌圖》十八圖、《切韻指南》止攝内二開口呼通門，列字爲「吉」，質韻見母重紐四等。「激」爲《廣韻》、《集韻》錫韻見母位小韻首字，下收「墼」字，本圖列字「墼」當爲「墼」字形訛。「墼」，《廣韻》古歷切，《集韻》吉歷切，見錫入開四梗；《四聲等子》誤，當校改爲「墼」。

83 入四溪　憝　《廣韻》他歷切，透錫入開四梗，不應列於此；《集韻》詰歷切，溪錫入開四梗；

《韻鏡》外轉第三十五開，列字爲「燩」；《七音略》外轉三十八重中重，列字爲「喫」；《切韻指掌圖》十八圖、《切韻指南》止攝内二開口呼通門，列字爲「詰」，質韻溪母重紐四等。「燩」爲《廣韻》錫韻溪母位小韻收字，下收「喫」字，「慤」爲《集韻》錫韻透母位小韻首字，《四聲等子》從《集韻》。

84 入四疑 ○ 《廣韻》錫韻疑母有「鶂，五歷切」，《集韻》有「鶃，倪歷切」。《韻鏡》外轉第三十五開，列字爲「鶂」；《七音略》空位；《切韻指掌圖》十八圖，列字爲「耴」，疑母質韻；《切韻指南》止攝内二開口呼通門，列字爲「齧」，疑母屑韻。《四聲等子》爲合韻韻圖，此位當有更字，當校補「鶂」字。

85 入四透 剔 《廣韻》、《集韻》他歷切，透錫入開四梗；《韻鏡》外轉第三十五開、《七音略》外轉三十八重中重，列字均爲「逖」；《切韻指掌圖》十六圖，列字爲「惕」；《切韻指南》空位。「逖」爲《廣韻》錫韻透母位小韻首字，下收「剔」、「惕」二字；「剔」又爲《集韻》昔韻透母位小韻首字，無論從《廣韻》還是《集韻》，《四聲等子》列「剔」字均無誤。

86 入四定 悌 《廣韻》特計切，定霽去開四蟹，不應列於此；《集韻》待亦切，定昔入開三梗。《韻鏡》外轉第三十五開、《切韻指掌圖》十六圖，列字爲「狄」，定母錫韻；《七音略》外轉三十八重中重，列字爲「擲」，澄母昔韻，類隔音切；《切韻指南》止攝内二開口呼通門，列字爲「耋」，定母屑韻。定母只有一四等，《集韻》待亦切，定母應爲類隔，《四聲等子》列「悌」，依

《集韻》，應是因切定位，但《集韻》音切本誤，此處當删。

87 入四泥　鑈　《廣韻》奴禮切，泥薺上開四蟹，不應列於此；《集韻》奴刺切，泥昔入開三梗。《韻鏡》、《七音略》、《切韻指掌圖》第十九圖，空位；《切韻指南》止攝内二開口呼通門，列字爲「昵」，孃母質韻；《起數訣》第六十四圖發音清，列字爲「鑈」。《廣韻》昔韻泥母位無字，泥母只有一四等，《集韻》泥母應爲類隔，《四聲等子》列「鑈」，依《集韻》，應是因切定位，但《集韻》音切本誤，此處當删。

88 入四幫　辟　《廣韻》、《集韻》必益切，幫昔三入開止；《韻鏡》外轉第三十三開、《七音略》外轉三十六重中輕、《起數訣》第七圖收音清，列字均爲「辟」；《切韻指掌圖》十九圖、《切韻指南》止攝内二開口呼通門，列字均爲「必」，幫母質韻。「辟」爲《廣韻》昔韻幫母重紐四等位小韻首字，《四聲等子》是。

89 入四滂　僻　《廣韻》芳辟切，《集韻》匹辟切，滂昔三入開梗；《韻鏡》外轉第三十三開、《七音略》外轉三十六重中輕、《起數訣》第七圖收音清，列字均爲「僻」；《切韻指掌圖》十九圖、《切韻指南》止攝内二開口呼通門，列字均爲「匹」，滂母質韻。「僻」爲《廣韻》昔韻滂母重紐四等位小韻首字，《四聲等子》是。

90 入四並　擗　咫A本列字爲「檘」，並母庚韻，不當列此位，應是「擗」之形訛；咫B本、文瀾閣本、文淵閣本、文津閣本、粵雅堂本，列字爲「擗」。「擗」，《廣韻》房益切、《集韻》毗亦切，並昔三入開梗；《韻鏡》外轉第三十三開、《七音略》外轉三十六重中輕，列字均爲『擗』；《切韻指掌圖》十九圖、《切韻指南》止攝内二開口呼通門，列字爲『邲』，並母質韻；《起數訣》第七圖收音清，列字爲『闢』。『擗』爲《廣韻》昔韻並母重紐四等位小韻首字，下收有『闢』字，列字以『擗』爲佳，《四聲等子》咫A本列字誤，當校正爲『擗』，其他版本均是。

91 入四明　覓　咫A、B本，文瀾閣本，粵雅堂本，列字爲『覓』；文淵閣本、文津閣本列字爲『覔』。『覓』、『覔』二字爲異體字。『覓』，《廣韻》莫狄切，《集韻》冥狄切，明錫入開四梗；《韻鏡》外轉第三十五開，列字爲『覓』；《七音略》外轉三十八重中重，三等位列字爲『覔』，四等位爲空位；《切韻指掌圖》空位；《切韻指南》止攝内二開口呼通門，列字爲『蜜』，質韻明母重紐四等；『覓』爲《廣韻》錫韻明母位小韻首字，列字以『覓』爲佳，《四聲等子》文淵閣本、文津閣本列異體，亦無誤，其他版本列正體是。

92 入四清　皵　《廣韻》、《集韻》七迹切，清昔入開三梗；《韻鏡》外轉第三十三開，列字爲『刺』；《七音略》外轉三十六重中輕，列字爲『皵』；《切韻指掌圖》十八圖、《切韻指南》止攝内二開口呼通門、《起數訣》第十一圖收音清，列字爲『七』，清母質韻。『皵』爲《廣韻》昔韻清母位小韻首字，下收有『刺』字，按韻圖規制，應當列於四等，《四聲等子》是。

93 入四曉　◯　《廣韻》曉母錫韻列字爲『赥』，《廣韻》許激切，《集韻》馨激切，曉錫四入開梗；《韻鏡》外轉第三十五開、《七音略》外轉第三十八重中重，列字均爲『赥』；《切韻指掌圖》十八圖、《切韻指南》止攝内二開口呼通門、《起數訣》第十一圖收音清，列字均爲『欯』，曉母質韻。『赥』爲《廣韻》錫四開口曉母位小韻首字，《四聲等子》空位誤，當校補『赥』字。

94 入四匣 ◯ 《廣韻》匣母錫韻列字爲『檄』，《廣韻》胡狄切，《集韻》刑狄切，匣錫四入開梗；《韻鏡》外轉第三十五開、《七音略》外轉第三十八重中重，列字均爲『檄』；《切韻指掌圖》、《切韻指南》、《起數訣》空位。『檄』爲《廣韻》錫四開口匣母位小韻首字，《四聲等子》空位誤，當校補『檄』字。

止攝內二 重少輕多韻 合口呼

見	溪	羣	疑	端知	透徹	定澄	泥孃	幫非	滂敷	並奉	明微
○	○	○	○	○	○	○	○	○	○	○	○
○	○	○	○	○	○	○	○	○	○	○	○
○	○	○	○	○	○	○	○	○	○	○	○
○	○	○	○	○	○	○	○	○	○	○	○
○	○	○	○	○	○	○	○	○	○	○	○
○	○	○	○	○	○	○	○	○	○	○	○
○	○	○	○	○	○	○	○	○	○	○	○
○	○	○	○	○	○	○	○	○	○	○	○
歸	蘬	逵	巍	追	○	鎚	○	非	霏	肥	微
鬼	烣	郈	儡	○	摧	⿰犭追	萎	匪	斐	膹	尾
貴	槼	櫃	魏	○	○	墜	諉	沸	費	狒	未
亥	屈	倔	崛	⿰忄出	黜	术	貀	弗	拂	佛	物
規	闚	葵	○	○	○	○	○	卑	紕	毘	○
癸	跬	揆	峞	○	○	○	○	匕	○	牝	○
季	觖	悸	○	○	○	○	○	庳	屁	鼻	寐
橘	○	○	○	祋	○	○	○	必	匹	邲	蜜

	精照	清穿	從牀	心審	邪禪	曉	匣	影	喻	來	日
本無入聲	○	○	○	○	○	○	○	○	○	○	○
	○	○	○	○	○	○	○	○	○	○	○
	○	○	○	○	○	○	○	○	○	○	○
	○	○	○	○	○	○	○	○	○	○	○
脂	蓑	衰	○	衰	○	○	○	○	○	○	○
旨	○	揣	○	○	○	○	○	○	○	○	○
至	○	敹	○	帥	○	○	○	○	○	○	○
質	貀	𠞊	齫	卒	○	○	○	○	○	○	○
微	錐	推	○	○	誰	揮	○	威	幃	壘	蕤
尾	隹	○	○	水	菙	虺	○	委	葦	累	惢
未	惴	吹	○	𤵂	睡	諱	○	尉	胃	類	枘
物	䪼	出	述	絀	○	颮	○	飫	颶	律	○
脂	嗺	○	○	綏	隨	倠	○	○	維	○	○
旨	濢	趡	𡷹	髓	𤢂	𥈌	○	○	唯	○	○
至	醉	翠	萃	祟	遂	侐	○	恚	遺	○	○
質	卒	焌	崒	卹	○	獝	驈	○	聿	○	○

第十圖　止攝内二　重少輕多韻　合口呼

平二韻目：標目爲脂，實爲支脂合韻

1 平二照　䔋　咫A、B本，粵雅堂本列字爲『䔋』；文瀾閣本列字爲『葇』，文淵閣本、文津閣本列字爲『䔋』，當爲『䔋』之訛。『䔋』，《廣韻》未收，《集韻》壯隨切，莊支平合三止；《韻鏡》、《七音略》、《切韻指掌圖》合口圖平二照均空位；《切韻指南》止攝内二合口呼通門，列字爲『䔋』。『䔋』爲《集韻》支三莊母位小韻首字，《四聲等子》從《集韻》。咫A、B本，粵雅堂本列字是，其他版本均誤，當校改爲『䔋』。

2 平二穿　衰　《廣韻》、《集韻》楚危切，初支三合平止。《韻鏡》空位；《七音略》内轉第五輕中輕，列於審母，穿母空位；《切韻指掌圖》十九圖，列字爲『吹』，昌母支韻；《切韻指南》止攝内二合口呼通門，二等位列字爲『衰』。『衰』爲《廣韻》、《集韻》支韻合口初母位小韻首字，《韻鏡》空位誤，《四聲等子》是。

上二韻目：標目爲旨

3 上二穿　揣　《廣韻》初委切，《集韻》楚委切，初紙合三上止；《韻鏡》空位；《七音略》内轉第五輕中輕、《切韻指掌圖》十九圖、《切韻指南》止攝内二合口呼通門，二等位列字爲『揣』。『揣』爲《廣韻》、《集韻》紙韻合口初母位小韻首字，《韻鏡》空位誤，《四聲等子》是。

去二韻目：標目爲至

4 去二穿　敊　《廣韻》楚愧切，《集韻》楚類切，初至三去合止；《韻鏡》空位；《七音略》内轉第七輕中重内輕，列字爲『欶』，當爲『敊』字誤；《切韻指掌圖》十九圖，列字爲『吹』，昌母寘韻；《切韻指南》止攝内二合口呼通門、《起數訣》第十四圖閉音濁，列字爲『敊』。『敊』爲《廣韻》《集韻》至韻初母位小韻首字，《韻鏡》空位誤，《四聲等子》是。

5 去二審　帥　《廣韻》、《集韻》所類切，生至三去合止；《韻鏡》空位；《七音略》内轉第七輕中重内輕、《切韻指掌圖》十九圖、《切韻指南》止攝内二合口呼通門、《起數訣》第十四圖閉音濁，列字爲『帥』。『帥』爲《廣韻》、《集韻》至韻生母位小韻首字，《韻鏡》空位誤，《四聲等子》是。

入二韻目：標目爲質，實爲術質櫛韻字

6 入二穿　刹　《廣韻》初栗切，初質開三入臻，不應列於合口圖；《集韻》楚律切，則爲合口。《韻鏡》、《切韻指掌圖》、《切韻指南》合口圖空位；《七音略》外轉第十八輕中輕，列字爲

「齜」；《起數訣》第十四圖閉音濁，列字爲「剎」。「齜」爲《廣韻》質韻崇母位小韻首字，「剎」爲《集韻》質韻初母位小韻首字，《四聲等子》從《集韻》。

7 入二牀　齜　《廣韻》崱瑟切，《集韻》食櫛切，崇櫛二入開臻；《韻鏡》、《七音略》、《切韻指南》空位；《切韻指掌圖》十九圖，列字爲「旻」；《起數訣》第十四圖閉音濁，列字爲「⿰齒刂」。各韻書及韻圖均未收有「⿰齒刂」字，《起數訣》列「⿰齒刂」字誤。「⿰齒刂」爲《廣韻》、《集韻》質韻崇母開口位小韻首字，《韻鏡》、《七音略》均列於開口圖，亦不適於此位。當删。

平三韻目：標目爲微，實爲脂微合韻

8 平三溪　蘬　《廣韻》丘韋切，《集韻》區韋切，溪微三平合止；《韻鏡》内轉第十合，列字爲「巋」；《七音略》内轉第十輕中輕内輕、《切韻指掌圖》十九圖、《起數訣》第十八圖閉音濁，列字均爲「蘬」；《切韻指南》止攝内二合口呼通門，列字爲「虧」，溪母支韻。「蘬」爲《廣韻》微韻溪母位小韻首字，下收有「巋」字，列字以「蘬」爲佳，《四聲等子》是。

9 平三群　逵　《廣韻》渠追切，《集韻》渠龜切，群脂三平合止；《韻鏡》内轉第七合、《七音略》内轉第七輕中重内輕、《切韻指掌圖》十九圖、《切韻指南》止攝内二合口呼通門，列字均爲「逵」；《起數訣》第十四圖閉音濁，列字爲「馗」。「逵」爲《廣韻》群母脂韻重紐三等字，其反切下字「追」爲重紐四等，故《集韻》改爲渠龜切。「逵」爲《廣韻》脂韻合口群母小韻首字，下收有「馗」字，列字以「逵」爲佳，《四聲等子》是。

10 平三澄　鎚　《廣韻》直追切，《集韻》傳追切，澄脂三平合止；《韻鏡》内轉第七合、《切韻指掌圖》十九圖、《切韻指南》止攝内二合口呼通門、《起數訣》第十四圖閉音濁，列字均爲「鎚」；《七音略》内轉第七輕中重内輕，列字爲「槌」。「鎚」爲《廣韻》脂韻澄母位小韻首字，下收有「椎」、「槌」二字，列字以「鎚」爲佳，《四聲等子》是。

11 平三非　非　咫A、B本，文淵閣本，文津閣本，粵雅堂本列字爲「非」；文瀾閣本列字爲「渄」。「渄」，《廣韻》、《集韻》未收，《康熙字典》記：「《字彙補》風微切，音非。見藏經。又水名。」可見「渄」、「非」爲異體字。「非」，《廣韻》甫微切，《集韻》匪微切，幫微三平合止；《韻鏡》内轉第十合、《七音略》内轉第十輕中輕内輕、《切韻指掌圖》十九圖、《切韻指南》止攝内二合口呼通門、《起數訣》第十八圖閉音濁，列字均爲「非」。「斐」爲《廣韻》微韻幫母合口三等位小韻首字，下收有「非」字，列字以「斐」爲佳，《四聲等子》列「非」亦無誤，文瀾閣本列「渄」爲異體，其他版本是。

12 平三敷　霏　咫A、B本，文淵閣本，文津閣本，粵雅堂本列字爲「霏」；文瀾閣本列字爲「⿱雨渄」。「⿱雨渄」，《康熙字典》記：「《玉篇》非尾切，音非。雲貌。」《正字通》：「『霏』字之訛。」按《玉篇》音切，「⿱雨渄」不當列此位，該字爲「霏」之訛。「霏」，《廣韻》芳非切，《集韻》芳微切，滂微三平合止；《韻鏡》内轉第十合，列字爲「菲」；《七音略》内轉第十輕中輕内輕、《切韻指掌圖》十九圖、《切韻指南》止攝内二合口呼通門、《起數訣》第十八圖閉音濁，列字均爲『霏』。『霏』爲《廣韻》微韻滂合口三等位小韻首字，下收有『菲』字，列字以『霏』爲佳，《四聲等子》文瀾閣本列字『霈』，爲『霏』之訛，當校改爲『霏』。其他版本列『霏』字是。

13 平三照　錐　《廣韻》職追切，《集韻》朱惟切，章脂平合三止；《韻鏡》内轉第七合、《切韻指掌圖》十九圖，列字均爲『錐』；《七音略》内轉第七輕中重内輕，列字爲『隹』；《切韻指南》止攝内二合口呼通門，列字爲『錘』，澄母支韻，誤；《起數訣》第十四圖閉音濁，列字爲『佳』，見母佳韻，誤，當爲『隹』之形訛。『錐』爲《廣韻》脂三照母位小韻首字，下收有『隹』字，列字以『錐』爲佳，《四聲等子》是。

14 平三曉　揮　《廣韻》許歸切，《集韻》吁韋切，曉微三平合止；《韻鏡》内轉第十合，列字爲『暉』；《七音略》内轉第十輕中輕内輕，列字爲『暉』；《切韻指掌圖》十九圖、《起數訣》第十八圖閉音濁，列字爲『揮』；《切韻指南》止攝内二合口呼通門，列字爲『麾』，曉母支韻。『揮』爲《廣韻》微韻曉母位小韻首字，下收有『暉』字，《韻鏡》列『暉』當爲『暉』字形訛；列字以『揮』爲佳，《四聲等子》是。

15 平三喻　幃　咫A、B本，文瀾閣本，文淵閣本，粵雅堂本列字爲『幃』；文津閣本列字爲『幃』。『幃』爲『幃』之俗。『幃』，《廣韻》雨非切，《集韻》于非切，云微三平合止；《韻鏡》内轉第十合、《七音略》内轉第十輕中輕内輕、《切韻指掌圖》十九圖，列字均爲『韋』；《切韻指南》止攝内二合口呼通門，列字爲『帷』，云母支韻；《起數訣》第十四圖閉音濁，列字爲『幃』。『幃』爲《廣韻》微韻云母位小韻首字，下收有『韋』，列字以『幃』爲佳，《四聲等子》文津閣本列字俗，當校改爲『幃』，其他版本是。

16 平三日 蕤 《廣韻》、《集韻》儒隹切，日脂三平合止；《韻鏡》内轉第七合、《切韻指掌圖》十九圖，列字爲『蕤』；《七音略》内轉第七輕中重内輕，列字均爲『甤』；《切韻指南》止攝内二合口呼通門，列字爲『痿』，日母支韻；《起數訣》第十四圖閉音濁，列字爲『甤』，此字爲『甤』字訛。『蕤』爲《廣韻》脂韻日母位小韻首字，注曰『又甤』，下收有『甤』字。列字以『蕤』，《四聲等子》是。

上三韻目：標目爲尾，實爲尾紙旨合韻

17 上三見 鬼 《廣韻》居偉切，《集韻》矩偉切，見尾三上合止；《韻鏡》内轉第十合、《七音略》内轉第十輕中輕内輕、《起數訣》第十八圖閉音濁，列字均爲『鬼』，爲『鬼』書體異；《切韻指掌圖》十九圖，列字爲『詭』，見母紙韻；《切韻指南》止攝内二合口呼通門，列字爲『軌』，見母旨韻。『鬼』、『鬼』爲異體字，諸家韻圖皆無誤。

18 上三溪 烣 咫B本列字爲『烣』；文瀾閣本、文淵閣本、文津閣本列字爲『恢』；咫A本、粵雅堂本列字爲『烣』。『烣』，《廣韻》、《集韻》未收，《康熙字典》記：『《龍龕》與恢同。』、『烣』

爲『烣』俗字。『恢』，《廣韻》苦回切，溪灰平合一蟹，不應列於此；《集韻》苦虺切，溪尾上合三止；《韻鏡》内轉第十合、《七音略》内轉第十輕中輕内輕，空位；《切韻指掌圖》十九圖，列字爲『跪』，溪母紙韻；《起數訣》第十八圖閉音濁，列字爲『恢』；『恢』爲《集韻》尾韻溪母位小韻首字，《四聲等子》從《集韻》，文瀾閣本、文淵閣本、文津閣本是，『烣』、『烣』、『恢』爲異體字，其他諸本亦無誤。

19　上三疑　儡　《廣韻》尾韻無疑母字；《集韻》魚鬼切，疑尾三上合止；《韻鏡》、《七音略》空位；《切韻指掌圖》十九圖，列字爲『蔿』，云母紙韻；《切韻指南》止攝内二合口呼通門，列字爲『硊』，疑母紙韻；《起數訣》第十八圖閉音濁，列字爲『儡』。《廣韻》尾韻無疑母字，『儡』爲《集韻》尾三疑母位小韻首字，《四聲等子》、《起數訣》列『儡』依《集韻》。

20　上三知　○　《韻鏡》空位；《七音略》内轉第五輕中輕，列字爲『㾽』。㾽，《廣韻》、《集韻》未收。《康熙字典》記：『《唐韻》姊宜切，《集韻》、《韻會》津垂切，音觜。《説文》厜㕒，山巔也。《爾雅·釋山》崒者，厜㕒。《郭璞注》謂峰頭巉巖。又《集韻》或作崒。又《集韻》是爲切，音垂。義同。又《集韻》是爲切，音垂。《説文》厜㕒，山巔。又津垂切，音觜。義同。』均不宜列於上三知母位。《切韻指掌圖》、《四聲等子》、《切韻指南》、《起數訣》上三知位均空位，楊軍認爲《七音略》爲去聲娷字串入上聲後轉訛，《七音略》誤，《四聲等子》、《韻鏡》空位是。

21　上三徹　摧　《廣韻》旨韻未收；《集韻》丑水切，徹旨三上合止；《韻鏡》、《七音略》、《切韻指掌圖》空位；《切韻指南》止攝内二合口呼通門、《起數訣》第十四圖閉音濁，列字爲『摧』。『摧』爲《集韻》旨三徹母位小韻首字，《四聲等子》從《集韻》。

22 上三澄　繬　《廣韻》隨婢切，邪紙三上合止，不應列於此；《集韻》未收；《韻鏡》内轉第五合、《七音略》内轉第五輕中輕、《起數訣》第九圖閉音清、《切韻指掌圖》十九圖、《切韻指南》止攝内二合口呼通門，澄母紙韻位皆空位；『繬』爲《廣韻》紙韻邪母位小韻首字，不當列於澄母位，《四聲等子》誤，當删。

23 上三孃　萎　《廣韻》於僞切，影寘三去合止；《集韻》鄔毁切，影紙三上合止；均不當列於此位。《集韻》女委切，孃紙三上合止，可列於孃母位。《韻鏡》、《七音略》、《切韻指掌圖》空位；《切韻指南》止攝内二合口呼通門、《起數訣》第十圖閉音濁，列字均爲『萎』。此二圖及《四聲等子》合於《集韻》『女委切』一音。《四聲等子》列『萎』字，從《集韻》亦無誤。

24 上三並　䏶　《廣韻》浮鬼切，《集韻》父尾切，奉尾三上合止；《韻鏡》内轉第十合、《切韻指南》止攝内二合口呼通門、《起數訣》第十八圖閉音濁，列字均爲『䏶』；《七音略》内轉第十輕中輕内輕，列字爲『䏶』，當爲『䏶』字誤。《切韻指掌圖》十九圖，列字爲『陫』；『䏶』爲《廣韻》微韻並母合口三等位小韻首字，下收『陫』字，列字以『䏶』爲佳，《四聲等子》是。

25 上三照　隹　咫 A 本列字爲『隺』；文淵閣本列字爲『隹』，見母隹韻，不當列此位，應爲『隹』之訛；文瀾閣本、文津閣本、粤雅堂本列字爲『隹』。『隺』，當爲『隹』字訛。『隹』，《廣韻》職追切，章脂平合三止，不應列於此；又《集韻》諸鬼切，章尾平合三止；《韻鏡》、《七音略》空位；《切韻指掌圖》十九圖、《切韻指南》止攝内二合口呼通門，列字均爲『捶』，章母紙韻；《起數訣》第十八圖閉音濁，列字爲『隹』，此位當爲『隹』字誤，『隹』爲《集韻》爲章母尾韻小韻首字，《四聲等子》從《集韻》。

26　上三禪　菙　文瀾閣本列字爲『華』；其他諸本列字爲『菙』。『菙』，《廣韻》時髓切，《集韻》是棰切，禪紙三上合止；《韻鏡》内轉第五合、《七音略》内轉第五輕中輕、《切韻指掌圖》十九圖、《切韻指南》止攝内二合口呼通門、《起數訣》第十圖閉音濁，列字均爲『菙』。『華』，《康熙字典》記：『《集韻》公懷切，音乖。草名。』顯誤。『菙』爲《廣韻》、《集韻》紙三禪母位小韻首字，《四聲等子》文瀾閣本誤，當校改爲『菙』，其他版本是。

27　上三曉　虺　《廣韻》許偉切，《集韻》詡鬼切，曉尾三上合止；《韻鏡》内轉第十合、《四聲等子》止攝内二重少輕多韻合口呼、《起數訣》第十八圖閉音濁，列字均爲『虺』；《七音略》内轉第十輕中輕内輕，列字爲『虵』，爲『虺』字形訛。《切韻指掌圖》十九圖、《切韻指南》止攝内二合口呼通門，列字均爲『毁』，曉母紙韻。『虺』爲《廣韻》尾韻曉母位小韻首字，《七音略》形訛，《四聲等子》是。

28　上三喻　葦　咫　A、B本，文淵閣本，文瀾閣本，粵雅堂本列字爲『葦』；文津閣本列字爲『帯』。『帯』爲『葦』俗字。『葦』，《廣韻》于鬼切，《集韻》羽鬼切，云尾三上合止；《韻鏡》内轉第十合、《七音略》内轉第十輕中輕内輕，列字均爲「韙」；《切韻指掌圖》十九圖，列字爲「洧」，云母旨韻；《切韻指南》止攝内二合口呼通門，列字爲「蔿」，云母紙韻；《起數訣》第十八圖閉音濁，列字爲「葦」。「韙」爲尾韻云位小韻首字，下收「葦」字，列字以「韙」爲佳，《四聲等子》文津閣本列俗字，當校正爲「葦」，其他版本是。

29 上三來　累　《廣韻》力委切，來紙三上合止；《集韻》魯水切，來旨三上合止；《韻鏡》内轉第五合、《七音略》内轉第五輕中輕、《切韻指掌圖》十九圖、《起數訣》第十圖閉音濁，列字爲「累」；《切韻指南》止攝内二合口呼通門，列字爲「纇」，來母至韻。「絫」爲紙三來母位小韻首字，下收有「累」字，注上同，爲「絫」異體，《四聲等子》列字是。

30 上三日　蕊　《廣韻》如累切，日紙三上合止；《集韻》如壘切，日旨三上合止；《韻鏡》内轉第七合，列字爲「蕊」；《七音略》内轉第七輕中重内輕、《切韻指掌圖》十九圖、《切韻指南》止攝内二合口呼通門，列字爲「蘂」；《起數訣》第十圖閉音濁，列字爲「伹」，日母旨韻。「蕊」爲《廣韻》紙三日母位小韻首字，「蕊」、「蘂」二字爲異體字，列字以「蕊」爲佳，《四聲等子》是。

去三韻目：　標目爲未，實爲未至寘合韻

31 去三溪　槩　《廣韻》、《集韻》丘畏切，溪未三去合止。《韻鏡》内轉第十合、《七音略》内轉第十輕中輕内輕，列字均爲「⿱毀木」；《切韻指掌圖》十九圖、《切韻指南》止攝内二合口呼通門，列字爲「喟」，溪母至韻；《起數訣》第十八圖閉音濁，列字爲「檕」，曉母未韻開口，當爲「⿱毀木」字形訛。「⿱毀木」爲《廣韻》未韻溪母位小韻首字，《四聲等子》是。

32 去三群　樻　咫A、B本列字爲「樻」；文淵閣本、文津閣本、粵雅堂本列字爲「櫃」；文瀾閣本列字爲「匱」。「樻」，《廣韻》、《集韻》求位切，群至去合三止；《韻鏡》内轉第七合、《七音略》内轉第七輕中輕内輕、《切韻指掌圖》十九圖、《切韻指南》止攝内二合口呼通門、《起數訣》第十四圖閉音濁，列字均爲「匱」；「匱」爲至韻群母三等位小韻首字，下收「樻」、「櫃」、「鞼」三字，列字以「匱」爲佳，《四聲等子》文瀾閣本是，其他諸本亦無誤。

33 去三疑　⿱魏山　咫A、B本，文瀾閣本，粵雅堂本列字爲「⿱魏山」；文淵閣本、文津閣本列字爲「魏」，疑母未韻。「⿱魏山」，《廣韻》、《集韻》未收，《康熙字典》記：「《篇海類編》同巍。」、「巍」，《廣韻》、《集韻》語韋切，疑微平合三止，不應列於此；又《集韻》虞貴切，疑未去合三止；《韻鏡》内轉第十合、《七音略》内轉第十輕中輕内輕、《起數訣》第十八圖閉音濁，列字均爲「魏」；《切韻指掌圖》十九圖、《切韻指南》止攝内二合口呼通門，列字均爲「僞」，疑母寘韻。「魏」爲《廣韻》未韻合口疑母位小韻首字，列字以「魏」爲佳，《四聲等子》文淵閣本、文津閣本是；咫A、B本，文瀾閣本，粵雅堂本從《集韻》，列字爲「⿱魏山」，雖無誤，但校正爲「魏」更佳。

34 去三知　○　《韻鏡》内轉第五合寘韻知母，列字爲「娷」，《廣韻》、《集韻》竹恚切，知寘去合三；《七音略》、《四聲等子》、《切韻指南》空位；《切韻指掌圖》十九圖，列字爲『綴』，知母祭韻；《起數訣》第十八圖閉音濁，列字爲『諈』。『娷』爲《廣韻》寘韻知母位小韻首字，下收有『諈』字，列字以『娷』爲佳，《韻鏡》是。又《韻鏡》内轉第七合、《切韻指南》止攝内二合口呼通門、《起數訣》第十四圖閉音濁，列字爲『轛』，《廣韻》、《集韻》追萃切，知至三去合止；《七音略》内轉第七輕中重内輕，知母三等空位，列於四等位（《七音略》此圖右半多一列，按正位處理）；《切韻指掌圖》十九圖，列字爲『綴』，知母祭韻。『轛』爲《廣韻》至韻知母三等位小韻首字，《七音略》列於四等誤，《韻鏡》等是。《四聲等子》是合韻韻圖，寘至二位均有字，故空位誤，應校補『娷』或『轛』字。

35 去三澄　墜　咫　A、B本，文瀾閣本，文淵閣本，粵雅堂本，列字爲『墜』；文津閣本列字爲『隊』。『墜』，《廣韻》、《集韻》直類切，澄至三去合止；《韻鏡》内轉第七合、《七音略》内轉第七輕中重内輕、《切韻指掌圖》十九圖、《切韻指南》止攝内二合口呼通門、《起數訣》第十四圖閉音濁，列字均爲『墜』。『隊』，《廣韻》、《集韻》徒對切，定母隊韻，不當列此位，又《集韻》直類切，澄母至韻。『墜』爲《廣韻》至韻合口澄母位小韻首字，列字以『墜』爲佳，《四聲等子》是，文津閣本依《集韻》雖無誤，但校爲『墜』字爲佳。

36 去三孃　諉　《廣韻》、《集韻》女恚切，孃寘三去合止；《韻鏡》内轉第五合、《切韻指掌圖》十九圖、《切韻指南》止攝内二合口呼通門、《起數訣》第十圖閉音濁，列字均爲『諉』；《七音略》

空位。『諉』爲《廣韻》寘韻孃母位小韻首字，《七音略》誤，《四聲等子》列『諉』是。

37 去三奉　狒　《廣韻》扶沸切，《集韻》父沸切，奉未三去合止；《韻鏡》内轉第十合，列字爲『痱』；《七音略》内轉第十輕中輕，列字爲『扉』；《切韻指南》止攝内二合口呼通門，列字爲『沸』；《切韻指掌圖》第十九圖，列字爲『吠』，奉母廢韻；《切韻指南》止攝内二合口呼通門，列字爲『狒』。『竇』爲《廣韻》未韻奉母位小韻首字，下收有『痱』、『扉』、『狒』三字，列字以『竇』爲佳，《四聲等子》亦無誤。

38 去三審　㾵　咫A、B本，文瀾閣本，文淵閣本，文津閣本，列字爲『㾵』。粵雅堂本列字爲『庣』。『㾵』，《廣韻》釋類切，《集韻》式類切，書至去合三止；《韻鏡》内轉第七合、《七音略》内轉第七輕中重内輕、《起數訣》第十四圖閉音濁，列字均爲『㾵』；《切韻指掌圖》空位；《切韻指南》止攝内二合口呼通門，列字爲『說』，書母祭韻。『㾵』爲《廣韻》和《集韻》至韻合口書母位小韻首字，《集韻》下收『庣』字，列字以『㾵』爲佳，《四聲等子》粵雅堂本字形《集韻》有，但校爲『㾵』更佳，其他版本是。

39 去三禪　睡　《廣韻》是僞切，《集韻》樹僞切，禪寘去合三止；《韻鏡》内轉第五合、《七音略》内轉第五輕中輕、《切韻指掌圖》十九圖、《切韻指南》止攝内二合口呼通門，列字均爲『睡』；《起數訣》第十圖，列字爲『瑞』。『睡』爲《廣韻》寘韻禪母位小韻首字，下收有『瑞』字，列字以『睡』爲佳，《四聲等子》是。

40 去三影　尉　《廣韻》於胃切，《集韻》紆胃切，影未三去合止；《韻鏡》内轉第十合、《起數訣》第十八圖閉音濁，列字均爲『尉』；《七音略》内轉第十輕中輕内輕，列字爲『慰』；《切韻指掌圖》十九圖、《切韻指南》止攝内二合口呼通門，列字均爲『餧』，影母寘韻。『尉』爲《廣韻》未韻影母位小韻首字，下收有『慰』字，列字以『尉』爲佳，《四聲等子》是。

41 去三日　枘　文淵閣本、文津閣本、粤雅堂本，列字爲『枘』；思A本列字爲『抐』；文瀾閣本列字爲『納』。『枘』，《廣韻》而鋭切，《集韻》儒税切，日祭去合三蟹；又《集韻》奴困切，日母悃韻；均不當列此位。《韻鏡》内轉第五合、《七音略》内轉第五輕中輕、《切韻指南》止攝内二合口呼通門，列字均爲『枘』；《切韻指掌圖》十九圖，列字均爲『枘』，日母祭韻；《起數訣》第十圖閉音濁，列字爲『枘』。『枘』爲《廣韻》寘韻日母位小韻首字，《四聲等子》列『枘』、『抐』、『納』應爲『枘』之形訛，各版本均誤，當校改爲『枘』。

入三韻目：標目爲物，實爲物術合韻

42 入三見　亥　思A本、文津閣本、文淵閣本、文瀾閣本，列字爲『亥』，匣母海韻，不當列此位，應是『亥』之形訛；思B本、粤雅堂本列字爲『亥』。『亥』，《廣韻》、《集韻》九勿切，見物三入合臻；《韻鏡》外轉第二十合、《七音略》内轉第二十輕中輕、《切韻指掌圖》十九圖、《切韻指南》止攝内二合口呼通門、《起數訣》第十八圖閉音濁，列字均爲『亥』。『亥』爲《廣韻》、《集韻》物三見母位小韻首字，《四聲等子》咫B本、粵雅堂本是，其他版本形誤，當校正爲『亥』。

43 入三知　怢　《廣韻》、《集韻》竹律切，知術三入合臻；《韻鏡》外轉第十八合、《切韻指掌圖》十九圖、《切韻指南》止攝内二合口呼通門、《起數訣》第三十六圖開音濁，列字均爲『怢』；《七音略》外轉第十八輕中輕，列字爲『⿰巾出』，當爲『怢』之形訛。『怢』爲《廣韻》術韻知母位小韻首字，《七音略》形誤，《四聲等子》是。

44 入三澄　朮　《廣韻》、《集韻》食聿切，船術入合三臻；又《廣韻》、《集韻》直律切，澄術入合三臻。《韻鏡》外轉第十八合、《切韻指掌圖》十九圖、《切韻指南》止攝内二合口呼通門，列字爲『朮』；《七音略》外轉第十八輕中輕，列字爲『述』，術韻船母，當爲『朮』形訛。《起數訣》第三十六圖開音濁，列字爲『⿱艹朮』。『朮』爲《廣韻》術韻澄母位小韻首字，下收有『⿱艹朮』字，注上同，列字以『朮』爲佳；《四聲等子》是。

45 入三孃　貀　《廣韻》女滑切，孃黠入合二臻；《集韻》女律切，孃術入合三臻；《韻鏡》、《七音略》、《切韻指掌圖》空位；《切韻指南》止攝内二合口呼通門、《起數訣》第三十六圖開音濁，列字均爲『貀』。《廣韻》術韻孃母合口位無字，不當列於此位。『貀』爲《集韻》術三孃母位小韻首字，《四聲等子》、《起數訣》從《集韻》。

46 入三照　⿰出頁　《廣韻》職悅切，《集韻》朱劣切，章薛入合三山；又《集韻》之出切，章術入合三臻；《韻鏡》外轉第十八合，列字爲『欪』，徹母術韻；《七音略》、《切韻指掌圖》、《切韻指南》

空位；《起數訣》三十六圖開音清，列字爲『䪙』。《廣韻》術韻章母合口位無字，《韻鏡》當爲後人補入轉訛，『䪙』爲《集韻》術三章母位小韻首字，《四聲等子》從《集韻》。

47 入三牀　述　《廣韻》、《集韻》食聿切，船術入合三臻；《韻鏡》外轉第十八合、《七音略》外轉第十八輕中輕、《切韻指南》止攝内二合口呼通門，列字爲『術』；《切韻指掌圖》十九圖空位。『術』爲術韻船母位小韻首字，下收『述』字，列字以『術』爲佳，《四聲等子》亦無誤。

48 入三審　絀　《廣韻》、《集韻》竹律切，知術三入合臻，不應列於此；《集韻》式聿切，書術三入合臻；《韻鏡》、《七音略》、《切韻指掌圖》空位；《切韻指南》臻攝外三合口呼通門、《起數訣》三十六圖開音清，列字均爲『絀』。《廣韻》術韻書母合口位無字，『絀』爲《集韻》術三書母位小韻首字，《四聲等子》、《起數訣》從《集韻》。

49 入三曉　颮　《廣韻》未收，《集韻》許勿切，曉物入合三臻；《韻鏡》外轉第二十合，列字爲『颮』；《七音略》外轉第二十輕中輕，列字爲『颵』；《切韻指南》止攝内二合口呼通門，列字爲『颸』，曉母月韻。『颵』爲《廣韻》物韻曉母位小韻首字，《集韻》中『颵』、『颮』同列爲物韻曉母位小韻首字，《四聲等子》從《集韻》。

50 入三影　飫　《廣韻》依倨切，《集韻》依據切，影御去合三遇，不當列此位。《韻鏡》外轉第二十合、《七音略》内轉第二十輕中輕，列字均爲『鬱』；《切韻指掌圖》、《起數訣》空位；《切韻指南》止攝内二合口呼通門，列字爲『蔚』，影母物韻。『鬱』爲《廣韻》物韻影母位小韻首字，

《四聲等子》列『飫』誤，當校改爲『鬱』字。

51 入三喻　颶　文淵閣本列字爲『颶』；其他諸本列字均爲『颶』。『颶』，《廣韻》于筆切，《集韻》越筆切，云術三入開臻；《韻鏡》外轉第十七開、《七音略》外轉第十七重中重、《起數訣》十二圖收音濁、《切韻指南》止攝内二合口呼通門，列字均爲『颶』；《切韻指掌圖》十九圖列字爲『颶』，物韻云母。『颶』爲《廣韻》質韻喻母三等位小韻首字，《四聲等子》文淵閣本列字形訛，當校正爲『颶』，其他版本是。

平四韻目：標目爲脂支合韻

52 平四見　規　《廣韻》居隋切、《集韻》均窺切，見支三平合止；《韻鏡》内轉第五合、《起數訣》第九圖閉音清，列字均爲『規』；《七音略》空位，誤；《切韻指掌圖》十九圖，列字爲『圭』，見母齊韻；《切韻指南》止攝内二合口呼通門，列字爲『𧸐』。『𧸐』爲《廣韻》支韻見母重紐四等位小韻首字，下收有『規』字，列字以『𧸐』爲佳，《四聲等子》亦無誤。

53 平四溪　窺　《廣韻》去隋切，《集韻》缺規切，溪支三平合止；《韻鏡》内轉第五合、《切韻指南》止攝内二合口呼通門、《起數訣》第九圖閉音清，列字均爲『闚』；《七音略》空位，誤；《切韻指掌圖》十九圖，列字爲『睽』，爲『睽』字誤，溪母齊韻。『闚』爲《廣韻》支韻溪母重紐四等位小韻首字，下收有『窺』字，列字以『闚』爲佳，《四聲等子》亦無誤。

54 平四定 ○ 《韻鏡》内轉第五合、《起數訣》第十圖閉音濁，於四等位列「錘」；《切韻指掌圖》、《四聲等子》、《切韻指南》空位。「鬌」爲《廣韻》支韻澄母重紐三等位小韻首字，下收有「錘」字，「錘」不當列於四等位。《起數訣》、《韻鏡》并誤。《四聲等子》空位，是。

55 平四幫 卑 𤰞 A、B本，粵雅堂本列字爲「卑」；文瀾閣本、文淵閣本、文津閣本，列字爲「𤰞」。「卑」，《廣韻》府移切，《集韻》賓彌切，幫支三平開止；《韻鏡》、《七音略》、《切韻指南》空位；《切韻指掌圖》十九圖，列字爲「碑」，支韻合口幫母重紐三等位。「卑」、「𤰞」二字爲異體字，「𤰞」爲《廣韻》支韻開口幫母重紐四等位小韻首字，《四聲等子》止攝内二重多輕少韻開口呼已列「𤰞」字，此圖又重出。《四聲等子》開合口均收脣音，此位重出當有意設置。

56 平四滂 紕 《廣韻》匹夷切，《集韻》篇夷切，滂脂三平開止；《韻鏡》内轉第六開、《七音略》内轉第六重中重、《起數訣》第十一圖收音清，列字爲「紕」；《切韻指掌圖》十九圖，列字爲「磇」，滂母齊韻；《切韻指南》止攝内二合口呼通門，空位。「紕」爲《廣韻》脂韻開口滂母重紐四等位小韻首字，《四聲等子》止攝合口滂母重紐四等位無字，《四聲等子》開合圖均收脣音，此位當爲有意設置。

57 平四並 毘 「毘」字形《廣韻》、《集韻》未收。《康熙字典》僅記「同毗」。」、「毘」、「毗」二字爲異體字，「毗」，《廣韻》房脂切、《集韻》頻脂切，並脂平開三止；《韻鏡》内轉第六開、《七音略》内轉第六重中重、《起數訣》第十一圖收音清，列字均爲「毗」；《切韻指南》止攝内二合口呼通門，空位；《切韻指掌圖》十九圖，列字爲『鼙』，並母齊韻；『毗』爲《廣韻》、《集韻》脂韻開口並母重紐四等位小韻字，《廣韻》止攝合口並母重紐四等位無字，《韻鏡》等是，《四聲等子》開合圖均收脣音，此位當爲有意設置。

58　平四曉　倠　《廣韻》許維切，《集韻》呼維切，曉脂三平合止；《韻鏡》空位；《七音略》內轉第七輕中重、《起數訣》第十三圖閉音清，列字爲『倠』；《切韻指掌圖》十九圖，列字爲『眭』，曉母齊韻；《切韻指南》止攝內二合口呼通門，列字爲『隓』，曉母支韻。『倠』爲《廣韻》脂韻曉母位小韻首字，《韻鏡》空位誤，《四聲等子》是。

59　平四喻　維　《廣韻》以追切，《集韻》夷隹切，以脂平合三止；《韻鏡》內轉第七合、《七音略》內轉第七輕中重、《切韻指掌圖》十九圖、《切韻指南》止攝內二合口呼通門，列字均爲『惟』；『惟』爲《廣韻》支韻脂母位小韻首字，下收有『維』字，列字以『惟』字爲佳，《四聲等子》亦無誤。

上四韻目：標目爲旨，實爲旨紙合韻

60　上四疑　峞　《廣韻》五灰切，疑灰一平合蟹，不應列於此；《集韻》藝葅切，疑旨三上合止；《韻鏡》、《七音略》、《切韻指掌圖》空位；《切韻指南》止攝內二合口呼通門、《起數訣》第十三圖閉音清，列字爲『峞』。《四聲等子》爲《集韻》旨韻疑重紐四等字，當列於四等，《四聲等子》從《集韻》。

61 上四幫　匕　《廣韻》卑履切,《集韻》補履切,幫旨三上開止;《韻鏡》內轉第六開、《七音略》內轉第六重中重,皆列於開口韻幫母四等位;《切韻指掌圖》十九圖、《起數訣》第十一圖收音清,列字均爲『比』;《切韻指南》止攝內二合口呼通門空位。『匕』爲《廣韻》旨韻開口幫母位小韻首字,下收有『比』字,《廣韻》止攝合口上聲幫母重紐四等位無字,《韻鏡》等是,《四聲等子》開合圖均收脣音,此位當爲有意設置。

62 上四並　牝　《廣韻》扶履切,《集韻》並履切,並旨三上開止;《韻鏡》內轉第六開、《七音略》內轉第六重中重,列於合口四等位;《切韻指掌圖》十九圖,列字爲『諀』;《起數訣》第十一圖收音清,列字均爲『牝』;《切韻指南》止攝內二合口呼通門空位。『牝』爲《廣韻》旨韻開口並母位小韻首字,《廣韻》止攝合口上聲並母重紐四等位無字,《韻鏡》等是,《四聲等子》開合圖均收脣音,此位當爲有意設置。

63 上四邪　猹　咫 A、B 本,文淵閣本,文津閣本,粵雅堂本,列字爲『猹』;文瀾閣本列字爲『猹』。『猹』,《廣韻》隨婢切,邪紙三上合止;《集韻》未收;《韻鏡》內轉第五合,列字爲『瀡』,心母紙韻,誤;《七音略》內轉第五輕中輕、《切韻指南》止攝內二合口呼通門、《起數訣》第九圖閉音清,列字均爲『猹』;《切韻指掌圖》空位。『猹』爲《廣韻》、《集韻》紙韻邪母位小韻首字,《韻鏡》誤,《四聲等子》是。

64 上四曉　瞲　《廣韻》火癸切，曉旨三上合止；《集韻》丑厄切，徹麥入開二梗。《韻鏡》內轉第七合，於三等位列『瞲』字，四等空位，《起數決》第十三圖閉音清於四等位列『瞲』，列字亦當爲『瞲』字誤；《七音略》空位；《切韻指掌圖》十九圖、《切韻指南》止攝內二合口呼通門，均於四等位列『瞲』字。『瞲』字爲重紐三等字，當列於三等位，《四聲等子》誤，當校刪。

去四韻目：標目爲至，實爲至寘合韻

65 去四溪　觖　咫 A、B 本，文津閣本，列字爲『觖』；文瀾閣本列字爲『觘』，見母覺韻；文淵閣本、粵雅堂本列字爲『觘』，支韻開口章母，又寘韻開口章母，均爲『觖』之形訛。『觖』，《廣韻》窺瑞切，《集韻》窺睡切，溪寘三去合止；《韻鏡》內轉第五合、《切韻指南》止攝內二合口呼通門、《起數訣》第九圖閉音清，列字均爲『觖』；《七音略》內轉第五輕中輕，列字爲『䁕』，『觖』列於見母位，誤；《切韻指掌圖》空位。『觖』爲《廣韻》、《集韻》寘韻溪母重紐四等位小韻首字，《四聲等子》咫 A、B 本，文津閣本是，文瀾閣本、文淵閣本、粵雅堂本均形訛，當校改爲『觖』。

66 去四幫　庳　咫 A、B 本，文淵閣本，文津閣本，粵雅堂本，列字爲『庳』；文瀾閣本列字爲『庳』。『庳』爲『庳』俗。『庳』，《廣韻》府移切、《集韻》賔彌切，幫支平開三止；《廣韻》便俾切、《集韻》部弭切，並紙上開三止； 又《集韻》平祕切，並至去開三止，均不當列此位。《韻鏡》、《七音略》、《切韻指南》、《起數訣》合口圖空位；《切韻指掌圖》十九圖，列字爲『臂』，幫母寘韻開口。《廣韻》止攝合口幫母重紐四等位無字，諸家韻圖空位是，《四聲等子》當校刪。

67 去四滂 屁 《廣韻》、《集韻》匹寐切，滂至三去開止；《韻鏡》、《七音略》、《切韻指南》、《起數訣》合口圖空位，『屁』列於開口圖；《切韻指掌圖》十九圖，列字爲『譬』，滂母寘韻開口。『屁』爲《廣韻》至韻開口滂母四等位小韻首字，此圖爲合口圖，不當列於此位，《韻鏡》等空位是，《四聲等子》開合圖均收脣音，此位當爲有意設置。

68 去四並 鼻 《廣韻》、《集韻》毗至切，並至三去開止；《韻鏡》、《七音略》、《切韻指南》、《起數訣》合口圖空位，『鼻』列於開口圖；《切韻指掌圖》十九圖，列字爲『鼻』。『鼻』爲《廣韻》至韻開口並母四等位小韻首字，此圖爲合口圖，不當列於此位，《韻鏡》等空位是，《四聲等子》開合圖均收脣音，此位當爲有意設置。

69 去四明 寐 郘 A、B本，文淵閣本，文瀾閣本，粵雅堂本，列字爲『寐』； 文津閣本列字爲『寐』。『寐』爲『寐』俗。『寐』，《廣韻》彌二切，《集韻》蜜二切，明至去開三止；《韻鏡》、《七音略》、《切韻指南》、《起數訣》合口圖空位，『寐』列於開口圖；《切韻指掌圖》十九圖，列字爲『寐』。『寐』爲《廣韻》至韻開口明母四等位小韻首字，此圖爲合口圖，不當列於此位，《韻鏡》等空位是，《四聲等子》開合圖均收脣音，此位當爲有意設置。

70 去四從 萃 咫A、B本、文淵閣本、文瀾閣本、粤雅堂本，列字爲『萃』；文津閣本『崒』，來母術韻，不當列此位，應是『萃』之形訛。『萃』，《廣韻》、《集韻》秦醉切，從至三去合止；《韻鏡》内轉第七合、《七音略》内轉第七輕中重、《切韻指掌圖》十九圖、《切韻指南》止攝内二合口呼通門、《起數訣》第十三圖閉音清，列字均爲『萃』。『萃』爲《廣韻》、《集韻》至三從母位小韻首字，《四聲等子》文津閣本誤，當校改爲『萃』，其他版本是。

71 去四心 祟 《廣韻》、《集韻》雖遂切，心至三去合止；《韻鏡》内轉第七合、《七音略》内轉第七輕中重、《切韻指掌圖》十九圖、《切韻指南》止攝内二合口呼通門、《起數訣》第十三圖閉音清，列字均爲『邃』。『邃』爲《廣韻》、《集韻》至韻合口心母重紐四等位小韻首字，下收『祟』字，列字以『邃』爲佳，《四聲等子》亦無誤。

入四韻目：標目爲質，實爲術質合韻（脣音開口爲質，其餘爲合口術）

72 入四端 祋 《廣韻》丁外切，《集韻》都外切，端泰一去合蟹，不當列此位；又《集韻》都律切，端術三入合臻。《韻鏡》空位；《七音略》外轉第十八輕中輕，列字爲『崛』，群母物韻，又疑母物韻，誤。《廣韻》没韻端母四等位無字，『祋』爲《集韻》術三端母位小韻首字，《四聲等子》從《集韻》。

73 入四透 〇 《廣韻》術質韻透母四等無字；《韻鏡》、《切韻指掌圖》、《切韻指南》、《起數訣》空位；《七音略》外轉第十八輕中輕，列字爲『茁』，知母術韻，誤。《廣韻》、《集韻》術質韻透母四等位無字，《七音略》誤，《四聲等子》空位是。

74 入四幫 必 《廣韻》卑吉切，《集韻》壁吉切，幫質三入開臻；《韻鏡》、《七音略》、《切韻指南》、《起數訣》合口圖空位，『必』列於開口圖；《切韻指掌圖》十九圖，列字爲『必』。『必』爲《廣韻》質韻開口並母重紐四等位小韻首字，此圖爲合口圖，不當列於此位，《韻鏡》等空位是，《四聲等子》開合圖均收脣音，此位當爲有意設置。

75 入四滂 匹 《廣韻》譬吉切，《集韻》僻吉切，滂質三入開臻；《韻鏡》、《七音略》、《切韻指南》、《起數訣》合口圖空位，『匹』列於開口圖；《切韻指掌圖》十九圖，列字爲『匹』。『匹』爲《廣韻》質韻開口滂母重紐四等位小韻首字，此圖爲合口圖，不當列於此位，《韻鏡》等空位是，《四聲等子》開合圖均收脣音，此位當爲有意設置。

76 入四並 邲 《廣韻》兵媚切，幫至三去開止；《集韻》簿必切，並質三入開臻；《韻鏡》、《七音略》、《切韻指南》、《起數訣》合口圖空位，『邲』列於開口圖；《切韻指掌圖》十九圖，列字爲『邲』。『邲』爲《集韻》質韻開口滂母位小韻首字，此圖爲合口圖，不當列於此位，《韻鏡》等空位是，《四聲等子》開合圖均收脣音，此位當爲有意設置。

77 入四明 蜜 《廣韻》彌畢切，《集韻》覓畢切，明質三入開臻；《韻鏡》、《七音略》、《切韻指南》、《起數訣》合口圖空位，「蜜」列於開口圖；《切韻指掌圖》十九圖，列字爲「蜜」。「蜜」爲《集韻》質韻開口明母位小韻首字，此圖爲合口圖，不當列於此位，《韻鏡》等空位是，《四聲等子》開合圖均收脣音，此位當爲有意設置。

78 入四心　邺　《廣韻》辛聿切，《集韻》雪律切，心術三入合臻；《韻鏡》外轉第十八合、《七音略》外轉第十八輕中輕，列字均爲「恤」；《切韻指掌圖》十圖、《切韻指南》臻攝外三合口呼通門、《起數訣》第三十五圖閉音清，列字均爲「邺」。「邺」爲《廣韻》術韻心母位小韻首字，下收有「恤」字，列字以「邺」爲佳，《四聲等子》是。

79 入四曉　獝　《廣韻》況必切，《集韻》休必切，曉術入合三臻；《韻鏡》外轉第十八合、《七音略》外轉第十八輕中輕、《切韻指南》臻攝外三合口呼通門，列字均爲「獝」；《切韻指掌圖》十圖、《起數訣》第三十五圖閉音清，列字爲「䀎」。「䀎」爲《廣韻》術韻曉母重紐四等位小韻首字；「獝」，《康熙字典》記「《集韻》本作「矞」。或作「䀎」。「獝」、「䀎」或體。」、「䀎」、「獝」二字爲異體字，《四聲等子》亦無誤。

80 入四匣　驈　《廣韻》餘律切，以術三入合臻；《集韻》户橘切，匣術三入合臻；《韻鏡》、《切韻指掌圖》、《七音略》空位；《切韻指南》止攝内二合口呼通門、《起數訣》第三十五圖閉音清，列字爲「驈」。《廣韻》術韻匣母位無字，「驈」爲《集韻》術三以母位小韻首字，《四聲等子》從《集韻》。

81 入四喻 聿 《廣韻》餘律切，《集韻》允律切，以術三入合臻；《韻鏡》外轉第十八合、《切韻指掌圖》十九圖、《切韻指南》止攝内二合口呼通門、《起數訣》第三十五圖閉音清，列字均爲『聿』；《七音略》外轉第十八輕中輕，列字爲『驈』，誤。『聿』爲《廣韻》、《集韻》術韻以母位小韻首字，《七音略》誤，《四聲等子》是。

臻攝外三　輕重俱等韻　開口呼

見	溪	羣	疑	端知	透徹	定澄	泥孃	幫	滂	並	明
根	齦	○	垠	○	吞	○	○	○	○	○	○
頣	墾	頎	限	○	○	○	○	○	○	○	○
艮	硍	○	⿰食豈	○	⿸疒吞	○	○	○	○	○	○
扢	⿰骨豈	○	○	○	○	○	○	○	○	○	○
○	○	○	○	○	○	○	○	○	○	○	○
○	○	○	○	○	○	○	○	○	○	○	○
○	○	○	○	○	○	○	○	○	○	○	○
○	○	○	○	○	○	○	○	○	○	○	○
斤	○	勤	銀	珍	縝	陳	紉	⿰木武	砏	貧	旻
謹	赾	勤	听	駗	⿰黑辰	紖	○	○	○	○	愍
靳	㧥	覲	垽	鎮	疢	陣	○	○	○	○	○
訖	乞	趌	疙	窒	抶	帙	暱	筆	拂	弼	蜜
○	⿱臤黍	[illegible]	○	顚	天	田	年	賓	繽	頻	民
緊	螼	○	○	○	○	○	○	臏	砯	牝	泯
○	菣	○	○	○	○	○	○	鬢	嬪	臏	○
吉	詰	佶	⿰鼻乞	蛭	鉄	耋	昵	必	匹	邲	密

		精照	清穿	從牀	心審	邪禪	曉	匣	影	喻	來	日
	痕	○	○	○	○	○	○	○	○	○	○	○
	很	○	○	○	洒	○	○	○	○	○	○	○
	恨	○	○	○	摧	○	○	○	○	○	○	○
	沒	○	○	○	○	○	○	○	○	○	○	○
有助借用	臻	臻	瀙	榛	莘	○	○	○	○	○	○	○
	隱	[illegible]	齔	濜	○	○	○	○	○	○	○	○
	焮	○	齔	酳	○	○	○	○	○	○	○	○
	櫛	櫛	刹	[illegible]	瑟	○	○	○	○	○	○	○
	眞	眞	嗔	神	申	辰	欣	○	殷	○	鄰	人
	軫	軫	○	○	哂	腎	蟪	○	隱	○	嶙	忍
	震	震	○	○	呻	愼	焮	○	㥯	○	吝	認
	質	質	叱	實	失	○	迄	○	一	○	栗	日
	眞	津	親	秦	新	○	○	賢	因	寅	○	○
	軫	榼	笉	盡	囟	○	○	○	○	引	○	○
	震	進	親	○	信	燼	○	○	印	胤	○	○
	質	堲	七	疾	悉	○	欯	○	一	逸	○	○

第十一圖　臻攝外三　輕重俱等韻　開口呼

平一韻目：標目爲痕

1 平一溪　䫱　𠰢A、B本，文瀾閣本，文淵閣本，粤雅堂本列字均爲『䫱』；文津閣本列字殘，當爲『䫱』。《廣韻》、《集韻》痕韻無溪母字。『䫱』，《康熙字典》記：『《玉篇》口恩切，墾平聲。束也。』則爲溪母痕韻。《韻鏡》、《七音略》、《切韻指掌圖》、《起數訣》均空位；《切韻指南》臻攝外三開口呼通門，列字爲『䫱』。《四聲等子》、《切韻指南》當據《玉篇》或其他文獻。

2 平一曉　〇　《廣韻》、《集韻》痕韻無曉母字。《韻鏡》、《切韻指掌圖》、《切韻指南》、《起數訣》均空位。《七音略》外轉第十七重中重，列字爲『痕』，匣母痕韻，誤，應錯位所致。《四聲等子》空位是。

3 平一匣　〇　《廣韻》、《集韻》痕韻匣母位有『痕』小韻。『痕』，《廣韻》户恩切，《集韻》胡恩切，匣痕一平開臻。《韻鏡》外轉第十七開、《切韻指掌圖》九圖、《切韻指南》臻攝外三開口呼通門，列字均爲『痕』；《七音略》外轉第十七重中重，匣母位空位，於曉母位列『痕』字，誤；《起數訣》空位。『痕』爲《廣韻》、《集韻》痕韻匣母位小韻首字，《四聲等子》空位誤，當校補『痕』字。

4 平一影 ○ 𡰱A、B本，文瀾閣本，粤雅堂本均空位，文淵閣本、文津閣本列字爲『恩』。《廣韻》痕韻影母位有『恩』小韻；『恩』，《廣韻》、《集韻》烏痕切，影痕一平開臻。《韻鏡》外轉第十七開、《七音略》外轉第十七重中重、《切韻指掌圖》九圖、《切韻指南》臻攝外三開口呼通門，列字均爲『恩』；《起數訣》閉音清空位。『恩』爲《廣韻》痕韻影母位小韻首字，《四聲等子》空位誤，當校補『恩』字。

上一韻目：標目爲很韻（或有混韻合）

5 上一群 𩑶 𡰱A、B本，文淵閣本，粤雅堂本，文津閣本列字爲『𩑶』；文瀾閣本列字爲『領』。『𩑶』，《廣韻》苦本切，溪混一上合臻，不應列於此；《集韻》丘謁切，溪月三入開山，不應列於此；《廣韻》很韻無群母字，《集韻》有『𩑶，其懇切』，群母很韻。《韻鏡》外轉第十七開，列字爲『頣』，《康熙字典》記：『《龍龕》羊句切，音預。齊遇也。』，以母虞韻，不應列於此，當爲『𩑶』形訛；《七音略》、《切韻指掌圖》空位；《切韻指南》臻攝外三開口呼通門，列字爲『𩑶』；《起數訣》第三十三圖閉音清，列字爲『領』。《七音略》從《廣韻》，空位無誤，《四聲等子》列位從《集韻》，但形誤，當校改爲『𩑶』。

6 上一疑 限 《廣韻》胡簡切，匣産一上開山，不應列於此；《集韻》魚懇切，疑很一上合臻；《韻鏡》、《七音略》、《切韻指掌圖》空位；《切韻指南》臻攝外三開口呼通門，列字爲

『限』;《起數訣》三十三圖閉音清,列字爲『崀』,來母蕩韻。『限』爲《集韻》很一疑母位小韻首字,《四聲等子》從《集韻》。

7 上一心　洒　《廣韻》先禮切,心薺四上開蟹,不應列於此;《集韻》蘇很切,心很一上開臻;《韻鏡》、《七音略》、《切韻指掌圖》空位;《切韻指南》臻攝外三開口呼通門,列字爲『洒』;《起數訣》第三十三圖閉音清,列字爲『洒狠』,『狠』,當爲『洒』之標注字。《廣韻》很韻無心母字,『洒』爲《集韻》很一心母位小韻首字,《四聲等子》從《集韻》。

8 上一匣　○　咫A本、文瀾閣本、粵雅堂本均空位,文淵閣本、文津閣本列字爲『很』。《廣韻》很韻匣母位有『很』小韻,《廣韻》胡墾切,《集韻》下懇切,匣很一上開臻;《韻鏡》外轉第十七開、《切韻指掌圖》九圖、《切韻指南》臻攝外三開口呼通門、《起數訣》第三十三圖閉音清,列字均爲『很』;《七音略》外轉第十七重中重,列字爲『狠』,當爲『很』訛誤。『很』爲《廣韻》很韻匣母位小韻首字,《四聲等子》空位誤,當校補『很』字。

9 上一影　○　咫A本、文瀾閣本、粵雅堂本均空位,文淵閣本、文津閣本列字爲『㥯』。『㥯』,《廣韻》未收,《集韻》安很切,影很一上開臻;《韻鏡》外轉第十七開、《切韻指南》臻攝外三開口呼通門、《起數訣》第三十三圖閉音清,列字爲『㥯』;《七音略》、《切韻指掌圖》空位。《廣韻》很韻無影母字,《韻鏡》列『㥯』從《集韻》,亦無誤。《四聲等子》空位從《廣韻》,列『㥯』從《集韻》。

去一韻目：標目爲恨

10 去一溪　硍　《廣韻》胡簡切，匣産二上開山，不應列於此；《集韻》苦恨切，溪恨一去開臻。《韻鏡》外轉第十七開、《切韻指掌圖》九圖、《起數訣》第三十三圖閉音清，均空位；《七音略》外轉第十七重中重、《切韻指南》臻攝外三開口呼通門，列字均爲『硍』。《廣韻》無恨韻溪母字，『硍』爲《集韻》恨一溪母位小韻首字，《七音略》、《四聲等子》從《集韻》。

11 去一疑　皚　《廣韻》、《集韻》五恨切，疑恨一去開臻；《韻鏡》空位；《七音略》外轉第十七重中重、《切韻指掌圖》九圖、《起數訣》第三十三圖閉音清、《切韻指南》臻攝外三開口呼通門，列字均爲『皚』。『皚』爲《廣韻》恨韻疑母位小韻首字，《韻鏡》空位誤，《四聲等子》是。

12 去一透　痞　《廣韻》未收，《集韻》佗恨切，透恨一去開臻；《韻鏡》、《七音略》、《切韻指掌圖》空位；《起數訣》第三十三圖閉音清、《切韻指南》臻攝外三開口呼通門，列字均爲『痞』。《廣韻》無恨一透母字，『痞』爲《集韻》小韻首字，《四聲等子》從《集韻》。

13 去一心　揓　《廣韻》所簡切，生産二上開山，不應列於此；《集韻》所恨切，生恨一去開臻。《韻鏡》、《七音略》、《切韻指掌圖》、《起數訣》均空位。《切韻指南》臻攝外三開口呼通門，列字爲『揓』。『揓』，爲生母字，不當拼合一等字，切下字爲一等字，憑切列位可列於一等。《四聲等子》從《集韻》。

14 去一匣　◯　𢙇　A、B本，文瀾閣本，粵雅堂本均空位，文淵閣本、文津閣本列字爲『恨』。

恨,《廣韻》胡艮切,《集韻》下艮切,匣恨一去開臻;《韻鏡》外轉第十七開、《七音略》外轉第十七重中重、《切韻指掌圖》九圖、《起數訣》第三十三圖閉音清、《切韻指南》臻攝外三開口呼通門,列字均爲『恨』。『恨』爲《廣韻》、《集韻》恨韻曉母位小韻首字,《四聲等子》空位誤,當校補『恨』字。

15 去一影 ○ 咫A本、文瀾閣本、粤雅堂本均空位,文淵閣本、文津閣本列字爲『饐』。『饐』,《廣韻》烏恨切,《集韻》於恨切,影恨一去開臻。《韻鏡》外轉第十七開、《七音略》外轉第十七重中重、《切韻指掌圖》九圖、《起數訣》第三十三圖閉音清、《切韻指南》臻攝外三開口呼通門,列字均爲『饐』。『饐』爲《廣韻》、《集韻》恨一影母位小韻首字,《四聲等子》咫B本誤,當校補『饐』字,其他版本是。

入一韻目: 標目爲没

16 入一見 扢 《廣韻》、《集韻》古忽切,見没一入合臻,此爲開口圖,不應列於此;又《集韻》古紇切,見没一入開臻。《韻鏡》外轉第十七開,列字爲『𥞃』,《康熙字典》記:『《字彙》訛作「䅂」。又《集韻》胡骨切,音汩。麧屑也。或从麥。』匣母没韻,不應列於此;此依《字彙》,當爲『䅂』字誤;『䅂』,《廣韻》下没切,《集韻》下扢切,匣没一入合臻,不應列於此,當删;《七音略》空位;《起數訣》第三十三圖閉音清,列字爲『扢』;《切韻指南》臻攝外三開口呼通門，列字爲『⿰扌气』，當爲『扢』字誤。《廣韻》及以前韻書無没韻見母開口字，《韻鏡》據後代韻書增字轉訛，《集韻》有開口位小韻，《四聲等子》當從《集韻》。

17　入一溪　⿰禾豈　《廣韻》未收，《集韻》魚開切，疑咍一平開蟹，不應列於此；又《康熙字典》記：『《篇海》敳紇切』，疑母没韻開口字，不當列於此。《韻鏡》外轉第十七開，列字爲『⿰禾豈』，《集韻》吾困切，疑母慁韻，不應列於此；《七音略》空位；《切韻指南》溪母空位，列於疑母；《起數訣》第三十三圖閉音清，列字爲『領』，誤。《廣韻》、《集韻》没韻無溪母開口字，《四聲等子》誤，當校删。

18　入一匣　○　⿸尺口　A、B本，文瀾閣本，粵雅堂本均空位，文淵閣本、文津閣本列字爲『麧』。『麧』，《廣韻》下没切，《集韻》下扢切，匣没一入開臻；《韻鏡》外轉第十七開、《七音略》外轉第十七重中重、《切韻指南》臻攝外三開口呼通門，列字均爲『麧』；《起數訣》第三十三圖閉音清，列字爲『紇』。『麧』爲《廣韻》没一匣母開口小韻首字，下收有『紇』字。列字以『麧』爲佳，《四聲等子》文淵閣本、文津閣本列字是，其他版本空位誤，當校補『麧』字。

平二韻目：標目爲臻

19　平二穿　瀙　《廣韻》側詵切，莊臻三平開臻，不應列於此；《集韻》楚莘切，初臻三平開臻。《韻鏡》、《七音略》空位；《切韻指掌圖》九圖、《起數訣》第三十四圖收音濁、《切韻指南》臻攝外三開口呼通門，列字均爲「潧」。《廣韻》臻韻初母位無字，「潧」爲《集韻》臻三莊母位小韻首字，《四聲等子》從《集韻》。

20 平二牀　榛　《廣韻》側詵切，莊臻二平開臻，不應列於此；《集韻》鋤臻切，崇臻三平開臻。《韻鏡》外轉第十七開、《七音略》外轉第十七重中重、《切韻指南》臻攝外三開口呼通門、《起數訣》第三十四圖收音濁，列字均爲「蓁」；《切韻指掌圖》九圖，列字爲「榛」；「蓁」爲《廣韻》臻韻崇母位小韻首字，《韻鏡》、《七音略》無誤，列字以「蓁」爲佳；《四聲等子》依《集韻》，雖無誤，但校爲「蓁」更佳。

上二韻目：標目爲隱

21 上二照　𧥃　《廣韻》仄謹切，莊隱二上開臻；《集韻》阻引切，莊軫三上開臻；《韻鏡》空位；《七音略》外轉第十七重中重、《切韻指掌圖》九圖、《起數訣》第三十四圖收音濁、《切韻指南》臻攝外三開口呼通門，列字均爲「𧥃」。此字龍宇純、余迺永認爲是臻韻上聲，合於《廣韻》當列於此。

22 上二穿　齔　《廣韻》初謹切，初隱二上開臻；《集韻》楚引切，初軫三上開臻。《七音略》外轉第十七重中重、《切韻指掌圖》九圖，列字均爲「齓」；《韻鏡》外轉第十七開、《四聲等子》臻攝外三輕重俱等韻開口呼、《切韻指南》臻攝外三開口呼通門，列字爲「齔」。「齔」爲《廣韻》隱韻初母位小韻小字，注曰「毀齒俗作齓」，故「齓」爲「齔」之俗體。此字龍宇純、余迺永認爲是臻韻上聲，合於《廣韻》當列於此。列字以「齔」爲佳，《四聲等子》是。

23 上二牀　濜　𡱝 A、B本，文淵閣本，文瀾閣本，文津閣本列字均爲「濜」，粵雅堂本列字爲「濜」，當爲「濜」形訛。「濜」，《廣韻》鉏紖切，《集韻》鉏引切，崇準三上開臻；《韻鏡》外轉第十七開、《切韻指掌圖》九圖、《起數訣》第三十四圖收音濁、《切韻指南》臻攝外三開口呼通門，列字均爲「濜」；《七音略》空位。此字亦是臻韻之上聲字，列於此位亦合韻書。《七音略》空位誤，《四聲等子》粵雅堂本，當校下爲「濜」，其他版本是。

24 上二曉　○　《廣韻》、《集韻》隱韻無曉母字；《韻鏡》外轉第十七開，列字爲「𧒽」。《七音略》、《切韻指掌圖》、《四聲等子》、《切韻指南》均空位。𧒽，《廣韻》休謹切，《集韻》許謹切，曉隱上三開臻。此字當列於三等，且在《韻鏡》外轉第十九開重出。《韻鏡》誤，《起數訣》空位是。

去二韻目：標目爲焮

25 去二穿　齔　𡱝 A、B本，文淵閣本，粵雅堂本，文津閣本列字均爲「齔」，文瀾閣本列字爲「齓」，當爲「齔」形訛。「齔」，《廣韻》、《集韻》初覲切，初震三去開臻；《韻鏡》外轉第十七開、《切韻指掌圖》九圖、《切韻指南》臻攝外三開口呼通門，更字爲「櫬」；《七音略》外轉第十七重中重，列字爲『櫬』。『櫬』爲《廣韻》震韻初母位小韻首字，下收有『襯』、『齔』，列字以『櫬』爲佳，《四聲等子》文瀾閣本誤，當校正爲『齔』，其他版本列字是。

26 去二牀　酳　[illegible]A、B本，粵雅堂本，列字均爲『酳』，文瀾閣、文淵閣本、文津閣本，列字均爲『酳』，當爲『酳』形訛。『酳』，《廣韻》羊晉切，以震三去開臻，《集韻》士刃切，崇震三去開臻；《韻鏡》、《七音略》、《切韻指掌圖》空位；《起數訣》第三十四圖收音濁、《切韻指南》臻攝外三開口呼通門，列字爲『酳』。『酳』字《廣韻》無崇母音，爲《集韻》小韻首字，《四聲等子》列字據《集韻》。

27 去二審　◯　《廣韻》無生母震韻字，《集韻》列字爲『阠』，所陳切，生震三去開臻。《韻鏡》、《切韻指掌圖》空位；《七音略》外轉第十七重中重、《切韻指南》臻攝外三開口呼通門、《起數訣》第三十四圖收音濁，列字爲『阠』；《韻鏡》、《切韻指掌圖》從《廣韻》，無誤；《起數訣》、《七音略》、《切韻指南》列字據《集韻》，亦無誤。《四聲等子》可校補『阠』。

入二韻目：標目爲櫛，實爲質櫛合韻

28 入二穿　剎　《廣韻》初栗切，《集韻》測乙切，初質三入開臻；《韻鏡》空位；《七音略》外轉第十七重中重、《切韻指掌圖》九圖，列字均爲『刹』，當爲『剎』形訛。《起數訣》第三十四圖收音濁、《切韻指南》臻攝外三開口呼通門，列字均爲『刹』，當爲『剎』形訛。『剎』爲《廣韻》質韻崇母位小韻首字，《韻鏡》當校補『剎』，《四聲等子》是。

29 平三知　珍　咫A、B本，文瀾閣本，文淵閣本，粤雅堂本，列字均爲『珍』，文津閣本列字爲『珎』，『珎』、『珍』爲異體字。『珍』，《廣韻》陟鄰切，《集韻》知鄰切，知真三平開臻；《韻鏡》外轉第十七開、《七音略》外轉第十七重中重、《切韻指掌圖》九圖、《起數訣》第三十四圖收音濁、《切韻指南》臻攝外三開口呼通門，列字均爲『珍』。『珍』爲《廣韻》、《集韻》真三知母位小韻首字，《四聲等子》諸本皆是。

平三韻目：標目爲真，實爲真欣合韻

30 平三徹　縝　《廣韻》丑人切，《集韻》癡鄰切，徹真三平開臻；《韻鏡》外轉第十七開、《七音略》外轉第十七重中重、《起數訣》第三十四圖收音濁、《切韻指掌圖》九圖，列字均爲『獜』；《切韻指南》臻攝外三開口呼通門，列字爲『縝』。獜，《廣韻》、《集韻》未收此字形；《康熙字典》記：『《廣韻》丑人切，《集韻》癡鄰切，音縝。』則爲徹母真韻。《廣韻》徹母真韻所收字形爲『獜』，下收『縝』字，列字應以『獜』爲佳，《四聲等子》亦無誤。

31 平三幫　斌　《廣韻》府巾切，《集韻》悲巾切，幫真三平開臻。《韻鏡》外轉第十七開、《切韻指南》臻攝外三開口呼通門、《切韻指掌圖》十圖，列字均爲『彬』；《七音略》外轉第十七重中重，列字爲『份』；《起數訣》第三十三圖閉音清，列字爲『斌』。『彬』爲《廣韻》真三幫母位小韻首字，下收有『斌』、『份』二字，列字以『彬』爲佳，《四聲等子》亦無誤。

32 平三滂　砏　《廣韻》府巾切，幫真三平開臻，不應列於此；《集韻》披巾切，滂真三平開臻；《韻鏡》空位；《七音略》外轉第十七重中重、《切韻指掌圖》十圖、《起數訣》第三十三圖閉音清、《切韻指南》臻攝外三開口呼通門，列字均爲『砏』。《廣韻》真韻幫母重紐三等無字，《韻鏡》從《廣韻》，《七音略》、《四聲等子》從《集韻》，皆無誤。

33 平三明　旻　《廣韻》武巾切，《集韻》眉貧切，明真三平開臻；《韻鏡》外轉第十七開、《七音略》外轉第十七重中重、《切韻指掌圖》十圖、《切韻指南》臻攝外三開口呼通門、《起數訣》第三十三圖閉音清，列字均爲『珉』。『珉』爲《廣韻》真三明母位小韻首字，下收有『旻』字，列字以『珉』爲佳，《四聲等子》亦無誤。

34 平三穿　瞋　《廣韻》昌真切，《集韻》稱人切，昌真三平開臻；《韻鏡》外轉第十七開、《七音略》外轉第十七重中重、《切韻指掌圖》九圖、《起數訣》第三十四圖收音濁、《切韻指南》臻攝外三開口呼通門，列字均爲『瞋』。『瞋』爲《廣韻》、《集韻》真韻昌母位小韻首字，下收有『嗔』字。列字以『瞋』爲佳，《四聲等子》亦無誤。

35 平三禪　辰　《廣韻》植鄰切，《集韻》丞真切，禪真三平開臻；《韻鏡》外轉第十七開、《起數訣》第三十四圖收音濁，列字爲『辰』；《七音略》外轉第十七重中重、《切韻指南》臻攝外三開口呼通門，列字爲『辰』；應爲『辰』字訛誤；《切韻指掌圖》九圖，列字爲『臣』。『辰』爲《廣韻》、《集韻》真三禪母位小韻首字，《四聲等子》是。

36 平三喻　○　《廣韻》無喻三母真韻字；《韻鏡》外轉第十七開、《七音略》外轉第十七重中重，喻母真韻列字爲『囩』；《切韻指掌圖》、《起數訣》、《切韻指南》空位。『囩』，《廣韻》爲贇切，云母諄韻；《集韻》于倫切，云母諄韻。『囩』當列於合口圖。《廣韻》真韻喻三位無字，《起數訣》空位是。

上三韻目：標目爲軫，實爲軫隱合韻

37 上三群　勤　咫A、B本，文瀾閣本，粤雅堂本，列字均爲『勤』，群母欣韻，不應列於此，誤；文淵閣本、文津閣本列字均爲『近』。『近』，《廣韻》其謹切，《集韻》巨謹切，群隱三上開臻；《韻鏡》外轉第十九開、《七音略》外轉第十九重中輕、《切韻指掌圖》九圖、《切韻指南》臻攝外三開口呼通門、《起數訣》第三十七圖收音濁，列字均爲『近』。《四聲等子》誤，當校改爲『近』。

38 上三疑　釿　《廣韻》宜引切，《集韻》擬引切，疑隱三上開臻；《韻鏡》外轉第十九開、《七音略》外轉第十九重中輕、《切韻指掌圖》九圖、《起數訣》第三十七圖收音濁，列字均爲『听』；《切韻指南》臻攝外三開口呼通門，列字爲『釿』。『听』爲《廣韻》疑母隱韻小韻首字，下收有『釿』字；『釿』爲《集韻》小韻首字，《四聲等子》從《集韻》。

39 上三知　駗　屒A、B本，文瀾閣本，文淵閣本，粵雅堂本，列字均爲『駗』，文津本列字爲『駼』，『駼』，《康熙字典》記：『《正字通》俗「駗」字。』爲『駗』爲異體字。『駗』，《廣韻》章忍切，章軫三上開臻，不應列於此；《集韻》知忍切，知軫三上開臻；《韻鏡》外轉第十七開、《切韻指掌圖》九圖、《切韻指南》臻攝外三開口呼通門，列字均爲『屒』；《七音略》外轉第十七重中重、《起數訣》第三十四圖收音濁，列字均爲『駗』。『屒』爲《廣韻》軫韻知母位小韻首字，早期韻圖多列『屒』字。『駗』字《廣韻》無知母音，爲《集韻》小韻首字，《四聲等子》從《集韻》。

40 上三審　哂　《廣韻》式忍切，《集韻》矢忍切，書軫三上開臻；《韻鏡》外轉第十七開、《七音略》外轉第十七重中重、《切韻指掌圖》九圖、《起數訣》第三十四圖收音濁，列字均爲『矧』；《切韻指南》臻攝外三開口呼通門，列字爲『弞』，『弞』、『矧』二字爲異體字。『弞』爲《廣韻》書母軫韻首字，下收『哂』字，列字以『弞』爲佳，《四聲等子》亦無誤。

41 上三喻　〇　《廣韻》、《集韻》軫韻隱韻均無喻三母開口字；《韻鏡》外轉第十七開，列字爲『殞』；《七音略》外轉第十七重中重，列字爲『愪』；《切韻指掌圖》、《起數訣》、《切韻指南》均空位。『殞』爲《廣韻》云母合口位小韻首字，下收有『殞』、『愪』二字，此二字當列於合口圖。《四聲等子》空位是。

去三韻目：標目爲震，實爲震焮合韻

42 去三見 靳 《廣韻》、《集韻》居焮切，見焮三去開臻。《韻鏡》外轉第十九開、《七音略》外轉第十九重中輕、《切韻指掌圖》九圖、《起數訣》第三十七圖收音濁，列字均爲『靳』；《切韻指南》臻攝外三開口呼通門，列字爲『抻』，見母焮韻。

43 去三溪 掀 《廣韻》虚言切，曉元三平開山，不應列於此；《集韻》丘近切，溪焮三去開臻。《韻鏡》外轉第十九開、《七音略》外轉第十九重中輕，均空位；《切韻指南》臻攝外三開口呼通門、《起數訣》第三十七圖收音濁，列字均爲『掀』；《切韻指掌圖》九圖列字爲『螼』，溪母震韻；《廣韻》焮韻溪母開口位無字，《韻鏡》、《七音略》空位無誤；《四聲等子》從《集韻》，亦無誤。

44 去三群 覲 《廣韻》渠遴切，《集韻》渠吝切，群震三去開臻；《韻鏡》外轉第十七開、《七音略》外轉第十七重中重、《切韻指南》臻攝外三開口呼通門、《起數訣》第三十四圖收音濁，列字均爲『僅』；《切韻指掌圖》九圖，列字爲『近』，群母焮韻；『僅』爲《廣韻》、《集韻》震韻群母重紐三等位小韻首字，下收有『覲』字。列字以『僅』爲佳，《起數訣》是。

45 去三徹 疢 𡰥 A、B本，文瀾閣本，粵雅堂本，文津閣本，列字均爲『疢』。文淵閣本列字將『疢』的『疒』旁改爲『广』旁，疑爲『疢』訛誤。『疢』，《廣韻》、《集韻》丑刃切，徹震三去開臻。《韻鏡》外轉第十七開、《七音略》外轉第十七重中重、《切韻指掌圖》九圖、《起數訣》第三十四圖收音濁、《切韻指南》臻攝外三開口呼通門，列字均爲「疢」。「疢」爲《廣韻》、《集韻》震三徹母位小韻首字，《四聲等子》文淵閣本形訛，當校正爲「疢」，其他版本是。

46 去三澄　陣　《廣韻》、《集韻》直刃切，澄震三去開臻；《韻鏡》外轉第十七開、《七音略》外轉第十七重中重、《切韻指掌圖》九圖，列字均爲「陣」；《切韻指南》臻攝外三開口呼通門、《起數訣》第三十四圖收音濁，列字爲「敶」。「敶」爲《廣韻》震韻澄母位小韻首字，收有「陣」字，列字以「敶」爲佳，《四聲等子》亦無誤。

47 去三審　呻　咫A、B本，文瀾閣本，粤雅堂本，列字均爲「呻」；文淵閣本列字爲「眒」，文津閣本列字爲「呻」，疑爲「眒」訛。「呻」，《廣韻》失人切，《集韻》升人切，書真平去開臻，不應列於此；《韻鏡》外轉第十七開、《七音略》外轉第十七重中重、《切韻指掌圖》九圖、《起數訣》第三十四圖收音濁、《切韻指南》臻攝外三開口呼通門，列字均爲「眒」。「眒」爲《廣韻》、《集韻》震三書母位小韻首字，《四聲等子》文淵閣本是；其他版本均當校改爲「眒」。

48 去三喻　○　《韻鏡》、《切韻指掌圖》、《切韻指南》空位；《七音略》外轉第十七重中重、《起數訣》第三十四圖收音濁，列字爲「酳」，以母震韻，當列於四等。《四聲等子》空位是。

49 去三來　吝　文瀾閣本、文淵閣本、粤雅堂本、文津閣本，列字均爲「吝」，咫A本列字爲「⿱文旦」，形訛。「吝」，《廣韻》、《集韻》良刃切，來震三去開臻；《韻鏡》外轉第十七開、《七音略》外轉第十七重中重、《切韻指掌圖》九圖、《起數訣》第三十四圖收音濁、《切韻指南》臻攝外三開口呼通門，列字均爲『遴』；『遴』爲《廣韻》震韻來母位小韻首字，下收有『吝』字，列字以『遴』爲佳，《四聲等子》咫A本列字形訛，當校改爲『吝』，其他版本無誤。

50 去三日　認　《廣韻》、《集韻》而振切，日震三去開臻；《韻鏡》外轉第十七開、《七音略》外轉第十七重中重、《切韻指掌圖》九圖、《起數訣》第三十四圖收音濁、《切韻指南》臻攝外三開口呼通門，列字均爲『刃』。『刃』爲《廣韻》震韻日母位小韻首字，收有『認』字，列字以『刃』爲佳，《四聲等子》亦無誤。

入三韻目：標目爲質韻，實爲質迄合韻

51 入三疑　疙　咫A、B本，文淵閣本，粵雅堂本，文津閣本，列字均爲『疙』；文瀾閣本列字爲『宄』，不詳。『疙』，《廣韻》魚迄切，《集韻》魚乙切，疑迄三入開臻；《韻鏡》外轉第十九開、《七音略》外轉第十九重中輕、《切韻指掌圖》九圖，疑母位均列『疙』；《切韻指南》臻攝外三開口呼通門，列字爲『耴』，疑母質韻。《起數訣》第三十七圖收音濁，列字爲『趌』，誤。『疙』爲《廣韻》、《集韻》迄三疑母位小韻首字，《四聲等子》文瀾閣本列字誤，當校改爲『疙』，其他版本是。

52 入三徹　抶　《廣韻》丑栗切，《集韻》敕栗切，徹質三入開臻；《韻鏡》外轉第十七開、《切韻指掌圖》九圖、《起數訣》第三十四圖收音濁、《切韻指南》臻攝外三開口呼通門，列字均爲

『抶』；《七音略》外轉第十七重中重，列字爲『秩』，澄母質韻，當爲『抶』字誤。『抶』爲《廣韻》質韻徹母位小韻首字，《七音略》誤，《四聲等子》是。

53 入三澄　帙　《廣韻》直一切，《集韻》直質切，澄質三入開臻；《韻鏡》外轉第十七開、《七音略》外轉第十七重中重、《切韻指掌圖》九圖、《起數訣》第三十四圖收音濁、《切韻指南》臻攝外三開口呼通門，列字均爲『秩』。『秩』爲《廣韻》質韻澄母位首字，下收『帙』字，列字以『秩』爲佳，《四聲等子》亦無誤。

54 入三孃　暱　尼A、B本，粵雅堂本，文淵閣本，文津閣列字爲『暱』，文瀾閣本列字爲『暱』。『暱』，《廣韻》未收，《集韻》尼質切，孃質三入開臻；《韻鏡》外轉第十七開、《切韻指掌圖》九圖、《起數訣》第三十四圖收音濁、《切韻指南》臻攝外三開口呼通門，列字均爲『暱』。《七音略》外轉第十七重中重，列字爲『暱』。『暱』爲《廣韻》質韻孃母位小韻首字，列字以『暱』爲佳，《四聲等子》從《集韻》，亦無誤。

55 入三滂　拂　《廣韻》敷勿切，滂物入三合臻；《集韻》普密切，滂質三入開臻；《韻鏡》外轉第十七開、《七音略》外轉第十七重中重、《切韻指掌圖》十圖，均空位；《起數訣》第三十三圖閉音清、《切韻指南》臻攝外三開口呼通門，列字均爲『拂』。《廣韻》質韻滂母開口無字，《四聲等子》列字據《集韻》。

56 入三並　弼　《廣韻》房密切，《集韻》薄宓切，並質三入開臻；《韻鏡》外轉第十七開，列字爲『弼』，當爲『弼』省筆訛誤；《七音略》外轉第十七重中重、《切韻指掌圖》十圖、《起數訣》第三十三圖閉音清、《切韻指南》臻攝外三開口呼通門，列字均爲『弼』。『弼』爲《廣韻》、《集韻》質三並母位小韻首字，《韻鏡》形訛，《四聲等子》是。

57　入三明　蜜　《廣韻》彌畢切，《集韻》覓畢切，明質三入開臻；《韻鏡》外轉第十七開、《切韻指掌圖》十圖、《切韻指南》臻攝外三開口呼通門，列字均爲『密』；《七音略》外轉第十七重中重、《起數訣》第三十三圖閉音清，列字均爲『蜜』。『密』爲《廣韻》質韻明母重紐三等位小韻首字，『蜜』爲《廣韻》質韻明母重紐四等位小韻首字，此處當列三等，《四聲等子》誤，當校改爲『密』。

58　入三影　一　𡰥 A、B本，文淵閣本，粵雅堂本，文津閣本，列字均爲『一』；文瀾本列字爲『乙』。『一』，《廣韻》於悉切，《集韻》益悉切，影質三入開臻；《韻鏡》外轉第十七開、《七音略》外轉第十七重中重、《切韻指掌圖》九圖、《起數訣》第三十四圖收音濁、《切韻指南》臻攝外三開口呼通門，列字均爲『乙』，影母質韻。『乙』爲《廣韻》質韻影母重紐三等位小韻首字，『一』爲《廣韻》質韻影母重紐四等位小韻首字，列字應爲『乙』，《四聲等子》𡰥 B、A本，文淵閣本，粵雅堂本，文津閣本誤，當校爲『乙』。

59　入三喻　○　《廣韻》云母質韻收『颶』，迄韻無收字；《韻鏡》外轉第十七開、《七音略》外轉第十七重中重、《起數訣》第三十四圖收音濁，列字均爲『颶』；《切韻指掌圖》、《切韻指南》空位。『颶』爲《廣韻》質韻喻母三等位小韻首字，《四聲等子》當校補『颶』字。

平四韻目：標目爲真，實爲真先合韻

60 平四溪　緊　《康熙字典》記：『《集韻》經甸切，音見。又《集韻》乞憐切，音牽。又《廣韻》牽繭切，《集韻》牽典切。又《集韻》輕甸切，音俔。』均不當列於此位。《韻鏡》、《七音略》、《切韻指掌圖》、《切韻指南》空位；《起數訣》第三十三圖收音濁，列字爲『緊』。《廣韻》、《集韻》真韻無溪母字，『緊』音『牽』，則爲溪母先韻，《四聲等子》本等爲真先合韻，此位列先韻字。

61 平四群　趣　咫A、B本列字爲『趣』，文瀾閣本、文淵閣本、粵雅堂本、文津閣本，列字均爲『趣』。趣，《康熙字典》記：『《廣韻》渠人切。』群母真韻。《韻鏡》、《切韻指掌圖》空位；《七音略》外轉第十七重中重，列字爲『趁』，徹母震韻，誤，當校爲『趣』；《起數訣》第三十三圖閉音清，列字爲『趣』；《切韻指南》臻攝外三開口呼通門，列字爲『趣』。『趣』爲《廣韻》群母真韻重紐四等小韻首字，《韻鏡》空位誤；『趣』無臻攝音，爲『趣』字形訛。《四聲等子》咫A、B本列字是，其他版本列『趣』字誤，當校改爲『趣』。

62 平四端　顛　《廣韻》都年切，《集韻》多年切，端先四上開山，不應列於此；《韻鏡》外轉第二十三開、《七音略》外轉二十三重中重、《切韻指掌圖》七圖、《起數訣》第四十圖發音清、《切韻指南》山攝外四開口呼廣門，列字均爲『顛』。『顛』爲《廣韻》、《集韻》先韻端母位小韻首字，《四聲等子》此處列先韻字。

63 平四透　天　《廣韻》他前切，《集韻》他年切，透先四平開山；《韻鏡》外轉第二十三開、《七音略》外轉二十三重中重、《切韻指掌圖》七圖、《起數訣》第四十圖發音清、《切韻指南》山攝外四開口呼廣門，列字均爲「天」。「天」爲《廣韻》、《集韻》先韻透母位小韻首字，《四聲等子》此處列先韻字。

64 平四定　田　《廣韻》徒年切，《集韻》亭年切，定先四平開山；《韻鏡》外轉第二十三開、《七音略》外轉二十三重中重、《切韻指掌圖》七圖、《起數訣》第四十圖發音清、《切韻指南》山攝外四開口呼廣門，列字均爲「田」。「田」爲《廣韻》、《集韻》先韻定母位小韻首字，《四聲等子》此位列先韻字。

65 平四泥　年　《廣韻》奴顛切，《集韻》寧顛切，泥先四平開山；《韻鏡》外轉第二十三開、《七音略》外轉二十三重中重、《切韻指掌圖》七圖、《起數訣》第四十圖發音清，列字均爲「年」；《切韻指南》山攝外四開口呼廣門，列字爲「秊」，「秊」、「年」二字爲異體字。「年」爲《廣韻》、《集韻》先韻泥母位小韻首字，《四聲等子》此位列先韻字。

66 平四幫　賓　《廣韻》收録字形爲「賔」，必鄰切；《集韻》卑民切，幫真三平開臻。《韻鏡》外轉第十七開、《切韻指掌圖》十圖、《起數訣》第三十三圖閉音清、《切韻指南》臻攝外三開口呼通門，列字均爲「賔」，《康熙字典》記：「《韻會》俗賓字。《五經文字》賓，經典相承作賔已久，不可改正。」『賓』爲『賔』的俗體字；《七音略》空位。『賔』爲《廣韻》真韻重紐四等幫母位小韻首字，《七音略》空位誤，《四聲等子》列俗體亦無誤。

67　平四滂　繽　《廣韻》匹賓切，《集韻》紕民切，滂真三平開臻；《韻鏡》外轉第十七開、《切韻指掌圖》十圖、《起數訣》第三十三圖閉音清、《切韻指南》臻攝外三開口呼通門，列字均爲『繽』；《七音略》空位。『繽』爲《廣韻》真韻重紐四等滂母位小韻首字，《七音略》空位誤，《四聲等子》列俗體亦無誤。

68　平四並　頻　《廣韻》符真切，《集韻》毗賔切，並真三平開臻；《韻鏡》外轉第十七開、《切韻指掌圖》十圖、《起數訣》第三十三圖閉音清、《切韻指南》臻攝外三開口呼通門，列字均爲『頻』；《七音略》空位。『頻』爲《廣韻》真韻重紐四等並母位小韻首字，《七音略》空位誤，當校補『頻』字。《四聲等子》是。

69　平四明　民　《廣韻》、《集韻》彌鄰切，明真三平開臻；《韻鏡》外轉第十七開、《切韻指掌圖》十圖、《起數訣》第三十三圖閉音清、《切韻指南》臻攝外三開口呼通門，列字均爲『民』；《七音略》空位。『民』爲《廣韻》真韻重紐四等明母位小韻首字，《七音略》空位誤，當校補『民』字。《四聲等子》是。

70　平四心　新　《廣韻》息鄰切，《集韻》斯人切，心真三平開臻；《韻鏡》外轉第十七開、《七音略》外轉第十七重中重，列字均爲『辛』；《切韻指掌圖》九圖、《起數訣》第三十三圖閉音清、

《切韻指南》臻攝外三開口呼通門，列字均爲『新』。『新』爲《廣韻》真韻心母位小韻首字，下收有『辛』字，列字以『新』爲佳，《四聲等子》是。

71 平四匣　賢　咫Ａ本、文瀾閣本、粵雅堂本，列字爲『賢』；文淵閣本、文津閣本，列字爲『礥』。『賢』，《廣韻》胡田切，匣先四平開山；《集韻》下珍切，匣真三平開臻。《韻鏡》外轉第十七開、《七音略》外轉第十七重中重、《切韻指掌圖》九圖、《起數訣》第三十三圖閉音清、《切韻指南》臻攝外三開口呼通門，列字均爲『礥』。『礥』爲《廣韻》、《集韻》匣母真韻首字，《集韻》下收『賢』字；《四聲等子》諸本列字均無誤，文淵閣本、文津閣本更『礥』字佳。

72 平四喻　寅　《廣韻》翼真切，《集韻》夷真切，以真三平開臻；《韻鏡》外轉第十七開，列字爲『夤』；《七音略》外轉第十七重中重、《切韻指掌圖》九圖、《起數訣》第三十三圖閉音清、《切韻指南》臻攝外三開口呼通門，列字均爲『寅』。『寅』爲《廣韻》真韻以母位小韻首字，下收有『夤』字，列字以『寅』爲佳，《四聲等子》是。

73 平四來　〇　《韻鏡》、《切韻指掌圖》、《四聲等子》、《切韻指南》空位；《七音略》外轉第十七重中重、《起數訣》第三十三圖閉音清，列字爲『苓』。苓，《廣韻》郎丁切，來青四平開梗，不應列於此；《集韻》戾因切，來諄(真)三平開臻。《廣韻》真韻無來母字，《四聲等子》空位是。

上四韻目：標目爲軫

74　上四溪　螼　㞗 A本、粵雅堂本、文津閣本、文瀾閣本，列字均爲『螼』，文淵閣本空位。《韻鏡》空位；《七音略》外轉第十七重中重、《切韻指掌圖》九圖、《起數訣》第三十三圖閉音清、《切韻指南》臻攝外三開口呼通門，列字均爲『螼』。『螼』爲《廣韻》、《集韻》軫韻溪母位小韻首字，《韻鏡》空位誤，《四聲等子》文淵閣本空位誤，當校補『螼』字，其他版本無誤。

75　上四幫　臏　《廣韻》毗忍切，並軫三上開臻，不應列於此；《集韻》逋忍切，幫軫三上開臻；《韻鏡》、《切韻指掌圖》空位；《七音略》外轉第十七重中重、《起數訣》第三十三圖閉音清、《切韻指南》臻攝外三開口呼通門，列字均爲『臏』。『臏』在《廣韻》中位於『牝』小韻下，爲並母，不當列於此位。《集韻》中『臏』在準小韻下，但下字『忍』在《廣韻》爲軫韻。故此位列『臏』字，從《集韻》，亦無誤。

76　上四滂　碄　㞗 A、B本，粵雅堂本，文津閣本，列字爲『碄』，文瀾閣本、文淵閣本，列字爲『砯』。『碄』《中華字海》記：『音品，石。見朝鮮本《龍龕》。』《韻鏡》、《切韻指掌圖》空位；《七音略》外轉第十七重中重、《切韻指南》臻攝外三開口呼通門，列字爲『碄』；《起數訣》第三十三圖閉音清，列字爲『砎』。《廣韻》軫韻幫母重紐四等無列字，《集韻》軫韻幫母四等列『砏』，碄、砯、砎，疑爲『砏』訛字。『砏』，《康熙字典》記：『《玉篇》、《集韻》匹刃切。石也。』此依匹刃切，《四聲等子》從《集韻》，亦無誤。

77　上四清　笉　㞗 A、B本，粵雅堂本，列字爲『笉』，文瀾閣本、文淵閣本、文津閣本，列字爲

『⿱艹勻』，當爲『笉』形訛。『笉』，《廣韻》七忍切，《集韻》此忍切，清軫三上開臻；《韻鏡》外轉第十七開、《七音略》外轉第十七重中重、《切韻指掌圖》九圖、《起數訣》第三十三圖閉音清、《切韻指南》臻攝外三開口呼通門，列字均爲『笉』。『笉』爲《廣韻》、《集韻》軫三清母位小韻首字，《四聲等子》文瀾閣本、文淵閣本、文津閣本列字俗訛，其他版本是。

78 上四心　囟　《廣韻》息晉切，心震三去開臻，不應列於此；《集韻》思忍切，心準三上開臻；《韻鏡》、《七音略》、《切韻指掌圖》空位；《起數訣》第三十三圖閉音清、《切韻指南》臻攝外三開口呼通門，列字均爲『囟』。《廣韻》軫韻無心母字，『囟』爲《集韻》軫三心母位小韻首字，《四聲等子》及《起數訣》、《切韻指南》列『囟』，依《集韻》，亦無誤。

79 上四喻　引　《廣韻》余忍切，《集韻》以忍切，以軫三上開臻；《韻鏡》外轉第十七開、《切韻指掌圖》九圖、《起數訣》第三十三圖閉音清、《切韻指南》臻攝外三開口呼通門，列字均爲『引』；《七音略》空位，列於影母位，誤。『引』爲《廣韻》軫韻以母位小韻首字，《七音略》誤，《四聲等子》是。

去四韻目：標目爲震

80 去四見　○　《廣韻》、《集韻》震韻見母有『呁，九峻切』；《韻鏡》外轉第十七開、《切韻指掌圖》九圖，列字爲『呁』；《七音略》、《起數訣》、《切韻指南》空位。『呁』，九峻切，按其反切下字，當列於合口。《廣韻》中列入震韻，實當爲稕韻字，《韻鏡》當爲後人誤補。《四聲等子》空位是。

81 去四溪 菣 咫 A、B本，文瀾閣本，粵雅堂本，文津閣本，列字爲「菣」，文淵閣本空位。「菣」，《廣韻》、《集韻》去刃切，溪震三去開臻；《韻鏡》外轉第十七開，列字爲「螼」；《七音略》空位；《切韻指掌圖》九圖、《起數訣》第三十三圖閉音清、《切韻指南》臻攝外三開口呼通門，列字均爲「菣」。「菣」爲《廣韻》震韻溪母重紐三等位小韻首字，「螼」爲《廣韻》震韻溪母重紐四等位小韻首字。此爲四等位，當列「螼」字。《四聲等子》諸本誤，文淵閣本當校補「螼」字，其他版本當校改爲「螼」字。

82 去四幫 鬢 《廣韻》、《集韻》必刃切，幫震三去開臻；《韻鏡》外轉第十七開、《七音略》外轉第十七重中重、《切韻指掌圖》十圖、《起數訣》第三十三圖閉音清、《切韻指南》臻攝外三開口呼通門，列字均爲「儐」。「儐」爲《廣韻》震韻幫母小韻首字，列字以「儐」爲佳，下收「鬢」，《四聲等子》亦無誤。

83 去四滂 嬪 《廣韻》符真切，《集韻》毗賓切，並真三平開臻，不應列於此。《韻鏡》外轉第十七開，列字爲「𡭊」；《七音略》外轉第十七重中重，列字爲「砯」；《切韻指掌圖》十圖，列字爲「闠」；《起數訣》第三十三圖閉音清、《切韻指南》臻攝外三開口呼通門，列字均爲「汖」。《廣韻》滂母震韻列「𣎵」字，「𣎵」，《廣韻》撫刃切，《集韻》匹刃切，滂震三去開臻；「砯」，朮，當是『朩』之形訛。『朩』爲《廣韻》震韻滂母位小韻首字，《韻鏡》、《切韻指南》字形訛。《四聲等子》誤，當校改爲『朩』。

84 去四並 臏 《廣韻》毗忍切，《集韻》婢忍切，並軫三上開臻，不應列於此；《韻鏡》、《切韻指掌圖》、《切韻指南》空位；《七音略》外轉第十七重中重，列字爲『逥』；《起數訣》第三十三圖閉音清，列字爲『逥』，弼本字，並母質韻，不應列於此。《廣韻》、《集韻》並母震韻並無列字，《七音略》、《四聲等子》誤，當刪。

85 去四明 ○ 《廣韻》、《集韻》震韻無明母字。《韻鏡》、《切韻指掌圖》、《起數訣》、《切韻指南》空位；《七音略》外轉第十七重中重，列字爲『愍』。愍，《廣韻》眉殞切，明母軫韻；《集韻》忙覲切，明母稕韻。《七音略》誤，《四聲等子》空位是。

86 去四精 進 《廣韻》、《集韻》即刃切，精震三去開臻；《韻鏡》外轉第十七開、《七音略》外轉第十七重中重、《切韻指掌圖》九圖、《起數訣》第三十三圖閉音清、《切韻指南》臻攝外三開口呼通門，列字均爲『晉』。『晉』爲《廣韻》震韻精母小韻首字，下收『進』字，列字以『晉』爲佳，《四聲等子》亦無誤。

87 去四邪 燼 《廣韻》、《集韻》徐刃切，邪震三上開臻。《韻鏡》外轉第十七開、《七音略》外轉第十七重中重、《切韻指南》臻攝外三開口呼通門，列字均爲『賮』；《切韻指掌圖》九圖，列字爲『燼』；《起數訣》空位。『賮』爲《廣韻》震三邪母位小韻首字，下收『燼』字，列字以『賮』

爲佳，《四聲等子》亦無誤。

88 去四曉　○　《廣韻》曉母震小韻重鈕三等位列字爲『衅』，重鈕四等位無列字；《韻鏡》外轉第十七開，列字爲『衅』，當爲錯位所致，誤；《七音略》、《切韻指掌圖》、《起數訣》、《切韻指南》均空位。《四聲等子》是。

89 去四喻　胤　《廣韻》羊晉切，《集韻》羊進切，以震三去開臻。《韻鏡》外轉第十七開、《七音略》外轉第十七重中重，列字爲『酳』；《切韻指掌圖》九圖，列字爲『酳』，應爲『胤』避諱；《切韻指南》臻攝外三開口呼通門，列字爲『胤』；《起數訣》空位。『胤』爲《廣韻》震四以母位小韻首字，下收『酳』字，列字以『胤』爲佳，《四聲等子》是。

入四韻目：標目爲質

90 入四群　佶　《廣韻》巨乙切，《集韻》其吉切，群質三入開臻。《韻鏡》外轉第十七開、《四聲等子》臻攝外三輕重俱等韻開口呼、《切韻指南》臻攝外三開口呼通門，列字均爲『佶』；《七音略》、《起數訣》空位；《切韻指掌圖》九圖，列字爲『姞』。『姞』爲《廣韻》質韻群母重紐四等位小韻首字，下收有『佶』字。列字以『姞』爲佳，《七音略》誤，當校補『姞』，《四聲等子》無誤。

91 入四疑　𪘏　《廣韻》五結切，疑屑四入開山，不應列於此；《集韻》逆乙切，疑質三入開臻。

《韻鏡》、《七音略》空位；《切韻指掌圖》九圖，列字爲『𦔮』，應爲『耴』字訛誤，『耴』爲疑母質韻重紐三等位小韻首字，不應列於四等位；《起數訣》第三十三圖閉音清、《切韻指南》臻攝外三開口呼通門，列字均爲『䠒』。《廣韻》質韻疑母位四等位無列字，《韻鏡》、《七音略》無誤；『䠒』爲《集韻》質韻疑母位小韻首字，《四聲等子》據《集韻》，亦無誤。

92　入四端　蛭　《康熙字典》記：「《唐韻》之日切，《集韻》、《韻會》、《正韻》職日切。」則爲章母質韻。《韻鏡》外轉第十七開、《七音略》外轉第十七重中重列字爲『蛭』；《起數訣》第三十三圖閉音清、《切韻指南》臻攝外三開口呼通門，列字爲『窒』，知母質韻；《切韻指掌圖》空位。《廣韻》於韻末增『蛭，丁悉切』，是爲各韻圖之來源；『窒』爲《集韻》質韻端母小韻首字，『蛭』在定母，《四聲等子》從《廣韻》。

93　入四透　鉄　咥　A本、文瀾閣本、粤雅堂本，列字爲『鉄』，文淵閣本、文津閣本列字爲『鐵』。『鉄』，《廣韻》未收，《集韻》直質切，澄質三入開臻。《韻鏡》、《七音略》、《切韻指掌圖》、《切韻指南》、《起數訣》均空位。《四聲等子》各版本列『鉄』字誤，當刪。　文淵閣本、文津閣本更從『鉄』訛爲『鐵』，均當刪。

94　入四定　耋　《廣韻》徒結切，定屑四入開山，不應列於此，《集韻》地一切，定質三入開臻。《韻鏡》外轉第十七開，列字爲『姪』，澄母質韻；《七音略》、《切韻指掌圖》、《切韻指南》空位；《起數訣》第十三圖閉音清，列字爲『抶』，定母質韻。《廣韻》質韻定母位無字，『耋』爲

《集韻》質韻定母位小韻首字，《四聲等子》從《集韻》，亦無誤。

95 入四泥　昵　䁥 A、B本，粵雅堂本，列字爲「昵」，文瀾閣本、文淵閣本、文津閣本列字爲「𣈤」，疑爲訛字。「昵」，《廣韻》、《集韻》尼質切，孃質三入開臻；《集韻》乃吉切，泥質三入開臻；《韻鏡》外轉第十七開、《起數訣》第十三圖閉音清、《切韻指南》臻攝外三開口呼通門，列字均爲「昵」；《七音略》外轉第十七重中重，列字爲「䁥」，當爲「昵」字形訛；《切韻指掌圖》空位。「暱」爲《廣韻》質韻孃母位三等位小韻首字，下收「昵」字；「昵」爲《集韻》泥母質韻小韻首字，《四聲等子》從《集韻》。

96 入四明　密　《廣韻》美筆切，《集韻》莫筆切，明質三入開臻；《韻鏡》外轉第十七開、《切韻指掌圖》十九圖、《起數訣》第三十三圖閉音清、《切韻指南》臻攝外三開口呼通門，列字均爲「蜜」；《七音略》外轉第十七重中重，列字爲「密」，「密」爲《廣韻》質韻明母位重紐三等位小韻首字，「蜜」爲《廣韻》質韻明母位重紐四等位小韻首字，《四聲等子》誤，當校改爲「蜜」。

97 入四喻　逸　《廣韻》喻母質韻列字爲「逸」，「逸」、「逸」爲異體字；「逸」，《廣韻》夷質切，《集韻》弋質切，以質三入開臻；《韻鏡》外轉第十七開，《起數訣》第三十三圖閉音清，列字均爲「逸」；《七音略》外轉第十七重中重，《切韻指掌圖》九圖、《切韻指南》臻攝外三開口呼通門，列字均爲「逸」。「逸」爲《廣韻》、《集韻》質韻喻母位小韻首字，《四聲等子》列異體字，亦無誤。

臻攝外三　輕重俱等韻　合口呼

見	溪	羣	疑	端知	透徹	定澄	泥孃	幫非	滂敷	並奉	明微
昆	坤	○	⿰亻軍	敦	涒	屯	黁	奔	濆	盆	門
鯀	閫	○	○	○	畽	囤	⿰火内	本	栩	獖	懣
睔	困	○	顐	頓	黗	鈍	嫩	奔	噴	坌	悶
骨	窟	○	兀	咄	旻	突	訥	○	馞	勃	沒
○	○	○	○	○	○	○	○	○	○	○	○
○	○	○	○	○	○	○	○	○	○	○	○
○	○	○	○	○	○	○	○	○	○	○	○
○	○	○	○	○	○	○	○	○	○	○	○
君	卷	羣	輑	迍	椿	䤕	○	分	芬	汾	文
攟	趣	窘	齳	○	偆	蜳	○	粉	忿	憤	吻
攈	趜	郡	○	○	○	飩	○	糞	湓	分	問
亥	屈	倔	崛	⿰忄出	黜	朮	貀	弗	柫	佛	物
均	○	○	○	○	○	○	○	○	○	○	○
○	⿸厂緊	○	○	○	○	○	○	○	○	○	○
昀	○	○	○	○	○	○	○	○	○	○	○
橘	○	○	○	○	○	○	○	○	○	○	○

	魂混慁沒	文諄相助	諄準稕術（文吻問物）	諄準稕術
精照	尊⿰尊刂焌卒	踆○○⿰足出	諄準稕䐜	遵○儁卒
清穿	村忖寸悴	⿰巾盾○○⿰率刂	春蠢○出	逡蹲○焌
從牀	存鱒鐏捽	○○○⿰齒出	脣盾順述	鷷⿸疒雋○崒
心審	孫損巽窣	○○○率	○⿰目春○絀	荀筍峻卹
邪禪	○○○○	○○○○	純楯○○	旬殉郇○
曉	昏惛⿰黑昏忽	○○○○	薰○訓颮	○○○獝
匣	魂混圂鶻	○○○○	○○○○	○○○驈
影	温穩揾嗢	○○○○	熅惲醞鬱	○○○○
喻	○○○○	○○○○	云枟運⿵風聿	匀尹○聿
來	論惀論敕	○○○○	倫輪淪律	○○○○
日	○○○○	○○○○	犉蝡閏○	○○○○

第十二圖　臻攝外三　輕重俱等韻　合口呼

平一韻目：標目爲冤，從《集韻》，《廣韻》爲「魂」

1 平一透　涒　《廣韻》、《集韻》他昆切，透魂一平合臻。《韻鏡》外轉第十八合、《起數訣》第三十五圖開音清，列字均爲「暾」，當爲「暾」形訛；《七音略》外轉第十八輕中輕、《切韻指掌圖》十圖、《切韻指南》臻攝外三合口呼通門，列字均爲「暾」；「暾」爲《廣韻》、《集韻》魂韻透母位小韻首字，下收有「涒」字，《四聲等子》亦無誤。

2 平一泥　麏　《廣韻》居筠切，《集韻》俱倫切，見諄三平合臻，不應列於此；《韻鏡》外轉第十八合，列字爲「麻杳」；《七音略》外轉第十八輕中輕、《切韻指掌圖》十圖；《起數訣》第三十五圖開音清、《切韻指南》臻攝外三合口呼通門，列字均爲「黁」，泥母魂韻。「黁」爲《廣韻》、《集韻》魂一泥母位小韻首字，《韻鏡》、《四聲等子》誤，當校改爲「黁」。

3 平一滂　濆　《廣韻》普魂切，《集韻》鋪冤切，滂魂一平合臻。《韻鏡》外轉第十八合、《七音略》外轉第十八輕中輕，列字均爲「歕」；《起數訣》第三十五圖開音清，列字爲「噴」；《切韻指掌圖》十圖、《切韻指南》臻攝外三合口呼通門，列字均爲「濆」。「濆」爲《廣韻》魂韻滂母位小韻首字，下收有「噴」字，「歕」、「噴」二字爲異體字。列字以「濆」爲佳，《四聲等子》是。

4 平一影　温　《廣韻》、《集韻》烏渾切，影魂一平合臻；《韻鏡》外轉第十八合、《七音略》外轉第十八輕中輕、《切韻指掌圖》十圖、《起數訣》第三十五圖開音清，列字均爲『温』；《切韻指南》臻攝外三合口呼通門，列字爲『昷』。『昷』爲《廣韻》魂韻影母位小韻首字，下收有『温』字。『温』爲《集韻》小韻首字，《四聲等子》從《集韻》。

上一韻目：標目爲混

5 上一見　鯀　《廣韻》、《集韻》古本切，見混一上合臻；《韻鏡》外轉第十八合、《七音略》外轉第十八輕中輕、《切韻指南》臻攝外三合口呼通門，列字均爲『⿰骨系』；《切韻指掌圖》十圖、《起數訣》第三十五圖開音清，列字爲『衮』。『⿰骨系』爲《廣韻》混一見母位小韻首字，下收有『鯀』、『衮』二字。列字以『⿰骨系』爲佳，《四聲等子》亦無誤。

6 上一透　瞳　《廣韻》吐緩切，《集韻》土緩切，透緩一上合山，不應列於此。《韻鏡》外轉第十八合、《七音略》外轉第十八輕中輕、《切韻指掌圖》十圖、《切韻指南》臻攝外三合口呼通門，列字均爲『畽』；《起數訣》第三十五圖開音清，列字爲『⿱肫灬』。『畽』爲《廣韻》混一透母位小韻首字，下收有『⿱肫灬』字，列字以『畽』爲佳；《四聲等子》應爲訛誤，當校改爲『畽』。

7 上一滂　栩　《廣韻》、《集韻》普本切，滂混一上合臻；《韻鏡》外轉第十八合，列字爲『⿰犭林』，當爲『栩』俗訛；《七音略》外轉第十八輕中輕、《切韻指掌圖》十圖、《起數訣》第三十五圖開音清，《切韻指南》臻攝外三合口呼通門，列字均爲『栩』。『栩』爲《廣韻》、《集韻》混韻滂母位小韻首字，《韻鏡》列字形訛，《四聲等子》是。

8 上一曉　惛　《廣韻》虛本切，《集韻》虎本切，曉混一上合臻；《韻鏡》外轉第十八合、《七音略》外轉第十八輕中輕、《切韻指掌圖》十圖、《切韻指南》臻攝外三合口呼通門，均列於曉母慁韻，混韻列字爲『總』；《起數訣》第三十五圖開音清，列字爲『惛』。『總』爲《廣韻》混韻曉母位小韻首字，下收有『惛』字；『惛』爲《集韻》小韻首字，《四聲等子》從《集韻》。

9 上一來　㥃　《廣韻》盧本切，《集韻》魯本切，來混一上合臻；《韻鏡》外轉第十八合、《切韻指掌圖》十圖、《起數訣》第三十五圖開音清、《切韻指南》臻攝外三合口呼通門，列字均爲『㥃』；《七音略》外轉第十八輕中輕，列字爲『怨』，影母元韻，當爲『㥃』形訛。『㥃』爲《廣韻》、《集韻》混韻來母位小韻首字，《七音略》誤，《四聲等子》是。

去一韻目：標目爲慁

10 去一疑　⿰革頁　應爲『顐』之訛字；『顐』，《廣韻》五困切，《集韻》吾困切，疑慁一去合臻；《韻鏡》外轉第十八合、《七音略》外轉第十八輕中輕、《切韻指掌圖》十圖、《切韻指南》臻攝外三合口呼通門，列字均爲『顐』；《起數訣》第三十五圖開音清，列字爲『諢』。『顐』爲《廣韻》慁一疑母位小韻首字，下收有『諢』字。列字以『顐』爲佳，《四聲等子》列字形訛，當校正爲『顐』。

11 去一透　⿰黑享　《廣韻》未收；《康熙字典》記：『《集韻》暾頓切，暾去聲。不幹事。』應爲透母慁韻。《韻鏡》外轉第十八合，列字爲『⿰黑享』，當爲『⿰黑享』字誤；《起數訣》第三十五圖開音清、《切韻指南》臻攝外三合口呼通門，列字均爲『⿰黑享』；《七音略》、《切韻指掌圖》空位。《廣韻》慁韻透母位無列字，『⿰黑享』爲《集韻》慁一透母位小韻首字，《四聲等子》從《集韻》。

12 去一泥　嫩　《廣韻》、《集韻》奴困切，泥慁一去合臻；《韻鏡》外轉第十八合、《切韻指掌圖》十圖，列字均爲『嫩』；《七音略》外轉第十八輕中輕、《起數訣》第三十五圖開音清、《切韻指南》臻攝外三合口呼通門，列字均爲『嫩』。『嫩』、『嫰』爲異體字。『嫩』爲《廣韻》、《集韻》慁一泥母位小韻首字，《韻鏡》列異體，《四聲等子》是。

13 去一幫　奔　《廣韻》甫悶切，《集韻》補悶切，幫慁一去合臻；《韻鏡》外轉第十八合、《七音略》外轉第十八輕中輕、《切韻指掌圖》十圖、《起數訣》第三十五圖開音清、《切韻指南》臻攝外三合口呼通門，列字均爲『奔』。『奔』爲《廣韻》、《集韻》慁一幫母位小韻首字，《四聲等子》是。

14 去一從　鐏　《廣韻》、《集韻》祖昆切，精魂一平合臻，不應列於此；《韻鏡》外轉第十八合、《七音略》外轉第十八輕中輕、《切韻指掌圖》十圖、《起數訣》第三十五圖開音清、《切韻指南》臻攝外三合口呼通門，列字均爲『鐏』，『鐏』，《廣韻》、《集韻》徂悶切，從慁一去合臻，應位於此。《四聲等子》應爲『鐏』訛誤，當校改爲『鐏』。

15 去一曉　䵷　《康熙字典》記：『《集韻》虎本切，音惛。』《韻鏡》外轉第十八合《七音略》外轉第十八輕中輕、《切韻指南》臻攝外三合口呼通門，均列字爲『惛』；《切韻指掌圖》十圖，列字爲『惛』，『惛』、『惛』三字爲異體字；《起數訣》第三十五圖開音清，列字爲『焝』，《集韻》曉母慁韻。『惛』爲《廣韻》、《集韻》慁一曉母位小韻首字，列字以『惛』爲佳，均未收『䵷』字，《四聲等子》列『䵷』按『音惛』，但《康熙字典》記『虎本切』，則爲『惛』上聲音，因此此位列『䵷』字誤，當校改爲『惛』。

16 去一匣　圂　《廣韻》、《集韻》胡困切，匣慁一去合臻；《韻鏡》外轉第十八合、《七音略》外轉第十八輕中輕、《切韻指掌圖》十圖、《起數訣》第三十五圖開音清、《切韻指南》臻攝外三合口呼通門，均列字爲『慁』；『慁』爲《廣韻》慁韻匣母位小韻首字，下收有『圂』字；『圂』爲《集韻》小韻首字，《四聲等子》從《集韻》。

入一韻目：標目爲没

17 入一疑　兀　《廣韻》、《集韻》五忽切，疑没一入合臻；《韻鏡》外轉第十八合、《切韻指掌圖》十圖、《起數訣》第三十五圖開音清、《切韻指南》臻攝外三合口呼通門，列字均爲『兀』；《七音略》空位。『兀』爲《廣韻》、《集韻》没一疑母位小韻首字，《七音略》空位誤，《四聲等子》是。

18 入一透　𣅜　《廣韻》、《集韻》未收，《康熙字典》記：『《篇海》他骨切，吞入聲。入水又出貌。」』，則所記『他骨切』，透母没韻。《韻鏡》外轉第十八合，列字爲『宊』；《七音略》空位；《切韻指掌圖》十圖、《起數訣》第三十五圖開音清、《切韻指南》臻攝外三合口呼通門，列字爲『宊』，他骨切，透母没韻。『宊』爲《廣韻》没韻透母位小韻首字，均未收『𠬛』字，列字以『宊』爲佳，《韻鏡》應爲『宊』字形訛；《七音略》誤，《四聲等子》從《篇海》。然考『𠬛』字，《説文・又部》：『𠬛，入水有所取也。从又在回下。回，古文回。回，淵水也。讀若沬。』余迺永《新校互注宋本廣韻》認爲此處爲『𠬛』字之訛字訛音，當删。余迺永校勘記云：『疑「土」或「土」固「亡」字之訛，亡骨切猶言莫勃切。』

19 入一定　宊　咫A、B本，文瀾閣本列字爲『宊』，粵雅堂本、文淵閣本、文津閣本列字爲『突』。『突』，《廣韻》陀骨切，《集韻》陁没切，定没一入合臻；《韻鏡》外轉第十八合、《七音略》外轉第十八輕中輕、《起數訣》第三十五圖開音清，列字均爲『突』。《切韻指掌圖》十圖、《切韻指南》臻攝外三合口呼通門，列字均爲『突』；『突』爲《廣韻》、《集韻》没一定母位小韻首字，『宊』，《康熙字典》記：『《篇海》與突同。或从大。』，《四聲等子》各版本皆無誤，但咫A、B本，文瀾閣本校爲『突』字爲佳。

20 入一滂　馞　《廣韻》、《集韻》普没切，帮没一入合臻。《韻鏡》外轉第十八合、《七音略》外轉第十八輕中輕、《切韻指掌圖》十圖、《起數訣》第三十五圖開音清、《切韻指南》臻攝外三合口呼通門，列字均爲『誖』。『誖』爲《廣韻》没韻滂母位小韻首字，下收『馞』字，列字以『誖』爲佳,《四聲等子》亦無誤。

21 入一並　勃　《廣韻》、《集韻》蒲没切,並没一入合臻;《韻鏡》外轉第十八合、《切韻指掌圖》十圖、《起數訣》第三十五圖開音清、《切韻指南》臻攝外三合口呼通門,列字均爲『勃』;《七音略》外轉第十八輕中輕,列字爲『敎』。『勃』爲《廣韻》没韻並母位小韻首字,下收『敎』字,列字以『勃』爲佳,《四聲等子》亦無誤。

22 入一清　猝　《廣韻》、《集韻》秦醉切,從至三去合止,不應列於此;《韻鏡》外轉第十八合、《七音略》外轉第十八輕中輕、《切韻指掌圖》十圖、《起數訣》第三十五圖開音清、《切韻指南》臻攝外三合口呼通門,列字均爲『猝』,清母没韻。『猝』爲《廣韻》、《集韻》没一清母位小韻首字,《四聲等子》誤,當校改爲『猝』。

23 入一匣　鶻　《廣韻》户骨切,《集韻》胡骨切,匣没一入合臻;《韻鏡》外轉第十八合、《切韻指南》臻攝外三合口呼通門,列字爲『搰』;《七音略》空位;《切韻指掌圖》十圖,列字爲『麧』,匣母没韻開口字,應位於開口圖;《起數訣》第三十五圖開音清,列字爲『鶻』。『搰』爲《廣韻》没韻匣母位小韻首字,下收有『鶻』字,列字以『搰』爲佳,《七音略》空位誤,《四聲等子》亦無誤。

24 入一影　嗢　《廣韻》、《集韻》烏没切,影没一入合臻。《韻鏡》外轉第十八合、《七音略》外轉第十八輕中輕,列字均爲『頞』;《切韻指掌圖》十圖,列字爲『頞』;《切韻指南》臻攝外三合口呼通門,列字均爲『頞』;《起數訣》第三十五圖開音清,列字爲『膃』。《廣韻》没韻影母位小韻首字列字爲「頞」，下收有「嗢」字，列字以「頞」爲佳，「頞」、「頞」、「頞」當爲「頞」形訛；《四聲等子》亦無誤。

25 入一來 ⿰來皮 咫 A、B本，文瀾閣本，文淵閣本，粵雅堂本，列字爲「⿰來皮」，文津閣本列字爲「秛」。《廣韻》來母没韻列字爲「⿰來皮」，《廣韻》、《集韻》勒没切，來没一入合臻；《韻鏡》外轉第十八合、《七音略》外轉第十八輕中輕、《切韻指南》蟹攝外二合口呼廣門，列字爲「柀」；《切韻指掌圖》列字爲「柀」；《起數訣》第三十五圖開音清，列字爲「帔」。「⿰來皮」爲《廣韻》没韻來母位小韻首字，《四聲等子》是。

平二韻目：無標目，旁邊爲文諄相助

26 平二照 竣 《廣韻》七倫切，精諄三平合臻；《集韻》莊倫切，莊諄三平合臻；《韻鏡》、《切韻指掌圖》空位；《七音略》外轉第十八輕中輕、《起數訣》第三十六圖開音濁、《切韻指南》臻攝外三合口呼通門，列字爲「竣」。《廣韻》諄韻莊母位無字，「竣」爲諄三莊母位小韻首字，《四聲等子》從《集韻》。

27 平二穿 ⿰巾盾 《廣韻》直倫切，余注：又陟綸徒損二切，均不應列於穿母字。《康熙字典》記：「又《集韻》測倫切，音春。」則「測倫切」，爲初母諄韻；《韻鏡》、《切韻指掌圖》空位；《七音略》外轉第十八輕中輕，列字爲「⿰巾盾」；《起數訣》第三十六圖閉音濁、《切韻指南》臻攝外三合口呼通門，列字均爲『⿰巾盾』。《七音略》列『⿰忄盾』爲『⿰巾盾』字誤。《廣韻》諄韻初母位無字，『⿰巾盾』爲《集韻》諄三初母位小韻首字，《四聲等子》從《集韻》。

入二韻目：無標目，標目應爲術

28 入二穿　剎　《廣韻》初栗切，《集韻》朔律切，初質三入開臻，不應列於合口圖；《韻鏡》、《切韻指掌圖》、《切韻指南》空位；《七音略》外轉第十八輕中輕，列字爲『䶵』；《起數訣》第三十六圖閉音濁，列字爲『剎』。『䶵』爲崇母質字，不當列此位。《七音略》、《四聲等子》誤，當刪。

29 入二牀　䶵　《廣韻》崱瑟切，《集韻》食櫛切，崇櫛二入開臻；《韻鏡》、《七音略》、《切韻指南》空位；《切韻指掌圖》十九圖，列字爲『⿱日叉』；《起數訣》第十四圖閉音濁，列字爲『⿰齒刂』，當爲『䶵』形訛。『䶵』爲《廣韻》質韻崇母開口位小韻首字，《韻鏡》、《七音略》均列於開口圖，亦不適於此位。《四聲等子》誤，當刪。

平三韻目：文諄合韻

30 平三溪　卷　《廣韻》巨員切，群仙三平合山，不應列於此；《集韻》丘云切，溪文三平合臻；《韻鏡》、《七音略》空位；《切韻指掌圖》十圖、《切韻指南》臻攝外三合口呼通門，列字均爲『囷』，溪母諄韻；《起數訣》第三十八圖開音清，列字爲『卷』。《廣韻》文韻溪母位無字，《集韻》溪母諄韻小韻首字爲『卷』，《四聲等子》從《集韻》。

31 平三疑　輑　《廣韻》去倫切，溪真三平開臻，不應列於此；《集韻》虞云切，疑文三平合臻；《韻鏡》、《七音略》、《切韻指掌圖》均空位；《起數訣》第三十八圖開音清、《切韻指南》臻攝外三合口呼通門，列字均爲『輑』；《廣韻》文韻疑母位無字，《集韻》文韻疑母位列字爲『輑』，《四聲等子》從《集韻》。

32 平三知　迍　《廣韻》陟綸切，《集韻》株倫切，知諄三平合臻。《韻鏡》外轉第十八合、《七音略》外轉第十八輕中輕，列字均爲『迍』；《切韻指掌圖》十圖、《切韻指南》臻攝外三合口呼通門、《起數訣》第三十六圖閉音濁，列字爲『屯』。『屯』爲《廣韻》、《集韻》諄韻知母位小韻首字，下收有『迍』字。列字以『屯』爲佳，《四聲等子》亦無誤。

33 平三徹　椿　《廣韻》丑倫切，《集韻》敕倫切，徹諄三平合臻；《韻鏡》外轉第十八合、《切韻指掌圖》十圖、《切韻指南》臻攝外三合口呼通門，列字爲『椿』；《七音略》外轉第十八輕中輕，列字爲『摏』，應爲『椿』形誤；《起數訣》第三十六圖閉音濁，列字爲『杶』。『椿』爲《廣韻》、《集韻》諄韻徹母位小韻首字，下收有『杶』字，列字以『椿』爲佳，《四聲等子》亦無誤。

34 平三照　諄　咫　A、B本，文瀾閣本，文淵閣本，文津閣本，列字爲『諄』，粵雅堂本列字爲『諂』，疑爲『諄』字形訛。『諄』，《廣韻》章倫切，《集韻》朱倫切，章諄三平合臻；《韻鏡》外轉第十八合、《七音略》外轉第十八輕中輕、《切韻指掌圖》十圖、《起數訣》第三十六圖開音濁、

《切韻指南》臻攝外三合口呼通門，列字均爲『諄』。『諄』爲《廣韻》、《集韻》諄三章母位小韻首字，《四聲等子》粵雅堂本誤，當校改爲『諄』，其他版本是。

35 平三牀　唇　《廣韻》食鄰切，章母真韻，不應列於此；《集韻》船倫切，船諄三平合臻；《韻鏡》外轉第十八合、《切韻指掌圖》十圖、《切韻指南》臻攝外三合口呼通門，列字爲『脣』；《七音略》外轉第十八輕中輕，列字爲『唇』；《起數訣》空位。『脣』、『唇』二字爲異體字。《四聲等子》是。

36 平三審　◯　《廣韻》生母諄韻位無列字，《集韻》有『媋』，式勻切，書諄三平合臻；《韻鏡》外轉第十八合、《七音略》外轉第十八輕中輕，《起數訣》第三十六圖閉音濁，列字均爲『媋』，《集韻》書母諄韻；《切韻指掌圖》、《四聲等子》、《切韻指南》空位；《廣韻》諄韻書母位無字，《四聲等子》從《廣韻》空位，亦無誤。

37 平三曉　薰　《廣韻》、《集韻》許云切，曉文三平合臻；《韻鏡》外轉第二十合、《七音略》外轉第二十輕中輕、《起數訣》第三十九圖開音清，列字均爲『熏』；《切韻指掌圖》十圖、切韻指南》臻攝外三合口呼通門，列字均爲『薰』。『薰』爲《廣韻》文韻曉母位小韻首字，下收『熏』字。列字以『薰』爲佳，《四聲等子》是。

38 平三影　煴　《廣韻》、《集韻》於云切，影文三平合臻；《韻鏡》外轉第二十合、《七音略》外轉第二十輕中輕，列字均爲『煴』；《切韻指掌圖》十圖、《切韻指南》臻攝外三合口呼通門，列字均『𧸖』，影母諄韻。《起數訣》第三十九圖開音清列字爲『氳』，『熅』爲《廣韻》文三影母位小韻首字，下收『氳』字，列字以『熅』爲佳，《韻鏡》、《七音略》列異體，《四聲等子》亦無誤。

39 平三喻　云　《廣韻》王分切，《集韻》于分切，云文三平合臻；《韻鏡》外轉第二十合、《七音略》外轉第二十輕中輕、《起數訣》第三十九圖開音清，列字均爲『雲』；《切韻指掌圖》十圖、《切韻指南》臻攝外三合口呼通門，列字均爲『筠』，云母真（諄）韻；『雲』爲《廣韻》文韻喻母位小韻首字，下收『云』字，《四聲等子》亦無誤。

40 平三日　㨖　咫A、B本，文瀾閣本，文淵閣本，文津閣本，列字爲『㨖』，粤雅堂本列字爲『揯』，誤。『㨖』，《康熙字典》記：『《集韻》覩猥切，音脂。排也。』端母賄韻，不應列於此；《韻鏡》外轉第十八合、《七音略》外轉第十八輕中輕、《切韻指掌圖》十圖、《起數訣》第三十六圖閉音濁、《切韻指南》臻攝外三合口呼通門，列字爲『犉』，日母諄韻。『犉』爲《廣韻》、《集韻》諄韻日母小韻首字，『㨖』當爲『犉』之訛字，《四聲等子》誤，當校改爲『犉』。

上三韻目：標目爲吻準合

41 上三見　攟　《廣韻》俱運切，見問三去合臻，不應列於此；《集韻》舉蘊切，見吻三上合臻。《韻鏡》外轉第二十合、《七音略》外轉第二十輕中輕、《切韻指掌圖》十圖、《起數訣》第三十八圖開音清，列字均爲『攟』；《切韻指南》臻攝外三合口呼通門，列字爲『㢧』；『攟』爲《集韻》吻韻見母位小韻首字，下收『厙』字，列字以『攟』爲佳，《四聲等子》從《集韻》。

42　上三群　窘　《廣韻》渠殞切，《集韻》巨隕切，溪吻三上合臻。《韻鏡》外轉第十八、《切韻指南》臻攝外三合口呼通門，列字均爲『窘』；《七音略》列此字於見母位，誤；《起數訣》空位，誤；《切韻指掌圖》十圖，列字爲『菌』，群母準韻。『窘』爲《廣韻》、《集韻》準韻群母合口位小韻首字，《七音略》誤，《四聲等子》是。

43　上三澄　蜳　《廣韻》未收。《集韻》柱允切，澄准三上合臻；《韻鏡》、《切韻指掌圖》空位；《七音略》外轉第十八輕中輕、《起數訣》第三十六圖閉音濁、《切韻指南》臻攝外三合口呼通門，列字均爲『蜳』。《廣韻》準韻澄母合口位無字，『蜳』爲《集韻》準三澄母位小韻首字，《四聲等子》從《集韻》。

44　上三禪　楯　《廣韻》食尹切，船準三上合臻，不應列於此；《集韻》豎尹切，禪準三上合臻；《韻鏡》、《起數訣》空位；《七音略》外轉第十八輕中輕、《切韻指南》臻攝外三合口呼通門，列字均爲『楯』；《切韻指掌圖》列『盾』字。《廣韻》準韻無邪母禪母字，『楯』爲《集韻》準三禪母位小韻首字，《四聲等子》列字從《集韻》。

45　上三喻　枟　《廣韻》、《集韻》未收；《康熙字典》記：『《篇海類編》于問切，音運。有所失。』依『于問切』，云母問韻，不應列於此；《韻鏡》外轉第二十合、《七音略》外轉第二十輕中輕，列字爲『抎』；《切韻指掌圖》十圖、《切韻指南》臻攝外三合口呼通門、《起數訣》第三十九圖開音清，列字均爲『殞』，云母準韻；『抎』爲《廣韻》、《集韻》吻韻云母位小韻首字，《四聲等子》列『柼』應爲『抎』字形訛，當校改爲『抎』。

46 上三來　稐　《廣韻》力準切，《集韻》縷尹切，來準三上合臻。《韻鏡》外轉第十八合，列字爲『稐』，應爲『稐』字形訛；《七音略》外轉第十八輕中輕、《切韻指掌圖》十圖，列字均爲『稐』；《切韻指南》臻攝外三合口呼通門、《起數訣》第三十六圖閉音濁，列字爲『稐』。『稐』爲《廣韻》、《集韻》準韻來母合口位小韻首字，下收『稐』，列字以『稐』爲佳，《四聲等子》是。

47 上三日　蝡　《廣韻》而允切，《集韻》乳尹切，日準三上合臻；《韻鏡》外轉第十八合，列字爲『⿰金隼』；《七音略》空位；《切韻指掌圖》十圖、《起數訣》第三十六圖閉音濁，列字均爲『蝡』；《切韻指南》臻攝外三合口呼通門，列字均爲『⿰虫要』，應爲『蝡』形訛。『⿰金隼』爲《廣韻》準韻日母合口位小韻首字，余迺永注『⿰金隼』：本紐與蝡而允切同音，當併入；余迺永注『蝡』：音同本韻『⿰金隼』字；故『⿰金隼』、『蝡』爲一音，《七音略》誤，當校補『⿰金隼』或『蝡』，《四聲等子》是。

去三韻目：標目爲問，實爲問稕合韻

48 去三見　⿰木麋　《康熙字典》記：『《集韻》旻悲切，音眉。《爾雅·釋草》蘪，蕨。《郭注》水中芰。○按《爾雅》本攗字，从手，不从木。《正字通》攗字之訛。』此字爲『攗』字訛。『攗』，《廣韻》居運切，《集韻》俱運切，見問三去合臻。《韻鏡》外轉第二十合、《七音略》外轉第二十輕中輕、《切韻指掌圖》十圖、《切韻指南》臻攝外三合口呼通門，列字均爲『攗』；《起數訣》第三十八圖閉音清，列字爲『捃』。『攗』爲《廣韻》、《集韻》問韻見母位小韻首字，下收『捃』字，列字以『攗』爲佳，《四聲等子》列字形訛，當校正爲『攗』。

49 去三溪　趣　《廣韻》丘粉切，溪吻三上合臻，不應列於此；《集韻》丘運切，溪問三去合臻；《韻鏡》、《七音略》、《切韻指掌圖》空位；《起數訣》第三十八圖閉音清，列字爲『趣』；《切韻指南》臻攝外三合口呼通門，列字爲『壼』，溪母稕韻。《廣韻》問韻溪母位無字，『趣』爲《集韻》問三溪母位小韻首字，《四聲等子》、《起數訣》均從《集韻》。

50 去三澄　鈍　《廣韻》徒渾切，定魂一平合臻，不應列於此；《集韻》屯閏切，知稕三去合臻；《韻鏡》、《七音略》、《切韻指掌圖》空位；《起數訣》第三十六圖閉音濁、《切韻指南》臻攝外三合口呼通門，列字均爲『鈍』。《廣韻》稕韻知母合口位無字，『鈍』爲《集韻》稕三澄母位小韻首字，《四聲等子》從《集韻》。

51 去三敷　湓　《廣韻》匹問切，《集韻》芳問切，敷問三去合臻；《韻鏡》空位；《七音略》外轉第二十輕中輕、《起數訣》第三十九圖開音濁，列字均爲『湓』；《切韻指掌圖》十圖，列字爲『忿』，滂母問韻。『湓』爲《廣韻》問韻滂母位小韻首字，《韻鏡》空位誤，《四聲等子》是。

52 去三照　稕　咫 A、B本，文瀾閣本，文淵閣本，文津閣本，列字爲『稕』，粵雅堂本列字爲『稫』，當爲『稕』形訛。『稕』，《廣韻》之閏切，《集韻》朱閏切，章稕三去合臻。《韻鏡》外轉第二十合、《七音略》外轉第二十輕中輕、《切韻指掌圖》十圖、《起數訣》第三十六圖閉音濁、《切韻指南》臻攝外三合口呼通門，列字均爲『稕』。『稕』爲《廣韻》、《集韻》稕三章母位小韻首字，《四聲等子》粵雅堂本列字誤，當校改爲『稕』，其他版本是。

53 去三牀 順 《廣韻》食閏切，《集韻》殊閏切，船稕三去合臻；《切韻指南》臻攝外三合口呼通門，列字爲『順』。《韻鏡》外轉第十八合、《七音略》外轉第十八輕中輕、《切韻指掌圖》十圖，均列『順』於禪母位。『順』爲《廣韻》、《集韻》稕三船母位小韻首字，《四聲等子》是。

54 去三審 ○ 《韻鏡》外轉第十八合、《七音略》外轉第十八輕中輕、《切韻指掌圖》十圖、《切韻指南》臻攝外三合口呼通門、《起數訣》第三十六圖閉音濁，列字均爲『舜』，《廣韻》舒閏切，《集韻》輸閏切，書稕三去合臻。『舜』爲《廣韻》、《集韻》稕三書母位小韻首字，《四聲等子》空位，誤，當校補『舜』字。

55 去三禪 ○ 《韻鏡》外轉第十八合、《七音略》外轉第十八輕中輕、《切韻指掌圖》十圖、《起數訣》第三十六圖閉音濁，列字均爲『順』，《集韻》禪母稕韻；《切韻指南》空位。《廣韻》稕、問韻無禪母字，『順』爲《集韻》稕三禪母位小韻首字，《四聲等子》從《廣韻》空位是，從《集韻》當校補『順』字。

56 去三來 淪 《廣韻》力迍切，來諄三平合臻，不應列於此；《集韻》倫浚切，來稕三去合臻；《韻鏡》、《七音略》、《切韻指掌圖》空位；《起數訣》第三十六圖閉音濁、《切韻指南》臻攝外三合口呼通門，列字均爲「淪」，來母稕韻。《廣韻》稕韻來母位無字，「淪」爲《集韻》稕三來母位小韻首字，《四聲等子》從《集韻》。

57 去三日　閏　《廣韻》如順切，《集韻》儒順切，日稕三去合臻；《韻鏡》外轉第十八合、《七音略》外轉第十八輕中輕、《切韻指掌圖》十圖，列字均爲「閏」；《起數訣》第三十六圖閉音濁、《切韻指南》臻攝外三合口呼通門，列字爲「閏」，日母稕韻。「閏」爲《廣韻》小韻首字，余迺永注「偏旁不加點也」，字頭及注文均作「閏」，據黎刻本、元泰定本、四庫全書本及《説文》、《玉篇》改。「閏」爲「閏」之訛字。《四聲等子》是。

入三韻目：標目爲物術合韻

58 入三見　亥　咫B本、文淵閣本、粵雅堂本、文津閣本，列字爲「亥」，咫A本、文瀾閣本，列字爲「亥」，匣母海韻，不應列於此，應爲「亥」形訛。「亥」，《廣韻》、《集韻》九勿切，見物三入合臻；《韻鏡》外轉第二十合，列字爲「亥」；《七音略》外轉第二十輕中輕、《切韻指掌圖》十圖，列字爲「亥」；《切韻指南》臻攝外三合口呼通門，列字爲「灭」，爲「亥」字誤。《起數訣》第三十八圖開音清，列字爲「子」；「亥」爲《廣韻》、《集韻》物韻見母位小韻首字，下收「子」字，列字以「亥」爲佳，《四聲等子》是。

59 入三知　㤕　咫A本、文瀾閣本、文淵閣本、粵雅堂本，列字爲「㤕」，文津閣本列字爲「倔」，應爲『㤕』形訛。『㤕』，《廣韻》、《集韻》竹律切，知術三入合臻；《韻鏡》外轉第十八合、《切韻指掌圖》十圖、《起數訣》第三十六圖開音濁、《切韻指南》臻攝外三合口呼通門，列字均爲『㤕』；《七音略》外轉第十八輕中輕，列字爲『⿰巾出』，當爲『㤕』之形訛。『㤕』爲《廣韻》術韻知母位小韻首字，《七音略》形誤，《四聲等子》是。

60 入三澄　朮　《廣韻》、《集韻》直律切，澄術三入合臻。《韻鏡》外轉第十八合、《切韻指掌圖》十圖、《切韻指南》臻攝外三合口呼通門，列字爲『朮』；《七音略》外轉第十八輕中輕，列字爲『述』，船母術韻，不應列於此；《起數訣》第三十六圖開音濁，列字爲『苿』。『朮』爲《廣韻》術韻澄母位小韻首字，下收有『苿』字，注上同，列字以『朮』爲佳；《七音略》誤，《四聲等子》是。

61 入三孃　貀　《廣韻》女滑切，孃黠二入合臻，不應列於此；《集韻》女律切，孃術三入合臻；《韻鏡》、《七音略》、《切韻指掌圖》空位；《起數訣》第三十六圖開音濁、《切韻指南》臻攝外三合口呼通門，列字均爲『貀』。《廣韻》術韻孃母合口位無字，『貀』爲《集韻》術三孃母位小韻首字，《四聲等子》從《集韻》。

62 入三敷　怫　《廣韻》分勿切，非物三入合臻，不應列於此，《集韻》敷勿切，敷物三入合臻；《韻鏡》外轉第二十合、《七音略》內轉第二十輕中輕、《切韻指掌圖》十圖、《起數訣》第三十九圖閉音清、《切韻指南》止攝內二合口呼通門，列字均爲『拂』，敷母物韻。『拂』爲《廣韻》、《集韻》物韻敷母位小韻首字，《集韻》收有『怫』字，《四聲等子》從《集韻》亦無誤。

63 入三照　䪼　《廣韻》職悅切，章薛三入合山，不應列於此；《集韻》之出切，章術三入合臻；《韻鏡》外轉第十八合，列字爲『欪』，徹母術韻，應爲『䪼』字訛誤；《七音略》、《切韻指掌圖》、《切韻指南》空位；《起數訣》第三十六圖開音濁，列字爲『䪼』。《廣韻》術韻章母合口位無字，『䪼』爲《集韻》術三章母位小韻首字，《韻鏡》當爲後人補入轉訛，《四聲等子》從《集韻》。

64 入三牀　述　《廣韻》食聿切，《集韻》食律切，船術三入合臻。《韻鏡》外轉第十八合、《七音略》外轉第十八輕中輕、《切韻指南》臻攝外三合口呼通門，列字均爲『術』。《切韻指掌圖》、《起數訣》空位；『術』爲《廣韻》、《集韻》術韻船母小韻首字，下收『述』字，列字以『術』爲佳，《四聲等子》亦無誤。

65 入三審　絀　《廣韻》竹律切，知術三入合臻，不應列於此；《集韻》式聿切，書術三入合臻；《韻鏡》、《七音略》、《切韻指掌圖》空位；《起數訣》第三十六圖開音濁、《切韻指南》臻攝外三合口呼通門，列字均爲『絀』。《廣韻》術韻書母合口位無字，『絀』爲《集韻》術三書母位小韻首字，《四聲等子》從《集韻》。

66 入三曉　⿺風勿　《康熙字典》記：『《集韻》與⿺風忽同。』『⿺風忽』，《集韻》許勿切，曉物三入合臻；《韻鏡》外轉第二十合、《七音略》内轉第二十輕中輕、《切韻指掌圖》十圖、《起數訣》第三十八圖開音清，列字爲『⿺風忽』；《切韻指南》止攝内二合口呼通門，列字爲『⿺風戉』，曉母月韻，誤。『⿺風忽』爲《集韻》物三曉母位小韻首字，《四聲等子》從《集韻》，校爲『⿺風忽』字更佳。

67 入三喻 颰 《廣韻》於筆切，《集韻》越筆切，影質三入開臻，不應列於此；《韻鏡》外轉第二十合、《七音略》内轉第二十輕中輕、《切韻指掌圖》十九圖、《起數訣》第三十九圖開音濁，列字均爲『颵』；《切韻指南》止攝内二合口呼通門，列字爲『颰』。『颵』，《廣韻》、《集韻》王勿切，云物三入合臻，爲《廣韻》云母物韻小韻首字；《四聲等子》誤，當校改爲『颵』。

68 入三日 ◯ 《廣韻》、《集韻》術韻日母合口位無字；《韻鏡》、《切韻指掌圖》、《四聲等子》、《切韻指南》空位；《七音略》外轉第十八輕中輕，列字爲『驈』，《康熙字典》記：『《集韻》呼決切』，曉母屑韻，誤。《四聲等子》空位是。

平四韻目：標目爲諄韻

69 平四見 均 《廣韻》居勻切，《集韻》規倫切，見諄三平合臻；《韻鏡》外轉第十八合、《切韻指掌圖》十圖、《切韻指南》臻攝外三合口呼通門，列字爲『均』；《七音略》外轉第十八輕中輕、《起數訣》第三十五圖開音清，列字均爲『鈞』。『均』爲《廣韻》、《集韻》諄韻見母位小韻首字，下收有『鈞』字。列字以『均』爲佳，《四聲等子》是。

70 平四群 ◯ 《廣韻》群母諄韻無列字，《韻鏡》外轉第十八合、《切韻指南》臻攝外三合口呼通門、《起數訣》第三十五圖開音清，列字爲『⿱鈞心』，《集韻》群母諄韻；《七音略》、《切韻指掌圖》空位。《廣韻》諄韻無群母字，『⿱鈞心』爲《集韻》諄韻群母位小韻首字，《四聲等子》從《集韻》。

71
平四從　鷷　《廣韻》昨旬切，《集韻》徂尊切，從諄三平合臻；《韻鏡》外轉第十八合、《切韻指掌圖》十圖、《起數訣》第三十五圖開音清、《切韻指南》臻攝外三合口呼通門，列字均爲『鷷』；《七音略》外轉第十八輕中輕，列字爲『脣』，船母諄韻，誤。『鷷』爲《廣韻》諄韻從母位小韻首字，《七音略》誤，《四聲等子》是。

72
平四影　○　《廣韻》影母諄韻無列字；《韻鏡》外轉第十八合，列字爲『奫』，龍宇純認爲係日本校讀者所施之注，誤入此位；《七音略》、《切韻指南》空位；《切韻指掌圖》十圖，列字爲『氳』，影母文韻；《起數訣》第三十五圖開音清，列字爲『蜵』，影母真韻。《廣韻》諄韻無四等影母字，《四聲等子》空位是。

上四韻目：標目爲準

73
上四溪　緊　《廣韻》丘尹切，溪準三上合臻；《集韻》未收；不當列於此位。《韻鏡》、《七音略》空位；《切韻指掌圖》十圖、《起數訣》第三十五圖開音清、《切韻指南》臻攝外三合口呼通門，列字均爲『緊』；『緊』《廣韻》準韻三等溪母位小韻首字，當列於三等位，《四聲等子》誤，當删。

74
上四清　蹲　《廣韻》徂尊切，從魂一平合臻，不應列於此；《集韻》趣允切，清準三上合臻；《韻鏡》、《切韻指掌圖》空位；《七音略》外轉第十八輕中輕、《起數訣》第三十五圖開音清、《切韻指南》臻攝外三合口呼通門，列字均爲『蹲』。《廣韻》準韻無清母字，『蹲』爲《集韻》準三清母位小韻首字，《四聲等子》從《集韻》。

75 上四從　𤸕　《廣韻》祖兖切，從獮三上合山，不應列於此；《集韻》才尹切，從準三上合臻。《韻鏡》、《七音略》、《切韻指掌圖》空位；《起數訣》第三十五圖開音清、《切韻指南》臻攝外三合口呼通門，列字均爲『𤸕』。《廣韻》準韻無從母字，『𤸕』爲《集韻》準三從母位小韻首字，《起數訣》從《集韻》。

76 上四心　筍　《廣韻》思尹切，《集韻》聳尹切，心準三上合臻；《韻鏡》外轉第十八合、《七音略》外轉第十八輕中輕、《切韻指掌圖》十圖、《切韻指南》臻攝外三合口呼通門，列字均爲『筍』；《起數訣》第三十五圖開音清，列字爲『笋』。『筍』爲《廣韻》、《集韻》準韻心母位小韻首字，下收有『笋』字，注爲『俗』，爲『筍』之俗字。列字以『筍』爲佳，《四聲等子》是。

77 上四邪　殉　《廣韻》辭閏切，《集韻》徐閏切，邪稕三去合臻，不應列於此；另有《集韻》松倫切，邪諄三平合臻，亦不合此位。《七音略》、《切韻指掌圖》空位，《韻鏡》外轉第十八合、《切韻指南》臻攝外三合口呼通門、《起數訣》第三十五圖開音清，列字均爲『楯』，《集韻》邪母準韻；《廣韻》準韻無邪母字，《集韻》準韻邪母位有『楯』小韻，《四聲等子》誤，當校改爲『楯』。

78 上四日　○　《韻鏡》外轉第十八合、《起數訣》第三十五圖開音清，列字爲『蝡』，日母準韻；《七音略》、《切韻指掌圖》、《切韻指南》空位。《廣韻》準韻有『蝡，而允切』，『鎨，而尹切』。『蝡』、『錐』同音，皆爲日母三等字（爲《廣韻》之疏失），皆不應列於四等位，《四聲等子》空位是。

去四韻目：標目爲稕

79 去四見　昀　《廣韻》、《集韻》九峻切，見稕三去合臻；《韻鏡》外轉第十八合、《七音略》外轉第十八輕中輕、《切韻指南》臻攝外三合口呼通門、《起數訣》第三十五圖開音清，列字均爲『昀』；《切韻指掌圖》空位。大岩本幸次云：『昀，静嘉本、故宫本、南京本「昀」字下有反切注「九噴」，四庫本作「力噴」。噴，慁韻字。《廣韻》當據《集韻》見母小韻反切作「九峻」。』《廣韻》稕韻無見母字，列於震韻，誤，當移入稕韻。『昀』爲《集韻》稕韻見母位小韻首字，《四聲等子》從《集韻》。

80 去四精　俊　《廣韻》子峻切，《集韻》祖峻切，精稕三去合臻；《韻鏡》外轉第十八合、《切韻指掌圖》十圖，列字均爲『雋』，精母獮韻，不應列於此，《七音略》外轉第十八輕中輕、《起數訣》第三十五圖開音清，列字均爲『俊』；《切韻指南》臻攝外三合口呼通門，列字爲『儁』，精母稕韻。『儁』爲《廣韻》稕韻精母位小韻首字，下收有『俊』字。列字以『儁』爲佳，《韻鏡》列字當爲『儁』之訛誤；『俊』爲《集韻》稕韻精母位小韻首字，《四聲等子》從《集韻》。

81 去四心　峻　《廣韻》私閏切，《集韻》須閏切，心稕三去合臻；《韻鏡》外轉第十八合、《七音略》外轉第十八輕中輕、《切韻指掌圖》十圖、《起數訣》第三十五圖開音清，列字均爲『峻』；《切韻指南》臻攝外三合口呼通門，列字爲『陖』，精母稕韻。『陖』爲《廣韻》、《集韻》稕韻心母位小韻首字，下收有『峻』字，列字以『陖』爲佳，《四聲等子》亦無誤。

82 去四邪　郇　《廣韻》相倫切，《集韻》須倫切，心諄三平合臻，不應列於此；《韻鏡》外轉第十八合、《切韻指掌圖》十圖、《起數訣》第三十五圖開音清、《切韻指南》臻攝外三合口呼通門，列字均爲『殉』，邪母稕韻；《七音略》外轉第十八輕中輕，列字爲『徇』，邪母稕韻。『殉』爲《廣韻》稕韻邪母位小韻首字，《四聲等子》誤，當校改爲『殉』。

83 去四曉　○　《廣韻》、《集韻》稕韻無影母字；《韻鏡》、《切韻指掌圖》、《起數訣》、《切韻指南》空位；《七音略》外轉第十八輕中輕，列字爲『徇』，邪母稕韻，誤，當删；《四聲等子》空位是。

入四韻目：　標目爲術

84 入四見　橘　《廣韻》居聿切，《集韻》訣律切，見術三入合臻；《韻鏡》外轉第十八合、《七音略》外轉第十八輕中輕、《切韻指掌圖》十圖、《起數訣》第三十五圖開音清、《切韻指南》臻攝外三合口呼通門，列字均爲『橘』。

85 入四群　○　《廣韻》群母術韻無列字，《韻鏡》外轉第十八合，列字爲『⿺走夐』，爲見母字；《七音略》、《切韻指掌圖》、《起數訣》空位；《切韻指南》臻攝外三合口呼通門，列字爲『繘』，《集韻》群母術韻。《廣韻》術韻群母四等位無字，《韻鏡》誤，《四聲等子》空位是。

86 入四端　○　咫A本、文瀾閣本、粵雅堂本空位，文淵閣本、文津閣本，列字爲『祋』。『祋』，《廣韻》丁括切，端末一入合山，不應列於此；《集韻》都律切，端術三入合臻。《韻鏡》、《切韻指掌圖》、《切韻指南》、《起數訣》空位；《七音略》外轉第十八輕中輕，列字爲『崛』，爲匆韻字，誤，當刪。《廣韻》術韻端母四等位無字，《四聲等子》咫A本、文瀾閣本、粵雅堂本空位是；文淵閣本、文津閣本列『祋』字，從《集韻》，亦無誤。

87 入四透　○　《廣韻》透母術韻無字，《韻鏡》、《切韻指掌圖》、《起數訣》、《切韻指南》空位；《七音略》外轉第十八輕中輕，列字爲『茁』，知母術韻，誤。《廣韻》、《集韻》術韻透母四等位無字，《七音略》誤，《四聲等子》空位是。

88 入四心　卹　《廣韻》辛聿切，《集韻》雪律切，心術三入合臻；《韻鏡》外轉第十八合、《七音略》外轉第十八輕中輕，列字均爲『恤』；《切韻指掌圖》十圖、《起數訣》第三十五圖開音清、《切韻指南》臻攝外三合口呼通門，列字均爲『卹』。『卹』爲《廣韻》、《集韻》術韻心母位小韻首字，下收有『恤』字。列字以『卹』爲佳，《四聲等子》是。

89 入四曉　獝　《廣韻》況必切，《集韻》休必切，曉質三入合臻。《韻鏡》外轉第十八合、《七音略》外轉第十八輕中輕、《切韻指南》臻攝外三合口呼通門，列字均爲『獝』；《切韻指掌圖》

十圖、《起數訣》第三十五圖開音清，列字爲『狘』。『狘』爲《廣韻》術韻曉母位小韻首字，列字以『狘』爲佳，《四聲等子》當校改爲『狘』。

90 入四匣　驈　《廣韻》餘律切，以術三入合臻，不應列於此；《集韻》户橘切，匣術三入合臻；《韻鏡》、《切韻指掌圖》、《七音略》空位；《起數訣》第三十五圖開音清、《切韻指南》臻攝外三合口呼通門，列字爲『驈』。《廣韻》術韻匣母位無字，『驈』爲《集韻》術三以母位小韻首字，《四聲等子》從《集韻》。

91 入四喻　聿　《廣韻》餘律切，《集韻》允律切，以術三入合臻；《韻鏡》外轉第十八合、《切韻指掌圖》十圖、《起數訣》第三十五圖開音清、《切韻指南》臻攝外三合口呼通門，列字均爲『聿』；《七音略》外轉第十八輕中輕，列字爲『驈』，誤。《四聲等子》是。

山攝外四　輕重俱等韻　開口呼

	一等	二等	三等	四等
見	干笴旰割	間簡澗戛	犍蹇建訐	堅繭見結
溪	看侃看渴	慳齦○鬝	愆繾騫朅	牽⿱穴巠俔猰
羣	○○○○	○○○○	乾件健竭	○○○○
疑	豻○岸嶭	顏眼鴈聐	言齴彥钀	研齞硯齧
端知	單亶旦怛	譠○○哳	邅展驏哲	顛典殿窒
透徹	灘坦炭闥	○𡱰𡱰獺	脠㩃○徹	天腆瑱鐵
定澄	壇但憚達	䘺○綻噠	纏邅邅轍	田殄電姪
泥孃	難攤難捺	嘫赧𡕏痆	○趁輾○	年撚晛涅
幫非	○○○○	編○扮捌	○辡變𧨞	邊編○⿰弓扁
滂敷	○○○○	○盼眅○	○鴘○○	偏覑片撆
並奉	○○○○	𤘃版瓣○	○辯卞別	蹁辮辯撆
明微	○○○⿰扌萬	○晚蔄礣	櫋免○○	眠⿰扌眞麪蔑

		刪併山	先併入	仙韻
	寒旱翰曷	山產襉鎋	仙獮線薛	
精照	籛䰖贊拶	○盞○扎	饘膳戰晢	箋剪薦節
清穿	餐○粲擦	𤡢剗羼刹	燀闡硟掣	千淺蒨切
從牀	殘瓚㜺囋	虥棧輚鐁	○○○舌	前踐賤截
心審	珊散散薩	山產訕殺	羶燃扇設	先銑霰屑
邪禪	○○○○	○○○○	○○○○	㳄綫羨○
曉	頇罕漢喝	羴○○瞎	軒𢡋憲歇	祆顯韅杳
匣	寒旱翰曷	閑限莧鎋	○○○○	賢峴見頡
影	安侒按遏	黰軋晏鷃	焉㫃堰謁	煙蝘宴噎
喻	○○○○	○○○○	漹○○○	延演衍枻
來	闌嬾爛剌	孄○○○	連輦𤸫列	蓮僆練戾
日	○○○○	○○○○	然蹨軔熱	○○○○

第十三圖　山攝外四　輕重俱等韻　開口呼

平一韻目：寒

1 平一定　檀　《廣韻》徒干切，《集韻》唐干切，定寒一平開山；《韻鏡》外轉第二十三開、《七音略》外轉二十三重中重、《切韻指掌圖》七圖、《起數訣》第四十圖發音清、《切韻指南》山攝外四開口呼廣門，列字均爲「壇」。「壇」爲《廣韻》、《集韻》寒韻定母位小韻首字，下收「檀」字，列字以「壇」爲佳，《四聲等子》亦無誤。

2 平一精　籛　《廣韻》則前切，精先四平開山，不應列於此；《集韻》子干切，精寒一平開山；《韻鏡》、《七音略》、《切韻指掌圖》均空位；《起數訣》第四十圖發音清、《切韻指南》山攝外四開口呼廣門，列字均爲「籛」；《廣韻》寒韻無精母字，「籛」爲《集韻》寒一精母位小韻首字，《四聲等子》從《集韻》。

3 平一從　殘　《廣韻》昨干切，《集韻》財干切，從寒一平開山；《韻鏡》外轉第二十三開、《切韻指掌圖》七圖、《起數訣》第四十圖發音清、《切韻指南》山攝外四開口呼廣門，列字均爲「殘」。《七音略》外轉二十三重中重，列字爲「戔」。「殘」爲《廣韻》寒韻從母位小韻首字，下收有「戔」字。「戔」爲《集韻》小韻首字，《七音略》從《集韻》，列字以「殘」爲佳，《四聲等子》是。

4 平一心　珊　《廣韻》蘇干切，《集韻》相干切，心寒一平開山。《韻鏡》外轉第二十三開、《七音略》外轉二十三重中重、《切韻指掌圖》七圖，列字均爲「珊」；《起數訣》第四十圖發音清、《切韻指南》山攝外四開口呼廣門，列字爲「刪」。「刪」爲《廣韻》寒一心母位小韻首字，下收「珊」字。列字以「刪」字爲佳，《四聲等子》亦無誤。

5 平一來　闌　《廣韻》落干切，《集韻》郎干切，來寒一平開山；《韻鏡》外轉第二十三開、《切韻指掌圖》七圖、《切韻指南》山攝外四開口呼廣門，列字爲「蘭」；《七音略》外轉二十三重中重、《起數訣》第四十圖發音清，列字爲「闌」。「蘭」爲《廣韻》寒韻來母位小韻首字，下收有「闌」字。「闌」爲《集韻》小韻首字，《七音略》從《集韻》，列字以「蘭」爲佳，《四聲等子》亦無誤。

上一韻目：旱

6 上一疑　○　《廣韻》、《集韻》旱韻疑母位無字；《韻鏡》、《切韻指掌圖》、《起數訣》、《切韻指南》空位；《七音略》外轉二十三重中重，列字爲「⿰旱阝」，《康熙字典》記：「《正字通》『⿰里阝』字之訛。」、「⿰里阝」，來母止韻；又《集韻》侯旰切，不當列於此位。《七音略》誤，《四聲等子》空位是。

7 上一泥　攤　《廣韻》奴但切，《集韻》乃坦切，泥旱開一上山；《韻鏡》外轉第二十三開、《切韻指南》山攝外四開口呼廣門，列字均爲「攤」；《七音略》外轉二十三重中重，列字爲「灘」，端母旱韻，誤；《切韻指掌圖》七圖，列字爲「戁」，泥母濳韻；《起數訣》空位。「攤」爲《廣韻》旱韻泥母位小韻首字，《七音略》誤，《四聲等子》是。

8　上一曉　罕　《廣韻》呼旱切，《集韻》許旱切，曉旱一上開山；《韻鏡》外轉第二十三開、《七音略》外轉二十三重中重、《切韻指掌圖》七圖、《起數訣》第四十圖發音清，列字均爲「罕」；《切韻指南》山攝外四開口呼廣門，列字爲「罕」。「罕」爲《廣韻》、《集韻》旱一曉母位小韻首字，「罕」、「罕」二字爲異體字，列字以「罕」爲佳，《四聲等子》是。

9　上一影　侒　《廣韻》烏寒切，影母寒韻，不應列於此；《集韻》阿侃切，影旱一上開山；《韻鏡》、《切韻指掌圖》均空位；《七音略》外轉二十三重中重、《切韻指南》山攝外四開口呼廣門、《起數訣》第四十圖發音清，列字均爲「侒」。《廣韻》旱韻影母位無字，「侒」爲《集韻》旱一匣母位小韻首字，《四聲等子》從《集韻》。

10　上一來　嬾　《廣韻》落旱切，《集韻》魯旱切，來旱一上開山；《韻鏡》外轉第二十三開、《切韻指掌圖》七圖、《起數訣》第四十圖發音清、《切韻指南》山攝外四開口呼廣門，列字均爲「嬾」；《七音略》外轉二十三重中重，列字爲「爛」，來母翰韻，誤。「嬾」爲《廣韻》、《集韻》旱韻來母位小韻首字，《七音略》誤，《四聲等子》是。

去一韻目：翰

11 去一見　旰　咫 A、B本，粤雅堂本，列字爲『旰』，文瀾閣本、文淵閣本、文津閣本列字爲『旰』。『旰』，《廣韻》古案切，《集韻》居案切，見翰一去開山；《韻鏡》外轉第二十三開，列字爲『肝』，見母寒韻，當爲『旰』字誤；《七音略》外轉二十三重中重，列字爲『旰』；《切韻指掌圖》七圖、《切韻指南》山攝外四開口呼廣門，列字均爲『旰』；《起數訣》第四十圖發音清，列字爲『幹』；『旰』爲《廣韻》翰一見母位小韻首字，下收『幹』、『旰』二字，列字以『旰』爲佳，《四聲等子》文瀾閣本、文淵閣本、文津閣本列『旰』字是，其他版本列『旰』亦無誤。

12 去一溪　看　《廣韻》苦旰切，《集韻》墟旰切，溪翰一去開山；《韻鏡》外轉第二十三開、《七音略》外轉二十三重中重，列字均爲『侃』；《切韻指掌圖》七圖、《起數訣》第四十圖發音清，列字均爲『看』；《切韻指南》山攝外四開口呼廣門，列字爲『偘』。『偘』、『侃』二字爲異體字；『侃』爲《廣韻》翰一溪母位小韻首字，下收『看』字，列字以『侃』爲佳，《四聲等子》列『看』字亦無誤。

13 去一泥　難　《廣韻》奴案切，《集韻》乃旦切，泥翰一去開山；《韻鏡》外轉第二十三開、《七音略》外轉二十三重中重、《切韻指掌圖》七圖、《起數訣》第四十圖發音清、《切韻指南》山攝外四開口呼廣門，列字均爲『難』。『攤』爲《廣韻》翰一泥母位小韻首字，下收有『難』字；『難』爲《集韻》小韻首字，《四聲等子》從早期韻圖及《集韻》。

14 去一精　贊　《廣韻》、《集韻》則旰切，精翰一去開山；《韻鏡》外轉第二十三開、《切韻指南》山攝外四開口呼廣門，列字爲『賛』；《七音略》外轉二十三重中重、《切韻指掌圖》七圖、《起數訣》第四十圖發音清，列字均爲『贊』。『賛』、『贊』二字爲異體字。『賛』爲《廣韻》、《集韻》翰一精母位小韻首字，列字以『賛』爲佳，《四聲等子》列異體亦無誤。

15 去一清　粲　咫A、B本，粵雅堂本，列字爲『粲』；文瀾閣本、文淵閣本、文津閣本列字爲『餐』。『粲』，《廣韻》、《集韻》蒼案切，清翰一去開山；《韻鏡》外轉第二十三開、《七音略》外轉二十三重中重、《切韻指掌圖》七圖、《起數訣》第四十圖發音清、《切韻指南》山攝外四開口呼廣門，列字均爲『粲』。『餐』，《廣韻》七安切，清母寒韻；《集韻》蒼案切，清母翰（换）韻。『粲』爲《廣韻》、《集韻》翰一清母位小韻首字，《集韻》下收有『餐』字，實爲换韻字。《四聲等子》文瀾閣本、文淵閣本、文津閣本從《集韻》列『餐』字，可校爲『粲』字；咫A、B本，粵雅堂本列『粲』字是。

16 去一心　散　《廣韻》蘇旰切，《集韻》顙旱切，心翰一去開山；《韻鏡》外轉第二十三開、《切韻指掌圖》七圖，列字均爲『散』；《七音略》外轉二十三重中重、《起數訣》第四十圖發音清、《切韻指南》山攝外四開口呼廣門，列字均爲『繖』。『繖』爲《廣韻》翰一心母位小韻首字，下收『散』字，『繖』、『繖』二字爲異體字，列字以『繖』爲佳，《四聲等子》亦無誤。

入一韻目：曷

17 入一見　割　《廣韻》古達切，《集韻》居曷切，見曷一入開山；《韻鏡》外轉第二十三開、《七音略》外轉二十三重中重、《切韻指掌圖》七圖、《起數訣》第四十圖發音清、《切韻指南》山攝外四開口呼廣門，列字均爲『葛』。『葛』爲《廣韻》、《集韻》曷一見母位小韻首字，下收『割』字，列字以『葛』爲佳，《四聲等子》亦無誤。

18 入一端　妲　《廣韻》、《集韻》當割切，端曷一入開山；《韻鏡》外轉第二十三開、《七音略》外轉二十三重中重、《切韻指掌圖》七圖、《起數訣》第四十圖發音清、《切韻指南》山攝外四開口呼廣門，列字均爲『怛』。『怛』爲《廣韻》、《集韻》曷一端母位小韻首字，下收『妲』字，列字以『怛』爲佳，《四聲等子》亦無誤。

19 入一泥　捺　《廣韻》奴曷切，《集韻》乃曷切，泥曷一入開山；《韻鏡》外轉第二十三開，列字爲『捺』，爲『捺』字誤；《七音略》外轉二十三重中重、《切韻指掌圖》七圖、《起數訣》第四十圖發音清、《切韻指南》山攝外四開口呼廣門，列字均爲『捺』。『捺』爲《廣韻》、《集韻》曷一泥母位小韻首字，《韻鏡》形訛，《四聲等子》是。

20 入一明　藒　《廣韻》予割切，明曷一入開山；《康熙字典》記：『《韻會》去例切，音憩。藒車，香草。《集韻》作藒。詳藒字注。又《廣韻》予割切，音遏。菜似蕨，生水中。』《韻鏡》外轉第二十三開、《起數訣》第四十圖發音清、《切韻指南》山攝外四開口呼廣門，列字均爲

『藹』;《七音略》、《切韻指掌圖》均空位。『藹』爲《廣韻》曷一明母位小韻首字,《七音略》空位誤,《四聲等子》是。

21 入一精　拶　《廣韻》姊末切,精母末韻,《集韻》子末切,精母曷(末)韻。《韻鏡》空位;《七音略》外轉二十三重中重,列字爲『囋』,從母曷韻,誤;《切韻指掌圖》七圖,列字均爲『拶』;《切韻指南》山攝外四開口呼廣門,列字爲『鬢』,《集韻》精母曷韻;《起數訣》第四十圖發音清,列字爲『桚』,《集韻》精母曷韻。《廣韻》曷韻精母位無字,『鬢』爲《集韻》曷一精母位小韻首字,下收有『拶』字,實爲合口末韻字,列於開口不當,《四聲等子》從《集韻》列字,因襲《集韻》之誤。

22 入一清　擦　《廣韻》、《集韻》七計切,清霽四去開蟹;不當列於此位。《韻鏡》外轉第二十三開、《七音略》外轉二十三重中重、《切韻指掌圖》七圖、《切韻指南》山攝外四開口呼廣門,列字均爲『攃』;《起數訣》第四十圖發音清,列字爲『擦』,誤。『攃』爲《廣韻》、《集韻》曷一清母位小韻首字,《四聲等子》列字爲『擦』之形訛,當校改爲『攃』字。

23 入一從　囋　《廣韻》才割切,《集韻》才達切,從曷一入開山。《韻鏡》外轉第二十三開、《七音略》外轉二十三重中重、《切韻指南》山攝外四開口呼廣門,列字均爲『巀』;《切韻指掌圖》七圖,列字爲『截』,從母屑韻;《起數訣》第四十圖發音清,列字爲『擜』,從母曷韻。『巀』爲《廣韻》、《集韻》曷一從母位小韻首字,下收『擜』、『囋』字,列字以『巀』爲佳,《四聲等子》亦無誤。

24 入一心　薩　《廣韻》桑割切，《集韻》桑葛切，心曷一入開山；《韻鏡》外轉第二十三開、《七音略》外轉二十三重中重、《切韻指南》山攝外四開口呼廣門，列字均爲『躠』；《切韻指掌圖》七圖、《起數訣》第四十圖發音清，列字均爲『薩』。『躠』爲《廣韻》曷一心母位小韻首字，下收『薩』字。列字以『躠』爲佳，《四聲等子》列『薩』字亦無誤。

25 入一曉　喝　《廣韻》、《集韻》許葛切，曉曷一入開山；《韻鏡》外轉第二十三開、《七音略》外轉二十三重中重、《切韻指掌圖》七圖、《起數訣》第四十圖發音清、《切韻指南》山攝外四開口呼廣門，列字均爲『顯』。『顯』爲《廣韻》曷一曉母位小韻首字，下收『喝』字。『喝』爲《集韻》曷一曉母位小韻首字，《四聲等子》從《集韻》。

平二韻目：標目爲山，實爲山删合韻

26 平二見　間　《廣韻》古閑切，《集韻》居閑切，見山二平開山；《韻鏡》外轉第二十一開，列字爲『閒』，『閒』、『間』二字爲異體字；《七音略》外轉二十一重中輕、《起數訣》第四十五圖發音濁、《切韻指南》山攝外四開口呼廣門，列字均爲『間』；《切韻指掌圖》七圖，列字爲『姦』，見母删韻。『間』爲《廣韻》、《集韻》山二見母位小韻首字，《韻鏡》列異體，《四聲等子》是。

27 平二溪　慳　《廣韻》苦閑切，《集韻》丘閑切，溪山二平開山；《韻鏡》外轉第二十一開、《切韻指掌圖》七圖、《切韻指南》山攝外四開口呼廣門，列字均爲「慳」；《七音略》外轉二十一重中輕、《起數訣》第四十五圖發音濁，列字爲「掔」。「慳」爲《廣韻》山二溪母位小韻首字，下收有「掔」字；「掔」爲《集韻》山二溪母位小韻首字，《四聲等子》從《集韻》。

28 平二疑　顏　《廣韻》五姦切，《集韻》牛姦切，疑刪二平開山。《韻鏡》外轉第二十三開、《七音略》外轉二十三重中重、《切韻指掌圖》七圖、《起數訣》第四十一圖發音濁、《切韻指南》山攝外四開口呼廣門，列字均爲「顏」。「顏」爲《廣韻》、《集韻》刪二疑母位小韻首字，《四聲等子》爲合韻韻圖，此位列刪韻字。

29 平二知　譠　《廣韻》陟山切，《集韻》知山切，知山二平開山。《韻鏡》外轉第二十一開、《切韻指掌圖》七圖，列字均爲「譠」；《七音略》外轉二十一重中輕、《切韻指南》山攝外四開口呼廣門，列字均爲「讉」；《起數訣》第四十五圖發音濁，列字爲「禮」。「譠」爲《廣韻》山二知母位小韻首字，下收有「讉」字，列字以「譠」字爲佳，《四聲等子》是。

30 平二澄　䗃　咫A、B本，文瀾閣本，粵雅堂本，列字爲「獬」，文淵閣本、文津閣本列字爲「獬」、「獬」、「獬」爲異體字。「獬」，《康熙字典》記：「《廣韻》力延切，《集韻》陵延切，音連。《玉篇》豫，兔走貌。《集韻》猿犺緣木貌。又《廣韻》犬走草。又《廣韻》直閑切，《集韻》丈山切。」則是《廣韻》直閑切，《集韻》丈山切，澄山二平開山。《韻鏡》外轉第二十一開、《切韻指掌圖》七圖、《起數訣》第四十五圖發音濁、《切韻指南》山攝外四開口呼廣門，列字均爲『⿰犭⿱𢆶灬』；《七音略》外轉二十一重中輕，列字爲『⿰犭⿱𢆶灬』。『⿰犭辮』爲《廣韻》山韻澄母位小韻首字，《七音略》列字形訛，《四聲等子》是。

31 平二並　瓣　《廣韻》蒲莧切，並襉二去開山，不應列於此；《集韻》薄閑切，並山二平開山；《韻鏡》外轉第二十一開、《切韻指掌圖》八圖，均列於襉韻，山韻空位；《七音略》外轉二十一重中輕，列字爲『辧』。『瓣』爲《廣韻》襉二並母位小韻首字，下收有『辧』字，『辧』字下注曰：『辧，俗。』『辧』爲俗體；《起數訣》第四十五圖發音濁、《切韻指南》山攝外四開口呼廣門，列字均爲『瓣』。《廣韻》山韻無並紐，『瓣』爲《集韻》山二並母位小韻首字，《四聲等子》列字依《集韻》，亦無誤。

32 平二穿　⿰犭單　《廣韻》、《集韻》充山切，昌山二平開山。《韻鏡》外轉第二十一開、《切韻指掌圖》七圖、《起數訣》第四十五圖發音濁、《切韻指南》山攝外四開口呼廣門，二等初母位列字均爲『⿰犭單』；《七音略》外轉二十一重中輕，列字爲『⿰彳單』，訛誤。『⿰犭單』爲昌母字，反切下字爲二等，按切三韻二不離初的門法，此字當列於二等位。《四聲等子》是。

33 平二牀　⿸虍贊　文淵閣本、文津閣本列字爲『⿸虍贊』；咫Ａ本、文瀾閣本、粵雅堂本，列字爲『⿸虍贊』，應爲『虥』俗字。『虥』，《廣韻》士山切，《集韻》鉏山切，崇山二平開山；《韻鏡》外轉第二十一開、《七音略》外轉二十一重中輕、《切韻指南》山攝外四開口呼廣門，列字均爲

「戔」；《起數訣》第四十五圖發音濁，列字爲「虦」，「戔」之異體字；《切韻指掌圖》七圖，列字爲「潺」。「戔」爲《廣韻》山二崇母位小韻首字，「戔」爲正體，下收有「潺」字，《四聲等子》文淵閣本、文津閣本是，其他版本列俗字，當校正爲「戔」。

34 平二來　孄　《康熙字典》記：「《集韻》同嬾。」「嬾」，《廣韻》落旱切，《集韻》魯旱切，來旱一平開山，不當列於此位。此字當爲「斕」字誤。「斕」，《廣韻》力閑切，《集韻》離閑切，來山二平開山；《韻鏡》外轉第二十一開、《七音略》外轉二十一重中輕、《切韻指掌圖》七圖、《起數訣》第四十五圖發音濁、《切韻指南》山攝外四開口呼廣門，列字均爲「斕」。「斕」爲《廣韻》、《集韻》山二來母位小韻首字，《四聲等子》形訛，當校正爲「斕」。

上二韻目：標目爲産，實爲産潸合韻

35 上二見　蕳　《廣韻》古限切，見産二上開山。《韻鏡》外轉第二十一開、《七音略》外轉二十一重中輕、《切韻指掌圖》七圖、《起數訣》第四十五圖發音濁、《切韻指南》山攝外四開口呼廣門，列字均爲「簡」；「簡」爲《廣韻》産韻見母位小韻首字，下收「蕳」字；「簡」亦爲《集韻》小韻首字，列字以「簡」爲佳，《四聲等子》亦無誤。

36 上二徹　㬉　《廣韻》丑晏切，徹母諫韻；《集韻》丑赧切，徹母潸韻。《韻鏡》、《七音略》、《切韻指掌圖》空位；《起數訣》第四十一圖發音濁、《切韻指南》山攝外四開口呼廣門，列字爲

『㬥』。《廣韻》潸韻無徹紐，『㬥』爲《集韻》潸二徹母位小韻首字，《四聲等子》列字依《集韻》，亦無誤。

37 上二孃 𧹞 《廣韻》奴板切，《集韻》乃版切，孃潸二上開山；《韻鏡》外轉第二十三開、《切韻指掌圖》八圖、《起數訣》第四十一圖發音濁，列字均爲『赧』；《七音略》外轉二十三重中重，列字爲『𧹞』。『𧹞』爲《廣韻》潸韻孃母位小韻首字，注曰：『慙而面赤，俗作赧。』《七音略》、《四聲等子》列正體是。

38 上二幫 ○ 《廣韻》幫母産韻無列字，潸韻有『版，布綰切』。《韻鏡》外轉第二十一開、《七音略》外轉二十一重中輕，列字均爲『版』，《廣韻》布綰切，《集韻》補綰切，幫潸二上開山；《切韻指掌圖》七圖、《切韻指南》山攝外四開口呼廣門、《起數訣》第四十一圖發音濁，『版』列於合口圖。《四聲等子》爲合韻韻圖，雖標目爲産，但亦當收潸韻字。空位誤，當校補『版』字。

39 上二滂 盼 《廣韻》五計切，疑母霽韻；不應列於此；《集韻》匹限切，滂産二上開山；《韻鏡》外轉第二十一開，列字爲『盼』，爲『眅』字訛；《七音略》外轉二十一重中輕，列字均爲『眅』滂母潸韻；《切韻指掌圖》空位；《切韻指南》山攝外四開口呼廣門，列字爲『盻』，爲『盼』俗字；《起數訣》第四十五圖發音濁，列字爲『盻』。《廣韻》産韻滂母無字，『盼』爲《集韻》産二滂母位小韻首字，《四聲等子》從《集韻》。

40 上二並　版　《廣韻》布綰切，幫潸二上合山，不應列於此；《集韻》蒲限切，並産二上開山。《韻鏡》外轉第二十一開，列字爲『阪』，《集韻》並母産韻；《七音略》、《切韻指掌圖》均空位；《切韻指南》山攝外四開口呼廣門，列字爲『版』；《起數訣》第四十五圖發音濁，列字爲『𤗓』，應爲『版』形訛。《廣韻》産韻並母位無字，『版』爲《集韻》並母産韻小韻首字，《四聲等子》從《集韻》。

41 上二明　晚　《廣韻》無遠切，《集韻》武遠切，微阮三上合山，不應列於此。《韻鏡》外轉第二十一開、《七音略》外轉二十一重中輕、《切韻指掌圖》八圖、《起數訣》第四十五圖發音濁，列字均爲『䁓』；《切韻指南》空位。『䁓』爲《廣韻》産韻明母位小韻首字，『晚』爲《集韻》小韻首字，《四聲等子》列『晚』字當爲『晚』字誤，當校改爲『䁓』或『晚』。

42 上二照　盞　《廣韻》、《集韻》阻限切，莊産二上開山；《韻鏡》外轉第二十一開、《七音略》外轉二十一重中輕、《切韻指掌圖》七圖、《起數訣》第四十五圖發音濁、《切韻指南》山攝外四開口呼廣門，列字均爲『醆』。『醆』爲《廣韻》、《集韻》産韻莊母位小韻首字，下收『盞』字，列字以『醆』爲佳，《四聲等子》亦無誤。

43 上二影　軋　《廣韻》烏黠切，影黠二入開山；《集韻》膺眼切，影産二上開山；《韻鏡》、《七音略》、《切韻指掌圖》均空位；《起數訣》第四十五圖發音濁、《切韻指南》山攝外四開口呼廣門，列字均爲『軋』。《廣韻》産韻無影母，『軋』爲《集韻》産二影母位小韻首字，《四聲等子》從《集韻》。

44 去二見　澗　《廣韻》古晏切，見諫二去開山；《集韻》居閑切，見山二平開山，不應列於此；《韻鏡》外轉第二十三開、《七音略》外轉二十三重中重、《切韻指掌圖》七圖、《切韻指南》山攝外四開口呼廣門，列字均爲「諫」；《起數訣》第四十一圖發音濁，空位；「諫」爲《廣韻》爲諫韻見母位小韻首字，下收「澗」字，列字以「諫」爲佳，《四聲等子》亦無誤。

去二韻目：標目爲襇，實爲襇諫合韻

45 去二澄　綻　《廣韻》丈莧切，《集韻》直莧切，澄襇二去開山；《韻鏡》外轉第二十一開，列字爲「袒」，精母姥韻，誤；《切韻指掌圖》七圖、《切韻指南》山攝外四開口呼廣門，列字均爲「袒」；《七音略》外轉第二十一重中輕，列字爲「袒」，誤；袒、袒，均爲「袒」形訛；《起數訣》第四十五圖發音濁，列字爲「袒」。「袒」爲《廣韻》襇二澄母位小韻首字，下收有「綻」字，列字以「袒」字爲佳，《四聲等子》亦無誤。另，「綻」又爲《集韻》諫韻澄母小韻首字，《四聲等子》列「綻」字，亦可爲從《集韻》。

46 去二孃　𡙏　《廣韻》奴版切，泥潸二上合山，不應列於此；《集韻》乃諫切，泥諫二去開山；《韻鏡》、《七音略》、《切韻指掌圖》、《起數訣》空位；《切韻指南》山攝外四開口呼廣門，列字爲「𡙏」；《廣韻》潸諫二韻均無孃母，「𡙏」爲《集韻》諫韻泥母字，當爲類隔，《四聲等子》從

《集韻》。

47 去二滂　目　此字當爲『盼』字俗。『盼』，《廣韻》匹莧切，《集韻》普莧切，滂襉二去開山。《韻鏡》外轉第二十一開、《起數訣》第四十六圖收音清，列字爲『盻』；《七音略》外轉二十一重中輕，列字爲『盼』，此字當爲『盼』形訛；《切韻指掌圖》八圖，列字爲『眅』，當爲『盻』俗字；《切韻指南》空位。『盻』爲《廣韻》襉韻滂母位小韻首字，《四聲等子》列字俗，當校正爲『盻』。

48 去二並　瓣　《廣韻》蒲莧切，《集韻》皮莧切，並襉二去開山；《韻鏡》外轉第二十一開、《切韻指掌圖》八圖、《起數訣》第四十六圖收音清、《切韻指南》山攝外四開口呼廣門，列字均爲『瓣』；《七音略》外轉二十一重中輕，列字爲『辦』。『瓣』爲《廣韻》、《集韻》襉二並母位小韻首字，下收有『辦』字，列字以『瓣』字爲佳，《四聲等子》是。

49 去二穿　羼　《廣韻》初鴈切，初諫二去開山；《集韻》初莧切，初襉二去開山；《韻鏡》外轉第二十三開、《七音略》外轉二十三重中重、《切韻指掌圖》七圖、《起數訣》第四十一圖發音濁，列字均爲『鏟』；《切韻指南》山攝外四開口呼廣門，列字均爲『羼』；『羼』爲《廣韻》諫二初母位小韻首字，下收『鏟』，列字以『羼』爲佳；『羼』又爲《集韻》襉二初母位小韻首字，《四聲等子》亦可爲從《集韻》。

50 去二牀　輚　《廣韻》士諫切，《集韻》仕諫切，崇諫二去開山；《韻鏡》外轉第二十三開、《切韻指掌圖》七圖、《切韻指南》山攝外四開口呼廣門，列字均爲『輚』；《七音略》外轉二十三重中重、《起數訣》第四十一圖發音濁，列字均爲『棧』。『輚』爲《廣韻》諫韻牀母位小韻首字，下收有『棧』字，列字以『輚』字爲佳，《四聲等子》是。

入二韻目　黠韻（與鎋韻合）

51 入二溪　擖　《廣韻》溪母鎋韻列字爲『⿱⺮⿰禾曷』，『⿱⺮⿰禾曷』應爲『擖』之形訛；『擖』，《廣韻》枯鎋切，《集韻》丘瞎切，溪鎋二入開山。《韻鏡》外轉第二十一開，列字爲『楬』；《七音略》外轉二十一重中輕，列字爲『擖』，爲『⿱⺮⿰禾曷』之形訛；《切韻指掌圖》七圖、《切韻指南》山攝外四開口呼廣門，列字均爲『⿱⺮⿰禾曷』；《起數訣》第四十五圖發音濁，列字爲『揭』，『楬』之形訛。『⿱⺮⿰禾曷』爲《廣韻》、《集韻》鎋二溪母位小韻首字，下收有『楬』字，列字以『⿱⺮⿰禾曷』爲佳，《四聲等子》誤，當校爲『⿱⺮⿰禾曷』。

52 入二疑　聐　《廣韻》五鎋切，《集韻》牛轄切，疑鎋二入開山；《韻鏡》外轉第二十一開、《切韻指南》山攝外四開口呼廣門，列字均爲『聐』；《七音略》空位；《切韻指掌圖》七圖、《起數訣》第四十五圖發音濁，列字爲『齾』。『齾』爲《廣韻》、《集韻》鎋二疑母位小韻首字，下收有『聐』字。列字以『齾』字爲佳，《七音略》誤，《四聲等子》亦無誤。

53 入二知　哳　《廣韻》、《集韻》陟轄切，知鎋二入開山；《韻鏡》外轉第二十一開、《切韻指掌圖》七圖、《起數訣》第四十五圖發音濁，列字均爲『哳』；《切韻指南》山攝外四開口呼廣門，列字爲『晢』。《七音略》空位。『哳』爲《廣韻》、《集韻》鎋韻知母位小韻首字，《七音略》空位誤，《四聲等子》是。

54 入二徹　獺　《廣韻》他鎋切，《集韻》逖鎋切，透鎋二入開山；《韻鏡》外轉第二十一開、《起數訣》第四十五圖發音濁、《切韻指南》山攝外四開口呼廣門，列字均爲『獺』；《七音略》、《切韻指掌圖》均空位。『獺』爲《廣韻》、《集韻》鎋韻徹母位小韻首字，《七音略》空位誤，《四聲等子》是。

55 入二澄　噠　《廣韻》未收；《集韻》宅軋切，澄黠二入開山；《韻鏡》外轉第二十三開，列字爲『蓬』，定母曷韻，誤；《七音略》外轉二十三重中重、《起數訣》第四十五圖發音濁、《切韻指南》山攝外四開口呼廣門，列字均爲『噠』；《切韻指掌圖》空位。《廣韻》黠韻鎋韻均無澄母字，『噠』爲《集韻》黠二澄母位小韻首字，《四聲等子》依《集韻》。

56 入二孃　㾍　《廣韻》、《集韻》女黠切，泥黠二入開山；《韻鏡》外轉第二十一開、《起數訣》第四十五圖發音濁，列字爲『㾍』；《七音略》空位，《切韻指掌圖》十七圖、《切韻指南》山攝外四開口呼廣門，列字爲『痆』，泥母黠韻；『痆』爲《廣韻》黠二泥母位小韻首字，下收有『㾍』字，列字以『痆』爲佳，《韻鏡》、《四聲等子》應爲類隔切，列『㾍』亦無誤。

57 入二明　礣　㞎 A、B 本、文淵閣本、粵雅堂本、文津閣本，列字爲『礣』，文瀾閣本列字爲

『篾』，明母屑韻，當爲『礣』形訛。『礣』，《廣韻》、《集韻》莫鎋切，明鎋二入開山。《韻鏡》外轉第二十一開，列字爲『礣』；《七音略》空位；《切韻指掌圖》八圖、《切韻指南》山攝外四開口呼廣門，列字均爲『⿰亻蜜』，明母黠韻；《起數訣》第四十六圖收音清，列字爲『帓』，明母鎋韻。『礣』爲《廣韻》鎋二明母位小韻首字，下收有『帓』字，列字以『礣』爲佳；《七音略》空位誤，《四聲等子》文瀾閣本列『蔑』字誤，當校正爲『礣』。其他版本是。

58 入二照　扎　《廣韻》、《集韻》側八切，莊黠二入開山；《韻鏡》外轉第二十三開、《七音略》外轉二十三重中重、《切韻指掌圖》七圖、《切韻指南》山攝外四開口呼廣門、《起數訣》第四十一圖發音濁，列字均爲『札』；『札』爲《廣韻》黠二照母位小韻首字，下收有『扎』字，《四聲等子》亦無誤。

59 入二牀　鐁　《廣韻》查鎋切，《集韻》槎轄切，崇鎋二入開山；《韻鏡》外轉第二十一開，誤列於莊母，崇母空位；《七音略》外轉二十一重中輕，列字爲『鍘』；《切韻指掌圖》空位；《起數訣》第四十五圖發音濁、《切韻指南》山攝外四開口呼廣門，列字均爲『鐁』；《康熙字典》記：『《廣韻》、《正韻》查鎋切，音⿰氵札。《廣韻》秦人云切草。《正韻》切草器。○按《集韻》、《類篇》作鍘。』此字即爲『鍘』字。『鐁』爲《廣韻》鎋二崇母位小韻首字，《韻鏡》誤，當校列於崇母位。《四聲等子》是。

60 入二審　殺　《廣韻》所八切、《集韻》山戛切，生黠二入開山；《韻鏡》外轉第二十三開、《切韻指掌圖》七圖、《四聲等子》山攝外四輕重俱等韻開口呼、《切韻指南》山攝外四開口呼廣門，列字均爲『殺』；《七音略》外轉二十三重中重，列字爲『樧』。『殺』爲《廣韻》黠二審母位小韻首字，下收有『樧』字，《四聲等子》是。

61 入二曉 瞎 《廣韻》、《集韻》許鎋切，曉鎋二入開山；《韻鏡》外轉第二十一開、《切韻指掌圖》七圖、《起數訣》第四十五圖發音濁、《切韻指南》山攝外四開口呼廣門，列字均爲『瞎』；《七音略》空位；『瞎』爲《廣韻》、《集韻》鎋二曉母位小韻首字，《七音略》空位誤，《四聲等子》是。

62 入二匣 鎋 《廣韻》胡瞎切，《集韻》下瞎切，匣鎋二入開山；《韻鏡》外轉第二十一開，列字均爲『鎋』；《七音略》空位；《切韻指掌圖》七圖、《切韻指南》山攝外四開口呼廣門，列字均爲『黠』，匣母黠韻；《起數訣》第四十五圖發音濁，列字爲『蓽』。『鎋』爲《廣韻》鎋二匣母位小韻首字，《七音略》空位誤，《四聲等子》是。

63 入二影 鸛 《廣韻》、《集韻》乙鎋切，影鎋二入開山；《韻鏡》外轉第二十一開、《起數訣》第四十五圖發音濁，列字均爲『鸛』；《七音略》外轉二十一重中輕，列字爲『轏』，崇母產韻，誤；《切韻指掌圖》七圖、《切韻指南》山攝外四開口呼廣門，列字均爲『軋』，影母黠韻；『鸛』爲《廣韻》、《集韻》鎋二影母爲小韻首字，《七音略》誤，《四聲等子》是。

64 入二日 ○ 《廣韻》、《集韻》而鎋切，日鎋二入開山；《韻鏡》外轉第二十一開，列字爲『髾』；《七音略》、《切韻指掌圖》、《起數訣》、《切韻指南》均空位。『髾』爲《廣韻》、《集韻》鎋二日母位小韻首字，龍宇純曰：『日母例無二等字，疑此字當屬泥母。《玉篇》正音女轄切。』則此係泥日類隔，當與泥母之『痆』字同，不得列於此位。《韻鏡》列此字，當是後人據韻書妄增。《四聲等子》空位是。

平三韻目：標目爲仙，實爲仙元合韻

65 平三見　犍　《廣韻》、《集韻》居言切，見元三平開山。《韻鏡》外轉第二十一開、《切韻指掌圖》七圖，列字爲『犍』；《七音略》外轉二十一重中輕，列字爲『甄』，見母仙韻，重紐四等韻，不應列於此，誤；《切韻指南》山攝外四開口呼廣門，列字爲『攑』，見母元韻；《起數訣》空位；『攑』爲《廣韻》元韻見母小韻首字，下收『犍』字；列字以『攑』爲佳，《四聲等子》亦無誤。

66 平三徹　脠　《廣韻》丑延切，《集韻》抽延切，徹仙三平開山；《韻鏡》外轉第二十三開、《切韻指掌圖》七圖、《切韻指南》山攝外四開口呼廣門，列字均爲『脠』；《七音略》外轉二十三重中重，列字爲『䀡』，當爲『脠』形訛；《起數訣》第四十五圖發音濁，列字爲『梴』；『脠』爲《廣韻》仙三徹母位小韻首字，下收有『梴』字。列字以『脠』字爲佳，《七音略》形訛，《四聲等子》是。

67 平三明　𢤱　《康熙字典》記：『《集韻》免員切，音謾。恐也。』此記《集韻》免員切，明母合口仙韻。《韻鏡》空位；《七音略》外轉二十四輕中重、《起數訣》第四十七圖收音濁，列字爲『㦟』；《切韻指掌圖》空位；《切韻指南》山攝外四合口呼廣門，列字均爲『樠』，明母桓韻。《廣韻》仙韻無明紐，『㦟』爲《集韻》仙三明母位小韻首字，《四聲等子》從《集韻》。

68 平三照　𩞄　《廣韻》、《集韻》諸延切，章仙三平開山；《韻鏡》外轉第二十三開、《七音略》外轉二十三重中重、《起數訣》第四十五圖發音濁，列字均爲『饘』；《切韻指掌圖》七圖、《切韻指南》山攝外四開口呼廣門，列字均爲『𩞄』。『𩞄』爲《廣韻》仙韻章母位小韻首字，下收有『饘』字，列字以『𩞄』爲佳，《四聲等子》是。

69 平三禪　○　《廣韻》、《集韻》禪母仙韻有『鋋』小韻。『鋋』，《廣韻》市連切，《集韻》時連切，禪仙三平開山；《韻鏡》外轉第二十三開、《七音略》外轉二十三重中重、《切韻指南》山攝外四開口呼廣門，列字均爲『鋋』；《切韻指掌圖》空位；《起數訣》第四十五圖發音濁，列字爲『蟬』。『鋋』爲《廣韻》仙禪母位小韻首字，下收有『蟬』、『禪』二字，列字以『鋋』字爲佳，《四聲等子》當校補『鋋』字。

上三韻目：標目爲獮，實爲阮獮合韻（阮只有一例）

70 上三溪　𦃇　《康熙字典》記：『《集韻》起輦切，音遣。縮也。』此記起輦切，溪母獮韻。《韻鏡》空位；《七音略》外轉第二十三重中重、《切韻指掌圖》七圖、《起數訣》第四十五圖發音濁、《切韻指南》山攝外四開口呼廣門，列字均爲『𦅼』。《廣韻》獮韻無溪母字，『𦅼』爲《集韻》獮三溪母位小韻首字，《四聲等子》依《集韻》。

71 上三並　辯　《廣韻》符蹇切，《集韻》平免切，並獮三上開山；《韻鏡》外轉第二十一開、《七音略》外轉二十一重中輕、《切韻指南》山攝外四開口呼廣門、《起數訣》第四十六圖收音清，列字均爲『楩』；《切韻指掌圖》八圖，列字均爲『辮』，並母銑韻。『辯』爲《廣韻》、《集韻》獮三並母位小韻首字，下收『楩』，列字以『辯』爲佳，《四聲等子》是。

72 上三照　膳　咫A、B本、文瀾閣本、粵雅堂本，列字爲『膳』，禪母線韻，誤；文淵閣本、文津閣本列字爲『𥊬』，章母獮韻。《韻鏡》外轉第二十三開、《七音略》外轉第二十三重中重、《切韻指南》山攝外四開口呼廣門，列字均爲『𥊬』；《廣韻》、《集韻》旨善切，章獮三上開山；《切韻指掌圖》七圖，列字爲『𥊬』；《起數訣》第四十五圖發音濁，列字爲『𢯷』，《集韻》章母獮韻；『𥊬』爲《廣韻》、《集韻》獮三章母位小韻首字，下收有『𥊬』字，列字以『𥊬』字爲佳，《四聲等子》咫A、B本、文瀾閣本、粵雅堂本當校改爲『𥊬』，其他版本無誤。

73 上三禪　○　《廣韻》禪母獮韻列字爲『善』，《廣韻》、《集韻》常演切，禪獮三上開山；《韻鏡》外轉第二十三開、《七音略》外轉第二十三重中重、《切韻指掌圖》七圖、《起數訣》第四十五圖發音濁、《切韻指南》山攝外四開口呼廣門，列字均『善』；『善』《廣韻》獮韻禪母位小韻首字。《四聲等子》空位誤，當校補『善』字。

74 上三曉　憾　《康熙字典》記：「《集韻》許偃切，音巘。恨也。」按許偃切，則爲曉母阮韻。《韻鏡》外轉第二十一開、《七音略》外轉第二十一重中重、《切韻指掌圖》七圖、《切韻指南》山攝外四開口呼廣門，列字均爲「巘」，曉母阮韻；《起數訣》空位。「巘」爲《廣韻》、《集韻》阮韻曉母位小韻首字，「憾」爲《集韻》阮韻曉母位下收字，《四聲等子》從《集韻》。

75 上三影　放　《廣韻》、《集韻》於蹇切，影獮三上開山；《韻鏡》外轉第二十三開、《切韻指掌圖》七圖、《起數訣》第四十五圖發音濁、《切韻指南》山攝外四開口呼廣門，列字均爲「放」；《七音略》外轉第二十三重中重，列於匣母，影母空位。「放」爲《廣韻》、《集韻》獮三影母位小韻首字，《七音略》誤，當校列於影母位，《四聲等子》是。

去三韻目：標目爲線，實爲線願合韻

76 去三溪　騫　《廣韻》去乾切，溪仙三平開山，不應列於此；《集韻》祛建切，溪願三去開山；《韻鏡》、《切韻指掌圖》、《起數訣》空位；《七音略》外轉第二十一重中重，列字爲「慮」，疑母願韻，誤；《切韻指南》山攝外四開口呼廣門，列字均爲「傿」。《廣韻》溪母願韻無列字，「騫」爲《集韻》願三溪母位小韻首字，《四聲等子》從《集韻》。

77 去三群　健　《廣韻》、《集韻》渠建切，群願三去開山。《韻鏡》外轉第二十一開、《切韻指南》山攝外四開口呼廣門，列字均爲「建」；《七音略》外轉第二十一重中重、《切韻指掌圖》七圖，列字爲『徤』，同『徤』；《起數訣》空位。『建』爲《廣韻》願三群母位小韻首字，下收有『徤』字。『徤』爲《集韻》小韻首字，《四聲等子》從《集韻》。

78 去三知　驏　《廣韻》、《集韻》陟扇切，知線三去開山；《韻鏡》空位；《七音略》外轉二十三重中重、《切韻指南》山攝外四開口呼廣門，列字均爲『驏』；《切韻指掌圖》七圖、《起數訣》第四十五圖發音濁，列字爲『驙』，《集韻》知母線韻。『驏』爲《廣韻》、《集韻》線三知母位小韻首字，列字以『驏』爲佳，《韻鏡》空位誤，《四聲等子》是。

79 去三穿　硟　《廣韻》昌戰切，《集韻》尺戰切，昌線三去開山；《韻鏡》外轉第二十三開、《切韻指掌圖》七圖、《起數訣》第四十五圖發音濁、《切韻指南》山攝外四開口呼廣門，列字均爲『硟』；《七音略》外轉二十三重中重，列字爲『[illegible]』，當爲『硟』字誤。『硟』爲《廣韻》、《集韻》線韻昌母位小韻首字，《七音略》誤，《四聲等子》是。

80 去三禪　○　《廣韻》、《集韻》禪母線韻列字爲『繕』，時戰切，禪線三去開山；《韻鏡》外轉第二十三開、《七音略》外轉二十三重中重、《起數訣》第四十五圖發音濁、《切韻指南》山攝外四開口呼廣門，列字均爲『繕』；《切韻指掌圖》空位。《四聲等子》空位誤，當校補『繕』。

81 去三曉　憲　《廣韻》、《集韻》許建切，曉願三去開山；《韻鏡》外轉第二十一開，列字爲『憲』；《七音略》外轉第二十一重中重、《切韻指掌圖》七圖、《切韻指南》山攝外四開口呼廣門，列字均爲『獻』；《起數訣》空位。『獻』爲《廣韻》願韻曉母位小韻首字，下收『憲』字，列字以『獻』爲佳，《四聲等子》亦無誤。

82 去三影　堰　《廣韻》、《集韻》於扇切，影線三去開山；《韻鏡》外轉第二十三開、《七音略》外轉二十三重中重、《起數訣》第四十五圖發音濁、《切韻指南》山攝外四開口呼廣門，列字均爲『躽』；《切韻指掌圖》七圖，列字爲『堰』。『躽』爲《廣韻》線三影母位小韻首字，下收有『堰』字。『堰』爲《集韻》小韻首字，《四聲等子》從《集韻》。

83 去三喻　○　《韻鏡》外轉第二十三開，列字爲『羨』，《廣韻》以淺切，《集韻》延面切，以線三去開山，此爲喻四母字，不當列於此位；《七音略》、《切韻指掌圖》、《切韻指南》、《起數訣》均空位。《廣韻》、《集韻》線三云母位均無字，《四聲等子》空位是。

84 去三來　㾐　咫 A、B 本、粵雅堂本，列字爲『㾐』，文瀾閣本、文淵閣本、文津閣本，列字爲『瘫』，當爲形訛。『㾐』，《廣韻》、《集韻》連彦切，來線三去開山；《韻鏡》外轉第二十三開、《七音略》外轉二十三重中重、《切韻指掌圖》七圖、《起數訣》第四十五圖發音濁、《切韻指南》山攝外四開口呼廣門，列字均爲『㾐』字。『㾐』爲《廣韻》、《集韻》線三來母位小韻首字，文瀾閣本、文淵閣本、文津閣本列字訛，當校改爲『㾐』；咫 A、B 本、粵雅堂本是。

85 去三日　軔　《廣韻》而振切，日震三去開臻，不應列於此；《集韻》如戰切，日線三去開山；《韻鏡》外轉第二十三開，列字爲『繟』，以母仙韻，誤；《起數訣》第四十五圖發音濁、《切韻指南》山攝外四開口呼廣門，列字均爲『軔』；《七音略》、《切韻指掌圖》均空位。《廣韻》綫三無日母字，「軔」爲《集韻》綫三日母位小韻首字，《四聲等子》從《集韻》。

入三韻目：標目爲薛，實爲薛月合韻

86 入三見　訐　《廣韻》居竭切，《集韻》居謁切，見月三入開山。《韻鏡》外轉第二十三開、《七音略》外轉二十三重中重、《起數訣》第四十五圖發音濁、《切韻指掌圖》七圖，列字均爲「揭」；《切韻指南》山攝外四開口呼廣門，列字爲「孑」，見母薛韻，當列四等，誤。「訐」爲《廣韻》、《集韻》月三見母位小韻首字，下收有「揭」，列字以「訐」爲佳，《四聲等子》是。

87 入三溪　揭　㞜A、B本、文瀾閣本、文淵閣本、粵雅堂本，列字爲「朅」，文津閣本列字爲「竭」，群母薛韻，應爲錯位致。「朅」，《廣韻》丘竭切，《集韻》丘傑切，溪薛三入開山；《韻鏡》外轉第二十三開、《七音略》外轉二十三重中重、《切韻指掌圖》七圖、《起數訣》第四十五圖發音濁、《切韻指南》山攝外四開口呼廣門，列字均爲「朅」。「朅」爲《廣韻》、《集韻》薛韻溪母位小韻首字，《四聲等子》文津閣本誤，當校改爲「朅」，其他版本是。

88 入三群　竭　《廣韻》渠列切，《集韻》巨列切，群薛三入開山；《韻鏡》外轉第二十三開、《七音略》外轉二十三重中重、《切韻指掌圖》七圖、《切韻指南》山攝外四開口呼廣門，列字均爲「傑」；《起數訣》第四十五圖發音濁，列字爲「桀」；「傑」爲《廣韻》薛三群母位小韻首字，下收有「桀」、「竭」二字，列字以「傑」字爲佳，《四聲等子》列「竭」字無誤；又「竭」爲《集韻》月三群母位小韻首字，《四聲等子》亦可爲從《集韻》。

89 入三疑　钀　《廣韻》、《集韻》魚列切，疑薛三入開山；《韻鏡》外轉第二十三開、《七音略》外轉二十三重中重、《切韻指掌圖》七圖，列字均爲『孽』，此字當爲『孼』之或體；《起數訣》第四十五圖發音濁，列字爲『蘖』；《切韻指南》山攝外四開口呼廣門，列字爲『孼』。『孼』爲《廣韻》薛三疑母位小韻首字，下收有『蘖(櫱)』、『钀』二字，列字以『孼』字爲佳，《四聲等子》亦無誤。另，『钀』爲《廣韻》、《集韻》月三疑母位小韻首字，《四聲等子》是。

90 入三徹　徹　《廣韻》丑列切，《集韻》敕列切，徹薛三入開山；《韻鏡》外轉第二十三開、《七音略》外轉二十三重中重，列字均爲『徹』；《切韻指掌圖》七圖、《起數訣》第四十五圖發音濁、《切韻指南》山攝外四開口呼廣門，列字均爲『屮』。『屮』爲《廣韻》、《集韻》薛三徹母位小韻首字，下收有『徹』字。列字以『屮』字爲佳，《四聲等子》亦無誤。

91 入三幫　⿰言別　《康熙字典》記：『《廣韻》與䇷同』，『⿰言別』、『䇷』二字爲異體字。䇷，《廣韻》方別切，《集韻》筆別切，幫薛三去開山；《韻鏡》外轉第二十三開，列字爲『鼈』，爲重紐四等字，當列於四等位，《韻鏡》誤；《七音略》外轉二十三重中重、《切韻指掌圖》八圖、《起數訣》第四十五圖發音濁、《切韻指南》山攝外四開口呼廣門，列字均爲『䇷』。『䇷』爲《廣韻》、《集韻》薛韻幫母位小韻首字，下收有『⿰言別』字，列字以『䇷』爲佳，《四聲等子》亦無誤。

92 入三照　⿱折月　此字當爲『晢』字形訛。『晢』，《廣韻》旨熱切，《集韻》之列切，章薛三入開山；

《韻鏡》外轉第二十三開、《七音略》外轉二十三重中重、《起數訣》第四十五圖發音濁，列字均爲『浙』；《切韻指掌圖》七圖、《切韻指南》山攝外四開口呼廣門，列字均爲『晢』。『晢』爲《廣韻》薛三章母位小韻首字，下收有『浙』字，列字以『晢』爲佳，《四聲等子》列字形訛，當校正爲『晢』。

93 入三禪 ○ 《廣韻》禪母薛韻列字爲『折』小韻。『折』，《廣韻》常列切，《集韻》食列切，禪薛三入開山；《韻鏡》外轉第二十三開、《七音略》外轉二十三重中重，列字均爲『折』；《起數訣》第四十五圖發音濁，列字爲『舌』，船母薛韻；《切韻指掌圖》、《切韻指南》空位，誤。『折』爲《廣韻》薛三禪母位小韻首字，《四聲等子》當校補『折』字。

94 入三曉 歇 《廣韻》、《集韻》許竭切，曉月三入開山；《韻鏡》外轉第二十一開、《切韻指掌圖》七圖，列字均爲『歇』；《七音略》外轉二十一重中重，空位，誤；《起數訣》第四十五圖發音濁、《切韻指南》山攝外四開口呼廣門，列字均爲『娎』，曉母薛韻；『歇』爲《廣韻》曉母月韻小韻首字，《七音略》空位誤，《四聲等子》是。

95 入三影 謁 《廣韻》、《集韻》於歇切，影月三入開山；《韻鏡》外轉第二十一開、《七音略》外轉二十一重中重、《起數訣》第四十五圖發音濁，空位；《切韻指掌圖》七圖，列字均爲『謁』；《切韻指南》山攝外四開口呼廣門，列字爲『緆』；『謁』爲《廣韻》、《集韻》薛三影母位小韻首字，下收有『緆』字，《四聲等子》是。

96 入三來　列　《廣韻》良辥切，《集韻》力蘖切，來薛三入開山；《韻鏡》外轉第二十三開、《七音略》外轉二十三重中重、《切韻指掌圖》七圖，列字爲『烈』；《起數訣》第四十五圖發音濁、《切韻指南》山攝外四開口呼廣門，列字均爲『列』。『列』字爲《廣韻》薛韻來母位小韻首字，下收『烈』字，列字以『列』爲佳，《四聲等子》是。

97 入三日　熱　《廣韻》如列切，日薛三入開山；《韻鏡》外轉第二十三開、《切韻指掌圖》七圖、《起數訣》第四十五圖發音濁、《切韻指南》山攝外四開口呼廣門，列字均爲『熱』；《七音略》外轉二十三重中重，列字爲『爇』，爲『熱』異體字。『熱』爲《廣韻》薛韻日母位小韻首字，《四聲等子》列正體是。

平四韻目：標目爲先，實爲先仙合韻

98 平四疑　研　《廣韻》五堅切，《集韻》倪堅切，疑先四平開山；《韻鏡》外轉第二十三開，列字爲『研』；《七音略》外轉二十三重中重、《切韻指掌圖》七圖、《起數訣》第四十圖發音清、《切韻指南》山攝外四開口呼廣門，列字均爲『妍』；『妍』爲《廣韻》、《集韻》先四疑母位小韻首字，下收『研』字，列字以『妍』爲佳，《四聲等子》亦無誤。

99 平四滂　偏　《廣韻》芳連切，《集韻》紕延切，滂仙三平開山；《韻鏡》外轉第二十一開、《七音略》外轉二十一重中輕、《切韻指掌圖》八圖、《切韻指南》山攝外四開口呼廣門，列字爲

『篇』；《起數訣》第四十四圖發音清，列字爲『偏』。『篇』爲《廣韻》仙韻滂母重紐四等位小韻首字，下收有『偏』字，列字以『篇』爲佳，《四聲等子》亦無誤。

100 平四精　箋　《廣韻》則前切，《集韻》將先切，精先四平開山；《韻鏡》外轉第二十三開、《切韻指掌圖》七圖、《起數訣》第四十圖發音清、《切韻指南》山攝外四開口呼廣門，列字均爲『箋』；《七音略》外轉二十三重中重，列字爲『牋』。『箋』爲《廣韻》先四精母位小韻首字，下收有『牋』字，列字以『箋』爲佳，《四聲等子》是。

101 平四邪　㳄　《廣韻》夕連切，《集韻》徐連切，邪仙三平開山；《韻鏡》外轉第二十一開、《七音略》外轉二十一重中輕、《切韻指掌圖》七圖、《起數訣》第四十四圖發音清，列字均爲『涎』，《切韻指南》山攝外四開口呼廣門，列字爲『㳄』。『㳄』，《康熙字典》記：『涎本字。』、『㳄』、『涎』二字爲異體字。『㳄』爲《廣韻》仙三邪母位小韻首字，下收有『涎』字，列字以『涎』爲佳，《四聲等子》亦無誤。

102 平四來　蓮　咫A、B本、文瀾閣本、文淵閣本、文津閣本，列字爲『蓮』；粵雅堂本列字爲『連』。『蓮』，《廣韻》落賢切，《集韻》靈年切，來先四平開山；《韻鏡》外轉第二十三開、《七音略》外轉二十三重中重、《切韻指掌圖》七圖、《起數訣》第四十圖發音清、《切韻指南》山攝外四開口呼廣門，列字均爲『蓮』。『連』，來母仙韻當列於三等。『蓮』爲《廣韻》、《集韻》先四來母位小韻首字，《四聲等子》粵雅堂本誤，當校改爲『蓮』，其他版本是。

上四韻目：無標目，實爲獮銑合韻

103 上四定　殄　《廣韻》、《集韻》徒典切，定銑四上開山；《韻鏡》外轉第二十三開、《切韻指掌圖》七圖、《起數訣》第四十圖發音清、《切韻指南》山攝外四開口呼廣門，列字均爲「殄」；《七音略》空位，誤。「殄」爲《廣韻》銑四定母位小韻首字，《四聲等子》是。

104 上四幫　編　《廣韻》方典切，《集韻》補典切，幫銑四上開山；《韻鏡》外轉第二十三開、《切韻指掌圖》八圖，列字均爲「編」；《七音略》、《切韻指南》空位；《起數訣》第四十圖發音清，列字爲「匾」。「編」爲《廣韻》銑四幫母位小韻首字，下收「匾」字，列字以「編」爲佳，《七音略》空位誤，《四聲等子》是。

105 上四滂　覑　《廣韻》未收；《集韻》匹典切，滂銑四上合山；《韻鏡》、《七音略》、《切韻指掌圖》、《切韻指南》均空位；《起數訣》第四十二圖閉音清，列字爲「覑」。《廣韻》銑韻無滂紐，「覑」爲《集韻》銑四滂母位小韻首字，《四聲等子》列字依《集韻》。

106 上四並　辮　《廣韻》薄泫切，《集韻》婢典切，並銑四上開山；《韻鏡》外轉第二十三開，列字爲「辯」，並母獮韻，當爲「辮」字誤；《七音略》外轉二十三重中重、《切韻指掌圖》八圖、《起數訣》第四十圖發音清，列字均爲「辮」；《切韻指南》山攝外四開口呼廣門，列字爲「楩」，並母獮韻。「辮」爲《廣韻》銑四並母位小韻首字，《韻鏡》誤，《四聲等子》是。

107 上四明　㨠　《廣韻》、《集韻》彌殄切，明銑四上開山；《韻鏡》外轉第二十三開，列字爲

『汕』，當爲『汅』字誤，『汅』明母獮韻，誤；《七音略》外轉二十三重中重，列字爲『丏』，『丏』爲『丏』之形訛；《切韻指掌圖》八圖，列字爲『緬』，明母獮韻；《起數訣》第四十圖發音清，列字爲『𢭃』；《切韻指南》空位。『𢭃』爲《廣韻》銑四明母位小韻首字，下收『丏』字，列字以『𢭃』爲佳，《四聲等子》是。

108 上四精　剪　《廣韻》即淺切，《集韻》子淺切，精獮三上開山。《韻鏡》外轉第二十一開、《切韻指掌圖》七圖、《切韻指南》山攝外四開口呼廣門，列字均爲『翦』；《七音略》外轉二十一重中輕、《起數訣》第四十四圖發音清，列字爲『剪』。『翦』爲《廣韻》獮韻精母位小韻首字，下收有『剪』字，《四聲等子》亦無誤。

109 上四來　健　《廣韻》、《集韻》力展切，來獮三上開山；《韻鏡》、《七音略》、《切韻指掌圖》、《切韻指南》均空位。『輦』爲《廣韻》、《集韻》獮三來母位小韻首字，當列於三等位，《四聲等子》誤，當删。

去四韻目：無標目，實爲霰線合韻

110 去四透　填　《廣韻》、《集韻》堂練切，定霰四去開山，不應列於此；《韻鏡》外轉第二十三開、《七音略》外轉二十三重中重、《切韻指掌圖》七圖、《起數訣》第四十圖發音清、《切韻指南》山攝外四開口呼廣門，列字均爲『瑱』，《廣韻》、《集韻》他甸切，透霰四去開山；『瑱』爲

《廣韻》、《集韻》霰四透母位小韻首字，《四聲等子》形誤，當校改爲『瑱』。

111　去四泥　睍　《廣韻》胡典切，匣銑四上開山，《集韻》形甸切，匣霰四去開山；均不當列於此位；《韻鏡》外轉第二十三開、《七音略》外轉二十三重中重、《切韻指掌圖》七圖、《切韻指南》山攝外四開口呼廣門，列字均爲『晛』，《廣韻》奴甸切，《集韻》乃見切，泥母霰韻；《起數訣》第四十圖發音清，列字爲『晛』；『晛』爲《廣韻》、《集韻》霰四泥母位小韻首字，『睍』爲『晛』之形訛，《四聲等子》形訛，當校改爲『晛』字。

112　去四並　辯　《廣韻》符蹇切，《集韻》平免切，並獮三上開山，不應列於此；《韻鏡》外轉第二十三開、《七音略》外轉二十三重中重，列字均爲『辨』，滂母霰韻，誤；《起數訣》第四十二圖閉音清，列字爲『辩』；《切韻指掌圖》八圖、《切韻指南》山攝外四開口呼廣門，列字均爲『便』，並母線韻。『辯』爲《廣韻》獮三並母位小韻首字，霰三並母位無列位；『辩』爲《集韻》霰韻並母位小韻首字，《四聲等子》從《集韻》，列字形訛，當校改爲『辩』。

113　去四明　麪　《廣韻》莫甸切，《集韻》眠見切，明霰四去開山；《韻鏡》外轉第二十三開，列字爲『麵』（字體俗）；《七音略》外轉二十三重中重、《切韻指南》山攝外四開口呼廣門，列字均爲『麪』；《切韻指掌圖》八圖，列字爲『面』，明母線韻；《起數訣》第四十圖發音清，列字爲『瞑』，『瞑』爲『瞑』之形訛，明母霰韻。『麪』爲《廣韻》霰韻明母位小韻首字，下收『瞑』字，列字以『麪』爲佳，《四聲等子》是。

114 去四清　蒨　《廣韻》、《集韻》倉甸切，清霰四去開山；《韻鏡》外轉第二十三開、《切韻指掌圖》七圖、《起數訣》第四十圖發音清、《切韻指南》山攝外四開口呼廣門，列字均爲『蒨』；《七音略》外轉二十三重中重，列字爲『茜』。『蒨』爲《廣韻》霰四清母位小韻首字，下收有『茜』字。列字以『蒨』爲佳，《七音略》列『茜』字亦無誤，《四聲等子》是。

入四韻目：無標目，實爲屑薛合韻（薛僅有一列）

115 入四溪　猰　《廣韻》苦結切，《集韻》詰結切，溪屑四入開山；《韻鏡》外轉第二十三開，列字爲『揳』，心母屑韻，爲『猰』字誤；《七音略》外轉二十三重中重、《切韻指掌圖》七圖、《起數訣》第四十圖發音清、《切韻指南》山攝外四開口呼廣門，列字均爲『猰』。『猰』爲《廣韻》屑四溪母位小韻首字，《韻鏡》誤，《四聲等子》是。

116 入四透　銕　《廣韻》直質切，透質三入開山，《集韻》未收；《康熙字典》記：『《玉篇》古文鐵字。注詳糸部五畫。《正字通》俗用爲鐵字，誤。』《韻鏡》外轉第二十三開、《七音略》外轉二十三重中重、《切韻指掌圖》七圖、《起數訣》第四十圖發音清、《切韻指南》山攝外四開口呼廣門，列字均爲『鐵』。『鐵』爲《廣韻》屑四透母位小韻首字，『銕』爲『鐵』之俗字，列字以『鐵』爲佳，《四聲等子》雖無誤，但校爲『鐵』爲佳。

117 入四泥　涅　《廣韻》奴結切，《集韻》乃結切，泥屑四入開山。《韻鏡》外轉第二十三開、《七音略》外轉二十三重中重，列字均爲『涅』；《切韻指掌圖》七圖、《起數訣》第四十圖發音清、《切韻指南》山攝外四開口呼廣門，列字均爲『涅』。『涅』、『涅』、『涅』三字爲異體字；『涅』爲《廣韻》屑四泥母位小韻首字，《四聲等子》列俗字無誤，但列『涅』字形更佳。

118 入四幫　彆　《廣韻》方結切，《集韻》必結切，幫屑四入開山；《韻鏡》外轉第二十三開、《切韻指南》山攝外四開口呼廣門，列字均爲『鷩』，幫母薛韻，誤。《七音略》外轉二十三重中重、《切韻指掌圖》八圖，列字均爲『彆』；《起數訣》第四十圖發音清，列字爲『閉』。『彆』爲《廣韻》屑四幫母位小韻首字，下收有『閉』字，列字以『彆』爲佳，《四聲等子》是。

119 入四滂　蹩　《廣韻》、《集韻》蒲結切，幫屑四入開山，不應列於此；《韻鏡》外轉第二十三開，列字爲『瞥』，滂母屑韻；《七音略》外轉二十三重中重，列字爲『嫳』，滂母屑韻；《切韻指掌圖》八圖、《切韻指南》山攝外四開口呼廣門，列字爲『撆』；《起數訣》空位。『撆』爲《廣韻》屑四滂母位小韻首字，下收有『瞥』、『嫳』二字，列字以『撆』字爲佳，《四聲等子》誤，當校改爲『撆』。

120 入四並　撆　《廣韻》普蔑切，《集韻》匹蔑切，滂屑四入開山，不應列於此；《韻鏡》外轉第二十三開、《七音略》外轉二十三重中重、《切韻指掌圖》八圖、《切韻指南》山攝外四開口呼廣門，列字均爲『蹩』；《起數訣》第四十圖發音清，列字爲『槐』，『槐』之訛字。『蹩』爲《廣韻》屑四並母位小韻首字，下收有『槐』字，列字以『蹩』字爲佳，《四聲等子》誤，當校改爲『蹩』。

121 入四明　蔑　《廣韻》、《集韻》莫結切，明屑四入開山；《韻鏡》外轉第二十三開、《切韻指掌圖》八圖、《切韻指南》山攝外四開口呼廣門，列字均爲「蔑」；《七音略》外轉二十三重中重，列字爲「篾」；《起數訣》第四十圖發音清，列字爲「㰆」。「蔑」爲《廣韻》屑四明母位小韻首字，下收有「篾」、「蠛」二字，列字以「蔑」字爲佳，《四聲等子》是。

122 入四從　截　《廣韻》、《集韻》昨結切，從屑四入開山；《韻鏡》外轉第二十三開，列字爲「𢧐」；《七音略》外轉二十三重中重，列字爲「擮」，從母屑韻；《切韻指掌圖》七圖、《起數訣》第四十圖發音清、《切韻指南》山攝外四開口呼廣門，列字均爲「截」。「𢧐」爲《廣韻》屑四從母位小韻首字，注曰：「或作截。」「截」爲其或體。列字以「𢧐」爲佳，《四聲等子》列或體，亦無誤。

123 入四匣　頡　《廣韻》胡結切，《集韻》奚結切，匣屑四入開山；《韻鏡》外轉第二十三開、《七音略》外轉二十三重中重、《起數訣》第四十圖發音清、《切韻指南》山攝外四開口呼廣門，列字均爲「纈」；《切韻指掌圖》七圖，列字爲「頁」，匣母屑韻。「纈」爲《廣韻》、《集韻》屑韻匣母位小韻首字，下收「頁」、「頡」，列字以「纈」爲佳，《四聲等子》亦無誤。

124 入四喻　栧　《廣韻》以制切，以祭三去開蟹，不應列於此；《廣韻》以母屑韻無列字，薛韻列字爲「抴」；《韻鏡》外轉第二十一開、《七音略》外轉二十一重中輕、《切韻指南》山攝外四開口呼廣門，列字均爲「抴」；《切韻指掌圖》七圖，列字爲「拽」，「拽」當爲「抴」形訛；《起數訣》第四十四圖發音清，列字爲『抴』。『抴』爲《廣韻》薛韻以母位小韻首字，注有『亦作拽』，二字爲異體字。列字以『抴』爲佳，《四聲等子》形訛，當校爲『拽』。

125 入四來　𡚒　《廣韻》練結切，《集韻》力結切，來屑四入開山；《韻鏡》外轉第二十三開、《切韻指掌圖》七圖、《起數訣》第四十圖發音清，列字爲『𡚒』；《七音略》、《切韻指南》空位。『𡚒』爲《廣韻》屑韻來母位小韻首字，《七音略》空位誤，《四聲等子》是。

山攝外四　輕重俱等韻　合口呼

見	官管貫括	關○慣刮	勬卷眷厥	涓畎絹決
溪	寬欵鏉闊	○○○劀	弮棬勸闕	○犬缺缺
羣	○○○○	權○趯○	拳圈倦橜	○餇○○
疑	岏輐玩枂	頑○薍刖	元阮願月	○○○○
端知	端短鍛掇	○○○窡	𤁣囀轉輟	○○○○
透徹	湍疃彖脫	○○○頒	猭腞𢕔敓	○○○○
定澄	團斷段奪	窀○○○	椽篆傳○	○○○○
泥孃	濡煗偄○	奻○奻豽	○𦗊○○	○○○○
幫非	䊲粄半撥	班版○八	番反販髮	鞭褊徧撆
滂敷	潘𤤟判潑	攀眅襻汃	翻𤸎嬔怖	篇萹鶣瞥
並奉	盤伴叛跋	肦板瓣拔	煩飯飯伐	便楩便徶
明微	謾滿幔末	蠻矕慢僈	樠晚万韈	綿緬面滅

	精照	清穿	從牀	心審	邪禪	曉	匣	影	喻	來	日	
	鑽	爨	欑	酸	○	懽	桓	剜	○	鑾	○	桓
	籑	毳	○	算	鄹	澣	緩	椀	○	卵	○	緩
	鑽	竄	攢	筭	○	喚	換	腕	○	亂	○	換
	繓	撮	柮	剸	○	豁	活	斡	○	捋	○	末
刪併山	跧	○	狗	栓	○	豩	還	彎	○	爐	○	山
	○	㦃	撰	巽	○	○	睆	綰	○	○	○	產
	恮	篡	饌	孿	○	○	患	綰	○	○	○	襇
	茁	纂	○	刷	○	聒	滑	婠	○	○	○	鎋
仙元相助	專	穿	船	○	遄	喧	○	鴛	袁	孌	堧	元
	剸	舛	○	○	膞	暅	○	婉	遠	臠	輭	阮
	剸	釧	○	縳	摶	楥	○	怨	遠	戀	瞤	願
	拙	啜	○	說	○	颰	○	嬮	曰	劣	爇	月
	鐫	佺	全	宣	旋	儇	玄	淵	沿	○	○	仙
	臇	○	雋	選	夐	蠉	泫	蜎	兗	○	○	獮
	恮	縓	泉	選	漩	絢	縣	餶	緣	○	○	線
	蕝	膬	絕	雪	捘	血	穴	抉	悅	○	○	薛

第十四圖　山攝外四　輕重俱等韻　合口呼

平一韻目：標目爲桓

1 平一端　端　《廣韻》、《集韻》多官切，端桓一平合山；《韻鏡》外轉第二十四合、《切韻指掌圖》八圖、《起數訣》第四十二圖閉音清、《切韻指南》山攝外四合口呼廣門，列字均爲「端」；《七音略》外轉二十四輕中重，列字爲「耑」。「端」爲《廣韻》桓一端母位小韻首字，下收有「耑」字，列字以「端」字爲佳，《四聲等子》是。

2 平一泥　濡　《廣韻》乃官切，《集韻》奴官切，泥桓一上合山；《韻鏡》空位；《七音略》外轉二十四輕中重、《起數訣》第四十二圖閉音清，列字爲「渜」，《集韻》泥母桓韻；《切韻指掌圖》八圖、《切韻指南》山攝外四合口呼廣門，列字爲「濡」。「濡」爲《廣韻》桓一泥母位小韻首字，「渜」爲《集韻》小韻首字，《七音略》、《起數訣》從《集韻》，《四聲等子》從《廣韻》，是。

3 平一並　盤　《廣韻》薄官切，《集韻》蒲官切，並桓一平合山；《韻鏡》外轉第二十四合、《七音略》外轉二十四輕中重、《切韻指掌圖》八圖，列字均爲「盤」；《切韻指南》山攝外四合口呼廣門，列字爲「槃」，應爲「槃」誤；《起數訣》第四十二圖閉音清，列字爲「槃」。「槃」爲《廣韻》桓一並母位小韻首字，下收有「盤」字。列字以「槃」爲佳，《四聲等子》亦無誤。

4 平一明　謾　《廣韻》母官切，《集韻》謨官切，明桓一平合山；《韻鏡》外轉第二十四合、《七音略》外轉二十四輕中重、《切韻指掌圖》八圖、《起數訣》第四十二圖閉音清、《切韻指南》山攝外四合口呼廣門，列字均爲『瞞』。『瞞』爲《廣韻》桓韻明母位小韻首字，下收『謾』字，列字以『瞞』爲佳，《四聲等子》亦無誤。

5 平一清　爨　《廣韻》七亂切，清換一去合山；《集韻》七丸切，清桓一平合山；《韻鏡》空位；《七音略》外轉二十四輕中重，列字爲『𥎊』，《字彙》七桓切，攛平聲；《切韻指掌圖》八圖，列字爲『攛』，《集韻》清母桓韻；《起數訣》第四十二圖閉音清，列字爲『爨』；《切韻指南》山攝外四合口呼廣門，列字爲『鋑』，《集韻》清母桓韻。《廣韻》桓韻清母位無字，《集韻》列『爨』爲小韻首字，《四聲等子》依《集韻》。

6 平一從　欑　《廣韻》在丸切，《集韻》徂丸切，從桓一平合山；《韻鏡》外轉第二十四合、《七音略》外轉二十四輕中重，列字爲『攢』，從母換韻，當爲『欑』字書寫誤；《切韻指掌圖》八圖、《切韻指南》山攝外四合口呼廣門，列字均爲『欑』；《起數訣》第四十二圖閉音清，列字爲『巑』。『欑』爲《廣韻》桓一從母位小韻首字，下收有『巑』字，列字以『欑』字爲佳，《四聲等子》是。

7 平一曉　懽　《廣韻》、《集韻》呼官切，曉桓一平合山；《韻鏡》外轉第二十四合、《七音略》外轉二十四輕中重、《切韻指掌圖》八圖、《起數訣》第四十二圖閉音清、《切韻指南》山攝外四合口呼廣門，列字均爲「歡」。「歡」爲《廣韻》桓韻明母位小韻首字，下收「懽」字，列字以「歡」爲佳，《四聲等子》亦無誤。

8 平一來　鑾　文津閣本空位，其他版本均列「鑾」。「鑾」，《廣韻》落官切，《集韻》盧丸切，來桓一平合山；《韻鏡》外轉第二十四合、《七音略》外轉二十四輕中重、《起數訣》第四十二圖閉音清，列字均爲「鸞」；《切韻指掌圖》八圖、《切韻指南》山攝外四合口呼廣門，列字均爲「鑾」；「鑾」爲《廣韻》桓一來母位小韻首字，下收有「鸞」字。列字以「鑾」字爲佳，《四聲等子》文津閣本空位誤，當校補「鑾」字，其他版本列字是。

上一韻目：標目爲緩

9 上一溪　欵　《廣韻》苦管切，《集韻》苦緩切，溪緩一上合山；《韻鏡》外轉第二十四合、《七音略》外轉二十四輕中重、《切韻指掌圖》八圖、《切韻指南》山攝外四合口呼廣門，列字均爲「款」；《起數訣》第四十二圖閉音清，列字爲「欵」。「款」爲《廣韻》緩一溪母位小韻首字，注曰：「欵爲俗體。」「欵」爲其俗體，列字以「款」爲佳，《四聲等子》列俗體亦無誤。

10 上一疑　輐　《廣韻》未收；《集韻》五管切，疑緩一上合山；《韻鏡》外轉第二十四合、《起數訣》第四十二圖閉音清、《切韻指南》山攝外四合口呼廣門，列字均爲「輐」；《七音略》外轉二十四輕中重，列字爲「軏」，應爲「輐」字訛；《切韻指掌圖》空位。《廣韻》緩韻無疑母字，

「輐」爲《集韻》緩一疑母位小韻首字，《四聲等子》列字依《集韻》。

11　上一泥　煗　咫A、B本，文瀾閣本，粵雅堂本列字爲「煗」，文淵閣本、文津閣本列字爲「㶣」，應爲「煗」殘。「煗」，《廣韻》、《集韻》乃管切，泥緩一上合山；《韻鏡》外轉第二十四合、《七音略》外轉二十四輕中重，列字爲「餪」；《起數訣》第四十二圖閉音清，列字爲「煖」。「煗」爲《廣韻》、《集韻》緩一泥母位小韻首字，下收有「餪」、「煖」二字，且「暖」、「煖」二字爲異體字，列字以「煗」字爲佳，《四聲等子》文淵閣本、文津閣本列字殘訛，當校正爲「煗」，其他版本列字是。

12　上一幫　粄　咫A、B本，粵雅堂本，列字爲「粄」，文瀾閣本、文淵閣本、文津閣本列字爲「叛」，並母換韻，應爲「粄」形訛；「粄」，《廣韻》博管切，《集韻》補滿切，幫緩一上合山；《韻鏡》外轉第二十四合、《起數訣》第四十二圖閉音清、《切韻指南》山攝外四合口呼廣門，列字均爲「粄」；《七音略》外轉二十四輕中重、《切韻指掌圖》八圖，列字均爲「叛」，應爲「粄」形訛；「粄」爲《廣韻》緩韻幫母位小韻首字，《七音略》誤，《四聲等子》文瀾閣本、文淵閣本、文津閣本列字誤，當校正爲「粄」，其他版本是。

13　上一滂　𤤽　此字當爲「坢」之訛字。「坢」，《廣韻》、《集韻》普伴切，滂緩一上合山；《韻鏡》外轉第二十四合、《七音略》外轉二十四輕中重、《切韻指掌圖》八圖，列字均爲「坢」；《切韻指南》山攝外四合口呼廣門，列字均爲『𤥛』。『𤥛』爲《廣韻》、《集韻》緩一滂母位小韻首字，《四聲等子》誤，當校改爲『𤥛』。

14 上一清　𢘽　《康熙字典》記：『《説文》千短切，𢘽上聲。精戇也。从心毳聲。又《廣韻》、《集韻》呼骨切，音忽。《玉篇》寢熟也。又《集韻》呼八切，音𦗶。卧覺也。又呼役切，音䀏。義同。』此記《説文》千短切，清母緩韻。另《集韻》『千短切』。《韻鏡》、《切韻指掌圖》均空位；《七音略》外轉二十四輕中重、《起數訣》第四十二圖閉音清、《切韻指南》山攝外四合口呼廣門，列字均爲『𢘽』。《廣韻》緩韻無清母字，『𢘽』爲《集韻》緩一清母位小韻首字，《四聲等子》列字從《集韻》，亦無誤。

15 上一從　○　《廣韻》、《集韻》緩韻從母位無字；《韻鏡》外轉第二十四合，列字爲『鄼』；『鄼』，《廣韻》未收此字形，《集韻》祖管切，精母緩韻；又《康熙字典》記：『同鄼。』、『鄼』，精母换韻；《韻鏡》誤。《七音略》外轉二十四輕中重，列字爲『𨜒』；『𨜒』，《廣韻》辭纂切，《集韻》緒纂切，邪母緩韻；《七音略》亦誤；《切韻指掌圖》、《起數訣》、《切韻指南》均空位。《廣韻》、《集韻》緩韻無從母字，《四聲等子》空位是。

16 上一邪　𨜒　《廣韻》辭纂切，《集韻》緒纂切，邪緩一上合山；《韻鏡》空位；《七音略》外轉二十四輕中重，列於從母，邪母空位，應爲錯位所致；《切韻指掌圖》八圖、《起數訣》第四十二圖閉音清、《切韻指南》山攝外四合口呼廣門，列字均爲『𨜒』。『𨜒』爲《廣韻》、《集韻》緩一邪母位小韻首字，《七音略》誤，《四聲等子》列字是。

17 上一曉 㶩 《廣韻》未收；《集韻》火管切，曉緩一上合山；《韻鏡》外轉第二十四合、《起數訣》第四十二圖閉音清、《切韻指南》山攝外四合口呼廣門，列字均爲『㶩』；《七音略》、《切韻指掌圖》空位。《廣韻》緩韻無曉母字，『㶩』爲《集韻》緩一曉母位小韻首字，《韻鏡》、《四聲等子》列字依《集韻》。

18 上一來 卵 文津閣本空位，其他版本列字爲『卵』。『卵』，《廣韻》盧管切，《集韻》魯管切，來緩一上合山；《韻鏡》外轉第二十四合、《切韻指掌圖》八圖，列字爲『夘』，爲『卵』之俗寫。《切韻指南》山攝外四合口呼廣門，列字均爲『卵』；《七音略》外轉二十四輕中重、《起數訣》第四十二圖閉音清，列字爲『夘』。『夘』爲《廣韻》緩韻來母位小韻首字，《廣韻》訛爲『夘』，後寫作『卵』。《四聲等子》文津閣本空位誤，當校補『卵』字，其他版本列字是。

去一韻目：標目爲換

19 去一溪 ⿰金疑 此字當爲『⿰金款』字誤。『⿰金款』，《廣韻》口換切，《集韻》苦涣切，溪換一去合山；《韻鏡》外轉第二十四合、《七音略》外轉二十四輕中重、《起數訣》第四十二圖閉音清、《切韻指掌圖》八圖、《切韻指南》山攝外四合口呼廣門，列字均爲『⿰金款』。『⿰金款』爲《廣韻》、《集韻》換一溪母位小韻首字，《四聲等子》列字形訛，當校正爲『⿰金款』。

20 去一並　叛　⿸尸巳 A、B本，粵雅堂本，列字爲『叛』，文瀾閣本、文淵閣本、文津閣本列字爲『粄』，訛。『叛』，《廣韻》、《集韻》薄半切，並換一去合山；《韻鏡》外轉第二十四合、《七音略》外轉二十四輕中重、《起數訣》第四十二圖閉音清，列字均爲『畔』；《切韻指掌圖》八圖、《切韻指南》山攝外四合口呼廣門，列字均爲『叛』。『叛』爲《廣韻》、《集韻》換一並母位小韻首字，下收有『畔』字，列字以『叛』字爲佳，《四聲等子》文瀾閣本、文淵閣本、文津閣本列字訛，當校正爲『叛』，其他版本是。

21 去一明　幔　《廣韻》、《集韻》莫半切，明換一去合山；《韻鏡》外轉第二十四合、《切韻指掌圖》八圖、《切韻指南》山攝外四合口呼廣門，列字均爲『縵』；《七音略》外轉二十四輕中重，列字爲『謾』；《起數訣》第四十二圖閉音清，列字爲『幔』。『縵』爲《廣韻》、《集韻》換一明母位小韻首字，下收有『幔』、『謾』二字，列字以『縵』字爲佳，《四聲等子》列『幔』字亦無誤。

22 去一精　鑽　《廣韻》子筭切，《集韻》祖筭切，精換一去合山。《韻鏡》外轉第二十四合、《七音略》外轉二十四輕中重、《切韻指掌圖》八圖、《切韻指南》山攝外四合口呼廣門，列字均爲『穳』；《起數訣》第四十二圖閉音清，列字爲『鑽』。『穳』爲《廣韻》換一精母位小韻首字，下收有『鑽』字；『鑽』爲《集韻》小韻首字，《四聲等子》從《集韻》。

23 去一清　竄　《廣韻》七亂切，《集韻》取亂切，清換一去合山；《韻鏡》外轉第二十四合、《七音略》外轉二十四輕中重、《切韻指掌圖》八圖、《切韻指南》山攝外四合口呼廣門，列字均爲

『竄』；《起數訣》第四十二圖閉音清，列字爲『竄』。『竄』、『竄』二字爲異體字。

24 去一心　筭　咫A、B本，文瀾閣本，文淵閣本，粤雅堂本，列字爲『筭』，文津閣本列字爲『算』。『筭』，《廣韻》、《集韻》蘇貫切，心換一上合山；《韻鏡》外轉第二十四合、《切韻指掌圖》八圖、《四聲等子》山攝外四輕重俱等韻合口呼、《切韻指南》山攝外四合口呼廣門，列字均爲『筭』；《七音略》外轉二十四輕中重，列字爲『算』，《集韻》心母換韻。『筭』爲《廣韻》換一心母位小韻首字，『筭』、『算』爲《集韻》并列小韻首字，《七音略》從《集韻》，《四聲等子》諸本列字均是。

25 去一影　腕　《廣韻》、《集韻》烏貫切，影換一去合山；《韻鏡》外轉第二十四合、《七音略》外轉二十四輕中重、《切韻指掌圖》八圖、《切韻指南》山攝外四合口呼廣門，列字均爲『惋』；《起數訣》第四十二圖閉音清，列字爲『腕』。『惋』爲《廣韻》、《集韻》換一影母位小韻首字，下收有『腕』字。列字以『惋』字爲佳，《四聲等子》列『腕』字亦無誤。

26 去一來　亂　文淵閣本空位，其他版本列字爲『亂』。『亂』《廣韻》郎段切，《集韻》盧玩切，來換一去合山；《韻鏡》外轉第二十四合、《七音略》外轉二十四輕中重、《切韻指掌圖》八圖、《四聲等子》山攝外四輕重俱等韻合口呼、《切韻指南》山攝外四合口呼廣門，列字均爲『亂』。『亂』爲《廣韻》、《集韻》換一來母位小韻首字，《四聲等子》文淵閣本空位誤，當校補『亂』字，其他版本是。

入一韻目：標目爲末

27 入一疑 枂 《廣韻》、《集韻》五活切，疑末一入合山；《韻鏡》外轉第二十四合、《切韻指掌圖》八圖、《起數訣》第四十二圖閉音清、《切韻指南》山攝外四合口呼廣門，列字均爲『枂』；《七音略》外轉二十四輕中重，列字爲『抈』，疑母月韻，誤，應爲『枂』形訛；『枂』爲《廣韻》末一疑母位小韻首字，《四聲等子》是。

28 入一端 掇 咫 A、B本，文淵閣本，粵雅堂本，文津閣本列字爲『掇』，文瀾閣本列字爲『揆』，群母旨韻。『掇』，《廣韻》丁括切，《集韻》都括切，端末一入合山；《韻鏡》外轉第二十四合、《七音略》外轉二十四輕中重、《切韻指掌圖》八圖、《起數訣》第四十二圖閉音清、《切韻指南》山攝外四合口呼廣門，列字均爲『掇』。『掇』爲《廣韻》、《集韻》末一端母位小韻首字，《四聲等子》文瀾閣本誤，當校正爲『掇』，其他版本列字是。

29 入一透 脱 《廣韻》、《集韻》他括切，透末一入合山；《韻鏡》外轉第二十四合、《七音略》外轉二十四輕中重，列字均爲『悦』；『悦』，《廣韻》未收，《集韻》他括切，透母末韻。《切韻指掌圖》十二圖、《起數訣》第四十二圖閉音清、《切韻指南》蟹攝外二合口呼廣門，列字均爲『侻』。『悦』爲《廣韻》、《集韻》末韻透母位小韻首字，下收有『脱』字，『悦』與『侻』爲異體字，《四聲等子》亦無誤。

30 入一滂 潑 《廣韻》、《集韻》普活切，滂末一入合山；《韻鏡》外轉第二十四合、《起數訣》第四十二圖閉音清，列字均爲『潑』；《七音略》外轉二十四輕中重、《切韻指掌圖》八圖、《切韻指南》山攝外四合口呼廣門，列字均爲『鏺』。『鏺』爲《廣韻》、《集韻》末一滂母位小韻首字，下收有『潑』字，列字以『鏺』字爲佳，《四聲等子》亦無誤。

31 入一心　⿰雪刂　《康熙字典》記：『《集韻》先活切，音濖。《玉篇》削也。』此記《集韻》先活切，心母末韻；《韻鏡》外轉第二十四合、《起數訣》第四十二圖閉音清、《切韻指南》山攝外四合口呼廣門，列字均爲『⿰雪刂』；《七音略》外轉二十四輕中重，列字爲『刷』，生母鎋韻或生母薛韻，誤；《切韻指掌圖》空位。《廣韻》末韻無心母字，『⿰雪刂』爲《集韻》末一心母位小韻首字，《四聲等子》從《集韻》。

32 入一曉　豁　《廣韻》、《集韻》呼括切，曉末一入合山；《韻鏡》外轉第二十四合、《切韻指掌圖》八圖、《切韻指南》山攝外四合口呼廣門，列字均爲『豁』；《七音略》外轉二十四輕中重、《起數訣》第四十二圖閉音清，列字爲『鎋』。『鎋』爲《集韻》小韻首字，《七音略》從《集韻》。『豁』爲《廣韻》末一曉母位小韻首字，下收有『鎋』字，列字以『豁』字爲佳，《四聲等子》是。

33 入一來　捋　文淵閣本空位，其他版本列字均爲『捋』。『捋』，《廣韻》郎括切，《集韻》盧活切，來母末韻。《韻鏡》外轉第二十四合、《七音略》外轉二十四輕中重、《切韻指掌圖》八圖、《切韻指南》山攝外四合口呼廣門，列字均爲『捋』；《起數訣》第四十二圖閉音清，列字爲『將』，訛。『捋』爲《廣韻》末一來母位小韻首字，《四聲等子》文淵閣本空位誤，當校補『捋』

字，其他版本是。

平二韻目：標目爲山，實爲山删合韻

34 平二群 巏 《廣韻》未收；《集韻》渠鰥切，群山二平合山；《韻鏡》外轉第二十二合、《七音略》外轉二十二輕中輕、《切韻指掌圖》八圖、《起數訣》第四十七圖收音濁，列字均爲『巏』；《切韻指南》山攝外四合口呼廣門，列字爲『𧾅』，群母仙韻，應爲『巏』形訛。『巏』爲《集韻》山二群母位小韻首字，《四聲等子》從《集韻》。

35 平二並 盼 𡰪 A、B本，文淵閣本，粤雅堂本，文津閣本，列字爲『盼』；文瀾閣本列字爲『版』，幫母潸韻。『盼』，《廣韻》未收；《康熙字典》記：『《集韻》步還切。片也。』此記《集韻》步還切，並母删韻。《韻鏡》、《切韻指掌圖》、《切韻指南》空位；《七音略》外轉二十四輕中重，列字爲『盼』；『盼』，《廣韻》布還切，《集韻》逋還切，幫母删韻，誤。《廣韻》删韻無並母字，『盼』爲《集韻》删二並母位小韻首字，《四聲等子》列字依《集韻》亦無誤。

36 平二穿 ○ 《廣韻》、《集韻》山韻均無合口初母字；《韻鏡》外轉第二十二合，列字爲『恮』，《廣韻》莊緣切，莊仙三平合山，《集韻》逡緣切，清仙三平合山，《韻鏡》誤；《七音略》、《切韻指掌圖》、《起數訣》、《切韻指南》均空位。《四聲等子》空位是。

37 平二牀 狷 𡰪 A、B本，文瀾閣本，文淵閣本，粤雅堂本，列字爲『狷』；文津閣本列字爲

「狥」，邪母稕韻，誤。「狗」，《廣韻》、《集韻》崇玄切，崇先二平合山；《韻鏡》外轉第二十四合、《切韻指掌圖》八圖、《起數訣》第四十三圖閉音濁、《切韻指南》山攝外四合口呼廣門，列字均爲「狗」；《七音略》外轉二十四輕中重，列字爲「袀」，《廣韻》居匀切，《集韻》規倫切，見母諄韻，誤，爲「狗」之形訛。「狗」爲先韻字，只有四等，反切上字爲崇母，因切列字，早期韻圖均列於二等。《四聲等子》是。

38 平二曉　豩　《廣韻》未收；《集韻》呼關切，曉删二平合山；《韻鏡》、《七音略》、《切韻指掌圖》均空位；《起數訣》第四十三圖閉音濁、《切韻指南》山攝外四合口呼廣門，列字均爲「豩」；《廣韻》删韻曉母位無字，「豩」爲《集韻》删二曉母位小韻首字，《四聲等子》從《集韻》。

39 平二匣　還　《廣韻》户關切，《集韻》胡關切，匣删二平合山；《韻鏡》外轉第二十四合、《七音略》外轉二十四輕中重、《切韻指掌圖》八圖，列字均爲「還」，爲「還」之刊刻俗體；《起數訣》第四十三圖閉音濁，列字爲「還」；《切韻指南》山攝外四合口呼廣門，列字爲「湲」，匣母山韻。「還」爲《廣韻》、《集韻》删二匣母位小韻首字，《四聲等子》是。

40 平二來　攌　文淵閣本空位，其他版本列字爲「攌」。「攌」，《廣韻》力頑切，《集韻》盧鰥切，來山二平合山；《韻鏡》外轉第二十二合、《七音略》外轉二十二輕中輕、《切韻指掌圖》八圖、《起數訣》第四十七圖收音濁、《切韻指南》山攝外四合口呼廣門，列字均爲「攌」。

『𢉱』爲《廣韻》、《集韻》山二來母位小韻首字，《四聲等子》文淵閣本空位誤，當校補『𢉱』，其他版本是。

上二韻目：標目爲産韻，實爲潸韻，産韻僅有一例

41 上二幫　版　《廣韻》布綰切，《集韻》補綰切，幫潸二上開山；《韻鏡》外轉第二十四合、《切韻指掌圖》八圖、《起數訣》第四十二圖閉音清、《切韻指南》山攝外四合口呼廣門，列字均爲『版』；《七音略》外轉二十四輕中重，列字爲『板』。『版』爲《廣韻》潸二幫母位小韻首字，下收有『板』字，列字以『版』字爲佳，《四聲等子》是。

42 上二滂　販　《廣韻》、《集韻》方願切，非願三去合山，不應列於此。《韻鏡》外轉第二十四合、《七音略》外轉二十四輕中重、《切韻指掌圖》八圖，列字均爲『眅』，《廣韻》普板切，《集韻》普版切，滂潸二上合山；《起數訣》第四十二圖閉音清，列字爲『眅』；《切韻指南》空位。『眅』爲《廣韻》、《集韻》潸二滂母位小韻首字，《四聲等子》列字爲『販』形訛，當校改爲『眅』字。

43 上二並　粄　《廣韻》博管切，《集韻》補滿切，並緩一上合山，不應列於此；《韻鏡》外轉第二十四合、《七音略》外轉二十四輕中重、《起數訣》第四十二圖閉音清，列字均爲『阪』，《廣韻》扶板切，《集韻》部版切，並潸二上合山；《切韻指掌圖》、《切韻指南》空位。『阪』爲《廣

韻》、《集韻》潸二並母位小韻首字，《四聲等子》誤，當校改爲『阪』。

44 上二穿　㦃　《廣韻》初綰切，《集韻》揣綰切，初産二上合山；《韻鏡》、《七音略》空位；《切韻指掌圖》八圖，列字均爲『剗』；《起數訣》第四十三圖閉音濁、《切韻指南》山攝外四合口呼廣門，列字均爲『㦃』。『剗』爲《廣韻》、《集韻》産二初母位開口小韻首字，《指掌圖》誤；『㦃』爲《集韻》産二初母位小韻首字，《廣韻》誤入開口，亦當爲合口，《四聲等子》是。

45 上二審　巽　《廣韻》思絹切，心母獮韻，不當列於此位；《集韻》士撰切，書母潸二等韻。《韻鏡》、《七音略》外空位；《切韻指掌圖》八圖，列字爲『産』。《起數訣》第四十七圖收音濁，列字爲『巽』；《切韻指南》空位。《廣韻》無，《集韻》式撰切，書母列三等，下字爲二等韻，故憑切列字，列於二等，《四聲等子》當從此門法。

46 上二匣　皖　《廣韻》户板切，《集韻》户版切，匣潸二上合山。《韻鏡》外轉第二十四合、《切韻指南》山攝外四合口呼廣門，列字爲『皖』；《七音略》外轉二十四輕中重，列字爲『皖』；《切韻指掌圖》八圖，列字爲『僩』；《起數訣》空位。『皖』爲《廣韻》、《集韻》潸韻匣母位小韻首字，下收『皖』，列字以『皖』爲佳，《四聲等子》是。

去二韻目：標目爲襉，實爲襉諫線三韻

47 去二群　䟒　《廣韻》巨員切，群仙三平合山，不應列於此；《集韻》求患切，群諫二去合山。

《韻鏡》外轉第二十四合、《七音略》外轉二十四輕中重、《起數訣》第四十三圖閉音濁、《切韻指南》山攝外合口呼廣門，列字均爲『𧾩』；《切韻指掌圖》空位。《廣韻》諫韻群母位無字，『𧾩』爲《集韻》諫二群母位小韻首字，《四聲等子》從《集韻》。

48 去二並　瓣　《廣韻》蒲莧切，《集韻》皮莧切，並襇二去開山；《韻鏡》外轉第二十一開、《切韻指掌圖》八圖、《起數訣》第四十二圖閉音清、《切韻指南》山攝外四開口呼廣門，列字均爲『瓣』；《七音略》外轉二十一重中輕，列字爲『辦』。『瓣』爲《廣韻》襇二並母位小韻首字，下收有『辦』字，列字以『瓣』字爲佳，《四聲等子》是。

49 去二照　恮　《廣韻》莊緣切，莊仙三平合山；《集韻》莊眷切，莊線三去合山，皆不應列於此。《韻鏡》、《切韻指掌圖》均空位；《七音略》外轉二十二輕中輕、《切韻指南》山攝外四合口呼廣門，列字均爲『孨』，章母線韻；《起數訣》第四十二圖閉音清，列字爲『恮』；『恮』爲《集韻》莊母線韻小韻首字，《四聲等子》從《集韻》，韻圖按切上字憑音列字於二等，亦無誤。

50 去二牀　饌　《廣韻》士戀切，《集韻》雛戀切，崇線二去合山；《韻鏡》外轉第二十四合、《七音略》外轉二十四輕中重、《切韻指掌圖》八圖、《四聲等子》山攝外四輕重俱等韻合口呼、《切韻指南》山攝外四合口呼廣門，列字均爲『饌』；韻圖按切上字排列，應列於二等，各家韻圖、《四聲等子》是。

入二韻目：標目爲鎋，實爲鎋黠薛合韻

51 入二明　⿰亻蜜　應爲「⿰亻密」形訛；「⿰亻密」，《廣韻》、《集韻》莫八切，明黠二入合山；《韻鏡》外轉第二十四合、《七音略》外轉二十四輕中重、《起數訣》第四十二圖閉音清，列字均爲「⿰亻密」；《切韻指掌圖》八圖，列字爲「⿰亻蜜」；《切韻指南》空位。「⿰亻密」爲《廣韻》黠韻明母位小韻首字，「⿰亻蜜」當爲形訛，《四聲等子》是。

52 入二牀　○　《韻鏡》、《切韻指掌圖》、《切韻指南》空位；《七音略》外轉二十四輕中重、《起數訣》第四十三圖閉音濁，列字爲「⿰齒卒」，崇母黠韻開口。《廣韻》、《集韻》轄黠二韻合口均無崇母音，《四聲等子》空位是。

53 入二曉　聒　《廣韻》、《集韻》古活切，見末一入合山，不應列於此，應爲「⿰目舌」形訛；「⿰目舌」，《廣韻》、《集韻》呼八切，曉黠二入合山；《韻鏡》外轉第二十四合、《七音略》外轉第十六輕中輕、《切韻指掌圖》二十圖、《起數訣》第四十三圖閉音濁，列字均爲「傄」；《切韻指南》蟹攝外二合口呼廣門，列字爲「聒」。「傄」爲《廣韻》曉母黠韻小韻首字，可列此位；《切韻指南》當亦爲「⿰目舌」字誤。另，「⿰目舌」爲《集韻》轄二曉母位小韻首字，《四聲等子》列字形訛，當校改爲「⿰目舌」。

54 入二影　婠　《廣韻》、《集韻》烏八切，影黠二入合山；《韻鏡》空位；《七音略》外轉二十四輕中重、《切韻指掌圖》八圖、《四聲等子》山攝外四輕重俱等韻合口呼、《切韻指南》山攝外四合口呼廣門，列字均爲『娟』。『娟』爲《廣韻》黠韻合口影母位小韻首字，《韻鏡》空位誤，《四聲等子》是。

平三韻目：標目爲仙韻，實爲元仙合韻

55 平三溪　弮　《廣韻》丘圓切，《集韻》驅圓切，溪仙三平合山；《韻鏡》外轉第二十四合，列字爲『棬』；《七音略》外轉二十四輕中重、《切韻指掌圖》八圖、《切韻指南》山攝外四合口呼廣門，列字均爲『弮』；《起數訣》第四十七圖收音濁，列字爲『捲』。『弮』爲《廣韻》、《集韻》仙三溪母位小韻首字，下收有『棬』字，列字以『弮』字爲佳，《四聲等子》是。

56 平三群　拳　《廣韻》巨員切，《集韻》逵員切，群仙三平合山；《韻鏡》外轉第二十四合、《七音略》外轉二十四輕中重、《切韻指掌圖》八圖、《切韻指南》山攝外四合口呼廣門、《起數訣》第四十七圖收音濁，列字均爲『權』。『權』爲《廣韻》仙韻群母位小韻首字，下收『拳』，列字以『權』爲佳，《四聲等子》亦無誤。

57 平三知　⿸厂雚　《廣韻》無此字，《集韻》有『⿸厂是』珍全切，知仙三平合山。《韻鏡》、《七音略》均空位；《切韻指掌圖》八圖，列字爲『⿸厂雚』；《切韻指南》山攝外四合口呼廣門，列字爲『⿸厂雚』，章母仙韻；《起數訣》第四十七圖收音濁，列字爲『⿸厂是』。『⿸厂是』爲《集韻》仙三知母位小韻首字，《四聲等子》當從《集韻》，但此小韻未收『⿸厂雚』字，存疑。

58 平三徹　猭　《廣韻》丑緣切，《集韻》椿全切，徹仙三平合山。《韻鏡》空位；《七音略》外轉二十四輕中重、《起數訣》第四十七圖收音濁，列字爲『鐉』；《切韻指掌圖》八圖，列字均爲『猭』；《切韻指南》山攝外四合口呼廣門，列字爲『㣞』，此字當爲『猭』字形訛。『猭』爲《廣韻》、《集韻》仙三徹母位小韻首字，下收『鐉』字，列字以『猭』爲佳，《韻鏡》空位誤，《四聲等子》是。

59 平三澄　椽　《廣韻》直攣切，《集韻》重緣切，澄仙三平合山；《韻鏡》空位；《七音略》外轉二十四輕中重、《切韻指掌圖》八圖、《起數訣》第四十七圖收音濁、《切韻指南》山攝外四合口呼廣門，列字均爲『椽』。『椽』爲《廣韻》仙三澄母位小韻首字，《韻鏡》空位誤，《起數訣》是。

60 平三非　番　《廣韻》、《集韻》孚袁切，敷元三平合山，不應列於此；《韻鏡》外轉第二十二合、《切韻指南》山攝外四合口呼廣門、《起數訣》第四十九發音濁，列字均爲『蕃』；《七音略》外轉二十二輕中輕、《切韻指掌圖》八圖，列字均爲『藩』。『蕃』爲《廣韻》元三非母位小韻首字，下收有『藩』字，《四聲等子》誤列敷母字，當校改爲『蕃』。

61 平三敷　翻　《廣韻》、《集韻》孚袁切，敷元三平合山；《韻鏡》外轉第二十二合、《切韻指掌圖》八圖、《起數訣》第四十九發音濁，列字均爲『翻』；《七音略》外轉二十二輕中輕、《切韻指南》山攝外四合口呼廣門，列字均爲『飜』。『飜』爲《廣韻》元三敷母位小韻乎字，下收有

「翻」字，注上同，二字爲異體字；《四聲等子》無誤。

62 平三微　樠　《廣韻》武元切，微元三平合山；《集韻》莫元切，明元三平開山；《韻鏡》外轉第二十二合、《切韻指掌圖》八圖、《起數訣》第四十九發音濁、《切韻指南》山攝外四合口呼廣門，列字均爲「樠」。《七音略》外轉二十二輕中輕，列字爲「㒼」，此字當爲「樠」字形訛。「樠」爲《廣韻》元三微母位小韻首字，《七音略》形訛，《四聲等子》是。

63 平三牀　船　𥃍A、B本，粵雅堂本，列字爲「船」，文瀾閣本、文淵閣本、文津閣本列字爲「舡」。「船」，《廣韻》、《集韻》食川切，船仙三平合山；《韻鏡》外轉第二十四合，列字爲「舩」，「舩」、「船」二字爲異體字；《七音略》外轉二十四輕中重、《切韻指南》山攝外四合口呼廣門，列字均爲「船」；《切韻指掌圖》八圖，列字爲「遄」，禪母仙韻；《起數訣》空位。「船」爲《廣韻》、《集韻》仙三船母位小韻首字，「舡」，《五音集韻》：「食川切。俗船字。」《四聲等子》文津閣本列俗字，雖無誤，校正爲「船」更佳。其他版本是。

64 平三曉　暄　文津閣本空位，其他版本爲「暄」。「暄」，《廣韻》况袁切，《集韻》許元切，曉元三平合山。《韻鏡》空位；《七音略》外轉二十二輕中輕、《切韻指南》山攝外四合口呼廣門，列字均爲「暄」；《切韻指掌圖》八圖，列字爲「翾」，曉母仙韻；《起數訣》第四十九發音濁，列字爲「暄」。「暄」爲《廣韻》元三曉母位小韻首字，下收有「喧」字，列字以「暄」字爲佳，《韻鏡》空位誤，《四聲等子》文津閣本空位誤，當校補「暄」字，其他版本是。

65 平三日　堧　《廣韻》而緣切，《集韻》而宣切，日仙三平合山。《韻鏡》外轉第二十四合、《七音略》外轉二十四輕中重、《切韻指掌圖》八圖，列字均爲「堧」；《切韻指南》山攝外四合口呼廣門，列字爲「⿰土要」，此字當爲「堧」字形訛；《起數訣》第四十七圖收音濁，列字爲「䎡」。「堧」爲《廣韻》仙三日母位小韻首字，列字以「堧」爲佳，《四聲等子》是。

上三韻目：標目爲獮，實爲獮阮合韻

66 上三溪　⿰禾卷　《廣韻》去阮切，《集韻》苦遠切，溪阮三上合山。《韻鏡》外轉第二十二合、《七音略》外轉二十二輕中輕、《切韻指南》山攝外四合口呼廣門，列字均爲「⿰禾卷」；《切韻指掌圖》八圖、《起數訣》第四十九圖發音濁，列字爲「綣」。「⿰禾卷」爲《廣韻》、《集韻》阮三溪母位小韻首字，下收有「綣」字，列字以「⿰禾卷」字爲佳，《四聲等子》是。

67 上三知　囀　《廣韻》知戀切，《集韻》株戀切，知線三去合山，不應列於此；《韻鏡》外轉第二十四合、《七音略》外轉二十四輕中重、《切韻指掌圖》八圖、《起數訣》第四十七圖收音濁，列字均爲「轉」，《廣韻》陟兖切，《集韻》陟兗切，知獮三上合山；《切韻指南》山攝外四合口呼廣門，列字均爲「囀」；「轉」爲《廣韻》、《集韻》獮三知母位小韻首字，下收「囀」字，《四聲等子》誤，當校改爲「轉」。

68 上三徹　腞　《廣韻》未收；《集韻》敕轉切，徹獮三上合山；《韻鏡》、《切韻指掌圖》均空位；《七音略》外轉二十四輕中重、《起數訣》第四十七圖收音濁、《切韻指南》山攝外四合口呼廣門，列字均爲『腞』。『腞』爲《集韻》獮三徹母位小韻首字，《廣韻》獮韻無合口徹母字，《四聲等子》從《集韻》。

69 上三孃　腝　《康熙字典》記：『《集韻》女軟切。』則爲孃母獮韻。《韻鏡》、《切韻指掌圖》空位；《起數訣》第四十七圖收音濁，列字爲『腝』，日母獮韻；《七音略》外轉二十四輕中重，列字爲『腰』，此字當爲『腝』字形訛；《切韻指南》山攝外四合口呼廣門，列字均爲『腝』。《廣韻》獮韻無合口孃母字，『腝』爲《集韻》獮三孃母位小韻首字，《四聲等子》從《集韻》。

70 上三滂　⿸疒反　《廣韻》方萬切，非願三去合山，不應列於此；《集韻》芳反切，敷阮三上合山。《韻鏡》、《七音略》、《切韻指掌圖》均空位；《切韻指南》山攝外四合口呼廣門，列字爲『⿸疒反』；《起數訣》第四十九圖發音濁，列字爲『⿰樊頁』，敷母阮韻。『⿸疒反』爲《集韻》阮三敷母位小韻首字，《四聲等子》從《集韻》。

71 上三審　○　《廣韻》審母獮韻，阮韻皆無列字；《韻鏡》外轉第二十四合，列字爲『膞』，《廣韻》市兖切，《集韻》豎兖切，禪獮三上合山，誤；《起數訣》第四十七圖收音濁，列字爲『巽』，心母獮韻；《七音略》、《切韻指掌圖》空位。《四聲等子》空位是。

72 上三禪　膞　《廣韻》市兖切，《集韻》豎兖切，禪獮三上合山；《韻鏡》空位，列於審母位，應爲錯位所致；《七音略》外轉二十四輕中重、《切韻指南》山攝外四合口呼廣門，列字均爲

『膞』；《起數訣》第四十七圖收音濁、《切韻指掌圖》八圖，列字爲『腨』。『膞』爲《廣韻》獮三禪母位小韻首字，下收有『腨』字，列字以『膞』字爲佳，《韻鏡》空位誤，《四聲等子》是。

73 上三曉　晅　文津閣本空位，其他版本列字爲『晅』。『晅』，《廣韻》況晚切，《集韻》火遠切，曉阮三上合山。《韻鏡》外轉第二十二合、《七音略》外轉二十二輕中輕、《切韻指南》山攝外四合口呼廣門，列字均爲『晅』；《切韻指掌圖》八圖，列字爲『烜』；《起數訣》第四十九圖發音濁，列字爲『晅』。『晅』爲《廣韻》阮三曉母位小韻首字，下收有『晅』、『烜』，列字以『晅』爲佳，《四聲等子》文津閣本當校補『晅』，其他版本是。

74 上三日　輭　《廣韻》而兖切，《集韻》乳兖切，日獮三上合山；《韻鏡》外轉第二十四合，列字爲『腝』；《七音略》外轉二十四輕中重，列字爲『臑』，此字當爲『腝』形訛；《切韻指掌圖》八圖、《切韻指南》山攝外四合口呼廣門，列字均爲『輭』；《起數訣》第四十七圖收音濁，列字爲『軟』，『輭』之俗體。『輭』爲《廣韻》獮三日母位小韻首字，下收有『腝』字，列字以『輭』字爲佳，《四聲等子》是。

去三韻目：標目爲線，實爲線願合韻

75 去三溪　勸　《廣韻》去願切，《集韻》區願切，溪願三去合山。《韻鏡》外轉第二十二合、《七音略》外轉二十二輕中輕、《切韻指掌圖》八圖，列字均爲『券』；《切韻指南》山攝外四合口呼廣門，列字爲『𪐴』，誤；《起數訣》空位；『券』爲《廣韻》、《集韻》願三溪母位小韻首字，下收有『勸』、『𪐴』字，列字以『券』字爲佳，《起數訣》亦無誤。

76 去三知　轉　《廣韻》、《集韻》陟兗切，知獮三去合山，不應列於此。《韻鏡》外轉第二十四合、《七音略》外轉二十四輕中重、《切韻指掌圖》八圖、《起數訣》第四十七圖收音濁、《切韻指南》山攝外四合口呼廣門，列字均爲『囀』，《廣韻》知戀切，《集韻》株戀切，知線三去合山。『囀』爲《廣韻》、《集韻》線韻知母位小韻首字，《四聲等子》當校改爲『囀』。

77 去三徹　猭　《廣韻》丑戀切，《集韻》寵戀切，徹線三去合山；《韻鏡》外轉第二十四合，列字爲『掾』，以母線韻，誤；《七音略》外轉二十四輕中重，列字爲『猭』，以母線韻，誤；《切韻指掌圖》八圖，列字爲『猭』；《起數訣》第四十七圖收音濁、《切韻指南》山攝外四合口呼廣門，列字均爲『𢔶』，當爲『猭』字形訛。『猭』爲《廣韻》、《集韻》線三徹母位小韻首字，《韻鏡》、《七音略》誤，當皆爲『猭』字形訛，《四聲等子》是。

78 去三滂　嬎　《廣韻》芳万切，《集韻》孚萬切，敷願三去合山。《韻鏡》外轉第二十二合、《切韻指南》山攝外四合口呼廣門，列字均爲『嬎』；《七音略》外轉二十二輕中輕、《起數訣》第四十九圖發音，列字均爲『娩』；《切韻指掌圖》八圖，列字爲『嬔』，《廣韻》嬎字注曰：『或作嬔。』『嬎』爲《廣韻》願三敷母位小韻首字，下收有『娩』字，列字以『嬎』字爲佳，《四聲等子》是。

79 去三並　飯　《廣韻》符万切，《集韻》扶萬切，奉願三去合山；《韻鏡》外轉第二十二合，列字爲『飰』，《廣韻》注曰『同飯』；《七音略》外轉二十二輕中輕、《切韻指掌圖》八圖、《起數訣》第四十九圖發音濁、《切韻指南》山攝外四合口呼廣門，列字均爲『飯』。『飯』爲《廣韻》、《集韻》願三奉母位小韻首字，《韻鏡》列異體字，《四聲等子》是。

80 去三明　万　《廣韻》、《集韻》無販切，微願三去合山；《韻鏡》外轉第二十二合、《切韻指南》山攝外四合口呼廣門，列字均爲『万』；《七音略》外轉二十二輕中輕、《切韻指掌圖》八圖、《起數訣》第四十九圖發音濁，列字均爲『萬』。『万』爲《廣韻》願三微母位小韻首字，下收有『萬』字，列字以『万』字爲佳，《四聲等子》是。

81 去三牀　○　《廣韻》線韻無船母字；《集韻》線韻船母位列『揰』字，船釧切，船線三去合山；《韻鏡》、《切韻指掌圖》、《起數訣》、《切韻指南》均空位；《七音略》外轉二十四輕中重，列字爲『揰』。『揰』爲《集韻》線三船母位小韻首字，《七音略》從《集韻》，亦無誤。此處《四聲等子》可依《集韻》校補『揰』字，亦可依《廣韻》空位。

82 去三審　縳　《廣韻》直戀切，澄線三去合山；《集韻》升絹切，書線三去合山。《韻鏡》、《切韻指掌圖》空位；《七音略》外轉二十四輕中重、《起數訣》第四十七圖收音濁，列字爲『縺』，船母線韻，誤，當爲『縳』形訛；《切韻指南》山攝外四合口呼廣門，列字均爲『縳』。《四聲等子》從《集韻》，無誤。

83 去三禪　掉　《廣韻》時釧切，禪線三去合山；《集韻》船釧切，船線三去合山。《韻鏡》外轉第二十四合、《切韻指掌圖》八圖、《切韻指南》山攝外四合口呼廣門，列字均爲『掉』；《起數訣》第四十七圖收音濁，列字爲『叀』。《七音略》空位。『掉』爲《廣韻》線三禪母位小韻首字，下收有『叀』字，列字以『掉』字爲佳，《七音略》空位誤，《四聲等子》是。

84 去三曉　楦　《廣韻》虚願切，《集韻》呼願切，曉願三去合山；《韻鏡》外轉第二十二合、《七音略》外轉二十二輕中輕、《切韻指掌圖》八圖、《切韻指南》山攝外四合口呼廣門、《起數訣》第四十九圖發音濁，列字均爲『楦』。『楦』爲《廣韻》、《集韻》願三曉母位小韻首字，下注曰：『楦俗。』『楦』爲『楥』俗體。列字以『楥』爲佳，《四聲等子》是。

85 去三匣　○　《廣韻》、《集韻》線韻、願韻無合口匣母字；《韻鏡》外轉第二十四合，列字爲『縣』，《廣韻》黄絢切，《集韻》熒絹切，匣霰四去合山，誤；《七音略》、《切韻指掌圖》、《起數訣》、《切韻指南》均空位。《四聲等子》空位是。

入三韻目：標目爲薛，實爲薛月合韻

86 入三群　橛　《廣韻》其月切，《集韻》居月切，群月三入合山；《韻鏡》外轉第二十二合、《七音略》外轉二十二輕中輕，列字均爲『鱖』，當爲『鱖』之俗字；《切韻指掌圖》八圖，列字爲『掘』；《起數訣》第四十九圖發音濁，列字爲『鱖』；《切韻指南》山攝外四合口呼廣門，列字爲『𧱏』；『𧤼』爲《廣韻》亦爲《集韻》月三群母位小韻首字，下收有『掘』、『橜』二字，《集韻》下且收有『𧱏』字，列字以『𧤼』字爲佳，《四聲等子》亦無誤。

87 入三孃 ○ 《廣韻》孃母月韻無列字，薛韻列字爲『吶』。『吶』，《廣韻》、《集韻》女劣切，孃薛三入合山；《韻鏡》外轉第二十四合、《七音略》外轉二十四輕中重、《切韻指掌圖》八圖、《起數訣》第四十七圖收音濁、《切韻指南》山攝外四合口呼廣門，列字均爲『吶』。《四聲等子》爲合韻韻圖，空位誤，當校補『吶』字。

88 入三明 韈 《廣韻》望發切，《集韻》勿發切，微月三入合山；《韻鏡》外轉第二十二合、《七音略》外轉二十二輕中輕、《切韻指掌圖》八圖、《起數訣》第四十九圖發音濁，列字均爲『韈』；《切韻指南》山攝外四合口呼廣門，列字爲『韈』。『韈』爲《廣韻》、《集韻》月三微母位小韻首字，下收有『韤』字，注上同，二字爲異體字。列字以『韈』字爲佳，《四聲等子》是。

89 入三穿 啜 《廣韻》昌悅切，《集韻》姝悅切，昌薛三入合山；《韻鏡》外轉第二十四合、《七音略》外轉二十四輕中重、《切韻指掌圖》八圖、《切韻指南》山攝外四合口呼廣門，列字均爲『歠』；《起數訣》第四十七圖收音濁，列字爲『啜』。『歠』爲《廣韻》薛三昌母位小韻首字，下收有『啜』字，列字以『歠』字爲佳，《四聲等子》列『啜』字，亦無誤。

90 入三禪 ○ 《廣韻》孃母月韻無列字，薛韻列字爲『啜』。『啜』，《廣韻》殊雪切，禪薛三入合山；《韻鏡》、《起數訣》空位；《七音略》外轉二十四輕中重、《切韻指掌圖》八圖、《切韻指南》山攝外四合口呼廣門，列字爲「啜」。《韻鏡》、《四聲等子》誤，當校補「啜」字。

91 入三曉　颰　《廣韻》、《集韻》許月切，曉月三入合山。《韻鏡》外轉第二十二合、《切韻指掌圖》八圖，列字爲「颰」；《七音略》外轉二十二輕中輕，列字爲「颰」，爲「颰」字誤；《切韻指南》山攝外四合口呼廣門，列字爲「㬚」，曉母薛韻；《起數訣》空位，誤。「颰」爲《廣韻》、《集韻》月三曉母位小韻首字，《七音略》誤，《四聲等子》是。

92 入三影　廮　《廣韻》、《集韻》於月切，影月三入合山；《韻鏡》外轉第二十二合、《起數訣》第四十九圖發音濁，列字均爲「廮」；《七音略》外轉二十二輕中輕，列字爲「廮」，此字當爲「廮」字形訛；《切韻指掌圖》八圖、《切韻指南》山攝外四合口呼廣門，列字均爲「噦」。「廮」爲《廣韻》月三影母位小韻首字，下收有「噦」字。「噦」爲《集韻》月三影母位小韻首字，下收有「廮」字，《四聲等子》從《廣韻》。

93 入三喻　曰　《廣韻》、《集韻》王伐切，云月三入合山；《韻鏡》外轉第二十二合、《七音略》外轉二十二輕中輕、《切韻指掌圖》八圖、《切韻指南》山攝外四合口呼廣門、《起數訣》第四十九圖發音濁，列字均爲「越」。「越」爲《廣韻》月韻云母位小韻首字，下收「曰」，列字以「越」爲佳，《四聲等子》亦無誤。

94 入三日　爇　咫 A、B本，文瀾閣本，粵雅堂本，列字爲「爇」，文淵閣本、文津閣本列字爲

「⿱埶火」，「爇」之異體字。「爇」，《廣韻》如劣切，《集韻》儒劣切，日薛三入合山；《韻鏡》外轉第二十四合、《七音略》外轉二十四輕中重、《切韻指掌圖》八圖、《起數訣》第四十七圖收音濁、《切韻指南》山攝外四合口呼廣門，列字均爲「⿱埶火」。《四聲等子》諸版本列字均無誤。

平四韻目：標目爲先韻，實爲先仙合韻

95 平四見　涓　《廣韻》古玄切，《集韻》圭玄切，見先四平合山；《韻鏡》外轉第二十四合、《七音略》外轉二十四輕中重、《切韻指掌圖》八圖，列字爲「消」；「消」，《康熙字典》記：「《字彙》俗涓字」，「消」爲俗體；《起數訣》第四十二圖閉音清、《切韻指南》山攝外四合口呼廣門，列字均爲「消」。《四聲等子》列正體，是。

96 平四並　便　《廣韻》房連切，《集韻》毗連切，並仙三平開山；《韻鏡》外轉第二十一開，列字爲「楩」；《七音略》外轉二十一重中輕、《切韻指南》山攝外四開口呼廣門、《起數訣》第四十六圖收音清，列字均爲「便」；《切韻指掌圖》八圖，列字爲「騈」，並母先韻。「便」爲《廣韻》仙韻並母重紐四等位小韻首字，下收有「楩」字，《四聲等子》是。

97 平四明　綿　《廣韻》武延切，《集韻》彌延切，明仙三平開山；《韻鏡》外轉第二十一開、《起數訣》第四十六圖收音清，列字均爲「綿」；《七音略》外轉二十一重中輕，列字爲「緜」；《切韻指掌圖》八圖、《切韻指南》山攝外四開口呼廣門，列字均爲「眠」，明母先韻。「緜」爲《廣韻》仙韻明母重紐四等位小韻首字，下收有『綿』字，注曰：『上同』，『綿』、『緜』二字爲異體字，列字以『緜』字爲佳。

98 平四清　佺　《廣韻》此緣切，《集韻》逡緣切，清仙三平合山；《韻鏡》外轉第二十二合、《七音略》外轉二十二輕中輕、《切韻指掌圖》八圖、《起數訣》第四十六圖收音清、《切韻指南》山攝外四合口呼廣門，列字均爲『詮』。『詮』爲《廣韻》仙韻清母位小韻首字，下收『佺』，列字以『詮』爲佳，《四聲等子》亦無誤。

99 平四曉　儇　《廣韻》許緣切，《集韻》隳緣切，曉仙三平合山；《韻鏡》外轉第二十二合、《七音略》外轉二十二輕中輕、《起數訣》第四十六圖收音清，列字均爲『翾』；《切韻指掌圖》八圖、《切韻指南》山攝外四合口呼廣門，列字均爲『鋗』，曉母先韻。『翾』爲《廣韻》仙韻曉母位小韻首字，下收『儇』，列字以『翾』爲佳，《四聲等子》亦無誤。

100 平四喻　沿　《廣韻》與專切，《集韻》余專切，以仙三平合山；《韻鏡》外轉第二十二合、《切韻指掌圖》八圖，列字均爲『㳂』；《七音略》外轉二十二輕中輕、《切韻指南》山攝外四合口呼廣門、《起數訣》第四十六圖收音清，字均爲『沿』。『㳂』、『沿』二字爲異體字。《四聲等子》是。

上四韻目：標目爲獮，實爲獮銑合韻

101 上四見　畎　《廣韻》姑泫切，《集韻》古泫切，見銑四上合山。《韻鏡》外轉第二十四合、《七音略》外轉二十四輕中重、《切韻指掌圖》八圖，列字均爲『畎』；《起數訣》第四十二圖閉音清，列字爲『埍』，曉母元韻，誤；《切韻指南》山攝外四合口呼廣門，列字爲『く』。『く』爲《廣韻》、《集韻》銑四見母位小韻首字，下收有『畎』字，列字以『く』字爲佳，《四聲等子》亦無誤。

102 上四群　鋗　《廣韻》烏縣切，影霰四去合山；《集韻》於泫切，影銑四上合山，皆不應列於此；《韻鏡》外轉第二十二合，空位；《七音略》外轉二十二輕中輕、《切韻指掌圖》八圖、《起數訣》第四十六圖收音清、《切韻指南》山攝外四合口呼廣門列字均爲『蜎』，《廣韻》狂兖切，群獮三上合山；『蜎』爲《廣韻》、《集韻》獮韻群母位小韻首字，《四聲等子》誤，當校改爲『蜎』。

103 上四幫　褊　《廣韻》方緬切，幫獮三上開山；《集韻》此位列字『褊』，注：『俾緬切，《說文》衣小也』，此義與《廣韻》注『褊』字衣急同。此字當爲『褊』字形訛，則爲俾緬切，幫獮三上開山。《韻鏡》外轉第二十一開、《七音略》外轉二十一重中輕、《起數訣》第四十六圖收音清，列字均爲『褊』；《切韻指掌圖》八圖，列字爲『匾』，幫母銑韻；《切韻指南》空位。『褊』爲《廣韻》、《集韻》獮韻幫母位小韻首字，《四聲等子》是。

104 上四滂　萹　《廣韻》方典切，幫銑四上合山，不應列於此；《集韻》匹典切，滂銑四上合山；《韻鏡》、《七音略》、《切韻指掌圖》、《切韻指南》均空位；《起數訣》第四十二圖閉音清，列字爲『覑』，滂母銑韻。《廣韻》銑韻無滂紐，『萹』爲《集韻》銑四滂母位小韻首字，《四聲等子》列字依《集韻》。

105 上四清 ◯ 《廣韻》、《集韻》獮韻清母位均無字；《韻鏡》、《切韻指南》、《起數訣》空位；《七音略》外轉二十二輕中輕、《切韻指掌圖》八圖，列字均爲『蘐』，《集韻》雛免切，崇獮三上合山，不應列於此。《四聲等子》空位是。

106 上四邪 藑 《廣韻》渠營切，群清三平合梗，不應列於此；《集韻》詳兖切，邪獮三上合山。《韻鏡》、《切韻指掌圖》均空位；《七音略》外轉二十二輕中輕，列字爲『⿺走夐』，曉母獮韻；《起數訣》第四十六圖收音清、《切韻指南》山攝外四合口呼廣門，列字均爲『藑』。《廣韻》獮韻無邪母字，『藑』爲《集韻》獮三邪母位小韻首字，《四聲等子》從《集韻》。

107 上四匣 泫 《廣韻》胡畎切，《集韻》胡犬切，匣銑三上合山；《韻鏡》外轉第二十四合、《切韻指掌圖》八圖、《切韻指南》山攝外四合口呼廣門，列字均爲『泫』；《七音略》外轉二十四輕中重、《起數訣》第四十二圖閉音清，列字均爲『鉉』。『泫』爲《廣韻》銑四匣母位小韻首字，下收有『鉉』字。列字以『泫』字爲佳，《四聲等子》是。

108 上四影 蜎 《康熙字典》記：『《廣韻》於玄切，《集韻》縈玄切、《韻會》縈緣切，音娟。《玉篇》蠋貌。又《廣韻》巨卷切，音圈。義同。又《集韻》於泫切，音⿰飠肙。』此記《集韻》於泫切，影母銑韻；《韻鏡》外轉第二十四合、《七音略》外轉二十四輕中重、《起數訣》第四十二圖閉音清、《切韻指南》山攝外四合口呼廣門，列字均爲『蜎』；《切韻指掌圖》八圖，列字爲『兗』，以母獮韻。《廣韻》銑韻無影母字，『蜎』爲《集韻》銑四影母位小韻首字，《四聲等子》列字依《集韻》，亦無誤。

109 上四來 ○ 《廣韻》、《集韻》獮韻來母位無字。《韻鏡》外轉第二十二合，列字爲『輭』，《廣韻》而兖切，《集韻》乳兖切，爲日母三等字，當列於三等位，誤。《七音略》、《切韻指掌圖》、《起數訣》、《切韻指南》均空位。《韻鏡》列字誤，《四聲等子》空位是。

去四韻目：標目爲線，實爲線霰合韻

110 去四溪 缺 咫A、B本，文瀾閣本，粵雅堂本，列字爲『缺』，文淵閣本、文津閣本，列字爲『駽』，曉母霰韻，誤。『缺』，《廣韻》傾雪切，溪薛三入合山，不應列於此；《集韻》窺絹切，溪線三去合山；《韻鏡》、《七音略》空位；《切韻指掌圖》八圖，列字爲『缱』，溪母線韻；《切韻指南》山攝外四合口呼廣門、《起數訣》第四十二圖閉音清，列字均爲『駽』；『缺』爲《集韻》線韻溪母位小韻首字，《四聲等子》咫A本、文瀾閣本、粵雅堂本從《集韻》，無誤，其他版本誤，當校改爲『缺』。

111 去四定 ○ 《廣韻》、《集韻》線韻、霰韻定母位均無列字；《韻鏡》、《切韻指掌圖》、《起數訣》、《切韻指南》空位；《七音略》外轉二十四輕中重，列字爲『綻』，《廣韻》澄母襉韻；《集韻》澄母霰韻，均不當列於此位，《四聲等子》空位是。

112 去四幫　偏　《廣韻》方見切，《集韻》卑見切，幫霰三去開山；《韻鏡》外轉第二十三開、《切韻指掌圖》八圖、《切韻指南》山攝外四開口呼廣門、《起數訣》第四十二圖閉音清，列字均爲『偏』；《七音略》空位。『偏』爲《廣韻》霰四幫母位小韻首字，《七音略》空位誤，《四聲等子》是。

113 去四精　悛　《廣韻》莊緣切，莊仙三平合山，不應列於此；《集韻》子眷切，精線三去合山；《韻鏡》、《七音略》、《切韻指掌圖》均空位；《起數訣》第四十六圖收音清、《切韻指南》山攝外四合口呼廣門，列字均爲『悛』。《廣韻》精母線韻無合口，『悛』爲《集韻》仙三精母位小韻首字，《四聲等子》從《集韻》。

114 去四清　縓　《廣韻》七絹切，《集韻》取絹切，清線三去合山；《韻鏡》空位；《七音略》外轉二十二輕中輕、《切韻指掌圖》八圖、《起數訣》第四十六圖收音清、《切韻指南》山攝外四合口呼廣門，列字均爲『縓』。『縓』爲《廣韻》、《集韻》線三清母位小韻首字，《韻鏡》空位誤，當校補『縓』字，《四聲等子》是。

115 去四從　泉　《廣韻》疾緣切，從仙三平合山，不應列於此；《集韻》疾眷切，從線三去合山；《韻鏡》、《切韻指掌圖》均空位；《七音略》外轉二十二輕中輕、《起數訣》第四十六圖收音清、《切韻指南》山攝外四合口呼廣門，列字均爲『泉』。《廣韻》線韻無從母字，『泉』爲《集韻》仙三從母位小韻首字，《四聲等子》從《集韻》。

116 去四邪　淀　《廣韻》辭戀切，《集韻》隨戀切，邪線三去合山；《韻鏡》外轉第二十二合、《七音略》外轉二十二輕中輕、《切韻指掌圖》八圖、《切韻指南》山攝外四合口呼廣門，列字均爲『旋』；《起數訣》第四十六圖收音清，列字爲『淀』。『淀』爲《廣韻》、《集韻》線三邪母位小韻首字，下收有『旋』字，列字以『淀』字爲佳，《四聲等子》是。

入四韻目：標目爲薛，應爲薛屑合韻

117 入四見　决　《廣韻》、《集韻》古穴切，見屑四入開山；《韻鏡》外轉第二十四合、《七音略》外轉二十四輕中重、《切韻指掌圖》八圖、《切韻指南》山攝外四合口呼廣門，列字均爲『玦』；《起數訣》第四十二圖閉音清，列字爲『决』；『玦』爲《廣韻》、《集韻》屑四見母位小韻首字，下收有『决』字，列字以『玦』字爲佳，《四聲等子》列『决』字亦無誤。

118 入四幫　撆　《廣韻》普蔑切，《集韻》匹蔑切，滂屑四入開山，不應列於此。《韻鏡》外轉第二十三開、《切韻指南》山攝外四開口呼廣門，列字爲『鷩』，幫母薛韻；《七音略》外轉二十三重中重、《起數訣》第四十六圖收音清，列字爲『彆』。『彆』爲《廣韻》屑韻幫母位小韻首字，《四聲等子》當校改爲『彆』。

119 入四滂　撆　《廣韻》普蔑切，《集韻》匹蔑切，滂屑四入開山；《韻鏡》外轉第二十三開，列字爲「瞥」；《七音略》外轉二十三重中重，列字爲「嫳」；《切韻指南》山攝外四開口呼廣門、《起數訣》第四十六圖收音清，列字爲「撆」。「撆」爲《廣韻》屑韻滂母位小韻首字，下收有「嫳」、「瞥」二字，列字以「撆」爲佳，《四聲等子》亦無誤。

120 入四並　潎　《廣韻》毗祭切，並祭三去開蟹，不應列於此；《集韻》便滅切，並薛三入開山。《韻鏡》外轉第二十一開、《切韻指掌圖》八圖、《切韻指南》山攝外四開口呼廣門，列字均爲「蹩」，並母屑韻；《七音略》外轉二十一重中輕，列字爲「嫳」，《集韻》在「潎」小韻，便滅切；《起數訣》第四十六圖收音清，列字爲「㲖」，並母薛韻。《廣韻》薛韻無並母字，「潎」爲《集韻》薛三並母位小韻首字，《四聲等子》從《集韻》。

121 入四影　玦　《廣韻》、《集韻》古穴切，見屑四入合山，不應列於此。《韻鏡》外轉第二十二合、《七音略》外轉二十二輕中輕，列字均爲「妜」，《廣韻》於悅切，《集韻》娟悅切，影薛三入合山；《切韻指掌圖》八圖、《切韻指南》山攝外四開口呼廣門，列字均爲「抉」，影母屑韻；《起數訣》第四十六圖收音清，列字爲「妓」，「妜」之訛字。「妜」爲《廣韻》薛韻影母位小韻首字，《四聲等子》誤，當校改爲「妜」字。

122 入四來　○　《廣韻》、《集韻》薛韻來母合口位無字。《韻鏡》外轉第二十二合，列字爲「劣」；《七音略》、《切韻指掌圖》、《起數訣》、《切韻指南》均空位。「劣」爲來母三等字，不當列於四等。《韻鏡》誤，《四聲等子》空位是。

果攝內四　重多輕少韻　開口呼

見	溪	羣	疑	端知	透徹	定澄	泥孃	幫非	滂敷	並奉	明微
哥	珂	○	俄	多	他	陀	那	○	○	○	○
哿	可	○	我	嚲	袉	爹	娜	○	○	○	○
箇	坷	○	餓	跢	拕	馱	奈	○	○	○	○
各	恪	○	咢	沰	託	鐸	諾	○	○	○	○
加	齣	○	牙	奓	侘	茶	拏	巴	葩	杷	麻
賈	跒	○	雅	觰	奼	嗏	䋈	把	土	罷	馬
架	髂	○	迓	吒	詫	咤	䏧	霸	怕	杷	禡
戛	篙	○	聐	哳	獺	噠	㾀	捌	汃	拔	韈
迦	佉	伽	○	○	○	○	○	○	○	○	○
○	○	○	○	○	○	○	○	○	○	○	○
○	○	○	○	○	○	○	○	○	○	○	○
○	○	○	○	○	○	○	○	○	○	○	○
○	○	○	○	奓	○	○	○	○	○	○	哶
○	○	○	○	哆	○	○	○	○	○	○	乜
○	吹	○	○	○	○	○	○	○	○	○	○
○	○	○	○	○	○	○	○	○	○	○	○

		精照	清穿	從牀	心審	邪禪	曉	匣	影	喻	來	日
本無入聲	歌	㜸	蹉	矬	娑	○	呵	何	阿	○	羅	○
	哿	左	瑳	坐	縒	○	㰤	荷	閜	○	攞	○
	箇	佐	磋	座	些	○	呵	賀	侉	○	邏	○
	鐸	作	錯	○	索	○	郝	涸	惡	○	落	○
內外混等		樝	叉	○	沙	○	煆	遐	鵶	○	○	○
		鮓	䇉	○	灑	○	閜	下	瘂	○	藷	○
		詐	瘥	○	廈	○	唬	夏	亞	○	○	○
		札	剎	○	殺	○	瞎	鎋	鴨	○	○	○
	麻	遮	車	○	奢	闍	○	○	○	○	儸	若
	馬	者	撦	○	捨	社	○	○	○	○	跍	吟
	禡	蹉	趀	○	舍	○	○	○	○	○	○	偌
	鎋	○	○	○	○	○	○	○	○	○	○	○
假攝外六		嗟	䃚	○	査	邪	苛	○	○	耶	○	○
		姐	且	○	姐	灺	○	○	○	也	○	○
		借	笡	○	褯	謝	○	○	○	夜	○	○
		○	○	○	○	○	○	○	○	○	○	○

第十五圖　果攝内四　重多輕少韻　開口呼

平一韻目：標目爲歌

1 平一見　哥　《廣韻》古俄切，《集韻》居何切，見歌一平開果；《韻鏡》内轉第二十七合、《七音略》内轉二十七重中重、《切韻指掌圖》十一圖、《切韻指南》果攝内四假攝外六狹門，列字均爲『歌』。『歌』爲《廣韻》、《集韻》歌一見母位小韻首字，下收有『哥』字，列字以『歌』字爲佳，《四聲等子》亦無誤。

2 平一疑　俄　《廣韻》五何切，《集韻》牛何切，疑歌一平開果；《韻鏡》内轉第二十七合、《七音略》内轉二十七重中重、《切韻指掌圖》十一圖、《切韻指南》果攝内四假攝外六狹門、《起數訣》第五十三圖收音清，列字均爲『莪』。『莪』爲《廣韻》、《集韻》歌一疑母位小韻首字，下收有『俄』字，列字以『莪』字爲佳，《四聲等子》亦無誤。

3 平一透　他　《廣韻》託何切，《集韻》湯何切，透歌一平開果；《韻鏡》内轉第二十七合、《七音略》内轉二十七重中重、《切韻指掌圖》十一圖，列字均爲『他』；《切韻指南》果攝内四假攝外六狹門、《起數訣》第五十三圖收音清，列字均爲『佗』；『佗』爲《廣韻》、《集韻》歌一透母位小韻首字，下收『他』字，列字以『佗』爲佳，《四聲等子》亦無誤。

4 平一定 陀 《廣韻》徒河切，《集韻》唐何切，定歌一平開果；《韻鏡》内轉第二十七合、《切韻指掌圖》十一圖、《切韻指南》果攝内四假攝外六狹門、《起數訣》第五十三圖收音清，列字均爲『駝』；《七音略》内轉二十七重中重，列字爲『駞』，《廣韻》注：『俗。』『駞』爲『駝』俗體。『駝』爲《廣韻》、《集韻》歌一定母位小韻首字，下收有『駞』、『陀』二字，列字以『駝』字爲佳，《四聲等子》亦無誤。

5 平一精 ⿰镸厤 《廣韻》、《集韻》未收。《康熙字典》記：『《類篇》遭哥切，佐平聲。與嵯同。』則爲精母歌韻。《韻鏡》空位；《七音略》内轉二十七重中重，列字爲『磋』，清母歌韻，誤；《切韻指掌圖》十一圖、《起數訣》第五十三圖收音清，列字爲『嗟』《集韻》精母歌韻；《切韻指南》果攝内四假攝外六狹門，列字爲『⿰豸左』，精母哿韻。《廣韻》歌韻無精母字，《集韻》歌一精母位有『嗟』小韻，下未收有『⿰镸厤』字，《四聲等子》當據《類篇》補。

6 平一從 矬 《廣韻》昨禾切，《集韻》才禾切，從戈一平合果，不應列於此；《韻鏡》内轉第二十七合、《七音略》内轉二十七重中重、《切韻指掌圖》十一圖、《起數訣》第五十三圖收音清、《切韻指南》果攝内四假攝外六狹門，列字均爲『醝』，《廣韻》昨何切，《集韻》才何切，從歌一平開果。『醝』爲《廣韻》、《集韻》歌一從母開口位小韻首字，《四聲等子》誤，當校改爲『醝』。

7 平一曉 呵 《廣韻》、《集韻》虎何切，曉歌一平開果；《韻鏡》内轉第二十七合、《切韻指掌圖》十一圖、《切韻指南》果攝内四假攝外六狹門、《起數訣》第五十三圖收音清，列字均爲『訶』；《七音略》内轉二十七重中重，列字爲『呵』。『訶』爲《廣韻》、《集韻》歌一曉母位小韻首字，下收有『呵』字，列字以『訶』字爲佳，《四聲等子》亦無誤。

上一韻目：標目爲哿韻

8 上一端　⿰享多　⿸尺口 A、B本，文瀾閣本，粵雅堂本，列字爲『⿰享多』，文淵閣本、文津閣本，列字爲『軃』，『⿰享多』當爲『軃』之形訛。軃，《廣韻》丁可切，《集韻》典可切，端哿一上開果。《韻鏡》内轉第二十七合，列字爲『癉』；《七音略》内轉二十七重中重、《切韻指掌圖》十一圖、《切韻指南》果攝内四假攝外六狹門、《起數訣》第五十三圖收音清，列字均爲『軃』。『軃』爲《廣韻》、《集韻》哿一端母位小韻首字，下收有『癉』字，列字以『軃』字爲佳，《四聲等子》⿸尺口 A、B本，文瀾閣本，粵雅堂本誤，當校改爲『軃』。文淵閣本、文津閣本列字是。

9 上一透　袉　此字當爲『袉』字形訛。『袉』，《廣韻》土可切，《集韻》他可切，透哿一上開果；《韻鏡》空位；《七音略》内轉二十七重中重、《切韻指掌圖》十一圖，列字均爲『柁』，《集韻》透母哿韻；《起數訣》第五十三圖收音清，列字爲『袉』；《切韻指南》果攝内四假攝外六狹門，列字爲『袉』。『袉』爲《廣韻》、《集韻》哿一透母位小韻首字，《集韻》下收有『柁』，《七音略》從《集韻》，《四聲等子》列字形訛，當校改爲『袉』。

10 上一定　爹　《廣韻》徒可切，《集韻》待可切，定哿一上開果；《韻鏡》內轉第二十七合、《七音略》內轉二十七重中重、《切韻指掌圖》十一圖、《切韻指南》果攝內四假攝外六狹門，列字均爲『爹』；《起數訣》第五十三圖收音清，列字爲『柁』。『爹』爲《廣韻》哿一定母位小韻首字，下收有『柁』字；《集韻》小韻首字爲『拕』，列字以『爹』字爲佳，《四聲等子》是。

11 上一泥　娜　《廣韻》奴可切，《集韻》乃可切，泥哿一上開果；《韻鏡》內轉第二十七合，列字爲『橠』；《七音略》內轉二十七重中重，列字爲『橠』，當爲『橠』字形訛；《切韻指掌圖》十一圖、《起數訣》第五十三圖收音清，列字均爲『娜』；《切韻指南》果攝內四假攝外六狹門，列字爲『𣏬』，當爲『橠』字形訛。『橠』爲《廣韻》哿一泥母位小韻首字，下收有『娜』字。『娜』爲《集韻》哿一泥母位小韻首字，下收有『橠』字，《四聲等子》從《集韻》。

12 上一精　左　《廣韻》臧可切，《集韻》子我切，精哿一上開果；《韻鏡》內轉第二十七合，列字爲『龙』，按龍宇純、李新魁均以『龙』爲『左』字之誤，楊軍謂日本俗書左字恒爲『龙』，故『龙』爲『左』之俗體。《七音略》內轉二十七重中重、《切韻指掌圖》十一圖、《起數訣》第五十三圖收音清、《切韻指南》果攝內四假攝外六狹門，列字均爲『左』。『左』爲《廣韻》、《集韻》哿一精母位小韻首字，《四聲等子》是。

13 上一從　坐　《廣韻》徂果切，《集韻》粗果切，從果一上合果，不應列於此。《韻鏡》空位；《七音略》內轉二十七重中重、《切韻指掌圖》十一圖，列字均爲『䰈』，《廣韻》千可切，清哿一上開果，不當列於此位；《切韻指南》果攝内四假攝外六狹門、《起數訣》第五十三圖收音清，列字爲「齹」，《集韻》從母哿韻。《廣韻》哿一從母位無字，《集韻》哿一從母位列「齹」，《四聲等子》誤，當據《集韻》校爲「齹」。

14 上一來　攞　《廣韻》未收，《集韻》朗可切，來哿一上開果。《韻鏡》内轉第二十七合，列字爲「砢」；《七音略》内轉二十七重中重、《切韻指掌圖》十一圖、《切韻指南》果攝内四假攝外六狹門，列字均爲「橠」；《起數訣》第五十三圖收音清，列字爲「礶」，來母哿韻。「橠」爲《廣韻》哿一來母位小韻首字，下收有「砢」字，列字以「橠」字爲佳；「砢」爲《集韻》哿一來母位小韻首字，下收有「攞」字形，《四聲等子》從《集韻》列「攞」字，亦無誤。

去一韻目：標目爲箇韻

15 去一透　拖　《廣韻》託何切，透歌一平開果，不應列於此；《集韻》他佐切，透箇（過）一去開果。《韻鏡》内轉第二十七合，列字爲「拖」，透母箇韻；《七音略》内轉二十七重中重、《切韻指掌圖》十一圖，列字均爲「柂」，當爲「拖」字形訛；《起數訣》第五十三圖收音清，列字爲「拕」；《切韻指南》果攝内四假攝外六狹門，列字均爲「拕」，「拕」、「拖」、「拕」三字爲異體字。「拖」爲《廣韻》箇韻透母位小韻首字，《集韻》「拕」、「拖」、「拕」三字均爲箇（過）一透母位小韻首字，《四聲等子》從《集韻》。

16 去一定　駄　《廣韻》未收録，應爲「馱」形訛；「馱」，《廣韻》、《集韻》唐佐切，定箇一去開果；《韻鏡》内轉第二十七合、《七音略》内轉二十七重中重、《起數訣》第五十三圖收音清、《切韻指南》果攝内四假攝外六狹門，列字均爲「馱」。《切韻指掌圖》十一圖列字爲「大」；《廣韻》、《集韻》箇一定母位小韻首字爲「馱」，未收「駄」字形，「駄」字係「馱」字誤，《廣韻》部分版本亦訛爲「駄」。《四聲等子》及諸家韻圖均因襲而誤，此字當校改爲「馱」字。

17 去一泥　奈　《廣韻》奴帶切，泥泰一去開蟹，不應列於此；《集韻》乃箇切，泥箇一去開果；《韻鏡》内轉第二十七合、《七音略》内轉二十七重中重、《起數訣》第五十三圖收音清、《切韻指南》果攝内四假攝外六狹門，列字均爲「奈」；《切韻指掌圖》十一圖列字爲「柰」；《説文解字注》曰：「柰，柰果也。假借爲柰何字。見《尚書》、《左傳》。俗作奈。非。从木。示聲。」。可見，「奈」爲「柰」之俗體。「奈」爲《廣韻》、《集韻》箇一泥母位小韻首字，《四聲等子》是。

18 去一清　磋　《廣韻》七過切，清過一去合果，不應列於此；《集韻》千个切，清箇一去開果。《韻鏡》内轉第二十七合、《七音略》内轉二十七重中重、《切韻指掌圖》十一圖，列字均爲「磋」；《起數訣》第五十三圖收音清，列字爲「嗟」；《切韻指南》空位。《廣韻》箇一清母位無字，「磋」爲《集韻》箇一清母位小韻首字，《廣韻》雖爲過韻，但當爲「七何切」，韻圖中亦與箇韻列爲一圖，《四聲等子》無誤。

19 去一從　座　《廣韻》、《集韻》徂臥切，從過一去合果，不應列於此。《韻鏡》、《七音略》、《切韻指掌圖》、《切韻指南》、《起數訣》均空位。雖本圖清母位亦列過韻字，但爲音切誤，當列於開口。『座』爲合口，且在合口圖中重出，《四聲等子》誤，當删。

20 去一影　侉　《廣韻》安賀切，影過一去合果；《集韻》安賀切，影箇一去開果。《韻鏡》空位；《七音略》内轉二十七重中重、《切韻指掌圖》十一圖，列字均爲『侉』；《切韻指南》果攝内四假攝外六狹門、《起數訣》第五十三圖收音清，列字爲『椏』，影母哿韻。《廣韻》箇韻無影母字，『侉』雖爲『過』韻，但當爲開口。『侉』爲《集韻》箇韻一影母位小韻首字，《七音略》、《四聲等子》從《集韻》。

入一韻目：標目爲鐸韻

21 入一疑　咢　《韻鏡》内轉第三十一開，列字爲『愕』；《七音略》空位；《切韻指掌圖》一圖、《起數訣》第五十三圖收音清、《切韻指南》效攝外五獨韻廣門，列字均爲『咢』。『咢』爲《廣韻》、《集韻》鐸一疑母位小韻首字，下收有『愕』字，列字以『咢』字爲佳，《四聲等子》是。

22 入一端　沰　《廣韻》他各切，《集韻》當各切，端鐸一入開宕。《韻鏡》、《切韻指掌圖》均空位；《七音略》内轉三十四重中重、《四聲等子》效攝外五全重無輕韻、《切韻指南》效攝外五獨韻廣門，列字均爲『沰』。《廣韻》鐸韻無端母字，『沰』爲《集韻》鐸一端母位小韻首字，《四聲等子》從《集韻》。

23 入一從 ○ 《廣韻》、《集韻》從母鐸韻列字爲『昨』,《廣韻》在各切,《集韻》疾各切,從鐸一入開宕;《韻鏡》内轉第三十一開、《七音略》内轉三十四重中重、《切韻指掌圖》十二圖、《起數訣》第五十三圖收音清、《切韻指南》效攝外五獨韻廣門,列字均爲『昨』。『昨』爲《廣韻》鐸韻開口從母位小韻首字,《四聲等子》空位誤,當校補『昨』字。

24 入一曉 郝 《廣韻》呼各切,《集韻》黑各切,曉鐸一入開宕;《韻鏡》内轉第三十一開,列字爲『臛』,曉母沃韻,不應列於此,應爲『膗』形訛;《七音略》内轉三十四重中重、《切韻指南》效攝外五獨韻廣門、《起數訣》第五十一圖發音清,列字爲『膗』;《切韻指掌圖》十二圖,列字爲『膗』,應爲『膗』形訛。『膗』爲《廣韻》、《集韻》鐸一曉母位小韻首字,下收有『矐』、『郝』二字,列字以『膗』字爲佳,《四聲等子》亦無誤。

平二韻目:無標目,實爲麻韻

25 平二見 加 《廣韻》古牙切,《集韻》居牙切,見麻二平開假;《韻鏡》内轉第二十九開、《七音略》外轉二十九重中重、《切韻指掌圖》十一圖、《切韻指南》果攝内四假攝外六狹門、《起數訣》第五十七圖發音濁,列字均爲『嘉』。『嘉』爲《廣韻》麻二見母位小韻首字,下收有『加』字,列字以『嘉』字爲佳,《四聲等子》亦無誤。

26 平二澄　茶　《廣韻》宅加切，《集韻》直加切，澄麻二平開假；《韻鏡》内轉第二十九開、《七音略》外轉二十九重中重、《切韻指掌圖》十一圖，列字均爲『茶』；《切韻指南》果攝内四假攝外六狹門，列字爲『茶』；《起數訣》空位。『茶』爲《廣韻》麻二澄母位小韻首字，下收有『茶』、『荼』二字，列字以『茶』字爲佳，《四聲等子》亦無誤。

27 平二並　杷　《廣韻》、《集韻》蒲巴切，並麻二平開假；《韻鏡》内轉第二十九開、《七音略》外轉二十九重中重，列字爲『把』，同上，帮母馬韻，應爲『杷』形訛；《切韻指掌圖》十二圖、《切韻指南》果攝外四假攝外六狹門、《起數訣》第五十八圖開音清，列字均爲『爬』；『爬』爲《廣韻》、《集韻》麻二並母位小韻首字，下收有『杷』字，列字以『爬』字爲佳，《四聲等子》亦無誤。

28 平二照　樝　《廣韻》側加切，《集韻》莊加切，莊麻二平開假；《韻鏡》内轉第二十九開，列字爲『𪅚』，莊母御韻，誤，當爲『樝』字形訛；《七音略》外轉二十九重中重、《切韻指掌圖》十一圖、《起數訣》第五十七圖發音濁、《切韻指南》果攝内四假攝外六狹門，列字均爲『樝』。『樝』爲《廣韻》、《集韻》麻二莊母位小韻首字，《韻鏡》誤，《四聲等子》列字是。

29 平二穿　叉　《廣韻》初牙切，《集韻》初加切，初麻二平開假；《韻鏡》内轉第二十九開、《切韻指南》果攝内四假攝外六狹門，列字均爲『叉』；《七音略》外轉二十九重中重、《切韻指掌圖》十一圖、《起數訣》第五十七圖發音濁，列字均爲『义』，爲『叉』字俗訛。『叉』爲《廣韻》麻二初母位小韻首字，『义』當爲形訛，《七音略》誤，《四聲等子》是。

30 平二牀　○　《廣韻》崇母麻韻列字爲「楂」，《廣韻》、《集韻》鉏加切，崇麻二平開假；《韻鏡》内轉第二十九開、《七音略》外轉二十九重中重、《切韻指南》果攝内四假攝外六狹門，列字均爲「楂」；《切韻指掌圖》十一圖，列字爲「槎」；《起數訣》第五十七圖發音濁，列字爲「茬」。「楂」爲《廣韻》麻二崇母位小韻首字，下收有「槎」字，列字以「楂」字爲佳；《四聲等子》誤，當校補「楂」字。

31 平二審　沙　《廣韻》所加切，《集韻》師加切，生麻二平開假；《韻鏡》内轉第二十九開、《切韻指南》果攝内四假攝外六狹門，列字爲「鯊」；《七音略》外轉二十九重中重，列字爲「砂」；《切韻指掌圖》十一圖、《起數訣》第五十七圖發音濁，列字均爲「沙」；「鯊」爲《廣韻》麻二生母位小韻首字，下收有「沙」、「砂」二字，《四聲等子》亦無誤。

32 平二曉　煆　《廣韻》許加切，《集韻》虚加切，曉麻二去開假；《韻鏡》内轉第二十九開、《切韻指掌圖》十一圖、《切韻指南》果攝内四假攝外六狹門，列字均爲「煆」；《七音略》外轉二十九重中重，列字爲「呀」；《起數訣》第五十七圖發音濁，列字爲「蝦」。「煆」爲《廣韻》、《集韻》麻二曉母位小韻首字，下均收有「呀」字，《集韻》下亦收有「蝦」字，列字以「煆」字爲佳，《四聲等子》是。

33 平二影　鴉　《廣韻》、《集韻》於加切，影麻二平開假；《韻鏡》内轉第二十九開、《七音略》外轉二十九重中重，列字均爲「鵶」；《切韻指掌圖》十一圖、《起數訣》第五十七圖發音濁、《切韻指南》果攝内四假攝外六狹門，列字均爲『鵶』。『鵶』爲《廣韻》麻二影母位小韻首字，下收有『鴉』字，注曰：『上同』，『鵶』、『鴉』二字爲異體字。《四聲等子》列字是。

上二韻目：無標目，實爲馬韻

34　上二見　賈　《廣韻》古疋切，《集韻》舉下切，見馬二上開假；《韻鏡》内轉第二十九開、《起數訣》第五十七圖發音濁，列字均爲『賈』；《七音略》外轉二十九重中重、《切韻指南》果攝内四假攝外六狹門，列字爲『檟』；《切韻指掌圖》十一圖，列字爲『假』。『檟』爲《廣韻》馬二見母位小韻首字，下收有『假』、『賈』二字。『賈』爲《集韻》馬二見母位小韻首字，下收有『假』、『檟』二字，列字以『賈』字爲佳，《四聲等子》從《集韻》。

35　上二知　䚩　此字當爲『觰』字誤。『觰』，《廣韻》都賈切，《集韻》展賈切，知馬二上開假；《韻鏡》内轉第二十九開、《七音略》外轉二十九重中重、《切韻指掌圖》十一圖、《起數訣》第五十七圖發音濁，列字均爲『觰』。《切韻指南》果攝内四假攝外六狹門，列字爲『縿』，《集韻》知母馬韻。『觰』爲《廣韻》、《集韻》馬二知母位小韻首字，《四聲等子》形訛，當校正爲『觰』。

36　上二徹　姹　《廣韻》、《集韻》丑下切，徹馬二上開假；《韻鏡》内轉第二十九開、《七音略》外轉二十九重中重、《切韻指掌圖》十一圖、《切韻指南》果攝内四假攝外六狹門，列字均爲

「奼」；《起數訣》第五十七圖發音濁，列字爲「姹」，「姹」、「奼」二字爲異體字。「奼」爲《廣韻》、《集韻》馬二徹母位小韻首字，列字以「奼」爲佳，《四聲等子》列異體，亦無誤。

37 上二澄　唋　咫 A、B本，文瀾閣本，文淵閣本，粵雅堂本，列字爲「𨀁」。「唋」，《廣韻》通都切，透模一平合遇，不應列於此；「𨀁」，《集韻》宅下切，澄馬二上開假。《韻鏡》、《切韻指掌圖》空位；《七音略》外轉二十九重中重，列字爲「𨀁」，此字當爲「𨀁」字形訛；《起數訣》第五十七圖發音濁，列字爲「蹽」，此字當爲「𨀁」字形訛；《切韻指南》果攝内四假攝外六狹門，列字爲「𨀁」。《廣韻》馬二澄母無字，「𨀁」爲《集韻》馬二澄母位小韻首字，《四聲等子》從《集韻》，文津閣本是，其餘版本均形訛，當校改爲「𨀁」。

38 上二滂　土　《廣韻》他魯切，透姥一上合遇或徒古切，定姥一合上遇，均不列於此；《集韻》片賈切，滂馬二上開假；《韻鏡》、《七音略》、《切韻指掌圖》均空位；《起數訣》第五十六圖發音清、《切韻指南》果攝外四假攝外六狹門，列字均爲「土」。《廣韻》馬韻無滂母，「土」爲《集韻》馬二滂母位小韻首字，《四聲等子》從《集韻》。

39 上二並　罷　《廣韻》薄蟹切，並蟹二上開蟹，不應列於此；《集韻》部下切，並馬二上開假。《韻鏡》内轉第二十九開、《七音略》外轉二十九重中重、《切韻指掌圖》十二圖、《切韻指南》果攝外四假攝外六狹門、《起數訣》第五十六圖發音清，列字均爲「跁」。「跁」爲《廣韻》、《集韻》馬二並母位小韻首字，《集韻》下又收「罷」字，列字以「跁」爲佳，《四聲等子》從《集韻》，亦無誤。

40　上二穿　笈　《廣韻》未收；《集韻》初雅切，初馬二上開假；《韻鏡》、《切韻指掌圖》均空位；《七音略》外轉二十九重中重、《切韻指南》果攝内四假攝外六狹門、《起數訣》第五十七圖發音濁，列字均爲『笈』。《廣韻》馬二初母無字，『笈』爲《集韻》馬二初母位小韻首字，《四聲等子》從《集韻》。

41　上二牀　○　《廣韻》、《集韻》崇母馬韻列字爲『槎』，《廣韻》、《集韻》士下切，崇馬二上開假；《韻鏡》内轉第二十九開、《七音略》外轉二十九重中重、《切韻指掌圖》十一圖、《切韻指南》果攝内四假攝外六狹門、《起數訣》第五十七圖發音濁，列字均爲『槎』；《四聲等子》空位誤，當校補『槎』字。

42　上二影　瘂　《廣韻》烏下切，《集韻》倚下切，影馬二上開假；《韻鏡》内轉第二十九開、《七音略》外轉二十九重中重、《切韻指掌圖》十一圖、《起數訣》第五十七圖發音濁、《切韻指南》果攝内四假攝外六狹門，列字均爲『啞』。『啞』爲《廣韻》馬二影母位小韻首字，下收有『瘂』字，列字以『啞』字爲佳，《四聲等子》亦無誤。

去二韻目：無標目，實爲禡韻

43　去二見　架　《廣韻》古訝切，《集韻》居迓切，見禡二去開假；《韻鏡》内轉第二十九開、《七音略》外轉二十九重中重、《切韻指掌圖》十一圖、《切韻指南》果攝内四假攝外六狹門、《起數訣》第五十七圖發音濁，列字均爲『駕』。『駕』爲《廣韻》、《集韻》禡二見母位小韻首字，下收有『架』字，列字以『駕』字爲佳，《四聲等子》亦無誤。

44 去二澄　咤　《廣韻》陟駕切，《集韻》陟嫁切，知禡二去開假，不應列於此；《韻鏡》内轉第二十九開、《七音略》外轉二十九重中重、《切韻指掌圖》十一圖、《切韻指南》果攝内四假攝外六狹門，列字均爲『虴』，《廣韻》、《集韻》除駕切，澄禡二去開假；《起數訣》第五十七圖發音濁，列字爲『蜡』，澄母禡韻。『虴』爲《廣韻》、《集韻》禡二澄母位小韻首字，《四聲等子》誤，當校改爲『虴』。

45 去二滂　怕　《廣韻》、《集韻》普駕切，滂禡二去開假；《韻鏡》内轉第二十九開、《七音略》外轉二十九重中重，列字均爲『怕』；《切韻指掌圖》十二圖、《切韻指南》果攝外四假攝外六狹門、《起數訣》第五十六圖發音清，列字均爲『帊』。『帊』爲《廣韻》、《集韻》禡二滂母位小韻首字，下收有『怕』字，列字以『帊』字爲佳，《四聲等子》亦無誤。

46 去二並　杷　《廣韻》白駕切，《集韻》步化切，並禡二去開假。《韻鏡》内轉第二十九開，列字爲『杷』；《七音略》外轉二十九重中重、《起數訣》第五十六圖發音清，列字爲『把』，訛；《切韻指掌圖》十二圖，列字爲『杷』；《切韻指南》果攝外四假攝外六狹門，列字爲『⿰日犬』。『⿰日犬』爲《廣韻》禡二並母位小韻首字，下收有『杷』、『耙』二字；『杷』爲《集韻》禡二並母位小韻首字，

《四聲等子》從《集韻》。

47 去二穿　瘥　《廣韻》楚懈切，初卦二去開蟹，不應列於此；《集韻》楚嫁切，初禡二去開假。《韻鏡》、《切韻指掌圖》均空位；《七音略》外轉二十九重中重，列字爲『扠』，當爲『扠』字形訛，徹母佳韻，誤，當删；《起數訣》第五十七圖發音濁，列字爲『衩』；《切韻指南》果攝内四假攝外六狹門，列字爲『瘥』。《廣韻》禡二初母無字，『瘥』爲《集韻》禡二初母位小韻首字，下收有『衩』字，列字以『瘥』字爲佳，《四聲等子》從《集韻》。

48 去二牀　○　《廣韻》、《集韻》崇母禡韻列字有『乍』小韻。『乍』，《廣韻》鋤駕切，《集韻》助駕切，崇禡二去開假；《韻鏡》内轉第二十九開、《七音略》外轉二十九重中重、《切韻指掌圖》十一圖、《切韻指南》果攝内四假攝外六狹門、《起數訣》第五十七圖發音濁，列字均爲『乍』；《四聲等子》空位誤，當校補『乍』字。

49 去二審　厦　《廣韻》未收；《集韻》所嫁切，生禡二去開假；《韻鏡》内轉第二十九開、《七音略》外轉二十九重中重、《切韻指掌圖》十一圖、《起數訣》第五十七圖發音濁、《切韻指南》果攝内四假攝外六狹門，列字均爲『嗄』，生母禡韻。『嗄』爲《廣韻》、《集韻》禡二生母位小韻首字，《集韻》下收『厦』字，列字以『嗄』爲佳，《四聲等子》從《集韻》，亦無誤。

50 去二曉　罅　《廣韻》呼訝切，《集韻》虚訝切，曉禡二去開假；《韻鏡》内轉第二十九開、《七音略》外轉二十九重中重、《切韻指掌圖》十一圖、《切韻指南》果攝内四假攝外六狹門，列字均爲『嚇』；《起數訣》第五十七圖發音濁，列字爲『罅』。『嚇』爲《廣韻》禡二曉母位小韻首字，下收有『罅』、『唬』二字，列字以『嚇』字爲佳，《四聲等子》亦無誤。

51 去二匣　夏　《廣韻》胡駕切，《集韻》亥駕切，匣禡二去開假；《韻鏡》内轉第二十九開、《七音略》外轉二十九重中重、《切韻指掌圖》十一圖、《切韻指南》果攝内四假攝外六狹門，列字均爲『暇』；《起數訣》第五十七圖發音濁，列字爲『蝦』，匣麻二平開假，誤。『暇』爲《廣韻》、《集韻》禡二匣母位小韻首字，下收有『夏』字，列字以『暇』字爲，《四聲等子》亦無誤。

入二韻目：無標目，實爲黠鎋合韻

52 入二見　戛　《廣韻》古黠切，《集韻》訖黠切，見黠二入開山。《韻鏡》外轉第二十三開、《七音略》外轉二十三重中重，列字均爲『戛』；《切韻指掌圖》七圖，列字爲『戞』，『戞』、『戛』二字爲異體字；《起數訣》第五十七圖發音濁，《切韻指南》山攝外四開口呼廣門，列字爲『鶷』，見母鎋韻。『鶷』爲《廣韻》、《集韻》鎋二見母位小韻首字；『戛』爲《廣韻》、《集韻》黠二見母位小韻首字，此位取黠韻字。

53 入二溪　⿱竹揭　《廣韻》溪母鎋韻列字爲『⿱竹⿰禾曷』，『⿱竹揭』應爲『⿱竹⿰禾曷』之形訛；『⿱竹⿰禾曷』，《廣韻》枯鎋切，《集韻》丘瞎切，溪鎋二入開山。《韻鏡》外轉第二十一開，列字爲『楬』；《七音略》外轉二十一重中輕，列字爲『⿱竹⿰禾曷』，爲『⿱竹⿰禾曷』之形訛；《切韻指掌圖》七圖、《切韻指南》山攝外四開口呼廣門、《起數訣》第五十七圖發音濁，列字均爲『𥢶』。『𥢶』爲《廣韻》、《集韻》鎋二溪母位小韻首字，下收有『楬』字，列字以『𥢶』爲佳，《四聲等子》形訛，當校正爲『𥢶』。

54 入二疑　聐　《廣韻》五鎋切，《集韻》牛轄切，疑鎋二入開山；《韻鏡》外轉第二十一開、《切韻指南》山攝外四開口呼廣門，列字均爲『聐』；《七音略》空位；《切韻指掌圖》七圖、《起數訣》第四十五圖發音濁，列字爲『齾』。『齾』爲《廣韻》、《集韻》鎋二疑母位小韻首字，下收有『聐』字。列字以『齾』字爲佳，《七音略》誤，《四聲等子》亦無誤。

55 入二知　哲　《廣韻》、《集韻》陟轄切，知鎋二入開山；《韻鏡》外轉第二十一開、《切韻指掌圖》七圖，列字均爲『哳』；《切韻指南》山攝外四開口呼廣門，列字爲『哲』；《七音略》空位；《起數訣》第四十五圖發音濁。『哳』爲《廣韻》、《集韻》轄韻知母位小韻首字，《七音略》空位誤，《四聲等子》是。

56 入二徹　獺　《廣韻》他鎋切，《集韻》逖鎋切，透鎋二入開山；《韻鏡》外轉第二十一開、《切韻指南》山攝外四開口呼廣門，列字均爲『獺』；《起數訣》第五十七圖發音濁、《七音略》、《切韻指掌圖》均空位。『獺』爲《廣韻》、《集韻》轄韻徹母位小韻首字，《七音略》空位誤，《四聲等子》是。

57 入二澄　噠　《廣韻》未收；《集韻》宅軋切，澄黠二入開山；《韻鏡》外轉第二十三開，列字爲『薘』，定母曷韻，誤；《七音略》外轉二十三重中重、《切韻指南》山攝外四開口呼廣門，列字均爲『嵯』；《起數訣》第五七圖發音濁、《切韻指掌圖》空位。《廣韻》黠韻無澄母字，『嵯』爲《集韻》黠二澄母位小韻首字，《四聲等子》依《集韻》，亦無誤。

58 入二孃　㾍　《廣韻》、《集韻》女黠切，孃黠二入開山；《韻鏡》外轉第二十一開，列字爲『㾍』；《七音略》空位，《切韻指掌圖》十七圖、《切韻指南》山攝外四開口呼廣門，列字爲『痆』，泥母黠韻；《起數訣》第五十七圖發音濁，列字爲『髾』；『痆』爲《廣韻》黠二泥母位小韻首字，下收有『㾍』字；『㾍』爲《集韻》轄二孃母位小韻首字，《四聲等子》從《集韻》。

59 入二幫　捌　《廣韻》百鎋切，《集韻》百轄切，幫鎋三去開山；《韻鏡》外轉第二十一開、《七音略》外轉二十一重中輕、《切韻指南》山攝外四開口呼廣門，列字均爲『捌』；《切韻指掌圖》八圖、《起數訣》第五十六圖發音清，列字均爲『八』，幫母黠韻。

60 入二滂　汃　《廣韻》、《集韻》普八切，滂黠二入合山；《韻鏡》外轉第二十四合、《七音略》外轉二十四輕中重、《切韻指掌圖》八圖，列字均爲『汃』；《起數訣》第五十六圖發音清、《切韻指南》空位。『汃』爲《廣韻》、《集韻》黠二滂母位小韻首字，《四聲等子》爲合韻韻圖，此處列黠韻字。

61 入二並　拔　《廣韻》、《集韻》蒲八切，並黠二入合山；《韻鏡》外轉第二十四合、《七音略》外轉二十四輕中重、《切韻指掌圖》八圖，列字均爲『拔』；《起數訣》第五十六圖發音清、《切韻指南》空位。『拔』爲《廣韻》、《集韻》黠二並母位小韻首字，《四聲等子》爲合韻韻圖，此處列黠韻字。

62 入二明　[車蔑]　巵 A、B本，文淵閣本，粵雅堂本，文津閣本，列字爲『礣』，文瀾閣本列字爲『篾』。『礣』，《廣韻》、《集韻》莫鎋切，明鎋二入開山。《韻鏡》外轉第二十一開，列字爲『礣』；《七音略》空位；《切韻指掌圖》八圖、《切韻指南》山攝外四開口呼廣門，列字均爲『[亻蜜]』，明母黠韻；《起數訣》第五十六圖發音清，列字爲『帓』，明母鎋韻。『礣』爲《廣韻》鎋二明母位小韻首字，下收有『帓』字，列字以『礣』爲佳；《七音略》空位誤，《四聲等子》巵 A、B本，文淵閣本，粵雅堂本，文津閣本無誤。『篾』，《廣韻》、《集韻》莫結切，明母屑韻，《四聲等子》本圖入二收黠鎋韻字，文瀾閣本列『篾』字當爲『[車蔑]』字誤，當校改爲『[車蔑]』。

63 入二牀　○　《廣韻》牀母鎋韻列字爲『[金萴]』；《廣韻》查鎋切，《集韻》槎鎋切，崇鎋二入開山；《韻鏡》外轉第二十一開，誤列於莊母，崇母空位；《七音略》外轉二十一重中輕，列字爲『[金萴]』；《切韻指掌圖》空位；《起數訣》第五十七圖發音濁、《切韻指南》山攝外四開口呼廣門，列字均爲『[金萴]』；《康熙字典》記：『《廣韻》、《正韻》查鎋切，音[氵札]。《廣韻》秦人云切草。《正韻》切草器。按集韻、類篇作[金萴]。』此字即爲『[金萴]』字。『[金萴]』爲《廣韻》鎋二崇母位小韻首字，《四聲等子》空位誤，當校補『[金萴]』字。

64 入二審　殺　《廣韻》所八切，《集韻》山戛切，生黠二入開山；《韻鏡》外轉第二十三開、《切韻指掌圖》七圖、《四聲等子》山攝外四輕重俱等韻開口呼、《切韻指南》山攝外四開口呼廣門，列字均爲『殺』；《七音略》外轉二十三重中重，列字爲『樧』。『殺』爲《廣韻》黠二審母位小韻首字，下收有『樧』字，《四聲等子》是。

65 入二曉　瞎　《廣韻》、《集韻》許轄切，曉鎋二入開山；《韻鏡》外轉第二十一開、《切韻指掌圖》七圖、《起數訣》第五十七圖發音濁、《切韻指南》山攝外四開口呼廣門，列字均爲『瞎』；《七音略》空位；『瞎』爲《廣韻》、《集韻》鎋二曉母位小韻首字，《七音略》空位誤，《四聲等子》是。

66 入二匣　鎋　《廣韻》胡瞎切，《集韻》下瞎切，匣鎋二入開山；《韻鏡》外轉第二十一開、《起數訣》第五十七圖發音濁，列字均爲『鎋』；《七音略》空位；《切韻指掌圖》七圖、《切韻指南》山攝外四開口呼廣門，列字均爲『黠』，匣母黠韻；『鎋』爲《廣韻》、《集韻》鎋二匣母位小韻首字，《七音略》空位誤，《四聲等子》是。

67 入二影　鸛　《廣韻》、《集韻》乙轄切，影鎋二入開山；《韻鏡》外轉第二十一開、《起數訣》第五十七圖發音濁，列字均爲『鸛』；《七音略》外轉二十一重中輕，列字爲『轏』，崇母産韻，誤；《切韻指掌圖》七圖、《切韻指南》山攝外四開口呼廣門，列字均爲『軋』，影母黠韻；『鸛』爲《廣韻》、《集韻》鎋二影母爲小韻首字，《七音略》誤，《四聲等子》是。

68 入二日　◯　《廣韻》、《集韻》鎋二日母位均有『髾』字，《廣韻》、《集韻》而轄切，日鎋二入開山；《韻鏡》外轉第二十一開，列字爲『髾』；《七音略》、《切韻指掌圖》、《起數訣》、《切韻指南》均空位。『髾』爲《廣韻》鎋二日母位小韻首字，龍宇純曰：「日母例無二等字，疑此字當屬泥母。《玉篇》正音女轄切。」則此係泥日類隔，當與泥母之『瘵』字同，不得列於此位。《韻鏡》列此字，當是後人據韻書妄增。《四聲等子》空位是。

平三韻目：標目爲麻(戈三開口寄此)

69 平三見　迦　《廣韻》古牙切，《集韻》居牙切，見麻二平開假；另，《廣韻》、《集韻》居伽切，見戈三平開果。《韻鏡》、《七音略》、《切韻指掌圖》、《切韻指南》均空位；《起數訣》第五十三圖收音清，列字爲『迦』。『嘉』爲《廣韻》、《集韻》麻二見母位小韻首字，下收有『迦』字，《四聲等子》已於二等全列『加』字，此位列字當爲戈三韻字。戈韻開口字少，《四聲等子》寄於此。

70 平三溪　佉　《廣韻》丘伽切，《集韻》去伽切，溪戈三平開果；《韻鏡》、《七音略》、《切韻指掌圖》、《切韻指南》均空位；《起數訣》第五十三圖收音清，列字爲『佉』。『佉』爲《廣韻》戈三溪母位小韻首字，戈韻開口字少，《四聲等子》寄於此。

71 平三群　伽　《廣韻》、《集韻》求迦切，群戈三平開果；《韻鏡》、《七音略》、《切韻指掌圖》、《切韻指南》均空位；《起數訣》第五十三圖收音清，列字爲『伽』。『伽』爲《廣韻》戈三群母位小韻首字，戈韻開口字少，《四聲等子》寄於此。

72 平三牀　○　《廣韻》麻韻三等開口船母位有『蛇』字，食遮切，船麻三平開假；《集韻》時遮切，禪麻三平開假。《韻鏡》内轉第二十九開、《切韻指南》果攝内四假攝外六狹門，列字均爲「蛇」；《七音略》外轉二十九重中重，列字爲「虵」；《切韻指掌圖》、《起數訣》均空位。「蛇」爲《廣韻》麻三船母位小韻首字，下收有「虵」字，注曰：「上同。」「蛇」、「虵」二字爲異體字。《四聲等子》空位誤，此處當校補「蛇」字。

73 平三來　儸　《廣韻》魯何切，來歌一平開果，不應列於此；《集韻》利遮切，來麻三平開假；《韻鏡》内轉第二十九開、《七音略》外轉二十九重中重、《起數訣》第五十七圖發音濁、《切韻指南》果攝内四假攝外六狹門，列字均爲「儸」；《切韻指掌圖》空位。《廣韻》麻韻三等開口無來母。「儸」爲《集韻》麻三來母位小韻首字，《四聲等子》從《集韻》。

上三韻目：馬韻

74 上三穿　撦　《廣韻》昌者切，《集韻》齒者切，昌馬三上開假；《韻鏡》内轉第二十九開，列字爲「者單」，此字當爲「奲」字形訛；《七音略》外轉二十九重中重、《切韻指掌圖》十一圖、《切韻指南》果攝内四假攝外六狹門，列字均爲「奲」；《起數訣》第五十七圖發音濁，列字爲「撦」。「奲」爲《廣韻》、《集韻》馬三昌母位小韻首字，下收有「撦」字，列字以「奲」字爲佳，《四聲等子》列「撦」字，亦無誤。

75 上三來　跍　《廣韻》馬韻三等開口來母位無字；《集韻》力者切，來馬三上開假；《韻鏡》、

《七音略》、《切韻指掌圖》均空位；《起數訣》第五十七圖發音濁、《切韻指南》果攝内四假攝外六狹門，列字均爲『跓』。『跓』爲《集韻》馬三來母位小韻首字，《起數訣》從《集韻》。

76 上三日　哷　《廣韻》人者切，《集韻》爾者切，日馬三上開假；《韻鏡》内轉第二十九開、《七音略》外轉二十九重中重、《切韻指南》果攝内四假攝外六狹門，列字均爲『若』；《切韻指掌圖》十一圖，列字爲『惹』；《起數訣》空位。『若』爲《廣韻》馬三日母位小韻首字，下收有『惹』、『哷』二字，列字以『若』字爲佳，《四聲等子》亦無誤。

去三韻目：標目爲禡

77 去三照　蹉　咫A、B本，文瀾閣本，文淵閣本，粵雅堂本，列字爲『蹉』，文津閣本，列字爲『柘』。蹉，《廣韻》七何切，《集韻》倉何切，清歌一平開果，不應列於此。柘，《廣韻》、《集韻》之夜切，章禡三去開假。《韻鏡》内轉第二十九開、《七音略》外轉二十九重中重、《切韻指掌圖》十一圖、《切韻指南》果攝内四假攝外六狹門、《起數訣》第五十七圖發音濁，列字均爲『柘』。《四聲等子》咫A、B本等當校改爲『柘』。文津閣本是。

78 去三穿　赾　《廣韻》丘謹切，《集韻》口謹切，溪隱三上開臻，不應列於此。《韻鏡》内轉第二十九開、《七音略》外轉二十九重中重、《切韻指掌圖》十一圖、《切韻指南》果攝内四假攝外六狹門、《起數訣》第五十七圖發音濁，列字均爲『赿』，『赿』，《廣韻》、《集韻》充夜切，崇禡三去開假；『𨑹』爲《廣韻》、《集韻》禡三崇母位小韻首字，《四聲等子》爲『𨑹』字訛，當校改爲『𨑹』。

79 去三𤖶 ○ 《廣韻》船母禡韻列字爲『射』。『射』，《廣韻》神夜切，《集韻》𠚥夜切，船禡三去開假；《韻鏡》内轉第二十九開、《七音略》外轉二十九重中重、《切韻指南》果攝内四假攝外六狹門，列字爲『射』；《切韻指掌圖》、《起數訣》空位。『射』爲《廣韻》、《集韻》禡三船母位小韻首字，《四聲等子》空位誤，當校補『射』字。

80 去三日 偌 《廣韻》未收；《集韻》人夜切，日禡三去開假；《韻鏡》内轉第二十九開、《切韻指南》果攝内四假攝外六狹門、《起數訣》第五十七圖發音濁，列字均爲『偌』；《七音略》、《切韻指掌圖》均空位。『偌』爲《集韻》禡三日母位小韻首字，《四聲等子》從《集韻》。

入三韻目： 標目爲鍩

81 《四聲等子》爲合韻韻圖，且一二等均配入聲，三四等却未配入聲。《切韻指掌圖》三等配月薛，《切韻指南》雖無標目，實配月薛韻字。

平四韻目： 無標目，實爲麻韻

82 平四端 爹 《廣韻》、《集韻》陟邪切，知麻三平開假；《韻鏡》内轉第二十九開、《切韻指南》

果攝外四假攝外六狹門，列字爲『奓』；《七音略》、《切韻指掌圖》、《起數訣》均空位。『奓』爲《廣韻》麻三韻字，當爲類隔實爲端母，且爲小韻首字，《四聲等子》是。

83 平四明 哶 《康熙字典》記：『《玉篇》莫者切，《集韻》母野切，音乜。《玉篇》羊鳴也。又《集韻》母婢切，音弭。義同。又彌嗟切，乜平聲。苴哶，城名，在雲南。』此記彌嗟切，明母麻韻。《韻鏡》、《七音略》均空位；《切韻指掌圖》十二圖、《起數訣》第五十六圖發音清、《切韻指南》果攝外四假攝外六狹門，列字均爲『哶』；『哶』爲《集韻》麻三明母位小韻首字，麻韻無四等，《四聲等子》誤，從《集韻》當校列於三等位。

84 平四清 礚 《廣韻》未收；《集韻》七邪切，清麻三平開假；《韻鏡》空位；《七音略》外轉二十九重中重、《起數訣》第五十六圖發音清、《切韻指南》果攝外四假攝外六狹門，列字均爲『礚』；《切韻指掌圖》十一圖，列字爲『脞』，清母戈韻。『礚』爲《集韻》麻三清母位小韻首字，《四聲等子》從《集韻》。

85 平四從 ○ 《韻鏡》内轉第二十九開、《切韻指掌圖》十一圖、《切韻指南》果攝外四假攝外六狹門、《起數訣》第五十六圖發音清，列字均爲『査』，《廣韻》、《集韻》才邪切，從麻三平開假；《七音略》外轉二十九重中重，列字爲『查』，此字當爲『査』字形訛。『査』爲《廣韻》、《集韻》麻三從母位小韻首字，《四聲等子》空位誤，當校補『査』字。

86 平四心 査 《廣韻》、《集韻》才邪切，從麻三平開假，不應列於此；《韻鏡》内轉第二十九開、《七音略》外轉二十九重中重、《切韻指掌圖》十一圖、《切韻指南》果攝外四假攝外六狹門、《起數訣》第五十六圖發音清，列字均爲『些』，《廣韻》寫邪切，《集韻》思嗟切，心麻三平開假。『些』爲《廣韻》、《集韻》麻三心母位小韻首字，《四聲等子》誤列從母字，當校改爲『些』字。

87 平四曉　苛　《廣韻》胡歌切，匣歌一平開果，不應列於此；《集韻》黑嗟切，曉麻三平開假；《韻鏡》、《七音略》、《切韻指掌圖》均空位。《起數訣》第五十六圖發音清、《切韻指南》果攝外四假攝外六狹門，列字均爲『苛』。《廣韻》麻韻三等無曉母。『苛』爲《集韻》麻三曉母位小韻首字，《四聲等子》從《集韻》。

88 平四喻　耶　《廣韻》以遮切，《集韻》余遮切，以麻三平開假；《韻鏡》内轉第二十九開、《七音略》外轉二十九重中重、《切韻指掌圖》十一圖、《起數訣》第五十六圖發音清、《切韻指南》果攝外四假攝外六狹門，列字均爲『耶』，《廣韻》注：『並見上注。』『邪』、『耶』二字爲異體字。『邪』爲《廣韻》、《集韻》麻三以母位小韻首字，《四聲等子》亦無誤。

上四韻目：無標目，實爲馬韻

89 上四端　哆　《廣韻》昌者切，昌馬三上開假；《集韻》丁寫切，端馬三上開假；《韻鏡》、《七音略》、《切韻指掌圖》均空位；《起數訣》第五十六圖發音清、《切韻指南》果攝外四假攝外六狹門，列字均爲『哆』。『哆』爲《集韻》馬三端母位小韻首字，《四聲等子》從《集韻》。

90 上四明　乜　《廣韻》彌也切，《集韻》母野切，明馬三上開假；《韻鏡》、《七音略》均空位；《切韻指掌圖》十二圖、《起數訣》第五十六圖發音清、《切韻指南》果攝外四假攝外六狹門，列字均爲『乜』。『乜』爲《廣韻》馬三明母位小韻首字，《四聲等子》誤，當校列於三等位。

91 上四從　○　《廣韻》馬韻三等無從母。《韻鏡》内轉第二十九開，列字爲『抯』，《廣韻》茲野切，精馬三上開假或徐野切，邪馬三上開假；《集韻》慈野切，從馬三上開假，《韻鏡》或從《集韻》。《七音略》外轉二十九重中重，列字爲『担』，此字當爲『抯』字形訛；《切韻指掌圖》空位；《切韻指南》果攝外四假攝外六狹門，列字爲『姐』，精母馬韻；《起數訣》第五十六圖發音清，列字爲『姐』，端咼一入開山。《廣韻》馬韻三等無從母，《四聲等子》空位是。然《四聲等子》心母位列『姐』，平四亦將從母誤列於心母，則此位應也是誤列，此位按《集韻》，當校補『姐』字。

92 上四心　姐　《廣韻》茲野切，《集韻》子野切，精馬三上開假，不應列於此；《韻鏡》内轉第二十九開、《七音略》外轉二十九重中重、《切韻指掌圖》十一圖、《切韻指南》果攝外四假攝外六狹門、《起數訣》第五十六圖發音清，列字均爲『寫』，《廣韻》悉姐切，《集韻》洗野切，心馬三上開假。『心』爲馬三心母位小韻首字，《四聲等子》誤列從母字，當校改爲『寫』。

93 上四喻　也　《廣韻》羊者切，《集韻》以者切，以馬三上開假；《韻鏡》内轉第二十九開、《七音略》外轉二十九重中重、《切韻指掌圖》十一圖、《切韻指南》果攝外四假攝外六狹門、《起數訣》第五十六圖發音清，列字均爲『野』。『野』爲《廣韻》馬四三以母位小韻首字，下收有『也』字，列字以『野』字爲佳，《四聲等子》亦無誤。

去四韻目：無標目，實爲禡韻

94 去四溪　欨　㕭A、B本，文瀾閣本，文淵閣本，文津閣本，列字爲『欨』，粤雅堂本空位。欨，《廣韻》枯駕切，溪禡二去開假，不當列於四等；《集韻》企夜切，溪禡三去開假。《七音略》、《切韻指掌圖》均空位；《韻鏡》内轉第二十九開、《切韻指南》果攝外四假攝外六狹門、《起數訣》第五十六圖發音清，列字均爲『欨』。《四聲等子》從《集韻》，亦無誤。『欨』爲《集韻》麻三溪母位小韻首字，因下字爲以母字，故列於四等位，《四聲等子》從《集韻》。

95 去四精　借　《廣韻》、《集韻》子夜切，精禡三去開假；《韻鏡》内轉第二十九開、《七音略》外轉二十九重中重，列字均爲『唶』；《切韻指掌圖》十一圖、《起數訣》第五十六圖發音清、《切韻指南》果攝外四假攝外六狹門，列字均爲『借』。『唶』爲《廣韻》禡三精母位小韻首字，下收有『借』字。『借』爲《集韻》禡三精母位小韻首字，下收有『唶』字，列字以『借』字爲佳，《四聲等子》從《集韻》。

96 去四從　○　《廣韻》從母禡韻列字爲『褯』，《廣韻》、《集韻》慈夜切，從禡三去開假。《韻鏡》

内轉第二十九開、《七音略》外轉二十九重中重、《切韻指掌圖》十一圖、《切韻指南》果攝外四假攝外六狹門、《起數訣》第五十六圖發音清，列字均爲「褯」。《四聲等子》本等内從母字均列於心母位，故空位誤，當校補「褯」字。

97 去四心　褯　《廣韻》、《集韻》慈夜切，從禡三去開假，不應列於此；《韻鏡》内轉第二十九開、《七音略》外轉二十九重中重、《切韻指南》果攝外四假攝外六狹門，列字均爲「蝑」，《廣韻》司夜切，《集韻》司夜切，心禡三去開假；《切韻指掌圖》十一圖、《起數訣》第五十六圖發音清，列字均爲「卸」。「蝑」爲《廣韻》禡三心母位小韻首字，下收有「卸」字，列字以「蝑」字爲佳，《四聲等子》當校改爲「蝑」字。

98 去四日　○　《韻鏡》内轉第二十九開、《起數訣》第五十六圖發音清，列字爲「偌」，日禡三去開假，應位於三等位；《七音略》、《切韻指掌圖》、《切韻指南》均空位。《四聲等子》空位是。

入四韻目：無標目

果攝內四　重多輕少韻　合口呼　麻外六

見	溪	羣	疑	端知	透徹	定澄	泥孃	幫非	滂敷	並奉	明微
戈	科	○	訛	陊	詑	碢	捼	波	坡	婆	摩
果	顆	○	⿰女卮	埵	妥	墮	⿰女卮	跛	頗	爸	麽
過	課	○	臥	剁	唾	惰	⿰米耎	播	破	縛	磨
郭	廓	○	○	○	○	○	○	博	⿰革頁	泊	莫
瓜	誇	○	佡	檛	○	○	○	○	○	○	○
寡	髁	○	瓦	丫	䆐	○	○	○	○	○	○
抓	跨	○	瓦	○	○	○	○	○	○	○	○
刮	劀	○	刖	窡	頒	○	妠	八	汃	拔	⿰亻密
○	⿰⿱⺌月比	瘸	○	○	○	○	○	○	○	○	○
○	○	○	○	○	○	○	○	○	○	○	○
○	○	○	○	○	○	○	○	○	○	○	○
○	○	○	○	○	○	○	○	○	○	○	○
○	○	○	○	○	○	○	○	○	○	○	○
○	○	○	○	○	○	○	○	○	○	○	○
○	○	○	○	○	○	○	○	○	○	○	○
○	○	○	○	○	○	○	○	○	○	○	○

	精照	清穿	從牀	心審	邪禪	曉	匣	影	喻	來	日
本無入聲	○	莝	矬	莎	○	○	和	倭	誇	螺	○
	○	脞	坐	鎖	○	火	禍	婐	○	裸	○
	挫	剉	座	䐠	○	貨	和	涴	○	摞	○
	嗅	○	○	○	○	霍	鑊	蠖	○	硏	○
麻	髽	○	○	○	○	花	華	窊	○	○	○
馬	○	䂳	○	葰	○	○	踝	[illegible]	○	○	○
禡	○	○	○	誜	○	化	話	搲	○	○	○
鎋	茁	纂	○	刷	○	聒	滑	婠	○	○	○
戈果過鐸	○	○	○	○	○	靴	○	肥	○	○	○
	○	○	○	○	○	○	○	○	○	○	○
	○	○	○	○	○	○	○	○	○	○	○
	○	○	○	○	○	○	○	○	○	○	○
內外混等	侳	脞	○	○	○	○	○	○	○	○	○
	蛆	○	○	○	○	○	○	○	○	○	○
	○	○	○	○	○	○	○	○	○	○	○
	○	○	○	○	○	○	○	○	○	○	○

第十六圖　果攝内四　重多輕少韻　合口呼　麻外六

平一韻目：無標目，實爲戈韻

1 平一疑　訛　《廣韻》五禾切，《集韻》吾禾切，疑戈一平合果；《韻鏡》内轉第二十八合、《切韻指掌圖》十二圖、《切韻指南》果攝内四假攝内六狹門、《起數訣》第五十四圖閉音清，列字均爲『訛』；《七音略》内轉二十八輕中輕，列字爲『吪』。『訛』爲《廣韻》戈一疑母位小韻首字，下收有『吪』字，注曰：『上同』，二字爲異體字，《四聲等子》是。

2 平一端　⿰阝朵　《廣韻》丁戈切，《集韻》都戈切，端戈一平合果；《韻鏡》内轉第二十八合、《七音略》内轉二十八輕中輕、《切韻指掌圖》十二圖，列字均爲『⿰阝朵』；《切韻指南》果攝内四假攝内六狹門、《起數訣》第五十四圖閉音清，列字均爲『⿰阝朵』。『⿰阝朵』、『⿰阝朵』同爲丁戈切，義爲堆。『⿰阝朵』爲《廣韻》戈一端母位小韻首字，下收有『桗』字，列字以『⿰阝朵』字爲佳，《四聲等子》列異體亦無誤。

3 一透　訑　《廣韻》、《集韻》土禾切，透戈一平合果；《韻鏡》内轉第二十八合、《切韻指掌圖》十二圖、《切韻指南》果攝内四假攝内六狹門、《起數訣》第五十四圖閉音清，列字均爲『詑』；《七音略》内轉二十八輕中輕，列字爲『訑』，《廣韻》注：『俗。』『訑』爲『詑』之俗體。

『詑』爲《廣韻》戈一透母位小韻首字，列字以『詑』爲佳，《起數訣》是。

4 平一定 碢 《廣韻》、《集韻》徒和切，定戈一平合果；《韻鏡》内轉第二十八合，列字爲『陀』，定母歌韻，誤。《七音略》内轉二十八輕中輕、《切韻指掌圖》十二圖、《切韻指南》果攝内四假攝内六狹門、《起數訣》第五十四圖閉音清，列字均爲『牠』。『牠』爲《廣韻》戈一定母位小韻首字，下收有『碢』字，列字以『牠』字爲佳，《四聲等子》亦無誤。

5 平一泥 捼 《廣韻》、《集韻》奴禾切，泥戈一平合果；《韻鏡》内轉第二十八合，列字均爲『捼』；《七音略》内轉二十八輕中輕、《起數訣》第五十四圖閉音清，列字爲『挼』；《切韻指南》果攝内四假攝内六狹門，列字爲『棲』，此字當爲『捼』字形訛。『捼』爲《廣韻》戈一泥母位小韻首字。『捼』、『挼』同爲《集韻》戈一泥母位小韻首字，《四聲等子》是。

6 平一滂 坡 《廣韻》、《集韻》滂禾切，滂戈一平合果；《韻鏡》内轉第二十八合、《七音略》内轉二十八輕中輕、《切韻指南》果攝内四假攝内六狹門，列字均爲『頗』；《切韻指掌圖》十二圖、《起數訣》第五十四圖閉音清，列字均爲『坡』。『頗』爲《廣韻》戈一滂母位小韻首字，下收有『坡』字，列字以『頗』字爲佳，《四聲等子》列『坡』字，亦無誤。

7 平一精 ○ 《廣韻》戈一精母位有『侳』小韻，《集韻》有『挫』小韻。《韻鏡》内轉第二十八合、《七音略》内轉二十八輕中輕、《切韻指掌圖》十二圖、《切韻指南》果攝内四假攝内六狹門，列字均爲『侳』；《起數訣》第五十四圖閉音清，列字爲『峻』。『侳』爲《廣韻》戈一精母位小韻首字，《四聲等子》空位誤，當校補「侳」字。

8 平一心　莎　《廣韻》、《集韻》蘇禾切，心戈一平合果；《韻鏡》内轉第二十八合、《切韻指掌圖》十二圖、《起數訣》第五十四圖閉音清、《切韻指南》果攝内四假攝内六狹門，列字均爲「莎」；《七音略》内轉二十八輕中輕，列字爲「蓑」。「莎」爲《廣韻》戈一心母位小韻首字，下收有「蓑」字，《四聲等子》是。

9 平一影　倭　咫A、B本，粵雅堂本，文津閣本列字爲「倭」，文淵閣本、文津閣本列字爲「𥨀」，文瀾閣本列字爲「婡」，應爲「𥨀」形訛；「倭」，《廣韻》、《集韻》烏禾切，影戈一平合果；《韻鏡》内轉第二十八合、《七音略》内轉二十八輕中輕、《切韻指南》果攝内四假攝内六狹門、《起數訣》第五十四圖閉音清，列字均爲「倭」；《切韻指掌圖》十二圖，列字爲「渦」。「倭」爲《廣韻》戈一影母位小韻首字，下收有「渦」字，列字以「倭」字爲佳；「𥨀」，《康熙字典》記：「《集韻》烏禾切，音倭。穴居也。」、「倭」爲《廣韻》、《集韻》戈一影母位小韻首字，《四聲等子》咫A、B本，粵雅堂本，文津閣本是，文淵閣本、文津閣本亦無誤；文瀾閣本列字誤，當校正爲「𥨀」。

10 平一喻　𧩿　《廣韻》未收，《集韻》于戈切，云戈一平合果，不應列於此；《韻鏡》、《七音略》、《切韻指掌圖》均空位。《切韻指南》果攝内四假攝内六狹門，列字爲「訏」；《起數訣》第五十四圖閉音清，列字爲「訏」；喻母拼合三等字，此位因切定位，《四聲等子》亦無誤。

11 平一來　螺　《廣韻》落戈切，《集韻》盧戈切，來戈一平合果；《韻鏡》內轉第二十八合、《切韻指南》果攝內四假攝內六狹門，　列字均爲『蠃』；《七音略》內轉二十八輕中輕，列字爲『蠃』；《切韻指掌圖》十二圖，列字爲『騾』；　『蠃』爲《廣韻》戈一來母位小韻首字，下收有『蠃』字，也收有『騾』、『螺』、『蠃』三字，於『螺』字下『蠃』字注：『上同。』『螺』、『蠃』二字爲異體字。列字以『蠃』字爲佳，《七音略》列『蠃』字，亦無誤。《四聲等子》列『螺』字無誤。

上一韻目：無標目，實爲果韻

12 上一疑　㛂　《康熙字典》記：『俗㛂字。』『㛂』，《廣韻》、《集韻》五果切，疑果一上合果；《韻鏡》內轉第二十八合、《切韻指南》果攝內四假攝內六狹門，列字均爲『㛂』；《起數訣》第五十四圖閉音清，列字爲『㛂』；《七音略》內轉二十八輕中輕，列字爲『扼』，《康熙字典》記：『扼字之訛。』《切韻指掌圖》十二圖，列字爲『扼』；　『扼』，《廣韻》奴果切，《集韻》（作『扼』）五果切。『㛂』爲《廣韻》、《集韻》果一疑母位小韻首字，《四聲等子》列俗體，雖無誤，但校爲『㛂』爲佳。

13 上一端　埵　《廣韻》丁果切，《集韻》都果切，端果一上合果；《韻鏡》內轉第二十八合、《七音略》內轉二十八輕中輕、《起數訣》第五十四圖閉音清，列字均爲『朶』；《切韻指掌圖》十二圖，列字爲『捶』，章母紙韻；《切韻指南》果攝內四假攝內六狹門，列字爲『埵』。『埵』爲

《廣韻》果一端母位小韻首字，下收有「朶」字。列字以「埵」爲佳，《四聲等子》是。

14 上一定　墮　文淵閣本、文津閣本列字爲「墮」；其他版本爲「墮」。「墮」、「墮」爲異體字。「墮」，《廣韻》徒果切，《集韻》列字爲惰，杜果切，定果一上合果；《韻鏡》內轉第二十八合、《切韻指掌圖》十二圖、《切韻指南》果攝內四假攝內六狹門、《起數訣》第五十四圖閉音清，列字均爲「墮」；《七音略》內轉二十八輕中輕，列字爲「惰」。「墮」爲《廣韻》果一定母位小韻首字，下收有「惰」字，列字以「墮」字爲佳。《四聲等子》是。

15 上一泥　㛂　《康熙字典》記：「俗㛂字。」「㛂」，《廣韻》奴果切，《集韻》努果切，泥果一上合果；《韻鏡》內轉第二十八合、《切韻指掌圖》十二圖、《切韻指南》果攝內四假攝內六狹門，列字均爲「㛂」；《七音略》內轉二十八輕中輕、《起數訣》第五十四圖閉音清，列字均爲「㛂」；「㛂」爲「㛂」俗體。「㛂」爲《廣韻》果一泥母位小韻首字，列字以正體爲佳，《四聲等子》列俗體亦無誤。

16 上一滂　頗　《廣韻》、《集韻》普火切，滂果一上合果；《韻鏡》內轉第二十八合、《七音略》內轉二十八輕中輕、《切韻指掌圖》十二圖、《切韻指南》果攝內四假攝內六狹門，列字均爲「叵」；《起數訣》第五十四圖閉音清，列字均爲「頗」。「叵」爲《廣韻》果一滂母位小韻首字，下收有「頗」字。「頗」爲《集韻》果一滂母位小韻首字，下收有「叵」字，《四聲等子》從《集韻》。

17 上一並　爸　應爲『爸』字形訛；『爸』，《廣韻》捕可切，《集韻》部可切，並果一上合果；《韻鏡》内轉第二十八合、《七音略》内轉二十八輕中輕、《切韻指掌圖》十二圖、《切韻指南》果攝内四假攝内六狹門、《起數訣》第五十四圖閉音清，列字均爲『爸』。『爸』爲《廣韻》、《集韻》果一並母位小韻首字，《四聲等子》形訛，當校改爲『爸』。

18 上一明　麽　《廣韻》亡果切，《集韻》母果切，明果一上合果；《韻鏡》内轉第二十八合，列字爲『麽』，爲『麼』字形訛；《七音略》内轉二十八輕中輕、《切韻指掌圖》十二圖、《切韻指南》果攝内四假攝内六狹門、《起數訣》第五十四圖閉音清，列字均爲『麼』。『麼』爲《廣韻》、《集韻》果一明母位小韻首字，『麽』爲其異體字，《四聲等子》列異體，亦無誤。

19 上一心　鏁　《康熙字典》記：『《集韻》損果切。同鎖。鋃鐺也。』、『鏁』爲『鎖』之俗體；『鎖』，《廣韻》蘇果切，《集韻》損果切，心果一上開果。《韻鏡》内轉第二十八合、《切韻指南》果攝内四假攝内六狹門，列字均爲『鎖』，『鎖』、『鎖』二字爲異體字；《七音略》内轉二十八輕中輕，列字爲『鏁』；《起數訣》第五十四圖閉音清，列字爲『貟』；《切韻指掌圖》十二圖，列字爲『鎖』，《廣韻》注曰：『俗作鏁。』『鏁』爲『鎖』之俗體。『鎖』爲《廣韻》果一心母位小韻首字，下收『貟』字；《四聲等子》收俗體，亦無誤。

20 上一影　婐　《廣韻》烏果切，《集韻》鄔果切，影果一上合果；《韻鏡》内轉第二十八合、《切韻指掌圖》十二圖、《四聲等子》果攝内四重多輕少韻合口呼、《切韻指南》果攝内四假攝内六狹門，列字均爲『婐』；《七音略》内轉二十八輕中輕，列字爲『腂』，《集韻》見母過韻，誤。『婐』爲《廣韻》、《集韻》果一影母位小韻首字，《七音略》當校改爲『婐』字。《四聲等子》列字是。

21　上一來　裸　《廣韻》郎果切，《集韻》魯果切，來果一上合果；《韻鏡》内轉第二十八合、《七音略》内轉二十八輕中輕，列字均爲『躶』；《切韻指掌圖》十二圖、《切韻指南》果攝内四假攝内六狹門，列字均爲『裸』；《起數訣》第五十四圖閉音清，列字爲『臝』；『裸』爲《廣韻》果一來母位小韻首字，下收有『臝』、『躶』二字，注曰：『並上同。』『裸』、『臝』、『躶』三字爲異體字。列字以『裸』爲佳，《四聲等子》是。

22　去一端　剁　《廣韻》、《集韻》都唾切，端過一去合果；《韻鏡》内轉第二十八合、《切韻指南》果攝内四假攝内六狹門、《起數訣》第五十四圖閉音清，列字均爲『桗』；《七音略》内轉二十八輕中輕、《切韻指掌圖》十二圖，列字均爲『剁』。『桗』爲《廣韻》、《集韻》過一端母小韻首字，下收有『剁』字，列字以『桗』字爲佳，《七音略》、《四聲等子》列『剁』字，亦無誤。

23　去一定　惰　文淵閣本、文津閣本列字爲『惰』；其他版本列字爲『隋』。『隋』，《廣韻》他果切，《集韻》吐火切，透果一上合果，不應列於此；《韻鏡》内轉第二十八合、《切韻指掌圖》十二圖、《切韻指南》果攝内四假攝内六狹門、《起數訣》第五十四圖閉音清，列字均爲『惰』，《廣韻》、《集韻》徒卧切，定過一去合果；《七音略》内轉二十八輕中輕，列字爲『墮』，定母果韻；『惰』爲《廣韻》、《集韻》果一定母位小韻首字，《四聲等子》文淵閣本、文津閣本誤，當校改爲『惰』字，其他版本列『惰』字是。

24　去一泥　㮏　『㮏』、『糯』爲異體字；『糯』，《廣韻》乃臥切，《集韻》奴臥切，泥過一去合果。《韻鏡》內轉第二十八合、《切韻指掌圖》十二圖、《起數訣》第五十四圖閉音清，列字均爲『愞』；《七音略》內轉二十八輕中輕，列字爲『懦』；《切韻指南》果攝內四假攝內六狹門，列字爲『偄』，此爲『愞』字形訛；『愞』爲《廣韻》、《集韻》過一泥母位小韻首字，下收『糯』字，《四聲等子》列『㮏』亦無誤。

25　去一並　縛　《廣韻》、《集韻》符臥切，並過一去合果；《韻鏡》內轉第二十八合、《七音略》內轉二十八輕中輕、《切韻指掌圖》十二圖，列字均爲『縛』；《切韻指南》果攝內四假攝內六狹門，列字爲『塏』，《集韻》步臥切，並母過韻；《起數訣》第五十四圖閉音清，列字爲『蔢』，《集韻》並母過韻；『縛』爲《廣韻》過一並母位小韻首字，《四聲等子》是。

26　去一心　膹　《廣韻》先臥切，《集韻》蘇臥切，心過一去合果；《韻鏡》內轉第二十八合，列字爲『膹』，爲『膹』之俗體；《七音略》內轉二十八輕中輕，列字爲『臊』，當爲『膹』字訛；《切韻指掌圖》十二圖、《切韻指南》果攝內四假攝內六狹門，列字均爲『膹』；《起數訣》第五十四圖閉音清，列字爲『𧮪』，《集韻》心母過韻；『膹』爲《廣韻》、《集韻》過一心母位小韻首字，《集韻》下收有『𧮪』字，列字以『膹』字爲佳，《四聲等子》是。

27 去一來　摞　《廣韻》魯過切，《集韻》盧卧切，來過一去合果；《韻鏡》内轉第二十八合，列字爲「𢶍」；《七音略》内轉二十八輕中輕、《切韻指南》果攝内四假攝内六狹門，列字爲「臝」，《廣韻》來母果韻，當爲「臝」字形訛。《切韻指掌圖》十二圖、《起數訣》第五十四圖閉音清，列字爲「臝」；「臝」爲《廣韻》過一來母位小韻首字，下收有「𢶍」、「摞」二字，列字以「臝」字爲佳，《四聲等子》亦無誤。

入一韻目：無標目，實爲鐸韻

28 入一疑　○　《廣韻》、《集韻》疑母鐸韻列字爲「䨟」；「䨟」，《廣韻》、《集韻》五郭切，疑鐸一入合宕；《韻鏡》内轉第三十二合、《切韻指掌圖》十四圖、《起數訣》第五十四圖閉音清、《切韻指南》果攝内四假攝外六狹門，列字均爲「䨟」；《七音略》内轉三十五輕中輕，列字爲「䨟」，當爲「䨟」訛誤，《四聲等子》空位誤，當校補「䨟」。

29 入一幫　博　《廣韻》補各切，《集韻》伯各切，幫鐸一入開宕；《韻鏡》内轉第三十一開、《切韻指掌圖》十四圖、《起數訣》第五十四圖閉音清、《切韻指南》果攝内四假攝外六狹門，列字均爲「博」；《七音略》外轉二十五重中重，列字爲「愽」，《康熙字典》記：「《正字通》博字之訛。」、「博」爲《廣韻》、《集韻》鐸一幫母位小韻首字，《七音略》誤，《四聲等子》是。

30 入一精　㖸　咫 A、B 本，粤雅堂本列字爲「㖸」，文瀾閣本、文淵閣本、文津閣本列字爲

『㗧』，當爲形訛。『㗧』，《廣韻》、《集韻》祖郭切，精郭一入合宕；《韻鏡》、《切韻指掌圖》均空位；《七音略》内轉三十五輕中輕，『㗧』列於精母漾韻四等，誤，當列於入聲一等位。《起數訣》第五十四圖閉音清、《切韻指南》果攝内四假攝外六狹門，列字均爲『㗧』。『㗧』爲《廣韻》、《集韻》鐸一合口精母位小韻首字，《韻鏡》空位誤，《四聲等子》戺A、B本，粤雅堂本列字是，文瀾閣本、文淵閣本、文津閣本形訛，當校改爲『㗧』。

31

入一匣　钁　《廣韻》居縛切，《集韻》厥縛切，見藥三入合宕，不當列於此位，誤。《韻鏡》内轉第三十二合，列字爲『檴』；《七音略》内轉三十五輕中輕、《切韻指掌圖》十四圖、《切韻指南》果攝内四假攝外六狹門，列字均爲『穫』，《廣韻》胡郭切，《集韻》黄郭切，匣鐸一入合宕；《起數訣》第五十四圖閉音清，列字爲『鑊』。『穫』爲《廣韻》、《集韻》鐸一匣母位小韻首字，下收有『檴』字，列字以『穫』字爲佳，《韻鏡》列『檴』字，亦無誤。《四聲等子》誤，當校改爲『穫』。

32

入一影　蠖　《廣韻》烏郭切，《集韻》屋郭切，影鐸一入合宕；《韻鏡》内轉第三十二合、《起數訣》第五十四圖閉音清，列字爲『艧』；《七音略》内轉三十五輕中輕，列字爲『臒』；《切韻指掌圖》十四圖、《切韻指南》果攝内四假攝外六狹門，列字均爲『臒』。『臒』爲《廣韻》、《集韻》鐸一開口影母位小韻首字，下收有『臒』、『蠖』二字，列字以『臒』字爲佳；『艧』字當爲『臒』俗訛字，《韻鏡》誤，《四聲等子》無誤。

33 入一來　硄　《廣韻》、《集韻》盧穫切，來鐸一入合宕；《韻鏡》空位；《七音略》内轉三十五輕中輕、《切韻指掌圖》十四圖、《起數訣》第五十四圖閉音清、《切韻指南》果攝内四假攝外六狹門，列字均爲『硄』。『硄』爲《廣韻》鐸一來母位小韻首字，《韻鏡》空位誤，當校補『硄』字，《四聲等子》是。

平二韻目：標目爲麻

34 平二知　撾　《廣韻》未收；《集韻》張瓜切，知麻二平合假；《韻鏡》外轉第三十合、《七音略》外轉三十輕中輕、《切韻指掌圖》十二圖、《切韻指南》果攝内四假攝外六狹門合口呼，列字均爲『檛』，《廣韻》陟瓜切，《集韻》張瓜切，知麻二平合假；《起數訣》第五十九圖開音濁，列字爲『撾』；『撾』爲《集韻》麻二知母位小韻首字，《四聲等子》從《集韻》，亦無誤。

35 平二明　髽　《廣韻》、《集韻》莊華切，莊麻二平合假；《韻鏡》外轉第三十合、《起數訣》第五十九圖開音濁，列字均爲『髽』；《七音略》外轉三十輕中輕，列字爲『髿』，此字當爲『髽』字形訛；《切韻指掌圖》十二圖，列字爲『壘』，此字亦當爲『髽』字形訛；《切韻指南》果攝内四假攝外六狹門合口呼，列字爲『挫』，精母過韻。『髽』爲《廣韻》、《集韻》麻韻莊組合口位小韻首字，《七音略》列字誤，《四聲等子》是。

36 平二曉　花　《廣韻》、《集韻》呼瓜切，曉麻二平合假；《韻鏡》外轉第三十合、《切韻指掌圖》

十二圖、《起數訣》第五十九圖開音濁，列字均爲『花』；《七音略》外轉三十輕中輕、《切韻指南》果攝内四假攝外六狹門合口呼，列字均爲『華』。『華』爲《廣韻》麻二曉母位小韻首字，下收有『花』字，列字以『華』字爲佳，《四聲等子》亦無誤。

37 平二匣　華　《廣韻》户花切，《集韻》胡瓜切，匣麻二平合假；《韻鏡》外轉第三十合、《切韻指掌圖》十二圖、《切韻指南》果攝内四假攝外六狹門合口呼、《起數訣》第五十九圖開音濁，列字均爲『華』；《七音略》外轉三十輕中輕，列字爲『譁』。『華』爲《廣韻》麻二合口匣母位小韻首字，下未收有『譁』字。『譁』爲《集韻》麻二合口曉母位小韻首字，不當列於此，《七音略》誤；《四聲等子》是。

38 平二影　穼　此字當爲『窊』形訛。『窊』，《廣韻》、《集韻》烏瓜切，影麻二平合假；《韻鏡》外轉第三十合、《七音略》外轉三十輕中輕、《切韻指掌圖》十二圖、《切韻指南》果攝内四假攝外六狹門合口呼，列字均爲『窊』；《起數訣》第五十九圖開音濁，列字爲『哇』；『窊』爲《廣韻》、《集韻》麻二影母位小韻首字，下收有『哇』字，列字以『窊』字爲佳，《四聲等子》應爲『窊』形訛，當校爲『窊』。

上二韻目：標目爲馬

39 上二疑　瓦　文瀾閣本、文淵閣本、文津閣本列字爲『凡』；其餘版本爲『瓦』；『凡』當爲

「瓦」書寫異；「瓦」，《廣韻》、《集韻》五寡切，疑馬二上合假；《韻鏡》外轉第三十合、《七音略》外轉三十輕中輕、《切韻指掌圖》十二圖、《切韻指南》果攝内四假攝外六狹門合口呼、《起數訣》第五十九圖開音濁，列字均爲「瓦」。「瓦」爲《廣韻》、《集韻》馬二疑母小韻首字，《四聲等子》文瀾閣本、文淵閣本、文津閣本字形不規範，可校正爲「瓦」，其他版本是。

40　上二知　丫　《康熙字典》記：「《玉篇》竹瓦切。《同文舉要》人部，丫音寡。从一从人，不曲脚，會孤孑意。與兀異。」按竹瓦切，知母馬韻；《韻鏡》、《七音略》、《切韻指掌圖》、《起數訣》空位；《切韻指南》果攝内四假攝外六狹門合口呼列字爲「丫」；《廣韻》、《集韻》馬韻知母無列字，《四聲等子》應按《玉篇》等其他文獻列字。

41　上二徹　⿱稞米　《廣韻》、《集韻》丑寡切，徹馬二上合假；《韻鏡》外轉第三十合、《切韻指南》果攝内四假攝外六狹門合口呼，列字爲「⿰禾粟」；《七音略》外轉三十輕中輕，列字爲「⿰禾辱」，《集韻》泥母沃韻，誤；《切韻指掌圖》十二圖，列字爲「⿱稞米」；《起數訣》第五十九圖開音濁，列字爲「稞」，匣母馬韻，誤；「⿰禾粟」爲《廣韻》馬韻二等合口徹母位小韻首字，《集韻》做「⿱稞米」；余迺永注：「棟亭本從稗作⿱稞米，當從《集韻》從米稞聲。」故《四聲等子》從《集韻》，亦無誤。

42　上二照　○　《廣韻》馬二莊母位有「䉶瓦切」，莊（精母類隔）馬二上合假；《集韻》未收。《韻鏡》外轉第三十合、《七音略》外轉三十輕中輕，列字均爲「䏥」；《切韻指掌圖》、《起數訣》空位；《切韻指南》果攝内四假攝外六狹門，列字爲「䫏」，應爲「䏥」形訛。「䏥」爲《廣韻》馬韻二等合口莊母位小韻首字，《四聲等子》空位㕵，應校補『䪼』。

43 上二影 棕 此字當爲『搲』字形訛；『搲』，《廣韻》烏吳切，影禡二去合假，不當列於此位。《集韻》烏瓦切，影馬二上合假。《韻鏡》外轉第三十合、《七音略》外轉三十輕中輕、《切韻指南》果攝内四假攝外六狹門合口呼、《起數訣》第五十九圖開音濁，列字均爲『搲』；《切韻指掌圖》空位；『搲』爲《集韻》馬二影母位小韻首字，《四聲等子》從《集韻》，然形訛，當校正爲『搲』。

去二韻目：標目爲禡

44 去二見 抓 文淵閣本、文津閣本列字爲『坬』；其他版本列字爲『抓』。『抓』，《廣韻》側教切，《集韻》阻教切，莊效二去開效，不應列於此；《韻鏡》外轉第三十合、《七音略》外轉三十輕中輕、《切韻指南》果攝内四假攝外六狹門合口呼、《起數訣》第五十九圖開音濁，列字均爲『坬』，《廣韻》、《集韻》古罵切，見禡二去合假；《切韻指掌圖》空位；『坬』爲《廣韻》、《集韻》禡二見母位小韻首字；《四聲等子》咫 A 本、文瀾閣本、粵雅堂本誤，當校改爲『坬』，其他版本是。

45 去二疑 瓦 文瀾閣本、文淵閣本、文津閣本列字爲『瓦』；其餘版本爲『瓦』；『瓦』當爲『瓦』書寫異；『瓦』，《廣韻》五化切，《集韻》吾化切，疑禡二去合假；《韻鏡》外轉第三十合、

《七音略》外轉三十輕中輕、《切韻指掌圖》十二圖、《四聲等子》果攝内四重多輕少韻合口呼麻外六、《切韻指南》果攝内四假攝外六狹門合口呼，列字均爲「瓦」。「瓦」爲《廣韻》、《集韻》禡二疑母小韻首字，《四聲等子》文瀾閣本、文淵閣本、文津閣本字形不規範，可校正爲「瓦」，其他版本是。

46 去二匣　話　《廣韻》下快切，匣夬二去合蟹；《集韻》胡化切，匣禡二去合假；《韻鏡》外轉第三十合，列字爲「吴」；《七音略》外轉三十輕中輕，列字爲「槬」，《康熙字典》：「《廣韻》胡化切，華去聲。鍾横大也。」即爲匣母禡韻；《切韻指掌圖》十二圖、《切韻指南》果攝内四假攝外六狹門合口呼，列字均爲「摦」；「摦」爲《廣韻》禡二合口匣母位小韻首字，下收有「華」、「吴」二字。「華」爲《集韻》禡二合口匣母位小韻首字，下收有「話」字，《四聲等子》從《集韻》，亦無誤。

47 去二影　攨　此字當爲「攨」字訛。「攨」，《廣韻》烏吴切，《集韻》烏化切，影禡二去合假；《韻鏡》外轉第三十合、《切韻指掌圖》十二圖、《四聲等子》果攝内四重多輕少韻合口呼麻外六，列字均爲「攨」，《七音略》外轉三十輕中輕，列字爲「窊」；《切韻指南》果攝内四假攝外六狹門合口呼，列字爲「搲」，「搲」、「攨」二字爲異體字。「攨」爲《廣韻》禡二合口影母位小韻首字，下收有「窊」字，列字以「攨」字爲佳，《四聲等子》形訛，當校正爲「攨」。

入二韻目：標目爲黠，實爲轄黠合韻

本圖入聲與第十四圖山攝外四輕重俱等韻合口呼幾乎相同，故只校異處。

48 入二徹　頒　咫A、B本，文瀾閣本，粵雅堂本，列字爲『頒』；文淵閣本、文津閣本，列字爲『頒』。『頒』，《廣韻》、《集韻》丑刮切，徹鎋二入合山；《韻鏡》外轉第二十二合、《七音略》外轉二十二輕中輕、《起數訣》第四十七圖收音濁，列字均爲『頒』；《切韻指掌圖》十二圖、《切韻指南》果攝內四假攝外六狹門，列字爲『頒』。『頒』、『頒』二字爲書寫異。《四聲等子》諸本皆是，文淵閣本、文津閣本校正爲『頒』佳。

49 入二孃　妠　《廣韻》、《集韻》女刮切，孃鎋二去合山；《韻鏡》外轉第二十二合、《七音略》外轉二十二輕中輕、《切韻指南》果攝內四假攝外六狹門，列字均爲『妠』；《切韻指掌圖》十二圖，列字爲『豽』，孃母黠韻；《起數訣》第四十七收音濁，列字爲『㛙』，『㛙』、『妠』爲異體字；『妠』爲《廣韻》鎋二孃母位小韻首字，《四聲等子》是。十四圖列字爲『豽』。

50 入二並　拔　咫A本列字爲『抆』，明母屋韻，不當列此位；文瀾閣本列字爲『抜』，爲『拔』俗體字；其他版本均列爲『拔』。『拔』，《廣韻》、《集韻》蒲八切，並黠二入合山；《韻鏡》空位；《七音略》外轉二十四輕中重、《切韻指掌圖》十二圖、《切韻指南》果攝內四假攝外六狹門、《起數訣》第四十一圖發音濁，列字均爲『拔』。『拔』爲《廣韻》、《集韻》黠二並母位小韻首字，《韻鏡》空位誤，《四聲等子》咫A本誤，當校爲『拔』；文瀾閣本列字俗，當校正，其他版本是。

51
入二明　傄　《廣韻》莫八切，明黠二入合山；《集韻》未收；《韻鏡》空位；《七音略》外轉二十四輕中重、《切韻指掌圖》十二圖、《切韻指南》果攝内四假攝外六狹門、《起數訣》第四十一圖發音濁，列字均爲『傄』。『傄』爲《廣韻》、《集韻》黠韻合口明母位小韻首字，《韻鏡》空位誤，《四聲等子》是。十四圖列字爲『⿰亻⿱穴虫』。

平三韻目：無標目，實爲戈三合口

52
平三溪　𩨷　《廣韻》去靴切，《集韻》丘靴切，溪戈三平合果；《韻鏡》内轉第二十八合、《起數訣》第五十三圖閉音濁，列字爲『⿰骨能』，『⿰骨能』爲『𩨷』之俗體；《七音略》内轉二十八輕中輕，列字爲『⿰骨也』，『⿰骨也』當爲『𩨷』之俗體；《切韻指掌圖》十二圖、《切韻指南》果攝内四假攝外六狹門，列字均爲『𩨷』；『𩨷』爲《廣韻》、《集韻》戈三溪母位小韻首字，下收有『⿰骨能』字，列字以『⿰骨能』爲佳，《四聲等子》亦無誤。

53
平三群　瘸　㞎A、B本，粵雅堂本，列字爲『瘸』；文淵閣本、文津閣本、文瀾閣本，列字爲『廇』。『瘸』，《廣韻》巨肥切，《集韻》衢韡切，群戈三平合果；《韻鏡》内轉第二十八合、《切韻指掌圖》十二圖、《切韻指南》果攝内四假攝外六狹門、《起數訣》第五十三圖閉音濁，列字均爲『瘸』；《七音略》空位。『瘸』爲《廣韻》、《集韻》戈三疑母位小韻首字，《七音略》空位誤。

『廇』，來母宥韻，顯誤。《四聲等子》咫A、B本，粤雅堂本列『瘸』是，文淵閣本、文津閣本、文瀾閣本誤，當校改爲『瘸』。

54 平三曉　鞾　《廣韻》許𦚢切，《集韻》呼𦚢切，曉戈三平合果；《韻鏡》内轉第二十八合、《切韻指掌圖》十二圖，列字均爲『鞾』；《七音略》空位；《起數訣》第五十三圖閉音濁、《切韻指南》果攝内四假攝外六狹門，列字爲『韡』；『韡』爲《廣韻》、《集韻》戈三曉母位小韻首字，下收有『鞾』字，注曰：『上同。』『韡』、『鞾』二字爲異體字，列字以『韡』爲準，《四聲等子》亦無誤。

55 平三影　𦚢　《廣韻》、《集韻》於鞾切，影戈三平合果；《韻鏡》内轉第二十八合、《切韻指掌圖》十二圖、《切韻指南》果攝内四假攝外六狹門、《起數訣》第五十三圖閉音濁，列字均爲『𦚢』；《七音略》空位。『𦚢』爲《廣韻》、《集韻》戈三影母位小韻首字，《七音略》空位誤，《四聲等子》是。

56 平三來　◯　《廣韻》、《集韻》戈三來母列字爲『䯁』；《廣韻》縷骲切，《集韻》驢韡切，來戈三平合果；《韻鏡》空位；《七音略》内轉二十八輕中輕、《切韻指掌圖》十二圖、《切韻指南》果攝内四假攝外六狹門、《起數訣》第五十三圖閉音濁，列字均爲『䯁』。『䯁』爲《廣韻》、《集韻》戈三來母位小韻首字，《韻鏡》空位誤，《四聲等子》亦誤，當校補『䯁』。

平四韻目：無標目，實爲戈，但爲一等字

57 平四精　侳　《廣韻》子過切，《集韻》臧戈切，精戈一平合果，不應列於此；《韻鏡》、《七音略》、《切韻指掌圖》、《切韻指南》、《起數訣》均空位。『侳』爲《廣韻》戈一精母位小韻首字，當列于一等位。《四聲等子》列四等位，誤，當删。

58 平四清　脞　《廣韻》無清母音；《集韻》七戈切，清戈一平合果。《韻鏡》、《七音略》、《切韻指掌圖》、《起數訣》、《切韻指南》均空位。『脞』當列於一等位，《四聲等子》列四等位，誤，當删。

上四韻目：無標目

59 上四精　蛆　《廣韻》飷瓦切，莊（精母類隔）馬二上合假；《集韻》未收；不應列於此；《康熙字典》記：『《五音集韻》葅瓦切，好貌。』《韻鏡》、《七音略》、《切韻指掌圖》、《切韻指南》、《起數訣》均空位；《四聲等子》誤，當删。

曾攝內八　重多輕少韻　啟口呼　梗攝外八

見	溪	羣	疑	端知	透徹	定澄	泥孃	幫非	滂敷	並奉	明微
緪極亙祴	肻肯堩刻	○○○○	○○○○	登等嶝德	鼟○磴忒	滕䠬鄧特	能能[illegible][illegible]	崩○[illegible]北	繃倗○覆	朋䣙倗萠	瞢瞢懵墨
耕耿更隔	鏗伉○客	○○○○	娙○硬鷊	朾盯倀摘	瞠○牚坼	橙瑒鋥宅	儜檸○疒	繃迸迸檗	怦餅軯擗	輣併併僻	萌䁅○麥
兢景敬殛	硱○慶䡇	殑殑競極	凝○凝嶷	徵㬪政陟	僜庱遉敕	澄徎鄭直	○○䏴匿	冰丙柄逼	砅○砅堛	凭憑凭愎	儚○○窅
經剄徑激	輕謦罄喫	○○○○	娙脛○鷁	丁頂矴的	汀珽聽剔	亭挺定糴	寧顊佞惄	并鞞跰壁	竮頩○霹	瓶竝屏甓	冥茗鼆覓

第十七圖　曾攝內八　重多輕少韻　啓口呼　梗攝外八

精照	清穿	從牀	心審	邪禪	曉	匣	影	喻	來	日		
增	彰	層	僧	○	○	恒	鞥	○	楞	○	登	內外混等
噌	○	○	○	○	○	○	○	○	倰	○	等	
綜	蹭	贈	○	○	○	○	○	○	倰	○	嶝	
則	墄	賊	塞	○	黑	劾	餩	○	勒	○	德	
爭	琤	崢	生	○	亨	莖	甖	○	磷	○	庚	
睜	瀙	○	省	○	諄	杏	憯	○	冷	○	梗	
諍	瀙	○	生	○	諱	行	𧞤	○	○	○	敬	
責	策	賾	栜	○	赫	核	厄	○	礐	○	陌	
蒸	稱	繩	升	丞	興	○	英	熊	陵	仍	蒸	隣韻借用
拯	偁	○	○	○	○	○	影	○	倰	稔	拯	
證	秤	乘	勝	丞	興	○	暎	○	令	認	證	
職	尺	食	識	寔	赩	○	憶	○	力	日	職	
精	清	情	星	餳	馨	形	嬰	盈	靈	○	青	
井	請	洴	省	○	𪄷	婞	巊	郢	冷	駉	迥	
甑	靘	淨	姓	○	欯	脛	瑩	孕	零	○	徑	
績	戚	寂	錫	夕	赥	撽	益	繹	歷	○	錫	

第十七圖　曾攝内八　重多輕少韻　啓口呼　梗攝外八

（本圖對校《七音略》外轉三十八重中重，整體串位，按正確位置標識）

平一韻目：登

1
平一見　緪　悥A、B本列字爲『緪』，粤雅堂本列字爲『絙』，文瀾閣本、文淵閣本、文津閣本列字均爲『絚』。『緪』，《廣韻》古恒切，《集韻》居曾切，見登平開一曾；《韻鏡》内轉第四十二開，列字爲『縆』，此字當爲『緪』字形訛；《七音略》内轉四十二重中重，列字爲『椢』，應爲『揯』字形訛；《切韻指南》曾攝内六開口呼促門、《切韻指掌圖》十六圖、《起數訣》第七十一圖發音清，列字爲『揯』。『揯』爲《廣韻》登韻見母位小韻首字，下收有『緪』、『緪』二字，《康熙字典》記：今俗緪皆作絙，『緪』、『絚』爲異體字；列字以『揯』爲佳，《四聲等子》各版本均無誤，粤雅堂本字形俗訛，當校改爲『絙』。

2
平一溪　奟　《廣韻》登韻見母位無字，《集韻》肯登切，溪登平開一曾；《韻鏡》、《七音略》、《切韻指掌圖》均空位；《切韻指南》曾攝内六開口呼促門，列字爲『奟』；《起數訣》第七十一圖發音清，列字爲『𡙡』，爲『奟』形訛；『奟』爲《集韻》登一溪母位小韻首字，《四聲等子》從《集韻》。

3 平一透　鼜　《廣韻》力冬切，《集韻》盧冬切，來冬平開一通，不應列於此。當爲『鼟』形訛，《廣韻》、《集韻》他登切，透登平開一曾。《韻鏡》内轉第四十二開列字爲『鼜』，誤；《七音略》内轉四十二重中重、《起數訣》第七十一圖發音清、《切韻指南》曾攝内六開口呼促門、《切韻指掌圖》十六圖，列字均爲『鼟』；『鼟』爲《廣韻》、《集韻》登韻透母位小韻首字，《四聲等子》誤，當校改爲『鼟』字。

4 平一定　滕　咫A、B本，粵雅堂本列字均爲『滕』，文瀾閣本列字爲『滕』，文淵閣本、文津閣本列字均爲『騰』。『滕』，《唐韻》、《集韻》徒登切，定登平開一曾。《七音略》内轉四十二重中重、《韻鏡》内轉第四十二開、《起數訣》第七十一圖發音清、《切韻指南》曾攝内六開口呼促門、《切韻指掌圖》十六圖，列字均爲『騰』。『騰』爲《廣韻》、《集韻》登一定母位小韻首字，下收有『滕』字，《四聲等子》文淵閣本、文津閣本列『騰』字爲佳，文瀾閣本形訛，當校正爲『滕』，其他版本均無誤。

5 平一滂　繃　《廣韻》北萌切、《集韻》悲萌切，幫耕平開二梗，不應列於此；《韻鏡》内轉第四十二開、《七音略》内轉四十二重中重、《起數訣》第七十一圖發音清、《切韻指南》曾攝内六開口呼促門、《切韻指掌圖》十六圖，列字均爲『漰』，《廣韻》普朋切，《集韻》披朋切，滂登平開一曾；『漰』爲《廣韻》、《集韻》登韻滂母位小韻首字，《四聲等子》誤，當校改爲『漰』字。

6 平一明　瞢　咫A、B本，粵雅堂本列字均爲『瞢』，文瀾閣本、文淵閣本、文津閣本列字均爲

『瞢』，應爲『曹』形訛；『曹』，《廣韻》武登切，《集韻》彌登切，明登平開一曾；《韻鏡》内轉第四十二開、《七音略》内轉四十二重中重、《起數訣》第七十一圖發音清、《切韻指南》曾攝内六開口呼促門、《切韻指掌圖》十六圖，列字均爲『曹』。『曹』爲《廣韻》、《集韻》登一明母位小韻首字，《四聲等子》文瀾閣本、文淵閣本、文津閣本形訛，當校正爲『曹』。

7 平一清　彰　《廣韻》登韻清母位無字，《集韻》七曾切，清登平開一曾；《韻鏡》、《切韻指掌圖》空位；《七音略》内轉四十二重中重、《起數訣》第七十一圖發音清、《切韻指南》曾攝内六開口呼促門，列字均爲『彰』。『彰』爲《集韻》登一開口清母位小韻首字，《四聲等子》從《集韻》。

8 平一曉　○　《廣韻》、《集韻》登韻曉母位均無字；《韻鏡》、《起數訣》、《切韻指南》、《切韻指掌圖》空位。《七音略》内轉四十二重中重，列字爲『恒』；『恒』，《廣韻》胡登切，平登匣母，不當列於曉母位，《七音略》誤。《四聲等子》空位是。

9 平一匣　恒　《廣韻》、《集韻》胡登切，匣登平開一曾；《韻鏡》内轉第四十二開、《起數訣》第七十一圖發音清、《切韻指南》曾攝内六開口呼促門、《切韻指掌圖》十六圖，列字爲『恒』；《七音略》内轉四十二重中重，列字爲『峘』；『恒』爲《廣韻》、《集韻》登韻匣母小韻首字，下收有『峘』字，列字以『恒』爲佳，《四聲等子》是。

10 平一影　鞥　《廣韻》影母位無字，《集韻》一憎切，影登平開一曾；《韻鏡》、《七音略》、《切韻指掌圖》空位；《起數訣》第七十一圖發音清、《切韻指南》曾攝内六開口呼促門，列字均爲『䡚』；『䡚』爲《集韻》登一影母位小韻首字，《四聲等子》從《集韻》。

11 平一來　楞　《廣韻》魯登切、《集韻》盧登切，來等上開一曾；《韻鏡》内轉第四十二開、《七音略》内轉四十二重中重、《切韻指掌圖》十六圖，列字均爲『楞』；《切韻指南》曾攝内六開口呼促門列字爲『稜』；《起數訣》第七十一圖發音清，列字爲『稜』；『楞』爲《廣韻》登一開口來母位小韻首字，下依次收有『稜』、『稜』二字，於『稜』字下注：『上同。』、『稜』、『稜』二字爲異體字。於『稜』字下注：『俗。』『稜』爲『楞』、『稜』二字之俗體，列字以『楞』爲佳，《四聲等子》是。

上一韻目：等

12 上一見　緪　郖A、B本，文瀾閣本，文淵閣本，文津閣本列字均爲『緪』，粵雅堂本列字爲『㮓』。《廣韻》見母等韻位無字，《集韻》有『㮓，孤等切』，見等上開一曾；《韻鏡》、《七音略》、《切韻指掌圖》空位；《起數訣》第七十一圖發音清、《切韻指南》曾攝内六開口呼促門，列字均爲『㮓』。『㮓』爲《集韻》等一開口見母位小韻首字，《四聲等子》從《集韻》，列『㮓』無誤。郖A、B本，文瀾閣本，文淵閣本，文津閣本形訛，當校正爲『㮓』。

13 上一透　○　《廣韻》透母位無字，《集韻》有『䔲，他登切』，透等上開一曾；《韻鏡》、《七音略》、《切韻指掌圖》空位；《切韻指南》曾攝内六開口呼促門列字爲「鼟」，「鼟」，《康熙字典》記：「《集韻》、《類篇》他登切，音磴。」；《起數訣》第七十一圖發音清，列字爲「⿱殸登」。「鼟」爲《集韻》小韻首字，《四聲等子》從廣韻，空位亦無誤，如從《集韻》，當校補「鼟」。

14 上一定 䠬 《廣韻》等一開口無定母；《集韻》徒等切，定等一上開曾；《韻鏡》、《七音略》、《切韻指掌圖》均空位；《切韻指南》曾攝内六開口呼偈門，列字爲「䠬」；《起數訣》第七十一圖發音清，列字爲「䠬」。「䠬」爲《集韻》等一開口定母位小韻首字，義「䠬䠬，行貌」。《四聲等子》從《集韻》。

15 上一泥 能 ⿸尸巳 A、B本，粵雅堂本列字均爲「能」，文瀾閣本、文淵閣本、文津閣本列字均爲「⿰⿱厶月長」，應爲「能」形訛。「能」，《廣韻》、《集韻》奴等切，泥等上開一曾；《韻鏡》内轉第四十二開、《七音略》内轉四十二重中重、《起數訣》第七十一圖發音清、《切韻指掌圖》十六圖、《切韻指南》曾攝内六開口呼促門，列字均爲「能」；「能」爲《廣韻》、《集韻》等一泥母位小韻首字，《四聲等子》文瀾閣本、文淵閣本、文津閣本誤，當校正爲「能」。

16 上一並 ⿰阝朋 《廣韻》等韻並母無字；《集韻》步等切，並等上開一曾；《韻鏡》内轉第四十二開、《切韻指南》曾攝内六開口呼偈門，列字均爲「⿰阝朋」；《起數訣》第七十一圖發音清，列字爲「淜」，並母蒸韻；《七音略》、《切韻指掌圖》空位；「⿰阝朋」爲《集韻》等一開口並母位小韻首字，《四聲等子》從《集韻》。

17 上一明　瞢　咫A、B本，粵雅堂本列字均爲『瞢』，文瀾閣本、文淵閣本、文津閣本列字均爲『瞢』，應爲『瞢』形訛。『瞢』，《廣韻》等韻明母無字，《集韻》忙肯切，明等上開一曾；《韻鏡》、《七音略》空位；《切韻指掌圖》十六圖列字爲『猛』，明母梗韻；《起數訣》第七十一圖發音清，列字爲『懜』，明母隥韻；《切韻指南》曾攝内六開口呼促門列字爲『瞢』；『瞢』爲《集韻》等一明母位小韻首字，《四聲等子》、《切韻指南》從《集韻》。

18 上一精　䁬　《廣韻》等韻精母無字，《集韻》子等切，精等上開一曾，《康熙字典》記：『子等切，增上聲。水田。』《韻鏡》内轉第四十二開、《切韻指南》曾攝内六開口呼促門，列字均爲『䁬』；《起數訣》第七十一圖發音清，列字爲『䁬』，初母等韻；《七音略》、《切韻指掌圖》空位；『䁬』爲《集韻》等一開口群母位小韻首字，義『水田』，《韻鏡》、《四聲等子》從《集韻》。

19 上一來　倰　《廣韻》等韻精母無字，《集韻》朗等切，精等上開一曾；《韻鏡》内轉第四十二開，列字爲『倰』；《七音略》、《切韻指掌圖》、《切韻指南》空位；《起數訣》第七十一圖發音清，列字爲『倰』；『倰』爲《集韻》等一開口來母位小韻首字，《四聲等子》從《集韻》。

去一韻目：嶝

20 去一見　亙　咫A、B本列字爲『亙』；粵雅堂本、文瀾閣本、文淵閣本、文津閣本列字均爲『亘』。『亘』，《廣韻》古鄧切《集韻》居鄧切，見嶝去開一曾；《韻鏡》内轉第四十二開、《七音略》内轉四十二重中重、《切韻指掌圖》十六圖、《起數訣》第七十一圖發音清、《切韻指南》曾攝内六開口呼促門，列字均爲「亘」；「亘」爲《廣韻》、《集韻》登韻見母位小韻首字，與「亙」字爲異體字，列字以「亘」爲佳，《四聲等子》各版本均無誤。

21 去一溪　堩　《廣韻》嶝韻溪母無字，《集韻》口鄧切，溪嶝去開一曾；《韻鏡》、《七音略》、《切韻指掌圖》空位；《起數訣》第七十一圖發音清、《切韻指南》曾攝内六開口呼偈門，列字均爲「堩」；「堩」爲《集韻》嶝一開口溪母位小韻首字，《四聲等子》從《集韻》。

22 去一透　磴　《廣韻》都鄧切，《集韻》丁鄧切，端嶝去開一曾，皆不應列於此；《廣韻》、《集韻》透母位有「澄」小韻。《韻鏡》内轉第四十二開、《七音略》内轉四十二重中重、《切韻指掌圖》十六圖、《切韻指南》曾攝内六開口呼偈門、《起數訣》七十一圖發音清，列字均爲「澄」，「澄」，《廣韻》、《集韻》台隥切，透嶝一去開曾；「澄」爲《廣韻》、《集韻》嶝韻透母位小韻首字，《四聲等子》誤，當校改爲「澄」。

23 去一泥　鼐　巸 A、B本，粵雅堂本列字均爲「鼐」，文瀾閣本、文淵閣本、文津閣本列字均爲「鼐」。《廣韻》嶝韻泥母位無字；《集韻》嶝韻泥母位有「鼐，寧鄧切」。《韻鏡》、《七音略》、《切韻指掌圖》空位；《起數訣》七十一圖發音清、《切韻指南》曾攝内六開口呼偈門，列字均爲「鼐」；「鼐」爲《集韻》嶝一開口泥母位小韻首字，《四聲等子》從《集韻》，巸 A、B本，粵雅堂本列「鼐」形訛，當校正爲「鼐」，其他版本無誤。

24 去一明　懵　《廣韻》武亙切，《集韻》母亙切，明嶝去開一曾；《韻鏡》内轉第四十二開，列字爲『瞢』，『懵』之訛字；周祖謨校勘記：『故宫本、敦煌本《王韻》均作「懵」，是也。』《七音略》内轉四十二重中重、《切韻指南》曾攝内六開口呼促門列字均爲『懵』；《起數訣》七十一圖發音清，列字爲『僧』；《切韻指掌圖》十六圖列字爲『懜』。『懵』爲《廣韻》嶝韻明母位小韻首字，下收有『懜』字，列字以『懵』爲佳，《韻鏡》誤，《四聲等子》是。

25 去一精　綜　《廣韻》子宋切，精送去開一通，不應列於此；《集韻》子鄧切，精嶝去開一曾；《韻鏡》内轉第四十二開、《七音略》内轉四十二重中重、《切韻指掌圖》十六圖、《切韻指南》曾攝内六開口呼促門，列字均爲『增』，《廣韻》、《集韻》子鄧切，精隥去開一曾；《起數訣》七十一圖發音清，列字爲『譄』；『增』爲《廣韻》、《集韻》嶝一開口精母位小韻首字，《集韻》下收有『譄』、『綜』二字，列字以『增』字爲佳，《四聲等子》從《集韻》。

26 去一心　○　《廣韻》、《集韻》嶝韻心母列『鬙』，《廣韻》思贈切，《集韻》思鄧切，心嶝一去開曾；《韻鏡》内轉第四十二開、《七音略》内轉四十二重中重、《起數訣》七十一圖發音清、《切韻指掌圖》十六圖、《切韻指南》曾攝内六開口呼促門，列字均爲『鬙』；《四聲等子》誤，當校補『鬙』。

27 去一來　倰　《廣韻》魯鄧切，《集韻》郎鄧切，來嶝上開一曾；《韻鏡》空位；《七音略》内轉四十二重中重、《切韻指掌圖》十六圖、《切韻指南》曾攝内六開口呼促門，列字均爲『倰』；

《起數訣》七十一圖發音清，列字爲『輘』；『踜』爲《廣韻》嶝韻來母位小韻首字，下收有『殑』字，余迺永本校注，當爲『倰』。『倰』爲《集韻》嶝一開口來母位小韻首字，《四聲等子》從《集韻》。

入一　韻目：標目爲德

28 入一見　祴　『祴』，《康熙字典》記：『《直音》同裓。』、『裓』，《廣韻》古得切，《集韻》訖得切，見德一入開曾；《韻鏡》內轉第四十二開、《七音略》內轉四十二重中重、《切韻指掌圖》十六圖、《切韻指南》曾攝內六開口呼偪門，列字均爲『裓』；《起數訣》七十一圖發音清，列字爲『械』，匣母怪韻；『裓』爲《廣韻》、《集韻》德一開口見母位小韻首字，《四聲等子》列『祴』雖無誤，但校改爲『裓』更佳。

29 入一溪　剋　《廣韻》苦得切，《集韻》乞得切，溪德入開一曾；《韻鏡》內轉第四十二開、《七音略》內轉四十二重中重、《切韻指掌圖》十六圖、《切韻指南》曾攝內六開口呼促門，列字均爲『刻』；《起數訣》七十一圖發音清，列字爲『克』；『刻』爲《廣韻》嶝韻來母位小韻首字，『克』、『剋』二字，列字以『刻』爲佳，《四聲等子》亦無誤。

30 入一滂　覆　《廣韻》、《集韻》匹北切，滂德入開一曾；《韻鏡》空位；《七音略》內轉四十二重中重、《切韻指掌圖》十六圖、《切韻指南》曾攝內六開口呼促門，列字均爲『覆』；《起數訣》七十一圖發音清，列字爲『侵』，爲『匔』形訛；『覆』爲《廣韻》德一開口滂母位小韻首字，下收有『匔』字，列字以『覆』爲佳，《韻鏡》空位誤，《四聲等子》是。

31 入一並　菔　《廣韻》、《集韻》未收；《韻鏡》内轉第四十二開、《七音略》内轉四十二重中重、《切韻指南》曾攝内六開口呼促門，列字均爲『菔』，《廣韻》蒲北切，《集韻》鼻墨切，並德入開一曾；《切韻指掌圖》十六圖，列字爲『蔔』；《起數訣》七十一圖發音清，列字爲『蔔』；『菔』爲《廣韻》、《集韻》德一開口並母位小韻首字，下收有『蔔』字，注：『上同。』『蔔』、『菔』二字爲異體字。列字以『菔』爲佳，《四聲等子》誤，當校爲『菔』。

32 入一匣　劾　咫 A本、粵雅堂本、文瀾閣本、文淵閣本，列字均爲『劾』，文津閣本列字爲『刻』，溪母。『劾』，《廣韻》胡得切，《集韻》紇則切，匣德入開一曾；《韻鏡》内轉第四十二開、《七音略》内轉四十二重中重、《起數訣》七十一圖發音清、《切韻指掌圖》十六圖、《切韻指南》曾攝内六開口呼促門，列字均爲『劾』；『劾』爲《廣韻》、《集韻》德一匣母位小韻首字，《四聲等子》文津閣本誤，當校爲『劾』字，其他版本是。

平二韻目：標目爲庚，實爲庚耕合韻

33 平二孃　停　咫 A、B本，粵雅堂本，文淵閣本，列字均爲『停』，文瀾閣本列字爲『偘』，文津閣本列字爲『儜』。『儜』，《廣韻》女耕切，《集韻》尼耕切，孃耕平開二梗；《韻鏡》外轉第三十五開，列字爲『傖』，應爲『儜』字闕；《起數訣》第六十九圖收音濁、《切韻指南》梗攝外七開口呼廣門，列字爲『儜』；《七音略》外轉第三十八開重中輕、《切韻指掌圖》十六圖，列字均爲『獰』；『儜』爲《廣韻》、《集韻》耕韻溪母位小韻首字，《集韻》下收有『獰』字，列字以『儜』字爲佳；《四聲等子》文津閣本是，其他版本應校改爲『儜』。

34 平二幫　繃　《廣韻》北萌切，《集韻》悲萌切，幫耕平開二梗；《韻鏡》外轉第三十五開，列字爲『絣』；《七音略》外轉第三十八開重中輕，列字爲『浜』；《切韻指南》梗攝外七開口呼廣門、《切韻指掌圖》十六圖，列字爲『閍』，幫母庚韻；《起數訣》第六十八圖收音清，列字爲『繃』；『浜』爲《廣韻》耕韻幫母位小韻首字，下收有『繃』、『絣』二字；『繃』爲《集韻》耕二幫母位小韻首字，《四聲等子》從《集韻》。

35 平二滂　怦　《廣韻》普耕切，《集韻》披耕切，滂耕平開二梗；《韻鏡》外轉第三十五開，列字爲『怦』；《七音略》外轉第三十八開重中輕、《切韻指南》梗攝外七開口呼廣門、《起數訣》第六十八圖收音清，列字爲『怦』；《切韻指掌圖》十六圖，列字爲『烹』，滂母庚韻。『怦』爲《廣韻》、《集韻》耕韻滂母位小韻首字，下收有『伻』字，列字以『怦』爲佳；《四聲等子》是。

36 平二並　輣　《廣韻》薄萌切，《集韻》耕韻並母無收字，並耕平開二梗；《韻鏡》外轉第三十五開、《七音略》外轉第三十八開重中輕、《起數訣》第六十八圖收音清，列字均爲『棚』；《切韻指南》梗攝外七開口呼廣門、《切韻指掌圖》十六圖，列字爲『彭』，並母庚韻；『輣』爲《廣韻》耕韻滂母位小韻首字，下收有『棚』字，列字以『輣』爲佳；《四聲等子》是。

37 平二明　萠　咫A、B本，文津閣本，粵雅堂本列字均爲『萠』，《廣韻》、《集韻》未收；文瀾閣本列字爲『崩』，幫母登韻，不應列於此；文淵閣本列字爲『萌』，明母耕韻。『萌』，《廣韻》莫耕切，《集韻》謨耕切，明耕平開二梗；《韻鏡》外轉第三十五開、《七音略》外轉第三十八開重中輕、《切韻指南》梗攝外七開口呼廣門、《起數訣》第六十八圖收音清，列字均爲『甍』；《切韻指掌圖》十六圖，列字爲『盲』，明母庚韻；『甍』爲《廣韻》耕韻明母位小韻首字，下收有『萌』字，列字以此首字『甍』爲佳；《四聲等子》咫A、B本，文津閣本，粵雅堂本，文瀾閣本均爲『萌』字訛誤，當校正爲『萌』。

38 平二曉　亨　《廣韻》許庚切，《集韻》虚庚切，曉庚平開二梗；《韻鏡》外轉第三十三開、《七音略》外轉三十六重中輕、《切韻指掌圖》十六圖、《起數訣》第六十五圖發音濁，列字爲『亨』；《切韻指南》梗攝外七開口呼廣門，列字爲『脝』，應爲『脝』字訛誤；『脝』爲《廣韻》耕韻滂母位小韻首字，下收有『亨』字，列字以此首字『脝』爲佳；《四聲等子》亦無誤。

39 平二匣　莖　咫A、B本，文瀾閣本，粵雅堂本均列字爲『莖』，文淵閣本、文津閣本列字爲『茎』。『莖』，《廣韻》户耕切，《集韻》何耕切，匣耕平開二梗；《韻鏡》外轉第三十五開、《七音略》外轉第三十八開重中輕、《起數訣》第六十九圖收音濁，列字均爲『莖』；《切韻指掌圖》十六圖、《切韻指南》梗攝外七開口呼廣門，列字均爲『行』，匣母庚韻。『莖』爲《廣韻》、《集韻》耕二匣母位小韻首字，《四聲等子》文淵閣本、文津閣本應爲『莖』形訛，其他版本是。

40 平二影　⿱賏亏　咫A、B本，文瀾閣本，粵雅堂本均列字爲『⿱賏亏』，文淵閣本、文津閣本列字爲『甖』。『甖』，《廣韻》烏莖切，《集韻》於莖切，影耕平開二梗；《韻鏡》外轉第三十五開、《起數訣》第六十九圖收音濁，列字均爲『罌』；《七音略》外轉三十八重中重、《切韻指掌圖》十六圖、《切韻指南》梗攝外七開口呼廣門，列字爲『甖』；『甖』爲《廣韻》耕韻影母位小韻首字，下收有『罌』字，列字以『甖』爲佳；『⿱賏亏』爲『甖』形訛，《四聲等子》咫A、B本，文瀾閣本，粵雅堂本當校改爲『甖』，其他版本是。

41 平二來　磷　《廣韻》來母耕韻位無列字，《集韻》力耕切，來耕平開二梗；《韻鏡》、《切韻指掌圖》均空位；《七音略》外轉三十八重中重、《起數訣》第六十九圖收音濁、《切韻指南》梗攝外七開口呼廣門，列字均爲『磷』；『磷』爲《集韻》耕二來母位小韻首字，《七音略》、《四聲等子》從《集韻》。

上二韻目：標目爲梗，實爲『梗耿』合韻

42 上二見　眏　咫A、B本列字爲『眏』；文瀾閣本、粵雅堂本、文淵閣本、文津閣本列字爲『耿』。『眏』當爲『耿』字誤。『耿』，《廣韻》、《集韻》古幸切，見耿上開二梗；《韻鏡》外轉第三十五開、《七音略》外轉三十八重中重、《切韻指掌圖》十六圖、《起數訣》第六十九圖收音濁，列字爲『耿』；《切韻指南》梗攝外七開口呼廣門，列字爲『梗』。『耿』爲《廣韻》、《集韻》耿二見母位小韻首字，《四聲等子》咫 A、B 本當校正爲『耿』，其他版本無誤。

43 上二溪　伉　《廣韻》苦浪切，溪母宕韻字，不應列於此；《集韻》苦杏切，溪梗上開二梗；《韻鏡》、《切韻指掌圖》空位；《七音略》外轉三十六重中輕，列字爲『沆』，匣母字，誤，應爲『伉』訛誤；《切韻指南》梗攝外七開口呼廣門、《起數訣》第六十五圖發音濁，列字爲『伉』。《廣韻》梗二開口無溪母，『伉』爲《集韻》梗二開口溪母位小韻首字，《四聲等子》從《集韻》。

44 上二知　盯　《廣韻》、《集韻》張梗切，知梗上開二梗；《韻鏡》外轉第三十三開、《切韻指掌圖》十六圖、《切韻指南》梗攝外七開口呼廣門、《起數訣》第六十五圖發音濁，列字均爲『盯』；《七音略》外轉三十八重中重，列字爲『打』；　列字爲『盯』；『盯』、『打』二字切語雖殊而讀音實同，蓋『打』爲後增字；　『盯』爲《廣韻》、《集韻》梗二開口知母位小韻首字，列字以『盯』爲佳，《七音略》亦無誤，《四聲等子》是。

45 上二澄　瑒　《廣韻》、《集韻》未收，《廣韻》、《集韻》澄母梗韻列字爲『瑒』，『瑒』應爲『瑒』形訛。『瑒』，《廣韻》徒（類隔）杏切，《集韻》丈梗切，澄梗上開二梗；《韻鏡》外轉第三十三開、《七音略》外轉三十八重中重，列字爲『瑒』；《切韻指掌圖》空位；《切韻指南》梗攝外七開口呼廣門、《起數訣》第六十五圖發音濁，列字均爲『瑒』；《廣韻》、《集韻》澄母梗韻小韻首字列字爲『瑒』，《四聲等子》列字形訛誤，應校正爲『瑒』。

46 上二孃　檸　咫 A、B 本，粵雅堂本，文淵閣本，列字均爲『檸』；文瀾閣本列字爲『槝』，應爲『檸』闕；文津閣本列字爲『檸』。『檸』，《廣韻》、《集韻》拏梗切，孃梗平開二梗；《韻鏡》外轉第三十三開，列字爲『搵』，應爲『檸』闕；《七音略》外轉第三十八開重中輕、《切韻指掌圖》十六圖、《切韻指南》梗攝外七開口呼廣門、《起數訣》第六十五圖發音濁，列字均爲『檸』；『檸』爲《廣韻》、《集韻》梗二孃母位小韻首字，《四聲等子》文津閣本是，其他版本誤，當校改爲『檸』。

47 上二幫　迸　此字當爲『遴』形訛；『遴』，《廣韻》耿二幫母開口無此字；《集韻》必幸切，幫耿二上開梗；《韻鏡》空位；《七音略》外轉三十八重中重，列字爲『遴』，應爲『遴』形訛；《切韻指掌圖》十六圖、《切韻指南》梗攝外七開口呼廣門，列字均爲『浜』，幫母梗韻；《起數訣》第六十八圖收音清，列字爲『迸』，形誤；『遴』爲《集韻》耿二開口幫母位小韻首字，《四聲等子》從《集韻》，列『迸』形訛，當校改爲『遴』。

48 上二滂　絣　《廣韻》、《集韻》普幸切，滂耿上開二梗；《七音略》外轉三十八重中重，列字爲『皏』，應爲『絣』的異體字；《韻鏡》外轉第三十五開、《切韻指掌圖》十六圖、《切韻指南》梗攝外七開口呼廣門、《起數訣》第六十八圖收音清，列字均爲『絣』。『絣』爲《廣韻》、《集韻》耿二滂母位小韻首字，《七音略》形訛，《四聲等子》是。

49 上二並　倂　《廣韻》、《集韻》蒲幸切，並耿二上開梗；《韻鏡》外轉第三十五開、《切韻指掌圖》十六圖，列字爲『伳』；《七音略》外轉三十八重中重，列字爲『併』，應爲『伳』書寫俗；《切韻指南》梗攝外七開口呼廣門、《起數訣》第六十八圖收音清，列字均爲『餅』；『餅』爲《廣韻》耕韻影母位小韻首字，下收有『伳』字；『伳』爲《集韻》小韻首字，《四聲等子》從《集韻》。

50　上二明　䁅　《廣韻》武幸切，《集韻》母梗切，明耿上開二梗；《韻鏡》外轉第三十五開，列字爲『䁅』，應爲『䁅』字訛誤，《七音略》外轉三十八重中重、《切韻指掌圖》十六圖、《起數訣》第六十八圖收音清，列字均爲『黽』；《切韻指南》梗攝外七開口呼廣門，列字爲『猛』，明母梗韻；『䁅』爲《廣韻》耕韻影母位小韻首字，下收有『黽』字，列字以『䁅』爲佳，《韻鏡》列字形訛，《四聲等子》是。

51　上二照　睜　《廣韻》、《集韻》疾郢切，從靜上開三梗，不應列於此，《廣韻》莊母梗韻無字，《集韻》有『睜』小韻，側杏切，莊梗上開二梗；《韻鏡》、《七音略》、《切韻指掌圖》空位；《起數訣》第六十五圖發音濁、《切韻指南》梗攝外七開口呼廣門，列字均爲『睁』，《集韻》莊母梗韻。『睜』爲《集韻》梗二莊母位小韻首字，《四聲等子》從《集韻》，但形訛，當校正爲『睁』。

52　上二穿　瀙　《廣韻》穿母梗韻均無列字，《集韻》梗韻初母位有字『瀙，差梗切』，初梗上開二梗；《韻鏡》、《七音略》、《切韻指掌圖》空位；《起數訣》第六十五圖發音濁，列字爲『澕』，當爲『瀙』形訛；《切韻指南》梗攝外七開口呼廣門，列字爲『瀙』；『瀙』爲《集韻》梗二開口初母位小韻首字，《四聲等子》從《集韻》。

53　上二曉　䛭　《廣韻》梗二韻均無曉母字；《集韻》梗韻曉母有「䛭，虎梗切」，匣梗上開二梗。《韻鏡》、《七音略》、《切韻指掌圖》空位；《起數訣》第六十五圖發音濁、《切韻指南》梗攝外七開口呼廣門，列字均爲「䛭」；「䛭」爲《集韻》梗二開口曉母位小韻首字，《四聲等子》從《集韻》。

54　上二影　𤛑　《廣韻》影母梗韻無此字；《集韻》梗韻影母有「𤛑，烏猛切」，影梗上開二梗；《韻鏡》外轉第三十三開、《切韻指掌圖》十六圖，列字均爲「䁝」；《七音略》空位；《切韻指南》梗攝外七開口呼廣門、《起數訣》第六十五圖發音濁，列字均爲「𤛑」。「䁝」爲《廣韻》梗韻影母位小韻首字，下未收有「𤛑」字；「𤛑」爲《集韻》梗二開口影母位小韻首字，《四聲等子》從《集韻》。

去二韻目：標目爲敬，實則爲諍映合韻

55　去二疑　硬　《廣韻》五諍切，《集韻》魚孟切，疑諍去開二梗；《韻鏡》外轉第三十五開、《切韻指掌圖》十六圖，列字均爲「硬」；《起數訣》空位；《切韻指南》梗攝外七開口呼廣門，列字爲「鞕」，疑母諍韻；「鞕」爲《廣韻》、《集韻》諍韻疑母位小韻首字，下收有「硬」字，列字以「鞕」爲佳，《四聲等子》亦無誤。

56　去二澄　鋥　《廣韻》、《集韻》除更切，澄映上開二梗；《韻鏡》外轉第三十三開、《切韻指南》

梗攝外七開口呼廣門、《起數訣》第六十五圖發音濁，列字爲『鋥』；《七音略》外轉三十六重中輕，列字爲『鎊』，唐韻滂母，應爲『鋥』字訛；《切韻指掌圖》十六圖，列字爲『瞕』；『鋥』爲《廣韻》、《集韻》映韻澄母位小韻首字，下收有『瞕』，列字以『鋥』字爲佳；《七音略》誤，《四聲等子》是。

57 去二滂　軯　《廣韻》諍二開口無滂母；《集韻》叵迸切，滂諍上開二梗；《韻鏡》、《切韻指掌圖》空位；《七音略》外轉三十八重中重，列字爲『軿』，應爲『軯』字訛誤；《起數訣》第六十八圖收音清，列字爲『軯』；《切韻指南》梗攝外七開口呼廣門，列字爲『烹』，滂母庚韻；『軯』爲《集韻》諍二開口滂母位小韻首字，《七音略》、《四聲等子》從《集韻》，無誤。

58 去二明　◯　《廣韻》明母諍韻無列字，明母映韻列字爲『孟』；『孟』，《廣韻》、《集韻》莫更切，明映去開二梗；《韻鏡》外轉第三十三開，列字爲『孟』；《七音略》外轉三十六開，明二等位列字爲『命』，三等位列『孟』，『命』爲三等字，應爲錯位所致；《切韻指南》梗攝外七開口呼廣門、《起數訣》第六十四圖開音清，列字均爲『孟』。《四聲等子》空位誤，應校補『孟』。

59 去二穿　瀙　《廣韻》楚敬切，《集韻》楚慶切，初映去開二梗；《韻鏡》空位；《七音略》外轉三十六重中輕、《切韻指掌圖》十六圖、《切韻指南》梗攝外七開口呼廣門、《起數訣》第六十五圖發音濁，列字均爲『瀙』；『瀙』爲《廣韻》、《集韻》映二開口初母位小韻首字，《韻鏡》空位誤，當校補『瀙』字，《四聲等子》是。

60 去二審　生　《廣韻》所敬切，《集韻》所慶切，審映去開二梗；《韻鏡》、《七音略》均空位；《切韻指掌圖》十六圖、《切韻指南》梗攝外七開口呼廣門，列字均爲『生』；《起數訣》第六十五圖發音濁，列字爲『性』。『生』爲《廣韻》、《集韻》映韻審母位小韻首字，下收有『性』字，列字以『生』爲佳，《韻鏡》、《七音略》空位誤，《四聲等子》是。

61 去二曉　誶　此字當爲『諄』訛誤；『諄』，《廣韻》許更切，《集韻》亨孟切，曉映去開二梗；《韻鏡》外轉第三十三開，空位；《七音略》外轉三十六重中輕，列字爲『諄』；《切韻指掌圖》十六圖、《切韻指南》梗攝外七開口呼廣門，列字均爲『諄』；《起數訣》第六十五圖發音濁，列字爲『惇』；『諄』爲《廣韻》、《集韻》映二開口曉母位小韻首字，《韻鏡》空位誤，《四聲等子》當校正爲『諄』。

62 去二影　䙬　《廣韻》鷖迸切，《集韻》於迸切，影諍去開二梗；《韻鏡》外轉第三十五開，列字爲『䙬』；《七音略》外轉三十八重中重、《切韻指掌圖》十六圖，列字均爲『嫈』；《切韻指南》梗攝外七開口呼廣門，列字爲『瀴』，影母映韻；《起數訣》第六十九圖收音濁，列字爲『䙬』，影母耕韻，誤；『䙬』爲《廣韻》諍韻影母位小韻首字，下收有『嫈』字，列『䙬』字爲佳，《四聲等子》是。

入二韻目：標目爲陌，實則爲陌麥

63 入二疑 虉 《廣韻》五革切，《集韻》逆革切，疑麥入開二梗；《韻鏡》外轉第三十五開、《起數訣》第六十九圖收音濁、《切韻指南》梗攝外七開口呼廣門，列字爲『虉』；《七音略》空位；《切韻指掌圖》十六圖，列字爲『額』，疑母陌韻；『虉』爲《廣韻》、《集韻》麥二開口疑母位小韻首字，《七音略》空位誤，當校補『虉』字，《四聲等子》是。

64 入二知 摘 咫A、B本列字爲『摘』；粵雅堂本列字爲『樀』，文瀾閣本、文淵閣本、文津閣本列字均爲『摘』。『摘』，《廣韻》、《集韻》陟革切，知麥入開二梗；《韻鏡》外轉第三十五開、《七音略》外轉三十八重中重、《切韻指南》梗攝外七開口呼廣門、《起數訣》第六十九圖收音濁，列字均爲『摘』；《切韻指掌圖》十六圖，列字爲『磔』，知母陌韻。『摘』爲《廣韻》、《集韻》麥二知母位小韻首字，《四聲等子》咫A、B本列字是，粵雅堂本、文瀾閣本、文淵閣本、文津閣本誤，應校正爲『摘』。

65 入二徹 墌 《廣韻》徹母陌韻位列字爲『𢷾』，徹母麥韻位無列字；『𢷾』，《康熙字典》記：『《集韻》同坼。』『坼』，《廣韻》丑格切，《集韻》恥格切，徹陌入開二梗；《韻鏡》外轉第三十三開、《切韻指掌圖》十六圖，列字均爲『拆』；《七音略》外轉三十六重中輕，列字爲『坼』；《切韻指南》梗攝外七開口呼廣門，列字爲『㾓』，徹母麥韻；《起數訣》第六十九圖收音濁，列字爲『逷』，透母錫韻；『𢷾』爲《廣韻》陌二開口徹母位小韻首字，注下『亦作坼』。『坼』、『拆』同爲《集韻》陌二開口徹母位小韻首字。《四聲等子》列字訛誤，當校補爲『𢷾』字。

66　入二孃　疒　《廣韻》、《集韻》尼戹切，孃麥入開二梗；《韻鏡》、《七音略》、《起數訣》空位；《切韻指南》梗攝外七開口呼廣門，列字爲『疒』；《切韻指掌圖》十六圖，列字爲『搦』，孃母陌韻；『疒』爲《廣韻》、《集韻》麥二開口孃母位小韻首字，《韻鏡》、《七音略》空位誤，《四聲等子》是。

67　入二幫　檗　《廣韻》、《集韻》博戹切，幫麥入開二梗；《韻鏡》外轉第三十五開，列字爲『檗』；《七音略》外轉三十八重中重，列字爲『蘗』，注：『俗作蘗』，『蘗』爲『檗』字之俗體；《起數訣》第六十九圖收音濁，列字爲『蘗』，爲『蘗』字形訛；《切韻指南》梗攝外七開口呼廣門、《切韻指掌圖》十六圖，列字均爲『伯』，幫母陌韻。『檗』爲《廣韻》幫母麥韻位小韻首字，下收有『蘗』字，列字應以『檗』字爲佳，《四聲等子》是。

68　入二並　僻　《廣韻》芳辟切，滂母昔韻字；《集韻》博戹切，幫麥入開二梗，不應列於此位。《韻鏡》外轉第三十五開，列字爲『𦄱』，『𦄱』，《廣韻》匹麥切，並麥入開二梗；《七音略》外轉三十八重中重，列字爲『擗』，並母昔韻，誤；《起數訣》第六十八圖收音清，列字爲『繴』；《切韻指南》梗攝外七開口呼廣門、《切韻指掌圖》十六圖，列字爲『白』，並母陌韻；『𦄱』爲《廣韻》麥二開口並母位小韻首字，下收有『繴』字。『繴』爲《集韻》麥二開口並母位小韻首字，下收有『𦄱』字。『繴』、『𦄱』二字爲異體字，《四聲等子》誤，當校改爲『𦄱』。

69　入二穿　策　咫A、B本，文淵閣本列字均爲『策』，文瀾閣本、文津閣本、粵雅堂本列字均爲

『茦』，云母庚韻，誤。『策』，《廣韻》楚革切，《集韻》測革切，初麥入開二梗；《韻鏡》外轉第三十五開、《七音略》外轉三十八重中重、《切韻指南》梗攝外七開口呼廣門，列字均爲『策』；《起數訣》第六十九圖收音濁，列字爲『籍』；《切韻指掌圖》十六圖，列字爲『測』，初母職韻；『策』爲《廣韻》、《集韻》麥二開口初母位小韻首字，《集韻》下亦收有『籍』字，列字以『策』字爲佳，《四聲等子》文瀾閣本、文津閣本、粵雅堂本當爲『策』訛誤，當校改爲『策』。咫 A、B本，文淵閣本列字是。

70 入二牀　賾　《廣韻》、《集韻》士革切，崇麥入開二梗；《韻鏡》外轉第三十五開、《七音略》外轉三十八重中重、《起數訣》，列字均爲『賾』，『賾』，《康熙字典》記：『《正字通》俗賾字。』『賾』、『賾』爲異體字；《切韻指掌圖》十六圖，列字爲『崱』，崇母職韻；《切韻指南》梗攝外七開口呼廣門，列字爲『齚』；《起數訣》第六十九圖收音濁，列字爲『𧾢』，崇母麥韻合口；『賾』爲《廣韻》、《集韻》麥二開口崇母位小韻首字，下收有『齚』字，列字以『賾』爲佳，《韻鏡》、《七音略》列字俗，《四聲等子》列正體是。

71 入二曉　赫　咫 A、B本，粵雅堂本列字均爲『赫』；文瀾閣本、文淵閣本、文津閣本列字均爲『𧹞』；『赫』，《廣韻》呼格切，《集韻》郝格切，曉陌入開二梗；《韻鏡》外轉第三十三開、《七音略》外轉三十六重中輕，《切韻指掌圖》十六圖、《切韻指南》梗攝外七開口呼廣門、《起數訣》第六十五圖發音濁，列字均爲『赫』；『𧹞』、『赫』爲異體字。『赫』爲《廣韻》、《集韻》陌二曉母位小韻首字，《四聲等子》文瀾閣本、文淵閣本、文津閣本列異體，雖無誤但校爲『赫』爲佳，咫A、B本，粤雅堂本列正體是。

72　入二匣　核　《廣韻》、《集韻》下革切，匣麥入開二梗；《韻鏡》外轉第三十五開、《七音略》外轉三十八重中重、《切韻指南》梗攝外七開口呼廣門、《起數訣》第六十九圖收音濁、《切韻指掌圖》十六圖，列字均爲『覈』，『覈』，下革切，匣麥入開二梗；『覈』爲《廣韻》、《集韻》匣母麥位小韻首字，下收有『核』字，列字應以『覈』字爲佳；《四聲等子》亦無誤。

73　入二影　厄　《廣韻》於革切，《集韻》乙革切，影麥入開二梗；《韻鏡》外轉第三十五開、《七音略》外轉三十八重中重、《切韻指南》梗攝外七開口呼廣門、《起數訣》第六十九圖收音濁，列字均爲『戹』，《切韻指掌圖》十六圖，列字爲『啞』，影母陌韻；『戹』爲《廣韻》影母麥位小韻首字，下收有『厄』字；『厄』爲《集韻》小韻首字，《四聲等子》從《集韻》。

74　入二來　礐　《廣韻》、《集韻》力摘切，來麥入開二梗；《韻鏡》、《切韻指掌圖》空位；《起數訣》第六十九圖收音濁、《七音略》外轉三十八重中重，列字均爲『礭』；《切韻指南》梗攝外七開口呼廣門，列字爲『礐』；『礐』爲《廣韻》、《集韻》麥二開口來母位小韻首字，下收有『礭』字，列字以『礐』字爲佳。《七音略》列『礭』字，亦無誤，《四聲等子》是。

75　入二日　○　《廣韻》、《集韻》日母陌麥位均無字。《七音略》外轉三十六重中輕，在日母位列『礐』，爲來母錯列；其餘各圖均空位。《七音略》誤，《四聲等子》空位是。

平三韻目：蒸

76 平三澄　澄　《廣韻》直陵切，《集韻》持陵切，澄蒸平開三曾；《韻鏡》内轉第四十二開、《七音略》内轉四十二重中重、《切韻指掌圖》十六圖、《起數訣》第七十二圖收音濁，列字均爲「澄」；《切韻指南》曾攝内六開口呼偏門列爲「澂」。「澂」爲《廣韻》、《集韻》蒸三澄母位小韻首字，下收有「澄」字，注「上同」，列字以「澂」爲佳，《四聲等子》亦無誤。

77 平三幫　冰　《廣韻》筆陵切，《集韻》悲陵切，幫蒸平開三曾；《韻鏡》内轉第四十二開，列字爲「冰」；《七音略》内轉四十二重中重列字爲「氷」，《康熙字典》記：「俗冰字」；《切韻指掌圖》十六圖列爲「兵」，幫母庚韻；《切韻指南》曾攝内六開口呼偏門列爲「冫」；《起數訣》第七十二圖收音濁，列字爲「澄」；「冫」爲《廣韻》蒸韻非母位小韻首字，下收有「冰」字，列字應以「冫」字爲佳；《四聲等子》亦無誤。

78 平三滂　砯　《廣韻》披冰切，《集韻》滂母蒸韻無字，滂蒸平開三曾；《韻鏡》内轉第四十二開，列字爲「砅」，「砅」，《康熙字典》記：「《唐韻》、《集韻》力制切，音例。」不應列於此，應爲「砯」字訛誤；《七音略》内轉四十二重中重、《切韻指南》曾攝内六開口呼偏門、《切韻指掌圖》十六圖爲「砯」、《起數訣》第七十一圖發音清，列字均爲「仌」。「砯」爲《廣韻》蒸三滂母位小韻首字，《韻鏡》列字訛，《四聲等子》是。

79 平三明　儚　《廣韻》明母蒸韻無字，《集韻》亡冰切，明蒸平開三曾；《韻鏡》空位；《七音略》内轉四十二重中重、《切韻指南》曾攝内六開口呼侷門、《起數訣》第七十一圖發音清，列字均爲『儚』；《切韻指掌圖》十六圖列爲『朙』，《指掌圖》爲合韻韻圖，平三韻目爲庚清蒸，列『京』無誤；『儚』爲《集韻》蒸三明母位小韻首字，《四聲等子》從《集韻》。

80 平三照　蒸　《廣韻》煮仍切，《集韻》諸仍切，章蒸平開三曾；《韻鏡》内轉第四十二開、《七音略》内轉四十二重中重、《切韻指南》曾攝内六開口呼侷門、《起數訣》第七十二圖收音濁，列字均爲『蒸』；《切韻指掌圖》十六圖列爲『征』，《指掌圖》爲合韻韻圖，平三韻目爲庚清蒸，列『征』無誤；《四聲等子》亦無誤。

81 平三牀　繩　《廣韻》食陵切，《集韻》神陵切，船蒸平開三曾；《韻鏡》内轉第四十二開、《七音略》内轉四十二重中重，列字爲『繩』，《切韻指南》曾攝内六開口呼侷門，列字均爲『繩』；《切韻指掌圖》十六圖列爲『磳』，《指掌圖》爲合韻韻圖，平三韻目爲庚清蒸，列『磳』無誤；《起數訣》空位。『繩』爲《廣韻》、《集韻》蒸三牀母位小韻首字，《韻鏡》、《七音略》爲其異體，《四聲等子》是。

82 平三審　升　《廣韻》識蒸切，《集韻》書蒸切，審蒸平開三曾；《韻鏡》内轉第四十二開、《切韻指南》曾攝内六開口呼侷門、《起數訣》第七十二圖收音濁，列字均爲『升』；《七音略》内轉四十二重中重列字爲『昇』，《切韻指掌圖》十六圖列爲『聲』，《指掌圖》爲合韻韻圖，平三韻目爲庚清蒸，列『聲』無誤；『升』爲《廣韻》、《集韻》蒸韻審母位小韻首字，下收有『昇』字，列字應以『升』字爲佳，《四聲等子》是。

83 平三禪　丞　《廣韻》署陵切，《集韻》辰陵切，禪蒸平開三曾；《韻鏡》内轉第四十二開、《七音略》内轉四十二重中重、《切韻指南》曾攝内六開口呼侷門、《起數訣》第七十二圖收音濁，列字均爲『承』；《切韻指掌圖》十六圖列爲『成』，《指掌圖》爲合韻韻圖，平三韻目爲庚清蒸，列『成』無誤；『承』爲《廣韻》、《集韻》蒸韻禪母位小韻首字，下收有『丞』字，列字應以『承』字爲佳，《四聲等子》亦無誤。

84 平三匣　○　《廣韻》、《集韻》匣母蒸韻無字；《韻鏡》、《切韻指南》、《切韻指掌圖》、《起數訣》均空位；《七音略》内轉四十二重中重，列字爲『蠅』，應爲『蠅』字訛誤，『蠅』，喻母字，不應列於此，應在左一格；《七音略》誤，《四聲等子》空位是。

85 平三影　英　《廣韻》、《集韻》於驚切，影庚平開三曾，不應列於此；《韻鏡》内轉第四十二開、《七音略》内轉四十二重中重、《切韻指南》曾攝内六開口呼侷門、《起數訣》第七十二圖收音濁，列字均爲『膺』。『膺』，《廣韻》、《集韻》於陵切，影蒸平開三曾；《切韻指掌圖》十六圖列字爲『英』，《指掌圖》爲合韻韻圖，平三韻目爲庚清蒸，列『平』無誤；『膺』爲《廣韻》蒸三影母位小韻首字，《四聲等子》誤，當校改爲『膺』。

86 平三喻　熊　《廣韻》云母蒸韻無字，《集韻》矣殊切，云蒸平開三曾；《韻鏡》内轉第四十二開、《切韻指掌圖》十六圖，列字爲『蠅』；《七音略》空位；《切韻指南》曾攝内六開口呼侷門、《起數訣》第七十二圖收音濁，列字均爲『熊』；『熊』爲《集韻》蒸三喻三位小韻首字，《四聲等子》從《集韻》。

87 平三來 陵 《廣韻》力膺切，《集韻》閭承切，來蒸平開三曾；《韻鏡》内轉第四十二開、《切韻指掌圖》十六圖、《切韻指南》曾攝内六開口呼侷門、《起數訣》第七十二圖收音濁，列字均爲『陵』；《七音略》内轉四十二重中重，列字爲『夌』；『陵』爲《廣韻》蒸韻禪母位小韻首字，下收有『夌』字，列字應以『陵』字爲佳，《四聲等子》是。

上三韻目：標目爲拯，實則爲拯梗静合韻

88 上三見 景 《廣韻》居影切，《集韻》舉影切，見梗上開三梗；《韻鏡》空位；《七音略》外轉三十六重中輕、《切韻指南》梗攝外七開口呼廣門，列字均爲『警』；《起數訣》第六十五圖發音濁，見梗位列字爲『景』；『警』爲梗韻見母小韻首字，下收有『景』字；『景』爲《集韻》梗三見母位小韻首字，《四聲等子》從《集韻》。

89 上三溪 ○ 《廣韻》、《集韻》溪母梗韻、拯韻無字；《韻鏡》内轉第四十二開，列字爲『殑』，『殑』，群母拯韻字，不應列於此，當删；《七音略》、《切韻指掌圖》、《切韻指南》、《起數訣》空位；《四聲等子》空位是。

90 上三知 晸 《廣韻》知母静韻、拯韻位無字，《集韻》知領切，知静去開三梗；《韻鏡》、《七音略》、《切韻指掌圖》空位；《切韻指南》曾攝外七開口呼廣門、《起數訣》第六十五圖發音濁，列字爲『㫼』；『㫼』爲《集韻》静三知母位小韻首字，《切韻指南》、《四聲等子》從《集韻》。

91 上三澄　徎　《廣韻》、《集韻》丈井切，澄静上開三梗；《韻鏡》空位；《七音略》外轉三十八重中重，列字爲『裎』，《康熙字典》記『《字彙》音呈。人姓。《正字通》訛字。』該字《廣韻》、《集韻》音均不當列於此位，應爲『徎』字訛誤；《切韻指掌圖》十六圖、《切韻指南》曾攝外七開口呼廣門、《起數訣》第六十五圖發音濁，澄静位列字均爲『徎』。『徎』爲《廣韻》、《集韻》静三澄母位小韻首字，《韻鏡》、《七音略》誤，《四聲等子》是。

92 上三並　憑　《廣韻》扶冰切，平蒸並韻，不應列於此位；《集韻》皮殑切，並拯上開三梗；《韻鏡》、《七音略》、《切韻指掌圖》空位；《起數訣》第七十一圖發音清、《切韻指南》曾攝内六開口呼偶門，列字爲『憑』；『憑』爲《集韻》拯三並母位小韻首字，《四聲等子》從《集韻》。

93 上三明　○　《廣韻》明母梗韻，列字爲『皿』，《廣韻》武永切，《集韻》眉永切，明梗上開三梗；《韻鏡》外轉第三十三開、《七音略》外轉三十六重中輕、《切韻指掌圖》十六圖、《起數訣》第六十四圖開音清，列字均爲『皿』；《切韻指南》梗攝外七開口呼廣門空位，『皿』列於合口；《四聲等子》空位誤，當校補『皿』字。

94 上三照　拯　《廣韻》煮拯切，《集韻》諸拯切，照拯上開三梗；《韻鏡》内轉第四十二開、《七音略》内轉四十二重中重、《切韻指南》曾攝内六開口呼偈門、《起數訣》第七十二圖收音濁，列字均爲『拯』；《切韻指掌圖》十六圖列字爲『整』，章母静韻；『拯』爲《廣韻》、《集韻》拯三開口章母位小韻首字，《四聲等子》亦無誤。

95 上三穿　⿰忄爯　《廣韻》未收，《集韻》尺拯切，昌拯上開三梗；《韻鏡》、《七音略》、《切韻指掌圖》、《起數訣》均空位；《切韻指南》曾攝内六開口呼偈門，列字爲『齒』，稱拯切，昌拯上開三梗；『齒』爲《集韻》拯韻見母小韻首字，下收有『⿰忄爯』字，列字以『齒』爲佳，《切韻指南》、《四聲等子》兩圖從《集韻》，《四聲等子》亦無誤。

96 上三來　倰　⿱尸心 A、B本，粵雅堂本列字均爲『倰』，文瀾閣本、文淵閣本、文津閣本列字均爲『倰』，顯誤。『倰』，《廣韻》魯鄧切，《集韻》郎鄧切，去聲，不應列於此；又《集韻》郎等切，來等上開一曾，也不當列於此。《廣韻》拯韻、梗韻上三來無字，静韻有『領』小韻。《韻鏡》外轉第三十五開、《七音略》外轉第三十八重中重，列字爲『領』；《切韻指南》梗攝外七開口呼廣門，列字爲『令』，《集韻》來母梗韻；《切韻指掌圖》十六圖，列字爲『泠』，來母梗韻二等；《四聲等子》此位誤，當按《廣韻》，校改爲『領』。

97 上三日　稔　《廣韻》如甚切，《集韻》忍甚切，日寑上開三深，不應列於此；《廣韻》日母梗韻、静韻、拯韻均無列字；《韻鏡》、《七音略》、《切韻指掌圖》、《起數訣》空位；《切韻指南》曾攝内六開口呼促門，列字均爲『耳』，日母拯韻；『耳』爲《集韻》日母拯韻小韻首字，《四聲等子》可校改爲『耳』。

去三韻目：標目爲證，實爲映證勁合韻

98 去三疑 凝 《廣韻》牛凌切，《集韻》牛孕切，疑證去開三曾；《韻鏡》内轉第四十二開、《切韻指掌圖》十六圖、《起數訣》第六十九圖收音濁、《切韻指南》曾攝内六開口呼偈門，列字均爲『凝』；《七音略》空位；『凝』爲《廣韻》、《集韻》證三開口疑母位小韻首字，《七音略》誤，當校補『凝』字，《四聲等子》是。

99 去三知 政 《廣韻》、《集韻》之盛切，章勁去開三梗，不應列於此；《廣韻》知母勁韻、證韻、映韻皆無列字；《韻鏡》、《七音略》、《切韻指南》、《切韻指掌圖》、《起數訣》空位；《四聲等子》誤，當刪。

100 去三孃 ⿰毛乃 《廣韻》孃母證韻無字，《集韻》尼證切，孃證去開三曾；《韻鏡》内轉第四十二開、《七音略》内轉四十二重中重、《切韻指掌圖》十六圖，均空位；《起數訣》第七十二圖收音濁、《切韻指南》曾攝内六開口呼偈門，列字均爲『⿰毛乃』；『⿰毛乃』爲《集韻》證三開口孃母位小韻首字，《四聲等子》從《集韻》。

101 去三滂 砅 《廣韻》、《集韻》披冰切，滂蒸三平開曾，不應列於此；《廣韻》滂母證韻、滂母映韻、滂母勁韻均無字；《韻鏡》、《七音略》、《切韻指掌圖》、《起數訣》均空位；《切韻指南》

曾攝内六開口呼偏門，列字爲『湆』，《康熙字典》記：『《玉篇》匹孕切，音聘。飛聲。』《四聲等子》誤，當删。

102 去三穿　秤　《廣韻》、《集韻》昌孕切，昌證去開三曾；《韻鏡》内轉第四十二開、《七音略》内轉四十二重中重、《起數訣》第七十二圖收音濁、《切韻指南》曾攝内六開口呼偏門、《切韻指掌圖》十六圖，列字均爲『稱』；『稱』爲《廣韻》、《集韻》證三開口昌母位小韻首字，下收有『秤』字，注：『俗。』、『秤』爲『稱』之俗體。《四聲等子》亦無誤。

103 去三禪　丞　《廣韻》、《集韻》常證切，禪證去開三曾；《韻鏡》内轉第四十二開，列字爲『剩』，牀母證韻，不應列於此；《七音略》内轉四十二重中重、《起數訣》第七十二圖收音濁、《切韻指南》曾攝内六開口呼偏門，列字爲『丞』；《切韻指掌圖》十六圖列字爲『乘』，船母證韻。『丞』爲《廣韻》、《集韻》證三禪母位小韻首字，《韻鏡》列船母字誤，《四聲等子》是。

104 去三影　暎　《廣韻》於敬切，《集韻》於慶切，影映去開三梗；《韻鏡》外轉第三十三開、《七音略》外轉三十六重中輕，《起數訣》第六十九圖收音濁、《切韻指南》梗攝外七開口呼廣門，列字均爲『映』；《切韻指掌圖》十六圖列字爲『應』，影母證韻；『映』爲《廣韻》、《集韻》影母映韻小韻首字，『暎』、『映』二字爲異體字，《四聲等子》亦無誤。

105 去三喻　○　《廣韻》、《集韻》喻母證勁映三韻位均無字；《韻鏡》内轉第四十二開，喻三位列字爲『孕』。『孕』爲以母證韻字，按韻圖規制當列於四等。《七音略》、《指掌圖》、《切韻指南》、《起數訣》喻三位均空位。《四聲等子》空位是。

入三韻目： 標目爲職，實爲職昔（只有尺）合韻

106 入三見 殛 《廣韻》紀力切，《集韻》訖力切，見職入開三曾；《韻鏡》内轉第四十二開、《七音略》内轉四十二重中重、《切韻指南》曾攝内六開口呼促門、《切韻指掌圖》十六圖，列字均爲「殛」；《起數訣》第七十二圖收音濁，列字爲「棘」，「殛」爲《廣韻》職三開口見母位小韻首字，下收有「棘」字，《四聲等子》是。

107 入三溪 𩋙 《廣韻》丘力切，《集韻》乞力切，溪職入開三曾；《韻鏡》内轉第四十二開、《七音略》内轉四十二重中重、《切韻指南》曾攝内六開口呼促門、《切韻指掌圖》十六圖，列字均爲「𩋙」；《起數訣》第七十二圖收音濁，空位；《切韻指掌圖》十六圖，列字爲「隙」，溪母陌韻。「𩋙」爲《廣韻》職三溪母位小韻首字，《四聲等子》是。

108 入三滂 堛 《廣韻》芳逼切，《集韻》拍逼切，滂職入開三曾；《韻鏡》内轉第四十二開，列字爲「愊」；《七音略》内轉四十二重中重、《切韻指南》曾攝内六合口呼侷門，列字均爲「堛」；《切韻指掌圖》十六圖，列字爲「揊」，應爲「愊」字訛誤；《起數訣》「堛」爲《廣韻》、《集韻》滂母職韻位小韻首字，下收有「愊」字，列「堛」字爲佳，《四聲等子》是。

109 入三明 窅 𡰥A、B本，粵雅堂本，文瀾閣本，文淵閣本、文津閣本列字均爲「窅」，文瀾閣

本列字爲『窨』。『窨』，《廣韻》亡逼切，《集韻》密逼切，明職入開三曾；《韻鏡》內轉第四十二開、《七音略》內轉四十二重中重、《切韻指南》曾攝內六開口呼促門、《切韻指掌圖》十六圖，列字均爲『窨』。《起數訣》空位；『窨』爲《廣韻》、《集韻》職三明母位小韻首字，文瀾閣本列字應爲『窨』字形訛，其他版本亦無誤。

110　入三照　職　咫A、B本、粵雅堂本、文瀾閣本列字均爲『職』，文淵閣本、文津閣本列字均爲『軄』。『職』，《廣韻》之翼切，《集韻》質力切，章職入開三曾；《韻鏡》內轉第四十二開、《七音略》內轉四十二重中重、《起數訣》第七十二圖收音濁、《切韻指南》曾攝內六開口呼促門、《切韻指掌圖》十六圖，列字均爲『職』。『職』爲《廣韻》、《集韻》職三章母位小韻首字，『軄』，《康熙字典》記：『《玉篇》俗職字。』《四聲等子》文淵閣本、文津閣本列俗字，較正爲『職』爲佳，其他版本是。

111　入三日　日　《廣韻》人質切，日質三入開曾，不應列於此；《集韻》而力切，日職入開三曾；《韻鏡》、《切韻指掌圖》空位；《七音略》內轉四十二重中重、《起數訣》第七十二圖收音濁、《切韻指南》曾攝內六開口呼促門，列字均爲『日』；《廣韻》職三開口無日母，『日』爲《集韻》職三開口日母位小韻首字，列字以『日』字爲佳，《四聲等子》從《集韻》。

平四韻目：標目爲青，實爲青清合韻

112 平四群 ○ 《廣韻》群母青韻無列字，清韻列字爲『頸』。『頸』，《廣韻》、《集韻》巨成切，群清平開三梗；《七音略》、《起數訣》均空位；《韻鏡》外轉第三十三開、《切韻指掌圖》十六圖、《切韻指南》梗攝外七開口呼廣門，列字均爲『頸』；『頸』爲《廣韻》清二開口群母位小韻首字，《四聲等子》空位誤，當校補『頸』字。

113 平四疑 娙 《廣韻》五莖切，疑耕二平開梗，不應列於此；《集韻》五刑切，疑青四平開梗；《韻鏡》、《七音略》、《切韻指掌圖》空位；《起數訣》第六十八圖收音清、《切韻指南》梗攝外七開口呼廣門，列字均爲『娙』；『娙』爲《集韻》青四開口疑母位小韻首字，《四聲等子》從《集韻》。

114 平四透 汀 《廣韻》他丁切，《集韻》湯丁切，透青平開四梗；《韻鏡》外轉第三十五開、《切韻指掌圖》十六圖、《切韻指南》梗攝外七開口呼廣門、《起數訣》第六十八圖收音清，列字均爲『汀』；《七音略》外轉第三十八開重中輕，列字爲『聽』；『汀』爲《廣韻》透母青韻位小韻首字，下收有『聽』字，列字當以『汀』爲佳；『聽』爲《集韻》小韻首字，《七音略》從《集韻》，《四聲等子》從《廣韻》。

115 平四定 亭 《廣韻》特丁切，《集韻》唐丁切，定青平開四梗；《韻鏡》外轉第三十五開、《七音略》外轉第三十八開重中輕、《切韻指掌圖》十六圖、《切韻指南》梗攝外七開口呼廣門、《起數訣》第六十八圖收音清，列字均爲『庭』；『庭』爲《廣韻》、《集韻》定母青韻位小韻首字，下收有『亭』字，列字當以『亭』爲佳；《四聲等子》亦無誤。

116 平四泥　寕　咫A、B本，粵雅堂本列字均爲『寕』；文瀾閣本，列字爲『寍』，當『寧』字缺筆；文淵閣本、文津閣本列字均爲『寧』。『寧』，《廣韻》奴丁切，《集韻》囊丁切，泥青平開四梗；《韻鏡》外轉第三十五開，列字爲『寍』；《七音略》外轉第三十八開重中輕、《切韻指掌圖》十六圖、《切韻指南》梗攝外七開口呼廣門、《起數訣》第六十八圖收音清，列字均爲『寧』。『寧』、『寕』爲異體字；文瀾閣本應爲訛誤，當校正爲『寧』，其他版本無誤。

117 平四幫　并　《廣韻》府盈切，《集韻》卑盈切，定青平開四梗；《韻鏡》外轉第三十三開，列字爲『幷』；《七音略》外轉三十六重中輕、《切韻指掌圖》十六圖、《起數訣》第六十四圖開音清、《切韻指南》梗攝外七開口呼廣門，列字爲『并』；『幷』、『并』爲異體字，『并』爲《廣韻》、《集韻》青四定母位小韻首字，《四聲等子》是。

118 平四明　冥　《廣韻》莫經切，《集韻》忙經切，明青平開四梗；《韻鏡》外轉第三十五開、《起數訣》第六十八圖收音清，列字均爲『冥』；《七音略》外轉第三十八開重中輕，列字爲『㝠』，《新語・慎微》：『暴天下之濡濕，照四方之晦冥。』、『冥』、『㝠』二字爲異體；《切韻指掌圖》十六圖、《切韻指南》梗攝外七開口呼廣門，列字均爲『名』；『冥』爲《廣韻》、《集韻》明母青韻位小韻首字，下收『名』字，《七音略》列『㝠』字爲異體，《四聲等子》列正體是。

119 平四匣　形　《廣韻》户經切，《集韻》乎經切，匣青平開四梗；《韻鏡》外轉第三十五開，列字爲『刑』；《七音略》外轉第三十八開重中輕、《切韻指掌圖》十六圖、《切韻指南》梗攝外七開口呼廣門、《起數訣》第六十八圖收音清，列字均爲『形』；『荆』爲《廣韻》青四開口匣母位小韻首字，注曰：『今只用下文刑』，『荆』、『刑』二字爲古今字，下收有『形』、『刑』二字，列字以『荆』字爲佳，列『形』字，亦無誤。『形』爲《集韻》青四開口匣母位小韻首字，下收有『刑』字，列字以『形』字爲佳，《四聲等子》從《集韻》。

120

平四來　靈　局A、B本，粤雅堂本，文瀾閣本，文淵閣本列字均爲『靈』，文津閣本列字爲『力』，來母職韻，不應列於此。『靈』，《廣韻》、《集韻》郎丁切，來青平開四梗；《韻鏡》外轉第三十五開、《七音略》外轉第三十八開重中輕、《切韻指掌圖》十六圖、《切韻指南》梗攝外七開口呼廣門、《起數訣》第六十八圖收音清，列字均爲『靈』。『靈』爲《廣韻》、《集韻》青四來母位小韻首字，《四聲等子》文津閣本誤，當校改爲『靈』，其他版本是。

上四韻目：標目爲迴，實爲迥静合韻

121

上四見　到　《廣韻》古挺切，《集韻》古頂切，見迥上開四梗；《韻鏡》外轉第三十五開、《切韻指南》梗攝外七開口呼廣門、《起數訣》第六十八圖收音清，列字均爲『剄』；《七音略》外轉第三十八開重中輕、《切韻指掌圖》十六圖，列字均爲『頸』，見母静韻；『剄』爲《廣韻》、《集韻》迥四開口見母位小韻首字，《七音略》誤，《四聲等子》是。

122 上四溪　謦　《廣韻》去挺切，《集韻》棄挺切，溪迴上開四梗；《韻鏡》空位；《七音略》外轉三十八重中重、《切韻指掌圖》十六圖、《切韻指南》梗攝外七開口呼廣門、《起數訣》第六十八圖收音清，列字均爲『謦』；『謦』爲《廣韻》、《集韻》迴四開口溪母位小韻首字，《韻鏡》空位誤，當校補『謦』字。《四聲等子》是。

123 上四疑　脛　《廣韻》胡頂切，《集韻》下頂切，匣迴上開四梗，不應列於此；《韻鏡》外轉第三十五開、《七音略》外轉第三十八開重中輕、《起數訣》第六十八圖收音清，列字均爲『䁋』，五剄切，疑迴上開四梗；《切韻指掌圖》十六圖、《切韻指南》梗攝外七開口呼廣門，列字均爲『𦗓』，應爲『䁋』字訛誤；『䁋』爲《廣韻》、《集韻》迴四匣母位小韻首字，《四聲等子》形訛，當校正爲『䁋』。

124 上四透　廷　《廣韻》、《集韻》徒徑切，定徑上開四梗，不應列於此；《廣韻》透母迴韻列『珽』字，『珽』，《廣韻》、《集韻》他鼎切，透迴上開四梗；《韻鏡》外轉第三十五開，列字爲『侹』，《康熙字典》記：『《字彙》杜晏切，音憚。大也。又徒亶切。義同。』此記杜晏切，定母翰韻。徒亶切，定母旱韻，此字當爲『侹』字形訛；《七音略》外轉第三十八重中重、《起數訣》第六十八圖收音清，列字均爲『挺』，上迴定母，誤；《切韻指掌圖》十六圖、《切韻指南》梗攝外七開口呼廣門，列字均爲『珽』。『珽』爲《廣韻》透母迴韻位小韻首字，下收有『侹』字，列字以『珽』爲佳；『珽』爲《廣韻》迴四透母位小韻首字，『𡈼』爲《集韻》小韻首字，《四聲等子》誤，當校改爲『珽』或『壬』。

125 上四定　挺　《廣韻》徒鼎切，《集韻》待鼎切，定迥上開四梗；《韻鏡》外轉第三十五開、《切韻指南》梗攝外七開口呼廣門，列字均爲『挺』；《七音略》、《起數訣》空位；《切韻指掌圖》十六圖列字爲『梃』；『挺』爲《廣韻》、《集韻》迥四開口定母位小韻首字，下收有『梃』字，列字以『挺』字爲佳，《七音略》空位誤，當校補『挺』字。《四聲等子》是。

126 上四泥　䵒　㲰 A、B 本，粵雅堂本，文淵閣本，列字均爲『䵒』；文瀾閣本，列字爲『頜』，應爲闕筆；文津閣本均列字爲『䵒』。各版本均當爲『䵒』形訛。『䵒』，《廣韻》、《集韻》乃挺切，泥迥上開四梗；《韻鏡》外轉第三十五開，列字爲『頜』；《七音略》外轉第三十八開重中輕、《切韻指掌圖》十六圖、《切韻指南》梗攝外七開口呼廣門、《起數訣》第六十八圖收音清，列字均爲『䵒』；『䵒』爲《廣韻》、《集韻》迥四泥母位小韻首字，《四聲等子》文津閣本是，其他版本均當校正爲『䵒』字。

127 上四並　竝　《廣韻》蒲迥切，《集韻》部迥切，並迥上開四梗；《韻鏡》外轉第三十五開、《七音略》外轉第三十八開重中輕、《切韻指掌圖》十六圖，列字均爲『並』；《切韻指南》梗攝外七開口呼廣門、《起數訣》第六十八圖收音清，列字均爲『竝』；『並』爲《廣韻》迥四開口並母位小韻首字，下收有『竝』字，注曰：『上同』，『竝』、『並』二字爲異體字。『竝』爲《集韻》小韻首字，《四聲等子》從《集韻》。

128 上四從　泍　㕨 A、B 本，粤雅堂本列字均爲「泍」，文瀾閣本、文淵閣本、文津閣本列字均爲「泍」，薄經切，並目青韻，不應列於此；「泍」，《廣韻》、《集韻》徂醒切，從迥上開四梗；《韻鏡》外轉第三十五開、《七音略》外轉第三十八開重中輕，列字均爲「泍」；《切韻指南》梗攝外七開口呼廣門、《切韻指掌圖》十六圖列字爲「静」，從母静韻。《起數訣》第六十八圖收音清，列字爲「泍」，誤；「泍」爲《廣韻》、《集韻》迥四從母位小韻首字，《四聲等子》文瀾閣本、文淵閣本、文津閣本形訛，當校改爲「泍」，㕨 A、B 本，粤雅堂本是。

129 上四曉　䳓　《廣韻》迥静二韻均無曉母字；《集韻》迥韻曉母位有「䳓，呼頂切」，曉迥上開四梗；《韻鏡》、《七音略》、《切韻指掌圖》空位；《起數訣》第六十八圖收音清、《切韻指南》梗攝外七開口呼廣門，列字均爲「䳓」；「䳓」爲《集韻》迥四開口曉母位小韻首字，《四聲等子》從《集韻》。

130 上四匣　婞　《廣韻》胡頂切，《集韻》下頂切，匣迥上開四梗；《韻鏡》外轉第三十五開、《切韻指南》梗攝外七開口呼廣門、《起數訣》第六十八圖收音清、《切韻指掌圖》十六圖，列字均爲「婞」；《七音略》外轉第三十八開重中輕，列字爲「婞」，應爲「婞」字訛誤。「婞」爲《廣韻》、《集韻》迥四匣母位小韻首字，《七音略》列字俗訛，《四聲等子》是。

131 上四影　巊　《廣韻》烟涬切，《集韻》烟頂切，影迥上開四梗；《韻鏡》外轉第三十五開、《起數訣》第六十八圖收音清，列字均爲「巊」；《七音略》、《切韻指掌圖》空位；《切韻指南》梗攝外七開口呼廣門，列字均爲『癭』，影母静韻。『嚶』爲《廣韻》、《集韻》迥四開口影母位小韻首字，列字以『嚶』字爲佳，《七音略》空位誤，當校補『嚶』字。《四聲等子》是。

132 上四喻　郢　《廣韻》以整切，《集韻》以井切，以静上開三梗；《韻鏡》、《七音略》空位；《切韻指掌圖》十六圖、《切韻指南》梗攝外七開口呼廣門、《起數訣》第六十四圖開音清，列字均爲『郢』。『郢』爲《廣韻》、《集韻》以母静韻位小韻首字，《韻鏡》、《七音略》空位誤，《四聲等子》是。

133 上四來　冷　《廣韻》力鼎切，《集韻》朗鼎切，來迥上開四梗；《韻鏡》外轉第三十五開，列字爲『笭』；《七音略》外轉第三十八開重中輕，列字爲『苓』，應爲『笭』形訛；《起數訣》第六十八圖收音清，列字爲『蕶』，與『苓』爲異體字；《切韻指掌圖》十六圖、《切韻指南》梗攝外七開口呼廣門，列字均爲『領』，來母静韻；『笭』爲《廣韻》迥四開口來母位小韻首字，下收有『冷』字，《四聲等子》亦無誤。

134 上四日　駬　《康熙字典》記：『《集韻》如潁切，穰上聲。義同。』此記如潁切，日母開三静韻，應位於三等位。《韻鏡》、《七音略》、《切韻指掌圖》、《切韻指南》、《起數訣》空位。《四聲等子》誤，當删。

去四韻目：　標目爲徑，實爲徑勁證

135 去四見　徑　《廣韻》古定切，《集韻》吉定切，見徑去開四梗；《韻鏡》外轉第三十五開，列字爲「徑」；《七音略》外轉第三十八開重中輕、《切韻指南》梗攝外七開口呼廣門、《起數訣》第六十八圖收音清，列字均爲「徑」；《切韻指掌圖》十六圖，列字爲「勁」，見母勁韻。「徑」爲《廣韻》、《集韻》徑四見母位小韻首字，下收有「徑」字，列字以「徑」爲佳，《四聲等子》是。

136 去四溪　磬　《廣韻》苦定切，《集韻》詰定切，溪徑去開四梗；《韻鏡》外轉第三十五開、《七音略》外轉第三十八開重中輕、《切韻指掌圖》十六圖、《切韻指南》梗攝外七開口呼廣門、《起數訣》第六十八圖收音清，列字均爲「罄」；「罄」爲《廣韻》、《集韻》溪母徑韻小韻首字，下收有「磬」字，列字以「罄」字爲佳；《四聲等子》亦無誤。

137 去四端　矴　《廣韻》、《集韻》丁定切，見徑去開四梗；《韻鏡》外轉第三十五開、《切韻指掌圖》十六圖、《切韻指南》梗攝外七開口呼廣門，列字均爲「矴」；《七音略》外轉第三十八開重中輕，列字爲「叮」，端母青韻，誤，應爲「矴」形訛；《起數訣》第六十八圖收音清，列字爲「釘」；「矴」爲《廣韻》、《集韻》徑四開口端母位小韻首字，下收有「釘」字，列字以「矴」字爲佳，《七音略》誤，《四聲等子》是。

138 去四定　定　𤰞A、B本，粵雅堂本，文瀾閣本，文津閣本，列字均爲「定」，文淵閣本列字爲「𡧉」。「定」，《廣韻》徒徑切，《集韻》徒徑切，定徑去開四梗；《韻鏡》外轉第三十五開、《七音略》外轉第三十八開重中輕、《起數訣》第六十八圖收音清、《切韻指掌圖》十六圖、《切韻指南》梗攝外七開口呼廣門，列字均爲『定』。『定』、『㝎』爲異體字，《四聲等子》文淵閣本列異體字，校爲『定』字更佳，其他版本是。

139 去四泥　佞　《廣韻》、《集韻》乃定切，泥徑去開四梗；《韻鏡》外轉第三十五開、《七音略》外轉第三十八開重中輕、《切韻指掌圖》十六圖、《切韻指南》梗攝外七開口呼廣門、《起數訣》第六十八圖收音清，列字均爲『甯』；『甯』爲《廣韻》、《集韻》徑四開口泥母位小韻首字，下收『佞』字，列字以『甯』爲準，《四聲等子》亦無誤。

140 去四幫　跰　《廣韻》北孟切，幫映二去開梗，不應列於此；《集韻》壁瞑切，幫徑四去開梗；《韻鏡》外轉第三十五開、《七音略》外轉第三十八開重中輕、《起數訣》第六十八圖收音清，列字爲『跰』；《切韻指掌圖》十六圖，列字爲『倂』，幫母勁韻；《切韻指南》梗攝外七開口呼廣門，列字均爲『摒』，幫母勁韻。《廣韻》徑四開口無幫母。『跰』爲《集韻》徑四開口幫母位小韻首字，《四聲等子》從《集韻》。

141 去四滂　○　《廣韻》滂母徑韻無字，勁韻收『聘』字；『聘』，《廣韻》、《集韻》匹正切，滂勁去開三梗；《韻鏡》外轉第三十三開、《七音略》外轉三十八重中重、《切韻指掌圖》十六圖、《切韻指南》梗攝外七開口呼廣門、《起數訣》第六十四圖開音清，列字均爲『聘』，『聘』爲《廣韻》滂母勁韻小韻首字，《四聲等子》當校補『聘』。

142 去四並　屏　《廣韻》薄經切，並母青韻字，不應列於此；《集韻》步定切，並徑去開四梗；

《韻鏡》空位，《七音略》外轉第三十八開重中輕、《起數訣》第六十八圖收音清，列字均爲『屏』；《切韻指掌圖》十六圖，列字爲『庰』，並母勁韻；《切韻指南》梗攝外七開口呼廣門，列字爲『併』，幫母勁韻。《廣韻》徑四開口無並母。『屏』爲《集韻》徑四開口並母位小韻首字，《四聲等子》從《集韻》。

143 去四心　姓　《廣韻》、《集韻》息正切，心勁去開三梗；《韻鏡》外轉第三十三開、《七音略》外轉三十八重中重、《切韻指南》梗攝外七開口呼廣門、《起數訣》第六十四圖開音清，列字均爲『性』；《切韻指掌圖》十六圖，列字爲『醒』，心母青韻；『性』爲《廣韻》、《集韻》心母勁韻小韻首字，下收有『姓』，列字以『性』字爲佳；《四聲等子》亦無誤。

144 去四曉　欱　咫A、B本，粵雅堂本，列字均爲『欱』，文瀾閣本列字爲『㱽』；文淵閣本、文津閣本列字均爲『㱽』。《廣韻》曉母證勁徑韻均無列於四等位小韻；《集韻》曉母勁韻三等位有『欱，許令切』。《韻鏡》、《七音略》、《切韻指掌圖》空位；《起數訣》第六十四圖開音清、《切韻指南》梗攝外七開口呼廣門，列字爲『欱』；『欱』爲《集韻》曉母勁韻三等小韻首字，《四聲等子》從《集韻》。

145 去四影　瑩　《廣韻》烏定切，《集韻》縈定切，影徑去合四梗，此圖爲開口圖，不應列於此；《韻鏡》、《七音略》、《切韻指掌圖》空位；《切韻指南》梗攝外七開口呼廣門，列字爲『纓』；《起數訣》第六十八圖收音清，列字爲『瘦』；《廣韻》徑四開口無影母，『瘦』爲《集韻》徑四開口影母位小韻首字，《四聲等子》誤，當校改爲『癈』。

146 去四喻　孕　《廣韻》、《集韻》以證切，以母證韻；《韻鏡》内轉第四十二開、《起數訣》第七十一圖發音清、《切韻指南》曾攝内八重多輕少韻啟口呼梗攝外八，均列於三等位，誤；《七音略》外轉第三十八開重中輕、《切韻指掌圖》十六圖，列於四等位；『孕』爲《廣韻》、《集韻》證四開口以母位小韻首字，《韻鏡》、《起數訣》、《切韻指南》誤，《四聲等子》列字是。

入四韻目：標目爲錫，實爲錫昔合韻

147 入四溪　喫　《廣韻》苦擊切，《集韻》詰歷切，溪錫入開四梗；《韻鏡》外轉第三十五開、《切韻指南》梗攝外七開口呼廣門，列字均爲『燩』；《七音略》外轉第三十八開重中輕、《切韻指掌圖》十六圖、《起數訣》第六十八圖收音清，列字均爲『喫』；『燩』爲《廣韻》錫四開口溪母位小韻首字，『喫』爲《集韻》小韻首字，下收有『燩』字。《四聲等子》從《集韻》。

148 入四疑　鷁　《廣韻》五歷切，《集韻》倪歷切，疑錫入開四梗；《韻鏡》外轉第三十五開、《切韻指南》梗攝外七開口呼廣門，列字爲『鷁』；《七音略》、《切韻指掌圖》空位；《起數訣》第六十八圖收音清，列字爲『鶂』；『鷁』爲《廣韻》錫四開口疑母位小韻首字，下收有『鶂』字，注：『上同』，『鷁』、『鶂』二字爲異體字。列字以『鷁』爲佳，《七音略》誤，當校補『鷁』字；《四聲等子》是。

149 入四透　剔　《廣韻》、《集韻》他歷切，透錫入開四梗；《韻鏡》外轉第三十五開、《七音略》外轉第三十八開重中輕、《起數訣》第六十八圖收音清，列字均爲『逖』；《切韻指南》梗攝外七開口呼廣門，列字爲『剔』；《切韻指掌圖》十六圖，列字爲『惕』；『逖』爲《廣韻》透母錫韻小韻首字，下收有『惕』、『剔』，列字以『逖』字爲佳；又『剔』《集韻》土益切，爲昔韻首字，《四聲等子》無誤。

150 入四定　糴　咫A、B本列字爲『糴』；粵雅堂本、文瀾閣本、文淵閣本、文津閣本列字均爲『籴』。『糴』，《廣韻》徒歷切，《集韻》亭歷切，定錫入開四梗；《韻鏡》外轉第三十五開、《切韻指掌圖》十六圖、《起數訣》第六十八圖收音清，列字爲『狄』；《七音略》外轉第三十八開重中輕，列字爲『擲』，澄母昔韻，誤；《切韻指南》梗攝外七開口呼廣門，列字爲『悌』，《集韻》定母昔韻；『荻』爲《廣韻》定母錫韻小韻首字，下收有『狄』、『籴』、『糴』，列字以『荻』字爲佳；『狄』爲《集韻》錫四開口定母位小韻首字，下收有『荻』、『糴』二字，《七音略》誤，當校爲『荻』；《四聲等子》各版本均無誤。

151 入四幫　壁　《廣韻》北激切，《集韻》必歷切，幫錫入開四梗；《韻鏡》外轉第三十五開、《切韻指掌圖》十六圖，列字均爲『璧』，幫母昔韻，《韻鏡》誤，此字當爲『壁』字形訛；《七音略》外轉第三十八開重中輕、《起數訣》第六十八圖收音清，列字均爲『壁』；《切韻指南》梗攝外七開口呼廣門，幫母昔韻。『壁』爲《廣韻》、《集韻》錫四幫母位小韻首字，《韻鏡》誤，《四聲等子》是。

152 入四滂　霹　《廣韻》普擊切，《集韻》匹歷切，滂錫入開四梗；《韻鏡》外轉第三十五開、《七音略》外轉第三十八開重中輕，列字爲『劈』；《切韻指掌圖》十六圖、《起數訣》第六十八圖收音清，列字均爲『霹』；《切韻指南》梗攝外七開口呼廣門，列字均爲『僻』；『霹』爲《廣韻》、《集韻》錫四開口滂母位小韻首字，下收有『劈』、『僻』二字，列字以『霹』字爲佳。《韻鏡》、《七音略》列『劈』字，亦無誤。《四聲等子》是。

153 入四明　覓　《廣韻》莫狄切，《集韻》冥狄切，明錫入開四梗；《韻鏡》外轉第三十五開、《切韻指掌圖》十六圖、《切韻指南》梗攝外七開口呼廣門，列字均爲『覓』；《七音略》外轉第三十八開重中輕，列字爲『覔』，爲『覓』字俗體。《起數訣》第六十八圖收音清，列字爲『系』，應爲『糸』形訛。『覓』爲《廣韻》、《集韻》錫四明母位小韻首字，《七音略》列俗體，《四聲等子》列正體是。

154 入四邪　夕　《廣韻》祥易切，《集韻》祥亦切，邪昔入開三梗；《韻鏡》外轉第三十三開、《七音略》外轉三十八重中重、《切韻指南》梗攝外七開口呼廣門、《起數訣》第六十四圖開音清、《切韻指掌圖》十六圖，列字均爲『席』；『席』爲《廣韻》、《集韻》邪母昔韻小韻首字，下收有『夕』，列字以『席』字爲佳，《四聲等子》亦無誤。

155 入四匣　檄　《廣韻》未收，《集韻》吉歷切，見錫入開四梗，不應列於此；《韻鏡》外轉第三十五開、《七音略》外轉第三十八開重中輕、《切韻指掌圖》十六圖、《起數訣》第六十八圖收音清、《切韻指南》梗攝外七開口呼廣門，列字均爲「檄」，《廣韻》胡狄切，《集韻》刑狄切，匣錫入開四梗；「檄」爲《廣韻》、《集韻》錫四開口匣母位小韻首字，《四聲等子》誤，當校改爲「檄」。

156 入四來　歴　「歴」與「歷」爲異體字；「歷」，《廣韻》、《集韻》郎擊切，來錫入開四梗；《韻鏡》外轉第三十五開，列字爲「靂」；《七音略》外轉第三十八開重中輕，列字爲「歷」；《起數訣》第六十八圖收音清，列字爲「曆」；《切韻指掌圖》空位；《切韻指南》梗攝外七開口呼廣門，列字爲「鬲刂」；「靂」爲《廣韻》錫韻來母位小韻首字，下收有「歷」、「曆」二字，「歷」與「歷」又爲異體字。《四聲等子》列異體，亦無誤。

曾攝內八　重多輕少韻　合口呼　梗攝外二

見	溪	羣	疑	端知	透徹	定澄	泥孃	幫非	滂敷	並奉	明微
肱	○	○	○	○	○	○	○	崩	○	○	○
○	○	○	○	○	○	○	○	○	○	○	○
○	○	○	○	○	○	○	○	○	○	○	○
國	○	○	○	○	○	○	○	○	○	○	○
觥	⿱大各	○	○	○	○	○	○	閍	磅	彭	盲
礦	⿱目介	⿺走蒦	○	○	○	○	○	浜	○	鮩	猛
○	○	○	○	○	○	○	○	榜	亨	膨	孟
蟈	⿰隺刂	○	○	○	○	○	○	百	拍	白	陌
○	○	○	○	○	○	○	○	兵	○	平	明
○	憬	憬	○	○	○	○	○	丙	○	○	皿
○	○	寎	○	○	○	○	○	柄	寎	病	命
攫	○	躩	○	○	○	○	○	碧	⿰金乏	欂	○
扃	傾	瓊	○	○	○	○	○	并	○	○	名
○	頃	○	○	○	○	○	○	餅	○	○	眳
泂	高	○	○	○	○	○	○	摒	聘	偋	詺
郹	閴	○	○	○	○	○	○	辟	僻	擗	○

		精照	清穿	從牀	心審	邪禪	曉	匣	影	喻	來	日
內外混等	登	○	○	○	○	○	薨	弘	泓	○	○	○
	等	○	○	○	○	○	○	○	○	○	○	○
	嶝	○	○	○	○	○	○	○	○	○	○	○
	德	○	○	○	○	○	[illegible]	或	○	○	○	○
		○	○	○	○	○	諻	横	泓	宖	○	○
		○	○	○	○	○	澋	卝	謍	○	○	○
		○	○	○	○	○	轟	蝗	宖	○	○	○
		[illegible]	○	趚	撼	○	剨	獲	擭	[illegible]	○	○
隣韻借用	庚	○	○	○	○	○	兄	○	謍	榮	○	○
	梗	○	○	○	○	○	[illegible]	○	○	永	○	○
	敬	○	○	○	○	○	[illegible]	○	○	詠	○	○
	陌	○	○	○	○	○	洫	○	○	域	○	○
	清	屒	○	○	騂	○	眴	熒	縈	營	○	○
	靜	○	○	○	頴	○	詗	迥	濴	頴	○	○
	勁	○	○	○	○	○	○	濴	鎣	○	○	○
	昔	○	○	○	○	○	役	○	○	○	○	○

第十八圖　曾攝内八　重多輕少韻　合口呼　梗攝外二

（《切韻指掌圖》一等二等錯列，按正確位置列字）

平一韻目：標目爲登

1 平一溪　𩏪　《廣韻》溪母登韻無此列字，《集韻》苦弘切，溪登平合一曾；《韻鏡》空位；《七音略》内轉四十三輕中輕、《切韻指南》曾攝内六合口呼侷門、《切韻指掌圖》十五圖，列字均爲『𩏪』；《起數訣》七十一圖，列字爲『磎』。『𩏪』爲《集韻》溪母登韻位小韻首字，《四聲等子》從《集韻》。

2 平一幫　崩　《廣韻》北滕切，《集韻》悲朋切，幫登平開一曾；《韻鏡》内轉第四十二開、《七音略》内轉四十二重中重、《起數訣》第七十一圖發音清、《切韻指南》曾攝内六開口呼促門、《切韻指掌圖》十六圖，列字均爲『崩』；『崩』爲開口字，且已列於開口十七圖，《四聲等子》不當重出，當删。

3 平一匣　弘　應爲『弘』避諱省筆；『弘』，《廣韻》、《集韻》胡肱切，匣登平合一曾；《韻鏡》内轉第四十三合、《七音略》内轉四十三輕中輕、《切韻指掌圖》十五圖、《切韻指南》曾攝内六合口呼侷門，列字均爲『弘』；《起數訣》七十一圖，列字爲『恒』。

4 平一影　泓　應爲『弘』避諱省筆；『泓』，《廣韻》烏宏切，影耕平合二梗，不應列於此；《集韻》乙肱切，影登平合一曾。《韻鏡》內轉第四十三合、《切韻指南》曾攝內六合口呼偊門列字均爲『泓』；《七音略》、《切韻指掌圖》空位；《起數訣》七十一圖，列字爲『鞥』。《廣韻》影母登韻無列字，『泓』爲《集韻》影母登韻位小韻首字，《四聲等子》從《集韻》。

入一韻目：標目爲德

5 入一曉　⿱或巾　《廣韻》、《集韻》呼或切，曉德入合一曾；《韻鏡》、《起數訣》空位；《七音略》內轉四十三輕中輕、《切韻指南》曾攝內六合口呼偊門，列字均爲『⿱或巾』；《切韻指掌圖》十五圖，列字爲『剨』，曉母麥韻。『⿱或巾』爲《廣韻》、《廣韻》曉母德韻位小韻首字，《韻鏡》空位誤，《四聲等子》是。

平二韻目：無標目，實爲庚耕合韻

6 平二見　觥　《廣韻》古橫切，《集韻》姑橫切，見庚平合二梗；《韻鏡》外轉第三十四合、《七音略》內轉三十七輕中輕、《切韻指掌圖》十五圖，列字爲『觥』；《切韻指南》梗攝外七合口呼廣門，列字爲『觵』，『觵』，《康熙字典》記：『《玉篇》音獷。角刺。』當據《玉篇》補；《起數訣》第六十七圖開音濁，列字爲『觵』。『觵』爲《廣韻》、《集韻》庚韻見母位小韻首字，下收有

『觥』字，列字以『觵』爲佳。《四聲等子》亦無誤。

7 平二溪　硻　《廣韻》溪母庚韻無字，《集韻》口觥切，溪庚平合二梗；《韻鏡》、《切韻指掌圖》空位；《七音略》内轉三十七輕中輕、《起數訣》第六十七圖開音濁，列字爲『硻』；《切韻指南》梗攝外七合口呼廣門，列字爲『鍈』，溪母庚韻。《廣韻》庚二合口無溪母，『硻』爲《集韻》庚二合口溪母位小韻首字，《七音略》、《四聲等子》從《集韻》。

8 平二幫　閍　《廣韻》、《集韻》甫盲切，幫庚平開二梗；《韻鏡》外轉第三十三開、《切韻指掌圖》十六圖、《切韻指南》梗攝外七開口呼廣門，列字爲『閍』；《七音略》外轉三十六重中輕，列字爲『鬃』；《起數訣》第六十四圖開音清，列字爲『祊』。『閍』爲《廣韻》庚二幫母位小韻首字，下收有『祊』、『鬃』二字，於『鬃』字下注曰：『上同。』『祊』、『鬃』二字爲異體字。《四聲等子》列小韻首字，是。

9 平二滂　磅　《廣韻》撫庚切，《集韻》披庚切，滂庚平開二梗；《韻鏡》外轉第三十三開，列字爲『磅』；《七音略》外轉三十六重中輕，列字爲『榜』，並母庚韻，誤，當校改爲『磅』；《切韻指掌圖》十六圖、《起數訣》第六十四圖開音清，列字均爲『亨』；《切韻指南》梗攝外七開口呼廣門，列字爲『怦』，滂母耕韻。『磅』爲《廣韻》庚二開口滂母位小韻首字，下收有『亨』字，列字以『磅』字爲佳，《四聲等子》是。

10 平二曉　諻　《廣韻》虎横切，《集韻》呼横切，曉庚平合二梗；《韻鏡》外轉第三十四合、《起數訣》第六十七圖開音濁、《切韻指南》梗攝外七合口呼廣門，列字均爲『諻』；《七音略》內轉三十七輕中輕，列字爲『湟』，匣母唐韻，應爲『諻』形訛；《切韻指掌圖》十五圖，列字爲『轟』，曉母耕韻。『諻』爲《廣韻》、《集韻》庚二開曉母位小韻首字，《七音略》誤，《四聲等子》是。

11 平二影　泓　應爲『泓』字避諱省筆；『泓』，《廣韻》、《集韻》烏宏切，影耕平合二梗；《韻鏡》外轉第三十六合、《七音略》外轉三十九輕中輕、《切韻指掌圖》十五圖、《切韻指南》梗攝外七合口呼廣門、《起數訣》第六十九圖收音濁，列字均爲『泓』。

12 平二喻　竤　應爲『竤』字避諱省筆；『竤』，《康熙字典》記：『《集韻》于萌切。與弦同。屋響也。』據于萌切，云耕平合二梗；《韻鏡》、《七音略》、《切韻指掌圖》空位；《起數訣》第六十九圖收音濁、《切韻指南》梗攝外七合口呼廣門，列字均爲『竤』；『竤』爲《集韻》庚二開喻母位小韻首字，反切上字『于』爲云母字，按照『喻下凭切門』的門法，此字當列於三等位。此處按切下字定位，《四聲等子》亦無誤。

上二韻目：　無標目，實爲梗韻

13 上二群　趪　咫 A、B本，粵雅堂本，文瀾閣本，文淵閣本，列字均爲『趪』，文津閣本空位。《廣韻》、《集韻》求獲切，群麥入合二梗，不應列於此；《韻鏡》、《七音略》、《切韻指掌圖》、

《切韻指南》、《起數訣》均空位； 咫 A、B本，粤雅堂本，文瀾閣本，文淵閣本誤，當删，文津閣本空位是。

14 上二並 䴵 《廣韻》蒲猛切，《集韻》蒲幸切，並梗上開二梗；《韻鏡》外轉第三十三開、《切韻指南》梗攝外七開口呼廣門，列字均爲『䴵』；《七音略》外轉三十六重中輕、《起數訣》第六十四圖開音清，列字均爲『鮩』；《切韻指掌圖》十六圖，列字爲『𠌾』，幫母梗韻；『䴵』爲《廣韻》並母梗韻位小韻首字，『鮩』爲《集韻》梗二開口並母位小韻首字，《四聲等子》從《廣韻》。

15 上二明 猛 《廣韻》莫幸切，《集韻》母梗切，幫梗上開二梗；《韻鏡》外轉第三十三開、《切韻指南》梗攝外七開口呼廣門、《起數訣》第六十四圖開音清，列字均爲『猛』；《七音略》外轉三十六重中輕，列字爲『𤠣』，應爲『猛』字訛誤；《切韻指掌圖》十六圖，列字爲『黽』；『猛』爲《廣韻》梗韻影母位小韻首字，下收有『黽』字，列字以『猛』爲佳，《四聲等子》是。

16 上二曉 濴 《廣韻》呼營切，匣梗二上合梗，不應列於此；《集韻》呼猛切，曉梗上合二梗；《韻鏡》外轉第三十四合、《七音略》內轉三十七輕中輕，均空位；《切韻指掌圖》十五圖、《切韻指南》梗攝外七合口呼廣門、《起數訣》第六十七圖開音濁，列字均爲『濴』。『濴』爲《集韻》梗韻曉母位小韻首字，《四聲等子》從《集韻》。

17 上二匣 卝 《廣韻》乎營切，《集韻》胡猛切，匣梗二上合梗；《韻鏡》外轉第三十四合、《七音略》内轉三十七輕中輕，列字均爲『廾』，見母腫韻，應爲『卝』誤；《切韻指掌圖》空位；《切韻指南》梗攝外七合口呼廣門，列字爲『卝』；《起數訣》第六十七圖開音濁，列字爲『丱』，見母諫韻，爲『卝』字訛。『卝』爲《廣韻》、《集韻》梗二匣母位小韻首字，《韻鏡》、《七音略》誤，《四聲等子》是。

18 上二影　䁝　《廣韻》、《集韻》烏猛切，影梗二上合梗；《韻鏡》空位；《七音略》内轉第三十七輕中輕、《切韻指掌圖》十六圖、《切韻指南》梗攝外七合口呼廣門開、《起數訣》第六十七圖開音濁，列字均爲『䁝』；『䁝』爲《廣韻》、《集韻》梗二影母位小韻首字，《韻鏡》空位誤，《四聲等子》是。

去二韻目：無標目，實爲映諍合韻

19 去二幫　搒　《廣韻》、《集韻》薄庚切，幫庚平開二梗，不應列於此；《韻鏡》外轉第三十三開、《七音略》外轉三十六重中輕、《起數訣》第六十四圖開音清，列字均爲『榜』；《切韻指掌圖》十六圖、《切韻指南》梗攝外七開口呼廣門，列字爲『迸』，幫母諍韻；『榜』爲《廣韻》、《集韻》映韻幫母位小韻首字，《四聲等子》誤，應校爲『榜』。

20 去二滂　亨　《廣韻》撫庚切，滂庚二平開梗；《集韻》普孟切，滂映二去開梗；《韻鏡》外轉第三十三開，列字爲『烹』，誤，應爲『亨』形訛；《七音略》、《起數訣》、《切韻指掌圖》空位；

《切韻指南》梗攝外七開口呼廣門，列字爲『亨』，應爲『亨』字訛誤；『亨』爲《集韻》映韻滂母位小韻首字，《四聲等子》從《集韻》。

21 去二明　孟　《廣韻》、《集韻》莫更切，明映去開二梗；《韻鏡》外轉第三十三開、《起數訣》第六十四圖開音清、《切韻指掌圖》十六圖、《切韻指南》梗攝外七開口呼廣門，列字均爲『孟』；《七音略》外轉三十六重中輕，列字爲『命』，三等字，應是錯位所致。『孟』爲《廣韻》、《集韻》映二明母位小韻首字，《四聲等子》是。

22 去二影　宖　應爲『⿱穴弘』字缺筆；『⿱穴弘』，《康熙字典》記：『《集韻》于萌切。與弦同。屋響也；又《廣韻》烏橫切，宏去聲。小水貌。』按烏橫切，影映二去合梗；《韻鏡》外轉第三十四合、《七音略》内轉三十七輕中輕、《切韻指南》梗攝外七合口呼廣門、《起數訣》列字均爲『⿱穴弘』；《切韻指掌圖》十五圖，空位，『⿱穴弘』字位於一等位，應爲錯位所致。『⿱穴弘』爲《廣韻》、《集韻》映二影母位小韻首字，《四聲等子》缺筆，當校正。

入二韻目：無標目，實爲麥韻

23 入二見　蟈　《廣韻》、《集韻》古獲切，見麥入合二梗；《韻鏡》外轉第三十六合、《切韻指南》梗攝外七合口呼廣門，列字均爲『蟈』，《七音略》内轉三十九輕中輕，列字爲『馘』；《起數訣》空位；《切韻指掌圖》十五圖，二等列字爲『國』，『虢』字位於一等位；『蟈』爲《廣韻》麥韻見母位小韻首字，下收有『馘』字，列字以『蟈』爲佳。《四聲等子》是。

24 入二溪　劐　《廣韻》虛郭切，曉鐸入合一宕，不應列於此；《集韻》口獲切，見麥入合二梗；《韻鏡》外轉第三十六合，列字爲『⿰石國』；《七音略》外轉三十九輕中輕，列字爲『蟈』，見母麥韻，誤；《切韻指南》梗攝外七合口呼廣門列字均爲『⿰虫卻』；《起數訣》、《切韻指掌圖》空位；《廣韻》麥二合溪母無字，『劐』爲《集韻》麥二溪母位小韻首字，《起數訣》從《集韻》。

25 入二幫　百　《廣韻》、《集韻》博陌切；幫陌入開二梗；《韻鏡》外轉第三十三開、《七音略》外轉三十六重中輕、《切韻指掌圖》十六圖、《切韻指南》梗攝外七開口呼廣門，列字均爲『伯』；《起數訣》第六十四圖開音清，列字爲『百』；『伯』爲《廣韻》陌二開口幫母位小韻首字，下收有『百』字。『百』爲《集韻》陌二開口幫母位小韻首字，下收有『伯』字，列字以『百』字爲佳，《四聲等子》從《集韻》。

26 入二滂　拍　《廣韻》普伯切，《集韻》匹陌切；滂陌入開二梗；《韻鏡》外轉第三十三開、《切韻指掌圖》十六圖、《起數訣》第六十四圖開音清，列字均爲『拍』；《七音略》外轉三十六重中輕，列字爲『柏』，幫母，誤，應爲『拍』形訛；《切韻指南》梗攝外七開口呼廣門，列字爲『⿰扌雹』，滂母麥韻；『拍』爲《廣韻》、《集韻》陌二滂母位小韻首字，《七音略》誤，《四聲等子》是。

27 入二照　⿰扌盡　應爲『⿰扌畫』字訛誤。『⿰扌畫』，《廣韻》、《集韻》簎摑切，莊麥入合二梗；《韻鏡》外轉第三十六合、《七音略》外轉三十九輕中輕，《切韻指南》梗攝外七合口呼廣門，列字爲『⿰扌畫』；

《切韻指掌圖》、《起數訣》空位；『㩇』爲《廣韻》、《集韻》照母麥韻小韻首字，《四聲等子》誤，應校爲『㩇』。

28 入二曉 剨 《廣韻》呼麥切，《集韻》忽麥切，曉麥入合二梗；《韻鏡》外轉第三十六合、《七音略》外轉三十九輕中輕，列字均爲『劃』；《切韻指南》梗攝外七合口呼廣門，列字爲『謋』；《起數訣》空位；《切韻指掌圖》十五圖，列字爲『剨』；『剨』爲《廣韻》麥二合口曉母位小韻首字，下收有『劃』、『㓷』、『𢤦』三字，《四聲等子》是。

29 入二影 擭 《廣韻》一虢切，《集韻》屋虢切，影陌入合二梗；《韻鏡》外轉第三十四合、《切韻指掌圖》十五圖、《切韻指南》梗攝外七合口呼廣門、《起數訣》第六十七圖開音濁，列字均爲『擭』；《七音略》内轉三十七輕中輕，列字爲『韄』；『擭』爲《廣韻》、《集韻》陌韻影母位小韻首字，下收有『韄』，列字以『擭』爲佳，《四聲等子》是。

30 入二喻 嚿 《廣韻》喻母陌韻無此字，《集韻》雩白切，云陌入合二梗；《韻鏡》、《切韻指掌圖》、《起數訣》空位；《七音略》内轉三十七、《切韻指南》梗攝外七合口呼廣門，列字均爲『嚿』；《廣韻》喻母陌韻無列字，《集韻》反切，上字爲喻三，下字爲陌二，列入二等，當爲喻下憑切，《四聲等子》從《集韻》。

31 入二來 ○ 《廣韻》、《集韻》此位均無字；《韻鏡》外轉第三十六合，列字爲『礰』；《七音略》、《切韻指掌圖》、《切韻指南》、《起數訣》空位。『礰』，《集韻》狼狄切，入錫來母。不當列於麥韻位，《韻鏡》誤。《四聲等子》空位是。

平三韻目：標目爲庚

32 平三影　謍　《康熙字典》記：「《廣韻》於營切，《集韻》娟營切，音縈。《廣韻》聲也。又《集韻》乙榮切。《玉篇》聲也。」此記於營切，影母清韻；乙榮切，影母庚韻。《韻鏡》、《切韻指掌圖》均空位；《七音略》内轉第三十七輕中輕、《起數訣》第六十七圖開音濁、《切韻指南》梗攝外七合口呼廣門，列字均爲「謍」。《廣韻》庚三合口無影母，「謍」爲《集韻》庚三合口影母位小韻首字，《四聲等子》從《集韻》。

33 平三喻　榮　《廣韻》永兵切，《集韻》于平切，云庚平合三梗；《韻鏡》外轉第三十四合，列字爲「營」，「榮」字位於四等位，應爲錯位所致；《七音略》内轉三十七輕中輕、《切韻指掌圖》十五圖、《切韻指南》梗攝外七合口呼廣門、《起數訣》第六十七圖開音濁，列字均爲「榮」；「榮」爲《廣韻》、《集韻》庚三開喻三位小韻首字，《四聲等子》是。

上三韻目：標目爲梗

34 上三見　〇　《廣韻》、《集韻》見母梗韻三等位有「憬，俱永切」，見梗平合三梗；《韻鏡》外轉第三十四合、《七音略》内轉三十七輕中輕，列字均爲「璟」；《切韻指掌圖》、《起數訣》空位；

《切韻指南》梗攝外七合口呼廣門，列字爲「憬」。「憬」爲《廣韻》、《集韻》梗韻三等見母位小韻首字，下收有「璟」字，列字以「憬」爲佳，《四聲等子》誤，當補「憬」字。

35 上三溪　憬　《廣韻》溪母梗韻三等位無字，《集韻》溪母位有「憬，孔永切」。《韻鏡》外轉第三十四合、《切韻指南》梗攝外七合口呼廣門，列字爲「憬」；《七音略》、《切韻指掌圖》、《起數訣》空位；「憬」爲《集韻》梗三合溪母位小韻首字，《韻鏡》、《四聲等子》從《集韻》。

36 上三群　憬　《廣韻》、《集韻》溪母梗韻三等位無字，各韻圖均空位；《四聲等子》誤，爲見組串位致，當刪。

37 上三曉　苋　《廣韻》、《集韻》許永切，曉梗上合三梗；《韻鏡》外轉第三十四合、《切韻指掌圖》十五圖、《切韻指南》梗攝外七合口呼廣門、《起數訣》第六十七圖開音濁，列字均爲「苋」；《七音略》内轉三十七輕中輕，空位，「苋」字位於四等位，應爲錯位所致。「苋」爲《廣韻》、《集韻》梗三曉母位小韻首字，《七音略》誤，《四聲等子》是。

38 上三喻　永　《廣韻》、《集韻》于憬切，云梗上合三梗；《韻鏡》外轉第三十四合、《切韻指掌圖》十五圖、《切韻指南》梗攝外七合口呼廣門、《起數訣》第六十七圖開音濁，列字爲「永」；《七音略》内轉三十七輕中輕，列字爲「永」應爲「永」字訛誤。「永」爲《廣韻》、《集韻》梗三喻三位小韻首字，《七音略》形誤，《四聲等子》是。

去三韻目：標目爲敬

39 去三溪 ○ 《廣韻》映韻無溪母，《集韻》有『寎』小韻，丘泳切，溪映三去開梗，可列於此位。《韻鏡》、《七音略》、《切韻指掌圖》、《起數訣》均空位，《切韻指南》梗攝外七合口呼廣門，列字爲『寎』，本圖三等位見母平上均後移一位，故列於群母位『寎』字，當爲溪母後移至。此位空位誤，當校改爲『寎』。

40 去三群 寎 咫 A、B本、粵雅堂本列字均爲『寎』，文瀾閣本、文津閣本、文淵閣本列字均爲『寎』。『寎』，《廣韻》陂病切，幫映三去開梗；《集韻》鋪病切，滂映三去開梗；皆不應列於此。《韻鏡》、《七音略》、《切韻指掌圖》、《切韻指南》，均空位；《起數訣》第六十七圖開音濁，列字爲『病』，並母映韻。《廣韻》、《集韻》群母映韻無『寎』字，此位爲溪母位後移至，《四聲等子》誤，當删。

41 去三滂 寎 咫 A、B本，粵雅堂本列字均爲『寎』，文瀾閣本、文津閣本、文淵閣本列字均爲『寎』。《廣韻》陂病切，幫映三去開梗；《集韻》鋪病切，滂映三去開梗；《韻鏡》、《七音略》、《切韻指掌圖》均空位；《起數訣》第六十四圖開音清、《切韻指南》梗攝外七開口呼廣門，列字均爲『寎』。『寎』爲《集韻》滂母映韻位小韻首字，《四聲等子》從《集韻》。

42 去三明 命 咫 A、B本，粵雅堂本列字均爲『命』，文瀾閣本、文津閣本、文淵閣本列字均爲『命』。『命』，《廣韻》、《集韻》眉病切，明映三去開梗；《韻鏡》外轉第三十三開、《切韻指掌圖》十六圖、《起數訣》第六十四圖開音清、《切韻指南》梗攝外七開口呼廣門，列字均爲『命』；《七音略》外轉三十六重中重，列字爲『孟』，明母二等映韻，誤，當校改爲『命』字。『命』爲《廣韻》、《集韻》映三明母位小韻首字，『⿱亼丙』兩字爲異體字，《四聲等子》各版本均無誤。

43　去三曉　寎　咒　A、B本，粵雅堂本列字均爲『寎』，文瀾閣本、文津閣本、文淵閣本列字均爲『寎』。『寎』，《廣韻》陂病切，幫映三去開梗，不應列於此；《集韻》况病切，曉映三去開梗，此圖爲合口圖，不應列於此位；《韻鏡》、《七音略》、《起數訣》空位；《切韻指掌圖》十五圖，列字爲『夐』，曉母勁韻；《切韻指南》梗攝外七開口呼廣門，列字爲『寎』，列於開口圖；《廣韻》映三合口無曉母。『寎』爲《集韻》映三開口曉母位小韻首字，《四聲等子》從《集韻》，但不應列於合口圖，此位誤，當刪。

44　去三喻　詠　《廣韻》、《集韻》于憬切，云梗上合三梗；《韻鏡》外轉第三十四合、《切韻指掌圖》十五圖、《切韻指南》梗攝外七合口呼廣門、《起數訣》第六十七圖開音濁，列字均爲『詠』；《七音略》內轉三十七輕中輕，列字爲『詠』，應爲『詠』字訛誤『詠』爲《廣韻》、《集韻》映三合口云母位小韻首字，《七音略》形訛，《四聲等子》是。

入三韻目：　標目爲陌，實爲藥昔職合韻

45 入三見　攫　《廣韻》居縛切，《集韻》厥縛切，見藥三入合宕；《韻鏡》内轉第三十二合、《七音略》内轉三十五輕中輕、《切韻指掌圖》十四圖、《切韻指南》宕攝内五合口呼偈門，列字均爲「玃」；《起數訣》第六十三圖開音濁，列字爲「矍」。「玃」爲《廣韻》見母藥韻位小韻首字，下收有「攫」字，列字以「玃」爲佳，《四聲等子》亦無誤。

46 入三溪　○　《廣韻》溪母藥韻列字爲「躩」；「躩」，《廣韻》丘縛切、《集韻》屈縛切，溪藥三入合宕；《韻鏡》内轉第三十二合、《七音略》内轉三十五輕中輕、《切韻指掌圖》十四圖、《切韻指南》宕攝内五合口呼偈門、《起數訣》第六十三圖開音濁，列字均爲「躩」。「躩」爲《廣韻》、《集韻》溪母藥韻小韻首字，《四聲等子》空位誤，當校補爲「躩」。

47 入三群　躩　《廣韻》丘縛切，《集韻》屈縛切，溪藥三入合宕，不應列於群母位；《韻鏡》内轉第三十二合、《七音略》内轉三十五輕中輕、《切韻指掌圖》十四圖、《切韻指南》宕攝内五合口呼偈門、《起數訣》第六十三圖開音濁，列字均爲「戄」；《廣韻》具籰切，《集韻》局縛切，群藥三入合宕；《廣韻》、《集韻》群母藥韻小韻首字爲「戄」，《四聲等子》誤，當校改爲「戄」。

48 入三滂　𦈢　《康熙字典》記：「《廣韻》徒盍切、《集韻》敵盍切，音蹋。《説文》下平缶也。《廣雅》瓶也。又《集韻》鋪彳切。義同。」此記徒盍切，定母盍韻；《集韻》鋪彳切，滂母昔韻。《韻鏡》空位；《七音略》外轉三十八重中重，列字爲「𦈢」，《康熙字典》記：「《集韻》亡范切。同鋑。馬首飾也。又孚梵切，音泛。與釩同。杯也。」此記亡范切，明范三上合咸。孚梵切，敷梵三去合咸。均不當列於此位，《七音略》誤，此字當爲『釤』字形訛。《切韻指掌圖》十六圖，列字爲『愊』，應爲『愊』字訛誤；《起數訣》第六十四圖開音清、《切韻指南》梗攝外七開口呼廣門，列字均爲『釤』；《廣韻》昔三開口無滂母。『釤』爲《集韻》昔三開口滂母位小韻首字，《四聲等子》從《集韻》。

49 入三並　欂　屁A、B本，粤雅堂本列字均爲『欂』，文瀾閣本、文津閣本、文淵閣本列字均爲『欂』。『欂』，《廣韻》弼戟切，並陌三入開梗；《集韻》平碧切，並昔三入開梗。《韻鏡》外轉第三十三開、《七音略》外轉三十六重中重、《起數訣》第六十四圖開音清、《切韻指南》梗攝外七開口呼廣門，列字均爲『欂』；《切韻指掌圖》十六圖，列字爲『愎』，並母職韻。『欂』爲『欂』字訛誤，《四聲等子》屁A、B本、粤雅堂本當校爲『欂』，其他版本無誤。

平四韻目：標目爲清，實爲清青合韻

50 平四見　扃　《廣韻》古螢切，《集韻》涓熒切，見青平合四梗；《韻鏡》外轉第三十六合，列字爲『扃』；《七音略》外轉三十九輕中輕、《切韻指掌圖》十五圖、《起數訣》第七十圖收音清，列字均爲『扃』，應爲『扃』形訛；《切韻指南》曾攝内六合口呼偏門，列字爲『泂』；『扃』爲《廣韻》、《集韻》青四見母位小韻首字，下收有『泂』字，列字當以『扃』爲佳；《四聲等子》是。

51 平四滂 ○ 《廣韻》滂母清韻無字，《集韻》滂母清韻列字爲『聘』，匹名切，滂清三平開梗；《韻鏡》空位；《七音略》外轉三十六重中重，列字爲『娉』，滂母勁韻，誤，應爲『聘』形訛。《切韻指掌圖》十六圖，列字爲『竮』，並母青韻；《切韻指南》梗攝外七開口呼廣門、《起數訣》第六十四圖開音清，列字均爲『聘』；『聘』爲《集韻》清三開口滂母位小韻首字，《四聲等子》依《集韻》當校補『聘』，依《廣韻》空位是。

52 平四並 ○ 《廣韻》、《集韻》並母青韻列『瓶』，『瓶』，《廣韻》薄經切，《集韻》旁經切，並青四平開梗；《韻鏡》外轉第三十五開、《七音略》外轉三十八重中重、《切韻指掌圖》十六圖、《切韻指南》梗攝外七開口呼廣門，列字均爲『瓶』。《起數訣》第六十八圖收音清，列字爲『鉼』；『瓶』爲《廣韻》、《集韻》青四開口並母位小韻首字，下收有『鉼』字，注曰：『上同』，『瓶』、『鉼』二字爲異體字。列字以『瓶』爲佳。《四聲等子》脣音入合口，當校補『瓶』。

53 平四精 㞞 《廣韻》他回切，透母字，不應列於此；《集韻》子坰切，精青四平合梗；《韻鏡》、《七音略》、《切韻指掌圖》空位；《切韻指南》梗攝外七開口呼廣門、《起數訣》第七十圖收音清，列字均爲『㞞』。《廣韻》青四合口無精母。『㞞』爲《集韻》青四合口精母位小韻首字，《四聲等子》從《集韻》。

54 平四心 騂 《廣韻》息營切，《集韻》思營切，心清平合三梗；《韻鏡》外轉三十四合、《切韻指掌圖》十五圖、《切韻指南》梗攝外七開口呼廣門，列字均爲『觪』；《七音略》、《起數訣》空位；『騂』爲《廣韻》、《集韻》心母清韻位小韻首字，下收有『觪』字，列字以『騂』爲佳，《四聲等子》是。

55 平四曉 ⿰貝向 《廣韻》未收，《集韻》翾營切，曉清平合三梗；《韻鏡》外轉第三十四合、《切韻指掌圖》十五圖，列字均爲『⿰貝向』；《七音略》内轉三十七輕中輕，列字爲『⿰目向』，曉母虞韻，誤，應爲『⿰貝向』形訛；《起數訣》第六十六圖發音清，列字爲『⿰耳向』，應爲『⿰貝向』形訛；《切韻指南》梗攝外七合口呼廣門，列字爲『騂』；『騂』爲《集韻》清三合口曉母位小韻首字，下收有『⿰貝向』字，列字以『騂』字爲佳，《韻鏡》、《四聲等子》從《集韻》。

56 平四喻 營 《廣韻》余傾切，《集韻》維傾切，以清平合三梗；《韻鏡》外轉三十四合，列字爲『榮』；《七音略》内轉三十七輕中輕、《切韻指掌圖》十五圖、《切韻指南》梗攝外七開口呼廣門、《起數訣》列字爲『營』；『營』爲《廣韻》、《集韻》清三開口喻四位小韻首字，《四聲等子》是。

上四韻目：標目爲静，實爲静迥合韻

57 上四溪 頃 《廣韻》去潁切，《集韻》窺營切，溪静平合三梗；《韻鏡》外轉三十四合、《切韻指南》梗攝外七開口呼廣門、《起數訣》列字爲『頃』；《七音略》内轉三十七輕中輕，列於三等位，四等空位，應爲錯位所致；《切韻指掌圖》十五圖，列字爲『褧』，溪母迥韻。『頃』爲

《廣韻》、《集韻》靜韻溪母位重紐四等位小韻首字，《七音略》誤，《四聲等子》是。

58 上四明　眳　此字當爲『眳』字誤。『眳』，《廣韻》亡井切，《集韻》弥并切，明靜三上開梗；《韻鏡》外轉第三十三開、《七音略》外轉三十六重中重、《起數訣》第六十四圖開音清，列字均爲『眳』；《切韻指掌圖》十六圖，列字爲『茗』，幫母迥韻；《切韻指南》梗攝外七開口呼廣門，列字爲『眳』；『眳』爲《廣韻》、《集韻》明母靜韻的小韻首字，《四聲等子》誤，當校爲『眳』。

59 上四心　穎　咫A、B本，粵雅堂本，列字均爲『穎』；文瀾閣本、文淵閣本、文津閣本列字均爲『揁』。『揁』，《康熙字典》記：『《字彙補》與戚同。《詩・邶風》得此戚施。《字書》或作穎。』、『穎』，無心母音，當爲『穎』字誤。『穎』，《廣韻》餘頃切，以靜三上開梗；《集韻》騂穎切，心靜三上開梗；《韻鏡》、《七音略》、《起數訣》、《切韻指掌圖》空位；《切韻指南》梗攝外七開口呼廣門，列字爲『楨』；《廣韻》心母靜韻無列字，『穎』爲《集韻》靜三心母位小韻首字，《四聲等子》諸版本均誤，當校正爲『穎』。

60 上四曉　詷　《廣韻》徒揔切，《集韻》杜孔切，定董上合一通，不應列於此，應爲『詗』字訛誤；『詗』，《廣韻》、《集韻》火迥切，曉迥上合四梗；《韻鏡》外轉三十六合、《七音略》外轉三十九輕中輕、《切韻指掌圖》十五圖列字爲『詗』；《起數訣》空位；《切韻指南》梗攝外七開口呼廣門，列字爲『怳』，曉母靜韻；『詗』爲《廣韻》、《集韻》曉母迥韻合口小韻首字，《四聲等子》誤，當校改爲「詗」。

61 上四匣 迥 咫A、B本，粵雅堂本，列字均爲「迴」；文瀾閣本、文淵閣本、文津閣本列字均爲「逈」。「迥」，《廣韻》户頂切，《集韻》户茗切，匣迥上合四梗；《韻鏡》外轉三十六合、《起數訣》第七十圖收音清，列字均爲「逈」；《七音略》外轉三十九輕中輕，列字爲「迵」；《切韻指掌圖》十五圖、《切韻指南》梗攝外七開口呼廣門，列字爲「迥」；「迥」、「迵」、「逈」爲異體字，《四聲等子》各版本均無誤。

62 上四喻 潁 《廣韻》餘頃切，《集韻》庾頃切，以静平合三梗；《韻鏡》外轉三十四合，列字爲「潁」；《七音略》内轉三十七輕中輕，列字爲「頴」，應爲「潁」字訛誤；《切韻指南》梗攝外七開口呼廣門、《起數訣》第六十六圖發音清，列字均爲「潁」；「潁」爲《廣韻》喻母静韻位小韻首字，下收有「穎」字，列字以「潁」字爲佳，《四聲等子》是。

去四韻目：標目爲勁，實爲徑勁合韻

63 去四見 洞 《廣韻》户頂切，《集韻》畎迥切，見迥去合四梗，不應列於此；《廣韻》徑、勁四合口均無見母；《集韻》徑韻有「扃，扃定切」。《韻鏡》、《七音略》、《切韻指掌圖》空位；《切韻指南》曾攝内六合口呼偈門、《起數訣》第七十圖收音清，列字均爲「扃」，《集韻》扃定切，見徑四去開梗；「扃」爲《集韻》徑四開口見母位小韻首字，《四聲等子》從《集韻》，但本圖爲合口圖不當列開口字，當删。

64 去四溪　亭　《廣韻》溪母勁韻無此字；《集韻》弃挺切，溪勁去合四梗；《韻鏡》、《七音略》、《切韻指掌圖》、《起數訣》空位；《切韻指南》曾攝内六合口呼偈門，列字爲『亭』；『亭』爲《集韻》勁四開口溪母位小韻首字，《四聲等子》從《集韻》。

65 去四幫　摒　《廣韻》畀政切，《集韻》卑正切，幫勁三去開梗；《韻鏡》外轉第三十三開，列字爲『栟』，幫母清韻，誤，應爲『拼』形訛；《七音略》外轉三十六重中重、《起數訣》第六十四圖開音清、《切韻指南》梗攝外七開口呼廣門，列字均爲『摒』；《切韻指掌圖》十六圖，列字爲『併』，幫母静韻；『摒』爲《廣韻》、《集韻》勁三幫母位小韻首字，《韻鏡》誤，《四聲等子》是。

66 去四曉　○　《廣韻》曉母勁韻列字爲『敻』；『敻』，《廣韻》休正切，《集韻》虚正切，曉勁去合三梗；《韻鏡》外轉第三十四合、《七音略》内轉三十七輕中輕、《切韻指南》梗攝外七合口呼廣門、《起數訣》開音清第六十六圖、《切韻指掌圖》十五圖，列字均爲『敻』；『敻』爲《廣韻》、《集韻》曉母勁韻小韻首字，《四聲等子》空位誤，當校補『敻』。

67 去四匣　濙　《廣韻》烏迥切，影母迥韻，不應列於此；《集韻》胡鎣切，匣徑去合四梗；《韻鏡》、《七音略》、《切韻指掌圖》空位；《切韻指南》梗攝外七開口呼廣門、《起數訣》第七十圖收音清，列字均爲『濙』；《廣韻》徑四合口無匣母，『濙』爲《集韻》徑四合口匣母位小韻首字,《四聲等子》從《集韻》。

入四韻目: 標目爲昔,實爲昔錫合韻

68 入四見　郥　《廣韻》古闃切,《集韻》鬩闃切,見錫入合四梗;《韻鏡》外轉第三十六合、《切韻指南》曾攝内六合口呼偈門,列字均爲「郥」;《七音略》外轉三十九輕中輕,列字爲「臬」,疑母屑韻,不應列於此;《切韻指掌圖》十五圖,列字爲「郥」,應爲「郥」形訛;《起數訣》第七十圖收音清,列字爲「臭」,昌母宥韻。「郥」爲《廣韻》錫四合口見母位小韻首字,下收有「狊」字,《七音略》應爲「狊」形訛,《四聲等子》是。

69 入四滂　僻　咫A、B本,粵雅堂本,文瀾閣本,文津閣本列字均爲「僻」;文淵閣本列字爲「辟」,幫母昔韻,應爲「僻」形訛。「僻」,《廣韻》芳辟切,《集韻》匹辟切,滂昔三入開梗。《韻鏡》外轉第三十三開、《七音略》外轉三十六重中重、《起數訣》第六十四圖開音清、《切韻指南》梗攝外七開口呼廣門,列字均爲「僻」;《切韻指掌圖》十六圖,列字爲「霹」,滂母昔韻。「僻」爲《廣韻》、《集韻》昔韻滂母位小韻首字,《四聲等子》文淵閣本誤,當校改爲「僻」,其他版本是。

70 入四明　○　《廣韻》、《集韻》明母昔韻無字,明母錫韻列「覓」,《廣韻》莫狄切,《集韻》冥狄切,明錫四入開梗;《韻鏡》外轉第三十五開、《切韻指掌圖》十六圖、《切韻指南》梗攝外七開口呼廣門，列字均爲「覓」；《起數訣》第六十四圖開音清，列字爲「系」，應爲「糸」字誤；「覓」爲《廣韻》、《集韻》明母錫韻位小韻首字，《四聲等子》誤，當校補「覓」字。

71 入四曉　役　《廣韻》、《集韻》營隻切，以昔入合三梗，不應列於此；《廣韻》曉母昔韻合口位小韻首字爲「瞁」，《廣韻》許役切，《集韻》呼役切，曉昔三入合梗；《韻鏡》外轉第三十四合、《切韻指南》梗攝外七合口呼廣門，列字均爲「瞁」；《七音略》內轉三十七輕中輕、《起數訣》第六十六圖發音清，列字均爲「瞁」，應爲「瞁」形訛；《切韻指掌圖》空位。「瞁」爲《廣韻》曉母昔韻合口位小韻首字，《四聲等子》誤，當校改爲「瞁」。

72 入四喻　○　《廣韻》、《集韻》曉母昔韻合口位小韻列字爲「役」，「役」，《廣韻》、《集韻》營隻切，以昔三入合梗；《韻鏡》外轉第三十四合、《七音略》內轉三十七輕中輕、《切韻指掌圖》十五圖、《起數訣》第六十六圖發音清、《切韻指南》梗攝外七合口呼廣門，列字均爲「役」。「役」爲《廣韻》、《集韻》以母昔韻合口位小韻首字，《四聲等子》誤，當校補「役」。

咸攝外八　重輕俱等韻

見	溪	羣	疑	端知	透徹	定澄	泥孃	幫非	滂敷	並奉	明微
甘	堪	○	諳	躭	貪	覃	男	○	○	○	姏
感	坎	○	顉	膽	襑	禫	腩	○	○	○	叐
紺	勘	靲	儑	擔	探	醰	妠	○	○	○	姏
閤	居	○	㬈	答	錔	沓	納	○	○	○	○
監	鵮	鈐	巖	詀	○	㦡	諵	○	○	芝	芟
減	屎	儉	顩	䶨	㒀	湛	囨	○	○	○	○
監	歉	琀	顑	站	○	譧	諵	○	○	埿	○
夾	恰	笈	眨	劄	䶳	㲜	図	○	○	○	○
黚	㰹	○	嚴	霑	覘	㶣	粘	砭	芝	凡	珱
檢	欿	○	儼	○	諂	○	○	貶	釩	范	鋄
劒	欠	○	釅	○	覘	○	黏	汎	宔	梵	菱
刧	怯	○	業	輒	鍤	牒	聶	法	鍅	乏	○
兼	謙	○	○	战	添	甜	鲇	○	○	○	○
鰜	嗛	○	○	點	忝	簟	淰	○	○	○	叐
兼	傔	○	○	店	㮇	磹	念	○	○	○	○
頰	篋	○	○	聑	帖	牒	捻	○	婖	○	○

精照	簪昝篸帀	尖斬蘸眨	詹颭占讋	尖僭僭接
清穿	參慘謲趍	攙膱懺插	襜○襜諂	僉憸壍妾
從牀	蠶歜暫雜	讒瀺儳箑	○○○○	潛潛潛燮
心審	三糂三趿	衫摻釤歃	苫陝閃攝	纖[illegible]礹燮
邪禪	○○○○	蟾剡贍涉	○○○○	燅緂○○
曉	憨顑顑頷	欦喊㒈𪖐	杴險脅脅	馦○○卌
匣	○頷撼合	咸豏陷洽	○○○○	嫌鼸○協
影	諳晻暗姶	猎黯黤黤	淹奄掩業	懕黶厭壓
喻	佔○○○	佔○○○	炎○○曄	鹽琰豔葉
來	婪覽攬拉	鑑臉○䘒	廉斂殮儠	鬑稴稴甉
日	○○○○	○○○○	蚺冉染讘	○○○○
	覃感勘合	咸豏陷洽	凡范梵乏	鹽琰豔葉

四等全　併一十六韻

第十九圖　咸攝外八　重輕俱等韻

平一韻目：標目爲覃，實爲覃談合韻

1 平一溪　堪　《廣韻》口含切，《集韻》枯含切，溪覃平開一咸；《韻鏡》外轉三十九開、《七音略》外轉三十一重中重、《切韻指南》咸攝外八合口呼狹門、《起數訣》第七十七圖發音清，列字均爲『龕』；《起數訣》第七十七圖發音清，列字爲『堪』；《切韻指掌圖》五圖，列字爲『坩』，溪母談韻；『龕』爲《廣韻》、《集韻》見母談韻位小韻首字，下收有『堪』字，列字以『龕』爲佳，《四聲等子》亦無誤。

2 平一端　躭　《康熙字典》記：『《玉篇》俗耽字。』。『耽』，《廣韻》丁含切，《集韻》都含切，端覃平開一咸；《韻鏡》外轉三十九開、《七音略》外轉三十一重中重、《切韻指南》咸攝外八合口呼狹門、《起數訣》第七十七圖發音清，列字均爲『耽』；《切韻指掌圖》五圖，列字爲『擔』，端母談韻。『耽』爲《廣韻》、《集韻》覃一端母位小韻首字，《四聲等子》列字誤，當校改爲『耽』。

3 平一透　貪　《廣韻》、《集韻》他含切，透覃平開一咸；《韻鏡》外轉三十九開，列字爲『探』；《七音略》外轉三十一重中重、《起數訣》第七十七圖發音清，列字均爲『貪』；《切韻指掌圖》

五圖、《切韻指南》咸攝外八合口呼狹門，列字均爲『舑』，透母談韻；『探』爲《廣韻》透母覃韻位小韻首字，下收有『貪』字，列字應以『探』字爲佳；『貪』爲《集韻》小韻首字，《四聲等子》從《集韻》。

4 平一泥　男　《廣韻》、《集韻》那含切，泥覃平開一咸；《韻鏡》外轉三十九開、《七音略》外轉三十一重中重、《起數訣》第七十七圖發音清、《切韻指南》咸攝外八合口呼狹門，列字均爲『南』；《切韻指掌圖》五圖，列字爲『男』；『南』爲《廣韻》、《集韻》覃韻泥母位小韻首字，下收有『男』字，列字應以『南』字爲佳，《四聲等子》亦無誤。

5 平一從　蠶　咫 A、B 本列字均爲『蠶』，粵雅堂本、文瀾閣本、文津閣本、文淵閣本列字均爲『蚕』。『蠶』，《廣韻》昨含切，《集韻》徂含切，從覃平開一咸；《韻鏡》外轉三十九開、《七音略》外轉三十一重中重、《切韻指南》咸攝外八合口呼狹門》，列字均爲『蠶』；《起數訣》第七十七圖發音清，列字均爲『蠶』，爲『蠶』形訛；《切韻指掌圖》五圖，列字爲『蹔』，從母談韻；『蠶』、『蚕』爲異體字，《四聲等子》各版本皆無誤。

6 平一心　三　《廣韻》、《集韻》蘇甘切，心談平開一咸；《韻鏡》外轉四十合、《七音略》外轉三十二重中輕、《切韻指掌圖》五圖、《切韻指南》咸攝外八合口呼狹門、《起數訣》第七十九圖發音清，列字均爲『三』。

7 平一曉　憨　《廣韻》呼談切，《集韻》呼甘切，曉談平開一咸；《韻鏡》外轉四十合、《七音略》

外轉三十二重中輕、《切韻指掌圖》五圖、《起數訣》第七十九圖發音清，列字均爲『蚶』；《切韻指南》咸攝外八合口呼狹門，列字爲『峆』，曉母覃韻；『蚶』爲《廣韻》、《集韻》曉母談韻位小韻首字，下收有『憨』字，列字應以『蚶』字爲佳，《四聲等子》亦無誤。

8 平一匣 ○ 《廣韻》匣母覃韻，列字爲『含』，談韻列字爲『酣』；『含』，《廣韻》胡男切，《集韻》胡南切，匣覃平開一咸；《韻鏡》外轉三十九開、《七音略》外轉三十一重中重、《起數訣》第七十七圖發音清、《切韻指南》咸攝外八合口呼狹門，列字均爲『含』。『酣』，《廣韻》、《集韻》胡甘切，曉談平開一咸；《韻鏡》外轉四十合、《七音略》外轉三十二重中輕、《切韻指掌圖》五圖、《起數訣》第七十九圖發音清，列字均爲『酣』；『含』爲《廣韻》匣母覃韻位小韻首字，『酣』爲《廣韻》匣母談韻位小韻首字，《四聲等子》誤，當校補『含』或『酣』。

9 平一喻 佔 《廣韻》喻母覃韻談韻均無列字；《康熙字典》記：『《廣韻》同冘。』『冘』，以母侵韻三等字。『佔』，《集韻》與甘切，以談一平開咸。《韻鏡》、《七音略》、《切韻指掌圖》均空位；《起數訣》第七十九圖發音清、《切韻指南》咸攝外八合口呼狹門，列字均爲『佔』。『佔』爲《集韻》以母談韻位小韻首字，喻母只拼三等，此位憑切列字，《四聲等子》從《集韻》。

上一韻目：標目爲感，實爲感敢合韻

10 上一疑 顉 《廣韻》、《集韻》五感切，疑感上開一咸；《韻鏡》外轉三十九開，列字均爲

『頜』,《集韻》疑母感韻;《七音略》外轉三十一重中重、《切韻指掌圖》五圖、《切韻指南》咸攝外八合口呼狹門、《起數訣》第七十七圖發音清,列字均爲『顉』;『顉』爲《廣韻》、《集韻》感一疑母位小韻首字。『顉』、『頜』二字同爲《集韻》感一疑母位小韻首字,《韻鏡》從《集韻》。《四聲等子》從《廣韻》,是。

11 上一明 㚄 《廣韻》感一明母位無字,《集韻》有『㚄』,莫坎切,明感一上開咸。《韻鏡》、《七音略》、《切韻指掌圖》空位;《起數訣》第七十七圖發音清,列字爲『窆』,應爲『㚄』形訛;《切韻指南》咸攝外八合口呼狹門,列字爲『媘』,明母敢韻。『㚄』爲《集韻》感一明母位小韻首字,《四聲等子》從《集韻》。

12 上一精 昝 《廣韻》子感切,見感上開一咸,《集韻》精母感韻無此字;《韻鏡》外轉三十九開,列字爲『寁』;《七音略》外轉三十一重中重、《切韻指南》咸攝外八合口呼狹門,列字均爲『昝』;《起數訣》第七十七圖發音清,列字爲『寁』;《切韻指掌圖》五圖,列字爲『⿱斬貝』,精母敢韻。『昝』爲《廣韻》感一精母位小韻首字,下收有『寁』字,《四聲等子》是。

13 上一曉 顑 《廣韻》、《集韻》苦感切,曉感上開一咸;《韻鏡》外轉三十九開、《起數訣》第七十七圖發音清,列字均爲『顑』;《七音略》外轉三十一重中重、《切韻指掌圖》五圖、《切韻指南》咸攝外八合口呼狹門,列字均爲『喊』;『顑』爲《廣韻》、《集韻》感一曉母位小韻首字,《集韻》下亦收有『喊』字,列字以『顑』字爲佳。《七音略》從《集韻》,《四聲等子》是。

14 上一影　晻　《廣韻》烏感切，《集韻》鄔感切，影感上開一咸；《韻鏡》外轉三十九開、《起數訣》第七十七圖發音清，列字均爲「晻」；《七音略》外轉三十一重中重，列字爲「唵」；《切韻指南》咸攝外八合口呼狹門，列字爲「唵」；《切韻指掌圖》五圖，列字爲「埯」，影母敢韻；「晻」爲《廣韻》、《集韻》影母感韻位小韻首字，下收有「唵」字，列字以「晻」字爲佳；「唵」、「晻」爲異體字，《四聲等子》是。

去一韻目：標目爲勘，實爲勘闞合韻

15 去一群　舲　《廣韻》巨金切，群侵三平開深，不應列於此；《集韻》其闇切，群勘去開一咸；《韻鏡》、《七音略》、《切韻指掌圖》空位；《切韻指南》咸攝外八合口呼狹門、《起數訣》第七十七圖發音清，列字均爲「舲」；《廣韻》勘一無群母。「舲」爲《集韻》勘一群母位小韻首字，《四聲等子》從《集韻》。

16 去一端　檐　《廣韻》余廉切，以母鹽韻，不應列於此；《集韻》都濫切，端闞去開一咸；《韻鏡》外轉四十合、《七音略》外轉三十二重中輕、《切韻指掌圖》五圖、《起數訣》第七十九圖發音清，列字均爲「擔」；《切韻指南》咸攝外八合口呼狹門，列字爲「馾」，端母勘韻；「擔」爲《廣韻》端母闞韻位小韻首字，「檐」爲《集韻》端母闞韻位小韻首字，《四聲等子》從《集韻》，亦無誤。

17 去一透 探 《廣韻》透母勘韻無列字，《集韻》他紺切，透勘去開一咸；《韻鏡》外轉第三十九開、《七音略》外轉三十一重中重、《起數訣》第七十七圖發音清，列字均爲『僋』；《切韻指南》咸攝外八合口呼狹門、《切韻指掌圖》五圖，列字均爲『賧』，透母闞韻；『僋』爲《廣韻》、《集韻》勘一透母位小韻首字，下收有『撢』字，爲『探』之異體，《四聲等子》亦無誤。

18 去一明 姏 《廣韻》武酣切，明談一平開咸，不應列於此；《集韻》莫紺切，明勘去開一咸；《韻鏡》、《七音略》、《切韻指掌圖》均空位；《切韻指南》咸攝外八合口呼狹門、《起數訣》第七十七圖發音清，列字均爲『姏』，『姏』爲《集韻》勘一明母位小韻首字，《四聲等子》從《集韻》。

19 去一精 篸 局 A、B本，粵雅堂本，文津閣本列字均爲『篸』，文瀾閣本、文淵閣本列字均爲『篸』。『篸』，《廣韻》、《集韻》作紺切，精勘去開一咸；《韻鏡》外轉三十九開、《七音略》外轉三十一重中重、《切韻指掌圖》五圖、《切韻指南》咸攝外八合口呼狹門、《起數訣》第七十七圖發音清，列字均爲『篸』；『篸』、『篸』爲異體字，《四聲等子》各版本均是，文瀾閣本、文淵閣本列異體雖無誤，但校正爲『篸』爲佳。

20 去一清 謲 局 A、B本，文津閣本列字均爲『謲』，粵雅堂本、文瀾閣本、文淵閣本列字均爲『謙』。『謲』，《廣韻》、《集韻》七紺切，清勘去開一咸；《韻鏡》外轉三十九開、《七音略》外轉三十一重中重、《切韻指掌圖》五圖、《切韻指南》咸攝外八合口呼狹門、《起數訣》第七十七圖發音清，列字均爲『謲』；『⿰言忝』爲『謲』字俗訛。『謲』爲《廣韻》、《集韻》勘一清母位小韻首字，《四聲等子》咫 A、B本，文津閣本是，其他版本形訛，當校正爲『謲』。

21 去一曉　顑　《廣韻》苦感切，溪感上開一咸，不應列於此；《集韻》呼紺切，曉勘去開一咸；『顑』，《廣韻》、《集韻》呼紺切，曉勘去開一咸；《韻鏡》外轉三十九開、《七音略》外轉三十一重中重，列字均爲『⿰虛頁』；《切韻指掌圖》五圖、《切韻指南》咸攝外八合口呼狹門、《起數訣》第七十七圖發音清，列字均爲『顑』；『⿰虛頁』爲《廣韻》、《集韻》勘一曉母位小韻首字，《集韻》下收『顑』，列字以『⿰虛頁』爲佳，《四聲等子》從《集韻》。

22 去一來　攬　《廣韻》盧敢切，《集韻》魯敢切，來敢上開一咸，不應列於此；《韻鏡》外轉第三十九開、《七音略》外轉三十一重中重、《起數訣》第七十七圖發音清、《切韻指南》咸攝外八合口呼狹門，列字均爲『顲』；來母闞韻列字爲『濫』，《韻鏡》外轉第四十合、《七音略》外轉三十二重中輕、《切韻指掌圖》五圖，列字均爲『濫』；『顲』爲《廣韻》勘一來母位小韻首字，『濫』爲《廣韻》闞一來母位小韻首字，《四聲等子》誤，當校爲『顲』或者『濫』。

入一韻目：標目爲合

23 入一溪　⿸尸区　《康熙字典》記：『《海篇》音區。』、『區』，流攝溪母虞韻字，不應列於此；《廣韻》溪母合韻列字爲『溘』，『溘』，《廣韻》口荅切，《集韻》溪母合韻無列字，見合入開一咸；

《韻鏡》外轉三十九開、《切韻指南》咸攝外八合口呼狹門，列字均爲『溘』；《七音略》外轉三十一重中重，列字爲『榼』，溪母盍韻，誤，應爲『溘』形訛；《切韻指掌圖》五圖，列字爲『榼』，溪母盍韻；《起數訣》第七十七圖發音清，列字爲『匌』；『溘』爲《廣韻》合一溪母位小韻首字，下收有『匌』字。《廣韻》下收有『庴』字，《集韻》小韻首字爲『庴』，渴合切。《七音略》誤，當校改爲『溘』字。《四聲等子》當爲『庴』字誤，亦當校爲『庴』。

24 入一疑　㬎　《廣韻》五合切，《集韻》鄂合切，疑合入開一咸；《韻鏡》外轉三十九開，列字均爲『㬎』；《七音略》外轉三十一重中重列字爲『⿰耳巠』，疑母迴韻，誤；《切韻指掌圖》五圖、《切韻指南》咸攝外八合口呼狹門，列字均爲『儑』；《起數訣》第七十七圖發音清，列字爲『⿰口㬎』；『㬎』爲《廣韻》合一疑母位小韻首字，下收有『⿰口㬎』、『儑』字，《七音略》當校爲『㬎』，《四聲等子》是。

25 入一端　答　⿸尸心A、B本，粵雅堂本，文瀾閣本列字均爲『答』，文津閣本、文淵閣本列字均爲『荅』。『答』，《廣韻》都合切，《集韻》德合切，端合入開一咸；《韻鏡》外轉三十九開、《七音略》外轉三十一重中重、《切韻指南》咸攝外八合口呼狹門、《起數訣》第七十七圖發音清，列字均爲『答』；《切韻指掌圖》五圖，列字爲『⿰韋皮』，端母盍韻；『答』爲《廣韻》、《集韻》合一端母位小韻首字，下收有『荅』字，《四聲等子》各版本均無誤。

26 入一透　錔　《廣韻》他合切，《集韻》託合切，透合入開一咸；《韻鏡》外轉三十九開，列字爲『錔』;《七音略》外轉三十一重中重,列字爲『鉛』,應爲『錔』字訛誤;《切韻指南》咸攝外八合口呼狹門,列字爲『⿰木翕』,《康熙字典》記:『同榻』;《切韻指掌圖》五圖、《起數訣》第七十七圖發音清,列字爲『榻』,透母盍韻。『錔』爲《廣韻》、《集韻》合一透母位小韻首字,《七音略》誤,《四聲等子》是。

27 入一精　帀　《廣韻》子荅切,《集韻》作荅切,精合入開一咸;《韻鏡》外轉三十九開、《切韻指南》咸攝外八合口呼狹門、《起數訣》第七十七圖發音清,列字均爲『帀』;《七音略》外轉三十一重中重、《切韻指掌圖》五圖,列字均爲『匝』,《康熙字典》記:『《增韻》帀俗作匝。』、『匝』爲『帀』之俗體;『匝』、『帀』爲古今字;『帀』爲《廣韻》、《集韻》合一精母位小韻首字,《七音略》取異體字,亦無誤。《四聲等子》列正體是。

28 入一清　⿺走㐱　咫 A本、粵雅堂本、文津閣本列字均爲『⿺走㐱』,文瀾閣本、文淵閣本列字均爲『⿺走⿱⺈糸』。『⿺走㐱』,《廣韻》七合切,《集韻》錯合切,清合入開一咸;《韻鏡》外轉三十九開、《七音略》外轉三十一重中重、《切韻指南》咸攝外八合口呼狹門、《起數訣》第七十七圖發音清,列字均爲『⿺走㐱』;《切韻指掌圖》五圖,列字爲『囃』,清母盍韻;『⿺走㐱』爲《廣韻》、《集韻》合一清母位小韻首字,『⿺走⿱⺈糸』,《康熙字典》記:『《龍龕》同⿺走㐱。』《四聲等子》各版本皆無誤。

29 入一曉　頜　咫 A、B本,粵雅堂本,文瀾閣本列字均爲『頜』,文津閣本、文淵閣本列字均爲『欱』。『頜』,《廣韻》古沓切,《集韻》葛合切,見合入開一咸,不應列於此;『欱』,《廣韻》古沓切，《集韻》葛合切，見合入開一咸；《韻鏡》外轉三十九開、《七音略》外轉三十一重中重、《切韻指南》咸攝外八合口呼狹門、《起數訣》第七十七圖發音清，列字均爲『欱』；《切韻指掌圖》五圖，列字均爲『歁』，曉母盍韻；『欱』爲《廣韻》、《集韻》曉母合韻小韻首字，《四聲等子》咫A、B本，粵雅堂本，文瀾閣本誤，當校爲『欱』，其他版本是。

平二韻目：標目爲咸，實爲咸銜合韻

30 平二群　鈐　《廣韻》巨淹切，《集韻》其淹切，群鹽平開三咸，不應列於此；《廣韻》、《集韻》群母咸韻銜韻均無列字；《韻鏡》、《切韻指掌圖》、《七音略》、《起數訣》、《切韻指南》均空位；《四聲等子》誤，當刪。

31 平二澄　⿰忄咸　《廣韻》丘廉切，溪添四平開咸，不應列於此；《集韻》湛咸切，澄咸平開二咸；《韻鏡》、《七音略》、《切韻指掌圖》空位；《切韻指南》咸攝外八合口呼狹門、《起數訣》第七十八圖發音濁，列字均爲『⿰忄咸』；《廣韻》咸韻無澄母，『⿰忄咸』爲《集韻》咸二澄母位小韻首字，列字以『⿰忄咸』字爲佳。《四聲等子》從《集韻》。

32 平二並　⿱並之　咫A、B本，粵雅堂本，文瀾閣本列字均爲『⿱並之』，文津閣本、文淵閣本列字均爲『⿱並足』。『⿱並足』，《廣韻》白銜切，《集韻》皮咸切，並銜平開二咸；《韻鏡》外轉四十合、《七音略》外轉三十二重中輕、《切韻指掌圖》五圖、《切韻指南》咸攝外八合口呼狹門，列字均爲『⿱並足』；

《起數訣》第八十圖發音濁，列字爲『蹝』；『蓰』爲《廣韻》銜二並母位小韻首字，《四聲等子》咫A本、粵雅堂本、文瀾閣本誤，當校爲『蓰』，其他版本無誤。

33 平二明　菱　《廣韻》未收；《集韻》亡梵切，明咸二平開咸。《韻鏡》、《七音略》、《切韻指掌圖》均空位；《起數訣》第七十八圖發音濁，列字爲『菱』；《切韻指南》咸攝外八合口呼狹門，列字爲『菱』。『菱』、『菱』二字均亦爲『莈』字形訛。《廣韻》咸韻無明母。『莈』爲《集韻》咸二明母位小韻首字，列字以『莈』字爲佳，《四聲等子》列字形訛，當校正爲『莈』。

34 平二照　尖　《廣韻》子廉切，《集韻》將廉切，精鹽平開三咸，不應列於此；《韻鏡》、《七音略》、《切韻指掌圖》均空位；《起數訣》第七十八圖發音濁，列字爲『尖』；《切韻指南》咸攝外八合口呼狹門，列字均爲『漸』，精母鹽韻。『尖』爲《集韻》咸二莊母位小韻首字。《四聲等子》誤，此字或係『尖』字形訛，『尖』，《康熙字典》記：『《集韻》壯咸切，斬平聲。銳也。《正字通》尖字之訛。《集韻》壯咸切。』則可列於此位，《四聲等子》從《集韻》，然形訛，當校改爲『尖』。

35 平二禪　蟾　《廣韻》職廉切，《集韻》之廉切，禪鹽平開三咸，不應列於此；《廣韻》、《集韻》禪母銜韻咸韻均無列字；《韻鏡》、《七音略》、《切韻指掌圖》、《切韻指南》、《起數訣》均空位；《四聲等子》誤，當刪。

36 平二影　猎　《廣韻》乙咸切，《集韻》於咸切，影咸平開二咸；《韻鏡》外轉三十九開、《切韻指掌圖》五圖、《切韻指南》咸攝外八合口呼狹門、《起數訣》第七十八圖發音濁，列字均爲『猎』；《七音略》外轉三十一重中重，列字爲『偣』，應爲『猎』字訛誤；『猎』爲《廣韻》、《集韻》咸二影母位小韻首字，《七音略》誤，《四聲等子》是。

37 平二喻　𦸣　《康熙字典》記：『《廣韻》同尣。』、『尣』，《廣韻》以周切，以尤三平開流或餘針切，以侵三平開流，不當列於此位。《集韻》弋咸切，以咸二平開咸。按門法之『喉音切字門』，當列於二等。《韻鏡》、《七音略》、《切韻指掌圖》均空位；《起數訣》第七十八圖發音濁、《切韻指南》咸攝外八合口呼狹門，列字均爲『𦸣』。《四聲等子》從《集韻》。

38 平二來　鑑　《康熙字典》：『《集韻》力陷切。瞼去聲。』按力陷切，來母陷韻，不應列於此；另《集韻》力銜切，來銜平開二咸；《韻鏡》、《七音略》、《切韻指掌圖》均空位；《起數訣》第八十圖發音濁、《切韻指南》咸攝外八合口呼狹門，列字均爲『鑑』。『鑑』爲《集韻》銜二來母位小韻首字，《四聲等子》從《集韻》。

上二韻目：標目爲豏，實爲豏檻

39 上二見　減　咫A、B本，粵雅堂本，列字均爲『減』，文瀾閣本、文淵閣本、文津閣本，列字均爲『監』，見母鑒韻，不應列於此；『減』，《廣韻》、《集韻》古斬切，見豏上開二咸；《韻鏡》外轉三十九開、《切韻指南》咸攝外八合口呼狹門、《起數訣》第七十八圖發音濁，列字均爲

『鹼』；《七音略》外轉三十一重中重，列字爲『鹻』；《切韻指掌圖》五圖，列字爲『減』；『鹼』爲《廣韻》見母豏韻位小韻首字，下收有『減』字，列字應以『鹼』字爲佳；『減』爲《集韻》豏二見母位小韻首字，《四聲等子》咫A、B本，粵雅堂本是。文瀾閣本、文淵閣本、文津閣本誤，『減』在上二位，應爲錯位所致，當校改爲『減』。

40 上二溪 床 《廣韻》苦減切，溪豏上開二咸；《集韻》溪母豏韻無列字。《韻鏡》外轉三十九開、《七音略》外轉三十一重中重、《切韻指掌圖》五圖、《切韻指南》咸攝外八合口呼狹門，列字均爲『床』；《起數訣》第七十八圖發音濁，列字爲『槏』；『床』爲《廣韻》豏二溪母位小韻首字，下收有『槏』字。《四聲等子》是。

41 上二群 儉 《廣韻》、《集韻》巨險切，群琰上開三咸，應列於三等位；《廣韻》、《集韻》群母豏韻檻韻均無列字；《韻鏡》、《七音略》、《切韻指掌圖》、《切韻指南》、《起數訣》均空位；《四聲等子》誤，當刪。

42 上二疑 顩 《廣韻》五咸切，疑咸平開二咸，不應列於此；《集韻》五減切，疑豏上開二咸；《韻鏡》外轉第三十九開、《七音略》外轉三十一重中重、《切韻指南》咸攝外八合口呼狹門、《起數訣》第七十八圖發音濁，列字均爲『顩』；《切韻指掌圖》空位；《廣韻》豏韻無疑母。『顩』爲《集韻》豏二疑母位小韻首字，列字以『顩』字爲佳。《四聲等子》從《集韻》。

43 上二知 鮎 《廣韻》、《集韻》陟陷切，知陷二去開咸，又《廣韻》竹咸切；《集韻》知咸切，知咸二平開咸，均不當列於此位。又《集韻》竹減切，知豏二上開咸。《韻鏡》、《七音略》、《切韻指掌圖》空位，《起數訣》第七十八圖發音濁、《切韻指南》咸攝外八合口呼狹門，列字均爲『鮎』。《廣韻》豏韻無知母。『鮎』爲《集韻》豏二知母位小韻首字，列字以『鮎』字爲佳。《四聲等子》從《集韻》。

44 上二孃 㞙 《廣韻》、《集韻》女減切，孃豏上開二咸；《韻鏡》外轉三十九開、《切韻指掌圖》五圖、《切韻指南》咸攝外八合口呼狹門，列字均爲『㞙』；《七音略》空位；《起數訣》第七十八圖發音濁，列字爲『図』；『㞙』爲《廣韻》豏二孃母位小韻首字。『図』爲《集韻》豏二孃母位小韻首字，《七音略》空位誤，當校補『㞙』，《四聲等子》是。

45 上二穿 臟 㞎 A、B本，粵雅堂本、文淵閣本，列字均爲『臟』，文瀾閣本、文津閣本，列字均爲『臟』。『臟』，《廣韻》初減切，《集韻》楚減切，穿豏上開二咸；《韻鏡》外轉三十九開、《切韻指掌圖》五圖，列字均爲『臟』；《七音略》外轉三十一重中重、《切韻指南》咸攝外八合口呼狹門，列字均爲『醶』；《起數訣》第七十八圖發音濁，列字爲『臟』，係『臟』之俗，『臟』爲《廣韻》穿母豏韻位小韻首字，下收有『醶』字，列字應以『臟』字爲佳。『臟』，《康熙字典》記：『《篇海類編》同臟。』爲『臟』異體字。《四聲等子》各版本均無誤，㞎 A、B本，粵雅堂本，文淵閣本校正爲『臟』更佳。

46 上二牀 瀺 《廣韻》、《集韻》士減切，牀豏上開二咸；《韻鏡》外轉三十九開、《切韻指掌圖》

五圖、《切韻指南》咸攝外八合口呼狹門、《起數訣》第七十八圖發音濁，列字均爲『瀺』；《七音略》外轉三十一重中重，列字爲『巉』，《集韻》崇母豏韻；『瀺』爲《廣韻》、《集韻》豏二崇母位小韻首字，《集韻》下亦收有『巉』字，列字以『瀺』字爲佳。《七音略》從《集韻》，《四聲等子》是。

47 上二禪　㶣　《廣韻》、《集韻》巨險切，群琰上開三咸，不應列於此；《廣韻》、《集韻》禪母豏韻檻韻均無列字；《韻鏡》、《七音略》、《切韻指掌圖》、《切韻指南》、《起數訣》均空位；《四聲等子》誤，當删。

48 上二曉　㺂　《廣韻》呼豏切，《集韻》火斬切，曉豏上開二咸；《韻鏡》外轉三十九開、《切韻指掌圖》五圖、《切韻指南》咸攝外八合口呼狹門、《起數訣》第七十八圖發音濁，列字均爲『㺂』；《七音略》空位；『㺂』爲《廣韻》豏二曉母位小韻首字，列字以『㺂』字爲佳。《七音略》空位誤，當校補爲『㺂』字。《四聲等子》是。

去二韻目：標目爲陷，實爲陷鑒合韻

49 去二見　監　咒A、B本，粵雅堂本，列字均爲『監』，文瀾閣本、文淵閣本、文津閣本，列字均爲『減』，位於上二位，應爲錯位所致；『監』，《廣韻》格懺切，《集韻》居懺切，見鑒去開二咸；《韻鏡》外轉四十合、《七音略》外轉三十二重中輕、《切韻指掌圖》五圖、《起數訣》第八十圖發音濁，列字均爲『鑒』；《切韻指南》咸攝外八合口呼狹門列字均爲『𪘨』，見母陷韻；『鑒』爲《廣韻》、《集韻》見母鑑韻位小韻首字，下收有『監』字，列字以此首字『鑒』爲佳；《四聲等子》文瀾閣本、文淵閣本、文津閣本誤，當校改爲『監』。

50 去二群　㦍　《廣韻》丘釅切，《集韻》去劒切，群釅去開三咸，不應列於此；《廣韻》、《集韻》群母鑑韻陷韻均無列字；《韻鏡》、《七音略》、《切韻指掌圖》、《切韻指南》、《起數訣》均空位；《四聲等子》誤，當刪。

51 去二疑　顑　《廣韻》玉陷切，《集韻》五陷切，疑陷去開二咸；《韻鏡》外轉三十九開、《切韻指掌圖》五圖、《切韻指南》咸攝外八合口呼狹門，列字均爲『顑』；《七音略》外轉三十一重中重，列字均爲『𩕄』，不應列於此，爲『顑』字訛誤；《起數訣》第七十八圖發音濁，列字爲『獑』；『顑』爲《廣韻》陷二疑母位小韻首字，『獑』爲《集韻》陷二疑母位小韻首字，《七音略》誤，應校爲『顑』，《四聲等子》是。

52 去二知　站　《廣韻》、《集韻》陟陷切，知陷去開二咸；《韻鏡》外轉三十九開、《七音略》外轉三十一重中重、《切韻指掌圖》五圖、《切韻指南》咸攝外八合口呼狹門、《起數訣》第七十八圖發音濁，列字均爲『䶨』；『䶨』爲《廣韻》、《集韻》知母陷韻位小韻首字，下收有『站』字，列字以『䶨』爲佳；《四聲等子》亦無誤。

53 去二澄　賺　《廣韻》佇陷切，《集韻》澄母陷韻無列字，澄陷去開二咸；《韻鏡》空位；《七音略》外轉三十一重中重、《切韻指掌圖》五圖、《起數訣》第七十八圖發音濁，列字均爲『賺』；《切韻指南》咸攝外八合口呼狹門，列字均爲『⿰貝廉』；『⿰貝廉』爲《廣韻》陷二澄母位小韻首字，下收有『⿰言廉』字；『賺』爲《集韻》陷二澄母位小韻首字。『⿰貝廉』與『賺』，《康熙字典》記：『《類篇》一曰市物失實。或省作賺。』、『賺』爲『⿰貝廉』之省體。《韻鏡》空位誤，當校補『⿰貝廉』字，《四聲等子》無誤。

54 去二牀　儳　《廣韻》仕陷切，《集韻》仕懺切，崇陷去開二咸；《韻鏡》空位；《七音略》外轉三十一重中重、《切韻指南》咸攝外八合口呼狹門、《起數訣》第七十八圖發音濁，列字均爲『儳』；《切韻指掌圖》五圖，列字爲『鑱』，《集韻》崇母鑒韻；『儳』爲《廣韻》、《集韻》陷二崇母位小韻首字，列字以『儳』字爲佳。《韻鏡》空位誤，當校補『儳』字。《四聲等子》是。

55 去二禪　贍　《廣韻》、《集韻》時豔切，禪豔去開三咸，不應列於此；《廣韻》、《集韻》群母鑒韻陷韻均無列字；《韻鏡》、《七音略》、《切韻指掌圖》、《切韻指南》、《起數訣》，均空位；《四聲等子》誤，當刪。

56 去二影　⿱⺮韽　應爲『韽』字形訛；『韽』，《廣韻》、《集韻》於陷切，影陷二去開咸；《韻鏡》外轉第三十九開、《七音略》外轉三十一重中重、《切韻指南》咸攝外八合口呼狹門、《起數訣》第七十八圖發音濁，列字均爲『韽』；《切韻指掌圖》五圖，列字爲『黬』，影母檻韻。『韽』爲《廣韻》影母陷韻小韻首字，《四聲等子》列字訛，當校改爲『韽』。

入二韻目：標目爲洽

57 入二群 笈 《廣韻》其輒切，《集韻》極曄切，群葉入開三咸，不應列於此；《韻鏡》、《七音略》、《切韻指掌圖》、《切韻指南》、《起數訣》空位；《廣韻》、《集韻》均無小韻，《四聲等子》誤，當删。

58 入二疑 眰 咫A、B本，粵雅堂本列字均爲『眰』，文瀾閣本，列字爲『胵』；文津閣本、文淵閣本列字均爲『䁝』；『眰』，《集韻》爲臻攝或山攝字，不應列於此；『胵』爲止攝或山攝字，不應列於此；『䁝』，《廣韻》、《集韻》五夾切，疑洽入開二咸；《韻鏡》外轉三十九開、《七音略》外轉三十一重中重、《切韻指掌圖》五圖、《切韻指南》咸攝外八合口呼狹門、《起數訣》七十八圖發音濁，列字均爲『䁝』；『䁝』爲《廣韻》、《集韻》洽二疑母位小韻首字，《四聲等子》咫A、B本，粵雅堂本，文瀾閣本誤，應爲『䁝』字訛誤，當校正；文津閣本、文淵閣本是。

59 入二徹 𥂕 咫A、B本，粵雅堂本列字均爲『𥂕』，文瀾閣本，無列字；文津閣本、文淵閣本列字均爲『盧』；『𥂕』，《廣韻》、《集韻》丑図切，徹洽入開二咸；《韻鏡》外轉三十九開、《切韻指掌圖》五圖，列字均爲『𥂕』；《七音略》外轉三十一重中重，列字爲『𥃩』，應爲『𥂕』字訛誤；《切韻指南》咸攝外八合口呼狹門，列字爲『㥉』，《集韻》徹母洽韻；《起數訣》空位；『𥂕』爲《廣韻》洽二徹母位小韻首字，《四聲等子》咫A、B本、粵雅堂本是，其他版本應爲形訛，當校正爲『⿱𠆢盘』。

60 入二澄　⿰睪毛　應爲『⿰罜毛』形訛；『⿰罜毛』，《康熙字典》記：『《玉篇》、《廣韻》、《集韻》與⿰疊毛同。』、『⿰罜毛』、『⿰疊毛』二字爲異體字。『⿰疊毛』，《廣韻》徒協切，《集韻》達協切，定帖四入開咸；又《集韻》徒洽切，以定切澄，類隔。《韻鏡》外轉第三十九開、《切韻指南》咸攝外八合口呼狹門、《起數訣》七十八圖發音濁，列字均爲『⿰罜毛』；《七音略》空位；《切韻指掌圖》五圖，列字爲『渫』，崇母洽韻。《廣韻》洽韻無澄母。『⿰罜毛』爲《集韻》洽二澄母位小韻首字，《四聲等子》從《集韻》，然形訛，當校正爲『⿰罜毛』。

61 入二孃　図　《廣韻》女洽切，《集韻》昵洽切，孃洽入開二咸；《韻鏡》外轉三十九開、《切韻指南》咸攝外八合口呼狹門、《切韻指掌圖》五圖，列字均爲『図』；《七音略》外轉三十一重中重，列字爲『⿱竹図』；《起數訣》七十八圖發音濁，列字爲『因』，應爲『図』形訛；『図』爲《廣韻》、《集韻》洽二孃母位小韻首字，《集韻》下亦收有『⿱竹図』字，列字以『図』字爲佳。《七音略》從《集韻》，列『⿱竹図』字，亦無誤。《四聲等子》是。

62 入二照　肞　應爲『眨』字訛誤；『眨』，《廣韻》、《集韻》側洽切，莊洽入開二咸；《韻鏡》外轉三十九開、《七音略》外轉三十一重中重，列字均爲『貶』，幫母琰韻，誤，應爲『眨』形訛；《切韻指掌圖》五圖、《切韻指南》咸攝外八合口呼狹門，列字均爲『眨』；《起數訣》七十八圖發音濁，列字爲『庿』；『眨』爲《廣韻》、《集韻》洽二莊母位小韻首字，《韻鏡》、《七音略》、《四聲等子》誤，應爲『眨』訛誤，當校正爲『眨』。

63 入二穿　插　咫 A、B本列字均爲『插』，粤雅堂、文瀾閣本、文津閣本、文淵閣本列字均爲『挿』；《廣韻》楚洽切，《集韻》測洽切，穿洽入開二咸；《韻鏡》外轉三十九開、《七音略》外轉三十一重中重、《切韻指掌圖》五圖、《切韻指南》咸攝外八合口呼狹門，列字均爲『挿』；《起數訣》七十八圖發音濁，列字爲『臿』；『挿』爲《廣韻》洽二初母位小韻首字，下收有『臿』字，『挿』、『插』二字爲異體字，《四聲等子》各版本均無誤。

64 入二牀　箑　咫 A、B本，粤雅堂本，列字均爲『箑』，文瀾閣本、文津閣本、文淵閣本列字均爲『𨕚』；『箑』，《集韻》實洽切，牀洽入開二咸；『𨕚』，《廣韻》士洽切，《集韻》實洽切，牀洽入開二咸；《韻鏡》外轉三十九開，列字爲『𨕚』；《七音略》外轉三十一重中重，列字爲『𧼮』；《切韻指掌圖》五圖，列字爲『煠』；《切韻指南》咸攝外八合口呼狹門、《起數訣》七十八圖發音濁，列字均爲『𨕚』；『𨕚』爲《廣韻》、《集韻》崇母洽韻位小韻首字，《廣韻》下收有『𧼮』、『煠』二字，《集韻》下收有『箑』字，列字以『𨕚』爲佳；《四聲等子》文瀾閣本、文津閣本、文淵閣本從《廣韻》，咫 A、B本，粤雅堂本從《集韻》，均無誤。

65 入二審　歃　《廣韻》山洽切，《集韻》色洽切，生洽入開二咸；《韻鏡》外轉三十九開，列字爲『霎』；《七音略》外轉三十一重中重、《切韻指掌圖》五圖列字均爲『歃』；《切韻指南》咸攝外八合口呼狹門，列字爲『翜』，生母葉韻；《起數訣》七十八圖發音濁，列字爲『歃』；『霎』

爲《廣韻》洽二生母位小韻首字，下收有『歃』字；『歃』爲《集韻》小韻首字，《七音略》、《四聲等子》從《集韻》。

66 入二禪　涉　《廣韻》時攝切，《集韻》實攝切，禪葉入開三咸，不應列於此；《韻鏡》、《七音略》、《切韻指掌圖》、《切韻指南》、《起數訣》空位；《四聲等子》誤，當删。

67 入二曉　䑪　咫 A、B本，粵雅堂本，文瀾閣本，文淵閣本，列字均爲『䑪』，文津閣本列字爲『𦪇』；『䑪』，《廣韻》呼洽切，《集韻》呼合切，曉洽入開二咸；《韻鏡》外轉三十九開、《七音略》外轉三十一重中重，列字均爲『䑪』；《切韻指掌圖》五圖、《切韻指南》咸攝外八合口呼狹門，列字均爲『呷』，曉母狎韻；《起數訣》七十八圖發音濁，列字爲『䑫』；『䑪』爲《廣韻》、《集韻》洽二曉母位小韻首字，『䑫』、『䑪』二字爲異體字。《四聲等子》文津閣本形訛，當校正爲『䑪』。其他版本是。

68 入二來　𧘑　《廣韻》來母洽韻無列字，《集韻》力洽切，來洽入開二咸；《韻鏡》、《七音略》、《切韻指掌圖》空位；《切韻指南》咸攝外八合口呼狹門，列字爲『𧘑』；《起數訣》七十八圖發音濁，列字爲『袪』；『𧘑』爲《集韻》洽二來母位小韻首字，《四聲等子》從《集韻》。

平三韻目：標目爲凡，實爲凡鹽嚴合韻，脣音爲合

69 平三見　黔　《廣韻》巨淹切，群鹽平開三咸，不應列於此；又《集韻》居嚴切，見嚴平開三

咸；《韻鏡》、《七音略》、《切韻指掌圖》均空位；《起數訣》第八十圖發音濁，列字爲『黔』；《切韻指南》咸攝外八合口呼狹門，列字爲『黚』，《集韻》見母鹽韻。《廣韻》嚴韻無見母。『黔』爲《集韻》嚴三見母位小韻首字，《四聲等子》從《集韻》。

70 平三溪　㦓　《廣韻》、《集韻》丘廉切，溪鹽三平開咸；《韻鏡》空位；《七音略》外轉三十一重中重，列字爲『煘』，《康熙字典》記：『《五音集韻》直廉切，音𤆍。鉗也。』此記直廉切，澄母鹽韻；不當列於此位。《切韻指掌圖》五圖、《起數訣》七十八圖發音濁、《切韻指南》咸攝外八合口呼狹門，列字均爲『㦓』。『㦓』爲《廣韻》、《集韻》鹽三溪母位小韻首字，列字以『㦓』字爲佳。《韻鏡》空位誤，當校補『㦓』字。《七音略》誤，當校改爲『㦓』字。《四聲等子》是。

71 平三群　○　《廣韻》群母鹽韻列字爲『箝』，《廣韻》巨淹切，《集韻》其淹切，群鹽平開三咸；《韻鏡》空位；《七音略》外轉三十一重中重、《切韻指掌圖》五圖，列字均爲『箝』；《起數訣》第七十八圖發音濁、《切韻指南》咸攝外八合口呼狹門，列字均爲『鍼』；『鍼』爲《集韻》鹽三群母位小韻首字，下收有『箝』字，《四聲等子》空位誤。從當校補『箝』字或『鍼』字。

72 平三澄　𤆍　《廣韻》直廉切，《集韻》持廉切，澄鹽平開三咸；《韻鏡》外轉三十九開、《切韻指掌圖》五圖、《切韻指南》咸攝外八合口呼狹門、《起數訣》七十八圖發音濁，列字均爲『𤆍』；《七音略》空位；『𤆍』爲《廣韻》、《集韻》鹽三澄母位小韻首字，列字以『𤆍』字爲佳。《七音略》空位誤，當校補『𤆍』字。《四聲等子》是。

73 平三孃　粘　《廣韻》女廉切，《集韻》尼占切，孃鹽平開三咸；《韻鏡》外轉三十九開、《七音略》外轉三十一重中重、《切韻指掌圖》五圖、《切韻指南》咸攝外八合口呼狹門、《起數訣》七十八圖發音濁，列字均爲『黏』；『黏』爲《廣韻》、《集韻》孃母鹽韻位小韻首字，下收有『粘』字，列字應以『黏』字爲佳，《四聲等子》亦無誤。

74 平三明　⿰王殳　《廣韻》微母凡韻無列字，《集韻》亡凡切，微凡平合三咸；《韻鏡》外轉四十一合，列字爲『⿰王夋』，應爲『⿰王殳』；《七音略》、《切韻指掌圖》、《切韻指南》空位；《起數訣》七十八圖發音濁，列字爲『⿰王殳』；『⿰王殳』爲《集韻》凡三微母位小韻首字，列字以『⿰王殳』字爲佳，《四聲等子》從《集韻》。

75 平三穿　襜　《廣韻》處占切，《集韻》蚩占切，昌鹽平開三咸；《韻鏡》外轉三十九開，列字爲『襜』；《七音略》外轉三十一重中重、《切韻指掌圖》五圖、《切韻指南》咸攝外八合口呼狹門、《起數訣》七十八圖發音濁，列字均爲『韂』；『韂』爲《廣韻》昌母鹽韻位小韻首字，下收有『襜』字；『襜』爲《集韻》小韻首字，《四聲等子》從《集韻》。

76 平三禪　○　《廣韻》禪母鹽韻列字均爲『棎』；『棎』，《廣韻》視占切，《集韻》時占切，禪鹽平開三咸；《韻鏡》外轉三十九開、《切韻指掌圖》五圖、《切韻指南》咸攝外八合口呼狹門、《起數訣》七十八圖發音濁，列字均爲『棎』；《七音略》外轉三十一重中重，列字爲『蟾』；『棎』爲《廣韻》、《集韻》禪母鹽韻位小韻首字，下收有『蟾』字，列字應以『棎』字爲佳；《四聲等子》

空位，誤，當校補『棎』。

77 平三曉 杴 《廣韻》、《集韻》虛嚴切，曉嚴平開三咸；《韻鏡》外轉四十合、《七音略》外轉三十二重中輕，列字均爲『⿰韋僉』；《切韻指掌圖》五圖、《起數訣》七十八圖發音濁，列字均爲『杴』；《切韻指南》咸攝外八合口呼狹門，列字爲『𡢃』，曉母鹽韻；『⿰韋僉』爲《廣韻》、《集韻》曉母嚴韻位小韻首字，下收有『杴』字，列字應以『⿰韋僉』字爲佳；《四聲等子》亦無誤。

78 平三匣 ○ 《廣韻》、《集韻》匣母鹽韻，嚴韻均無列字；《韻鏡》、《切韻指掌圖》、《切韻指南》、《起數訣》均無列字；《七音略》列字爲『嬚』，『嬚』匣母添韻，不應列於此，誤，當删；《四聲等子》空位是。

79 平三日 蚺 《康熙字典》記：『《正字通》俗蚦字。』、『蚦』，《集韻》如占切，日鹽平開三咸；《韻鏡》外轉三十九開、《七音略》外轉三十一重中重、《切韻指掌圖》五圖、《切韻指南》咸攝外八合口呼狹門、《起數訣》七十八圖發音濁，列字均爲『髯』；《廣韻》日母鹽韻位小韻首字爲『⿱須冉』，下收有『蚺』字，『髯』，注同上，二字爲異體字，《四聲等子》亦無誤。

上三韻目：標目爲范，實爲范琰儼合韻

80 上三溪 欦 《廣韻》溪母儼韻無此列字，《集韻》口广切，溪儼上開三咸；《韻鏡》、《起數訣》空位；《七音略》外轉三十二重中輕，列字爲『欦』；《切韻指掌圖》五圖、《切韻指南》咸攝外八合口呼狹門，列字均爲「䫡」，溪母琰韻；「㰴」爲《集韻》溪母儼韻小韻首字，《四聲等子》從《集韻》。

81 上三群　○　《廣韻》群母儼韻無列字，琰韻列字爲「儉」；「儉」，《廣韻》、《集韻》巨險切，群琰上開三咸；《韻鏡》外轉三十九開、《七音略》外轉三十一重中重、《切韻指南》咸攝外八合口呼狹門、《切韻指掌圖》五圖、《起數訣》七十八圖發音濁，列字均爲「儉」；「儉」爲《廣韻》群母琰韻小韻首字，《四聲等子》空位誤，當校補「儉」。

82 上三徹　諂　咫A、B本，粵雅堂本列字均爲「諂」，文津閣本、文淵閣本、文瀾閣本列字均爲「謟」。「諂」，《廣韻》、《集韻》丑琰切，徹琰上開三咸；《韻鏡》外轉三十九開、《切韻指南》咸攝外八合口呼狹門、《切韻指掌圖》五圖、《起數訣》七十八圖發音濁，列字均爲「諂」；「謟」，透母豪韻，誤。「諂」爲《廣韻》琰三徹母位小韻首字，《四聲等子》文津閣本、文淵閣本、文瀾閣本誤，當校改爲「諂」，其他版本是。

83 上三幫　朘　當爲「腇」字形訛。「腇」，《廣韻》府犯切，《集韻》補范切，非范三上合咸；《韻鏡》外轉第四十一合、《七音略》外轉三十三輕中輕、《切韻指掌圖》五圖、《起數訣》第八十圖發音濁，列字均爲「腇」；《切韻指南》咸攝外八合口呼狹門，列字爲「貶」，幫母琰韻。「腇」爲《廣韻》范三非母位小韻首字，《四聲等子》形訛，當校改爲「腇」。

84 上三明　鋄　《廣韻》、《集韻》亡范切，微范上合三咸；《韻鏡》外轉四十一合，列字爲「鋄」；

《七音略》外轉三十三輕中輕，列字爲『鍪』，應爲『鋄』字訛誤；《切韻指掌圖》五圖、《切韻指南》咸攝外八合口呼狹門《起數訣》第八十圖發音濁，列字均爲『鋄』。『鋄』爲《廣韻》、《集韻》范三微母位小韻首字，《七音略》誤，《四聲等子》是。

85 上三禪 ○ 《廣韻》禪母儼韻無列字，琰韻列字爲『剡』；『剡』，《廣韻》、《集韻》時染切，禪琰上開三咸；《韻鏡》外轉三十九開、《七音略》外轉三十一重中重、《切韻指南》咸攝外八合口呼狹門、《切韻指掌圖》五圖、《起數訣》七十八圖發音濁，列字均爲『剡』；『剡』爲《廣韻》、《集韻》禪母琰韻小韻首字，《四聲等子》空位誤，當校補『剡』。

86 上三來 斂 《廣韻》良冉切，《集韻》力冉切，來琰上開三咸；《韻鏡》外轉三十九開、《七音略》外轉三十一重中重、《切韻指掌圖》五圖、《起數訣》七十八圖發音濁，列字均爲『歛』，曉母談韻，誤，應爲『斂』字訛誤；《切韻指南》咸攝外八合口呼狹門，列字爲『斂』；『斂』爲《廣韻》琰三來母位小韻首字，列字以『斂』字爲佳。《韻鏡》、《七音略》誤，《四聲等子》是。

87 上三日 冉 《廣韻》、《集韻》而琰切，日琰上開三咸；《韻鏡》外轉三十九開，列字形訛。《七音略》空位；《切韻指南》咸攝外八合口呼狹門、《切韻指掌圖》五圖、《起數訣》七十八圖發音濁，列字均爲『冉』；『冉』爲《廣韻》琰三日母位小韻首字，列字以『冉』字爲佳。《七音略》空位誤，當校補『冉』字，《韻鏡》形訛，《四聲等子》是。

去三韻目：標目爲梵，實爲黤釅梵合韻

88 去三見　劍　𡲬A、B本，粤雅堂本，文瀾閣本列字均爲『劍』，文津閣本、文淵閣本列字均爲『劒』。『劍』，《廣韻》、《集韻》居欠切，見梵平合三咸；《韻鏡》外轉四十一合、《七音略》外轉三十三輕中輕、《切韻指掌圖》五圖、《切韻指南》咸攝外八合口呼狹門、《起數訣》第八十圖發音濁，列字均爲『劍』。『劍』、『劒』爲異體字，《四聲等子》各版本均無誤。

89 去三孃　黏　《廣韻》女廉切，孃鹽三平開咸；《集韻》女驗切，孃驗三去開咸；《韻鏡》、《七音略》、《切韻指掌圖》、《切韻指南》均空位；《起數訣》第八十圖發音濁，列字爲『黏』。《廣韻》釅韻無孃母，『黏』爲《集韻》驗三孃母位小韻首字，《四聲等子》從《集韻》。

90 去三非　汎　《廣韻》、《集韻》孚梵切，敷梵三去開咸；《韻鏡》、《七音略》、《切韻指掌圖》均空位；《起數訣》第八十圖發音濁，列字爲『窆』。《切韻指南》空位。『窆』爲《廣韻》、《集韻》黤三幫母位小韻首字，『窆』又爲《集韻》驗三非母位小韻首字，均未收『汎』字，《四聲等子》誤，當校改爲『窆』。

91 去三敷　𥤮　應爲『窆』字訛誤。『窆』，《廣韻》方驗切，《集韻》陂驗切，幫黤去開三咸，不應列於此。《韻鏡》外轉第四十一合、《七音略》外轉三十三輕中輕、《切韻指南》咸攝外八狹門，列字均爲『汎』；《起數訣》第八十圖發音濁、《切韻指掌圖》五圖，列字均爲『泛』。『汎』爲《廣韻》梵三敷母位小韻首字，下收有『泛』字，注：『上同。』、『汎』、『泛』二字爲異體字。

列字以『汎』爲佳，《四聲等子》誤，當校改爲『汎』。

92 去三穿　襜　《廣韻》、《集韻》昌豔切，昌豔去開三咸；《韻鏡》外轉三十九開，列字爲『䠨』，應爲『䠨』訛誤；《七音略》外轉三十一重中重、《切韻指南》咸攝外八合口呼狹門、《起數訣》七十八圖發音濁，列字均爲『䠨』；《切韻指掌圖》五圖，列字爲『襜』；『䠨』爲《廣韻》昌母豔韻位小韻首字，下收有『襜』字，列字以『䠨』爲佳；『襜』爲《集韻》小韻首字，《四聲等子》從《集韻》。

93 去三曉　脅　《廣韻》許欠切，《集韻》虛欠切，曉釅去開三咸；《韻鏡》外轉四十合，列字爲『𧶛』，當爲『脅』形訛；《七音略》、《切韻指南》空位；《起數訣》第八十圖發音濁，列字爲『脅』；《切韻指掌圖》五圖，列字爲『嫯』；『脅』爲《廣韻》、《集韻》昌母釅韻位小韻首字，下收有『嫯』字，列字以『脅』爲佳；《七音略》空位誤，《四聲等子》是。

94 去三影　掩　《廣韻》、《集韻》於贍切，影豔去開三咸；《韻鏡》外轉三十九開、《七音略》外轉三十一重中重、《切韻指南》咸攝外八合口呼狹門、《起數訣》七十八圖發音濁，列字均爲『憸』；《切韻指掌圖》五圖，列字爲『厭』；『憸』爲《廣韻》、《集韻》影母豔韻位小韻首字，下收有『厭』字，列字以『憸』爲佳；《集韻》下收有『掩』字，《四聲等子》從《集韻》，亦無誤。

入三韻目：　標目爲乏，實爲葉業乏合韻

95 入三見　刦　㕁 A、B本，粤雅堂本，文瀾閣本列字均爲『刦』，文津閣本、文淵閣本列字均爲『刼』。『刦』，《廣韻》未收此字，《集韻》訖業切，見業入開三咸；《韻鏡》外轉四十合，列字均爲『刼』，《七音略》外轉三十二重中輕，列字均爲『刼』；《切韻指掌圖》五圖、《起數訣》第八十圖發音濁，列字均爲『刼』，《切韻指南》咸攝外八合口呼狹門，列字均爲『刼』；『劫』爲《廣韻》、《集韻》業三見母位小韻首字，注：『俗作刼。』、『刼』爲『劫』之俗字。《集韻》下亦收有『刦』、『刼』二字，列字以『劫』字爲佳。《四聲等子》從《集韻》，各版本均無誤。

96 入三溪　怯　《廣韻》去劫切，《集韻》乞業切，溪業入開三咸；《韻鏡》外轉四十合、《七音略》外轉三十二重中輕、《切韻指南》咸攝外八合口呼狹門，列字均爲『怯』；《切韻指掌圖》五圖、《起數訣》第八十圖發音濁，列字均爲『㾀』，溪母葉韻；『㾀』爲《廣韻》、《集韻》葉三溪母位小韻首字，下未收有『怯』字。『抾』爲《集韻》業三溪母位小韻首字，《四聲等子》從《集韻》。

97 入三群　○　《廣韻》、《集韻》群母業韻列字均爲『跲』，葉韻列字均爲『衱』；『跲』，《廣韻》巨業切，《集韻》極業切，群業入開三咸；《韻鏡》外轉四十合，列字爲『跲』；《七音略》外轉三十二重中輕、《起數訣》空位。『衱』，《廣韻》其輒切，《集韻》極曄切，群葉入開三咸；《韻鏡》外轉三十九開、《七音略》外轉三十一重中重，列字均爲『衱』。《切韻指掌圖》五圖，列字爲『跲』，《切韻指南》咸攝外八合口呼狹門，列字爲『衱』；『衱』爲《廣韻》葉三群母位小韻首字，『跲』爲《廣韻》業三群母位小韻首字，《四聲等子》空閏誤，當校補『衱』或『跲』字。

98 入三知　輒　咫A、B本，粵雅堂本列字均爲『輒』，文瀾閣本、文津閣本、文淵閣本列字均爲『輙』。『輙』，《康熙字典》記：『俗輒字。』、『輒』，《廣韻》陟葉切，《集韻》陟涉切，知葉入開三咸；《韻鏡》外轉三十九開、《七音略》外轉三十一重中重、《切韻指南》咸攝外八合口呼狹門、《切韻指掌圖》五圖、《起數訣》七十八圖發音濁，列字均爲『輒』；『輒』爲《廣韻》、《集韻》葉三知母位小韻首字，《四聲等子》文瀾閣本、文津閣本、文淵閣本列俗體雖無誤，但校正爲『輒』更佳，其他版本是。

99 入三滂　⿰矢乏　咫A、B本，粵雅堂本，文瀾閣本列字均爲『⿰矢乏』，文津閣本、文淵閣本列字均爲『⿰女去』。『⿰女去』，《廣韻》孚法切，敷乏三入合咸；《集韻》未收；《韻鏡》外轉四十一合、《七音略》外轉三十三輕中輕、《切韻指掌圖》五圖、《切韻指南》咸攝外八合口呼狹門、《起數訣》第八十圖發音濁，列字均爲『⿰女去』；『⿰女去』爲《廣韻》敷母乏韻小韻首字，《四聲等子》咫A、B本，粵雅堂本，文瀾閣本誤，應校正爲『⿰女去』，其他版本是。

100 入三禪　〇　《廣韻》、《集韻》禪母葉韻列字均爲『涉』；『涉』，《廣韻》時攝切，《集韻》實攝切，禪葉入開三咸；《韻鏡》外轉三十九開、《七音略》外轉三十一重中重、《切韻指南》咸攝外八合口呼狹門、《切韻指掌圖》五圖、《起數訣》七十八圖發音濁，列字均爲『涉』；『涉』爲《廣韻》、《集韻》禪母葉韻小韻首字，《四聲等子》誤，當校補『涉』字。

101 入三影　業　《廣韻》魚怯切，《集韻》逆怯切，疑業入開三咸，不應列於此；《廣韻》、《集韻》

影母業韻列字均爲「腌」，葉韻列字均爲「敂」；「腌」，《廣韻》於業切，《集韻》乙業切，影業入開三咸；《韻鏡》外轉四十合、《七音略》外轉三十二重中輕、《起數訣》第八十圖發音濁，列字均爲「腌」。「敂」，《廣韻》於輒切，影葉入開三咸；《韻鏡》外轉三十九開、《七音略》外轉三十一重中重、《切韻指掌圖》五圖、《切韻指南》咸攝外八合口呼狹門，列字均爲「敂」；《起數訣》七十八圖發音濁，列字爲「曄」；《四聲等子》誤，當校改爲「腌」或「敂」。

102 入三喻　曅　咫 A、B本列字均爲「曅」，粵雅堂本、文瀾閣本列字均爲「曄」，文淵閣本爲「曄」省筆，文津閣本，列字爲「協」；「曄」，《廣韻》筠輒切，《集韻》域輒切，喻葉入開三咸；《韻鏡》外轉三十九開、《七音略》外轉三十一重中重、《切韻指掌圖》五圖、《起數訣》，列字均爲「曄」；《切韻指南》咸攝外八合口呼狹門，列字爲「曅」，見母麥韻；「曄」爲《廣韻》葉三云母位小韻首字，下收有「曄」字，《四聲等子》咫 A、B本，文津閣本，文淵閣本當校改爲「曄」。

103 入三來　儠　《廣韻》良涉切，《集韻》力涉切，來葉入開三咸；《韻鏡》外轉三十九開、《七音略》外轉三十一重中重、《切韻指南》咸攝外八合口呼狹門、《切韻指掌圖》五圖、《起數訣》，列字均爲「獵」；「獵」爲《廣韻》來母葉韻位小韻首字，下收有「儠」字，列字應以「獵」字爲佳，《四聲等子》亦無誤。

平四韻目：標目爲鹽，實爲鹽添合韻

104 平四見　兼　《廣韻》古甜切，《集韻》堅嗛切，見添平開四咸；《韻鏡》空位；《七音略》外轉三十一重中重、《切韻指南》咸攝外八合口呼狹門、《切韻指掌圖》五圖，列字均爲『兼』；《起數訣》第七十九圖發音清，列字爲『兼』；『兼』爲《廣韻》、《集韻》添四見母位小韻首字，『兼』爲『兼』字異體，《韻鏡》空位誤，當校補『兼』，《四聲等子》是。

105 平四群　○　《廣韻》群母添韻無列字，鹽韻列字均爲『鍼』；『鍼』，《廣韻》、《集韻》巨鹽切，群鹽三平開咸。《韻鏡》、《起數訣》空位；《七音略》外轉三十二重中輕、《切韻指掌圖》五圖，列字爲『鍼』；《切韻指南》咸攝外八合口呼狹門，列字爲『涅』。『鍼』爲《廣韻》鹽重紐四等群母位小韻首字，《韻鏡》、《四聲等子》空位誤，當校補『鍼』字。

106 平四端　敁　《廣韻》丁兼切，端添平開四咸；《集韻》未收；《韻鏡》外轉三十九開、《七音略》外轉三十一重中重、《切韻指南》咸攝外八合口呼狹門、《切韻指掌圖》五圖、《起數訣》第七十九圖發音清，列字均爲『髺』；『髺』爲《廣韻》、《集韻》端母添韻位小韻首字，下收有『敁』字，列字應以『髺』字爲佳，《四聲等子》亦無誤。

107 平四透　添　《廣韻》他兼切，《集韻》無列字，透添平開四咸；《韻鏡》外轉三十九開，列字爲『添』，應爲『添』訛誤；《七音略》外轉三十一重中重、《切韻指南》咸攝外八合口呼狹門、《切韻指掌圖》五圖、《起數訣》第七十九圖發音清，列字均爲『添』。『添』爲《廣韻》、《集韻》

添四透母位小韻首字，《韻鏡》形訛，《四聲等子》是。

108 平四精　尖　《廣韻》子廉切，《集韻》將廉切，精鹽平開三咸；《韻鏡》外轉四十合，列字爲『笺』；《七音略》外轉三十二重中輕，列字爲『鑒』，從母字，誤；《切韻指掌圖》五圖、《切韻指南》咸攝外八合口呼狹門、《起數訣》第七十七圖發音清，列字均爲『尖』；『尖』爲《廣韻》鹽三精母位小韻首字，下收有『笺』字，列字以『尖』字爲佳。《七音略》誤，當校改爲『尖』字。《四聲等子》是。

109 平四清　僉　《廣韻》七廉切，《集韻》千廉切，清鹽平開三咸；《韻鏡》外轉四十合、《切韻指掌圖》五圖、《切韻指南》咸攝外八合口呼狹門，列字均爲『籖』；《七音略》外轉三十二重中輕，列字爲『僉』；《起數訣》第七十七圖發音清，列字爲『籤』，《字彙補》籖字之訛；『籖』爲《廣韻》、《集韻》鹽三清母位小韻首字，下收有『僉』字，列字以『籖』字爲佳。《七音略》、《四聲等子》亦無誤。

110 平四心　纖　《廣韻》息廉切，《集韻》思廉切，心鹽平開三咸；《韻鏡》外轉四十合、《七音略》外轉三十二重中輕、《切韻指掌圖》五圖、《切韻指南》咸攝外八合口呼狹門、《起數訣》第七十七圖發音清，列字均爲『銛』；『銛』爲《廣韻》、《集韻》心母鹽韻位小韻首字，下收有『纖』字，列字應以『銛』字爲佳。《四聲等子》亦無誤。

111 平四邪　燅　《廣韻》徐鹽切，《集韻》徐廉切，邪鹽平開三咸；《韻鏡》外轉四十合、《七音略》

外轉三十二重中輕，列字均爲『㷷』；《切韻指掌圖》五圖、《切韻指南》咸攝外八合口呼狹門、《起數訣》第七十七圖發音清，列字均爲『燅』；『燅』爲《廣韻》、《集韻》邪母鹽韻位小韻首字，下收有『㷷』字，列字應以『燅』字爲佳。《四聲等子》是。

112 平四匣　嫌　咞 A、B 本，粤雅堂本列字均爲『嫌』，文瀾閣本、文津閣本、文淵閣本列字均爲『嬐』。『嫌』，《廣韻》户兼切，《集韻》賢兼切，匣添平開四咸；《韻鏡》外轉三十九開、《切韻指南》咸攝外八合口呼狹門、《切韻指掌圖》五圖、《起數訣》第七十九圖發音清，列字均爲『嫌』；《七音略》外轉三十一重中重，空位，『嫌』位於三等位，應爲錯位所致；『嫌』爲《廣韻》、《集韻》添四匣母位小韻首字，『嬐』爲『嫌』俗字，《四聲等子》文瀾閣本、文津閣本、文淵閣本列俗體，當校正爲『嫌』，其他版本是。

113 平四來　鬑　咞 A、B 本，粤雅堂本列字均爲『鬑』，文瀾閣本、文津閣本、文淵閣本列字均爲『鬑』。『鬑』，《廣韻》、《集韻》勒兼切，來添平開四咸；《韻鏡》外轉三十九開、《七音略》外轉三十一重中重、《切韻指南》咸攝外八合口呼狹門、《切韻指掌圖》五圖，列字均爲『鬑』；《起數訣》第七十九圖發音清，列字爲『稴』。『鬑』爲《廣韻》、《集韻》添四來母位小韻首字，《集韻》下亦收有『稴』字，列字以『鬑』字爲佳。『鬑』爲『鬑』俗字，《四聲等子》文瀾閣本、文津閣本、文淵閣本當校正爲『鬑』，其他版本是。

上四韻目：標目爲琰，實爲忝琰合韻

114 上四見　孂　咫A、B本，粤雅堂本列字均爲『孂』，文瀾閣本、文津閣本、文淵閣本列字均爲『𡢃』，應爲『孂』形訛。『孂』，《廣韻》兼玷切，《集韻》兼忝切，見忝上開四咸；《韻鏡》外轉三十九開，列字均爲『孂』，應爲『孂』訛誤；《七音略》外轉三十一重中重、《切韻指南》咸攝外八合口呼狹門、《切韻指掌圖》五圖、《起數訣》第七十九圖發音清，列字均爲『孂』；『孂』爲《廣韻》、《集韻》忝四見母位小韻首字，《韻鏡》列字訛，《四聲等子》是。

115 上四溪　嗛　《廣韻》苦簟切，《集韻》苦簟切，溪忝上開四咸；《韻鏡》外轉三十九開、《七音略》外轉三十一重中重，列字均爲『歉』；《切韻指掌圖》五圖、《起數訣》第七十九圖發音清，列字均爲『嗛』；《切韻指南》咸攝外八合口呼狹門，列字爲『脥』，溪母琰韻；『嗛』爲《廣韻》溪母忝韻位小韻首字，下收有『歉』字，列字應以『嗛』字爲佳，《四聲等子》是。

116 上四疑　○　《廣韻》、《集韻》疑母忝韻無列字，《韻鏡》外轉三十九開，空位；《七音略》外轉三十一重中重，列字爲『顩』，疑母琰韻，不應列於此；《切韻指掌圖》五圖、《切韻指南》咸攝外八合口呼狹門、《起數訣》第七十九圖發音清，均空位；《七音略》誤，當删；《四聲等子》空位是。

117 上四透　忝　《廣韻》他玷切，《集韻》他點切，透忝上開四咸；《韻鏡》外轉三十九開，列字爲『忝』，透母添韻，不應列於此，應爲『忝』字訛誤；《七音略》外轉三十一重中重、《切韻指南》咸攝外八合口呼狹門、《切韻指掌圖》五圖、《起數訣》第七十九圖發音清，列字均爲『忝』；《韻鏡》誤，當校對爲『忝』，《四聲等子》是。

118 上四明　⿱一乏　當爲『⿱一乏』字訛誤；『⿱一乏』，《廣韻》明忝切，《集韻》美忝切，明忝上開四咸；《韻鏡》外轉第三十九開、《起數訣》第七十九圖發音清、《切韻指南》咸攝外八合口呼狹門，列字均爲『⿱一乏』；《七音略》外、《切韻指掌圖》均空位。『⿱一乏』爲《廣韻》、《集韻》忝四明母位小韻首字，列字以『⿱一乏』字爲佳，《七音略》空位誤，《四聲等子》列字形訛，當校正爲『⿱一乏』。

119 上四精　僭　當爲『僭』形訛；『僭』，《廣韻》子念切，精㮇四去開咸；《集韻》子忝切，精忝四上開咸；《韻鏡》、《七音略》、《切韻指掌圖》均空位。《起數訣》第七十九圖發音清、《切韻指南》咸攝外八合口呼狹門，列字均爲『僭』。《廣韻》忝韻無精母，『僭』爲《集韻》忝四精母位小韻首字，《四聲等子》從《集韻》，但形訛，當校正爲『僭』。

120 上四清　憸　《廣韻》、《集韻》七漸切，清琰上開三咸；《韻鏡》外轉四十合、《切韻指掌圖》五圖，列字均爲『憸』；《七音略》外轉三十二重中輕，列字爲『槧』，從母琰韻，誤，『憸』字列於心母，應爲錯位所致；《切韻指南》咸攝外八合口呼狹門，列字爲『憯』，《集韻》清母忝韻；《起數訣》第七十七圖發音清，列字爲『⿰酉韱』。『憸』爲《廣韻》、《集韻》琰三清母位小韻首字，《七音略》誤，《四聲等子》是。

121 上四從　⿱漸日　《廣韻》、《集韻》未收，《廣韻》、《集韻》琰三從母有『漸』，《廣韻》慈染切，《集韻》

疾染切，從琰上開三咸；《韻鏡》外轉四十合、《七音略》外轉三十二重中輕、《切韻指掌圖》五圖、《切韻指南》咸攝外八合口呼狹門、《起數訣》第七十七圖發音清，列字均爲『漸』；『漸』爲《廣韻》、《集韻》琰三從母位小韻首字，《四聲等子》誤，當校改爲『漸』。

122 上四心　譣　《廣韻》心母琰韻無列字，《集韻》纖琰切，心琰上開三咸；《韻鏡》、《切韻指掌圖》空位；《七音略》外轉三十二重中輕，列字爲『憸』，誤；《切韻指南》咸攝外八合口呼狹門、《起數訣》第七十七圖發音清，列字均爲『譣』。『譣』爲《集韻》琰三心母位小韻首字，列字以『譣』字爲佳。《四聲等子》從《集韻》。

123 上四邪　緂　《廣韻》處占切，《集韻》蚩占切，昌鹽平開三咸，不應列於此；《廣韻》邪母琰韻，忝韻均無列字；《韻鏡》、《七音略》、《切韻指掌圖》均空位；《切韻指南》咸攝外八合口呼狹門、《起數訣》第七十七圖發音清，列字均爲『餤』，《集韻》邪母琰韻；『餤』爲《集韻》琰三邪母位小韻首字，《四聲等子》從《集韻》，然形訛，誤，當校爲『餤』。

124 上四匣　鼸　咫 A、B本，粵雅堂本列字均爲『鼸』，文瀾閣本、文津閣本、文淵閣本列字均爲『⿰鼠無』。『鼸』，《廣韻》胡忝切，《集韻》下忝切，匣忝上開四咸；《韻鏡》外轉三十九開，空位；《七音略》外轉三十一重中重、《切韻指南》咸攝外八合口呼狹門、《切韻指掌圖》五圖、《起數訣》第七十九圖發音清，列字均爲『鼸』。『鼸』爲《廣韻》忝四匣母位小韻首字，《韻鏡》誤，當校補爲『鼸』，『⿰鼠無』爲『鼸』俗字，《四聲等子》文瀾閣本、文津閣本、文淵閣本當校正爲『鼸』，其他版本是。

125 上四影　黶　《廣韻》、《集韻》於琰切，影琰上開三咸；《韻鏡》外轉四十合、《切韻指南》咸攝外八合口呼狹門、《起數訣》第七十七圖發音清，列字均爲『黶』；《七音略》外轉三十二重中輕，列字均爲『黭』；『黶』爲《廣韻》、《集韻》琰三影母位小韻首字，《集韻》下亦收有『黭』字，列字以『黶』字爲佳。《四聲等子》是。

126 上四喻　珓　應爲『琰』字訛誤。『琰』，《廣韻》、《集韻》以冉切，喻琰上開三咸；《韻鏡》外轉四十合、《七音略》外轉三十二重中輕、《切韻指掌圖》五圖、《切韻指南》咸攝外八合口呼狹門、《起數訣》第七十七圖發音清，列字均爲『琰』。『琰』爲《廣韻》琰三喻母位小韻首字，《四聲等子》誤，當校爲『琰』。

127 上四來　稴　咫A、B本，粵雅堂本列字均爲『稴』，文瀾閣本、文津閣本、文淵閣本列字均爲『穮』。『稴』，《廣韻》力忝切，《集韻》盧忝切，來忝上開四咸；《韻鏡》外轉三十九開、《七音略》外轉三十一重中重、《切韻指掌圖》五圖、《起數訣》第七十九圖發音清，列字均爲『稴』；《切韻指南》空位；『稴』爲《廣韻》忝四來母位小韻首字，『穮』爲『稴』俗，《四聲等子》文瀾閣本、文津閣本、文淵閣本當校正爲『稴』，其他版本是。

128 上四日　○　《廣韻》、《集韻》日母忝韻無列字，日母琰韻列字爲『苒』，《廣韻》、《集韻》而琰切，日琰三上開咸；《韻鏡》外轉第三十九開、《七音略》外轉三十二重中輕，列字均爲

『苒』；《切韻指掌圖》五圖，列字爲『冉』，日母琰韻；《起數訣》、《切韻指南》均空位。『苒』爲《廣韻》、《集韻》琰三日母位小韻首字，按韻圖規則應列於三等位，《韻鏡》、《七音略》列『苒』字，均誤，當刪。《四聲等子》空位是。

去四韻目：標目爲艶，實爲㮇豔合韻

129 去四見　兼　《廣韻》古念切，《集韻》吉念切，見㮇去開四咸；《韻鏡》外轉三十九開、《七音略》外轉三十一重中重，列字均爲『趝』；《切韻指掌圖》五圖、《切韻指南》咸攝外八合口呼狹門、《起數訣》第七十九圖發音清，列字均爲『兼』；『趝』爲《廣韻》㮇一見母位小韻首字，列字以『趝』字爲佳。《廣韻》另有『兼』小韻，古念切，當并入『趝』。『兼』爲《集韻》小韻首字，《四聲等子》亦無誤。

130 去四精　僭　應爲『僣』形訛；《廣韻》、《集韻》子念切，精㮇去開四咸；《韻鏡》外轉三十九開、《七音略》外轉三十一重中重、《切韻指南》咸攝外八合口呼狹門，列字均爲『僣』；《切韻指掌圖》五圖、《起數訣》第七十九圖發音清，列字均爲『借』，透母屑韻，不應列於此，應爲『僣』字訛誤；『僣』爲《廣韻》、《集韻》㮇四精母位小韻首字，《四聲等子》當校正爲『僣』。

131 去四從　潛　《廣韻》、《集韻》慈豔切，從豔去開三咸；《韻鏡》外轉四十合，列字爲『潛』；《七音略》外轉三十二重中輕、《切韻指南》咸攝外八合口呼狹門、《起數訣》第七十七圖發音清，列字均爲『潛』；《切韻指掌圖》五圖，列字爲『瞀』；『潛』爲《廣韻》、《集韻》從母黯韻位小韻首字，《集韻》下收有『瞀』字，列字以首字『潛』爲佳；『潛』、『潛』爲異體字，《四聲等子》當校下爲正體『潛』。

132 去四心 磏 《廣韻》、《集韻》先念切，心㮇去開四咸；《韻鏡》外轉三十九開、《七音略》外轉三十一重中重、《切韻指掌圖》五圖、《切韻指南》咸攝外八合口呼狹門、《起數訣》第七十九圖發音清，列字均爲『磏』；『磏』爲《廣韻》㮇四從母位小韻首字，『磏』、『磏』爲異體字，《四聲等子》列異體亦無誤。

133 去四喻 艷 《廣韻》、《集韻》以贍切，以豔去開三咸；《韻鏡》外轉四十合、《七音略》外轉三十二重中輕、《起數訣》第七十七圖發音清，列字均爲『艷』；《切韻指南》咸攝外八合口呼狹門，去列字爲『豔』；《切韻指掌圖》空位，『艷』在三等位；『豔』爲《廣韻》、《集韻》豔三以母位小韻首字，『艷』爲異體，《四聲等子》無誤。

134 去四來 穲 咫A、B本，粵雅堂本列字均爲『穲』，文瀾閣本、文津閣本、文淵閣本列字均爲『穲』。『穲』，《廣韻》力店切，《集韻》歷店切，來㮇去開四咸；《韻鏡》外轉三十九開、《七音略》外轉三十一重中重、《切韻指掌圖》五圖、《切韻指南》咸攝外八合口呼狹門、《起數訣》第七十九圖發音清，列字均爲『穲』。『穲』爲『穲』俗，《四聲等子》文瀾閣本、文津閣本、文淵閣本當校正爲『穲』，其他版本是。

135 去四日　○　《廣韻》日母𣓊韻，豔韻四等位均無列字，《韻鏡》外轉三十九開、《切韻指掌圖》五圖，列字均爲「染」，《廣韻》而豔切，日母豔韻；按韻圖規則應該列於三等位；《七音略》、《切韻指南》、《起數訣》空位；《四聲等子》空位是。

入四韻目：標目爲葉，實爲葉帖合韻

136 入四溪　篋　《廣韻》苦協切，《集韻》詰叶切，溪帖四入開咸；《韻鏡》外轉第三十九開、《七音略》外轉三十一重中重、《切韻指掌圖》五圖、《切韻指南》咸攝外八合口呼狹門，列字均爲「愜」；《起數訣》第七十九圖發音清，列字爲「篋」。「愜」爲《廣韻》㥦四溪母位小韻首字，下收有「篋」字。「篋」爲《集韻》㥦四溪母位小韻首字，下收有「愜」字，列字以「篋」字爲佳。《四聲等子》從《集韻》。

137 入四透　帖　《廣韻》他協切，《集韻》託協切，透帖四入開咸；《韻鏡》外轉第三十九開、《切韻指南》咸攝外八合口呼狹門，列字爲「怗」；《七音略》外轉三十一重中重、《切韻指掌圖》五圖、《起數訣》第七十九圖發音清，列字均爲「帖」。「怗」爲《廣韻》怗四透母位小韻首字，下收有「帖」字。「帖」爲《集韻》怗四透母位小韻首字，下收有「怗」字，列字以「帖」子爲佳。《四聲等子》從《集韻》。

138 入四定　牒　《廣韻》徒協切，《集韻》達協切，定帖四入開咸；《韻鏡》外轉第三十九開、《切韻指掌圖》五圖、《起數訣》第七十九圖發音清、《切韻指南》咸攝外八合口呼狹門，列字均爲『牒』；《七音略》空位。『牒』爲《廣韻》、《集韻》怗四定母位小韻首字，列字以『牒』字爲佳。《七音略》空位誤，當校補『牒』字。《四聲等子》是。

139 入四泥　捻　《廣韻》奴協切，《集韻》諾叶切，泥帖四入開咸；《韻鏡》外轉第三十九開、《七音略》外轉三十一重中重、《起數訣》第七十九圖發音清，列字均爲『捻』；《切韻指掌圖》五圖、《切韻指南》咸攝外八合口呼狹門，列字爲『苶』。『苶』爲《廣韻》帖四曉母位小韻首字，下收有『捻』字。『捻』爲《集韻》帖四曉母位小韻首字，下收有『苶』字，列字以『捻』字爲佳。《四聲等子》從《集韻》。

140 入四滂　妶　《廣韻》房法切，奉乏三入合咸，不應列於此；《集韻》匹耴切，滂葉三入開咸；《韻鏡》、《七音略》、《切韻指掌圖》、《切韻指南》、《起數訣》均空位。《四聲等子》誤，當删。

141 入四從　燮　《廣韻》蘇協切，《集韻》悉協切，心帖四入開咸，不應列於此；《韻鏡》外轉第三十九開、《七音略》外轉三十一重中重，列字均爲『䕹』，《廣韻》在協切，《集韻》疾協切，從帖四入開咸；《切韻指掌圖》五圖，列字爲『捷』，從母葉韻；《起數訣》第七十九圖發音清，列字爲『踕』；《切韻指南》咸攝外八合口呼狹門，列字爲『燮』。『䕹』爲《廣韻》、《集韻》帖四從母位小韻首字，《集韻》下亦收有『踕』字，列字以『䕹』字爲佳。《四聲等子》誤，當校改爲『蘺』。

142　入四心　燮　《廣韻》蘇協切，《集韻》悉協切，心帖四入開咸；《韻鏡》外轉第三十九開，列字爲『變』，《廣韻》彼眷切，《集韻》彼卷切，幫線三去開山；當爲『燮』字形訛。《七音略》外轉三十一重中重、《切韻指掌圖》五圖、《起數訣》第七十九圖發音清、《切韻指南》咸攝外八合口呼狹門，列字均爲『燮』。『燮』爲《廣韻》、《集韻》帖四心母位小韻首字，《韻鏡》誤，《四聲等子》是。

143　入四曉　弽　《廣韻》呼牒切，《集韻》呼帖切，曉帖四入開咸；《韻鏡》外轉第三十九開、《七音略》外轉三十一重中重，列字均爲『婡』；《切韻指掌圖》五圖、《切韻指南》咸攝外八合口呼狹門，列字均爲『弽』；《起數訣》第七十九圖發音清，列字爲『婡』；『弽』爲《廣韻》帖四曉母位小韻首字，下收有『婡』字。《四聲等子》是。

144　入四影　嬮　《廣韻》於葉切，《集韻》益涉切，影葉三入開咸；《韻鏡》外轉第四十合、《七音略》外轉三十二重中輕、《切韻指掌圖》五圖、《起數訣》第七十七圖發音清、《切韻指南》咸攝外八合口呼狹門，列字均爲『魘』。『魘』爲《廣韻》、《集韻》葉四影母位小韻首字，下收『嬮』，列字應以『魘』爲佳，《四聲等子》亦無誤。

全重無輕韻　深攝內七

見	溪	羣	疑	端知	透徹	定澄	泥孃	幫非	滂敷	並奉	明微
站	○	○	○	○	○	○	○	○	○	○	○
○	○	○	○	○	○	○	○	○	○	○	○
○	○	○	○	○	○	○	○	○	○	○	○
○	○	○	○	○	○	○	○	○	○	○	○
○	○	○	○	○	○	○	○	○	○	○	○
○	○	○	○	○	○	○	○	○	○	○	○
○	○	○	○	○	○	○	○	○	○	○	○
○	○	○	○	○	○	○	○	○	○	○	○
金	欽	琴	吟	碪	琛	沉	鵀	○	○	○	○
錦	坅	噤	僸	戡	踸	朕	袵	稟	品	○	○
禁	搇	妗	吟	揕	闖	鴆	賃	稟	○	○	○
急	泣	及	岌	縶	湁	蟄	孨	鵖	○	駜	○
○	○	○	○	○	○	○	○	○	○	○	○
○	○	○	○	○	○	○	○	○	○	○	○
○	○	○	○	○	○	○	○	○	○	○	○
○	○	○	○	○	○	○	○	○	○	○	○

	精照	清穿	從牀	心審	邪禪	曉	匣	影	喻	來	日
獨用孤單韻	○	○	○	○	○	○	○	○	○	○	○
	怎	○	○	○	○	吽	○	○	○	○	○
	○	○	○	○	○	○	○	○	○	○	○
	○	○	○	○	○	○	○	○	○	○	○
	先	嵾	岑	參	○	○	○	○	○	○	○
	顜	墋	頋	瘁	○	○	○	○	○	○	○
	譖	讖	穇	滲	○	○	○	○	○	○	○
	戢	届	霵	澀	○	○	○	○	○	○	○
侵寑沁緝	針	覘	○	深	諶	歆	○	音	○	林	任
	枕	瀋	葚	審	甚	廞	○	飲	○	廩	荏
	枕	瀋	葚	深	甚	譀	○	蔭	許	臨	任
	執	斟	○	濕	十	吸	○	邑	熤	立	入
	祲	侵	埐	心	尋	○	○	愔	淫	○	○
	䤞	寑	嶜	罧	蕈	○	○	○	潭	○	○
	浸	沁	○	勸	鐔	○	○	○	䬤	○	○
	嚛	緝	集	歙	習	○	○	揖	熠	○	○

第二十圖　全重無輕韻　深攝内七

平一韻目：無標目

1 平一見　站　《廣韻》、《集韻》陟陷切，知陷二去開咸，不應列於此；諸家韻圖，深攝均無一等字；《四聲等子》誤，當删。

上一韻目：無標目，實爲侵韻

2 上一精　怎　《康熙字典》記：「按此字，廣韻，集韻皆未收，唯韓孝彦《五音集韻》收之。《五音集韻》子吽切。語辭也。」按子吽切，精母侵韻，爲三等字；《廣韻》、《集韻》未收；《韻鏡》、《七音略》、《切韻指掌圖》、《起數訣》均空位；《切韻指南》深攝内八獨韻狹門，列字爲「怎」；《廣韻》、《集韻》精母侵韻無一等字，《四聲等子》按韻書《五音集韻》列入此字，亦不當列於一等上聲位，誤，當删。

3 上一曉　吽　《廣韻》呼后切，曉厚一上開流，不應列於此；《集韻》於金切，影侵三平開深，亦不應列於此；《韻鏡》、《七音略》、《切韻指掌圖》、《起數訣》，均空位；《切韻指南》深攝内八獨韻狹門，列字爲「吽」；《廣韻》、《集韻》曉母侵韻無列字，《四聲等子》誤，當删。

平二韻目：無標目，實爲侵韻

4

平二照　先　《廣韻》側吟切，《集韻》緇簪切，莊侵三平開深；《韻鏡》内轉第三十八合、《七音略》内轉四十一重中重、《切韻指掌圖》六圖，列字均爲「簪」；《起數訣》第七十六圖發音濁、《切韻指南》深攝内八獨韻狹門，列字均爲「先」；「先」爲《廣韻》侵三莊母位小韻首字，下收有「簪」字，注：「上同。」、「先」、「簪」二字爲異體字。「簪」爲《集韻》小韻首字，《四聲等子》從《集韻》。

5

平二穿　嵾　《廣韻》楚簪切，《集韻》初簪切，初侵二平開深；《韻鏡》内轉第三十八合、《切韻指掌圖》六圖、《切韻指南》深攝内八獨韻狹門，列字均爲「嵾」；《七音略》内轉四十一重中重、《起數訣》第七十六圖發音濁，列字均爲「參」。「嵾」爲《廣韻》、《集韻》侵三初母位小韻首字，下收有「參」字，注：「上同。」、「嵾」、「參」二字爲異體字，《七音略》亦無誤，《四聲等子》是。

6

平二審　參　《廣韻》所今切，《集韻》疏簪切，生侵三平開深；《韻鏡》内轉第三十八合、《七音略》内轉四十一重中重、《切韻指掌圖》六圖、《切韻指南》深攝内八獨韻狹門，列字均爲「森」；《起數訣》空位；「森」爲《廣韻》、《集韻》侵三生母位小韻首字，下收有「參」字，列字以「森」字爲佳，《四聲等子》亦無誤。

上二韻目：無標目，實爲寑韻

7 上二照　𩖈　咫A本列字爲「𩖈」；文瀾閣本、粤雅堂本、文淵閣本、文津閣本，列字均爲「𩔰」。「𩔰」，《康熙字典》記：「《字彙補》䫲字之訛。」爲「䫲」之訛字；「䫲」，《康熙字典》記：「《廣韻》、《集韻》章荏切，音枕。《玉篇》低頭貌。又《廣韻》頭鋭長也。又《集韻》七稔切，音寑。懦劣也。」《廣韻》、《集韻》未收；《廣韻》莊母寑韻無列字，《集韻》有「䫲，側踸切」。《韻鏡》内轉第三十八合、《切韻指南》深攝内八獨韻狹門，列字均爲「𩔰」，應爲「䫲」形訛；《七音略》、《切韻指掌圖》、《起數訣》空位；《廣韻》莊母寑韻無字，「䫲」爲《集韻》寑三莊母位小韻首字，《四聲等子》從《集韻》，然咫A、B本形訛，當校正爲「䫲」，其他版本列「𩔰」爲訛字，亦當校正爲「䫲」。

8 上二穿　墋　咫A、B本，粤雅堂本，列字爲「墋」，文瀾閣本、文淵閣本、文津閣本，列字均爲「𡑞」，「墋」、「𡑞」爲異體字；「墋」，《廣韻》初朕切，《集韻》楚錦切，初寑三上開深；《韻鏡》内轉第三十八合、《切韻指掌圖》六圖、《切韻指南》深攝内八獨韻狹門，列字均爲「墋」；《七音略》内轉四十一重中重，列字爲「磣」；《起數訣》第七十六圖發音濁，列字爲「嘇」，應爲「磣」形訛。「墋」爲《廣韻》、《集韻》寑二初母位小韻首字，下收有「磣」字，列字以「墋」字爲佳，《四聲等子》各版本均是，但文瀾閣本、文淵閣本、文津閣本列異體，校正爲「墋」爲佳。

去二韻目：無標目，實爲沁韻

9 去二照　譖　𠯗　A、B本，列字爲「譖」，文瀾閣本、文淵閣本、文津閣本、粵雅堂本，列字爲「譛」，「譖」、「譛」爲異體字；「譖」，《廣韻》莊蔭切，《集韻》側禁切，莊沁三去開深；《韻鏡》內轉第三十八合、《七音略》內轉四十一重中重、《切韻指南》深攝內八獨韻狹門，列字均爲「譖」。《切韻指掌圖》六圖、《起數訣》第七十六圖發音濁，列字均爲「譛」。「譖」爲《廣韻》、《集韻》沁三莊母位小韻首字，列字以「譖」字爲佳，「譛」、「譖」爲異體字，《四聲等子》各版本均是。

10 去二牀　𥢶　𠯗　A、B本，文淵閣本，粵雅堂本，列字爲「𥢶」，文瀾閣本、文津閣本，列字爲「𥡽」，「𥡽」爲「𥢶」字俗訛；「𥢶」，《廣韻》鋤針切，崇侵三平開深；《集韻》岑譖切，崇沁三去開深；《韻鏡》、《七音略》、《切韻指掌圖》均空位；《起數訣》第七十六圖發音濁、《切韻指南》深攝內八獨韻狹門，列字均爲「𥢶」。《廣韻》沁三無崇母。「𥢶」爲《集韻》沁三崇母位小韻首字，列字以「𥢶」字爲佳，《四聲等子》從《集韻》。文瀾閣本、文津閣本列字訛，當校正爲「𥢶」，其他版本是。

入二韻目：無標目，實爲緝韻

11 入二穿　屆　𠯗　A、B本，粵雅堂本，列字爲「屆」，文瀾閣本、文淵閣本、文津閣本，列字爲

「屝」；「屆」，《廣韻》初戢切，《集韻》側入切，初緝三入開深；《韻鏡》内轉第三十八合、《切韻指掌圖》六圖，列字均爲「屝」，應爲「屆」形訛；《七音略》内轉四十一重中重、《起數訣》第七十六圖發音濁、《切韻指南》深攝内八獨韻狹門，列字均爲「屆」；「屆」爲《廣韻》、《集韻》緝三初母位小韻首字，《四聲等子》文瀾閣本、文淵閣本、文津閣本列「屝」形訛，應校正爲「屆」。其他版本列字是。

12 入二審　澀　㞎　A、B本，粤雅堂本，列字爲「澀」，文瀾閣本、文淵閣本、文津閣本，列字爲「澁」；「澀」，《廣韻》色立切，《集韻》色入切，生緝三入開深；《韻鏡》内轉第三十八合、《七音略》内轉四十一重中重、《切韻指掌圖》六圖、《起數訣》第七十六圖發音濁，列字均爲「澀」；《切韻指南》深攝内八獨韻狹門，列字爲「歰」。「歰」爲《廣韻》、《集韻》緝三生母位小韻首字，下收有「澀」字，注：「上同。」、「歰」、「澀」二字爲異體字，列字以「歰」爲佳，「澁」，《康熙字典》記：「《玉篇》同澀。」《四聲等子》各版本亦無誤。但文瀾閣本、文淵閣本、文津閣本列俗字，校正爲「澀」爲佳。

平三韻目：標目爲侵

13 平三見　金　《廣韻》、《集韻》居吟切，見侵三平開深；《韻鏡》内轉第三十八合、《切韻指掌圖》六圖、《切韻指南》深攝内八獨韻狹門，列字均爲「金」；《七音略》内轉四十一重中重、

《起數訣》第七十六圖發音濁，列字均爲「今」。「金」爲《廣韻》侵三開口見母位小韻首字，下收有「今」字。「今」爲《集韻》小韻首字，《四聲等子》從《廣韻》。

14 平三澄　沉　《廣韻》直深切，《集韻》持林切，澄侵三平開深。《韻鏡》内轉第三十八合、《切韻指掌圖》六圖、《起數訣》第七十六圖發音濁、《切韻指南》深攝内八獨韻狹門，列字均爲「沈」；《七音略》内轉四十一重中重，列字爲「沉」。「沈」爲《廣韻》、《集韻》侵三澄母位小韻首字，下收有「沉」字，注：「俗。」、「沉」爲「沈」之俗體，列字以「沈」字爲佳，《四聲等子》亦無誤。

15 平三孃　鵀　《廣韻》女心切，《集韻》尼心切，孃侵三平開深；《韻鏡》内轉第三十八合、《切韻指掌圖》六圖、《起數訣》第七十六圖發音濁、《切韻指南》深攝内八獨韻狹門，列字均爲「誑」；《七音略》内轉四十一重中重，列字爲「託」，《集韻》日母侵韻，誤，應爲「誑」形訛；「誑」爲《廣韻》、《集韻》侵三孃母位小韻首字，下收有「鵀」字，列字以「誑」字爲佳，《四聲等子》亦無誤。

16 平三照　針　《廣韻》職深切，《集韻》諸深切，章侵三平開深；《韻鏡》内轉第三十八合、《七音略》内轉四十一重中重、《切韻指掌圖》六圖、《起數訣》第七十六圖發音濁、《切韻指南》深攝内八獨韻狹門，列字均爲「斟」；「斟」爲《廣韻》、《集韻》侵三章母位小韻首字，下收有「針」字，列字以「斟」字爲佳，《四聲等子》亦無誤。

17 平三牀 ○ 《廣韻》、《集韻》侵三開口均無船母字；《韻鏡》内轉第三十八合，列字爲『忱』，《廣韻》氏任切，《集韻》時任切，禪侵三平開深；均不當列於此位。《韻鏡》誤，當删。《七音略》、《切韻指掌圖》、《起數訣》、《切韻指南》均空位。《四聲等子》空位是。

18 平三日 任 《廣韻》、《集韻》如林切，日侵三平開深；《韻鏡》内轉第三十八合、《切韻指掌圖》六圖、《切韻指南》深攝内八獨韻狹門，列字均爲『任』；《七音略》内轉四十一重中重、《起數訣》第七十六圖發音濁，列字均爲『壬』。『任』爲《廣韻》侵三日母位小韻首字，下收有『壬』字；『壬』爲《集韻》小韻首字，《七音略》從《集韻》，《四聲等子》從《廣韻》。

上三韻目：標目爲寑

19 上三知 戡 《廣韻》張甚切，《集韻》陟甚切，知寑三上開深；《韻鏡》内轉第三十八合、《切韻指掌圖》六圖、《切韻指南》深攝内八獨韻狹門，列字均爲『戡』，《七音略》内轉四十一重中重、《起數訣》第七十六圖發音濁，列字爲『炈』。『戡』爲《廣韻》寑三知母位小韻首字，下收有『炈』字；『炈』爲《集韻》小韻首字，《四聲等子》從《廣韻》。

20 上三孃 袵 《廣韻》如甚切，《集韻》忍甚切，日寑三上開深，不應列於此；《韻鏡》内轉第三十八合、《切韻指掌圖》六圖、《起數訣》第七十六圖發音濁、《切韻指南》深攝内八獨韻狹門，列字均爲『拰』；《七音略》内轉四十一重中重，列字爲『栣』，《廣韻》如甚切，《集韻》忍甚切，日寑三上開深，誤，此字當爲「拰」字形訛。「拰」爲《廣韻》、《集韻》寑三孃母位小韻首字，《七音略》、《四聲等子》誤，當校改爲「拰」。

21 上三審　審　《廣韻》、《集韻》式荏切，書寑三上開深；《韻鏡》内轉第三十八合、《七音略》内轉四十一重中重、《切韻指掌圖》六圖，列字均爲「沈」；《起數訣》第七十六圖發音濁、《切韻指南》深攝内八獨韻狹門，列字均爲「審」。「沈」爲《廣韻》寑三書母位小韻首字，下收有「審」字。「審」爲《集韻》寑三書母位小韻首字，下收有「沈」字，《四聲等子》從《集韻》。

22 上三曉　廞　《廣韻》許錦切，《集韻》羲錦切，曉寑三上開深；《韻鏡》内轉第三十八合、《切韻指掌圖》六圖、《起數訣》第七十六圖發音濁、《切韻指南》深攝内八獨韻狹門，列字均爲「廞」；《七音略》内轉四十一重中重，列字爲「嶔」，《廣韻》去金切，《集韻》祛音切，溪寑三平開深，誤，應爲「廞」形訛。「廞」爲《廣韻》、《集韻》寑三曉母位小韻首字，《七音略》誤，《四聲等子》是。

23 上三來　廩　《廣韻》力稔切，《集韻》力錦切，來寑三上開深；《韻鏡》内轉第三十八合、《切韻指掌圖》六圖、《起數訣》第七十六圖發音濁、《切韻指南》深攝内八獨韻狹門，列字均爲「廩」；《七音略》内轉四十一重中重，列字爲「凜」。「廩」爲《廣韻》寑三來母位小韻首字，下收有「凜」字，列字以「廩」字爲佳。《七音略》列「凜」字，亦無誤。《四聲等子》是。

去三韻目：標目爲沁

24 去三溪　撳　《廣韻》未收；《集韻》丘禁切，溪沁三去開深；《韻鏡》、《七音略》、《切韻指掌圖》均空位；《起數訣》第七十六圖發音濁、《切韻指南》深攝内八獨韻狹門，列字均爲『撳』。《廣韻》沁三溪母無字，『撳』爲《集韻》沁三溪母位小韻首字，列字以『撳』字爲佳。《四聲等子》從《集韻》。

25 去三群　妗　《廣韻》群母沁韻未收此字；《集韻》巨禁切，群沁三去開深；《韻鏡》内轉第三十八合、《七音略》内轉四十一重中重、《切韻指掌圖》六圖、《切韻指南》深攝内八獨韻狹門，列字均爲『琴』；《起數訣》第七十六圖發音濁，列字爲『噤』，《集韻》群母沁韻。『琴』爲《廣韻》、《集韻》沁三群母位小韻首字，下收有『噤』字，《集韻》下亦收有『妗』字，列字以『琴』字爲佳。《四聲等子》從《集韻》。

26 去三幫　禀　《廣韻》筆錦切，幫寢三上開深，不應列於此；《集韻》逋鴆切，幫沁三去開深；《韻鏡》内轉第三十八合，列於寢韻，沁韻空位；《七音略》内轉四十一重中重、《切韻指掌圖》六圖、《起數訣》第七十六圖發音濁、《切韻指南》深攝内八獨韻狹門，列字均爲『禀』。《廣韻》沁三無幫紐，『禀』爲《集韻》沁三開口幫母位小韻首字，《四聲等子》從《集韻》。

27 去三穿　瀋　《廣韻》昌枕切，昌寢三上開深，不應列於此；《集韻》鴟禁切，昌沁三去開深；《韻鏡》、《七音略》均空位；《切韻指掌圖》六圖、《起數訣》第七十六圖發音濁、《切韻指南》深攝内八獨韻狹門，列字均爲『瀋』；《廣韻》沁三無昌母。『瀋』爲《集韻》沁三昌母位小韻首字，《四聲等子》從《集韻》。

28 去三牀　甚　《廣韻》食荏切，船寢三上開深，不應列於此；《集韻》時鴆切，船沁三去開深；《韻鏡》、《七音略》、《切韻指掌圖》、《起數訣》、《切韻指南》均空位；《廣韻》沁三無昌母。『甚』爲《集韻》沁三船母位小韻首字，《四聲等子》從《集韻》。

29 去三曉　⿰言感　《廣韻》未收；《集韻》火禁切，曉沁三去開深。《韻鏡》、《七音略》、《切韻指掌圖》均空位；《切韻指南》深攝内八獨韻狹門，列字爲『⿰言感』；《起數訣》第七十六圖發音濁，列字爲『諴』，應爲『⿰言感』形訛；《廣韻》沁三無曉母。『⿰言感』爲《集韻》沁三曉母位小韻首字，列字以『⿰言感』字爲佳。《四聲等子》從《集韻》。

30 去三喻　許　《康熙字典》記：『《玉篇》、《集韻》于禁切，音⿰禁頁。⿰言感，怒言。』此記于禁切，云母沁韻；《韻鏡》内轉第三十八合、《七音略》内轉四十一重中重、《切韻指南》深攝内八獨韻狹門，列字均爲『⿰禁頁』，《切韻指掌圖》六圖、《起數訣》第七十六圖發音濁，列字均爲『許』；『⿰禁頁』爲《廣韻》沁三云母位小韻首字，未收有『許』字。『許』爲《集韻》沁三云母位小韻首字，《四聲等子》從《集韻》。

31 去三日　任　《廣韻》汝鴆切，《集韻》如鴆切，日沁三去開深；《韻鏡》内轉第三十八合，列字爲『紝』；《七音略》内轉四十一重中重、《切韻指南》深攝内八獨韻狹門、《起數訣》第七十六圖發音濁，列字均爲『任』；《切韻指掌圖》六圖，列字爲『任』。『妊』爲《廣韻》、《集韻》沁三日母位小韻首字，下收有『紝』、『任』二字，列字以『妊』字爲佳。《四聲等子》亦無誤。

入三韻目：標目爲緝

32 入三澄　蟄　咫A、B本，粵雅堂本，文淵閣本，文津閣本，列字均爲『蟄』，文瀾閣本，列字爲『縶』，知母緝韻，應爲『蟄』形訛。『蟄』，《廣韻》、《廣韻》直立切，澄緝三入開深。《韻鏡》内轉第三十八合、《七音略》内轉四十一重中重、《切韻指掌圖》六圖、《起數訣》第七十六圖發音濁、《切韻指南》深攝内八獨韻狹門，列字均爲『蟄』；『蟄』爲《廣韻》、《集韻》澄母緝三等位小韻首字，《四聲等子》文瀾閣本誤，當校爲『蟄』，其他版本是。

33 入三並　𩢍　咫A、B本，粵雅堂本，列字均爲『𩢍』，文瀾閣本、文淵閣本、文津閣本，列字爲『駈』，應爲闕筆訛誤。《康熙字典》記：『《唐韻》平立切，《廣韻》皮及切，音弼。』按《廣韻》皮及切，並緝三入開深；《韻鏡》内轉第三十八合、《七音略》内轉四十一重中重、《切韻指南》深攝内八獨韻狹門，列字均爲『𩢍』；《切韻指掌圖》六圖，列字爲『鴔』。《起數訣》空位；『鴔』爲《廣韻》、《集韻》緝三並母位小韻首字，下收有『𩢍』字，《四聲等子》文瀾閣本、文淵閣本、文津閣本當校爲『𩢍』，其他版本是。

34 入三牀　◯　《廣韻》、《集韻》緝三船母均空位；《韻鏡》内轉第三十八合，列字爲『褶』，《廣韻》是執切，《集韻》寔入切，禪緝三入開深，誤；《七音略》、《切韻指掌圖》、《起數訣》、《切韻指南》均空位。「褶」爲《廣韻》緝三船母位小韻首字，《韻鏡》誤，當删。《四聲等子》空位是。

35 入三審 濕 《廣韻》、《集韻》失入切，書緝三入開深；《韻鏡》内轉第三十八合、《七音略》内轉四十一重中重、《切韻指掌圖》六圖、《起數訣》第七十六圖發音濁、《切韻指南》深攝内八獨韻狹門，列字均爲「濕」。「溼」爲《廣韻》緝三書母位小韻首字，下收有「濕」字，注上同；「濕」爲《集韻》小韻首字，《四聲等子》從《集韻》。

平四韻目：無標目，實爲侵韻

36 平四透 ◯ 《廣韻》透母侵韻空位；《集韻》列有「舚」小韻，天心切，透侵三平開深；《韻鏡》内轉第三十八合、《起數訣》第七十六圖發音濁、《切韻指掌圖》六圖，列字均爲「舚」；《七音略》空位；《切韻指南》深攝内八獨韻狹門，列字爲「蟾」，當爲「舚」字訛。《廣韻》侵三開口無透母。「舚」爲《集韻》侵三開口透母位小韻首字，《四聲等子》空位從《廣韻》，從《集韻》當校補「舚」。

37 平四從 埐 《廣韻》昨淫切，《集韻》才淫切，從侵三平開深；《韻鏡》内轉第三十八合、《切韻指掌圖》六圖、《切韻指南》深攝内八獨韻狹門，列字均爲「鮗」；《七音略》内轉四十一重中重，列字爲「灊」；《起數訣》第七十六圖發音濁，列字爲「篙」，應爲「鬵」形訛。「鮗」爲《廣韻》、《集韻》侵三開口從母位小韻首字，下收有『鬵』、『灊』、『埐』三字，列字應以『魿』爲準，《四聲等子》亦無誤。

38 平四喻　淫　《廣韻》餘針切，《集韻》夷針切，以侵三平開深；《韻鏡》内轉第三十八合、《起數訣》第七十六圖發音濁，列字均爲『滛』，《廣韻》、《集韻》未收，當爲『淫』形誤；《七音略》内轉四十一重中重、《切韻指掌圖》六圖、《切韻指南》深攝内八獨韻狹門，列字均爲『淫』。『淫』爲《廣韻》侵三開口以母位小韻首字，《四聲等子》是。

上四韻目：無標目，實爲寑韻

39 上四溪　○　《廣韻》溪母寑三等韻無字，有版本列『顩』小韻；《集韻》有『坅』小韻。『顩』，《康熙字典》記：『《廣韻》欽錦切《集韻》牛錦切，音魿。』按欽錦切，溪母寑韻；『坅』，《集韻》丘甚切，溪寑三上開深。《韻鏡》内轉第三十八合，列字爲『顩』；《七音略》、《切韻指掌圖》、《切韻指南》、《起數訣》皆空位。《韻鏡》當是由《集韻》補入。《四聲等子》空位，亦無誤。

40 上四從　蕈　《廣韻》昨淫切，從侵三平開深，不應列於此；《集韻》集荏切，從寑三上開深；《韻鏡》内轉第三十八合、《七音略》内轉四十一重中重、《切韻指掌圖》六圖、《起數訣》第七十六圖發音濁、《切韻指南》深攝内八獨韻狹門，列字均爲『蕈』，《廣韻》、《集韻》慈荏切，從寑三上開深；『蕈』爲《廣韻》寑三開口從母位小韻首字，『蕈』爲《集韻》寑三開口從母位小韻首字，《四聲等子》從《集韻》。

41 上四邪　蕈　《廣韻》慈荏切，從寑三上開深；《集韻》邪母寑三位未收此字；《韻鏡》、《七音略》、《切韻指掌圖》、《起數訣》、《切韻指南》，均空位；《廣韻》、《集韻》邪母寑三位均無列字，《四聲等子》當删。

42 上四喻　潭　《廣韻》、《集韻》以荏切，以寑三上開深。《韻鏡》空位；《七音略》内轉四十一重中重，《切韻指掌圖》六圖、《切韻指南》深攝内八獨韻狹門，列字均爲「潭」；《起數訣》第七十六圖發音濁，列字爲「藫」；「潭」爲《廣韻》、《集韻》寑三開口以母位小韻首字，《韻鏡》誤，當校補「潭」，「潭」、「藫」爲異體字，《四聲等子》是。

去四韻目：無標目，實爲沁韻

43 去四心　勸　《廣韻》心母沁三開口無此字；《集韻》思沈切，心沁三去開深；《韻鏡》、《七音略》、《切韻指掌圖》均空位；《起數訣》第七十六圖發音濁、《切韻指南》深攝内八獨韻狹門，列字均爲「勸」。「勸」爲《集韻》沁三開口心母位小韻首字，《四聲等子》從《集韻》。

44 去四邪　鐔　《廣韻》慈荏切，從寑三上開深，不應列於此；《集韻》尋浸切，邪沁三去開深；《韻鏡》、《七音略》均空位；《切韻指掌圖》六圖、《切韻指南》深攝内八獨韻狹門，列字均爲「鐔」；《起數訣》第七十六圖發音濁，列字爲「蕈」；《廣韻》沁三開口無邪母，「鐔」爲

《集韻》沁三開口邪母位小韻首字，下收有『蕈』字，《四聲等子》從《集韻》。

45 去四喻　䰰　《廣韻》未收；《集韻》淫沁切，以沁三去開深。《韻鏡》、《七音略》均空位；《切韻指掌圖》六圖，列字爲『顭』，群母沁韻；《起數訣》第七十六圖發音濁、《切韻指南》深攝內八獨韻狹門，列字均爲『䰰』。《廣韻》沁三開口無以母，『䰰』爲《集韻》沁三開口以母位小韻首字，《四聲等子》從《集韻》。

入四韻目：無標目，實爲緝韻

46 入四心　靸　《廣韻》先立切，《集韻》息入切，心緝三入開深；《韻鏡》內轉第三十八合、《切韻指掌圖》六圖、《切韻指南》深攝內八獨韻狹門，列字均爲『靸』；《起數訣》第七十六圖發音濁、《七音略》內轉四十一重中重，列字爲『靸』。『靸』爲《廣韻》緝三開口心母位小韻首字。『䩯』、『靸』二字爲異體字。《四聲等子》是。

四聲等子從杭州　文瀾閣鈔出誤字甚多今皆考正改定惟止攝見母一等平聲祏字不知何字之誤考切韻指掌圖切韻指南此處皆不應有字五音集韻五脂見母下有祺禥祈三字此祏字或祺禥祈之誤歟又深攝見母一等平聲站字亦不知爲何字之誤考切韻指掌圖切韻指南此處亦不應有字續通志七音略則作根字然根非深攝字惟廣韻二十七銜有鑑字古銜切是鑑字可讀平聲然鑑與站字形絕異似不至訛爲站以上二字明知其誤然無可據而改定之宜姑仍其舊也南海廖廷相記

廖廷相跋

《四聲等子》從杭州文瀾閣鈔出，誤字甚多，今皆考正改定。惟止攝見母一等平聲「祐」字，不知何字之誤。考《切韻指掌圖》、《切韻指南》，此處皆不應有字；《五音集韻》五脂見母下有「祺」、「禥」、「祈」三字，此「祐」字或「祺」、「禥」、「祈」之誤歟？又深攝見母一等平聲「站」字，亦不知爲何字之誤。考《切韻指掌圖》、《切韻指南》，此處亦不應有字；《續通志·七音略》則作「根」字，然根非深攝字，惟《廣韻》二十七銜有「鑑」字，古銜切，是「鑑」字，可讀平聲。然「鑑」與「站」字形絶異，似不至訛爲「站」。以上二字明知其誤，然無可據而改定之，宜姑仍其舊也。南海廖廷相記。

《四聲等子》版本情況簡介

一　咫進齋B本

本校注以《叢書集成初編》影印咫進齋重刻本《四聲等子》爲底本。據王曦考證，南京圖書館存有兩種《咫進齋叢書》，其中編號56－01122和56－42143版本與《叢書集成初編》本相同，錯訛較少。《叢書集成初編》咫進齋本《四聲等子》當據此版本，稱之爲「咫進齋B本」，本校注簡稱爲「咫B本」。

二　咫進齋A本

《咫進齋叢書》初刻本《四聲等子》，南京圖書館館藏編號爲56－01144。該本錯訛較多，唐作藩研究所據版本當爲該本，係初刻版，故稱之爲「咫進齋A本」。本校注以此爲參校本一，簡稱爲「咫A本」。

三　文瀾閣本

《叢書集成初編》指出，「咫進據文瀾閣本加以校讎，訂正頗多，故據以影印」。文瀾閣本版本較精良，本校注以此爲參校本二。

四　文淵閣本

文淵閣本與文瀾閣本略有差異，本校注以此爲參校本三。

五　粤雅堂本

《四聲等子》收入《四庫全書》後，清後期「世鮮刻本，小學家艱於一見」。故伍崇曜將其選入《粤雅堂叢書》，於咸豐十一年（一八六一）刊刻印行。《粤雅堂叢書》質量較高，該版本具有一定的代表性，早於咫進齋本。本校注以此爲參校本四。

六　文津閣本

該版本與文瀾閣本、文淵閣本均有差異，本校注以此爲參校本五。

參考文獻

一、《四聲等子》諸版本

［一］《叢書集成初編》影印咫進齋重刻本，中華書局，一九九一年。
［二］《咫進齋叢書》第三集，清光緒九年歸安姚氏刻本。
［三］《文瀾閣四庫全書》，杭州出版社，二〇一五年。
［四］《粵雅堂叢書三編》第二六集，中文出版社，一九八三年。
［五］《文津閣四庫全書》，商務印書館，二〇〇六年。

二、參校所用韻書

［一］余迺永《新校互注宋本廣韻》，上海辭書出版社，二〇〇〇年。
［二］趙振鐸《集韻校本》，上海辭書出版社，二〇一三年。

［三］（清）張玉書等編《康熙字典》，漢語大詞典出版社，二〇〇二年。

三、參校所用韻圖

［一］（宋）陳彭年等編《宋本廣韻·永禄本韻鏡》，江蘇教育出版社，二〇〇二年。
［二］（宋）鄭樵《通志七音略》，元至治本。
［三］舊題（宋）司馬光《宋本切韻指掌圖》，中華書局，一九八六年。
［四］（宋）祝泌《皇極經世解起數訣》，南京圖書館藏明抄本。
［五］（元）劉鑑《經史正音切韻指南》，《等韻五種》，藝文印書館，一九八五年。
［六］方孝岳《廣韻韻圖》，中華書局，一九八八年。

四、參校所據校注文獻

［一］龍宇純《韻鏡校注》，藝文印書館，一九七二年。
［二］李新魁《韻鏡校正》，中華書局，一九八二年。
［三］陳廣忠《韻鏡通釋》，上海辭書出版社，二〇〇三年。

［四］楊軍《七音略校注》，上海辭書出版社，二〇〇三年。
［五］楊軍《韻鏡校箋（修訂本）》，鳳凰出版社，二〇一二年。
［六］（日）佐佐木猛《集韻切韻譜》，中國書店，二〇〇〇年。

五、參校所據相關專著

［一］趙蔭棠《等韻源流》，商務印書館，一九五七年。
［二］李新魁《漢語等韻學》，中華書局，一九八三年。
［三］孔仲温《韻鏡研究》，臺灣學生書局，一九八七年。
［四］潘文國《韻圖考》，華東師範大學出版社，一九九七年。
［五］李紅《宋本切韻指掌圖研究》，吉林人民出版社，二〇一二年。

六、參校所據相關學位論文

［一］竺家寧《〈四聲等子〉蠡測》，臺灣師範大學國文研究所碩士論文，一九七二年。
［二］姚榮松《〈切韻指掌圖〉研究》，臺灣師範大學國文研究所碩士論文，一九七三年。

［三］于建松《早期韻圖研究》，蘇州大學，二〇〇七年。
［四］逵亞榮《宋元等韻門法新探》，華中科技大學，二〇〇八年。
［五］劉松寶《從〈韻鏡〉到〈四聲等子〉等列的變遷與語音的演變》，福建師範大學，二〇〇四年。
［六］洪梅《中古入聲韻在明清韻書中的演變研究》，福建師範大學，二〇一〇年。
［七］逵亞榮《宋元韻圖五種用字研究》，華中科技大學，二〇一一年。
［八］商豔玲《〈龍龕手鏡〉音韻研究》，上海師範大學，二〇一五年。
［九］于上官《切韻圖史》，吉林大學，二〇二一年。

七、參校所據期刊文獻

［一］曹正義《等韻圖内外轉補説》，《山東大學文科論文集刊》一九八四年第一期，頁一—九。
［二］陳開林《〈讀書敏求記〉條辨》，《蘇州教育學院學報》二〇一七年第三十四卷第六期，頁五—九、八二。
［三］董同龢《〈切韻指掌圖〉中幾個問題》，《歷史語言研究所集刊》第十七本，頁一九五—二一二。

［四］馮蒸《論〈切韻指掌圖〉三、四等對立中的重紐與準重紐》，《語言》二〇〇〇年第二卷，頁一〇三—一七三。

［五］馮蒸《論〈四聲等子〉和〈切韻指掌圖〉的韻母系統及其構擬》，《漢語音韻學論文集》，首都師範大學出版社，一九九七年，頁二三〇—二五三。

［六］宮欽第《論近代漢語入聲韻尾的演變過程》，《漢語史與漢藏語研究》二〇一八年第一期，頁八三—九三。

［七］許紹早《〈切韻指掌圖〉試析》，《音韻學研究》第三輯，中華書局，一九九四年，頁八九—一〇一。

［八］孔德明《論等韻門法歸字列等的基本原則》，《語文研究》一九八五年第二期，頁三〇—三三。

［九］李新魁《起數訣研究》，《音韻學研究》第三輯，中華書局，一九九四年，頁一—四一。

［一〇］李新魁《韻鏡研究》，《語言研究》一九八一年，頁一二五—一六六。

［一一］林秉娟、張平忠《〈韻鏡〉一系韻圖脣音韻字開合在〈四聲等子〉一系韻圖中的演變》，《福建教育學院學報》二〇一〇年第二期，頁九三—九六。

［一二］魯國堯《〈盧宗邁切韻法〉述評》，《中國語文》一九九二年，頁四〇一—四〇九。

［一三］魯國堯《〈盧宗邁切韻法〉述評（續）》，《中國語文》一九九三年，頁三三—四二。

[一四] 羅常培《〈通志·七音略〉研究》,《羅常培語言學論文集》,商務印書館,二〇〇四年,頁一三九—一五五。
[一五] 吕斌《淺談等韻圖産生的背景以及〈切韻指南〉的特點與優點》,《許昌師範學院學報》一九九九年。
[一六] 馬珂《〈思進齋叢書〉版本研究——兼談〈思進齋叢書〉第四集》,《山東圖書館學刊》二〇二一年第一期,頁一〇五—一〇九。
[一七] 馬重奇《〈起數訣〉與〈廣韻〉〈集韻〉比較研究——〈皇極經世解起數訣〉研究之一》,《語言研究(增刊)》一九九四年,頁九〇—一一五。
[一八] 馬重奇《〈起數訣〉與〈韻鏡〉〈七音略〉比較研究——〈皇極經世解起數訣〉研究之二》,《語言研究(增刊)》一九九六年,頁二八〇—三〇〇。
[一九] (韓)裴宰奭《宋代入聲字韻尾變遷研究》,《語言研究》二〇〇二年第四期,頁二九—三五。
[二〇] 唐作藩《〈四聲等子〉研究》,《語言文字學論文集——慶祝王力先生學術活動五十年》,知識出版社,一九八九年,頁二九一—三一二。
[二一] 王曦《〈思進齋叢書〈四聲等子〉版本研究》,《湖南社會科學》二〇〇八年第二期,頁二〇七—二〇九。

［二二］蕭振豪《〈重編改正四聲全形等子〉初探——兼論〈四聲等子〉與〈指玄論〉的關係》，《語言研究》二〇一五年第三十五卷第四期，頁七二—八〇。

［二三］謝雲飛《〈切韻指掌圖〉與〈四聲等子〉之成書年代考》，《學粹》一九六八年第九卷第一期，頁八五—一〇一。

［二四］楊軍《〈韻鏡校證〉續正》，《古漢語研究》二〇〇一年第二期，頁二六—三〇。

［二五］張平忠《〈韻鏡〉一系韻圖齒音開合在〈等子〉一系韻圖中的演變》，《福建教育學院學報》二〇〇五年第四期，頁六七—七〇。

［二六］張玉來《二十世紀音韻學研究成就概觀》，《漢語史與漢藏語研究》二〇一八年第二期，頁一三二—一六七。

［二七］周世箴《論〈切韻指掌圖〉中的入聲》，《語言研究》一九八六年第二期，頁四〇—五〇。

［二八］朱媞媞《宋元三種等韻圖對〈廣韻〉重紐字的處理比較研究》，《福建教育學院學報》二〇〇九年第六期，頁八〇—八三。

［二九］竺家寧《宋元韻圖入聲分配及其音系研究》，《中正大學學報》一九九三年第四卷第一期。

附：

南京圖書館藏

《叢書集成初編》影咫進齋重刻本《四聲等子》

本館叢書集成初編所選粵雅堂叢書及咫進齋叢書皆收有此書咫進據文瀾閣本加以校讐訂正頗多故據以影印

欽定四庫全書提要

臣等謹案四聲等子一卷不著撰人名氏錢曾讀書敏求記謂卽劉鑑所作之切韻指南蓋一經翻刻特易其名今以二書校之若辨音和類隔廣通侷狹內外轉攝振救正韻憑切寄韻憑切喻下憑切日寄憑切及雙聲疊韻之例雖全具於指南門法玉鑰匙內然詞義詳畧顯晦迥有不侔至內攝之通照遇果宕曾流深外攝之江蟹臻山效麻梗咸十六攝圖雖亦與指南同然此書曾攝入內八而指南作內六流攝此書作內六而指南作內七深攝此書作內七指南作內八皆小有不同至以江攝外一附宕攝內五下梗攝外七附曾攝內六下與指南之各自爲圖則爲例迥殊雖指南假攝外六附果攝內四之下亦間併

二攝然假攝統歌麻二韻歌麻本通故假得附果若此書之以江附宕則不知江諸東冬不通陽剛以梗附曾則又悞通庚蒸爲一韻似不出於一手矣又此書七音綱目以幫滂並明非敷奉微之脣音爲宫影曉匣喻之喉音爲羽頗變玉篇五音之舊指南五音訣具在未嘗以脣爲宫以喉爲羽亦不得混爲一書切韻指南卷首有後至元丙子熊澤民序稱古有四聲等子爲傳流之正宗然而中間分析尙有未明關西劉士明著書曰經史正音切韻指南則劉鑑之指南十六攝圖乃因此書而革其宕攝附江曾攝附梗之悞此書實非鑑作也以字學中論等韻者司馬光指掌圖外惟此書頗古故並錄存之以備一家之學焉乾隆五十二年正月恭校上

總纂官臣紀昀臣陸錫熊臣孫士毅

總校官臣陸費墀

四聲等子

切詳夫方殊南北聲皆本於喉舌域異竺夏談豈離於脣齒由是切韻之作始乎陸氏關鍵之設肇自智公傳芳著述以先知覺後知以先覺覺後覺致使玄關有異妙旨不同其指玄之論以三十六字母約三百八十四聲別爲二十圖畫爲四類審四聲開闔以權其輕重辨七音清濁以明其虛實極六律之變分八轉之異遞用則名音和（徒紅切同字）傍求則名類隔（補微切非字）同歸一母則爲雙聲（和會切會字）同出一類則爲疊韻（商量切商字）同韻而分兩切者謂之憑切（求人切神字丞眞切脣字）同音而分兩韻者謂之憑韻（巨宜切其字巨祁切祈字）無字則點窠以足之謂之寄聲韻缺則引鄰韻以寓之謂之寄韻按圖以索二百六韻之字雖有音無字者猶且聲隨口出而況有音有字者乎遂得吳楚之輕清就聲而不濫燕

趙之重濁尅體而絶疑而不失於大中至正之道可謂盡善盡美矣近以龍龕手鑑重校類編于大藏經函帙之末復慮方音之不一脣齒之不分既類隔假借之不明則歸母協聲何由取準遂以此附龍龕之後令舉眸識體無擬議之惑下口知音有確實之决冀諸覽者審而察焉

七音綱目

	牙音	舌頭	舌上	脣重	脣輕	齒頭	正齒	喉音	半舌	半齒
	角	徵		宮		商		羽		
全清	見經堅	端丁顚	知珍邅	幫賓邊	非分蕃	精津煎	照諄專	影因烟		
次清	溪輕牽	透汀天	徹𤄻脠	滂砏篇	敷芬翻	清親千	穿春川	曉馨軒		
全濁	羣勤乾	定廷田	澄陳纏	並貧便	奉墳煩	從秦前	牀神遄	匣刑賢		
不清不濁	疑銀研	泥寧年	孃紉嬭	明民綿	微文樠			喻寅延	來鄰連	日人然
全清						心新先	審申羶			
半清半濁						邪餳涎	禪純船			

辨音和切字例

凡切字以上者爲切下者爲韻取同音同母同韻同等四者皆同謂之音和謂如丁增切登字丁字爲切丁字歸端字母是舌頭字增字爲韻增字亦是舌頭字切而歸母卽

是登字所謂音和遞用聲者此也

協 德字與㬠字協聲在本帙第十七圖㬠攝內八端下第一等中 四 登平 等上 嶝去 德入

聲 洪字與迥字協聲在本帙第一圖通攝內一匣字下第一等中 聲 洪平 澒上 哄去 穀入

歸 德字屬舌頭音歸端字母 一 德 烘 忒 洪

母 洪字屬喉音歸匣字母 音 特 翁 鰧 〇

謂如德洪切東字先調德字求協聲韻所攝於圖中尋德字屬端字母下係入聲第一等眼内字又調洪字於協聲韻所攝圖中尋洪字即自洪字横截過端字母下平聲第一等眼内即是東字此乃音和切其間或有字不在本等眼内者必屬類隔廣通局狹之例與匣喻來日下字或不識其字當翻以四聲一音調之二者必有一得也

辨類隔切字例

凡類隔切字取脣重脣輕舌頭舌上齒頭正齒三音中清

濁者謂之類隔如端知八母下一四歸端二三歸知一四爲切二三爲韻切二三字或二三爲切一四爲韻切一四字是也假若丁呂切柱字丁字歸端字母是舌頭字（在後會攝內八啟口呼圖內端下第四等）呂字亦舌頭字柱字雖屬知緣知與端俱是舌頭純清之音亦可通用故以符代蒲其類奉並（如玉篇皮字作符羈切之類是也）以無代模其類微明以丁代中其類知端以敷代他其類徹透餘倣此

辨廣通偈狹例

廣通者第三等字通及第四等字偈狹者第四等字少第三等字多也凡脣牙喉下爲切韻逢支脂眞諄仙祭清宵八韻及韻逢來日知照正齒第三等並依通廣門法於第四等本母下求之（如余之切頤字碑招切標字）韻逢東鍾陽漁蒸尤鹽侵韻逢影喻及齒頭精等四爲韻

並依偈狹門法於本母下三等求之居容切恭字 居悚切拱字

辨內外轉例

內轉者脣舌牙喉四音更無第二等字唯齒音方具足外轉者五音四等都具足今以深曾止宕果遇流通括內轉六十七韻江山梗假效蟹咸臻括外轉一百三十九韻

辨窠切門

知母第三爲切韻逢精等影喻第四並切第三等是也如中遙切朝字

辨振救門

精等五母下爲切韻逢諸母第三並切第四是名振救門法例如蒼憂切秋字

辨正音憑切寄韻門法例

照等五母下爲切切逢第二韻逢二三四並切第二名正

音憑切門如鄒靴切髽字切逢第一韻逢第二只切第一名互用門憑切切逢第三韻逢一三四並切第三是寄韻憑切門單喻母下爲切切逢第四韻逢第三並切第四是喻下憑切門又日母下第三爲切韻逢一二四便切第三是日母寄韻門法

辨雙聲切字例

謂如和會二字爲切同歸一母只是會字更無切也故號日雙聲如章灼切灼字良略切略字是也

辨疊韻切字例

謂如商量二字爲切同出一韻只是商字更無切也故號曰疊韻如灼略切灼字章良切章字之類是也

韻圖	見溪羣疑	端透定泥	幫滂並明
	屬牙音	屬舌頭音具二等舌頭一在四等一舌頭二在四等四眞二等假二等	屬脣音重具四等
四等四聲	具四等	知徹澄孃 屬舌上音具二等舌上一在四等二舌上二在四等三眞二等假二等	非敷奉微 屬輕脣音只具第三等
	角	徵	宮
四一 平上去入	此中字屬牙音 四一	此中字屬舌頭音一在四等一	此中字屬脣音 四一
四二 平上去入	此中字屬牙音 四二	此中字屬舌上音一在四等二	此中字屬重脣音 四二
四三 平上去入	此中字屬牙音 四三	此中字屬舌上音二在四等三	此中字屬重脣音 四三 七輕韻只居此第一等有輕無重
四四 平上去入	此中字屬牙音 四四	此中字屬舌頭音二在四等四	此中字屬重脣音 四四

精清從心邪	曉匣影喻	來日
屬齒頭音 具兩等 兩一 兩二 兩一在四等一 兩二在四等四	屬喉音	來 屬半舌 日 半齒音
照穿牀審禪 屬正齒音 具兩等 兩一 兩二 兩一在四等二 兩二在四等三	具四等	具四等
商	羽	半徵 半商
此中字 齒頭音 精等兩 一在 四等一	此中字 屬喉音 四一	此中字 屬 來 四一
此中字 正齒音 照等兩 一在 四等二	此中字 屬喉音 四二	此中字 屬 來 四二
此中字 正齒音 照等兩 二在 四等三	此中字 屬喉音 四三	此中字 屬 來 四三
此中字 齒頭音 精等兩 二在 四等四	此中字 屬喉音 四四	此中字 屬 來 四四

通攝內一　重少輕多韻

見	溪	羣	疑	端知	透徹	定澄	泥孃	幫非	滂敷	並奉	明微
公	空	頙	峴	東	通	同	農	○	𢓍	蓬	蒙
䡖	孔	○	湡	董	桶	動	繷	琫	○	菶	蠓
貢	控	○	○	涷	痛	洞	齈	○	○	蓬	幪
穀	哭	○	擢	穀	秃	獨	耨	卜	扑	暴	木
○	○	○	○	○	○	○	○	○	○	○	○
○	○	○	○	○	○	○	○	○	○	○	○
○	○	○	○	○	○	○	○	○	○	○	○
○	○	○	○	○	○	○	○	○	○	○	○
恭	穹	窮	顒	中	忡	蟲	醲	封	封	逢	○
拱	恐	梁	○	冢	寵	重	○	覂	捧	奉	○
供	焪	共	○	湩	蹱	仲	搣	葑	○	鳳	○
菊	曲	侷	玉	瘃	栜	躅	傉	福	蝮	伏	○
○	○	○	○	○	○	○	○	○	○	○	○
○	○	○	○	○	○	○	○	○	○	○	○
○	○	○	○	○	○	○	○	○	○	○	○
○	○	○	○	○	○	○	○	○	○	○	○

	日	來	喻	影	匣	曉	邪禪	心審	從牀	清穿	精照
東董送屋	○○○○	籠籠弄祿	○○○○	翁蓊甕屋	洪澒哄縠	烘嗊烘嗀	○○○○	檧敵送速	叢㟅𢿌族	葱○謥瘯	樅總糉鏃
○○○○	○○○○	○○○○	○○○○	○○○○	○○○○	○○○○	○○○○	○○○縮	崇○剬𪁉	○○○珿	○○○𦄙
鍾腫用燭	茸宂䩕褥	龍隴曨錄	○○○○	邕擁雍郁	雄○○○	胷洶䞎旭	鱅尰○蜀	舂○○束	○○○贖	衝䡴揰觸	鍾腫種燭
	○○○○	○○○○	○○○○	○○○○	○○○○	○○○○	○○○○	○○○○	○○○○	○○○○	○○○○

冬腫宋沃 東冬鍾相助

效攝外五　全重無輕韻

見	高杲告各	交絞教角	嬌矯驕腳	澆皎叫○
溪	尻考靠恪	敲巧敲㱿	趫槁趬卻	鄡磽竅○
羣	○○櫭○	○○○○	喬驕嶠噱	翹狢翹○
疑	敖積傲咢	礉咬樂岳	○○䖈虐	堯磽翹○
端知	刀倒到沰	嘲獠罩○	朝○○芍	碉鳥弔○
透徹	叨討套託	颩○趠○	超巐朓㲋	祧朓糶○
定澄	桃道導鐸	桃○棹○	晁兆召著	條窕藋○
泥孃	猱瑙腰諾	鐃獶閙○	○○○逽	嬈嬲尿○
幫	褒寶報博	包飽豹剝	鑣表裱○	標褾標○
滂	橐皫犥顛	胞○砲朴	藨麃○○	漂縹剽○
並	袍抱暴泊	炮鮑靤雹	瀌藨○○	瓢摽驃○
明	毛蓩帽莫	貓卯貌邈	苗○廟○	蜱眇妙○

	一等	二等	三等	四等
精照	糟早竈作	罺爪笊斮	昭沼照灼	焦勦醮雀
清穿	操草操錯	抄炒鈔○	怊麨覞綽	鍬悄陗鵲
從牀	曹皁漕昨	巢[illegible]巢斮	○○○○	樵灑潐嚼
心審	騷嫂喿索	梢㪖稍○	燒少少爍	蕭篠嘯削
邪禪	○○○○	○○○○	韶紹邵杓	○○○○
曉	蒿好秏郝	虓嗃孝吒	囂○[illegible]謔	膮曉顤○
匣	豪皓號涸	肴澩効學	○○○○	○皛顥○
影	爊襖奧惡	䫜拗靿握	妖夭○約	幺杳窔○
喻	○○○○	虠○○○	鴞○○○	遙鷕燿藥
來	勞老澇落	顟○○○	燎繚尞略	聊了料○
日	○○○○	○○○○	饒遶饒若	○○○○
	豪皓號鐸	肴巧效覺	宵小笑藥	
	本無入聲		蕭并入宵類	

宕攝內五陽唐重多輕少韻　江全重開口呼

見	剛䴚鋼各	江講絳覺	姜鏹殭腳	○○○○
溪	康慷忼恪	腔控○殻	羌[illegible]唴卻	○○○○
羣	○○○○	○○○○	强勥强噱	○○○○
疑	卬䭰枊咢	嶢○○岳	卬仰[illegible]虐	○○○○
端知	當黨讜沰	○○○○	張長帳芍	○○○○
透徹	湯矘儻託	○○○○	萇昶暢辵	○○○○
定澄	唐蕩宕鐸	○○○○	長丈仗著	○○○○
泥孃	囊曩儾諾	○○○○	孃○釀逽	○[illegible]○○
幫非	幫牓謗博	帮[illegible]○剝	方昉放䌸	○○○○
滂敷	滂髈○粕	胮[illegible]胖朴	芳髣訪[illegible]	○○○○
並奉	傍○傍泊	龐棒蚌雹	房○防縛	○[illegible]○○
明微	忙莽漭莫	厖[illegible][illegible]邈	亡罔妄○	○○○○

精照	清穿	從牀	心審	邪禪	曉	匣	影	喻	來	日	
臧駔葬作	倉蒼滄錯	藏奘藏昨	桑顙喪索	○○○○	炕汻○郝	航沆行涸	佒怏盎惡	○○○○	郎朗浪落	○○○○	唐蕩宕鐸
莊○壯斮	瘡磢創○	牀○狀斮	霜爽孀○	○○○○	肛傋蔻吒	降項巷學	胦慃○握	○○○○	○○○○	○○○○	江講絳覺
章掌障灼	昌敞唱綽	○○○○	商賞餉爍	常上尚杓	香響向謔	○○○○	央鞅怏約	○○○○	良兩亮略	穰壤讓若	陽養樣藥
將奬將雀	槍搶蹡鵲	墻蔣匠嚼	襄想相削	詳象○○	○○○○	○○○○	○○○○	羊養様藥	○○○○	○○○○	

內外混等

江陽借形

宕攝內五

見	溪	羣	疑	端知	透徹	定澄	泥孃	幫非	滂敷	並奉	明微
光	骯	○	○	○	○	○	○	○	○	○	○
廣	懬	○	○	○	○	○	○	○	○	○	○
桄	曠	○	○	○	○	○	○	○	○	○	○
郭	廓	○	瓁	○	○	○	○	○	○	○	○
○	○	○	○	椿	惷	幢	⿰目農	○	○	○	○
○	○	○	○	○	○	○	擃	○	○	○	○
○	○	○	○	戇	⿱春目	⿰車童	鬞	○	○	○	○
○	○	○	○	卓	逴	濁	搦	○	○	○	○
㹾	匡	狂	○	○	○	○	○	○	○	○	○
獷	恇	俇	○	○	○	○	○	○	○	○	○
誑	⿰月匡	狂	○	○	○	○	○	○	○	○	○
钁	躩	戄	○	○	○	○	○	○	○	○	○
○	○	○	○	○	○	○	○	○	○	○	○
○	○	○	○	○	○	○	○	○	○	○	○
○	○	○	○	○	○	○	○	○	○	○	○
○	○	○	○	○	○	○	○	○	○	○	○

內外混等

韻	精照	清穿	從牀	心審	邪禪	曉	匣	影	喻	來	日
唐	○	○	○	○	○	荒	黃	汪	○	○	○
蕩	○	○	○	○	○	慌	晃	𣴘	○	○	○
宕	○	○	○	○	○	荒	攩	汪	○	○	○
鐸	嗅	○	○	○	○	霍	鑊	艧	○	硦	○
江	○	窻	淙	雙	○	○	○	○	○	瀧	○
講	○	傯	○	聳	○	○	○	○	○	○	○
絳	○	樬	漴	淙	○	○	○	○	○	○	○
覺	捉	娖	浞	朔	○	○	○	○	○	犖	○
陽	○	○	○	○	○	○	○	○	王	○	○
養	○	○	○	○	○	怳	○	枉	往	○	○
漾	○	○	○	○	○	況	○	○	迋	○	○
藥	○	○	○	○	○	矆	○	嬳	籰	○	○
	○	○	○	○	○	○	○	○	○	○	○
	○	○	○	○	○	○	○	○	○	○	○
	○	○	○	○	○	○	○	○	○	○	○
	○	○	○	○	○	○	○	○	○	○	○

遇攝內三　重少輕多韻

見	溪	羣	疑	端知	透徹	定澄	泥孃	幫非	滂敷	並奉	明微
孤	枯	○	吾	都	[illegible]	徒	奴	逋	[illegible]	蒲	模
古	苦	○	五	覩	土	杜	努	補	普	部	姥
故	袴	○	悞	妬	兔	度	怒	布	怖	捕	暮
梏	哭	○	[illegible]	篤	秃	毒	耨	襮	尊	僕	瑁
○	○	○	○	○	○	○	○	○	○	○	○
○	○	○	○	○	○	○	○	○	○	○	○
○	○	○	○	○	○	○	○	○	○	○	○
○	○	○	○	○	○	○	○	○	○	○	○
拘	區	渠	虞	株	貙	廚	[illegible]	夫	敷	扶	無
矩	去	窶	噳	柱	褚	柱	女	甫	撫	父	武
句	去	懼	遇	註	閏	住	女	付	赴	附	務
輂	曲	局	玉	瘃	梀	躅	褥	福	覆	幞	媢
○	○	○	○	○	○	○	○	○	○	○	○
○	○	○	○	○	○	○	○	○	○	○	○
○	○	○	○	○	○	○	○	○	○	○	○
○	○	○	○	○	○	○	○	○	○	○	○

精照	租祖作摵	葅阻詛緎	朱主注燭	諏苴緅足
清穿	粗蘆厝簇	初楚憷珿	樞處處觸	趨取娶促
從牀	徂粗祚宗	鋤齟助族	○○○○	○聚堅歒
心審	蘇○素溯	梳所疏縮	輸暑戍束	須纇絮粟
邪禪	○○○○	○○○○	殊豎樹蜀	徐敘緒俗
曉	呼虎謼熇	○○○○	訏詡煦旭	○○○○
匣	胡戶護鵠	○○○○	○○○○	○○○○
影	烏塢污沃	○○○○	紆傴嫗郁	○○○○
喻	侉○○○	○○○○	于雨羽圄	逾庾裕欲
來	盧魯路膠	○○○○	慺縷屢錄	○○○○
日	○○○○	○○○○	儒乳孺褥	○○○○
	模姥暮沃	魚語御屋	虞噳遇燭	
	本無入聲	魚虞相助		

流攝內六　全重無輕韻

見	溪	羣	疑	端知	透徹	定澄	泥孃	幫非	滂敷	並奉	明微
鉤	彄	○	齵	吺	偷	頭	羺	○	捊	裒	呣
苟	口	○	藕	斗	黈	蕍	㝅	探	剖	部	母
遘	寇	○	偶	鬭	透	豆	耨	○	仆	䏬	茂
谷	哭	○	懼	豰	秃	獨	耨	卜	扑	暴	木
○	○	○	○	○	○	○	○	○	○	○	○
○	○	○	○	○	○	○	○	○	○	○	○
○	○	○	○	○	○	○	○	○	○	○	○
○	○	○	○	○	○	○	○	○	○	○	○
鳩	丘	求	牛	輈	抽	紬	惆	不	颫	浮	謀
九	糗	舅	鼸	舟	丑	紂	狃	缶	秠	婦	○
救	鼽	舊	鼿	晝	畜	胄	糅	富	副	復	媢
菊	麴	驧	砡	竹	蓄	逐	肭	福	蝮	伏	繆
樛	區	璆	○	颩	○	○	○	彪	○	淲	○
糾	𡣍	蟉	○	○	○	○	○	○	○	○	○
𨊴	䠷	虯	○	○	○	○	○	○	○	○	謬
○	○	○	○	○	○	○	○	○	○	○	○

精照	清穿	從牀	心審	邪禪	曉	匣	影	喻	來	日		
諏走奏族	誰趣湊瘯	剽鯫剽族	涑叜嗽速	○○○○	齁吼蔻嗀	侯厚候縠	謳歐漚屋	○○○○	婁塿陋祿	○○○○	侯厚候屋	本無入聲
鄒掫皺縬	搊輙簉珿	愁𥞧驟酢	搜溲瘦縮	○○○○	○○○○	○○○○	○○○○	○○○○	○○○○	○○○○	○○○○	
周帚呪粥	犨醜臭俶	○○○○	收手狩叔	讎受售孰	休朽齅蓄	○○○○	憂𩗬憂郁	尤有宥囿	劉柳溜六	柔蹂輮肉	尤有宥屋	幽併入
揫酒僦蹙	秋○趥鼀	酋湫就摵	修滫秀肅	囚○岫○	飍○螑○	○○○○	幽黝幼○	由酉狖育	鏐○○○	○○○○		尤韻

蟹攝外二 輕重俱等 開口呼

見	該改蓋割	佳解戒戛	○○罽揭	雞鳺計結
溪	開愷慨渴	揩芀烗鴶	○○憩堨	溪啓契猰
羣	○○○○	○箉齘○	○○偈傑	○○○○
疑	皚騃艾嶭	崖䫯睚聐	○○劓蘗	觀堄詣齧
端知	䨲等帶怛	蘇釞媞哳	○○㿃哲	氐底帝窒
透徹	胎嚎泰闥	扠○蠆獺	○○跇徹	梯體替鐵
定澄	臺殆代達	○廌䵍噠	○○滯徹	提弟苐姪
泥孃	能乃耐捺	掜妳䵍瘵	○○○○	泥禰㴸涅
幫非	○㤳貝○	𨁈擺庍捌	○○○[illegible]	豍𣪍閉𥹲
滂敷	娝啡沛○	○帊派○	○○○○	砒䫌媲瞥
並奉	䏬倍旆○	牌罷粺○	○○○別	𢹿陛薜蹩
明微	○穤昧𢷏	䁹買賣礣	○○○○	迷米謎蔑

	精照	清穿	從牀	心審	邪禪	曉	匣	影	喻	來	日		
	栽	猜	裁	鰓	○	咍	孩	哀	頤	來	○	咍	本無入聲
	宰	采	在	諰	○	海	亥	欸	佁	釢	○	海	
	載	菜	載	賽	○	餀	害	愛	○	賚	○	代泰	
	䰇	擦	囋	薩	○	喝	曷	遏	○	剌	○	曷	
	齋	釵	柴	崽	○	𠲜	諧	娃	○	唻	○	皆	
	㧗	𡸣	○	灑	○	○	蟹	矮	○	懶	○	駭	
	瘵	差	寨	曬	○	謑	械	喝	○	○	○	怪	
	扎	刹	鍘	殺	○	瞎	鍇	鶡	○	○	○	黠	
	○	𤛓	○	○	移	○	○	○	○	○	腝	齊	佳併入皆韻
	○	茝	○	○	○	○	○	○	○	○	○	薺	
	○	掣	○	世	誓	○	○	緆	○	㤠	○	祭	
	哲	掣	舌	設	折	歇	○	謁	○	列	熱	薛	
	齎	妻	齊	西	○	醯	奚	鷖	○	棃	○	齊	
	濟	泚	薺	洗	○	○	傒	吁	○	禮	○	薺	
	霽	砌	嚌	細	○	𣢜	系	翳	曳	麗	○	霽	
	節	切	截	屑	○	昚	頡	噎	抴	埒	○	屑	

蟹攝外二　輕重俱等韻　合口呼

見	溪	羣	疑	端知	透徹	定澄	泥孃	幫非	滂敷	並奉	明微
傀	恢	○	鮠	磓	[illegible]	頹	捼	桮	肧	裴	枚
[illegible]	魁	○	頠	[illegible]	腿	錞	餧	悖	琣	琲	浼
憒	塊	○	磑	對	退	隊	內	輩	配	珮	妹
括	闊	○	枂	掇	脫	奪	○	撥	鏺	跋	末
乖	㧟	○	詭	○	○	[illegible]	○	[illegible]	[illegible]	排	埋
拐	○	○	○	僞	○	摔	○	○	○	[illegible]	○
怪	快	○	聵	膪	○	○	𩬊	拜	湃	[illegible]	昒
刮	劀	○	刖	窡	頞	○	豽	八	汃	拔	傄
○	○	○	○	○	○	○	○	○	○	○	○
○	○	○	○	○	○	○	○	○	○	○	○
劌	[illegible]	○	○	綴	惙	鏑	○	廢	肺	吠	○
蹶	闕	橜	月	輟	[illegible]	○	○	髮	[illegible]	伐	韈
圭	睽	○	○	○	○	○	○	○	○	○	○
○	○	○	○	○	○	○	○	○	○	○	○
桂	[illegible]	○	○	○	○	○	○	蔽	潎	獘	袂
決	缺	○	○	○	○	○	○	鷩	瞥	[illegible]	滅

精照	清穿	從牀	心審	邪禪	曉	匣	影	喻	來	日		
嗺	崔	檌	催	○	灰	回	隈	○	雷	○	灰	本無入聲
嶊	膗	罪	崔	○	賄	瘣	猥	○	磥	○	賄	
晬	倅	啐	碎	○	誨	潰	檓	○	礧	○	隊	
繓	撮	拙	𠜾	○	豁	活	斡	○	捋	○	末	
摧	磪	膗	蓑	○	虺	懷	崴	○	腂	○	皆	
○	撮	○	○	○	扮	夥	崴	○	○	○	駭	
○	嘬	脞	濊	○	咶	話	黵	○	○	○	怪	
茁	簒	○	刷	○	聐	滑	婠	○	○	○	黠	
○	○	○	○	○	○	○	○	○	○	○	齊	祭廢借用
○	○	○	○	○	○	○	○	○	○	○	薺	
贅	毳	○	稅	啜	○	○	穢	衞	○	芮	祭廢	
拙	啜	○	說	○	颰	○	𢈝	曰	劣	爇	屑月	
○	○	○	○	○	○	○	○	○	○	○	齊	
○	○	○	○	○	○	○	○	○	○	○	薺	
蕝	脃	○	歲	篲	嘒	惠	○	銳	○	○	祭	
𦂇	膬	絕	雪	茇	血	穴	抉	悅	○	○	屑	

止攝內二　重少輕多韻　開口呼

見	溪	羣	疑	端知	透徹	定澄	泥孃	幫非	滂敷	並奉	明微
祜	○	○	○	○	○	○	○	○	○	○	○
○	○	○	○	○	○	○	○	○	○	○	○
○	○	○	○	○	○	○	○	○	○	○	○
○	○	○	○	○	○	○	○	○	○	○	○
○	○	○	○	○	○	○	○	○	○	○	○
○	○	○	○	○	○	○	○	○	○	○	○
○	○	○	○	○	○	○	○	○	○	○	○
○	○	○	○	○	○	○	○	○	○	○	○
𡀔	攲	奇	宜	知	摛	馳	尼	陂	披	皮	糜
椅	綺	技	蟻	撴	褫	豸	狔	彼	破	被	靡
寄	椅	騎	義	智	杘	緻	膩	賁	帔	髲	媚
暨	隙	劇	逆	𥠑	彳	擲	匿	碧	鈹	欂	䆹
○	○	祇	䯧	○	○	踶	○	卑	䏘	陴	彌
枳	企	○	○	○	體	弟	○	俾	諀	婢	弭
馶	企	○	倪	帝	○	地	○	臂	譬	避	寐
墼	𢡄	○	○	○	剔	悌	鑈	辟	僻	擗	覓

字母	本無入聲			
精照	○○○○	菑滓胾側	支紙寘隻	貲紫積積
清穿	○○○○	輜刺廁測	眵侈翄尺	雌此刺皵
從牀	○○○○	茌士事崱	○舓○射	疵鮆漬籍
心審	○○○○	師史使色	施弛翅釋	斯徙賜昔
邪禪	○○○○	漦俟○○	匙是豉石	詞兕寺席
曉	○○○○	○○○○	羲喜戲虩	詑○呬○
匣	○○○○	○○○○	○○○○	○○系○
影	○○○○	○○○○	漪倚意憶	伊○縊益
喻	○○○○	○○○○	○○○○	移酏易繹
來	○○○○	○○○○	離邐詈剺	○○○○
日	○○○○	○○○○	兒爾二日	○○○○
			脂旨至質	

止攝內二　重少輕多韻　合口呼

見	溪	羣	疑	端知	透徹	定澄	泥孃	幫非	滂敷	並奉	明微
○	○	○	○	○	○	○	○	○	○	○	○
○	○	○	○	○	○	○	○	○	○	○	○
○	○	○	○	○	○	○	○	○	○	○	○
○	○	○	○	○	○	○	○	○	○	○	○
○	○	○	○	○	○	○	○	○	○	○	○
○	○	○	○	○	○	○	○	○	○	○	○
○	○	○	○	○	○	○	○	○	○	○	○
○	○	○	○	○	○	○	○	○	○	○	○
歸	蘬	逵	巍	追	○	鎚	○	非	霏	肥	微
鬼	烣	⿰危阝	儡	○	嶊	⿰犭追	萎	匪	斐	膹	尾
貴	檓	樻	⿱魏山	○	○	墜	諉	沸	費	狒	未
亥	屈	倔	崛	⿰忄出	黜	术	貀	弗	拂	佛	物
規	窺	葵	○	○	○	○	○	卑	紕	毗	○
癸	跬	揆	峞	○	○	○	○	匕	○	牝	○
季	觖	悸	○	○	○	○	○	庳	屁	鼻	寐
橘	○	○	○	祋	○	○	○	必	匹	邲	蜜

	精照	清穿	從牀	心審	邪禪	曉	匣	影	喻	來	日
本無入聲	○	○	○	○	○	○	○	○	○	○	○
	○	○	○	○	○	○	○	○	○	○	○
	○	○	○	○	○	○	○	○	○	○	○
	○	○	○	○	○	○	○	○	○	○	○
脂	蘃	衰	○	衰	○	○	○	○	○	○	○
旨	○	揣	○	○	○	○	○	○	○	○	○
至	○	敪	○	帥	○	○	○	○	○	○	○
質	[illegible]	[illegible]	[illegible]	率	○	○	○	○	○	○	○
微	錐	推	○	○	誰	揮	○	威	幃	壘	蕤
尾	隹	○	○	水	菙	虺	○	委	葦	累	蕊
未	惴	吹	○	[illegible]	睡	諱	○	尉	胃	類	枘
物	䪗	出	述	絀	○	[illegible]	○	飫	[illegible]	律	○
脂	嗺	○	○	綏	隨	倠	○	○	維	○	○
旨	濢	趡	嶵	髓	[illegible]	睢	○	○	唯	○	○
至	醉	翠	萃	祟	遂	侐	○	恚	遺	○	○
質	卒	焌	崒	卹	○	獝	驈	○	聿	○	○

臻攝外三　輕重俱等韻　開口呼

見	溪	羣	疑	端知	透徹	定澄	泥孃	幫	滂	並	明
根	齦	○	垠	○	吞	○	○	○	○	○	○
頣	墾	頜	限	○	○	○	○	○	○	○	○
艮	硍	○	皚	○	痞	○	○	○	○	○	○
扢	䯊	○	○	○	○	○	○	○	○	○	○
○	○	○	○	○	○	○	○	○	○	○	○
○	○	○	○	○	○	○	○	○	○	○	○
○	○	○	○	○	○	○	○	○	○	○	○
○	○	○	○	○	○	○	○	○	○	○	○
斤	○	勤	銀	珍	縝	陳	紉	彬	砏	貧	旻
謹	赾	勤	釿	駗	辴	紖	○	○	○	○	愍
靳	掀	覲	垽	鎮	疢	陣	○	○	○	○	○
訖	乞	趌	疙	窒	抶	帙	暱	筆	拂	弼	蜜
○	鼛	趣	○	顛	天	田	年	賓	繽	頻	民
緊	螼	○	○	○	○	○	○	臏	砯	牝	泯
○	菣	○	○	○	○	○	○	鬢	嬪	臏	○
吉	詰	佶	鼿	蛭	鉄	耋	昵	必	匹	邲	密

精照	清穿	從牀	心審	邪禪	曉	匣	影	喻	來	日		
○	○	○	○	○	○	○	○	○	○	○	痕	
○	○	○	洒	○	○	○	○	○	○	○	很	
○	○	○	推	○	○	○	○	○	○	○	恨	
○	○	○	○	○	○	○	○	○	○	○	沒	
臻	瀙	榛	莘	○	○	○	○	○	○	○	臻	有助借用
[舟秦]	齓	濜	○	○	○	○	○	○	○	○	隱	
○	齓	酳	○	○	○	○	○	○	○	○	焮	
櫛	刺	齣	瑟	○	○	○	○	○	○	○	櫛	
眞	瞋	神	申	辰	欣	○	殷	○	鄰	人	眞	
軫	○	○	哂	腎	螼	○	隱	○	嶙	忍	軫	
震	○	○	呻	愼	焮	○	億	○	吝	認	震	
質	叱	實	失	○	迄	○	一	○	栗	日	質	
津	親	秦	新	○	○	賢	因	寅	○	○	眞	
[木盡]	笉	盡	囟	○	○	○	○	引	○	○	軫	
進	親	○	信	燼	○	○	印	胤	○	○	震	
堲	七	疾	悉	○	欯	○	一	逸	○	○	質	

臻攝外三　輕重俱等韻　合口呼

見	溪	羣	疑	端知	透徹	定澄	泥孃	幫非	滂敷	並奉	明微
昆	坤	○	僤	敦	涒	屯	黁	奔	濆	盆	門
緄	閫	○	○	○	畽	囤	㶧	本	翉	獖	懣
睔	困	○	顐	頓	黗	鈍	嫩	奔	噴	坌	悶
骨	窟	○	兀	咄	旻	突	訥	○	馞	勃	沒
○	○	○	○	○	○	○	○	○	○	○	○
○	○	○	○	○	○	○	○	○	○	○	○
○	○	○	○	○	○	○	○	○	○	○	○
○	○	○	○	○	○	○	○	○	○	○	○
君	卷	羣	輑	迍	椿	䣵	○	分	芬	汾	文
攟	趣	窘	齳	○	偆	蜳	○	粉	忿	憤	吻
攗	趣	郡	○	○	○	鈍	○	糞	湓	分	問
亥	屈	倔	崛	㤕	黜	术	貀	弗	柫	佛	物
均	○	○	○	○	○	○	○	○	○	○	○
○	麇	○	○	○	○	○	○	○	○	○	○
昀	○	○	○	○	○	○	○	○	○	○	○
橘	○	○	○	○	○	○	○	○	○	○	○

	精照	清穿	從牀	心審	邪禪	曉	匣	影	喻	來	日		
	尊剸焌卒	村忖寸猝	存鱒鐏捽	孫損巽窣	○○○○	昏惛惛忽	魂混圂鶻	温穩揾嗢	○○○○	論怨論敕	○○○○	魂混慁没	
	踆○○𨁈	㡒○○𠞊	○○○𪗨	○○○率	○○○○	○○○○	○○○○	○○○○	○○○○	○○○○	○○○○		文諄相助
	諄準稕䪗	春蠢○出	脣盾順述	○賰○䘪	純楯○○	薰○訓颰	○○○○	熅惲醞鬱	云枟運颶	倫輪論律	犉蝡閏○	文吻問物	諄準稕術
	遵○俊卒	逡蹲○焌	鶉𤺓○崒	荀筍峻卹	旬殉郇○	○○○獝	○○○驈	○○○○	匀尹○聿	○○○○	○○○○	諄準稕術	

山攝外四

輕重俱等韻　開口呼

見	溪	羣	疑	端知	透徹	定澄	泥孃	幫非	滂敷	並奉	明微
干	看	○	豻	單	灘	檀	難	○	○	○	○
笴	侃	○	○	亶	坦	但	攤	○	○	○	○
旰	看	○	岸	旦	炭	憚	難	○	○	○	○
割	渴	○	嶭	妲	闥	達	捺	○	○	○	𦱊
閒	慳	○	顏	譠	○	獮	嘫	牑	○	瓣	○
簡	齦	○	眼	○	㬹	○	赧	○	盼	版	晚
澗	○	○	鴈	○	㬹	綻	㬮	扮	眅	瓣	蔄
戛	鞨	○	聐	哳	獺	噠	痆	捌	○	○	礣
犍	愆	乾	言	邅	脠	纏	○	○	○	○	𢤌
蹇	繾	件	齴	展	搌	邅	趁	辡	鴘	辯	免
建	騫	健	彦	驙	○	邅	輾	變	○	卞	○
訐	朅	竭	钀	哲	徹	轍	○	𧦭	○	別	○
堅	牽	○	研	顛	天	田	年	邊	偏	蹁	眠
蕳	窒	○	齞	典	腆	殄	撚	編	覑	辮	𢬃
見	俔	○	硯	殿	瑱	電	晛	○	片	辯	麪
結	猰	○	齧	窒	鉄	姪	涅	彆	瞥	撆	蔑

精照	清穿	從牀	心審	邪禪	曉	匣	影	喻	來	日		
籛	餐	殘	珊	○	頇	寒	安	○	闌	○	寒	
䰖	○	瓚	散	○	罕	旱	侒	○	嬾	○	旱	
賛	粲	⿰女贊	散	○	漢	翰	按	○	爛	○	翰	
拶	⿰扌祭	囋	薩	○	喝	曷	遏	○	剌	○	曷	
○	貚	⿸虍贊	山	○	羴	閑	黰	○	孄	○	山	刪併山
盞	剗	棧	產	○	○	限	軋	○	○	○	產	
○	羼	輚	訕	○	○	莧	晏	○	○	○	襇	
扎	刹	鐁	殺	○	瞎	鎋	⿰軋鳥	○	○	○	鎋	
饘	燀	○	羶	○	軒	○	焉	漹	連	然	仙	先併入
膳	闡	○	⿰亻然	○	㦥	○	㫃	○	輦	蹨	獮	
戰	硟	○	扇	○	憲	○	堰	○	⿸疒連	軔	線	
晢	掣	舌	設	○	歇	○	謁	○	列	熱	薛	
箋	千	前	先	㳄	祆	賢	煙	延	蓮	○		仙韻
剪	淺	踐	銑	⿰糸羨	顯	峴	蝘	演	僆	○		
薦	蒨	賤	霰	羨	韅	見	宴	衍	練	○		
節	切	截	屑	○	昚	頡	噎	栧	⿱丵大	○		

山攝外四　輕重俱等韻　合口呼

見	溪	羣	疑	端知	透徹	定澄	泥孃	幫非	滂敷	並奉	明微
官	寬	○	岏	端	湍	團	濡	般	潘	盤	謾
管	欵	○	輐	短	疃	斷	煗	粄	坢	伴	滿
貫	⿰金欵	○	玩	鍛	彖	段	偄	半	判	叛	幔
括	闊	○	枂	掇	脫	奪	○	撥	潑	跋	末
關	○	權	頑	○	○	窀	奻	班	攀	肦	蠻
○	○	○	○	○	○	○	○	版	眅	粄	矕
慣	○	⿺走雚	薍	○	○	○	奻	○	襻	瓣	慢
刮	⿰骨力	○	刖	窡	⿰叕頁	○	豽	八	汃	拔	傛
勬	弮	拳	元	⿸厂邅	猭	椽	○	番	翻	煩	樠
卷	棬	圈	阮	囀	腞	篆	⿰目耎	反	⿸疒反	飯	晚
眷	勸	倦	願	轉	⿰彳彖	傳	○	販	嬔	飯	万
厥	闕	橜	月	輟	⿰叕皮	○	○	髮	⿰忄巿	伐	韈
涓	○	○	○	○	○	○	○	鞭	篇	便	綿
畎	犬	⿰飠肙	○	○	○	○	○	褊	萹	楩	緬
絹	缺	○	○	○	○	○	○	徧	騙	便	面
決	缺	○	○	○	○	○	○	撆	瞥	⿰亻敝	滅

精照	鑽	纂	鑽	繓	跧	○	恮	茁	專	剸	剸	拙	鐫	臇	恮	蕝
清穿	爨	⿱髟心	竄	撮	○	㦃	篡	纂	穿	舛	釧	啜	佺	○	縓	膬
從牀	欑	○	攢	柮	狗	撰	饌	○	船	○	○	○	全	雋	泉	絕
心審	酸	算	筭	到	栓	巽	孿	刷	○	○	縳	說	宣	選	選	雪
邪禪	○	鄹	○	○	○	○	○	○	遄	膞	摶	○	旋	敻	淀	授
曉	懽	湲	喚	豁	豩	○	○	聒	喧	晅	楥	颰	儇	蠉	絢	血
匣	桓	緩	換	活	還	晥	患	滑	○	○	○	○	玄	泫	縣	穴
影	剜	椀	腕	斡	彎	綰	綰	婠	鴛	婉	怨	[illegible]	淵	蜎	餶	抉
喻	○	○	○	○	○	○	○	○	袁	遠	遠	曰	沿	兗	緣	悅
來	鑾	卵	亂	捋	[illegible]	○	○	○	攣	臠	戀	劣	○	○	○	○
日	○	○	○	○	○	○	○	○	堧	輭	⿰目耎	爇	○	○	○	○
	桓	緩	換	末	山	産	襉	鎋	元	阮	願	月	仙	獮	線	薛

刪併山

仙元相助

果攝內四　重多輕少韻　開口呼

見	溪	羣	疑	端知	透徹	定澄	泥孃	幫非	滂敷	並奉	明微
哥	珂	○	俄	多	他	陀	那	○	○	○	○
哿	可	○	我	嚲	袉	爹	娜	○	○	○	○
箇	坷	○	餓	跢	拖	馱	奈	○	○	○	○
各	恪	○	咢	沰	託	鐸	諾	○	○	○	○
加	齣	○	牙	奓	侘	茶	拏	巴	葩	杷	麻
賈	跒	○	雅	觰	姹	㖠	䋈	把	土	罷	馬
架	髂	○	迓	吒	詫	咤	䏧	霸	怕	杷	禡
戛	𥵹	○	聐	哳	獺	噠	瘵	捌	汃	拔	韈
迦	佉	伽	○	○	○	○	○	○	○	○	○
○	○	○	○	○	○	○	○	○	○	○	○
○	○	○	○	○	○	○	○	○	○	○	○
○	○	○	○	○	○	○	○	○	○	○	○
○	○	○	○	爹	○	○	○	○	○	○	哶
○	○	○	○	哆	○	○	○	○	○	○	乜
○	㰤	○	○	○	○	○	○	○	○	○	○
○	○	○	○	○	○	○	○	○	○	○	○

	精照	清穿	從牀	心審	邪禪	曉	匣	影	喻	來	日	
本無入聲內外混等	𨁮	蹉	矬	娑	○	呵	何	阿	○	羅	○	歌
	左	瑳	坐	縒	○	㰤	荷	閼	○	攞	○	哿
	佐	磋	座	些	○	呵	賀	侉	○	邏	○	箇
	作	錯	○	索	○	郝	涸	惡	○	落	○	鐸
	樝	叉	○	沙	○	煆	遐	鵶	○	○	○	
	鮓	笅	○	灑	○	閜	下	瘂	○	藞	○	
	詐	瘥	○	廈	○	唬	夏	亞	○	○	○	
	札	剎	○	殺	○	瞎	鎋	鴨	○	○	○	
	遮	車	○	奢	闍	○	○	○	○	儸	若	麻
	者	撦	○	捨	社	○	○	○	○	跮	喏	馬
	蹠	赿	○	舍	○	○	○	○	○	○	偌	禡
	○	○	○	○	○	○	○	○	○	○	○	鎋
假攝外六	嗟	䃰	○	奎	邪	苛	○	○	耶	○	○	
	姐	且	○	姐	灺	○	○	○	也	○	○	
	借	笡	○	褯	謝	○	○	○	夜	○	○	
	○	○	○	○	○	○	○	○	○	○	○	

果攝內四　重多輕少韻　合口呼　麻外六

見	溪	羣	疑	端知	透徹	定澄	泥孃	幫非	滂敷	並奉	明微
戈	科	○	訛	除	詑	碢	捼	波	坡	婆	摩
果	顆	○	姽	埵	妥	墮	姽	跛	頗	爸	麽
過	課	○	臥	剁	唾	惰	稬	播	破	縛	磨
郭	廓	○	○	○	○	○	○	博	䪙	泊	莫
瓜	誇	○	伖	檛	○	○	○	○	○	○	○
寡	髁	○	瓦	[illegible]	[illegible]	○	○	○	○	○	○
抓	跨	○	瓦	○	○	○	○	○	○	○	○
刮	劀	○	刖	窡	頒	○	妠	八	汃	拔	[illegible]
○	䯞	瘸	○	○	○	○	○	○	○	○	○
○	○	○	○	○	○	○	○	○	○	○	○
○	○	○	○	○	○	○	○	○	○	○	○
○	○	○	○	○	○	○	○	○	○	○	○
○	○	○	○	○	○	○	○	○	○	○	○
○	○	○	○	○	○	○	○	○	○	○	○
○	○	○	○	○	○	○	○	○	○	○	○
○	○	○	○	○	○	○	○	○	○	○	○

		精照	清穿	從牀	心審	邪禪	曉	匣	影	喻	來	日
本		○	莝	矬	莎	○	○	和	倭	誇	螺	○
無		○	脞	坐	鏁	○	火	禍	婐	○	裸	○
入		挫	剉	座	⿰月貟	○	貨	和	涴	○	摞	○
聲		⿰口臬	○	○	○	○	霍	鑊	蠖	○	硏	○
	麻	髽	○	○	○	○	花	華	窊	○	○	○
	馬	○	⿰石坐	○	葰	○	○	踝	⿰木窊	○	○	○
	禡	○	○	○	⿰言夋	○	化	話	搲	○	○	○
	轄	茁	篡	○	刷	○	聒	滑	婠	○	○	○
戈		○	○	○	○	○	鞾	○	肥	○	○	○
果		○	○	○	○	○	○	○	○	○	○	○
過		○	○	○	○	○	○	○	○	○	○	○
鐸		○	○	○	○	○	○	○	○	○	○	○
內		侳	脞	○	○	○	○	○	○	○	○	○
外		蛆	○	○	○	○	○	○	○	○	○	○
混		○	○	○	○	○	○	○	○	○	○	○
等		○	○	○	○	○	○	○	○	○	○	○

曾攝內八　重多輕少韻　啟口呼　梗攝外八

見	緪殑亙祴	耕䁞更隔	兢景敬殛	經剄徑激
溪	肻肯堩刻	鏗伉○客	硱○慶⿰車亟	輕謦罄喫
羣	○○○○	○○○○	殑殑競極	○○○○
疑	○○○○	娙○硬虉	凝○凝嶷	娙脛○鷁
端知	登等嶝德	朾盯倀摘	徵㱡政陟	丁頂矴的
透徹	鼟○磴忒	瞠○牚墌	僜庱遉敕	汀珽聽剔
定澄	滕䠬鄧特	橙瑒鋥宅	澄程鄭直	亭挺定糴
泥孃	能能䏻⿱能黽	儜檸○疒	○○䁅匿	寧⿰寧頁佞惄
幫非	崩○䎱北	繃迸迸檗	冰丙柄逼	并鞞跰壁
滂敷	繃倗○覆	怦餅軯捲	砅○砅堛	竮頩○霹
並奉	朋𨻐倗萠	輣倗倗僻	凭憑凭愎	瓶竝屏甓
明微	瞢瞢懵墨	萌⿰目盧○麥	儚○○窨	冥茗⿰冥兒覓

		日	來	喻	影	匣	曉	邪禪	心審	從牀	清穿	精照
內外混等	登等嶝德	○○○○	楞倰倰勒	○○○○	鞥○○餩	恒○○劾	○○○黑	○○○○	僧○○塞	層○贈賊	彰○蹭墄	增嶒綜則
	庚梗敬陌	○○○○	磷冷○礐	○○○○	甖𢤦䙬厄	莖杏行核	亨𧩺𧪞赫	○○○○	生省生栜	崢○○賾	琤瀞瀞策	爭睜諍責
隣韻借用	蒸拯證職	仍稔認日	陵倰令力	熊○○○	英影暎憶	○○○○	興○興赩	丞○丞寔	升○勝識	繩○乘食	稱𢘻秤尺	蒸拯證職
	青迥徑錫	○䮎○○	靈冷零歷	盈郢孕繹	嬰巆瑩益	形婞脛撽	馨鵢欲赦	錫○○夕	星省姓錫	情洴淨寂	清請靘戚	精井甑積

曾攝內八　重多輕少韻　合口呼　梗攝外二

見	溪	羣	疑	端知	透徹	定澄	泥孃	幫非	滂敷	並奉	明微
肱	○	○	○	○	○	○	○	崩	○	○	○
○	○	○	○	○	○	○	○	○	○	○	○
○	○	○	○	○	○	○	○	○	○	○	○
國	○	○	○	○	○	○	○	○	○	○	○
觥	夻	○	○	○	○	○	○	閍	磅	彭	盲
礦	畀	趪	○	○	○	○	○	浜	○	鮩	猛
○	○	○	○	○	○	○	○	榜	亨	膨	孟
蟈	劐	○	○	○	○	○	○	百	拍	白	陌
○	○	○	○	○	○	○	○	兵	○	平	明
○	憬	憬	○	○	○	○	○	丙	○	○	皿
○	○	病	○	○	○	○	○	柄	病	病	命
攫	○	躩	○	○	○	○	○	碧	⿰金乏	欂	○
扃	傾	瓊	○	○	○	○	○	并	○	○	名
○	頃	○	○	○	○	○	○	餅	○	○	眳
泂	高	○	○	○	○	○	○	摒	聘	併	詺
郹	闃	○	○	○	○	○	○	辟	僻	擗	○

		精照	清穿	從牀	心審	邪禪	曉	匣	影	喻	來	日
內外混等	登	○	○	○	○	○	薨	弘	泓	○	○	○
	等	○	○	○	○	○	○	○	○	○	○	○
	嶝	○	○	○	○	○	○	○	○	○	○	○
	德	○	○	○	○	○	戫	或	○	○	○	○
		○	○	○	○	○	諻	橫	泓	宖	○	○
		○	○	○	○	○	澋	卝	䁝	○	○	○
		○	○	○	○	○	轟	蝗	宖	○	○	○
		㯿	○	趚	摵	○	剨	獲	擭	嚍	○	○
隣韻借用	庚	○	○	○	○	○	兄	○	䁝	榮	○	○
	梗	○	○	○	○	○	克	○	○	永	○	○
	敬	○	○	○	○	○	寎	○	○	詠	○	○
	陌	○	○	○	○	○	洫	○	○	域	○	○
	清	屐	○	○	騂	○	眴	熒	縈	營	○	○
	靜	○	○	○	頴	○	詗	迥	濴	頻	○	○
	勁	○	○	○	○	○	○	濴	鎣	○	○	○
	昔	○	○	○	○	○	役	○	○	○	○	○

咸攝外八　重輕俱等韻

見	溪	羣	疑	端知	透徹	定澄	泥孃	幫非	滂敷	並奉	明微
甘	堪	○	諳	躭	貪	覃	男	○	○	○	姏
感	坎	○	顉	膽	襑	禫	腩	○	○	○	妥
紺	勘	靲	儑	擔	探	醰	妠	○	○	○	姏
閤	㞓	○	㬎	答	錔	沓	納	○	○	○	○
監	鵮	鈐	巖	詀	○	㦓	諵	○	○	芝	菱
減	㞛	儉	顩	鮎	僴	湛	𡇒	○	○	○	○
監	歉	玪	顩	站	○	謙	諵	○	○	埿	○
夾	恰	笈	眨	劄	盧	㲮	囡	○	○	○	○
黚	㦓	○	嚴	霑	覘	𤆍	粘	砭	芝	凡	琰
檢	坅	○	儼	○	諂	○	○	貶	釩	范	錽
劍	欠	○	釅	○	覘	○	黏	汎	𡧎	梵	菱
劫	怯	○	業	輒	鍤	牒	聶	法	𨥛	乏	○
兼	謙	○	○	敁	添	甜	鮎	○	○	○	○
𥂕	嗛	○	○	點	忝	簟	淰	○	○	○	妥
兼	傔	○	○	店	㮇	磹	念	○	○	○	○
頰	篋	○	○	聑	帖	牒	捻	○	姂	○	○

精照	簪昝篸帀	尖斬蘸眨	詹颭占讋	尖僭僣接
清穿	參慘謲趁	攙臟懺插	襜○襜謵	僉憸壍妾
從牀	蠶歜暫雜	讒瀺儳𨓚	○○○○	潛潛潛燮
心審	三糝三趿	衫摻釤歃	苫陝閃攝	纖[illegible]䃸燮
邪禪	○○○○	蟾剡贍涉	○○○○	燅緂○○
曉	憨顑顑頜	㰹喊[illegible][illegible]	杴險脅脅	馦○○卌
匣	○頷撼合	咸豏陷洽	○○○○	嫌鼸○協
影	諳晻暗始	[illegible]黯[illegible][illegible]	淹奄掩業	懕黶厭壓
喻	佔○○○	佔○○○	炎○○曄	鹽琰豔葉
來	婪覽攬拉	鑑臉○拉	廉斂殮儠	鬑稴稴[illegible]
日	○○○○	○○○○	蚺冉染讘	○○○○
	覃感勘合	咸豏陷洽	凡范梵乏	鹽琰豔葉

四等全

併一十六韻

全重無輕韻　深攝內七

見	溪	羣	疑	端知	透徹	定澄	泥孃	幫非	滂敷	並奉	明微
站	○	○	○	○	○	○	○	○	○	○	○
○	○	○	○	○	○	○	○	○	○	○	○
○	○	○	○	○	○	○	○	○	○	○	○
○	○	○	○	○	○	○	○	○	○	○	○
○	○	○	○	○	○	○	○	○	○	○	○
○	○	○	○	○	○	○	○	○	○	○	○
○	○	○	○	○	○	○	○	○	○	○	○
○	○	○	○	○	○	○	○	○	○	○	○
金	欽	琴	吟	碪	琛	沉	鵀	○	○	○	○
錦	坅	噤	僸	戡	踸	朕	袵	稟	品	○	○
禁	搇	妗	吟	揕	闖	鴆	賃	稟	○	○	○
急	泣	及	岌	縶	湁	蟄	孨	鵖	○	駜	○
○	○	○	○	○	○	○	○	○	○	○	○
○	○	○	○	○	○	○	○	○	○	○	○
○	○	○	○	○	○	○	○	○	○	○	○
○	○	○	○	○	○	○	○	○	○	○	○

	精照	清穿	從牀	心審	邪禪	曉	匣	影	喻	來	日
獨用孤單韻	○	○	○	○	○	○	○	○	○	○	○
	怎	○	○	○	○	吽	○	○	○	○	○
	○	○	○	○	○	○	○	○	○	○	○
	○	○	○	○	○	○	○	○	○	○	○
	先	嵾	岑	參	○	○	○	○	○	○	○
	顜	墋	頋	痒	○	○	○	○	○	○	○
	譖	讖	䅟	滲	○	○	○	○	○	○	○
	戢	届	霵	澀	○	○	○	○	○	○	○
侵寢沁緝	針	覘	○	深	諶	歆	○	音	○	林	任
	枕	瀋	葚	審	甚	廞	○	飲	○	廩	荏
	枕	瀋	葚	深	甚	譀	○	蔭	訡	臨	任
	執	斟	○	濕	十	吸	○	邑	煜	立	入
	祲	侵	埐	心	尋	○	○	愔	淫	○	○
	䣧	寑	朁	罧	蕈	○	○	○	潭	○	○
	浸	沁	○	𠢕	鐔	○	○	○	䬻	○	○
	㗱	緝	集	歙	習	○	○	揖	熠	○	○

總校官編　修臣吳裕德

戶部員外郎臣蘇　保

校　對　貢　生臣張謙泰

四聲等子從杭州　文瀾閣鈔出誤字甚多今皆考正改定惟止攝見母一等平聲祐字不知何字之誤考切韻指掌圖切韻指南此處皆不應有字五音集韻五脂見母下有祺禥祈三字此祐字或祺禥祈之誤歟又深攝見母一等平聲𦙶字亦不知爲何字之誤考切韻指掌圖切韻指南此處亦不應有字續通志七音略則作根字然根非深攝字惟廣韻二十七銜有鑑字古銜切是鑑字可讀平聲然鑑與𦙶字形絶異似不至訛爲𦙶以上二字明知其誤然無可據而改定之宜姑仍其舊也南海廖廷相記

《宋元切韻學文獻叢刊》總目（八種）

一　韻鏡校箋（修訂本）（全二册）　楊軍　校箋

二　七音略校箋　〔宋〕鄭樵　著　楊軍　校箋　李紅　補訂

三　切韻指掌圖校注　舊題〔宋〕司馬光　著　李紅　校注

四　四聲等子校注　李紅　王曦　校注

五　經史正音切韻指南校注　〔元〕劉鑑　著　李紅　校注

六　皇極經世觀物篇·聲音唱和圖　〔宋〕邵雍　著

七　皇極經世解起數訣校注（全三册）〔宋〕祝泌　著　李紅　校注

《夢溪筆談》『切韻之學』〔宋〕沈括　著　魯國堯　校注繹析

八　盧宗邁切韻法　〔宋〕盧宗邁　集輯　魯國堯　注釋述論

《解釋歌義》與等韻門法　李軍　校釋匯編